IMAGINAIRE SOCIAL ET REPRÉSENTATIONS COLLECTIVES

*Mélanges offerts à
Jean-Charles Falardeau*

LES PRESSES DE L'UNIVERSITÉ LAVAL

IMAGINAIRE SOCIAL
ET REPRÉSENTATIONS COLLECTIVES

Mélanges offerts à Jean-Charles Falardeau

IMAGINAIRE SOCIAL ET REPRÉSENTATIONS COLLECTIVES

*Mélanges offerts à
Jean-Charles Falardeau*

publié sous la direction de
Fernand Dumont et Yves Martin

LES PRESSES DE L'UNIVERSITÉ LAVAL
Québec. 1982

À JEAN-CHARLES FALARDEAU

Il y a quelque temps déjà que vos amis avaient songé à vous offrir ces Mélanges. Le projet a reçu d'emblée un accueil enthousiaste de la part des professeurs du

Département de sociologie de l'Université Laval. Lorsque nous en avons appelé à des anciens étudiants, à des collègues, pour une collaboration éventuelle, les réponses ont été chaleureuses et nombreuses. Vous en jugerez sans peine par l'ampleur de l'ouvrage qui en est résulté. Et disons-le sans forfanterie, car tout le mérite vous en revient, nous aurions pu sans peine grossir cet ouvrage.

Vous y trouverez des hommages à votre œuvre et à votre personne. Vous les lirez en vous souvenant qu'il nous a fallu choisir parmi d'innombrables témoins. Chacun parle en son nom, et au nom de beaucoup d'autres.

Vous trouverez aussi dans ce livre une gerbe d'articles qui parcourent cet immense terrain de l'imaginaire social et des représentations collectives où vous avez surtout travaillé. Comment aurions-nous pu mieux vous dire, en effet, notre amitié et notre reconnaissance qu'en montrant que le terrain était fécond, que vos travaux nous en avaient convaincus, que les ouvriers sont nombreux autour de vous?

Quand on commençait ses études en sciences sociales, au début des années 1950, on pénétrait dans une maison minuscule du cher vieux quartier latin, face au bâtiment principal de l'université, tout près de l'imposante Faculté de médecine. Notre choix était aventureux, et nous le savions. Combien de gens nous avaient prévenus que nous aurions pu devenir de doctes médecins et de sages avocats.

Ce fut une belle aventure parce que nos professeurs prenaient le relais de nos propres rêves. Un espace restreint, des cours le matin, de longues séances à la bibliothèque l'après-midi. Des lectures prolongées dans la nuit : ce qui nous empêchait quelques fois d'être ponctuels aux cours du lendemain... Des essais à rédiger, du travail personnel. Des enquêtes à mener sur le terrain, parfois avec réticence, toujours avec humour : un folklore qu'il faudra collationner pour faire sourire notre vieillesse... Par-dessus tout, à un moment où ce n'était guère à la mode, le souffle de la liberté intellectuelle répandu en d'interminables entretiens fraternels.

Cela, c'est à vous, au Père Lévesque, au Père Poulin, à Albert Faucher, à Maurice Tremblay, à Maurice Lamontagne, à Napoléon LeBlanc, au Père Gilles Bélanger, à Gérard Dion, à Simone Paré, à Roger Marier, à des plus jeunes comme Léon Dion, Gérard Bergeron, Guy Rocher, Marc Thibault, à tant d'autres que nous le devions, que nous le devons encore. Vous aimerez que, dans notre hommage, nous ne vous isolions pas de vos compagnons d'aventure.

Notre reconnaissance remonte à ces années-là, aux belles années de notre jeunesse. Depuis lors, elle s'est entretenue de votre amitié, de votre travail. Aussi, ce livre n'est qu'un jalon dans votre histoire et la nôtre. Il reste tant de tâches à poursuivre où vous continuerez de nous inspirer le goût des commencements.

Fernand DUMONT
Yves MARTIN

TÉMOIGNAGES

C'est pour moi un précieux privilège que me soit réservé, dans un ouvrage aussi savant, un modeste créneau d'où il me soit loisible d'amorcer un péan en l'honneur de l'un des esprits les mieux équilibrés de ma génération. Cette faveur gratuite, je la dois sans doute à ce caprice du hasard qui a voulu que se croisent nos voies juvéniles, bien qu'il ne m'ait pas été accordé de parcourir toute son erre glorieuse et de me réclamer de la même constellation intellectuelle.

C'était en 1927, aussi bien dire dans ce monde à jamais aboli de ce que nous ignorions être l'entre-deux-guerres, peu de temps avant que la crise économique ne mette brutalement à nu notre fragilité collective. Le Collège Sainte-Marie dressait encore ses murs patinés au sein de la grisaille de la rue de Bleury ; dans la cour de récréation, un dernier arbre rachitique achevait de mourir. Plus d'une centaine de garçons se répartissaient entre quatre classes d'éléments latins. Nous étions en « C », sous la houlette d'un Jésuite jeune et bouillant, d'une éloquence spontanée, le Père Pelchat, qui savait, entre deux explosions d'une colère verbale plus ou moins feinte, laisser deviner les merveilles à conquérir au royaume du savoir et de la culture.

Nous étions nombreux dans cette salle, une cinquantaine environ, me semble-t-il. Je ne discerne aujourd'hui que trois ou quatre visages, les autres se perdent dans une brume indistincte. Pourquoi les traits de Jean-Charles Falardeau se sont-ils gravés dans ma mémoire à éclipses ? Je crois deviner la raison : il était tout naturellement, cela compte à cet âge, le premier de la classe ; sa souveraineté n'était sérieusement menacée que par les assauts de Guy Dufresne, qui devait par la suite enrichir des fragments de sa personnalité les personnages de ses fictions.

Né à Québec, Falardeau était donc interne en cette dernière année où le bâtiment vétuste abritait encore des pensionnaires, pendant que s'élevait, sur les nobles terres outremontaises, Jean-de-Brébeuf où se retrouveraient dès l'automne suivant tous ces « étrangers dans la cité », cependant que nous, Montréalistes enracinés, demeurerions dans la plaine ou le marais, là même où M. de Maisonneuve nous a plantés... C'est dire que Falardeau et moi n'avons été soumis qu'une seule année à un magistère commun.

Malgré les distances et les orientations divergentes, nous ne nous sommes vraiment jamais perdus de vue. Je ne sais plus quel philosophe de l'antiquité a prétendu avec assurance qu'« on est amis tant qu'on se voit ». Il se trompait. Nous avons toujours eu l'intuition que sous l'émail vite écaillé des apparences et des attitudes, nous n'éprouvions aucun mal à découvrir un terrain d'entente où nous puissions reprendre sans le moindre effort le fil de l'entretien et de l'échange au point précis où nous l'avions abandonné six mois ou six ans plus tôt.

Si j'ai succombé à une certaine complaisance anecdotique, c'est qu'il m'apparaît assez déplacé, encore que j'y aie été généreusement convié, de m'associer trop étroitement à un hommage rendu par ses pairs à un professeur bientôt émérite. Mes titres sont minces pour porter jugement pertinent sur une œuvre menée avec cette intelligence souple et cette volonté rigoureuse qui le définissent pleinement. À la réflexion, il me semble toutefois qu'il n'y aura pas de ma part présomption excessive à relever deux faits qui m'ont le plus durablement frappé.

Ce n'est pas faire injure aux sociologues de noter que leur souci essentiel n'est pas l'élégance du propos. Leur science approximative charrie un jargon qui n'aide pas à la communication et réserve aux initiés les mots de la tribu. Falardeau commet cette excentricité de se distinguer par la maîtrise d'une langue rompue aux plus hautes exigences combinées de la justesse et de l'harmonie. Ses écrits n'ont jamais rien perdu de leur efficacité en refusant le faux semblant d'une technicité rébarbative qui ne jette de la poudre aux yeux qu'aux gobeurs.

Il y a beaucoup plus important. Contrairement à la plupart de ses collègues heureux de cultiver jalousement leur jardin de curé, Falardeau ne restreint pas l'essor de sa pensée au seul pré carré de sa discipline ; il ne dédaigne pas de l'appliquer à des projets qui ne lui sont pas spécifiquement destinés. C'est ainsi qu'il est le premier, à ma connaissance, à avoir tenté avec succès de décoder notre littérature romanesque en recourant à une grille sociologique qu'il utilise avec dextérité sans en devenir l'esclave. En s'orientant dans cette direction neuve et féconde, il a annexé à la critique textuelle un terrain demeuré à peu près inexploré jusqu'à ce qu'il en ait pris une exacte conscience. Je le soupçonne d'avoir cédé sans résistance à la pente naturelle de son esprit, curieux de toutes les formes de l'art. Ce faisant, il a intégré nos œuvres littéraires au corpus de notre patrimoine intellectuel, il les a insérées dans l'ensemble de notre culture humaniste, après les avoir diligemment interrogées sur le contenu de leurs discours. Bref, il a recherché et mis à jour le secret de notre société saisi dans le miroir de son roman.

Cet apport considérable, d'autres mieux outillés que moi le mettront en relief. Je n'ai désiré qu'ajouter ma pierre des champs à l'édification du monument. Si je ne redoutais de provoquer le rire moqueur de Jean-Charles, je serais enclin d'emprunter à Voltaire et de répéter le vers que dans son *Œdipe* il prête à Philoctète : « L'amitié d'un grand homme est un bienfait des dieux ». Avec moins de solennité et sans viser à la pompe de l'alexandrin, qu'il me suffise de me réjouir qu'une amitié qui a déjà célébré son cinquantenaire ne recourre plus aux mots pour exprimer sa chaleur et sa fidélité.

Albert FAUCHER

> « L'université est un centre de vie scientifique, intellectuelle, et spirituelle. Foyer où s'élaborent les recherches, où se purifie la pensée, où s'exerce l'esprit dans ses activités les plus éminentes, elle a un rayonnement qui dépasse inévitablement les frontières de la ville, de la province, du pays où elle est située. »
> (Jean-Charles FALARDEAU, conférence prononcée à Carrefour 52, Université de Montréal, 1952.)

Il est difficile d'illustrer la présence d'un collègue du milieu universitaire et son rôle dans la promotion des sciences sociales au Canada, dans l'implantation et le développement de la sociologie au Québec, sans faire un peu d'histoire. Bien sûr, c'est à travers le vécu d'une personnalité qu'on retrouve ses qualités originales ; c'est en suivant cette personnalité dans son cheminement à travers le temps, en la situant dans son espace matériel, intellectuel, qu'on arrive à l'apprécier. La réflexion de Pascal nous revient à la mémoire : on comprend mieux la nature des êtres si l'on prend soin de les examiner dans leur devenir. Aussi essaierai-je d'évoquer simplement quelques étapes de la route où Jean-Charles Falardeau a laissé la marque de son caractère. J'y vois une entreprise agréable et difficile à la fois. D'une part, elle me procure l'occasion d'exprimer un sentiment qui, du fait de sa publication, devient témoignage public de respect et d'admiration à son égard. Est-ce que je ne lui dois point ce témoignage ? Entreprise difficile, d'autre part, parce qu'elle se trouve exposée aux préjugés de notre co-habitation universitaire. Juges et témoins à la fois, nous avons vécu et travaillé dans et pour la même institution ; nous avons subi les colorations d'une ambiance commune. Et pourtant, si je parle d'ambiance commune, il ne faudrait pas croire pour autant que nos expériences se confondent. N'empêche que, pour une bonne part, nous avons suivi les mêmes voies, que nous avons été guidés par les mêmes utopies, qu'à certains moments de l'existence nous nous sommes butés aux mêmes obstacles, que nous avons débouché dans les mêmes éclaircies. Indubitablement, nous avons ressenti et partagé les espérances et les joies qui ont soutenu les Sciences sociales à l'Université Laval.

J'ai rencontré Jean-Charles Falardeau pour la première fois en 1938. Je le voyais comme un être singulier, en avance sur plusieurs d'entre nous, étudiants de la nouvelle École des sciences sociales. On aurait dit un Montréalais enraciné à Québec ; il était étudiant en droit, il courtisait la philosophie et il s'intéressait aux lettres, plus que certains étudiants en lettres, et à la musique. Et il venait de s'inscrire à l'École des sciences sociales, politiques et économiques. Il incarnait la polyvalence, il nous étonnait. Bachelier ès arts de 1935, il connaissait déjà le quartier latin et il avait collaboré au journal des étudiants. En 1937, il s'était inscrit à la Faculté de droit comme étudiant régulier, tout en suivant des cours à la Faculté de philosophie où il connut, avant nous, le Père Georges-Henri Lévesque, o.p., alors professeur invité à l'Université Laval, et le professeur Charles De Koninck.

Donc, à l'automne 1938, il était étudiant en sciences sociales et en droit, il suivait des cours de philosophie, et il était rédacteur de l'*Hebdo-Laval*. Parmi cette faune que constituaient les étudiants-fondateurs de l'École des sciences sociales, Falardeau n'était pas le seul à se trouver en avance sur les autres qui, eux, arrivaient tout naïvement du cours classique, mais il l'était d'une façon singulière : il nous semblait gagné à la cause de l'École et il y consacrait de plus en plus de temps. En tout cas, nous le trouvions sympathique interprète de nos espoirs... et de nos inquiétudes. Car nous arrivions tous plus ou moins inquiets. La crise et la dépression des années 1930 nous avaient marqués. Et nous nous posions beaucoup de questions, dans un milieu traditionnellement accablé de réponses. On trouvait rêveurs et prétentieux les étudiants en sciences sociales, en attendant de les trouver dangereux.

À l'ouverture de l'École des sciences sociales, le 3 octobre 1938, Jean-Charles Falardeau écrivait dans l'*Hebdo-Laval* :

> « J'ai conscience qu'une fenêtre lumineuse s'ouvre quelque part et qu'un rayon de soleil pénètre les vieux murs... L'École est née sous le signe de la réflexion et du discernement. Elle sera avant tout une école d'enseignement universitaire, d'enseignement supérieur en matière économico-sociale... Cet enseignement vient à son heure... Nous souffrons atrocement de strabisme intellectuel dès que nous abordons les questions sociales. »

Tout à coup, à l'automne 1939, on entend dire que Falardeau avait abandonné le droit, après deux ans d'étude à cette faculté. Son geste nous étonnait (il ne sera donc jamais juge) et nous réconfortait à la fois, étant donné que la plupart des étudiants en droit nous regardaient de haut. Et puis, notre confrère allait davantage concentrer ses efforts sur les sciences sociales. Dès lors, il consacre ses loisirs à la musique et à la littérature, il s'occupe de l'*Hebdo-Laval*, le journal des étudiants, et il se donne entier aux sciences sociales. En 1941, il décroche les licences en sciences sociales et en philosophie. Il s'oriente résolument vers la sociologie et, ayant obtenu une bourse de la Société royale du Canada, il choisit d'aller étudier à l'Université de Chicago. Il prend Guita pour épouse, et il part. Voyez-le, à cette époque, étudiant, homme marié. *Rara avis!* Déjà actif sur des plans divers : artistique, littéraire, philosophique et même politique, car il n'était pas insensible aux racines du Bloc populaire, il reprend sa philosophie de l'engagement social dès son retour de Chicago, en l'adaptant à sa condition nouvelle de sociologue. Il travaille surtout au niveau des comités et conseils, des relations inter-universitaires et des sociétés savantes. Au plan des relations inter-universitaires, il fut pour nous tous un précurseur. Nous y reviendrons.

À la Faculté des sciences sociales de Laval, il m'a précédé de trois trimestres comme professeur. Alors que j'étais à Toronto, il me préparait généreusement la voie, en compagnie des Lamontagne, Tremblay, Marier : les subventions nécessaires à l'implantation de nouvelles disciplines n'arrivaient pas. Qu'à cela ne tienne. Les cours sont commencés, la recherche est lancée ; donc, en attendant, on travaillait à crédit. Dès 1943, sous la direction du professeur Falardeau, les étudiants sont initiés à la recherche sociologique. La ville de Québec constitue leur champ d'étude. D'abord une balade en tramway-observatoire, puis des marches sociologiques en vue d'études portant sur deux paroisses, sur la structure de la famille québécoise, sur le logement, et sur l'institution paroissiale comme telle. De ces années-là, Jean-Charles Falardeau écrivait plus tard des remarques mémorables, que les descendants retrouveront peut-être dans son autobiographie ?

> « Notre préoccupation primordiale fut d'identifier notre milieu social et d'en prendre conscience. L'équipe des sciences sociales de Laval, durant les années dont je parle, a été essentiellement engagée dans la tâche qu'il faut bien appeler sociologiquement par son nom, la tâche d'une nouvelle "définition" de la situation canadienne-française... C'était, du même coup, nous situer en dehors des formes consacrées du nationalisme, en dehors de l'idéologie ecclésiastique, traditionnelle, en dehors des mythologies politiques ou électorales... C'était réaliser, dans la bonne direction, le premier impératif de notre responsabilité académique et scientifique. [Pour lui, cette tâche d'objectivation et de définition]... constitue, en quelque sorte, le programme permanent d'une faculté des sciences sociales. » (*Cité libre*, 1959.)

Ainsi relançait-il vingt ans plus tard, les paroles prophétiques qu'il avait publiées dans l'*Hebdo-Laval* : cette école... « sera avant tout une école d'enseignement universitaire, d'enseignement supérieur en matière économico-sociale ». Elle aurait pu devenir autre chose, n'eussent été la présence vigilante de son fondateur et maître, le Père Georges-Henri Lévesque, et l'indéfectible fidélité de ses professeurs-pionniers, du type Falardeau.

Politique de présence, professait le fondateur de la Faculté. À ceux qui lui faisaient grief de ne pas se tenir assidûment à son bureau, il expliquait son agir en disant qu'absence n'est pas absentéisme si, pour la promotion de la cause universitaire, l'on doit être présent ailleurs. Quand on n'a pas le don d'ubiquité, il faut bien être absent d'un lieu pour être présent dans l'autre. Présence et absence deviennent alors deux facettes d'une même réalité. Or, il faut rendre hommage à notre collègue Falardeau d'avoir été présent, et de façon représentative, à divers paliers de l'activité universitaire ou para-universitaire. Pour ma part, j'ai mémoire d'une certaine chronologie de ses présences. Lorsque j'accédai au Conseil des recherches en sciences sociales, il y était déjà ; il y resta pendant huit ou neuf ans, depuis 1945 jusqu'à 1954 ou 1955, et comme président du bureau de direction en 1952-1953. C'était, grâce à lui, nous manifester dans la grande famille universitaire. Ainsi, il contribuait à l'agrandissement de notre espace académique en prenant le leadership de la représentation au sein de nos associations canadiennes et québécoises : le Conseil canadien des recherches en sciences sociales, le Conseil des arts, l'Association canadienne des sciences politiques, association groupant, en ce temps-là, économistes, sociologues et politologues tout à la fois, dont il fut le vice-président de 1955 à 1957, et président en 1964-1965. À l'Association canadienne des professeurs d'université il occupait le poste de vice-président de 1956 à 1958 ; à l'ACFAS il avait fait partie du bureau de direction de 1953 à 1955. Notre collègue Falardeau était toujours premier rendu, et il préparait la voie à ses collègues. On l'a vu à Nouvelle-Delhi comme délégué à la neuvième conférence générale de l'UNESCO, et au Conseil des arts du Québec à titre de président de 1962 à 1965. Il s'est occupé de la chose publique aussi, dans les années 1950 principalement, tel un maquisard de la « révolution » qui mijotait : avec Frank Scott, Pierre Trudeau, et autres, il a participé à la préparation de cet ouvrage scandaleux à l'époque, *La grève de l'amiante*, un ouvrage d'observation et de réflexion, par des Québécois, sur le Québec. À l'Université Laval il a été l'artisan du célèbre symposium du Centenaire ; il en a édité les travaux sous le titre : *Essais sur le Québec contemporain.* Dans les années 1950 encore, et avec Frank Scott, Jacques Perrault, Gérard Pelletier, Maurice Lamontagne, Pierre Trudeau et quelques autres, il a pris part au Rassemblement qui a lancé *Cité libre.* La même équipe, produit des Sciences sociales, disaient certains malins, fondait l'*Institut canadien des affaires publiques* qui tenait des réunions annuelles à Sainte-Adèle, avec le concours de Radio-Canada et du *Devoir.* La Révolution tranquille, dira Falardeau, si on l'examine dans le contexte global de l'après-guerre, peut bien, en un sens, mériter cette appellation : le revirement politique de 1960 a tranquillisé les esprits des années 1950 qui l'avaient préparée.

On ne peut pas dire que, durant tout ce temps-là et à travers ces réalisations extra-académiques ou para-politiques, le professeur Falardeau s'est absenté. À l'exemple de notre maître et premier doyen, le Père Lévesque, il était présent ailleurs, porteur d'un message préparé dans l'exercice de ses fonctions de professeur-chercheur, en compagnie d'amis et collègues soucieux, eux aussi, de leurs responsabilités d'universitaires. C'est durant cette période que transparaît dans son plus vif le style des écrits et gestes de notre collègue, un style tout à lui que je dirai falardesque, si vous me permettez ce néologisme. C'est un style d'un tour vif, précis et délicat.

Dans les années 1950 encore, il occupe le poste de directeur du Département de sociologie, et, après 1961, il consacrera encore beaucoup de temps aux affaires du département, car il est directeur de la revue *Recherches sociographiques* dont il avait préparé l'éclosion avec ses collègues Fernand Dumont et Yves Martin. Et pourtant, il ne cesse point d'écrire. Remarquez le rythme de ses publications :

1961, *Roots and Values in Canadian Lives*
1964, *L'essor des sciences sociales*
1967, *Notre société et son roman*
1974, *Imaginaire social et littérature*
1975, *Étienne Parent.*

Et il participe à des congrès, il rédige des articles pour encyclopédies, et pour des périodiques internationaux, entre autres :

1960, 1962, *Encyclopædia Canadiana*
1964, *Encyclopædia Americana*
1969, *Actes du quatrième congrès de philosophie médiévale*
1970, *Congrès et colloques de l'Université de Liège.*

J'allais oublier sa contribution à l'ouvrage édité par Mason Wade, *La dualité canadienne* ; il était président du comité qui a réalisé le projet.

Qu'on me pardonne cette sèche énumération : j'y trouve un moyen raccourci d'étayer l'hommage que je veux rendre à la valeur universitaire de notre collègue. Et qu'on me permette de rappeler en terminant qu'il a enseigné dans quelques universités prestigieuses, à titre de professeur-visiteur ou professeur agrégé, en Colombie-Britannique, en Ontario, en France : à Toronto à l'hiver de 1949, à Bordeaux en 1949-1950, à Aix-en-Provence à l'été de 1955, à Vancouver à l'été en 1957. Dix ans plus tard, il recommençait une deuxième tournée professorale, cette fois parmi les littérateurs et en qualité de sociologue de la littérature, à Caen en 1968-1969, 1970-1971, et à Menton durant les étés de 1970 et 1972 ; et enfin, à Paris-Nord en 1972-1973. Un pathétique épisode a marqué son séjour en France au cours de la dernière décennie. Il fut terrassé par une maladie qui le retint longtemps à l'hôpital et suscita de l'inquiétude dans son entourage. Si nous, ses collègues et amis, remémorons ce pénible événement, c'est parce qu'il nous apparaît, à travers le filtre du temps, comme une révélation de son admirable courage dans l'épreuve et comme une manifestation de l'infatigable assistance de Guita, son épouse.

Au terme d'un si noble labeur que, pour sa part, la Société royale du Canada a reconnu en lui décernant la Médaille Innis-Gérin 1979, notre collègue mérite bien qu'on lui permette de reprendre son souffle et de se donner un nouveau rythme de travail, si telle est la condition de sa longévité ; car nous aimons bien qu'il continue de nous édifier. Nous lui adressons donc ce souhait emprunté à la tradition romaine : *Ad multos et faustissimos annos !*

Everett C. HUGHES

C'est au Québec, à l'Université McGill, qu'a débuté ma carrière universitaire. J'y suis demeuré onze ans comme professeur adjoint de sociologie, travaillant en étroite liaison avec Carl A. Dawson, un baptiste de l'Île-du-Prince-Édouard qui avait complété ses études de doctorat à l'Université de Chicago. Je venais tout juste de terminer mes études en sociologie et en anthropologie — également à Chicago — et j'étais prêt à entreprendre une carrière dans l'enseignement quand Dawson me proposa un poste à McGill : d'emblée, je saisis l'occasion d'enseigner au Canada français.

Nous avons ensemble décidé que Dawson s'intéresserait au milieu rural de l'Ouest, alors que j'étudierais le Québec. Aussitôt après, j'étais dans le train à destination de Vancouver où je me suis marié à une camarade d'université, une Canadienne, qui revint avec moi à Montréal. Nous avons beaucoup aimé nos onze années à McGill et à Montréal.

Mais j'avais grandi sur les bords de la rivière Ohio et mon épouse, en Colombie-Britannique. Sans tarder, nous avons voulu apprendre le français. Nous avons retenu les services d'un étudiant de l'Université de Montréal qui venait une fois par semaine prendre le thé avec nous et qui nous apprit ce qui se révéla être pour une large part une transposition en mots et expressions québécois du français « parisien ».

Nous n'avons cependant pas été très loin dans la maîtrise du français. Bien sûr, nous pouvions trouver à Montréal théâtre, cinéma, cours, prédication, journaux en langue française, mais je devais me consacrer à McGill à un enseignement à temps plein en anglais nord-américain. Durant toutes ces années à McGill, je n'ai eu que deux ou trois étudiants de langue française parmi lesquels Madeleine Parent, inscrite au programme plus spécialisé en sociologie (*honors*), se distingua de façon toute particulière. Elle est demeurée depuis une amie fidèle — et j'ai toujours pu comprendre son excellent français.

En 1938, nous quittions McGill pour l'Université de Chicago. Je me plongeai dans la préparation de l'ouvrage que j'ai intitulé *French Canada in Transition* et qui a été publié en 1943. Ce n'est pas sans étonnement que je constate que ce livre est toujours disponible sur le marché, tout comme l'est la traduction due à Jean-Charles Falardeau et publiée sous le titre *Rencontre de deux mondes*. Les pages qui suivent reprennent un texte écrit en 1979 à propos de mon expérience montréalaise.

Au moment où, en 1927, mon épouse et moi arrivions à l'Université McGill, j'avais formé le projet d'étudier les Canadiens français comme groupe ethnique, ou comme minorité. Les Canadiens français n'étaient d'aucune manière un peuple primitif... Entre leur manière de se vêtir et celle des Canadiens anglais, on ne pouvait trouver que de légères différences. Les femmes canadiennes-françaises s'habillaient en fait avec plus d'élégance que les Canadiennes anglaises ; tout comme leurs sœurs parisiennes, elles savaient se confectionner des toilettes « chic » sans dépenser beaucoup. Les Canadiens français avaient leurs théâtres, leurs édifices modernes. Et j'ai peu à peu été amené à comprendre et à croire que leur connaissance de l'art et du théâtre l'emportait sur celle des Canadiens anglais. Évidemment, bon nombre de Canadiens français étaient des « habitants », des agriculteurs. Et l'Église catholique faisait de son mieux pour les inciter à demeurer sur leurs terres, sans pour autant tenter de les empêcher d'accepter des emplois dans les usines : en fait, déjà le Canada français s'urbanisait et s'industrialisait rapidement.

Nous nous sommes, naturellement, établis dans la ville de Montréal, alors la ville la plus importante du Canada, dont la population était en majorité française. Mais notre vie, nous l'avons vite réalisé, était une vie universitaire ordinaire. Nous avons loué un petit appartement dans un secteur très anglophone de la ville ; non, pas tout à fait cependant : nous nous trouvions à la frontière d'une partie essentiellement française de la ville. Allant vers l'est depuis notre appartement, nous pouvions parcourir des milles et des milles en territoire entièrement français. Comme aujourd'hui, c'était un territoire urbain : rien donc de comparable à l'aventure d'une enquête sur le terrain dans quelque île primitive. Nous étions en milieu urbain et nous menions une banale existence urbaine.

Nous habitions à quelques minutes à pied de notre université, entièrement anglophone, et nous pouvions acheter en anglais tout ce dont nous avions besoin dans les boutiques voisines. Les cinémas de notre quartier présentaient surtout des films en langue anglaise ; les églises, naturellement, étaient ou bien françaises ou bien anglaises. On ne trouvait aucune église protestante française alors que presque toutes les églises catholiques étaient françaises. Cela n'allait pas de soi de faire des emplettes ou de travailler en français — dans la mesure où nous maîtrisions suffisamment la langue pour le faire. Souvent, en fait, les commis de magasin se révélaient être d'origine française ; ils avaient dû apprendre l'anglais pour être embauchés !

À la vérité, il nous a fallu déployer beaucoup d'énergie pour aménager notre vie de manière telle qu'il nous fût possible de rassembler quantité d'observations utiles aux fins de nos enquêtes sur le Canada français. Nous pouvions aller et nous allions dans les églises ; nous allions au cinéma ; il nous est souvent arrivé de prendre le train et de descendre dans des villages français ; nous explorions les secteurs français de Montréal, échangeant avec les gens sur la rue. Mais nous devions avant tout choisir des activités de nature à nous apporter des enseignements utiles à nos enquêtes.

Il m'apparaît important de souligner que tout cela a exigé de réels efforts. Il nous a fallu créer les occasions favorables à nos travaux d'enquête sur le terrain. Si nous allions dans un village français, sitôt que nous étions sur la rue ou sur la route nous parlions français, puisque tout s'y passait en français. Mais à Montréal, nous vivions dans un milieu qui était loin d'être français. Nos collègues de McGill étaient tous de langue anglaise ; comme je l'ai déjà noté, c'est pour cette raison même que plusieurs y avaient été embauchés. À l'exception de quelques professeurs de français, tous étaient d'origine anglaise, n'ayant du français qu'une connaissance sans doute encore moins bonne que la nôtre. Mon collègue Carl Dawson savait quelques mots de français qu'il prononçait avec un fort accent canadien-anglais : je ne crois pas qu'il ait jamais cherché d'occasions de parler français.

Avec le temps, cependant, le français a pris de plus en plus de place dans le cours ordinaire de nos activités sociales et professionnelles. Avec les voisins et collègues, l'anglais était pratique courante. Nous avions commencé à établir un réseau de liaisons avec des milieux français et pris sans délai des mesures pour apprendre le français canadien — non pas que nous connaissions vraiment un autre français, mais, à l'occasion de séjours en France, nous avions acquis une connaissance du français suffisante pour le bien lire et, dans une certaine mesure, pour le parler. Afin d'accélérer le rythme de notre apprentissage, nous avions l'aide d'un étudiant de l'Université de Montréal qui venait chaque semaine converser avec nous en français durant une heure. Cet arrangement dura deux ans. Le jeune homme devait plus tard devenir un homme d'affaires prospère ; il prend des nouvelles de nous de temps à autre. Comme méthode de travail, cette heure hebdomadaire de formation pratique nous est apparue une idée valable.

Mais cette méthode ne conduisait pas à une vie sociale française active. Nos amis de langue française ne nous invitaient pas chez eux. Toutes les invitations nous venaient de McGill. Toutefois, grâce à d'autres liaisons, nous nous sommes fait quelques autres amis. Mon épouse avait quelques amies vivant à la marge du monde anglophone et quelques parents francophones dont l'aisance constituait cependant un obstacle à des relations faciles. Elle avait par ailleurs quelques parents plus âgés de langue anglaise que nous rencontrions de temps à autre. Leurs invitations à faire un bridge ont été particulièrement appréciées durant notre première année, alors que nous n'avions encore que peu d'amis à nous. Mais le nombre de nos amis augmenta rapidement et, dès notre deuxième année à McGill, nous avions une foule d'amis connus à travers nos activités universitaires. Parmi eux se trouvaient un journaliste dont l'épouse travaillait à l'université et bon nombre de collègues de divers établissements universitaires. Nous comptions aussi quelques amis de langue française grâce aux contacts de ma belle-mère, très active dans le mouvement féministe et dans divers organismes sociaux.

Nous sommes aussi bientôt devenus très impliqués dans ce qu'on pourrait appeler un groupe marginal. Nous avions beaucoup d'amis et, après un certain temps, plusieurs amis de langue française mais qui n'appartenaient pas au groupe que nous souhaitions plus particulièrement étudier. Il s'agissait surtout de professionnels, d'intellectuels, d'écrivains auxquels s'ajoutaient quelques journalistes, donc d'un groupe de personnes non représentatif de la classe moyenne ou moyenne-inférieure.

Notre travail sur le terrain était différent de celui d'Horace Miner à Saint-Denis de Kamouraska, un village du Bas-Saint-Laurent, situé loin de tout groupe anglophone. Il fallait parler français pour y séjourner, pour faire son épicerie, acheter de l'essence, bref pour communiquer de quelque manière avec la population locale.

Après quelque temps, nous nous sommes rendus à Drummondville où nous avons longuement séjourné, y faisant bien entendu l'expérience de vivre en français. Nous y avons retrouvé quelques familles d'administrateurs que nous avions connues ailleurs. Mais nous avons vécu, pour l'essentiel, en français. De cette étude est né un ouvrage qui a connu le succès et dont la carrière se poursuit.

Revenons au problème du français dans le travail sur le terrain. Nous avons bientôt commencé à rencontrer des amis francophones, participant avec eux à leurs soirées et à leurs activités dans le domaine des affaires sociales. C'était tout particulièrement le cas quand nous nous rendions à Québec. J'ai enseigné à l'Université Laval durant un semestre ; à l'époque, les jeunes — tous de langue française — nous invitaient à participer à leurs soirées. Tout cela a commencé alors que, m'intéressant à la façon d'étudier les sciences sociales françaises ou des moyens de développer cet enseignement dans les établissements de langue française, j'ai été invité à une réunion à New York, d'où je revins avec une autre invitation, celle d'enseigner à Laval.

Le Père Lévesque nous ayant invités pour un semestre, nous avons loué un appartement près de l'université, sur la colline. Le Québécois que nous connaissions le mieux était Jean-Charles Falardeau, mais il était alors absent, poursuivant à l'Université de Chicago ses études de doctorat. Par l'intermédiaire de collègues universitaires, nous avons quand même connu plusieurs amis francophones à Québec. Un jeune peintre, Jean-Paul Lemieux, fut l'un de ceux que nous avons rencontrés durant cet hiver. Les Canadiens français s'intéressaient alors beaucoup à l'activité artistique, mais la tradition du style évocateur du milieu rural n'était pas encore établie.

Jean-Paul Lemieux et son épouse vivaient dans une banlieue de l'est de la ville dans une vieille maison canadienne-française tapissée de leurs peintures. Déjà, à ce moment, le style particulier de Lemieux s'affirmait. Un tableau, par exemple, présentait une famille canadienne-française autour d'une table de festivités : un repas de Noël, sans doute. La mère et plusieurs enfants étaient assis autour de la table, le fils aîné occupant, à un bout de la table, le siège ordinairement réservé au père de famille. Celui-ci se tenait debout derrière le fils, une main sur le dos de la chaise. Son costume clérical révélait que le fils n'était pas prêtre, mais bien un religieux d'une communauté de frères. Il portait un costume assez défraîchi et ne paraissait pas rasé de frais. Autrement dit, il ne semblait pas engagé dans une brillante carrière ecclésiastique...

Vers la même époque parut un roman écrit par un monsieur Panneton sous le titre de *Trente arpents*. C'était l'histoire du fils d'une famille agricole qui n'avait pas réussi à s'établir dans une bonne paroisse — le roman racontant avec des mots ce que Jean-Paul Lemieux exprimait sur ses toiles. Le fils devint membre d'une communauté religieuse de frères dans une paroisse pauvre du grand Nord. Un dénouement plus prestigieux aurait été pour lui de devenir prêtre et, encore mieux, Dominicain ou Jésuite affecté à un bon collège catholique ou à une paroisse prospère. Le tableau de Lemieux était en quelque sorte une satire de l'histoire de ce jeune homme demeuré dans les ordres ecclésiastiques, mais dont la vie a été un échec. Chez l'artiste canadien-français, l'ironie remplaçait ce qu'on attendait de romantique ou de sentimental de sa peinture.

Quelques années plus tard, à Québec, Jean-Paul Lemieux nous fit voir certaines de ses dernières œuvres. Il s'agissait cette fois de tableaux représentant cette chère vieille ville de Québec avec ses églises, ses couvents et ses écoles de briques décorées d'anges. Au-dessus des anges, des bombes lancées d'avions éclataient sur la ville. Dieu ne l'avait pas protégée suffisamment.

À un autre moment, nous avons retrouvé les Lemieux à leur maison d'été située sur le Saint-Laurent, à l'Île-aux-Coudres. Il s'était remis aux paysages, mais d'une façon particulière. L'un des tableaux de cette période — que nous avons acquis — fait voir une montagne nue au nord du fleuve, sombre et menaçante ; à l'avant-plan, quelques arbres squelettiques sur un fond rocheux, un paysage dépouillé et peu invitant. Lemieux était alors dans la quarantaine et bien établi. Le monde qu'il évoquait n'avait plus rien de romantique. Son style n'a pas changé depuis. On a pu en voir une illustration lors du centenaire du Canada (Exposition universelle de 1967), où l'on exposait un tableau de Lemieux montrant une jeune fille debout au milieu d'un espace nu couvert de neige — une scène pas très jolie. Un plus récent tableau reproduit à peu près le même paysage dessiné autour d'un personnage masculin solitaire.

Jean-Paul Lemieux n'a atteint à la célébrité comme peintre canadien-français ni à travers le bucolique ni à travers l'urbain. Son œuvre exprime parfois la désillusion : il est un peintre de ce qui ne va pas... Ses tableaux sont bien articulés. Cornelius Krieghoff, un Allemand tombé en amour avec Québec au milieu du XIXe siècle, a laissé des paysages hivernaux évoquant une ville où il semblait bon vivre. Marius Barbeau, un Canadien français, a présenté Krieghoff en 1934 comme « le pionnier parmi les peintres d'Amérique du Nord » dans un ouvrage publié en anglais chez Macmillan. L'héroïne de la vie des défricheurs au nord du Québec était Maria Chapdelaine, personnage créé par un Français qui séjourna assez longtemps au Québec pour y rassembler les matériaux d'un roman devenu un classique. L'œuvre présente de façon romantique un acharnement qui n'avait rien de romantique.

Durant les années 1920, on assista à l'éclosion d'une littérature axée sur la ville et la vie urbaine. Durant mon séjour à Laval, un jeune homme écrivait sur Saint-Sauveur, une grosse paroisse de la Basse-Ville qu'on pouvait voir du quartier Saint-Dominique. C'est là, dans la Basse-Ville, qu'on retrouvait un grand nombre d'anciens « habitants » magasinant chez Pollack.

Depuis, il y a eu une guerre mondiale et une Révolution tranquille ! Les universités du Québec, tout comme celles de l'ensemble de l'Amérique et d'Europe, ont connu un développement spectaculaire. Le Canada français est devenu le Québec et les Canadiens français et Canadiennes françaises, des Québécois et Québécoises. On y écrit des livres, dont quelques-uns, tels ceux de Marie-Claire Blais et Jacques Ferron, sont connus des écrivains canadiens-anglais. Quelques Québécois sont bien connus en France.

Entre-temps, la Cité universitaire a été érigée plusieurs milles à l'ouest, sur un haut plateau. Au sein de cet ensemble se trouve le centre social des étudiants qui porte le nom du propriétaire du grand magasin à rayons Pollack. Le magasin a aussi quitté la Basse-Ville ; tout comme Jean-Charles Falardeau a dû quitter la vieille ville.

Napoléon LeBlanc

Solidement chevillé à l'histoire du développement de la sociologie au Canada français, le nom de Jean-Charles Falardeau s'impose d'une manière particulière. Il est un témoin de l'intellectuel courageux et du travailleur opiniâtre.

En effet, privilégier en 1938, de préférence à toutes autres disciplines, l'étude des sciences sociales, plus spécialement de la sociologie, constituait un véritable risque. Chez Jean-Charles, cependant, il s'agissait d'un risque à la fois calculé et désintéressé.

Risque calculé en effet parce que Jean-Charles voyait la fondation de la nouvelle École des sciences sociales, économiques et politiques de l'Université Laval comme un événement porteur d'avenir, qui se traduirait, à moyen et à long terme, en l'avènement d'un discours renouvelé au sujet de la dynamique de la société canadienne-française et des interrelations entre des facteurs qui susciteraient un changement social et socio-culturel.

Risque également désintéressé : le succès matériel était loin d'être acquis et, au départ, il ne correspondrait pas nécessairement au temps et au travail consacrés à l'approfondissement de théories — pour ne pas dire des théories — de la sociologie et à la maîtrise de sa méthode ou de ses méthodes. Au terme de ses études à l'Université Laval en 1941, la guerre rendait l'Europe inaccessible à quiconque aurait souhaité y poursuivre des études supérieures. Jean-Charles s'inscrit donc à l'Université de Chicago.

Dès son retour à Québec en 1943, il est recruté comme professeur à l'École des sciences sociales, politiques et économiques que l'Université Laval élèvera bientôt au rang de faculté. Rattaché au département de morale sociale et de sociologie, il y assume un double mandat : organiser et développer l'enseignement de la sociologie dans le programme de la faculté et lui obtenir ses lettres de créance. Projet sans doute séduisant mais combien problématique, si l'on se réfère aux moyens mis à sa disposition. Il lui était possible d'enseigner la sociologie ; mais où trouver les ressources adéquates qui permettraient la mise en œuvre de projets de recherches qui auraient initié les étudiants aux méthodes de la sociologie, initiation indispensable à l'assimilation des concepts théoriques ? En effet, comment initier l'étudiant aux exigences de la méthode scientifique appliquée à l'étude des faits sociaux ? Que signifie, en effet, l'hypothèse, à la base de toute analyse sociale, pour un étudiant qui n'a pas l'occasion de procéder à de patientes et méthodiques observations des situations et d'y identifier les faits découlant des comportements humains avant de la formuler ? Dès le début de sa carrière de formateur, Jean-Charles était conscient du défi qui lui avait été proposé et du rôle qu'il devrait jouer dans la mise en œuvre du grand projet du Père Lévesque, doyen de la faculté, de préparer des spécialistes des sciences sociales, dans son cas de la sociologie, dont la formation s'appuierait autant sur les méthodes des sciences positives que sur celles des sciences normatives, afin de contribuer à l'orientation du changement dont notre société est déjà l'objet.

Dès lors, le professeur Falardeau s'engage lucidement dans l'œuvre d'une faculté dont les objectifs et les difficultés prévisibles le fascinent. Les plus persistantes difficultés surgiront des étudiants eux-mêmes et de l'environnement socio-culturel. Des étudiants ? Pourquoi pas ? Comment, en effet, les convaincre que pour devenir sociologues, il leur faudra se préparer à être différents des sociologues d'ici qui leur étaient familiers et dont la principale caractéristique était d'avoir des réponses à tout. Jean-Charles leur proposait au contraire que le sociologue, s'il refuse les réponses faciles à des questions sérieuses et difficiles, accepte d'abord la responsabilité d'étudier les facteurs et les tendances qui caractérisent les situations et d'en identifier les problèmes, pour en dégager par la suite les actions que ces situations rendent possibles. C'était soumettre les étudiants à un dépaysement pour lequel ils n'étaient pas toujours préparés intellectuellement et psychologiquement.

Quant à l'environnement socio-culturel, il assurait sa quote-part d'hostilité, de méfiance et d'indifférence. Mais on y trouvait même des personnes qui observaient les premiers essais de la sociologie avec une sympathie muette et interrogative et dont les attitudes étaient des plus ambiguës. Cet environnement devait donc l'immuniser contre les morsures cuisantes de la solitude.

À défaut de ressources telles qu'une bibliothèque adéquate, de subventions de recherches accessibles, Jean-Charles s'affirme être un professeur opiniâtre parce qu'au départ, il a défini sa carrière en fonction de deux objectifs précis : poursuivre, par des recherches appliquées et ses études personnelles, l'approfondissement des études et des travaux amorcés à l'Université de Chicago dans le domaine de la sociologie et de sa méthode et en faire connaître les résultats tant à ses étudiants qu'à un public plus large : celui des abonnés aux Cahiers de la Faculté des sciences sociales. Parmi les Cahiers publiés au cours des années 1943 et 1944, on relève deux études signées par Jean-Charles Falardeau : la première intitulée *Paroisses de France et de Nouvelle-France au XVIIᵉ siècle* et la seconde ayant pour titre *Analyse sociale des communautés rurales*. S'il se défendait de proposer dans celle-ci une méthode de recherche, Falardeau, après avoir exposé les raisons qui l'avaient justifié de retenir la paroisse comme unité de recherche, s'empressait d'ajouter qu'il assumait dans les pages qui allaient suivre le « rôle d'un enquêteur ayant choisi un village canadien, que ce soit une vieille paroisse agricole, un village de pêcheurs, un centre de colonisation ou tout autre avec l'intention d'en faire une complète analyse anatomique et psychologique ». Mais pour y parvenir, précisait-il, il s'impose de « considérer le village comme un tout organique, une entité vivante, composée de parties unies entre elles par des relations vivantes fonctionnelles et reliées à d'autres unités ».

En ce qui me concerne, ces propositions m'arrivaient à point nommé. Elles stimulèrent ma curiosité de jeune agronome, orienté en économie rurale et conseiller en gestion de coopératives agricoles depuis 1942, en poste dans ce vaste territoire de l'Ouest québécois que constituaient les régions d'Abitibi et du Témiscamingue. On y trouvait des secteurs d'agriculture, des secteurs de colonisation, des secteurs d'industries d'extraction minière. Mais l'avenir de ces secteurs semblait fort aléatoire et celui de l'ensemble du territoire était menacé de subir des changements radicaux. Si paradoxal qu'il puisse être, ce territoire, en partie peuplé en réponse à un mouvement de retour à la terre, devenait le théâtre « du retour à la ville ». En effet, ici, la main-d'œuvre masculine se déplaçait de la ferme vers le travail minier ou forestier ; là, des familles troquaient le lot de colonisation contre les emplois des chantiers de construction ou des chantiers maritimes ou des usines de munitions de la région de Montréal. S'agissait-il d'un phénomène éphémère dû à la guerre, ou de l'amorce d'un irréversible processus d'industrialisation et d'urbanisation à l'extérieur de la région ? Le doute des uns cohabitait avec la certitude des autres tout simplement parce que certains anticipaient que l'après-guerre, dernier réduit de l'espoir, rétablirait l'équilibre des situations.

Je dois donc à l'*Analyse sociale des communautés rurales* mon premier contact avec Jean-Charles Falardeau. Son étude m'apportait des points de repère ainsi qu'une méthode d'observation qui m'aidèrent à faire la lecture de la réalité humaine et sociale au sein de laquelle je vivais. Du même coup, je me suis rappelé l'essai de Carl C. Taylor « La contribution de la sociologie à l'agriculture »[1] dont la lecture m'avait sensibilisé au phénomène du changement social et à l'apport de la sociologie à la compréhension des situations qui en résultaient. Ainsi, par l'exercice de mes fonctions, il me permettait de mieux constater la rencontre de deux mondes : le rural et l'industriel, et de comprendre les situations et les problèmes que suscitait la rencontre de mentalités régionalistes.

En 1947, je suis recruté par la Faculté des sciences sociales de l'Université Laval. À l'occasion d'une séance de travail sur les problèmes de méthodologie que posait le traitement des réponses obtenues dans le cadre d'un premier inventaire des organismes d'éducation populaire au Canada français, j'y rencontre Jean-Charles Falardeau. La réunion terminée, j'entame la conversation avec lui et je me réfère à son étude : *Analyse sociale des communautés rurales*, lui précisant que j'y avais trouvé des perspectives utiles à l'accomplissement de mon travail. Réjoui de rencontrer un lecteur « venu de loin », il s'empresse de me rappeler les deux objectifs de son étude. En premier lieu, d'appeler l'attention sur le fait que la paroisse rurale canadienne constituait un cadre approprié de recherches sociales. En second lieu, par la bibliographie en annexe à l'étude, de rendre une documentation méthodologique choisie accessible à tout étudiant de la réalité sociale.

De prime abord, Jean-Charles m'est apparu comme une « personne immuablement concentrée ». Mais le dialogue devait dissiper rapidement cette impression. On découvrait progressivement la personne sensible et exigeante, franche et loyale, idéaliste sans aucun doute mais aussi réaliste. Il croyait lucidement à la sociologie comme à une discipline intellectuelle génératrice de méthodologies de l'action dans notre société. Conscient qu'il était de la jeunesse de la discipline, de sa nouveauté dans notre société, il savait que sa maturité et sa crédibilité seraient fonction de la consolidation de ses fondements théoriques et de l'affermissement de sa méthode.

Ces préoccupations fondamentales avaient d'autant plus d'importance pour Falardeau qu'il lui fallait établir la spécificité de la sociologie par rapport à celle d'autres disciplines comme l'économique, la science politique ultérieurement, ainsi que son rôle dans des champs d'études comme celui des relations industrielles et celui du service social. En cela, Jean-Charles voulait être fidèle à l'esprit du programme d'études en sciences sociales qu'avait conçu le Père Lévesque. Les étudiants qui s'y inscrivaient recevaient une formation multidisciplinaire commune d'une durée de deux ans avant de se spécialiser soit en sociologie, soit en économique, soit en relations industrielles et, à partir de 1952, en science politique.

---

1. *Farmers in a Changing World*, Recueil d'études (*Annual Year Book*), Ministère de l'agriculture, U.S.A., Washington (D.C.), pp. 1042–1055.

Il s'agissait d'un programme-cadre comprenant deux volets : une formation de base et une formation spécialisée d'abord d'une durée d'un an puis de deux ans, dès 1948. Cette structure des programmes d'études, implicitement souple bien qu'instable sous la poussée des départements, permettait à la faculté de remanier, le cas échéant, l'espace-temps que l'étudiant devait consacrer à sa formation spécialisée en conséquence du développement des programmes départementaux, d'une part, et, d'autre part, de l'impatience des étudiants d'aborder au plus tôt l'étude de la discipline qu'ils avaient choisie au terme de leurs études classiques : économique, sociologie, science politique ou relations industrielles.

Dans ce contexte dynamique, Jean-Charles n'a cessé d'assumer sereinement ses responsabilités envers la Faculté des sciences sociales et envers les étudiants. En témoignent son assiduité à sa fonction professorale, sa détermination à la direction d'un département de sociologie en constante évolution. Bien plus, sa constante adhésion aux principes ainsi qu'aux hypothèses fondamentales, inspirant l'organisation de l'enseignement et de la recherche dans les disciplines des sciences sociales le rendait réceptif aux idées novatrices, signe qu'il était un homme libre. Il connaissait si bien la dynamique de l'institution et des disciplines qu'elle regroupait, qu'il avait l'intuition juste des effets qu'aurait telle ou telle réforme sur la formation des étudiants. À ses yeux, l'entreprise était sérieuse et ne pouvait souffrir d'accommodements complaisants. D'où sa vigilance et sa franchise : vigilance au moment de l'examen du contenu des projets de modifications ; franchise au moment de les discuter devant les instances compétentes du département et de la faculté. Il soutenait librement son point de vue avec conviction et courtoisie tout en étant perméable aux idées d'autrui. D'où sa remarquable aptitude à composer avec ses collègues et sa volonté de continuer à préparer l'avenir. Il le fallait, puisque les inscriptions à la Faculté des sciences sociales étaient peu nombreuses ; cependant les Sciences sociales devaient se manifester au printemps de l'année 1952.

Je me réfère, ici, au symposium, entreprise audacieuse à l'époque, présomptueuse selon certains, sur les répercussions sociales de l'industrialisation dans la province de Québec, tenu dans le cadre des manifestations qui soulignèrent le centenaire de la fondation de l'Université Laval, symposium dont il fut le maître d'œuvre. Il avait mobilisé, à cette occasion, les meilleurs spécialistes du Canada et de toutes les tendances, ainsi qu'en témoigne l'ouvrage qu'il en a tiré sous le titre d'*Essais sur le Québec contemporain*. Cet événement et cet ouvrage ont stimulé la mise en route de nouvelles recherches systématiques sur notre milieu et dont les résultats justifiaient la création, en 1960, de la revue *Recherches sociographiques* publiée depuis sous les auspices du Département de sociologie. *Recherches sociographiques*, par ses colloques successifs (de 1962 à 1968) donnait la parole aux spécialistes des disciplines des sciences sociales et surtout encourageait le développement de la recherche sur le Canada français.

Vers la fin des années cinquante, après avoir consacré ses énergies et son talent à développer le Département de sociologie tant au plan de l'organisation de l'enseignement qu'à celui de la recherche, Jean-Charles jugea qu'après quinze ans le temps était venu d'en confier l'orientation à la nouvelle génération de sociologues dont la plupart avaient été ses étudiants. Avec une discrétion et un détachement exemplaires, il collabore au développement du Département de sociologie ; il y continue son enseignement et il s'engage dans ses recherches. Malgré ses tâches, il accepte d'assumer la direction d'une année de propédeutique d'abord d'une durée de deux semestres, puis réduite à un semestre pour être supprimée par la suite. Il s'agissait d'un programme multidisciplinaire commun à tous les nouveaux étudiants inscrits à la faculté.

Vu son expérience de la vie de la faculté, sa connaissance des facteurs décisifs dans l'évolution de ses programmes d'études et compte tenu du statut qu'avaient conquis les sciences sociales, il était sensible aux attentes des étudiants mais non moins exigeant quant aux conditions de la qualité de la formation scientifique que ceux-ci devaient acquérir. Il savait recevoir la critique et y répondre. Observateur lucide, interprète avisé de l'émergence de nouveaux comportements chez les nouvelles générations d'étudiants, Jean-Charles, s'il tenait jusqu'à la limite du possible, ne s'opposait pas à l'évidence de changements désirables. Sa loyauté indéfectible envers la faculté et l'université, ses collègues et ses amis commandait cette attitude chez lui.

Il aurait pu assumer avec distinction la fonction de doyen de la Faculté des sciences sociales. Les circonstances m'ont favorisé mais, dès le lendemain de ma nomination à cette fonction, Jean-Charles m'assurait de son amitié et de sa loyale disponibilité. Sa démarche est beaucoup plus un renouvellement de son engagement en vue du progrès de la faculté qu'une démarche de courtoisie. Je lui rends, en cette occasion, le témoignage de la fidélité de son engagement et de son amitié. J'ai trouvé en lui un conseiller prudent ainsi que j'ai admiré son inlassable dévouement envers les étudiants et la faculté. Assidu au Conseil de la faculté — il en était la mémoire [2] — même dégagé de toute responsabilité administrative, il y participait en homme libre, sachant prendre ses distances devant l'immédiateté des situations et en analyser les tendances afin d'en dégager la portée. Ainsi il partageait sa riche expérience et sa sagesse avec ses collègues.

Désormais Jean-Charles se consacre à son enseignement ainsi qu'à ses recherches dans le champ de la littérature, des idées, des croyances. Étant professeur invité à l'Université de Caen au cours de l'année universitaire 1968-1969, il s'est mérité une réputation enviable auprès de ses étudiants, par la qualité de son enseignement et de ses travaux.

---

2. Jean-Charles FALARDEAU, « Antécédents, débuts et croissance de la sociologie au Québec », *Recherches sociographiques*, *XV*, 2-3, 1974 : 135–165.

Lorsque les accords franco-québécois ont inauguré le programme d'échange de chaires de professeurs, rien de surprenant à ce que le nom de Jean-Charles Falardeau vint spontanément à l'esprit lorsqu'il s'est agi de proposer des noms de titulaires aptes à remplir ces postes. Il a connu les mêmes succès qu'à Caen auprès d'autres universités françaises, dont celle de Paris-Nord, les échos m'en étant parvenus à l'occasion de mes nombreux séjours à Paris au cours de cette période. Il m'a été donné, en effet, d'entendre des témoignages élogieux à son sujet, de la part d'intellectuels et de professeurs qui le rencontraient : la qualité de son discours, la haute maîtrise des sujets dont il traitait, sans oublier son empressement ponctuel auprès de ses étudiants et le respect qu'il leur portait. Ces témoignages convergent avec ceux que j'ai recueillis partout au Canada où il a enseigné.

Jean-Charles aura été fidèle au projet qui l'a conduit à la Faculté des sciences sociales. Toujours attentif aux personnes qui l'entourent et aux événements qui se produisent, il semble évident que son étude *Analyse sociale des communautés rurales* annonçait l'exécution d'un plus ample projet. L'ampleur de son étude de l'œuvre historique de Guy Frégault, lors de son installation comme membre de l'Académie canadienne-française, le 25 octobre 1980, en était l'éclatante manifestation. Pour autant, il demeure pour nous tous un témoin de l'intellectuel courageux et fécond, du collègue généreux et disponible. Il a droit à notre hommage parce qu'il nous a appris qu'une carrière n'est jamais gratuite. On la construit. Merci Jean-Charles !

Georges-Henri LÉVESQUE, o.p.

« Vivre, c'est surmonter. Les clairs matins ne sont clairs qu'au prix d'un saut méritoire de l'intérieur des frontières. »

Jean-Charles FALARDEAU

Il y a eu Léon Gérin. Il y a Jean-Charles Falardeau. Dans l'histoire canadienne-française de la sociologie, voilà les deux premiers noms à retenir. Si l'un a ouvert la voie, l'autre en a posé les balises. Gérin fut le premier à en écrire. Falardeau le premier à l'enseigner.

Hautement inspirés furent donc ceux qui ont projeté d'offrir ces « mélanges » à Jean-Charles Falardeau. Ils m'ont aimablement invité à y déposer mon témoignage personnel. C'est avec joyeux empressement, vive gratitude et légitime fierté que j'ai accepté. Jean-Charles n'a-t-il pas été, à l'Université Laval, un de mes plus brillants étudiants et, ensuite, un si précieux collaborateur dans le développement de notre Faculté des sciences sociales ? Enfin, notre grande amitié n'a-t-elle pas déjà quarante-cinq ans ?

Pour toutes ces raisons, j'aimerais que ce témoignage soit vraiment personnel. Unique même, si possible, parmi les autres, grâce à tant de souvenirs intensément vécus avec lui et, surtout, à cette imposante correspondance si merveilleusement évocatrice, qui ferait les délices des chercheurs et des lettrés. Évidemment, je parle de ses lettres. Les miennes, beaucoup plus rares, me méritaient déjà une réputation de mauvais correspondant ! De plus, leur qualité pâlit vraiment devant la grâce épistolaire des siennes.

Quelles lettres ! Non seulement en disent-elles beaucoup sur sa carrière de sociologue, mais elles révèlent aussi la valeur de ses dons littéraires, la finesse de ses goûts artistiques, l'ampleur de sa culture et la profondeur de son humanisme. Pourquoi donc Jean-Charles prononce-t-il toujours avec ravissement le mot kaléidoscope ?...

On dirait que plus il a cherché à devenir bon sociologue, plus il s'est montré friand de tout ce qui est humain, beau et vrai. N'est-ce pas, d'ailleurs, la marque suprême d'un vrai sociologue ? Qu'on lui parle de philosophie, de peinture, de sculpture, de musique, de poésie, de romans... ou de sociologie, Jean-Charles est toujours à l'aise et heureux. Nous sommes plusieurs à penser qu'une carrière d'écrivain lui eût autant réussi que celle de sociologue.

Celle-ci a d'abord commencé, comme il convient, dans... la recherche ! Il a d'abord tâté, sans trop d'enthousiasme d'ailleurs, de la philosophie et du droit. Mais dès que fut annoncée, en 1938, la fondation d'une École de sciences sociales à Laval — qui deviendra Faculté en 1943 — comme poussé « par un instinct mystérieux et profond », il y jeta irrésistiblement son dévolu, malgré le scepticisme d'un père qui préférait pour lui une brillante carrière d'avocat.

Jean-Charles me demande de plaider sa cause auprès du « paternel » qui, davantage soucieux de reconnaître la liberté de son fils, se laisse convaincre facilement. Quelque temps auparavant, il m'avait écrit :

> « Je désire très fortement m'inscrire à l'École des sciences sociales dès septembre... Dieu le veuille ! Je pourrais ainsi me consacrer à des études *plus humaines* que le seul Droit formaliste et littéral, faire une vie plus immédiatement féconde en me préparant richement pour un avenir inconnu... »

Sa lettre finit ainsi en points de suspension !

Avenir inconnu ! Qui aurait pu le prédire alors ? Étrange phénomène que cette profonde certitude de se préparer pour quelque chose de bon et de grand... mais d'inconnu. Telle fut la situation, souvent angoissante, de mes premiers étudiants. Les « professions » de sociologue, d'économiste, de politicologue, etc. n'existaient alors tout simplement pas.

Inconnu, mais sûr ! Tous avaient la foi. La foi courageuse des pionniers. Moi aussi, comme toute notre équipe professorale. Jean-Charles l'avait tellement, lui, qu'un an plus tard il m'adressait ses vœux « pour la réalisation de *nos* plus beaux projets ». Il est vrai que je lui avais déjà confié que nous avions les yeux sur lui pour un futur poste de professeur à l'École.

Restait à choisir sa spécialisation. Lui-même manifeste de plus en plus de goût et d'aptitudes pour la sociologie. Il en dévore les traités disponibles, tout en suivant avidement les cours du professeur Thomas Delos, sociologue français, qui encourage fortement une orientation si spontanée. Une décision est facilement prise. Sa maîtrise en sciences sociales obtenue à Laval, Jean-Charles ira donc, grâce à une bourse de la Société royale, poursuivre à l'Université de Chicago des études plus poussées en sociologie, sous la direction hautement compétente du professeur Everett C. Hughes.

Durant cette période, sa correspondance prend une ampleur exceptionnelle. Tour à tour, elle explose ou fleurit. De plus en plus exigeante scientifiquement, elle scrute les données acquises et suppute les nouveaux investissements. Elle analyse ou prophétise. On y sent toujours, cependant, l'euphorie intellectuelle et la franche amitié, même s'il lui arrive parfois de gémir avec humour sur la mesquinerie générale des bourses... et sur mon incorrigible lenteur à répondre à des questions pressantes !

Elle est surtout centrée sur l'École, maintenant devenue son passé d'étudiant et où il a laissé de nombreux amis et un peu de son âme. Nostalgiquement, il m'écrit :

> « J'ai hâte d'avoir des nouvelles de l'École. *L'École*, devinez-vous de quelle réchauffante bénédiction non seulement le nom, mais la *chose* me poursuivent... Je m'en sens éloigné et très près, près de ceux qui la composaient et y demeurent encore ; et d'autant plus près de son enseignement et de ce qu'elle signifie que je dois, presque à chaque moment du jour, y faire appel comme à une boussole et un phare dans cette cosmopolis-de-tous-les-vents-intellectuels. »

Cette École, il le sait, est désormais son avenir, un avenir de moins en moins « inconnu » puisque, comme futur professeur, il se sent déjà, lui aussi, responsable de son développement, de son futur à elle. Tout enchanté de son orientation, il m'envoie des lettres qu'il me prie « de lire en plein soleil et en récitant le Magnificat qui les inspire ».

Ses premières impressions de Chicago :

> « Il y a des noms qui à distance signifient des choses grandes, miroitantes ou stupéfiantes et qui, lorsqu'on les approche pour les toucher, représentent des objets ou des lieux d'un air doux, presque familier, simple et comme connu depuis longtemps.
>
> « Ainsi Chicago qui, au moment du départ, est un terme d'allure effarante et prodigieuse et qui pour nous, Guita et moi, depuis trois semaines, signifie seulement un logement paisible : trois pièces simples et ornées à notre goût, sur une rue aussi calme que la rue Aberdeen, dans un quartier où sont étouffés tous bruits et toutes clameurs sous les arbres, et où il nous faut faire un effort pour nous penser aux États-Unis.

« À deux minutes de marche, il y a le parc somptueux de l'Université... Nous sommes les deux enfants les plus heureux du monde. J'ai recommencé à "aller à l'école" dans de grands palais cosmopolites. »

Il est ravi de trouver là-bas :

« un démarrage plus précis dans une voie où je compte poursuivre mon travail futur, heureux d'avoir la possibilité de demeurer étudiant, c'est-à-dire celui qui cherche et qui écoute en essayant d'intégrer ces nourritures nouvelles dans une synthèse ordonnée dont vous nous avez, depuis trois ans, précisé les thèmes lumineux et la structure. »

Sous l'égide du professeur Hughes qu'il révère non seulement comme un des grands de la sociologie, mais aussi « comme un homme lucide et nuancé, un aristocrate de la pensée... et d'un jugement si vif ! », il organise minutieusement son programme d'études en fonction d'un enseignement qui devra d'abord porter sur la méthodologie des sciences sociales et ensuite sur la sociologie elle-même.

Programme qu'il respecte scrupuleusement en suivant les leçons méthodologiques de Hughes lui-même. Puis celles de Redfield, de Warner et du « vieux Burgess, ce vétéran émérite, ce célibataire imperceptiblement cynique qui donne aussi des cours sur les *Formes pathologiques de la société familiale* à travers les siècles ».

De loin, il se préoccupe déjà du développement de l'École. Surtout de sa bibliothèque :

« Je vous envoie deux listes. La plus considérable contient une énumération de certains livres que l'École devrait acquérir au cours des vacances, de façon à ce que mes étudiants les trouvent sur nos rayons au début des cours de septembre... J'ai confectionné cette liste avec grand soin après avoir pris conseil, me servant aussi de mon expérience personnelle.

« J'ai tâché de *choisir* les œuvres les plus importantes en quelques domaines connexes aux problèmes et aux méthodes de recherches sociales... Je considère qu'une des meilleures façons de faire saisir aux étudiants à la fois l'application et la nécessité des méthodes de recherches est de suggérer la lecture de travaux monographiques déjà accomplis par des experts en la matière. »

Évidemment, il n'oublie pas ceux de Gérin. Après tant d'années, n'est-il pas intéressant de rappeler une proposition que Jean-Charles m'exprimait dans la même lettre :

« Si votre intention se réalise d'organiser à l'automne notre Département de recherches, nous pourrions l'inaugurer *solennellement* en invitant monsieur Gérin, à titre de "parrain d'honneur" ou que sais-je... Tout au moins à titre de sociologue ; car s'il en est *un* qui mérite ce titre dans la province, c'est bien lui. »

Ainsi tout bourré de science et de projets, prêt à monter dans la chaire qui l'attend, il revient à Laval en juin 1943. Hélas ! un grave problème se pose pour moi... et peut-être davantage pour lui et ses trois confrères pris dans la même situation : les Maurice Lamontagne et Tremblay de retour de Harvard et Roger Marier de Washington (Catholic University).

Des subventions gouvernementales étaient nécessaires pour assurer leurs honoraires de professeur. Durant les six mois précédents, j'avais humblement multiplié démarches sur démarches, mais sans succès. L'honorable Secrétaire provincial, paraît-il, avait peur des « socialistes ». Mes quatre chevaliers — qui pouvaient facilement trouver d'autres arènes — acceptent de patienter jusqu'au 1er août. Nouvelles supplications personnelles sur la Colline. Survient la date fatidique, encore rien ! La mort dans l'âme, j'offre aux « quatre » leur *libération*. Ces valeureux refusent et décident de continuer à espérer désespérément avec moi jusqu'à l'ouverture des cours prévue pour le début de septembre.

Dans un ultime effort pour ne pas perdre des collaborateurs si bien préparés, les premiers issus de la Maison, je fonce chez le maire de Québec, l'honorable Wilfrid Hamel, qui était aussi ministre du Travail dans le cabinet Godbout et qui nous avait déjà manifesté beaucoup d'estime. Réalisant bien le tragique de notre situation ainsi que l'importance de son geste, il monte chez le Premier Ministre. Il exige la subvention. Sinon il démissionnera !

L'ultimatum porte fruit. Le 8 septembre nous arrive la bonne nouvelle : une subvention de 15 000 $! Dix mille dollars pour les quatre salaires et cinq mille pour l'établissement du Département de recherches. Si parfois les grandes choses ont ainsi de petits commencements, cherchons-y les grandes âmes ! Qu'hommage soit donc rendu à nos quatre braves pionniers et à notre très honorable sauveteur !

Ainsi assuré d'un plantureux salaire de 2 500 $, le jeune professeur Falardeau entreprend une féconde et prestigieuse carrière qui compte déjà trente-huit années. Il y investit généreusement, avec son indéfectible loyauté et son inlassable dévouement, toutes les ressources de sa compétence professionnelle et de ses riches talents.

Tout en se consacrant ardemment, dès le début, à ses cours de méthodologie, il devient de plus en plus la cheville ouvrière du Centre de recherches. Bientôt il est chargé du cours principal de sociologie. Concurremment à toutes ces tâches, il reste pour moi un vrai bras droit dans l'organisation définitive de notre Département de sociologie. Si j'en fournis d'office l'inspiration, c'est sur lui que je compte, en fait, pour en aménager les programmes et les structures... que viennent ensuite enrichir, de leurs personnalités scientifiques variées, d'autres « produits » de la Faculté, comme les Gérald Fortin, Guy Rocher, Fernand Dumont, Yves Martin, M.-Adélard Tremblay, Léon Dion, Marc Lessard, J.-P. Montminy. Le Département de sociologie, c'est d'abord Jean-Charles Falardeau ! Qu'il soit sincèrement remercié de m'avoir si bien aidé à réaliser l'un de mes rêves les plus chers.

Peut-être quelques-uns sentiront-ils trop de chaleur dans la présentation de ce témoignage. J'ai pourtant annoncé qu'il serait très *personnel*, vu le cas spécial de cet ancien étudiant, de ce précieux collaborateur et de cet ami de toujours.

De ce frère même, ajouterai-je, si lui-même veut bien me permettre une indiscrétion. Il s'est toujours montré particulièrement attaché à notre Ordre par un lien spirituel qui l'a souvent ramené chez nous pour fraterniser, méditer et prier.

Au fond, c'est peut-être cette mystérieuse et discrète spiritualité qui a rendu ce sociologue si *vivant*.

POSTLUDE

(Ad usum Joannis Caroli amicorum)

Pour nous reposer de la lecture sérieuse de ces « mélanges », accordons-nous une égayante pause en compagnie d'un heureux couple vacancier de 1945 : les Falardeau. Livrons-nous à la magie épistolaire, toute naturelle, du Jean-Charles écrivain, humoriste et poète :

« Bien cher père et ami,

« Vous voudrez bien excuser la tenue typographique, n'est-ce pas ? S'il y avait la "scripto-vision", j'aurais sans doute à faire excuser aussi ma présente tenue vestimentaire, étant donné qu'Adam, à ses moments les plus innocents et les plus bibliques, n'eut jamais costume plus arachnéen que le mien présentement. Ceci aussi, à mon sens, fait partie d'une "complète" évasion de toutes les contraintes urbaines et sociales.

« Vous ai-je dit que ma vacance se passe sur une île, c'est-à-dire sur une épine dorsale rocheuse, bombée, en plein fleuve et toute corsetée de pierres polies comme des sonnets parnassiens, à environ un mille et demi de la rive de Kamouraska ?

« Nous eûmes des journées entières d'ardoise, de bruine et de brume. Le reste du temps, le soleil a des revanches cuisantes. Je n'ai pas manqué un seul bain à l'eau salée. Me voici maintenant bronzé comme le Louis Hébert de l'Hôtel-de-Ville de Québec et comme, par ailleurs, je ne me suis pas rasé depuis seize jours, mon entourage me prête aussi une vague ressemblance avec le Négus.

« Il y a longtemps que je n'avais pris un si long et si complet repos. Avec ça que les yeux en ont aussi plus que leur quota de saturation, avec ces chapelets perpétuels de canards sauvages autour de nos battures, le dos blanc des marsouins qui font des chiures de chaux dans le bleu interminable et tout cet horizon somptueusement fermé par le grand feston horizontal des Laurentides.

« Je lis à me saoûler (le peu de gin et de scotch apporté s'étant desséché avec la rapidité d'une marée...), assis en point d'interrogation ou en équerre sur les escaliers de roches. J'ai de tout : Balzac, Romains, le *Blackboy* de Wright, *Of Things to Come* et surtout la magnifique suite U.S.A. de John Dos Passos. J'en oublie les heures, les dates, les semaines. Vive le poisson et la dialectique maritime ! Je vous souhaite, le plus tôt possible, autant de vent tonifiant et d'images dilatantes que j'en déguste ici.

« Au plaisir de vous revoir bientôt dans notre "nouvelle" et laborieuse Faculté !

« Le 17 juillet 1945   Jean-Charles »

Cyrias OUELLET

Pour ceux qui n'étaient pas là il y a quarante ans, je me permets de rappeler les circonstances dans lesquelles Jean-Charles est entré dans la carrière.

Depuis peu, à Québec, on avait cessé de parler de l'Athènes de l'Amérique du Nord. À cette période de gloire incontestée avait succédé un temps de malaises où notre vocation supérieure, si admirablement proclamée en 1902, menaçait d'entraver la marche de la civilisation industrielle. Mais un redressement s'annonçait.

À la veille de la dernière guerre mondiale, l'Université Laval plaça l'avenir devant quelques faits accomplis, de façon à pouvoir, au temps des restrictions, achever au moins ce qui serait déjà entrepris. D'une part, il y eut transformation de l'École de chimie en Faculté des sciences avec addition et mise en chantier d'une École des mines. D'autre part, pour affirmer la propagation vacillante des notions de bien commun et en renouveler les sources, on procéda à l'établissement d'un enseignement de niveau résolument universitaire dans le cadre d'une Faculté des sciences sociales dont le Père Georges-Henri Lévesque fut l'inspirateur et le doyen-fondateur.

Quelques années plus tard, on vit revenir de diverses universités étrangères, à la suite d'études supérieures, une cohorte de jeunes professeurs curieux et intellectuellement impavides. L'un de ceux-là s'appelait Jean-Charles Falardeau. Dès 1944 parut un document-choc que je me procurai presque clandestinement et que je conserve encore: *Le logement à Québec*, par G. Poulin, o.f.m., R. Marier et J.-C. Falardeau, avec la collaboration des étudiantes en service social de la faculté.

C'est vers ce temps-là que je fis la connaissance de Jean-Charles Falardeau. Sociologue, Jean-Charles était on ne peut plus sociable, même envers ceux qui, comme c'est mon cas, le sont moins. Lui et sa charmante épouse Guita, adorables amphitryons, nous ont entraînés ma femme et moi dans leur laboratoire social, où l'on m'avait l'air de traiter avec l'irrespect qui convient à des opérations analytiques, des légendes réputées maléfiques. Et je me prenais à me demander quelles diaboliques correspondances pouvaient bien exister entre les cerveaux des sociologues et ceux des chimistes. Attiré d'abord par quelques propos brillants et par un accueil d'autant plus chaleureux que les invitations se faisaient plus invitantes, j'ai dû finir par perdre un peu de mon caractère en trempant dans cette ambiance.

Dans cette atmosphère d'amitié stimulante, nous avons fait la connaissance de diverses personnes qui ne se trouvent pas habituellement sur le chemin des physico-chimistes: écrivains, peintres, universitaires d'obédiences diverses, quelques membres de la fraction pensante de mouvements politiques en train de constituer une nouvelle classe dirigeante (vocable déjà archaïque), visiteurs de pays étrangers et un quarteron d'habitués à l'esprit réceptif au nombre desquels on me rangeait peut-être.

Au milieu de tout ce beau monde, notre hôte était très présent. L'œil vif, l'air à la fois déterminé et inquiet, la parole incisive avec quelques pointes d'humour ou de fantaisie sur un fond de sérieux inébranlable, ce civilisé et demi était toujours correct dans sa tenue comme dans sa syntaxe et on peut penser que Valéry se fût plu à entendre

> En français infiniment pur
> . . . .
> Cette voix ridant l'air à peine
> Cette puissance chuchotée
> . . . .
> Ce sourire congédiant l'univers...

Mais n'oublions pas que notre homme possédait aussi cette autre vertu bien française : l'art de ne pas dépasser la perfection, c'est-à-dire : la mesure.

Rayonnant autant de pensées qu'il en absorbait (dirait un physicien), ce catalyseur de conversations (dirait un chimiste) facilitait les échanges et les transformations d'idées sans avoir l'air de s'en mêler. À certains moments, le trafic d'information atteignait une intensité telle qu'on eût cru percevoir comme une toute petite bulle de noosphère dont Teilhard eût été ravi.

J'essayais parfois d'imaginer un parallélisme entre nos deux disciplines. Pour ma part je ne puis m'écarter de ce qu'écrivait Henri Poincaré au début de *La science et l'hypothèse* : « Ce que la science peut atteindre, ce ne sont pas les choses elles-mêmes, ce sont seulement les rapports entre les choses ». Mais il y a aussi l'histoire naturelle. Les naturalistes semblent aimer les choses aussi pour elles-mêmes. Il y a de si belles collections de papillons ! Tel amoureux des plantes, qui n'en finit pas de les admirer, de les humer et..., parce qu'il le faut, de les classer, peut demeurer insensible au mystérieux mécanisme de la photosynthèse... et vice-versa. J'ai vécu un an dans un laboratoire où l'on avait décrété que toutes les plantes vertes sont égales, ont la même « dignité végétale » devant le physico-chimiste. Et ça marchait admirablement... pour ce que nous voulions savoir.

Il ne faut pas pousser trop loin ces considérations, qui peuvent devenir oiseuses, mais dans toute recherche il y a une part de pensée abstraite qui tend vers l'universel et une part d'attachement aux êtres en particulier. On entrevoit assez bien cette répartition en considérant les titres de quelques-uns des travaux de Jean-Charles, comme autant d'interrogations. En voici quelques-uns : « Allocations familiales », « Zones sociales de la ville de Québec », « Stratification et mobilité sociales au Canada français », « L'essor des sciences sociales au Canada français », puis « Léon Gérin et l'habitant de Saint-Justin », « Étienne

Parent », « Paroisses de France et de Nouvelle-France au XVIIe siècle » et encore « Personne humaine et société », « Imaginaire social et littérature », « Notre société et son roman », « Problématique d'une sociologie du roman » et pourquoi pas aussi « L'évolution du héros dans le roman québécois » ?

Admirons la richesse et l'envergure de cette œuvre — et le discernement dont le Père Lévesque a fait preuve il y a quarante ans.

Simone PARÉ

J'ai eu le privilège de compter parmi les premiers étudiants qui suivirent les cours de Jean-Charles Falardeau. C'est donc pour moi une grande joie que de lui rendre aujourd'hui hommage. Je rappellerai ici quelques anecdotes rattachées à mes plus anciens souvenirs sur sa contribution au développement de l'École de service social de l'Université Laval.

Le 20 septembre 1943, à neuf heures du matin, une douzaine de dames et de demoiselles et un seul sujet masculin (Émilien Fortier, aujourd'hui disparu) s'engouffrent dans la petite rue de l'Université pour y assister au premier cours dispensé dans les murs de la toute nouvelle École de service social. Celle-ci a été ouverte à Québec grâce à l'initiative et à la vision du Père Georges-Henri Lévesque, doyen de la Faculté des sciences sociales, et à l'activité du Père Gonzalve Poulin, directeur-fondateur de l'École. Grande émotion parmi les futures travailleuses sociales ! Ce premier cours sera un cours de recherche. Quelques-unes se demandent bien, avec une naïveté peut-être compréhensible, quel sera l'objet de cette recherche à laquelle les autorités semblent tenir si fort. Que peut-on bien chercher avec tant d'ardeur et de rigueur ? Les néophytes ne s'interrogent pas longtemps. À la tribune siègent Jean-Charles Falardeau et un invité qui se révèle être Everett C. Hugues, de l'Université de Chicago, l'auteur de *French Canada in Transition* que Jean-Charles Falardeau devait traduire sous le titre de *Rencontre de deux mondes*. Grâce à la conviction et à la verve des deux professeurs, ce premier cours éveille l'intérêt de l'auditoire et lui fait bien augurer de l'avenir.

Quelque quinze mois plus tard, je suis plongée dans la rédaction de ma première thèse. Je dois établir une parallèle entre la matière toute nouvelle qu'est pour moi le service social des groupes et la méthode qui m'est familière du guidisme catholique. Jean-Charles Falardeau a accepté d'orienter ce travail. Je rédige deux parties qui, en bonnes lignes parallèles, se suivent mais ne se rejoignent pas. Le verdict de mon directeur, c'est qu'il faut produire une très forte troisième partie où la comparaison indispensable prendra place. Je réussis la manœuvre avec le support de mon patient tuteur et je me trouve en route vers une carrière qui se poursuivra jusque dans les années quatre-vingts.

Au printemps 1946, je suis inscrite en sociologie et j'assiste à un autre cours de Jean-Charles Falardeau. La prise de notes va bon train car le professeur est érudit et disert. Je ne puis retenir une exclamation déçue lorsque, événement sans précédent, la porte s'ouvre devant la secrétaire de la faculté qui me demande de me rendre dare-dare à l'archevêché voisin. Il ne faut rien de moins que la convocation d'un évêque pour m'arracher à la sociologie et me faire passer à un projet d'accompagnement d'étudiants en route pour la cueillette de fruits en Ontario ! Mais ce projet ne se matérialise pas et je reste fidèle à la sociologie qui elle-même me sert fidèlement tout au long de mon périple universitaire.

Preuve de cette fidélité : un article où je tente de rapprocher concepts de sociologie et de psychologie sociale et principes et techniques de service social. Comme je sais que ses appréciations sont aussi exigeantes que justes, Jean-Charles Falardeau me fait grand plaisir en me disant sa satisfaction à la lecture de cet article, aussi bien qu'à la publication de la première version de mon manuel sur le service social des groupes.

Ces anecdotes, qui me concernent trop, peuvent sembler pleines d'outre-cuidance. On m'excusera si on se souvient que j'ai voulu relater de quelle façon la science, l'amabilité et la serviabilité de Jean-Charles Falardeau m'ont accompagnée pendant nombre d'années et souligner son apport à l'enseignement et au progrès de l'École de service social de Laval. N'a-t-il pas, d'autre part, dirigé simultanément les recherches en groupes des étudiants de la Faculté et de l'École au bénéfice d'une connaissance accrue du milieu social québécois ?

Je laisse maintenant à d'autres plumes, plus compétentes et plus autorisées que la mienne, le soin de poursuivre l'éloge de Jean-Charles Falardeau sociologue. Mais je tiens à dire qu'il est aussi à mes yeux le gentilhomme par excellence et le maître de la langue française dont le parler et l'expression écrite rappellent constamment à ses auditoires qu'un jour, « enfin, Malherbe vint ». Raymonde Denis, travailleuse sociale française, m'exprimait en 1960 son admiration pour la qualité et la richesse du vocabulaire de Jean-Charles Falardeau, vocabulaire dont elle affirmait ne pas avoir entendu le pareil dans la bouche de professeurs d'universités de France.

De son côté, le parler populaire québécois a subi et subit encore des transformations souvent regrettables. Il semble trop fréquemment et trop facilement heureux de se soumettre aux américanismes, aux néologismes plus ou moins vicieux, voire aux gallicismes bâtards. Au-dessus de ces déviations resteront en bonne place le verbe châtié et les écrits sans faille de Jean-Charles Falardeau qui contribueront à remémorer aux membres de la francophonie que le Québec « se souvient » avec au moins autant d'authenticité, de persévérance et de succès que les autres anciens ressortissants de la toujours « doulce France ».

Guy ROCHER

Quand j'entrai à la Faculté des sciences sociales de l'Université Laval comme étudiant en 1947, Jean-Charles Falardeau était allé enseigner en France. Si je me souviens bien, il y passait le trimestre d'automne. Il nous revint en cours d'année, auréolé à nos yeux du prestige du Québécois qui venait d'enseigner la sociologie dans une université française. C'était, pour lui, le premier de ce qui devait être par la suite une longue série de séjours en France : Paris, Bordeaux, Caen.

Un des premiers gestes qu'il posa en rentrant fut de nous mettre au travail, les deux pieds dans la réalité du quartier Saint-Sauveur dont il faisait alors une étude monographique. C'était mon premier contact avec la sociologie empirique, la recherche sur le terrain, l'observation directe. Je me souviens que je fis plusieurs longues promenades dans le quartier Saint-Sauveur, notant mes observations sur l'architecture des maisons, l'organisation des rues, les conversations entendues dans les petits magasins, les personnes rencontrées, leurs vêtements, leurs allures extérieures. Je fis aussi à cette occasion mes premières entrevues, armé d'une grille que je trouvais bien fragile mais qui s'avérait efficace.

Je ne crois pas qu'à ce moment-là mes confrères et moi avons apprécié à sa juste valeur l'expérience de recherche que Jean-Charles Falardeau nous faisait vivre. Nous étions sceptiques et même critiques à l'endroit de cette étude, croyant que la sociologie se trouvait beaucoup mieux dans les livres que dans l'observation empirique, dans les statistiques que dans les monographies.

Peu de temps après, j'eus l'occasion de bénéficier personnellement d'une qualité dont Jean-Charles Falardeau devait faire preuve pendant toute sa carrière universitaire : son aptitude à aider efficacement des étudiants désireux d'obtenir une bourse d'étude, ou des collègues d'obtenir une subvention de recherche. Jean-Charles Falardeau connaissait toutes les sources de financement, il savait aider les étudiants à préparer leur demande, il était toujours prêt à les appuyer de son prestige et de son autorité, lorsqu'il croyait leur projet valable. Il savait d'expérience que les Québécois n'étaient pas encore conscients des ressources financières à leur disposition pour poursuivre des études supérieures et il se faisait un devoir et une vocation de corriger cette situation. Il en allait de même pour les collègues qui présentaient des demandes de subvention pour des projets de recherche. Le nombre de lettres de recommandation écrites par Jean-Charles Falardeau doit dépasser tout ce qu'on peut imaginer. Et comme il prenait pour chacune un soin qui lui a valu en la matière une grande renommée, je suis persuadé qu'on pourrait les publier et en faire une anthologie littéraire de lettres de recommandation !

Toujours attentif à la forme autant qu'au fond, soigneux jusqu'au scrupule, corrigeant jusqu'à plusieurs fois une simple lettre autant qu'un article ou le chapitre d'un livre, Jean-Charles Falardeau a donné aux sociologues francophones du Québec et de la francophonie l'exemple et le témoignage du souci de l'expression écrite autant que parlée, du respect de la langue dans laquelle s'exprime une discipline scientifique. À l'encontre de ceux qui ne voient dans le discours qu'une enveloppe que l'on brise pour en extraire le contenu, Jean-Charles Falardeau a toujours été persuadé que la langue appartient à la pensée, que le discours est déjà un mode de connaissance. S'adressant particulièrement aux sociologues, qui ont hélas! la réputation d'écrire une langue négligée, tarabiscotée, sinon fautive, truffée d'anglicismes et de mauvais néologismes, jusqu'à devenir parfois incompréhensible, cette leçon mérite d'être retenue comme l'une des nombreuses contributions de Jean-Charles Falardeau à la qualité de la sociologie québécoise.

Cette préoccupation pour la clarté et la beauté de l'expression n'était pas qu'une coquetterie chez Jean-Charles Falardeau : elle appartenait au tempérament artistique de l'homme. Trop pudiquement caché, mis parfois à l'ombre, l'esthète chez Jean-Charles Falardeau devait finalement triompher lorsque le sociologue trouva son centre d'intérêt dans la sociologie de la littérature. La jonction de l'homme de science et de l'artiste s'est ainsi réalisée et nous a valu une contribution de pionnier en même temps que de grande qualité dans un secteur neuf, inexploré et riche de promesses.

Je ne peux terminer cet hommage — trop modeste — à Jean-Charles Falardeau sans ajouter qu'il fut, pour les sociologues de ma génération et des suivantes, celui de nous qui établit et maintint le lien avec les origines et l'histoire de la sociologie québécoise et canadienne. Il nous fit connaître Léon Gérin, Everett C. Hughes, Horace Miner, sans parler des précurseurs du XIXe siècle, tels Étienne Parent, Errol Bouchette, qu'il fréquenta assidûment. Ce faisant, il a contribué comme nul autre à enraciner une sociologie et une sociographie dont il nous fallait par ailleurs chercher les sources en Europe et aux États-Unis. De cela, entre autres, et de bien d'autres choses, je lui suis profondément reconnaissant.

Jean STOETZEL

Dans peu de semaines, vieux pèlerin venu de l'ancien monde, je vais me retrouver au Canada et je ne manquerai pas de faire le crochet qui me permettra d'embrasser mon ami Jean-Charles. Mais Jean-Charles connaît-il les circonstances qui nous firent nous rencontrer, il y a plus de trente-deux ans, le 28 septembre 1948, alors que l'Université Laval était encore au pied des hauteurs de Québec, et qu'il habitait au 12 de la rue Haldimand?

Jean-Charles Falardeau déclare volontiers que s'il n'y avait pas eu la guerre en Europe, une fois sa licence obtenue à Laval en 1941, il serait sans aucun doute allé poursuivre ses études supérieures en France. En fait, il dut aller à Chicago étudier notamment avec Everett C. Hughes, qui me dit ultérieurement combien il avait apprécié le jeune Canadien. S'il n'en avait pas été ainsi, beaucoup de choses auraient été changées pour lui et pour nous.

Il est difficile d'imaginer aujourd'hui combien vivement avait été ressenti l'isolement intellectuel de la France pendant l'occupation. Professeur de première supérieure au lycée Blaise-Pascal de Clermont-Ferrand à la veille de la guerre, j'avais bâti toute une partie de mon enseignement sur ce que j'avais appris de psychologie sociale durant mon séjour à Columbia University en 1937-1938. À la rentrée de 1945, je me trouvais confronté aux tâches de la chaire de science sociale de l'Université de Bordeaux. C'est pourquoi je fis maintes démarches pour obtenir le passage, dès le mois de septembre de cette même année, sur un transport de troupes à destination de New York. J'en rapportai une moisson de livres et pendant des années je renouvelai cette expédition.

Mais ce n'était pas assez. Bordeaux à l'époque était l'une des trois universités françaises, après en avoir été la première, à posséder une chaire de sociologie. Mon ambition était de lui conserver la priorité, en y faisant venir un professeur américain. Je m'en étais ouvert, en 1946 je crois, à deux membres de la Fondation Rockefeller, John d'Arms et Norman Buchanan, lorsqu'ils étaient venus reprendre possession des locaux que la Fondation possédait à Paris, 20 rue de la Baume, et dont j'avais occupé l'un pendant la guerre.

En septembre 1948 au cours d'un nouveau voyage, je me rendais au 49 de la 49e rue ouest, siège de la Fondation Rockefeller à New York et je demandais à parler au docteur Buchanan. Je fus reçu par Leland (Lee) C. De Vinney, qui parut au courant. Il m'offrit un chèque de 120 dollars si je voulais bien me rendre à Québec. C'est à cette occasion que pour la première fois j'entendis parler du professeur Falardeau.

Le 28 septembre 1948, à 8 heures, je décollais de La Guardia sur un avion des Colonial Airlines. Après une escale à Montréal, je débarquais à 12 h 55 à l'aérodrome de Lorette, tout près de la réserve des Hurons m'expliqua-t-on. À 16 h 30, j'étais reçu par le Père Georges-Henri Lévesque et je dînais à 20 h 45 chez Jean-Charles et Guita.

Tel fut le début d'une longue amitié entre nous, et d'une association féconde avec la France, à laquelle ne manquera même pas une union de famille puisque Mira, âgée alors de quelque six mois, devait vingt-deux ans plus tard épouser un Français.

Mais j'anticipe. En fait, après un périple qui commençait dès le lendemain et devait me conduire à Montréal, Dearborn, Ann Arbor, Chicago, je devais dès mon retour à New York, le 5 octobre, exactement une semaine plus tard, rédiger mon rapport enthousiaste à la Rockefeller. Je regrette de n'en avoir pas retrouvé le brouillon.

Quoi qu'il en soit, le 20 octobre de l'année suivante, Jean-Charles, accompagné de Guita et Mira, débarquait au Havre pour un enseignement d'un an à l'Université de Bordeaux. Il y arrivait le 8 novembre et dès le 15 les cours commencèrent : le mardi à 9 heures, sociologie systématique, le mercredi à 11 heures, recherches sociologiques et à 14 heures, séminaire de travaux pratiques. Telle fut la pâture reçue avec avidité par les étudiants de Bordeaux en cette année universitaire 1949-1950.

Mais ce n'est qu'une partie de l'histoire. Pour s'en faire une idée, un Français n'a pas besoin d'avoir visité la Californie s'il a lu Earle Stanley Gardner, ni l'Angleterre du Sud s'il a lu Agatha Christie. Ayant lu Jules Romains, Georges Duhamel et quelques autres, Jean-Charles à son débarquer était tout aussi familier avec Paris et sa rue d'Ulm, avec le Bordelais grâce à Mauriac.

Il n'empêche que lorsque nous refîmes sous les toits de l'École normale (c'était, je crois, le dimanche 23 octobre) la promenade de Jerphanion et Jallez, une réciprocité de dons culturels, un vrai potlatch franco-canadien, commençait.

Il n'a guère cessé depuis. Tâchons de le voir avec les yeux de Jean-Charles. À partir du 24 octobre, le voilà 14 rue Monsieur-le-Prince, chez Richard Wright. Il y rencontre Simone de Beauvoir. Je le conduis chez le doyen Le Bras, place du Panthéon, je l'initie au Balzar. Il est désormais chez lui au Quartier latin.

Voici maintenant Bordeaux. Dès le dimanche de son arrivée, comme dans un conte de Voltaire, à la réception de la doyenne et du doyen Yves Renouard, on entoure l'homme de Lorette. Il y a là les professeurs René Lacroze, Édouard Morot-Sir (aujourd'hui à Chapel Hill), Higonnet, qui deviendront des amis ; comme l'archicube Georges Luciani le slavisant, le Pisan Giacomo Baldini normalien d'honneur, le biologiste Robert Weill et madame Weill, toujours accueillants dans leur folie de Talence, 33 chemin de Suzon.

Donc on s'établit à Bordeaux, on y creuse, on s'y intègre. On rencontre fréquemment une amie de la psychologue Irène Lézine, Andrée Chivallon, ancienne élève du philosophe bordelais Henri Dandin. On fait la connaissance, au quartier des Chartrons, de la famille du Dominicain le Père Maydieu rencontré précédemment à Québec. Guita et Jean-Charles deviennent membres de la Société des amis des vins de Bordeaux et sont initiés à ses mensuels dîners gastronomiques.

Cependant, à la différence du Bordelais normal que n'attire pas tellement le pays des Gavroches, Jean-Charles continue à ressentir l'appel de Paris. C'est ainsi que du 23 au 28 février 1950, je le retrouve à l'hôtel de Tours, rue Jacob, et que le 27, nous déjeûnons au Voltaire, aujourd'hui regrettablement disparu. Ces incursions nordiques le font assister à un cours d'Étienne Gilson au Collège de France, à une séance de l'Institut de sociologie où l'ethnologue Maurice

Leenhardt fait une communication sur les cordettes de coquillages en Mélanésie, occasion de rencontre aussi avec Georges Gurvitch.

En avril Maurice Lelannou l'invite à l'Université de Lyon. Il y donne une conférence sur le thème « Sociologie et géographie ».

C'est le 20 septembre 1950 qu'il pliera bagages pour rentrer à Québec. Il aura probablement donné autant que reçu. Avant de quitter Bordeaux, il aura encore collaboré au Bulletin de la Société de philosophie de Bordeaux, de René Lacroze. Et il aura, durant l'été, donné un semaine de cours à un séminaire international d'étudiants européens, à Pontigny, en Bourgogne.

Mais qu'il me permette de rafraîchir sa mémoire. C'est bien cette année-là, exactement du 3 au 9 septembre, à Zurich, qu'il aura participé à la double création, sous les auspices de l'Unesco et en présence de Madame Alva Myrdal, de l'Association internationale de sociologie et de l'Association internationale de science politique. Et c'est le jeudi 7 septembre que nous sommes montés ensemble au Righi-Kulm.

L'initiation est accomplie, la liaison est définitive. Je retrouverai l'adresse des Falardeau sur tous mes carnets d'adresses (en 1952, c'est Moncton, 2), ils viendront dîner à Paris rue Casimir-Périer chaque fois qu'ils le pourront. (Mais pour le réveillon de la Saint-Sylvestre 1952, Jean-Charles se retrouvera solitaire au Balzar ; avec, il est vrai, la surprise d'avoir pour voisins Sartre et Simone de Beauvoir, qui dînent, se souvient-il, comme de vieux époux fatigués.)

Mais les choses s'enchaînent. Le professeur québécois n'est pas seulement devenu un visiteur familier de la France. Il a acquis une vocation internationale. À la fin de 1952, précisément, s'il est venu à Paris, c'est pour prendre part, à titre de président du Conseil canadien des recherches en sciences sociales, à une réunion convoquée par l'Unesco pour instituer un Conseil international des sciences sociales.

Il reviendra deux ans plus tard, en décembre 1954, pour observer, sous le patronage de la fondation Carnegie, l'orientation des recherches et de l'enseignement dans les science sociales. Ce voyage le conduira aussi en Belgique, Hollande, Angleterre, Espagne. Mais il s'installera pendant cinq mois à Paris, avec Guita, rue Lhomond. Il fera la connaissance de Fernand Braudel, il retrouvera Le Bras, qui mettra sa bibliothèque à sa disposition ; il ira souvent y travailler. Il rencontrera plusieurs Dominicains, les pères Chenu, Carré, Maydieu, au couvent de la Glacière et à celui de Latour-Maubourg. Il fréquentera la revue *Esprit* d'Albert Béguin, où il participera un soir à un panel avec Edgar Morin. Les jeunes sociologues du CNRS, Touraine, Crozier, Chombart de Lauwe l'accueilleront. À la fin de l'été 1955, il sera invité par le doyen Trotobas à donner une conférence à la Faculté de droit d'Aix-Marseille.

En 1956, il sera délégué du Canada à la Conférence générale de l'Unesco à la Nouvelle-Delhi. Il y retrouvera Henri Laugier et André Bertrand, alors directeur des études à l'ENA avant de devenir celui du département des sciences sociales à l'Unesco.

En 1959, le revoici en France accompagné de Guita et de Mira, en route pour Bologne, pour participer à un congrès international de sociologie religieuse, et à Stresa au congrès de l'Association internationale de sociologie, que préside Raymond Aron, et où sont venus tous les sociologues français. Nous nous sommes revus très souvent pendant toutes ces années.

En 1960, c'est moi qui lui rends ses visites. En rentrant du Mexique, j'ai été invité pour une quinzaine par l'Université de Montréal. Je pousse une pointe jusqu'à Québec et le 5 octobre je dîne chez les Falardeau qui habitent cette fois au 880 Bougainville. Je récidive en 1965, cette fois, avec Henri Guitton, qui me parle encore de notre dîner du 21 avril chez les Falardeau, avec Maurice Tremblay. (Nous sommes les invités du Conseil des Arts. Nous partons le lendemain pour Vancouver et Victoria.)

Mais en 1968, quand je retournerai à Montréal et à Toronto, je ne trouverai pas les Falardeau. Ils sont en France, invités pour deux ans par l'Université de Caen. Jean-Charles participe d'abord, dès octobre, au congrès de l'Association des sociologues de langue française, à Neufchatel. À Caen, affecté au département de littérature française, il s'engage encore davantage dans la sociologie de la littérature et fait venir Lucien Goldmann. À Paris, Jean-Charles descend à l'hôtel Madison.

Pendant toutes ces années, Mira a grandi. En 1968-1969, elle étudie l'histoire de l'art à Aix. En 1969-1970, elle est étudiante à la Sorbonne. On connaît l'épilogue. Le 4 juillet 1970, elle épouse à Genay, Côte d'Or, le fils du professeur Henri Motulsky, Bernard. De partout on est venu les féliciter, Henri Guitton, le Père Liégé, Irène Lézine, le général Lemaire, de Caen, les Stoetzel.

Pour l'année universitaire 1972-1973, c'est l'Université de Paris XIII (Villetaneuse) qui invite le professeur Falardeau. Pous nous tous, c'est le seul mauvais souvenir, mais un affreux souvenir, une agonie vécue successivement à l'Hôtel-Dieu, à l'hôpital américain, à la Pitié-Salpêtrière, une coopération franco-canadienne d'un quart de siècle, qui a failli mal finir.

Mais elle n'a pas mal fini, puisqu'elle dure encore ; et que pour beaucoup d'entre nous, les survivants de toutes ces années, qui eurent le privilège d'une commensalité chaleureuse au foyer québécois de Guita et de Jean-Charles, et d'une réciprocité aussi amicale à Paris, le nom de Falardeau est le symbole d'une féconde coopération franco-canadienne.

Et maintenant, souvenons-nous : *deus nobis haec dona fecit*. Un dieu qui prit la forme de Leland C. De Vinney.

LA RAISON EN QUÊTE DE L'IMAGINAIRE

Le thème de l'imaginaire est devenu à la mode dans la recherche sociologique. Au fait, il vaudrait mieux dire que ce thème est revenu sur le devant de la scène. Ce mouvement de pendule s'est répété plusieurs fois au long de l'histoire de la sociologie. Comte se faisait théoricien du *positivisme*; il aboutit à la fondation d'une « religion ». Marx insistait sur la *production*, non sans déceler la part immense de l'imaginaire dans cette production.[1] Par allers et retours, Durkheim parcourait les chemins qui vont de la *morphologie* aux *représentations*, pour accorder finalement à celles-ci une prééminence qui se manifeste d'une manière éclatante dans *Les formes élémentaires de la vie religieuse*. Est-il possible, aujourd'hui, de dépasser cette dualité persistante de l'*infrastructure* et de la *superstructure*?

On le voudrait. L'explication scientifique aspire à la parfaite cohésion de ses références. Pourtant, à observer ce qui se passe dans les sciences de la nature, la cassure de la systématisation est la règle : ondes et corpuscules, phylogenèse et ontogenèse, d'autres oppositions foncières témoignent que les conflits, les antinomies importent souverainement au progrès de la pensée. En serait-il de même pour la classique opposition de l'*infrastructure* et de la *superstructure*?

I

Envisager la société comme un objet de pensée suppose que l'on se place à l'écart. Comment y arrive-t-on? Nous ne réfléchissons sur la société qu'à partir des schémas qu'elle nous fournit par son langage, ses idéologies, ses pratiques. Nul miracle ne saurait nous rapatrier dans un logos étranger à ce monde et qui nous fournirait en même temps des moyens de l'appréhender. Le sociologue ne va à la rencontre de son *objet* qu'à une condition : que cet objet lui-même l'y invite, que cet objet comporte une fissure où s'établisse l'ancrage de la science.

---

1. Synthèse précise et nuancée de Pierre ANSART : « Marx et la théorie de l'imaginaire social », *Cahiers internationaux de sociologie, XLV*, 1968, pp. 99ss.

Cette fissure, j'émets l'hypothèse que la vieille antinomie de l'infrastructure et de la superstructure la représente en son fond et que, par conséquent, elle est indépassable. Pour m'en assurer, je procéderai selon un raisonnement par l'absurde.

Premier surgeon de l'hypothèse : supposons que la réalité sociale soit homogène et qu'un jour la connaissance que nous en aurons le sera aussi. Disparaîtraient les frontières qui séparent infrastructures et superstructures. Entre la *réalité* et l'*imaginaire*, la fusion serait parfaite. Il n'y aurait plus de césure entre l'objet qui se propose à la pensée et nos efforts pour le penser. Le cours des choses suffirait à accomplir l'histoire. Alors il serait vain que l'historien ou le sociologue interviennent pour dire le devenir, pour l'interpréter.

Deuxième surgeon de l'hypothèse : l'antinomie entre infrastructure et superstructure persiste ; il n'y a pas de réconciliation *a priori* entre elles. Cependant, l'un des termes prédomine sur l'autre et, « en dernière instance » comme disent certains, il parvient à surmonter l'antinomie. Admettons-le provisoirement et, à partir de là, poursuivons le fil du raisonnement par l'absurde ; examinons l'antinomie à l'un et l'autre bout de ses extrêmes.

À un bout, j'affirmerai que l'infrastructure est le *réel*. La superstructure est l'imaginaire, le phantasme, l'idéologie, l'erreur, le surplus ; le retour au réel va dissiper cette fumée tout en l'expliquant. La pensée scientifique ne serait-elle pas alors la redondance futile d'une *réalité* qui l'englobrait par avance ?

À l'autre bout, et à l'inverse, je supposerai que toute pensée me vient de la superstructure, de l'imaginaire. Mes catégories d'interprétation me seraient conférées par devers moi ; je n'aurais qu'à m'y abandonner. Je ne serais que l'écho sans intérêt d'archétypes sans titulaire.

Dans les deux cas, portant la réflexion aux extrêmes, du côté de l'infra-structure ou du côté de la superstructure, la pensée scientifique ou philoso-phique abolirait son avenir sous prétexte de trouver des fondements assurés.

On dira qu'en poussant ainsi les postulats à leurs limites, je me facilite grandement les choses. En effet, ces raisonnements par l'absurde risquent d'empêcher la suite de la réflexion. Ils demeurent néanmoins utiles. Ils persuadent de la pérennité et de la vanité d'une volonté de surmonter une contradiction où la pensée scientifique trouve sa possibilité.

D'ailleurs, la dualité de l'infrastructure et de la superstructure n'est pas sans ressemblances avec bien d'autres. *Réalisme* ou *idéalisme* : dans cette alternance, la philosophie puise l'aménagement de sa tradition.[2] Expérimen-tation et théorie : la science va aussi de l'une à l'autre. Pour le sociologue, le dilemme porte cependant plus loin.

---

2. Par exemple, F. ALQUIÉ, *L'expérience*, P.U.F., 1957.

Décelant l'antinomie dans ses propres démarches, le sociologue la perçoit de même dans la société. Il se souvient de Marx : « La question de savoir s'il y a lieu de reconnaître à la pensée humaine une vérité objective n'est pas une question théorique, mais une question pratique. C'est dans la pratique qu'il faut que l'homme prouve la vérité, c'est-à-dire la réalité et la puissance de sa pensée dans ce monde et pour notre temps. La discussion sur la réalité ou l'irréalité d'une pensée qui s'isole de la pratique est purement scolastique. »[3] Voilà qui est bien dit. À la condition que cela soit inauguration d'un programme de travail. *Inauguration*, parce que la sociologie y emprunte sa raison d'être. *Inauguration* aussi, parce que la sociologie y est invitée à examiner le sort de la raison dans la société.

Le sort de la raison dans la société : ce défi a inspiré les philosophies de l'histoire depuis des siècles. Malgré la défiance que nous éprouvons aujourd'hui envers ces spéculations, on y revient subrepticement de diverses façons. Héritier et contestataire de ces philosophies, Marx a proposé une sorte de concordat en insistant sur la notion de *pratique*. Plusieurs revêtent ce concordat d'une auréole magique. Ils oublient que la *pratique* n'est qu'une idée directrice. Elle implique à la fois un schéma et un idéal de la pensée. Un *schéma* : joindre, en toute considération de la raison, la conscience qu'elle a d'elle-même et de sa faculté de transformer le monde. Un *idéal* : à l'œuvre dans les sociétés comme dans la science, la réconciliation de la raison et de l'histoire est constamment en devenir.

La *pratique* (le mot, la notion) est l'anticipation d'une identification du schéma et de l'idéal que la sociologie ou la science historique annoncent par avance, et qui leur permet d'exister. De même pour la société : en attendant que ses idéaux coïncident avec ses déterminations, la politique entretient la conviction que nous sommes dans l'histoire. Dans les deux cas, la raison est une mainmise efficace sur un réel hypothétique ; elle est une utopie quant à un avenir également hypothétique. Elle doit démontrer son efficacité et, en même temps, montrer que son utopie est valable. Elle doit débouter l'imaginaire et prouver, par contre, qu'elle a un sens pour l'imaginaire.

Je voudrais tracer la route d'une réflexion sur ce drame de la raison à la recherche de son sens. Je procéderai rapidement, la bride sur le cou. Je prendrai ici et là des exemples fort connus, sans m'attarder à les commenter dans le détail, espérant que leur rassemblement mènera l'interrogation plus loin.

II

Sans doute, la raison n'a-t-elle survécu que par la vertu de ses contradictions. C'est dans des crises qu'elle s'inquiète de ses schémas et de son idéal.

---

3. *L'idéologie allemande*, deuxième thèse sur Feuerbach, Éditions sociales, 1968, pp. 31-32.

Ces crises ont jalonné son histoire ; je n'en tenterai pas une recension qui serait aussi superficielle que vaine. J'en rappellerai néanmoins quelques-unes qui, pour avoir été situées à des moments historiques déterminés, ont valeur de prototypes ; car elles se sont réactualisées par la suite, sous des figures différentes.

Je retiendrai d'abord deux exemples. Le premier concerne l'affrontement de la tradition et de la raison ; de sa fraîcheur première, nous font souvenir Socrate et les sages d'Israël. Le deuxième exemple met en évidence l'effort de la raison pour reconquérir son unité au sein de la multiplicité et de la contradiction de ses savoirs ; j'en appellerai là-dessus à l'inquiétude et à la tentative de Leibnitz. Tout cela pour introduire à la crise qui est la nôtre, à la scission entre l'histoire de la raison et l'histoire commune des hommes ; à cet égard, ce que l'on a appelé l'« ère du soupçon », pour qualifier des courants majeurs de la pensée du XIXe siècle finissant, peut être rapproché des orientations des sciences de la nature et de leur épistémologie à la même époque.

1. Socrate débattait des schémas et des idéaux de la pensée au cours d'une crise adolescente de la raison. Dans une société de transition, se heurtaient de vieilles traditions et les habiletés de la jeune sophistique, ivre de « vérités nouvelles ». Socrate assuma cette contradiction plus qu'il ne prétendit la résoudre.

On se souvient du beau portrait tracé par Bréhier : « Tous s'accordent sur l'étrangeté et l'originalité de ce sage ; le fils du tailleur de pierres et de la sage-femme Phénarète qui, vêtu d'un manteau grossier, parcourait les rues pieds nus, qui s'abstenait de vin et de toute chair délicate, d'un tempérament extraordinairement robuste, l'homme à l'extérieur vulgaire, au nez camus et à la figure de Silène, ne ressemblait guère aux sophistes richement habillés qui attiraient les Athéniens ni aux sages d'autrefois, qui étaient, en général, des hommes importants dans leur cité : type nouveau et qui va devenir le modèle constant dans l'avenir d'une sagesse toute personnelle qui ne doit rien aux circonstances... »[4] Ne rien devoir aux circonstances mais en s'y pliant avec résolution : avec Socrate, ce fut le premier idéal de la raison, la première reconnaissance de son autonomie. Cette conversion de la raison à elle-même ne se fit pas sans déchirement et sans arrière-pensée puisque Socrate, en rupture avec les conventions d'avant lui et avec les opinions à la mode, accepta de mourir par consentement aux règles de la cité.

Selon le fil d'autres traditions, en une époque de crise aussi, les sages d'Israël dessinaient à leur manière les voies de la raison. Les prophètes de jadis n'avaient plus de descendants. Les coutumes étaient menacées, le destin s'annonçait difficile. Dans un peuple obsédé par sa filiation historique et que

4. Émile BRÉHIER, *Histoire de la philosophie*, tome I, vol. I, P.U.F., 1951, 6e éd., p. 90.

rien ne destinait apparemment aux spéculations que les Grecs nous ont habitués à qualifier de *métaphysiques*, ces sages ont découvert en creux la présence de la raison. Une raison amère, désenchantée, dans la mesure même où elle s'appliquait aux choses de ce monde. À l'encontre des prophètes, le sage d'Israël ne parle plus au nom de Dieu ; il écrit en son nom propre. Il est un individu. Il parle pourtant de Dieu encore ; il a pris place dans le corpus de l'Écriture sacrée, non sans avoir inscrit dans la tradition une brisure qui ressemble à celle que Socrate, critique et fidèle lui aussi, a introduite dans l'histoire de sa patrie.

Ces deux crises de la raison, ces deux cassures n'ont jamais été oubliées par la suite. Après avoir éclairé la présence de la raison, Socrate d'Athènes et les sages d'Israël consentaient à ce que cette raison continue d'habiter une culture, des croyances, des traditions, des cités. Pour ceux qui s'efforcent de penser aujourd'hui, la mémoire que nous gardons de ces surgissements anciens de la raison est plus qu'un souvenir. Elle nous maintient dans la méditation d'une origine, et sans issue prévisible.

2. Socrate et les sages d'Israël ont suivi la trace de la raison dans l'espace flou que la tradition ne parvenait plus à recouvrir. Pour autant, ils n'identifiaient pas la raison au savoir. Mais le savoir est le désir irrépressible de la raison. De sorte que le problème se déplaça du statut de la raison dans la cité au rôle de la raison dans le savoir. Ce problème vient de très loin. Arriva un moment de l'histoire où, les traditions se défaisant plus encore, la raison dut s'efforcer de faire l'unité de ses savoirs. Une unité qui fût la sienne, et qui fût l'espérance d'un rassemblement de la plus vaste culture.

De ce problème, on ressaisit le pressentiment tragique en songeant à Leibnitz.

Leibnitz a été le dernier des penseurs d'Occident qui ait poussé au plus loin la curiosité passionnée de toutes les facettes de ce monde et des savoirs que l'on en fabrique. Par un désir aussi impérieux, il a voulu rassembler et réconcilier. « La tâche, écrivait Boutroux, ne se présente pas dans les mêmes conditions que pour les Anciens. Il trouve devant lui, développées par le christianisme et par la réflexion moderne, des oppositions tranchées, et des contrariétés, sinon de véritables contradictions telles que les Anciens n'en ont jamais connues. »

De ces contradictions, Boutroux dresse une liste effarante : le général et le particulier, le possible et le réel, le logique et le métaphysique, le mathématique et le physique, le mécanisme et la finalité, la matière et l'esprit, l'expérience et l'innéité, la liaison universelle et la spontanéité, l'enchaînement des causes et la liberté humaine, la providence et le mal, la philosophie et la religion... « Tous ces contraires, de plus en plus dépouillés par l'analyse de leurs éléments communs, divergent maintenant à tel point qu'il semble impossible de les concilier, et que l'option pour l'un des deux, à l'exclusion complète de l'autre, semble s'imposer à une pensée soucieuse de clarté et de conséquence. Reprendre, dans ces conditions, la tâche d'Aristote, retrouver l'unité et l'harmonie des choses, que l'esprit humain semble renoncer à saisir, peut-être même à admettre, tel est l'objet que se propose Leibnitz. »[5]

De cet objet, Leibnitz n'est pas parvenu à se saisir lui-même, que ce soit dans sa métaphysique, ses découvertes mathématiques, ses recherches historiques ou juridiques. Son échec, qui nous a laissé tant de beaux débris de vérités, reste exemplaire de ce que personne ne pourra plus jamais réussir, mais aussi d'une intention permanente, reprise de tant de façons.

3. Peu après survint une autre crise. La nôtre, déjà. Darwin, Marx, Freud, Nietzsche : avec eux, ce n'est plus la raison impatiente de rassembler qui s'affirme, mais la raison inquiète de ses origines, au point de les chercher en deçà d'elle-même. On a parlé d'une « ère du soupçon » pour qualifier ces dénonciations des prétentions de l'intelligence, des rationalisations, des idéologies. C'était pourtant la raison encore qui procédait au dévoilement des mécanismes de la sélection naturelle, des ruses de l'inconscient personnel ou de l'inconscience des classes sociales, des répressions de la volonté de puissance. En même temps qu'ils étendaient en tous sens le procès de la raison, Darwin, Marx, Freud, Nietzsche entendaient édifier une autre raison. Compromise dans le présent, la raison anticipait son triomphe dans l'avenir, dans l'avènement de ce « dieu logos » dont parle Freud dans une page étonnante de *L'avenir d'une illusion*. Ce triomphe n'était censé advenir qu'à la condition que la raison se dissocie des sagesses courantes, de la conscience, des opinions et des doctrines, qu'elle s'éloigne résolument de la culture commune afin d'être transparente à la vie personnelle et sociale. En attendant, la raison devait se donner les conditions de son propre progrès, des assises autonomes pour sa critique de l'*autre* culture.

Au même moment, l'étude des cultures connaissait un essor prodigieux avec le folklore, l'ethnologie, la sociologie, l'histoire, la psychologie. Jusqu'alors, ce genre d'investigations avait été peu pratiqué. Depuis fort longtemps, on opposait la « raison » à la « barbarie ». Avec l'« ère du soupçon », la raison place résolument devant soi les croyances, les pensées liées à la vie ordinaire des hommes, des peuples, des classes sociales. Aussi, l'« ère du soupçon » doit être comprise dans un ensemble plus vaste.

Par en arrière, elle fait relais avec la « philosophie des lumières » et, plus étroitement, avec le positivisme. À tout prendre, ce n'est que depuis l'avènement du positivisme du XIXe siècle que l'on a prétendu édifier un univers organisé du savoir superposable en son entier aux savoirs véhiculés par la coutume et la vie

---

5. Émile BOUTROUX, préface à la *Monadologie*, citée par Paul HAZARD, *La crise de la conscience européenne (1680–1715)*, Boivin, 1935, pp. 225-226.

quotidienne. Depuis des millénaires, on avait dénoncé les *préjugés*; on n'avait pas vraiment cru à la possibilité de tisser, en s'appuyant sur des découvertes déjà faites et par anticipation de celles de l'avenir, un univers distinct de l'autre, assuré de ses fondements propres. Auguste Comte fournit un bel exemple : sa loi des trois états ne reposait évidemment sur aucune preuve que l'on puisse qualifier de scientifique ; elle consacrait une vue d'ensemble de l'histoire ; elle annonçait un nouvel âge où la science, devenue autonome au sein de la culture, donnerait désormais à celle-ci ses fondements et les orientations de son développement. Renan, Berthelot, Haeckel, tant d'autres, ont soutenu de semblables paris.

Le positivisme est apparu en amont de l'« ère du soupçon ». En aval de celui-ci comment ne pas en rapprocher les extraordinaires développements des sciences de la nature depuis la fin du XIXe siècle ? Certes, les hommes qui furent les initiateurs de ces progrès n'étaient pas tous positivistes ; ils ne l'étaient même pas en majorité. Ce n'est point par le contenu de leur pensée ni même par les présupposés plus généraux qui les inspiraient qu'on rattachera leurs œuvres à l'« ère du soupçon » ou au positivisme. C'est plutôt par leur conséquence : la création d'une cité scientifique qui soit étrangère à l'autre cité.

En se resserrant sur elle-même, en accroissant avec une rapidité vertigineuse ses moyens, ses institutions, ses ouvriers, la cité scientifique a renfermé ses débats dans un enclos de plus en plus délimité. Dans cet enclos, elle a entrevu ses raisons à elle, étrangères par des principes à toutes les autres ; elle a cherché son origine dans son propre exercice, au point de placer le savoir à son commencement. Bachelard l'a proclamé de bien des façons : « L'arithmétique n'est pas fondée sur la raison. C'est la doctrine de la raison qui est fondée sur l'arithmétique. Avant de savoir compter, je ne savais guère ce qu'était la raison. En général, l'esprit doit se plier aux conditions du savoir. Il doit créer en lui une structure correspondant à la structure du savoir. »[6] Il doit concevoir son histoire, son devenir, à partir de ses productions...

III

Trois crises de la raison ; trois affirmations de son pouvoir. Je n'oublie pas que ce ne sont là que des cas et des exemples. De toute manière, de ces crises, de ces moments de la raison, nous demeurons les contemporains. La raison de Socrate ou des sages d'Israël affrontait les traditions de la cité des hommes ; les intellectuels ne dédaignent pas aujourd'hui de faire de même. S'interroger, comme Leibnitz, devant la dispersion du savoir ; éprouver la nostalgie de l'unité, proposer des logiques ou des épistémologies unitaires, à moins que ce ne

---

6. Gaston BACHELARD, *La philosophie du non. Essai d'une philosophie du nouvel esprit scientifique*, P.U.F., 1959, p. 144.

soit des réconciliations doctrinaires : on le professe toujours chez les savants, et avec une grande abondance ces temps-ci. Quant à la construction d'une cité scientifique par l'assemblage de matériaux empruntés au positivisme, à l'« ère du soupçon », aux savoirs hermétiques, elle s'impose à l'attention d'une façon aussi éclatante que l'édification de l'antique Tour de Babel.

Nous souvenant de ces crises du passé, constatant qu'elles sont encore les nôtres, nous sommes mieux en mesure de vérifier la nouveauté de la crise actuelle de la raison. Pour s'être émancipée de la plus large culture, de la plus vaste société, la science est devenue elle-même une culture, une société. La raison s'est établie chez elle, dans ses meubles. Dans cette maison, dans ce décor, se refont des coutumes, se constituent des rôles et des statuts, se consolident des institutions, se déroulent des débats qui ressemblent fort à ce que l'on observe dans la vie quotidienne dont la raison a voulu s'écarter.

La science ne se borne pas aux libres parcours d'une raison à l'affût de strictes théories et de précises expérimentations. Elle comporte ses habitudes de discussions, ses luttes de pouvoirs, ses conventions. En plus de découvertes sensationnelles, le cours ordinaire de la science s'entretient de postulats communément reçus, de problèmes considérés comme pertinents et de méthodes acceptées comme valables par la plupart. Ç'aura été le grand mérite de Kuhn d'avoir proposé là-dessus son hypothèse sur la « science normale » ; elle a prêté à d'abondantes discussions, qui n'en dissipent pas la fécondité.

Un sociologue des sciences écrivait récemment : « La communauté scientifique est un lieu plein de bruit et de fureur non seulement à cause de la compétition forcenée entre groupes et à l'intérieur des groupes ou laboratoires, de la pression à publier vite, du vol scientifique..., mais aussi à cause du fait que le champ scientifique, pour un chercheur, à un moment donné, est un champ socialement défini, que ce champ s'oppose à d'autres champs qui peuvent avoir une moindre légitimité, non pas au regard de l'histoire achevée mais de l'histoire vivante, moindre légitimité qui tient à la position de ceux qui ont, de fait, le pouvoir de par leur prestige scientifique, leur place dans les différentes hiérarchies (membre d'une Académie, prix X ou Y, directeur d'un grand laboratoire, éditeur d'une revue scientifique où il faut publier pour être lu...), leur appartenance à un foyer social fortement émetteur si l'on peut utiliser cette image. »[7] Cette observation, que n'importe quel habitant de la cité scientifique confirmera, est capitale à deux égards : elle fait ressortir la porosité de l'univers scientifique envers la commune culture et, plus encore, l'homologie de leurs fonctionnements respectifs.

Dès lors, entre la raison et la plus vaste culture, comment s'effectue le passage ?

---

7. Gérard LEMAINE, « Science normale et science hypernormale : les stratégies de différenciation et les stratégies conservatrices dans la science », *Revue française de sociologie, XXI*, 1980, p. 505.

1. La raison a toujours supposé des apprentissages. Bachelard le soulignait dans des propos que je citais plus haut : la raison acquiert conscience d'elle-même au sein d'un savoir. L'esprit doit parvenir à ce savoir avant que, prenant appui sur lui, il en devienne le générateur. Pourtant, cet apprentissage n'est pas une sorte de passage magique du non-savoir au savoir. La culture commune enveloppe déjà des connaissances ; de son côté, je le rappelais à l'instant, l'univers scientifique comporte bien d'autres éléments que des savoirs stricte-ment définis. Tout compte fait, l'apprentissage est une émigration d'une cité dans une autre cité.

Comme dans toutes les migrations, celle-là n'est possible que par un compromis ; ce qui vient du pays originel se marie avec ce que propose la terre d'élection. Personne n'accéderait à la science en ne percevant, à chaque étape, que des ruptures par rapport à ce qu'il pensait auparavant. On n'entre dans le pays des idées scientifiques qu'à la condition d'y reconnaître des parentés avec les idées de sens commun que l'on quitte. Par après, on revient en arrière, pour vérifier les ruptures et sonder les soubassements du territoire nouveau où l'on s'est implanté ; une fois rendu à destination, on s'adonne à l'épistémologie. Mais la migration est préalable à l'épistémologie : elle exige un repérage des itinéraires, des arrêts et des départs, des pauses où on fait le point sur ce que l'on abandonne et sur ce qui reste à parcourir, où on se souvient du sens de sa pérégrination.

De ces itinéraires, de ces louvoiements, de ces pauses, la pédagogie est censément l'ouvrière. Aussi, n'est-elle pas un résumé de la science pour ceux qui n'y sont pas encore installés. Elle n'est pas la simple translation d'un point à un autre, pas plus qu'une émigration ne se résume dans la translation d'une contrée d'origine à un pays d'arrivée. La pédagogie doit répondre à une double exigence : pourquoi quitter les assurances du savoir épars dans la vie quoti-dienne ; comment accéder à l'autre connaissance ? La pédagogie est une culture de surcroît, l'école est une société de surplus.

Au fond, Socrate n'a rien inventé qui soit de l'ordre de la découverte scientifique. Il était un pédagogue, un artisan des passages. Il dénonçait les fausses issues, les illusoires conquêtes de la raison, ramenant à la question du sens du savoir. Les pédagogies issues de la Renaissance n'avaient pas d'autres objectifs ; elles fondaient l'école comme culture, comme univers fermé des apprentissages, doué de ses pratiques et de ses idéaux. Sans s'inquiéter que l'école fût « coupée de la vie », elles se souciaient que l'école ne fût pas seulement un lieu de transit. Elles traçaient des itinéraires précis, inspirés des héritages anciens. Elles accordaient un privilège à l'histoire comme imagerie et comme matrice du cheminement de l'esprit hors de sa culture originelle. Aujourd'hui que cet humanisme s'est perdu, sans que nous puissions ou voulions le restaurer, la crise de la raison est devenue crise de la pédagogie.

Aux premières pages d'un *Traité de pédagogie générale* maintenant oublié, René Hubert rapportait de plus lointains propos de Paul Desjardins : « Les réformateurs de l'éducation... ont découvert le vrai sur presque toutes les questions de détail : qui sur l'éducation des sens et sur le processus du jugement dans la première enfance ; qui sur l'usage à faire du travail manuel ; qui sur la gymnastique rationnelle ; qui sur la manière d'enseigner les langues ou la physique, ou le dessin, ou la musique vocale, etc. Découvertes contemporaines et diverses dont, en réfléchissant, le centre apparaît un ; mais ce centre d'où tout rayonne, il n'est marqué assez fortement nulle part... »[8] Je cite cette déclaration comme un document ; relu à distance, il ne manque pas de saveur.

Que dire aujourd'hui de cette *unité*, sinon qu'elle a été irrémédiablement perdue de vue ? L'extraordinaire expansion des techniques, des technologies pédagogiques s'est poursuivie. Ce qui, en assurant mieux certains apprentissages particuliers, a fini par obscurcir les finalités de l'éducation. Pour reprendre les imageries de l'émigration, on ne sait plus de quel pays l'on part et dans quel pays l'on vient. Les programmes scolaires sont des conventions, de moins en moins acceptées ; après tout, ils ne seraient que de fragiles remparts contre les brisures d'une culture faites d'îlots de savoirs sans raccords et sans médiations.

Par la voie de la pédagogie, on en revient à cette crise de l'unité qu'affronta Leibnitz. Celui-ci pouvait encore croire, devant la longue liste des antinomies que j'ai recensées à la suite de Boutroux, qu'un effort gigantesque de pensées et de dialogues parviendrait à les surmonter. Ces antinomies se sont multipliées, au point de devenir un immense casse-tête dont les pièces ne tiennent ensemble que par les modes idéologiques. La pensée n'est pas seulement débordée, comme au temps de Leibnitz ; pour assurer le passage de la culture commune à la connaissance, la pédagogie a perdu son dynamisme, son emprise sur l'une et sur l'autre.

2. La pédagogie est une transition entre une culture d'origine, faite de schémas et d'idéaux qui circulent communément dans une société, et une sphère de savoirs structurés autrement, se réclamant d'autres fondements. Cette transition se reconnaît dans toutes les pratiques sociales ; celles-ci intègrent un savoir de plus en plus conscient de ses enchaînements et professé par des spécialistes ; par ailleurs, ces pratiques s'immiscent dans la vie quotidienne des individus et des groupes, s'y confrontent avec des sentiments, des opinions, des besoins qu'entretient la culture commune. Les pratiques sociales sont donc des pédagogies elles aussi. Y trouverons-nous les mêmes problèmes que nous avons déjà aperçus, généralisés à l'ensemble de la vie collective ?

Considérons le cas de la médecine.

Si l'on remonte au XIXe siècle, à l'époque où la médecine a entrevu le statut qui est aujourd'hui le sien, on constate la complicité de deux tentatives : élaborer un idéal scientifique, pourvoir à l'organisation d'une pratique.

---

8. René HUBERT, *Traité de pédagogie générale*, P.U.F., 2e éd., 1949, pp. vii-viii.

Avec Claude Bernard s'affirme une science thérapeutique que l'on a qualifiée de « médecine expérimentale ». À vrai dire, l'expression était ambiguë chez Claude Bernard lui-même. Pour qui se borne au premier chapitre de la célèbre *Introduction à la médecine expérimentale*, les principes et les règles de la démarche semblent aller de soi : là où jadis l'art de guérir ramassait pêle-mêle des recettes traditionnelles et des observations décousues, il faut faire place aux critères dont la science expérimentale a prouvé la fécondité. Ce n'est pas là toute la pensée de Claude Bernard, on le discerne mieux aujourd'hui.[9] Mais voilà ce qu'en a retenu une idéologie de la médecine du XIXe siècle et qui persiste toujours pour garantir l'emprise de la raison sur une pratique.

C'est aussi à partir du XIXe siècle que la pratique médicale s'est donné une organisation sociale plus complexe et plus strictement définie : réglementation de l'exercice de la profession, programmes de formation, élaboration d'un « humanisme médical » où l'idéal positiviste se mariait avec une éthique du dévouement, du secret professionnel, du service public. À la garantie du savoir expérimental, s'ajoutait ainsi, en supplément, un idéal moral de la science qui la fit proprement une *médecine*.

Deux pôles, de soi étrangers l'un à l'autre, se raccordaient aussi : une science inspirée par la physiologie, la chimie, la physique ; une organisation sociale de la profession, avec ses institutions de formation et d'exercice, ses références éthiques et juridiques, ses rôles sociaux. Cette synthèse, qui n'en était pas vraiment une, n'a pu tenir longtemps ensemble les deux rôles. Ceux-ci se sont développés selon leur logique respective.

Attentive aux progrès des sciences physico-chimiques, la médecine a accru ses potentialités thérapeutiques. Elle a dû, en conséquence, s'éparpiller en des spécialisations étanches (une trentaine officiellement reconnues). À la médecine des médecins s'est greffé un fouillis de disciplines dites paramédicales. Censé représenter malgré tout une certaine unité de la pratique, l'omnipraticien n'est souvent qu'un agent d'orientation vers les réseaux multiples des spécialités et des techniques. À cela s'est ajoutée une prodigieuse ramification de l'organisation des services de santé ; ce qui tient à la fois à la complexité de la science et à celle de la société.

Dans un espace aussi éclaté, ne résiste que par des fils ténus le raccordement de naguère entre « la médecine expérimentale » et « l'humanisme médical ». La

---

9. Canguilhem cite ce passage du *Rapport sur les progrès et la marche de la physiologie générale en France* (1867) : « On aura beau analyser les phénomènes vitaux et en scruter les manifestations mécaniques et physico-chimiques avec le plus grand soin ; on aura beau leur appliquer les procédés chimiques les plus délicats, apporter dans leur observation l'exactitude la plus grande et l'emploi des méthodes graphiques et mathématiques les plus précises, on n'aboutira finalement qu'à faire rentrer les phénomènes des organismes vivants dans les lois de la physique et de la chimie générale, ce qui est juste ; mais on ne trouvera jamais ainsi les lois propres de la physiologie. » (Georges CANGUILHEM, *La connaissance de la vie*, Hachette, 1952, p. 35, en note.)

raison médicale ne perçoit plus la parenté de ses assises scientifiques et de son idéal éthique, sinon dans le ressassement des lieux communs qui confinent à ce que les psychanalystes appellent des « rationalisations ». La confusion s'étend aux techniques elles-mêmes ; s'y mêlent des savoirs fragmentés et des relents d'une éthique qui, après avoir été réduite à la déontologie, est à peu près disparue de l'enseignement officiel de la médecine.

On parlait autrefois de la clinique comme d'un art d'écouter, comme d'un dialogue de la raison médicale et des confidences du patient. Certes, ce dialogue a toujours été difficile. Le malade ne parle jamais de sa maladie comme d'un cas scientifique ; pour lui, les symptômes ont valeur pour sa propre vie, pour son destin. Par principe, la raison médicale s'agençait à ce langage étranger, de telle sorte que le savoir de l'un se conjuguât avec le vécu de l'autre. Le statut social du médecin contribuait à ce dialogue, l'enrobait de garanties et de réconfort. Travail pédagogique, en somme.

Ce travail est aujourd'hui menacé. Il se défait dans l'expansion des industries pharmaceutiques et chirurgicales, dans la bureaucratie des organisations de la santé, dans les imageries collectives de la consommation médicale. « Il y a trente ans, avoue un praticien, les malades exigeaient des médicaments ; si on ne leur donnait pas une prescription à la sortie de la consultation, ils considéraient que celle-ci n'avait pas été sérieuse. Aujourd'hui, ils attendent qu'on leur dresse une liste d'examens pour les laboratoires de l'hôpital. » La collusion de la science, de l'organisation, de la consommation est parfaite ; la clinique, le dialogue, la pédagogie se sont évanouis en cours de route. Les techniques ont tout réconcilié. Où est désormais l'unité de la pédagogie médicale ? Qu'est-ce que l'éducation, disais-je ? Qu'est-ce que la médecine ? Dans un cas comme dans l'autre, on ne sait quoi répondre... en pratique.

3. Examinerait-on le destin de toutes les professions que l'on parviendrait partout à des conclusions similaires. Chaque fois, on constaterait l'éparpillement des spécialisations, l'enchevêtrement des rôles, des statuts, des réseaux, la réduction des pratiques aux symboles inspirés par la technologie. Des institutions se constituent, d'autant plus vastes qu'elles sont plus morcelées ; les fragments y sont emboîtés au prix de communications enchevêtrées et fréquemment sans issues.

Naguère existait une sorte de formation de base, dite « humaniste », qui soutenait l'apprentissage technique des professions. S'y sont substitués des enseignements relevant d'une supposée « culture générale » dont on ne voit plus la cohésion, et qui font vite place à des spécialisations hâtives. Après les métiers de jadis, l'apprentissage des professions se désagrège à son tour : cause et conséquence de l'éclatement de l'éducation dont je fais état plus haut. Autrefois, les rôles et les statuts des professionnels intégraient les techniques, peuplaient des espaces où se rencontraient les praticiens, leurs clients, la société.

Les ont remplacés des réseaux, des techniques de communication, des comités qui mettent ensemble les débris des anciennes professions. Il en est de même pour la présence des professions à leurs publics. Une administration parallèle y pourvoit, avec ses dossiers, ses appareils, ses embouteillages ; avec son jargon, que d'autres techniciens s'efforcent de traduire, par les médias ou autrement, en messages pour une population anonyme...

Quoi qu'en aient dit beaucoup de sociologues, nous ne sommes pas entrés dans une société « post-industrielle ». Nous sommes plutôt dans une société industrielle généralisée, dans une société où la raison est devenue une industrie. Ce qui comporte deux conséquences : un désintérêt généralisé pour le travail, pour cet effort de maîtrise de la nature et de la société dont Marx exaltait si fort la valeur ; et par une contrepartie obligée, la dissolution d'une éthique du travail.

Dans tous les pays du monde, des enquêtes innombrables révèlent que le travail n'est plus guère une valeur. En Russie comme aux États-Unis, en France comme en Grande-Bretagne ou au Québec, les jeunes passent d'un emploi à un autre, gardant pour eux des raisons de vivre qui ne peuvent plus s'exprimer dans le travail. De sorte que le chômage, qui s'étend actuellement à la faveur de la crise économique, suscite bien d'autres problèmes que celui de la création d'emplois. La scolarisation massive, promesse de travail, ne provoque plus l'enthousiasme. Depuis que les cadres les mieux rémunérés jouissent davantage du pouvoir que de leur travail, depuis que beaucoup de médecins travaillent quatre jours par semaine pour assurer leurs loisirs, depuis que l'on fréquente l'école pour rassurer les idéologies sur l'élévation du taux de scolarisation, qu'est devenu le plaisir de travailler ? Comment faire encore, ailleurs que chez certains intellectuels, l'éloge de la *praxis* ?

Le ramassis des techniques pédagogiques ne constitue pas l'éducation ; le relevé des tests de laboratoire ne résume pas la médecine ; les façons de travailler ne sont pas plus le sens du travail. Celui-ci comprend des manières de faire, parfois des références scientifiques ; il n'est pas la somme de tout cela. Il est censé envelopper ces opérations dans des interactions sociales, comporter des vues d'ensemble sur la vie collective. Le travail n'a d'intérêt, la personne ne s'y exprime, autrui n'en reconnaît l'importance qu'à la condition qu'il existe ce que l'on appelait naguère une *division sociale du travail*. Grâce à celle-ci, le labeur de chacun s'intègre à la cité, en manifeste la vie organique, en fait ressortir le sens dans une concertation et dans des conflits que la technique ignore, fût-elle promue à la dignité de la *planification*.

Devenu nostalgique, l'idéal d'une division sociale du travail met aussi en évidence les questions éthiques que suscite l'exercice du métier. Cet exercice concerne le médecin et son patient, le juriste et son client, l'architecte et l'habitant des paysages ; un espace humain est en cause, et qui déborde la morale individuelle du spécialiste. Les valeurs impliquées dépendent d'un certain état des mœurs qu'il est impossible de ratatiner dans des débats d'opinions. La santé et la maladie, le juste et l'injuste, les enracinements dans un quartier ou une région : tout cela en appelle à des conceptions collectives de l'existence.

Dans un ouvrage classique, Durkheim s'inquiétait du destin de la division sociale du travail et de ses aspects moraux. La préface de la deuxième édition soumettait, à cet égard, des propositions aujourd'hui vieillies. Je relève cependant ce passage qui a conservé une grande portée : « Une société composée d'une poussière infinie d'individus inorganisés, qu'un État hypertrophié s'efforce d'enserrer et de retenir, constitue une véritable monstruosité sociologique. Car l'activité collective est toujours trop complexe pour pouvoir être exprimée par le seul et unique organe de l'État ; de plus, l'État est trop loin des individus, il a avec eux des rapports trop extérieurs et trop intermittents pour qu'il lui soit possible de pénétrer bien avant dans les consciences individuelles et de les socialiser intérieurement. C'est pourquoi, là où il est le seul milieu où les hommes se puissent former à la pratique de la vie commune, il est inévitable qu'ils s'en déprennent, qu'ils se détachent les uns des autres et que, dans la même mesure, la société se désagrège. »[10]

Durkheim proposait un palliatif : le développement de solidarités, d'organismes intermédiaires. Pour une part, son vœu a été exaucé. Mais l'histoire de l'État a pris une autre voie que celle qu'il avait prévue. À l'exemple de tant d'autres organisations collectives, y compris les « corps intermédiaires », l'État a dissipé son sens comme lieu de concertation et comme endroit d'où l'on puisse voir la collectivité autrement que selon les imageries d'une énorme machine qui englobe et parasite toutes les autres. Le déclin actuel des « démocraties sociales », le procès de l'« État protecteur » que reprennent les idéologies néo-libérales sont un avertissement. Avertissement ambigu, certes. L'État y devient un bouc émissaire pour les colères contre la technocratie. Si, de la technocratie, on voulait guérir l'État, c'est à la société tout entière qu'il faudrait appliquer le remède ; les dénonciations de l'État sont des manœuvres de diversion.

La question est autrement plus grave. En se coulant, en se perdant dans les technologies, la raison s'est partout répandue et partout perdue. Nous ne savons plus ce qu'est l'éducation ou la médecine. Il y a très longtemps que l'ouvrier ou l'employé ne savent plus ce qu'est le travail. Faut-il tellement nous étonner de ne plus savoir ce qu'est la politique ?

Savons-nous davantage ce qu'est la raison ?

IV

Au cours des temps, et surtout depuis un siècle, la raison s'est mise à l'écart de la culture commune. Sans doute devait-elle le faire. En tout cas, elle a ainsi

---

10. Émile DURKHEIM, *De la division du travail social*, 7ᵉ éd., 1960, pp. xxxii-xxxiii.

pris conscience de l'originalité de ses démarches. En des endroits déterminés, elle s'est approprié les crises et les polémiques qui la concernent; n'est-il pas vrai que l'on ne saurait discuter autrement qu'en cercles fermés de la «thermo-dynamique du non-équilibre» ou de la «théorie des structures dissipatives»? Dans une circonférence plus élargie, aux frontières plus floues, la raison s'est constituée en cité particulière au sein de la plus vaste cité. Elle y reporte à des querelles, à des institutions, à des idéologies qui lui appartiennent en propre, mais qui ressemblent étonnamment à celles où nous sommes impliqués chaque jour. Plus loin encore, à partir de la cité où elle s'est établie, la raison s'efforce de rendre *raisonnable* la société tout entière.

Au cours de ces manœuvres, la raison s'effrite sous prétexte de conquérir son domaine. Elle se défait en se spécialisant. Alors qu'elle paraît commander à l'éducation, à la médecine, à la politique, elle ne sait plus dire ce qu'est la sagesse, la santé, la cité.

Sauf dans les théories où elle se contemple comme dans un miroir, la raison exerce une autorité qu'elle est incapable de justifier en raison. Pour avoir élargi son empire, elle est impuissante à en dire la pertinence. Pour être omniprésente, elle s'est muée en techniques disparates; elle y a dispersé et maquillé la vérité. Dans la technique, si la raison paraît s'imposer comme le sens de la vie, c'est que la vie s'y donne le masque, la caution de la raison. La raison dissimule son sens, sa portée sous des conventions, celles de la «rationalité», celles de la «science normale». Elle se délègue dans la technocratie et la bureaucratie. Défendant de mieux en mieux la logique de ses exercices, la raison est de moins en moins apte à décrire la portée de sa diffusion dans la société des hommes.

D'où vient cette impuissance?

Bergson en indiquait probablement la source permanente lorsqu'il écrivait dans une page célèbre: «Notre pensée, sous sa forme purement logique, est incapable de se représenter la vraie nature de la vie, la signification profonde du mouvement évolutif. Créée par la vie, dans des circonstances déterminées, pour agir sur des choses déterminées, comment embrasserait-elle la vie, dont elle n'est qu'une émanation ou un aspect?»[11] Notons que Bergson parle de l'*intelligence*, qu'il ne confond pas avec la raison, pas plus que Kant n'identifiait celle-ci avec l'*entendement*. Mais, si l'on envisage le problème non plus seulement sous l'éclairage métaphysique mais par confrontation avec la culture, la question est de savoir comment la confusion s'établit malgré tout. On ne se trouve plus alors devant une erreur métaphysique mais face à un phénomène sociologique, face à la crise de la raison en tant qu'elle est une crise de la culture.

Après tout, si le problème se pose en termes métaphysiques, c'est qu'il habite la culture occidentale depuis ses lointaines origines. Comment la raison

---

11. Henri BERGSON, *L'évolution créatrice*, P.U.F., éd. de 1969, p. vi.

a-t-elle tenté de surmonter ce problème dans le passé, en des circonstances et selon des manières diverses ? Je réponds par une brève formule : en refusant d'égaler la vérité à la vérification ; en concevant la vérité comme une valeur, comme une visée qui relève en définitive de la morale. Une fois de plus, quelques exemples connus nous en feront souvenir.

À l'aube de la philosophie grecque, Socrate plaçait la connaissance au centre de sa préoccupation. Mais il s'agissait de la connaissance du bien. Pour lui, la vertu était la science du bien et du mal ; la bonne conduite était le résultat d'une exacte évaluation des conséquences de l'action. En somme, la raison s'identifiait foncièrement avec le sujet moral. Quand, d'une manière plus systématique, Platon conjuguait une théorie des objets du savoir et une théorie du savoir lui-même, il traçait une double voie dont le Bien est le sommet réconciliateur ; que l'on se rappelle le schéma qui termine le VIᵉ livre de la *République*. Certes, le problème n'était pas résolu pour autant ; la réconciliation de la connaissance et de l'éthique ne cesserait plus d'être une préoccupation pour la tradition de la pensée occidentale.

Avec l'avènement de la science moderne, la tension est devenue plus critique que jamais. Ainsi, Descartes distinguait soigneusement la physique et la morale, au point d'interdire, selon les premières apparences, toute parenté de leurs démarches respectives. Il ne s'y est pourtant pas résolu tout à fait. Dans les deux cas, suggérait-il, la déduction des vérités ne suffit pas : il y faut le recours à l'expérience. Celle-ci n'est pas de même nature, elle n'obéit pas aux mêmes critères pour la physique et pour la morale ; néanmoins, la certitude à laquelle aboutit la science est *morale* de quelque façon. Elle ressemble à celle qui est « suffisante pour régler nos mœurs », elle est aussi « grande que celle des choses dont nous n'avons point coutume de douter touchant la conduite de la vie ».[12] Raccord précaire, qui témoigne cependant d'une volonté têtue de ne point scinder le savoir et le sens, la science et le sens commun.

Je devrais m'attarder à Kant, à sa prodigieuse tentative pous subordonner la raison pure à la raison pratique. Mais le positivisme du XIXᵉ siècle est plus instructif pour éclairer ce qui nous intéresse au premier chef : la crise de la raison aux prises avec le problème de sa signification éthique, de sa pertinence dans la culture. En effet, avec le positivisme, nous sommes à la veille de nos interrogations d'aujourd'hui. Les prétentions et les difficultés du positivisme sont les nôtres, mieux mises en évidence il y a un siècle parce qu'elles étaient des préfigurations en pensée de ce qui est devenu confusion en pratique.

Ces prétentions et ces difficultés, l'œuvre de Comte les éclaire mieux que toute autre.

---

12. DESCARTES, *Principes de la philosophie*, 4ᵉ p., a. 205. Voir : Geneviève RODIS-LEWIS, *La morale de Descartes*, P.U.F., 1951, p. 119.

Comte *généralise* l'idée de science, égale celle-ci à l'emprise globale de la raison : telle est, en bref, l'entreprise gigantesque du *Cours de philosophie positive. Positif* signifie d'abord référence au *réel* ; la science y pourvoit. Positif signifie aussi report à l'*utile* : selon Comte, la philosophie s'y emploie en dégageant les conditions de la transition du savoir à l'action. Pour ce faire, la sociologie est d'un indispensable secours : science dernière, elle est capable, par un mouvement de retour sur la généalogie des disciplines, d'imprimer à celle-ci un développement qui assurera la cohésion intellectuelle indispensable à l'unité organique de l'humanité.

La sociologie ne suffira pourtant pas à la tâche. Comte est contraint de faire place à l'éthique. Le voici, qui, dans le *Système de politique positive*, ajoute une septième science fondamentale à celles qu'il avait recensées : la morale. Celle-ci pénètre dans le champ clos du savoir, au point de le commander tout entier. D'un côté, elle dégage des lois semblables à celles des sciences : on paraît demeurer ainsi dans une même sphère homogène de la raison. Par ailleurs, les « lois morales » sont d'un autre ordre que les autres disciplines puisqu'elles concernent les fins de la destinée humaine. L'âge de la raison, identifiée d'abord avec la science, arrive à placer l'éthique au-dessus de la science, à lui faire prescrire au savoir sa fin et même ses démarches.

L'idée n'est pas propre à Comte. Son disciple Littré prétend que la justice a le même fondement que la science ; Paulhan propose de « réformer la logique sur le modèle d'une morale qui serait convenablement élargie ».[13] L'idée est partout dans l'air à la fin du XIXᵉ siècle et au début du XXᵉ.

De Socrate au positivisme de Comte, malgré les divergences énormes de principes et de doctrines, on discerne donc une ligne de fond dans les préoccupations : assurer la prédominance de la connaissance dans l'œuvre de la raison ; assurer la collusion de la raison et de la morale dans une demeure unifiée du savoir.

Le souci éthique devait conduire Comte plus loin que la morale. C'était logique. Si rigoureuse soit-elle, une morale ne se réduit pas à une suite de raisonnements qui satisfassent l'esprit. Elle procède d'une autre espèce de conviction que celle qui est produite par la démonstration ; elle provient de la vie et y reconduit. Elle se nourrit du *sentiment*, pour reprendre le mot un peu vague qu'affectionnait Comte. Elle suscite des accords autres que ceux qui rallient aux théories scientifiques. Certes, la morale ne consacre pas les invites des coutumes ; elle veut établir ses choix sur une élucidation minutieuse de ses critères ; mais il lui faut, en outre du consentement des intelligences, l'assentiment des volontés, la convergence des aspirations. Le système des sciences peut fonder une cité scientifique ; l'éthique en appelle à une cité morale.

---

13. Sur Paulhan, voir : André LALANDE, *La raison et les normes*, Hachette, 1948, p. 224. Lalande cite cette autre formule : « La logique n'est qu'une sorte de morale de l'intelligence ».

Que serait une telle cité morale sans un travail collectif des hommes pour éclairer en commun des valeurs qui les rassemblent ? Ces valeurs ne seraient-elles pas de vaines abstractions, copiées sur les schémas de la science, si ne les suscitaient et ne les entretenaient des idéologies, des solidarités, des rêves susceptibles d'alimenter les sentiments de chacun et de les fondre dans un consensus collectif ? Ainsi, le cheminement de Comte aboutit à la « religion de l'humanité ». On s'est bien moqué de lui. Par-delà les fétiches et les calendriers ridicules que Comte a mis au point, retenons l'exigence : il ne peut y avoir règne universel de la raison, et moment éthique, sans qu'à l'univers de la science fasse contrepartie un univers de l'imaginaire. Et aux pratiques du premier doivent correspondre des pratiques du second ; à l'*expérimentation*, on joindra le *culte*...

Devant cet aboutissement du parcours de Comte, comme la plupart de ses disciples et de ses exégètes, nous sommes déconcertés. Les uns, comme Littré, regrettent le naufrage d'un grand esprit dans la folie. Les autres, à l'exemple de Lévy-Bruhl, mettent entre parenthèses ce qui leur semble une excroissance qu'il vaut mieux laisser dans l'ombre.[14] D'une manière ou d'une autre, le vieux problème du sens de la raison dans la culture, dont j'ai rappelé la traditionnelle persistance, est évacué en même temps que le sécateur détache de l'œuvre comtienne un rameau supposément maladif.

Qu'arriverait-il si l'on poursuivait ce travail de sarclage sur les pensées des successeurs d'Auguste Comte ?

Faut-il séparer de la psychosociologie de Fourier ses spéculations uto-piques ? Peut-on considérer la méthode monographique de Le Play indé-pendamment de ses doctrines conservatrices ? Est-il aisé de nettoyer la sociologie de Sumner de ses plaidoyers pour le libéralisme ? Parvient-on à isoler la sociologie de Spencer de ses réflexions sur l'Inconnaissable ? Arrive-t-on à distinguer les théories de Marx de son parti pris pour le prolétariat ? Comment oublier la morale de Durkheim (son souci principal) au profit de sa sociologie ou scinder la sociologie de Weber de ses préoccupations éthiques et poli-tiques ?... On pourrait allonger la liste de pareilles questions jusqu'aux socio-logues d'à présent.[15]

L'historiographie et l'enseignement de la sociologie n'en procèdent pas moins à ces nettoyages d'après coup. Pour que la sociologie offre à nos contemporains, plus particulièrement aux étudiants, le visage de la *science*, avec tous les traits d'une entreprise *raisonnable*, on effectue une chirurgie sur les œuvres de ceux qui les ont faites. Ces œuvres on les dépouille de leurs ramures

---

14. Voir la conclusion de Lucien LÉVY-BRUHL à son livre classique sur *La philosophie d'Auguste Comte*, 3e éd., Alcan, 1913, pp. 395–417.

15. Et la recommencer pour la psychologie, l'histoire, l'ethnologie, les sciences humaines tout entières.

et de leurs racines. Débarrassant les artisans de la raison de leurs intentions plus amples, on rejette aussi aux oubliettes les angoisses des sociétés où ils ont vécu. Cette raison aseptisée, arbitrairement vouée à son indépendance, est toute prête pour être réinvestie dans les technologies de la raison. Là où le sens de la raison est tellement homogénéisé qu'il semble se confondre avec les impératifs de la logique. Là où on ne sait plus ce qu'est l'éducation, la médecine, la politique... ou la sociologie.

V

Nos sociétés contemporaines auraient-elles perdu de vue les interrogations traditionnelles de la raison quant à son sort dans la culture ? Les anciens affrontements de la raison avec les croyances, avec l'éthique, se sont-ils finalement dissipés dans les technologies ? Les irruptions subites de l'irrationnel, de l'imaginaire, auxquelles nous assistons avec stupéfaction, ne sont-elles que des phantasmes qu'il faut conjurer en les mettant à part dans des enceintes soigneusement gardées ? Ou bien, à l'inverse, isolée de l'éthique et de l'imaginaire, la raison serait-elle devenue le phantasme suprême d'une culture dont elle croit s'être définitivement libérée alors qu'elle est prisonnière des technologies ?

Est-il aboli le temps où la vérité était une valeur et non pas seulement la caution des techniques et des pratiques sociales ? Ce n'est pas certain.

Comme autrefois, mais d'autres façons, la raison d'aujourd'hui a ses origines ailleurs que dans ses démarches avouées. Elle a beau construire de belles forteresses bardées de logique et d'épistémologie, savamment défendues par des fossés et des barricades de laboratoires et d'universités ; elle a beau porter au loin l'offensive par des colloques et des livres dits de « vulgarisation ». À l'intérieur de ces ouvrages de défense et d'attaque, une cité semblable à la cité plus vaste s'est instaurée. La « science normale » y entretient des débats, des règles, des coutumes, une police qui débordent l'empire de la raison.

Aussi faut-il nous souvenir des commencements. De Socrate et des sages d'Israël, pour qui la raison devait habiter la Cité, être la répondante des coutumes en même temps que le questionnement des pratiques quotidiennes inconscientes d'elles-mêmes. De Descartes, parti à la recherche d'un sens commun avec lequel la science puisse se réconcilier. De Leibnitz, préoccupé par les déchirements du savoir et par l'éclatement de l'unité religieuse. De Comte, qui voulait désespérément réconcilier la raison et l'imaginaire dans une religion fabriquée de toutes pièces.

Mais tout cela ne serait-il pas vaine nostalgie ? Ces vieilles questions, ces vieilles intentions ne se sont-elles pas évanouies en cours de route ? Commencée et continuée grâce à des crises dont j'ai rappelé quelques exemples, une aventure paraît s'achever en douce : grâce à la technologie, grâce à des médiations dont

Socrate, les sages d'Israël, Descartes, Leibnitz ou Auguste Comte n'avaient pas le pressentiment.

Pourtant, ce n'est peut-être pas le dernier avatar de la raison à la recherche de son sens. Depuis qu'elle exerce partout son emprise, la raison éprouve le besoin de revenir sur elle-même, sur ses fondements. On ne saurait expliquer autrement l'extraordinaire expansion de l'épistémologie à partir du siècle dernier. Selon la même proportion où la technique prenait essor dans l'industrie, l'administration, l'éducation, les techniques sociales, la raison refluait sur les origines de ses opérations, sur la recherche logique, sur la psychologie et la sociologie de la connaissance.

Dans l'art particulièrement, l'imaginaire aussi s'est mis à l'écart. En des courants majeurs, la musique, la peinture, la poésie, le roman se sont repliés sur leurs actes fondateurs. Ce que l'on qualifie d'« art abstrait » correspond, au fond, à la même impulsion que celle qui anime l'expansion de l'épistémologie. Dans les deux cas se produit un retrait de la raison et de l'imaginaire hors d'une domestication qui leur est commune. En ces refuges, la technologie est tenue à distance, en même temps que le sont les médiations du savoir. La raison et l'imaginaire y campent au désert.

Comme au temps de Socrate ou des sages d'Israël, la raison n'a pas achevé la quête de son sens. Pour s'y encourager, il n'est pas vain qu'elle se souvienne de son histoire, de la tradition de ses questions ; qu'elle ressasse le tourment dont elle est née, qui l'a poussée à introduire la lucidité dans l'imaginaire de la Cité de tout le monde, dans l'imaginaire aussi de la cité scientifique.

Pour cela, il faut que l'imaginaire résiste à la raison, qu'il lui rappelle que jamais la superstructure ne se réconciliera avec l'infrastructure au point où la raison se fondrait ou se contemplerait dans l'épaisseur sans failles de la praxis. Car, ce n'est pas assez que la raison entretienne mémoire de sa raison d'être, de ses affrontements avec l'imaginaire. Il faut travailler à ce que l'imaginaire se fasse mémoire à son tour, récapitule son perpétuel combat contre la raison.

En partant de l'imaginaire, cette fois, il serait donc indispensable de poursuivre une lecture de notre culture semblable à celle que j'ai témérairement esquissée ici. À cet examen, il conviendrait de donner pour titre : l'imaginaire en quête de la raison...

Fernand DUMONT

*Département de sociologie,
Université Laval.*

Institut québécois de recherche sur la culture.

LE DROIT ET
L'IMAGINAIRE SOCIAL

Il peut paraître téméraire de vouloir relier le droit à l'imaginaire social. S'il est une institution d'où l'imaginaire semble absent, c'est bien le droit. Ne se caractérise-t-il pas par une froide rationalité, une logique interne que Max Weber a appelée «formaliste», un esprit d'analyse pratique, la recherche pragmatique d'arrangements acceptables en vue d'établir ou de rétablir une certaine harmonie des relations sociales ? De plus, une grande partie du droit est l'héritage d'un passé plus ou moins lointain; il se nourrit abondamment de traditions, c'est-à-dire de solutions, laborieusement créées et longuement éprouvées, aux problèmes que rencontrent les membres d'une société dans leurs rapports, leurs échanges, leurs relations. Il est donc déjà cristallisé, solidifié, patiné par l'épreuve du temps. Enfin, on dit volontiers du droit qu'il est le reflet des conditions sociales existantes aussi bien que des rapports sociaux tels qu'ils se sont élaborés au cours des temps, des coutumes récentes aussi bien qu'anciennes.

Tout cela laisse bien peu de place à l'imaginaire. Tourné plus vers le passé que vers l'avenir par ses origines, orienté de par ses fonctions vers des objectifs pragmatiques du présent, le droit n'est-il pas l'antithèse de l'imaginaire ? On pourrait même croire qu'il en est la contradiction permanente, puisqu'il est *l'institué* par excellence, et même *l'institué écrit*, ce qui le durcit, le cristallise, le pétrifie plus encore. Cette vue n'est pas sans fondement. Elle correspond effectivement à une partie du droit. Mais elle ne correspond pas à tout le droit.

Le droit : fixité et mobilité

Le droit ressemble à bien des égards à des formations géologiques accumulées les unes sur les autres. On y retrouve en effet les couches successives des différentes influences idéologiques, économiques, politiques et culturelles qui se sont succédé au fil des années, des décennies, des siècles. Identifier ces couches successives, les dégager, les nommer et les dater n'est malheureusement pas toujours facile, pas plus dans l'étude du droit qu'en géologie. Mais on peut à priori, d'une manière absolue, faire l'hypothèse de l'existence de ces couches successives, même s'il est difficile de les discerner et de les distinguer les unes des autres parce que dans le droit, à la différence de la géologie, elles s'entremêlent d'une manière souvent presque inextricable. C'est là un des grands problèmes de méthode qui se posent aux chercheurs en histoire et en sociologie du droit.

Cependant, en droit comme en géologie, par-dessus les couches successives des différentes étapes qu'a traversées le droit, celle qui est en train de se poser et qui n'est pas encore solidifiée peut connaître — connaît souvent — une vie active, de grands changements, d'importantes perturbations. Il y a des périodes de l'histoire où cette vie est plus animée qu'à d'autres, des époques où de plus grands changements se produisent qu'à d'autres, où le brassage des idées, les aspirations nouvelles, les problèmes récemment posés sont tels que d'importantes parties du droit sont forcées d'évoluer rapidement.

C'est de toute évidence une telle période historique que nous connaissons présentement. Au cours du XIXe siècle, on pouvait croire que le droit avait en quelque sorte bloqué son évolution en se codifiant, dans les pays formant ce que René David appelle « la famille romano-germanique ».[1] Bien qu'elle ne fût pas le premier pays à rédiger un code, loin de là, la France devint un modèle, avec les différents codes préparés sous l'initiative de Napoléon.[2] À son exemple, de nombreux États entreprirent la rédaction d'un code, ou de codes, plus ou moins calqués sur ceux de la France. Finalement l'Allemagne, qui avait résisté longtemps à la codification, eut aussi son code civil à partir de 1900. Même en Angleterre, où l'idée de la codification n'a finalement jamais triomphé, les juristes entreprirent au XIXe siècle de grandes réformes du *Common Law*, pour l'assouplir, le stabiliser et lui redonner plus de cohérence.

Ce besoin de codification et de stabilisation du droit, notamment du droit civil, du droit commercial et des procédures, s'explique par les exigences que posaient au droit la révolution industrielle et le capitalisme bourgeois. Max Weber a bien montré comment le droit de type logico-rationnel était une des bases essentielles du développement de la société industrielle capitaliste. C'est le droit en particulier qui permettait d'établir et d'assurer la « calculabilité », essentielle à la multiplication des échanges commerciaux, au progrès de la finance, du crédit, des différentes formes de contrat.[3] Grâce à la codification, le droit sortait de l'arbitraire qui avait entaché le droit de l'Ancien Régime et de l'atomisation des droits coutumiers et des droits locaux.

---

1. René DAVID, *Les grands systèmes de droit contemporains*, Paris, Dalloz, 7e édition, 1978.

2. On ne fait généralement référence qu'au Code civil. Cependant, il faut rappeler que les années 1804–1810 furent en France la grande période de la codification. Outre le Code civil, qui date de 1804 et plus officiellement appelé Code Napoléon en 1807, on procéda sous Napoléon Bonaparte à la rédaction et à la proclamation du Code de procédure civile (1806), du Code de commerce (1807), du Code d'instruction criminelle (1808) et du Code pénal (1810).

3. Max WEBER, *General Economic History*, trad. anglaise de F.H. Knight, Londres, Greenberg, 1927. (Publié en allemand en 1923.)

Par ailleurs, bien des juristes ont été opposés à la codification et à la stabilisation du droit parce qu'il en résulterait, à leurs yeux, une stagnation, une stérilisation de la pensée juridique. C'est principalement cet argument que des juristes allemands firent valoir pendant tout le XIXe siècle pour lutter contre les tendances à la codification dans leur pays et pour s'opposer à la fascination excessive qu'à leur avis le Code Napoléon exerçait sur les Allemands. Effectivement, l'évolution du droit a connu un certain temps d'arrêt après la mise en place des codes dans les différents pays.

Mais cette stagnation du droit fut moins longue qu'on le dit parfois. Car malgré les codifications, le XIXe siècle fut témoin d'importantes transformations juridiques. Pour ce qui est de la France, le sociologue-juriste André-Jean Arnaud l'explique ainsi :

> « L'histoire de la pensée juridique, si elle avait été celle d'une volonté constante de *construction* avant 1804, et depuis plusieurs siècles, devient, dès l'époque de la parution des codes napoléoniens, celle d'une lente *décomposition*. ... Jusqu'en 1804, toutes les énergies furent tendues vers la réalisation de l'œuvre. Mais dès le moment de sa parution, elle fut l'objet d'une lente désagrégation, qui tint, dans un premier temps, moins aux critiques des hommes qu'à sa confrontation avec la réalité socio-économique, puis, par la suite, aux efforts conjugués de ces deux facteurs... Les grands principes qui caractérisaient [le Code Napoléon] : individualisme, volontarisme, subjectivisme, rationalisme allaient peu à peu fléchir devant les attaques conjuguées des penseurs et des faits. »[4]

De même en Angleterre, au cours du XIXe siècle, malgré les efforts de stabilisation du *Common Law*, il était possible de voir de nouvelles tendances s'affirmer dans la législation et dans la jurisprudence, et qui modifiaient profondément l'esprit du droit civil. C'est cette histoire que le grand juriste britannique A.V. Dicey, dans un ouvrage remarquable, tenta de mettre en lumière et de suivre à travers les différentes législations sociales, tout en montrant la résistance qu'il éprouvait lui-même à accueillir ces changements.[5] Et, depuis Dicey, les tendances qu'il avait déjà discernées n'ont fait que s'accentuer. En particulier, on a assisté dans tous les pays industrialisés, depuis trois ou quatre décennies, à une prolifération du droit public, en marge du droit privé, dans une foule de secteurs où le droit n'avait pas encore vraiment pénétré et où il a dû créer du droit nouveau : tout d'abord le monde du travail, puis ceux de l'éducation, de la santé, de la fiscalité, des communications, des biens culturels, etc. Par opposition au droit déjà établi, c'est là que se trouve le droit en formation, celui qui cherche les meilleures solutions aux problèmes qui se posent dans l'actualité, qui est à la recherche de formules nouvelles ou acceptables, susceptibles de protéger certains intérêts, corriger certains torts, rétablir les situations menacées, engendrer des états nouveaux.

---

4. André-Jean ARNAUD, *Les juristes face à la société, du XIXe siècle à nos jours*, Paris, Presses universitaires de France, 1975, p. 17.

5. A.V. DICEY, *Law and Public Opinion in England during the Nineteenth Century*, publié originellement en 1905, nouvelle édition avec préface de E.C.S. Wade, Londres, MacMillan, 1962.

L'insertion de l'imaginaire dans le droit

C'est précisément à travers cette recherche que l'imaginaire va se glisser dans le droit et s'y loger. Je parle ici d'imaginaire social dans un sens plus restreint — ou peut-être plus large — que l'usage qu'on en fait couramment. Pour les besoins de notre réflexion, j'entends par imaginaire social les projets de société, les visions d'avenir, les rêves sociaux, les espoirs politiques, les aspirations collectives, que des groupes ou des secteurs de la société développent et entretiennent. C'est l'imaginaire social qui va aboutir à la formation d'idéologies, d'utopies, de mythes sociaux.

À travers l'élaboration du droit, parfois aussi à travers l'interprétation du droit, des hommes, des groupes d'hommes, parfois de grands secteurs d'une société veulent influer sur le cours de l'histoire, sur l'organisation de leur société, en cherchant à réaliser certains rêves, certaines aspirations, certains idéaux. Le droit devient ainsi non seulement un canal d'expression de ces aspirations ou de ces idéaux, mais il devient aussi un instrument de leur réalisation. Car, de sa nature, le droit est censé agir, imposer aux membres d'une société certaines règles, souvent sous la menace de sanctions. Le droit apparaît donc alors comme une traduction concrète, pratique, pragmatique d'une vision de la vie, de la collectivité, qu'en ont un certain nombre de personnes.

Bien sûr, il ne faut pas laisser entendre que toute élaboration de lois et de règlements appartient à l'univers de l'imaginaire social. Beaucoup de législations et de réglementations ne sont que des réponses ponctuelles à des besoins particuliers, ou encore sont le reflet de coutumes déjà établies. Mais on peut voir dans certaines législations et réglementations la voie qui mène à une certaine réalisation de l'imaginaire.

L'inflation du droit dans les sociétés
industrielles avancées

On sait que le droit n'a pas occupé la même place ni rempli les mêmes fonctions dans tous les types de société. Il se trouve que la société industrielle capitaliste a été particulièrement favorable à l'institutionnalisation du droit. C'est là sans doute le fruit tout à la fois du rationalisme proprement occidental, de l'industrialisation, de la volonté d'efficacité politique et finalement de la laïcisation du droit qui s'est produite bien plus tôt en Occident qu'en Asie ou en Afrique. Il en résulte que le droit occupe dans nos sociétés une place bien plus grande que celle qu'on lui accorde dans la plupart des autres sociétés de l'histoire. Il nous arrive de croire trop facilement que le droit connaît dans toutes les sociétés le même prestige, la même autorité, la même autonomie que dans la nôtre, ou encore de croire que le droit est essentiel à l'organisation et au fonctionnement d'une société. Il est vrai que diverses formes de droit ont été identifiées et bien analysées par des anthropologues et des ethnologues dans les sociétés primitives ou archaïques. Mais elles n'y occupent qu'une place de réserve, elles sont la soupape nécessaire. Et le droit n'y a pas la prédominance et l'omniprésence qu'il a dans la nôtre. De plus, à travers l'histoire occidentale, de la Grèce antique à nos jours, le droit a connu des périodes de longue éclipse, comme ce fut le cas notamment pendant une partie du Moyen Âge. Sans parler de la place limitée que lui ont faite les sociétés orientales.

Dans nos sociétés modernes, le droit est donc beaucoup plus susceptible que dans d'autres de recueillir le travail de l'imaginaire social, d'être le dépositaire du fruit de ce travail. C'est ce qui explique, en particulier, que le droit des sociétés contemporaines soit si sensible aux idéologies, qu'il accueille, transforme et traduit dans son langage propre. Et à travers ces idéologies, ce sont des visions du monde, des définitions de la société qui se retrouvent dans le droit. Qu'il s'agisse de la conception libérale de la société, de la conception socialisante du *welfare state*, de celle du néo-libéralisme, de la vision du monde socialiste, toutes ces visions sociales se retrouvent, sous différentes formes, à l'intérieur du droit contemporain.

C'est ainsi que la préoccupation des droits et privilèges de la personne est devenue dominante dans le droit contemporain des sociétés libérales au cours des dernières années. Elle représente et exprime l'aspiration à une société dans laquelle la liberté des personnes et le respect de chacune des idiosyncrasies vont au-delà de tout ce qu'on avait imaginé auparavant. C'est là une perspective nouvelle, issue des courants les plus profonds d'opposition à la bureaucratisation et à l'uniformisation dans la société contemporaine, aux tendances fascisantes et totalitaires des sociétés modernes. Les peurs, les fantômes et les rêves de l'homme contemporain se retrouvent ici, traduits dans le langage juridique apparemment froid, neutre et objectif.

Finalement, c'est le droit lui-même qui devient une idéologie. La place qu'on attribue au droit dans la société contemporaine tient elle-même à une vision de cette société, à la conception que l'on en a. On attribue au droit une efficacité, une action, une intervention devant lesquelles on peut avoir une certaine ambivalence mais auxquelles on finit par croire. C'est ce qui explique que l'on se tourne très souvent, trop souvent au gré de bien des juristes eux-mêmes, du côté du droit, du législateur ou du pouvoir exécutif pour faire régler par le droit un grand nombre de situations, de problèmes auxquels des sociétés différentes trouvaient d'autres solutions. Le droit, par lui-même, devient ainsi un élément de l'imaginaire social : on lui attribue une efficacité qui est souvent au-delà de ce qu'il peut faire, mais que l'on continue à entretenir par le fait même qu'on y croit.

Un exemple : la législation sur la langue

La législation des dernières années sur la langue fournit un exemple, particulièrement pertinent pour le Québécois contemporain, de l'insertion de l'imaginaire social dans le droit. Celle qu'on a appelée la loi 22, sanctionnée en 1974, puis d'une manière plus claire et plus ferme la loi 101, sanctionnée en 1977, ont été l'une et l'autre l'expression d'une vision de la société québécoise, vision qui, on le sait, n'était pas partagée par tous les Québécois, mais, dans l'un et l'autre cas, par une forte proportion de la population. Ceux qui avaient imaginé un Québec où la langue française allait devenir à brève échéance, sinon la seule langue, du moins la langue prédominante et officielle, cherchaient à transposer cette aspiration, ce rêve dans des lois qui devaient contribuer pour une part à sa réalisation.

Il n'y a d'ailleurs pas que la loi elle-même à vouloir traduire le rêve dans la réalité. À la suite de la loi, c'est tout un ensemble de règlements, issus de la loi et adoptés par le pouvoir exécutif, qui vient appliquer, compléter la loi elle-même. De nos jours, un grand nombre de lois établissent des règles, des normes, des critères, fixent des orientations qui doivent ensuite être détaillés et complétés dans un ou des règlements. C'était le cas des lois 22 et 101. Une réglementation assez considérable en découlait, touchant la francisation des différents types d'entreprises, des commerces, de l'administration publique, aussi bien que l'application de la loi dans le domaine scolaire. Pour être valides, ces règlements ne doivent jamais dépasser la loi elle-même ; ils ne doivent pas remplacer la loi, ils ne doivent pas la contredire, ils ne doivent pas non plus aller au-delà des limites que la loi a posées au pouvoir exécutif. Cependant, à l'intérieur de ces limites, le Conseil exécutif a toujours une marge de liberté pour aller plus ou moins loin, plus ou moins vite, plus ou moins fermement dans l'application d'une loi. Ici encore se poursuit la réalisation d'aspirations, de rêves. La chose est moins claire que dans une loi générale, discutée en Assemblée nationale sous l'œil des journalistes et maintenant de toute la population susceptible de suivre un débat parlementaire sur les écrans de la télévision. Elle n'en est pas moins réelle : le langage souvent technique des règles établies par un règlement s'inspire d'une vision de l'avenir, d'un désir de modifier des choses pour réaliser les aspirations d'un projet de société.

Des lois symboliques et des lois efficaces

Il arrive qu'un gouvernement fasse des lois dont la valeur soit surtout symbolique. Certains sociologues du droit ont même affirmé qu'une grande partie de la législation n'avait finalement qu'une valeur symbolique, car les États modernes font tant de lois et de règlements qu'ils n'ont ni les ressources financières ni les ressources humaines nécessaires pour les faire appliquer toutes telles qu'elles ont été édictées.[6] Il y a là probablement une part d'exagération, mais il y a aussi une part de vérité. C'est précisément cet écart entre la loi et son

---

6. Par exemple, M. EDELMAN, *The Symbolic Uses of Politics*, Urbana, University of Illinois Press, 1964.

application que des juristes américains ont traduit en sociologie du droit par la distinction entre ce qu'ils ont appelé *law in the books* et *law in action*. Mais il s'agit là d'une conséquence non voulue, non recherchée d'un excès de législations comme on en a rarement vu dans l'histoire du monde.

Cela dit, il y a effectivement des lois qui sont faites d'une manière volontairement symbolique, c'est-à-dire sans que l'État se donne les pouvoirs nécessaires de les faire appliquer et d'imposer des sanctions à ceux qui n'y obéissent pas. Parmi d'autres exemples qu'on pourrait citer, celui de la loi 22 en est précisément un. Comme on l'a dit souvent, cette loi, pour une partie du moins, celle touchant la francisation des entreprises industrielles et commerciales, était incitative et non coercitive. Elle invitait les entreprises à franciser leurs communications écrites, leur publicité, leurs enseignes, allant même jusqu'à proposer que des francophones plus nombreux soient nommés à des postes de direction. Mais la loi 22 ne comportait aucune sanction à l'endroit de ceux qui ne répondaient pas aux intentions du législateur.

Cette loi avait un caractère plus symbolique qu'effectif : elle voulait témoigner de cette vision de la société qu'avait le gouvernement québécois d'alors, une société où la langue française devait progressivement devenir prédominante dans le domaine économique et surtout sur le marché du travail. Mais elle n'allait pas jusqu'à imposer ce projet de société à ceux qui ne l'acceptaient pas.

À la différence de la loi 22, la loi 101 se voulait une loi efficace. Le législateur dotait le pouvoir exécutif d'une autorité réelle pour franciser les entreprises industrielles et commerciales et l'autorisait à s'adresser au pouvoir judiciaire pour imposer des sanctions dans les cas d'infractions reconnues à la loi.

Les droits révolutionnaires

Le cas le plus manifeste où le droit rejoint un certain imaginaire social, c'est celui des droits révolutionnaires. Entendons par là les droits qui s'élaborent à la suite d'une importante révolution. Le cas le plus marquant est sans doute celui du droit soviétique qui s'est progressivement construit après 1917.

Une fois au pouvoir, le Parti bolchévique a voulu faire table rase de l'ancien droit tsariste, considéré comme d'inspiration à la fois féodale et bourgeoise, pour le remplacer par un droit entièrement nouveau, qui allait être celui de la société socialiste, dont il était considéré comme un des éléments essentiels. Il en fut ainsi aussi longtemps qu'il n'y eut pas d'autres républiques socialistes à développer un droit différent du droit soviétique. Lorsque les républiques socialistes d'Europe de l'Est eurent à élaborer un droit socialiste, elles n'adoptèrent pas le droit soviétique dans sa totalité. La Roumanie, la Hongrie, la Pologne ayant déjà une tradition juridique bien particularisée, à la différence de l'ancienne Russie tsariste, ces nouvelles républiques socialistes cherchèrent à faire un mariage entre leur droit traditionnel, d'inspiration romaine, et le droit nouveau d'une société socialiste. On vit alors apparaître une autre formulation juridique du projet de la société socialiste, celle des nouvelles républiques socialistes de l'Europe de l'Est. Depuis ce temps, plusieurs autres formulations juridiques sont encore apparues dans d'autres sociétés socialistes, formulations encore plus éloignées du modèle soviétique. C'est en particulier le cas du nouveau droit chinois, encore en pleine élaboration, de même que le droit qui est en gestation dans les pays en voie de développement et d'inspiration socialiste.

Nous sommes loin ici du droit québécois. Pourtant, l'exemple des droits socialistes révolutionnaires est intéressant, d'une manière comparative, dans la mesure où il nous montre comment l'idéologie révolutionnaire, qui compose une des formes de l'imaginaire social dans la mesure où elle puise abondamment dans le vieux rêve d'un monde égalitaire, a cherché à se traduire dans le langage du droit, dans des formes juridiques, dans des appareils judiciaires. Ici encore, une partie de ce droit peut n'avoir qu'une valeur symbolique, dans la mesure où il est plus déclaratoire que véritablement normatif. Mais il est certain qu'une grande partie du droit socialiste se veut un ferment dans l'élaboration du nouvel homme socialiste.

Le droit soviétique, à cause de son caractère d'exemplarité et de son ancienneté, a été plus étudié que les autres droits socialistes. Un des experts du droit soviétique a montré comment il était un droit qu'il a appelé « parental ». Par cette expression, Harold Berman [7] a voulu décrire l'intention éducatrice du droit soviétique. À la différence des droits bourgeois, le droit soviétique se donnait comme mission, comme vocation et comme fonction sociale, de former l'homme socialiste en vue de la société communiste de l'avenir. Nous dirions, dans des termes plus contemporains, qu'il était marqué au coin de l'éducation permanente. Il voulait notamment éduquer les nouveaux citoyens soviétiques au respect des biens collectifs, à l'acceptation de leurs responsabilités sociales, à une nouvelle morale collectiviste, à un nouveau sens des fondements de la justification du droit.

Le droit des pays en voie de développement

Un dernier exemple. L'évolution du droit dans les pays nouvellement indépendants et en voie de développement est un vaste sujet d'étude, riche d'observations variées. On y voit, comme *in vitro*, la superposition de deux droits, le droit coutumier ancestral, traditionnel, qui perdure dans les régions

---

7. Harold BERMAN, *Justice in the U.S.S.R. : An Interpretation of Soviet Law*, New York, Random House, 2ᵉ édition, 1963.

rurales et les relations intra-familiales et le droit hérité du colonisateur, qui prédomine généralement dans les milieux urbains et l'administration publique. Entre l'un et l'autre, la dynamique des relations est complexe et changeante. On peut observer différentes situations. Dans certains cas, les deux droits cohabitent dans des sphères différentes de la vie collective, s'ignorant plus ou moins l'un l'autre. Dans d'autres, l'État nouvellement indépendant cherche à imposer un droit hérité du colonisateur, qu'on juge plus rationnel, plus adapté à une société où l'on voudrait développer le commerce, l'industrie, les affaires. Dans d'autres, on a cherché à inventer un droit nouveau, qui serait le fruit de la fusion du droit coutumier et du droit du colonisateur. D'autres enfin reviennent au droit coutumier, après avoir subi l'échec des tentatives d'adaptation au droit du colonisateur, et cherchent à reprendre des éléments de leur droit traditionnel susceptibles de répondre aux besoins d'une nouvelle société.

À travers ces diverses voies, on peut lire les conceptions différentes que les dirigeants de ces pays se font de l'avenir de leur société, en même temps que l'affrontement des choix opposés que vivent dramatiquement la plupart de ces pays. Situés à un carrefour de leur histoire, ils doivent chaque jour engager l'avenir, avec des moyens généralement bien faibles et une inexpérience du monde nouveau où ils entrent. Leur identité même est l'enjeu des options qu'ils font.

Devant la complexité des choix à opérer et l'incertitude des solutions, les pays en voie de développement font souvent preuve de longues hésitations, d'atermoiements et finalement d'indécision. Ce sont ces ambivalences entre ce qu'ils voudraient ou espèrent être dans l'avenir et ce qu'ils pensent réaliser de ces aspirations, qu'ils expriment dans les contradictions de leur droit, les virages à quatre-vingt-dix degrés qu'ils lui font parfois prendre, les retours en arrière qu'ils l'amènent à faire.

Mais plus que tout, le droit est le miroir de cette recherche d'identité qu'ils poursuivent. On le voit hésiter entre les racines, qui relient les nouvelles nations à leur passé lointain et assez souvent mythologique, et l'attrait qu'ont exercé sur elles le pouvoir, la richesse, l'autorité du colonisateur. Ce sont ces fantasmes et ces rêves qui nourrissent leur droit, qui le font évoluer par coups souvent brusques et par des mouvements difficiles à comprendre de l'extérieur.

*

*   *

Le défi de retrouver l'imaginaire social dans le droit est de taille. Notre intention était d'esquisser des avenues possibles de recherche autour de ce thème, sur un terrain encore mouvant et trop peu exploré.

Il nous semble qu'il y a effectivement matière à poursuivre cette recherche, à l'aide de matériaux concrets, de cas historiques susceptibles de se prêter à une analyse appropriée. Ce n'est très certainement qu'en se penchant sur des situations vécues — et encore vivantes, de préférence — qu'il sera possible de porter plus loin ce début d'analyse.

Guy ROCHER

Ministère d'État au développement social,
Québec.

LA PHILOSOPHIE ET LA SOCIOLOGIE ET LEUR RAPPORT À LA CULTURE

Que peut-on dire de la fonction et de la posture de la philosophie vis-à-vis de la sociologie et de ce que celle-ci produit par son travail, notamment en ce qui a trait à la culture, aux imaginaires collectifs, aux représentations sociales ? En ce domaine, il est sans doute pertinent pour la philosophie de se livrer à des critiques ponctuelles et systématiques, ou encore à l'analyse épistémologique des théories et des discours. J'orienterai ici cependant mon propos dans une autre direction et, prenant les choses d'un peu plus haut, je risquerai des « mises » en déroulant une réflexion qui se relie à notre présente conjoncture.

Il s'agit de se demander d'abord comment placer la philosophie dans la configuration d'aujourd'hui, et, par exemple, dans un contexte où les problèmes ont pour noms « culture », « nation », « État », et, à un autre plan, mais aussi essentiel, où des termes tels que « classes », « idéologies », « imaginaires », etc., et des théories telles que « marxisme », « structuralisme », « herméneutique », désignent les outils que nos savoirs manipulent et auxquels ils se réfèrent. Qu'est-ce qui est science, monde, philosophie, et que faire de tout cela ?

L'inflexion de la philosophie

On nous a beaucoup incités, au cours du passé récent, à articuler notre pensée (philosophie) à nos mythes, à notre imaginaire, à notre terreau idéologique. À ma connaissance, on n'a pas attiré l'attention aussi directement sur un semblable rapport entre la philosophie et la science, et encore moins formulé le sens d'un tel rapport. Par ailleurs, comment peut-on croire qu'il est possible de séparer une chose de l'autre, c'est-à-dire d'avoir accès à ce qu'on appelle « nous-mêmes » sans passer par ce que les démarches des savoirs positifs en dévoilent ? Comment pourrions-nous avoir accès à un être qui serait en quelque sorte naturel ou pré-culturel ? Et, s'il est culturel, comment peut-il se cantonner à l'écart de la culture dans son ensemble ? Bien plus, si la philosophie est de quelque manière totalisation, comment pourrait-elle l'être sans avoir recours à l'intégralité des explications et des interprétations qui, autant que les *expressions* plus « radicales », constituent l'univers de la culture? Ce qui ne signifie pas que la philosophie soit la simple reprise, ou l'addition, ou le prolongement de ces instances. Si elle les reprend, c'est sur un autre mode, c'est pour les ramener à nous-mêmes, au vécu : non à une « vie privée », mais à une « intersubjectivité qui, de proche en proche, nous relie à l'histoire entière ».[1]

L'espace de la science

On peut bien, suivant Lévi-Strauss, se faire des sciences humaines une représentation dans laquelle les cultures comme pratiques « distinctives de genres de vie et de formes de civilisation » constituent les objets premiers offerts à l'examen de l'ethnologue, du psychologue, qui s'applique à en faire une « théorie des superstructures », c'est-à-dire à réduire les imaginaires, les idéologies, les conduites, à quelques structures, à quelques « possibilités inconscientes ». On pourra aussi par ce moyen parvenir à un « schème conceptuel » qui détermine ou « cause » une pratique particulière, qui fait que « matière et forme » « s'accomplissent comme êtres à la fois empiriques et intelligibles ». Enfin, on pourra ajouter que la *praxis*, les infrastructures, objets de l'histoire (dans *La pensée sauvage*), constituent la totalité fondamentale pour les sciences de l'homme.[2] Restons-en à cette représentation assez complète de la science. Elle dépasse de beaucoup la perception naïve du monde et des événements. Elle peut paraître exhaustive et sembler épuiser tout ce que l'on peut savoir. En est-il vraiment ainsi?

La philosophie, dans la conjoncture présente, ne peut venir qu'après les démarches constitutives de la science. Supposons que nos imaginaires, nos idéologies, nos représentations, nous en fassions l'inventaire et l'analyse, que nous les objectivions dans une théorie, que nous les ramenions à des causes : état de l'économie, situation des classes, facteurs démographiques, nature de l'imaginaire, etc. Nous aurions alors une science des choses du monde, et nous pourrions même avoir une science (positive) de cette science. Mais, est-ce le dernier mot du savoir? La science requiert temps et labeur. Elle reste une entreprise inachevée. Les discussions sur la causalité, sur le statut des théories, sur la nature de l'« objet », sont interminables. En outre, pour la science, et c'est bien conforme à son rôle, le social qui l'intéresse est, en plus d'être un objet, hors du temps. Faudra-t-il penser que notre passage du social comme objet à ce qu'il est comme ma situation et notre situation, que l'accomplissement de l'inhérence historique puissent se faire magiquement et instantanément? La philosophie, c'est-à-dire la vigilance, l'intérêt, notre conscience de l'histoire et

---

1. Maurice MERLEAU-PONTY, « Le philosophe et la sociologie », dans : *Éloge de la philosophie et autres essais*, Paris, Gallimard, 1953 et 1960, p. 143.

2. Voir : C. LÉVI-STRAUSS, *La pensée sauvage*, Paris, Plon, 1962, pp. 173-174 et *Anthropologie structurale*, Paris, Plon, 1958, pp. 30-31.

du social, l'ouverture qui sont à l'origine de la science, de la sociologie, le souci, l'interrogativité que Dumont et Falardeau évoquaient en se référant à Léon Gérin,[3] on les retrouve toujours en compagnie des constructions de celles-ci, pour les replacer dans ce qui les a suscitées, pour les reconvertir en culture, pour les réactiver, dépouillées de « l'appareil explicatif du système », les ramener à l'existence et à la coexistence, « non comme fait accompli et objet de contemplation, mais comme événement perpétuel et milieu de la *praxis* universelle ».[4]

À cet égard, il faut revenir à notre point de départ. J'ai rappelé comment on avait dans le passé requis qu'une philosophie se développe ici en rapport avec notre situation. J'ai fait remarquer qu'on avait peu indiqué la relation entre cette philosophie à faire éclore et la science. Or, ce qui vient d'être dit de la science donne encore plus de portée à cette idée et elle en précise le sens. L'évocation d'un « accès à "nous-mêmes" » nous faisait spontanément penser à un appel à la science. Il était donc supposé que la science nous parlerait de nous-mêmes, qu'elle jouerait un rôle essentiel dans ce dévoilement. Nous comprenions alors que l'idée d'une articulation à nos mythes et à notre terreau idéologique impliquait que mythes et idéologies seraient explicités, analysés et ceux-ci étaient d'abord mis en ordre par les démarches de la science. Cette vue est bien conforme à celle que l'on se fait communément. Le monde et nous-mêmes nous sont d'abord présents dans une confusion et la connaissance que nous en avons — qui est partiellement un héritage que nous réinterprétons — est toujours ressenti comme insuffisante. Voilà comment les choses nous apparaissent, assez superficiellement à vrai dire, sans que l'on s'interroge sur la source de l'opacité du monde.

Science et singularité

Cependant, rien en tout ceci n'implique clairement cette autre vue selon laquelle la science — le savoir positif — devrait, comme on le soutient plus nettement pour la philosophie, partir de notre singularité. Ce qu'on a dit le présuppose. Mais comment peut-on conférer à cette idée une « validation » ? Comment en faire valoir la pertinence ? Car elle ne va pas de soi, malgré qu'elle puisse aussi nous apparaître comme une évidence. On peut en comprendre quelque chose en partant de ce qu'on a supposé être l'aboutissement de la science, son issue naturelle, après un détour dans l'objectivité et la constitution d'un « troisième monde » (Popper) : sa fin, on le soutenait, n'est pas de produire

---

3. On pensera, par exemple, à Fernand DUMONT et Jean-Charles FALARDEAU disant de Léon Gérin qu'il fut l'un « des premiers à "poser des questions à notre société" ». (« Pour les vingt ans de "Recherches sociographiques" », *Recherches sociographiques*, XXI, 1-2, 1980, p. 9.) Voir : MERLEAU-PONTY, *op. cit.*, p. 138.

4. MERLEAU-PONTY, *op. cit.*, p. 143.

devant nous le social comme un « objet de contemplation » ; elle a pour destin d'être convertie en culture, d'être incorporée à l'histoire et au social, et de nous rendre accessibles les autres cultures, les autres sociétés.

Ce qui ne va pas de soi dans l'idée que la science devrait partir de notre singularité, c'est que l'on peut craindre que notre situation, notre point de vue particulier, soient un empêchement au savoir qui vise l'universel. Cependant, *ce qui est évident*, c'est que ce que l'on perçoit avant toute chose, c'est notre situation, et c'est que l'on part des problèmes tels qu'ils se présentent pour nous. Et, dans ce cas, selon cette évidence, ce serait bien plutôt ce qui, comme problème, comme fait, comme « explication », ne vient pas de soi qui risquerait d'être un obstacle, de nous délier du monde et de l'empirie aussi bien que du savoir rigoureux. Nous serions alors dans ce que Merleau-Ponty appelait une inhérence historique « superficiellement pensée », celle qui « détruit toute vérité » ; alors que « pensée radicalement », « elle fonde une nouvelle idée de la vérité ».[5]

Il n'y a pas lieu d'entreprendre ici une réflexion sur tout ce que présuppose et entraîne une telle conception de la vérité. Je ne veux pas non plus prétendre que quelque principe propre au social ou au culturel devrait fonder et assurer la rigueur et la certitude de nos connaissances, de la science.[6] Ce que l'on peut cependant soutenir plus facilement, c'est que les travaux contemporains en histoire des sciences nous ont rendus sensibles à tout ce que les sciences devaient au « milieu » — et non seulement au génie individuel —, à tout ce qui dans leur évolution, leurs progrès et transformations relève de l'activité des groupes.[7] On a aussi remis en valeur le rôle de la créativité et de l'imagination dans la constitution des hypothèses. Donc, si la « situation » et le travail d'une communauté scientifique peuvent proposer des problèmes et des interprétations, s'ils peuvent susciter une *découverte* et alimenter une entreprise originale de recherche, il serait nuisible d'en enrayer et d'en faire dévier la poussée en en fabriquant une explication qui reprendrait trop facilement ce qui a été produit

---

5. *Id.*, p. 136.

6. Un ouvrage de Bernard Labrousse illustre bien, dans un autre contexte, cette sensibilité à la *pertinence* de la science, c'est-à-dire à son rapport à l'empirie, à ce qui est spécifique. Il me semble cependant erroné de soutenir que la *vérité* « épistémologique » (la « théorie ») devra se fonder sur la *pertinence*. Distinction que ne fait pas Labrousse dans un livre qui met en évidence nombre de problèmes inhérents aux relations entre cultures (ou discours, ou idéologies) constituées et cultures en voie — ou en mal — de constitution. Voir : B. LABROUSSE, *De l'idéologie dominée*, Montréal, Nouvelle Optique, 1978.

7. Ce qui serait à incorporer à ce que CANGUILHEM appelle le « niveau macroscopique » dans « l'histoire des sciences ». Voir : *La formation du concept de réflexe aux XVIIe et XVIIIe siècles*, Paris, PUF, 1955, p. 172 (cité par I. Bernard COHEN, *The Newtonian Revolution, with Illustrations of the Transformation of Scientific Ideas*, Cambridge, Cambridge University Press, 1980, p. 219). Cohen renvoie en même temps à Kuhn.

pour d'autres circonstances et ce qui s'est constitué comme théorie et comme *justification*.

Voilà indiqué un peu plus clairement en quoi une science que nous bâtirions à partir de la poussée de nos propres impulsions serait un cheminement souhaitable et pertinent. Resterait à préciser et à expliciter en quoi la « situation » ou une « inhérence historique » particulière doivent être ainsi valorisées. S'agit-il de contenus, de valeurs propres à une culture ? S'agit-il d'une impulsion qui en constituerait l'élan ou l'« âme » ? Nous y reviendrons plus loin. Il n'en reste pas moins que si une culture se définit par des valeurs et des significations qui se ramifient en un « schème conceptuel » (Lévi-Strauss), on y aura plus facilement accès en étant attentif à ce qui le manifeste directement (mythes, idéologies, conduites). Et si cet intérêt, si cette référence à la situation et à la force de l'impulsion ont quelque sens, on comprendra qu'ils doivent être parties prenantes dans la constitution d'un milieu scientifique et intellectuel. Ce milieu, alors, nous donne non seulement accès à nous-mêmes mais encore il nous ouvre à une nouvelle dimension de la connaissance et de l'existence. C'est pourquoi on doit comprendre que l'incitation adressée à la philosophie doit aussi viser la science. Pour cette dernière, la constitution d'un milieu importe, aussi bien au sens spécial qu'on entend lorsque l'on parle de « communauté scientifique », qu'au sens d'une fonction sociale plus diffuse qui rejoindrait l'ensemble de la culture. Il s'agit alors de la fabrication d'un outillage mental et d'un vocabulaire, de problèmes, de questions et de réponses, de débats singuliers, à quoi ce qui vient par ailleurs et dont la valeur et l'utilité sont incontestables serait greffé.

Science et philosophie

Dans ce qui précède, il n'est finalement pas question de la science — ou de la philosophie — comme d'un ensemble d'achèvements, de réussites ou de « vérités », mais de ce qui serait une condition nécessaire de sa production : il ne s'agit pas seulement de « circonstances sociales », mais d'un univers d'impulsions et d'un milieu, en dernière analyse d'un rapport à la culture qui en assurerait la pertinence. Précisons rapidement une idée que nous compléterons plus loin : ce que nous disons, c'est que le savoir « objectif », la pensée « causale », que nous identifions aux « achèvements » et aux « vérités », doivent de quelque manière être articulés à la pratique et ils doivent l'être systématiquement et organiquement, plutôt que comme une vague « application ». L'articulation est par ailleurs à concevoir à deux plans : la théorie, l'« achèvement » sont motivés par la situation et ils sont, une fois constitués, à réactiver dans et pour la situation.

On peut particulariser ce que sont ces conditions en disant de quelle manière leur absence constitue une lacune ou un empêchement. On a conçu que cela se produisait lorsqu'il y avait un rapport direct, non critique et sans médiations, à une philosophie constituée. On suppose — cela étant le fait des

institutions officielles — qu'il y a là une doctrine complète et immuable. Elle
sera en même temps solidaire d'une vision et d'une interprétation de la société
et de son histoire. On pourra, pour décrire — et «expliquer» — une telle
conjoncture, se référer à l'intérêt de classe ou de groupe, ou même à celui de la
«société globale». Il nous arrivera également de la rapprocher d'un système de
représentations qui dans une «ontologie» ou «vision du monde» apporte un
sens de l'ensemble du réel et de cette «société globale». Nous aurons alors un
phénomène qui s'apparente à l'idéologie, dans la mesure où celle-ci consiste,
dans les sociétés modernes, en un résultat de la construction et de la distribution
du sens le plus partageable, le plus «public»; [8] ou encore, lorsque l'on conçoit
que l'idéologie n'est pas tout bonnement imposée aux uns par les autres mais
étroitement liée à «l'ensemble du mode de production».[9] C'est à un aspect de
cette posture de la philosophie [10] que s'adressait Jacques Lavigne lorsqu'en
1956 il parlait d'«intellectualisme». Faisant allusion aux «signes», aux «systèmes» et aux «livres», en tant qu'intermédiaires «entre la vie et la réflexion»,
il signalait que «le sens de l'existence» pouvait «être réduit à cet intermédiaire».
C'était là sa description de l'intellectualisme.[11] Il n'est pas question de prétendre
que l'on puisse se passer des signes, des systèmes et des livres, mais de récuser
une disposition qui en fait ce que Freud appelle une rationalisation ou une
élaboration secondaire (*sekundäre Bearbeitung*), mécanisme par lequel une
exigence de cohérence conduit à un remaniement forcé et artificiel du matériel
psychique dans le but d'éviter une confrontation avec une réalité pénible. Par ce
fait même, s'institue un écran, un obstacle, un frein à l'expression des pulsions
et des dynamismes, à l'existence. On pourra sans doute un jour mesurer en

---

8. Voir: A.W. GOULDNER, *The Dialectic of Ideology and Technology. The Origins, Grammar
and Future of Ideology*, MacMillan, 1976, ch. 4: «The Communications Revolution: News, Public,
and Ideology», en particulier p. 93. On pourrait aussi utiliser ces matériaux (voir, notamment: *Id.*,
p. 95) pour décrire avec plus de détails ce qui se passe: ainsi, il y a aliénation ou idéologie lorsque la
«culture» — ici au sens de produit fabriqué par des spécialistes et distribué/consommé — est à
distance et séparée des modèles d'interaction sociale et en vient à les recouvrir, etc. On trouvera par
ailleurs un examen et une application de notions parentes de celles-ci dans l'article de Normand
LACHARITÉ, «Le privilège de l'événement dans les media d'information», dans *Culture et langage*,
Montréal, Hurtubise HMH, 1973, pp. 31–52; on peut faire des rapprochements entre ce que
Lacharité appelle l'«événementiel» — ici, la «culture» —, entre les «états de choses» — ici, les
«modèles d'interaction sociale» (ce que j'ai nommé «situation») —, etc.

9. Voir: E. VÉRON, «Remarques sur l'idéologique comme production de sens», *Sociologie et
sociétés, V*, 2, 1973, p. 56; il précise: «... loin d'être un instrument dans les mains de la classe
dominante pour la reproduction du système, l'idéologie est au cœur même du processus de
production capitaliste».

10. On se reportera également à ce que Lucien GOLDMANN dit des types de philosophies au
début de ses *Recherches dialectiques*, Paris, Gallimard, 1959, pp. 11-12.

11. Jacques LAVIGNE, «Notre vie intellectuelle est-elle authentique?», *Le Devoir, XLVII*, 274,
22 nov. 1956, p. 17; cité par Jacques BEAUDRY, *Fragments pour une philosophie de l'écriture
québécoise*, Mémoire de maîtrise en études québécoises, Trois-Rivières, U.Q.T.R., 1980, pp. 21-22.

détail comment notre fameux « thomisme », en connexion avec l'ultramon-tanisme, constitua le rempart d'une espèce de forteresse vide[12] et pourquoi on nous proposa diverses philosophies.[13]

Dans ces cas, la philosophie répond à l'avance à toutes les questions, tarissant toute interrogation. Dans un autre contexte, Merleau-Ponty décrivait autrefois ainsi cette situation :

> « Alors que toutes les grandes philosophies se reconnaissent à leur effort pour penser l'esprit *et sa dépendance*, — et les idées et leur mouvement, l'entendement et la sensibilité —, il y a un mythe de la philosophie qui la présente comme l'affirmation autoritaire d'une autonomie absolue de l'esprit. La philosophie n'est plus une interrogation. C'est un certain corps de doctrines, fait pour assurer à un esprit absolument délié la jouissance de soi-même et de ses idées. »[14]

On peut faire voir qu'il y a un mythe analogue de la science. En celle-ci, comme en philosophie, si la « situation » peut susciter des problèmes, des questions, des interprétations, si elle peut alimenter une *découverte*, n'aurions nous pas tort de lui appliquer de haut ce qui a déjà été par ailleurs constitué comme *justification* ? N'est-ce pas préjuger de la situation ? On comprendrait mal qu'une science ne soit pas soucieuse de retourner au monde pour améliorer et amender ses théories. Que penser alors d'une science qui indiquerait à l'avance ce que sont, pour une société, ses classes, comment elles évoluent, ce que sont ces idéologies, aussi bien quant à leurs contenus que quant à leurs fonctions, quelles en sont les interprétations, et — et pourquoi pas ? — ce qu'est pour elle et en elle la nation ? On soupçonnera qu'une telle science est bien peu occupée de savoir ce qu'est son objet. Mais une telle formulation n'approche que maladroitement du problème. Car il est impossible de nier qu'il puisse être avantageux de recourir à des justifications acquises, à des achèvements, pour entreprendre l'étude d'un objet. Impossible aussi de nier que la science comporte une faculté de prévision et que les régularités qu'elle a dégagées se retrouvent en chaque cas. Il faut donc reformuler le problème. On dira alors qu'une société, en plus d'être une « chose » ou un « objet », est un « fait de sens », qu'un tel « objet » s'est formé, que ce que l'on décrit en se référant aux classes, aux idéologies, à leurs fonctions, s'est fabriqué dans un rapport unique de la conscience à l'environnement, à l'ensemble de l'histoire du groupe. Cela donne prise à l'interrogation qui se demande si on a vraiment *accompli l'explication*

---

12. J'ai proposé quelques pistes pour l'analyse de ce phénomène dans : C. SAVARY, « D'un malaise dans la culture savante : Destin de la philosophie dans la culture québécoise », *Questions de culture*, 1, 1981 : *Cette culture que l'on appelle savante.*

13. Voir : Jean RACETTE, « De quoi s'inspire la philosophie au Canada français », dans : *Thomisme ou pluralisme ? Réflexions sur l'enseignement de la philosophie*, Paris/Bruges et Montréal, Desclée de Brouwer, Bellarmin, 1967 : 73–85. (« Essais pour notre temps », 8.) Ce texte avait déjà paru dans la revue *Dialogue* en 1964.

14. *Op. cit.*, p. 113.

d'une société par le fonctionnel (freudien ou marxiste), et qui suppose qu'un « sens » particulièrement déterminant demeure irréductible. Illustrons cette idée que nous rattraperons plus loin :

> « On tâchera de montrer [...] que cette société produit nécessairement cet imaginaire, cette "allusion" comme disait Freud en parlant de la religion, dont elle a besoin pour son fonctionnement. Ces interprétations sont précieuses et vraies. Mais elles rencontrent leur limite dans ces questions : Pourquoi est-ce dans l'*imaginaire* qu'une société doit chercher le complément nécessaire à son ordre? Pourquoi rencontre-t-on chaque fois, au noyau de cet imaginaire et à travers toutes ses expressions, quelque chose d'irréductible au fonctionnel, qui est comme un investissement initial du monde et de soi-même par la société avec un sens qui n'est pas "dicté" par les facteurs réels puisque c'est lui plutôt qui confère à ces facteurs réels telle importance et telle place dans l'univers que se constitue cette société — sens que l'on reconnaît à la fois dans le contenu et dans le style de vie... »[15]

L'idée de situation

Notre début posait le problème d'une place de la philosophie dans notre savoir et rappelait qu'en réaction à une non-pertinence de ce qui dominait comme philosophie, ou à une absence ou une impuissance, on nous prescrivait de nous intéresser à nos mythes, à notre imaginaire. Afin de comprendre et d'expliciter cette incitation, nous nous sommes alors aventuré à nous demander ce qui en serait de la science (sociologie) dans un tel programme. Nous avons d'abord constaté que la question de la place, de la « façon d'être » de la science présente les mêmes problèmes que celle de la philosophie.[16] Une propension (et une prétention) — qui peuvent relever de sa structure même — à l'exclusivité, à l'exhaustivité et à l'abstraction. Trois traits qui par ailleurs se ramènent à un seul : une distance relativement à la « situation », une incapacité de s'y rattacher. Mais celle-ci n'est pas, de soi, atteignable par la science : ce que Castoriadis appelle l'imaginaire et le sens n'est jamais donné mais toujours à constituer et à reconstituer. Par ailleurs, on peut soupçonner que les procédures et les méthodes nécessaires de la science ne peuvent que nous éloigner de la « situation ». C'est pourquoi Merleau-Ponty, alors qu'il décrivait un « mythe de la philosophie », concevait de la même manière une science qui s'appuierait sur la « simple notation des faits ». Dans les deux cas, on parvenait « ... à nous débarrasser, pour ainsi dire, de nous-mêmes ».[17]

Ce que signifient l'évocation de la « situation », la référence à « nous-mêmes », cela demeure obscur. Reformulons-le autrement avant de poursuivre. De telles formules renvoient au comportement, au débat existentiel de l'homme et du monde. De ce point de vue, notre imaginaire, nos idéologies, constituent

---

15. Cornelius CASTORIADIS, *L'institution imaginaire de la société*, Paris, Seuil, 1975, p. 179.

16. J'ai déjà ailleurs exploré cette question en utilisant d'autres sources ; voir : « L'interprétation et les sciences humaines », *Philosophiques, VII*, 2, 1980, pp. 267–299.

17. *Op. cit.*, pp. 113-114.

bien une « masse d'où la conscience de soi émerge ».[18] Et s'il y a un sens à voir la philosophie comme récupération de l'expérience vécue, on comprendra qu'elle s'intéresse aux « rapports de la conscience de soi et de la vie ».[19] Nous y reviendrons. Une telle visée — que l'on prend ici pour être celle de la philosophie — se rattache à une sociologie des représentations collectives. Tout en procédant à l'inventaire de celles-ci, la sociologie doit leur poser continuellement la question feuerbachienne de la source des principales aliénations dans nos rapports avec la nature et avec autrui : impuissances sociales (politiques, économiques, intellectuelles), techniques ou psychologiques. À cet égard, il peut être utile de voir en l'imagination — la pensée imaginante — une première manière de « ne pas rester en un monde étranger et muet ».[20] Et n'avons-nous pas là une conduite corrélative du déni ? Une pragmatique de la communication humaine, à l'occasion d'une analyse systématique de la communication pathologique, illustre ce phénomène du déni en citant William James : « Aucun châtiment plus diabolique ne saurait être imaginé, s'il était physiquement possible, que d'être lâché dans la société et de demeurer totalement inaperçu de tous les membres qui la composent ».[21] Analogiquement, pour une collectivité, rien ne serait plus intolérable que « d'être lâchée » dans l'histoire « et de demeurer totalement inaperçue ». Le « rejet » est moins pénible que le déni : dans ce cas, c'est la définition que le sujet donne de lui-même qui est refusée. L'intérêt du renvoi à ces études vient de ce que les auteurs d'*Une logique de la communication*, en fin d'analyse, rapprochent leur description « empirique » de la conduite de la problématique existentialiste du « sens » et de l'« être-au-monde ». Le « sens » est non seulement ce qui va du monde vers le sujet mais aussi ce qui parcourt le chemin inverse. À cet égard, ils conçoivent un premier degré de savoir, correspondant à ce que Malrieu appelle l'imaginaire, une première dénomination du monde. Geertz, dans sa réflexion sur la formation des idéologies, voit en cela ce qui définit la conscience, dans la mesure où il y a un acte de reconnaissance de l'environnement : non seulement une conscience de quelque chose mais une conscience que quelque chose est quelque chose.[22]

---

18. MERLEAU-PONTY, cité par Jean HYPPOLITE, *Figures de la pensée philosophique*, II, Paris, PUF, 1971, p. 708, note 1.

19. HYPPOLITE, *op. cit.*, p. 708.

20. Philippe MALRIEU, *La construction de l'imaginaire*, Bruxelles, Dessart, 1967, p. 77.

21. Voir : P. WATZLAWICK, J. HELMICK-BEAVIN, D. JACKSON, *Une logique de la communication*, Paris, Seuil, 1972, p. 85. Notons l'intérêt qu'offrent ces études pour l'utilisation pratique des acquisitions intrinsèquement abstraites de la logique et de l'épistémologie. Remarquons aussi l'idée d'une possibilité d'application aux collectivités : « Dès qu'on étudie le paradoxe dans des contextes d'interaction, ce phénomène cesse de n'être qu'une fascination de l'esprit pour le logicien ou le philosophe des sciences, et devient un sujet d'une importance pratique considérable pour la santé mentale des partenaires, qu'il s'agisse d'individus, de familles, de sociétés ou de nations. » (P. 196.)

22. Clifford GEERTZ, « Ideology as a cultural system », dans : D.E. APTER (éd.), *Ideology and Discontent*, New York, The Free Press of Glencoe, 1964, pp. 61-62.

Dans ces premières appréhensions et expressions du réel, l'analyse distinguera ce qui demeure particulier et individuel de ce qui sera collectif. De par sa situation et son histoire, un groupe est soumis à des préoccupations fondamentales qui entraîneront des émotions et des représentations qui vont peu à peu se constituer en systèmes. Elles vont se nourrir des émotions personnelles et les renforcer.

À un premier degré de savoir (chez Watzlawick *et al.*) se superpose un second. Il porte sur le premier qui en restait à la conscience sensible et donne du sens à ce premier savoir. Ainsi, pour illustrer rapidement et sommairement, la « vie économique » et la « vie politique » (savoirs sensibles du premier degré) peuvent recevoir des sens qui seront des savoirs de second degré (par exemple, « la vie économique nous est inaccessible » ; « la vie politique ne nous concerne pas »). Un troisième degré, qui n'est pas le dernier, comporterait des jugements comme celui-ci : « nous ne sommes faits que pour la vie spirituelle » ; « nous n'avons vraiment pas de place dans ce monde ». Ce troisième degré comporterait une « vue unifiée du monde » et fournirait les « prémisses signifiantes pour l'existence ». Il serait absurde de penser que dans la réalité les degrés sont aussi distincts, les choses aussi simples. L'illustration ne vise qu'à montrer que les dimensions d'une société sont dépendantes des relations de la conscience avec les autres et avec la nature et à faire voir comment on doit se représenter cette thèse selon laquelle une société se sera constituée dans ses reconnaissances de l'environnement, dans ses réactions « idéologiques » destinées à combler l'émotion troublante provenant de la distance entre la condition et le désir. Les situations matérielles, l'économie, les rapports des forces productives, les institutions et les structures de pouvoir, ont toujours une faculté de motivation ; mais elles sont vécues et reprises par un sujet social et humain. Avant d'être objectivées dans une théorie, avant d'être « fait accompli » et « objet de contemplation », les situations et structures ont été vécues et produites au cours de l'« existence totale et concrète de la société ».[23]

Mais dans une pratique qui s'effectue, à l'écart de ces considérations analytiques et méta-discursives, la sociologie se veut science du monde. Elle s'aligne alors sur une tradition dont se dégage l'idéal d'un savoir objectif et d'une pensée causale. Elle va alors de l'étude des représentations à celle des conditions « réelles » de la vie sociale, politique et économique. Et, en tant que psychologie, comme le note Malrieu, elle se demandera comment se sont

---

23. MERLEAU-PONTY, *Phénoménologie de la perception*, Paris, Gallimard, 1945, p. 200. Cette longue note (pp. 199–202) met en contraste et en rapport le matérialisme historique et une forme d'existentialisme. C'est probablement le texte qui peut montrer le plus clairement le sens des thèses épistémologiques que j'ai fait valoir depuis le début de ce texte. J'ai aussi, pour ces thèses, présenté des formulations qu'on en trouve chez Fernand Dumont ; voir mon article « L'interprétation et les sciences humaines », *op. cit.*, en particulier pp. 284–295.

constituées les croyances, les réactions conscientes, « quels déséquilibres objectifs, quelles motivations, conscientes, ou non, les ont provoquées... »[24]

On le voit facilement, ces formulations rappellent des questions déjà effleurées. On pourrait les reprendre. Se demander comment on atteint les « conditions "réelles" de la vie sociale », si on y parvient sans passer par les représentations ; ou encore, si des « déséquilibres objectifs » ont le même statut épistémologique que des « motivations ». Pour aller au plus pressé, et retrouver notre propos initial, bornons-nous à noter que l'on peut ici concevoir, selon une méthode d'abord baconnienne, une accumulation d'informations et de données sur notre imaginaire et aller vers cette « théorie des superstructures », vers ce « schème conceptuel » dont nous parlions plus haut avec Lévi-Strauss. On peut voir une telle « préparation » de matériaux dans les analyses de Jean-Charles Falardeau sur notre littérature, dans les publications de l'Institut supérieur des sciences humaines sur nos idéologies, ainsi que dans beaucoup d'autres travaux. Mais nous ne nous arrêterons pas à ce genre de questions, ni à cette problématique.[25] Notre point de départ et ce que nous avons tenté d'en expliciter ici ne nous y conduisent pas.

Représentations et « conscience de soi »

En effet, l'instigation — ou l'incitation — qui nous a permis de nous interroger à l'origine nous oriente autrement. Dans ce cas, notre histoire et notre société, pensées à partir des représentations (idéologies, croyances, imaginaires) et de ce que nos sciences en ont explicité, doivent être l'objet d'une réflexion, d'une connaissance qui est d'une autre nature. Pour résumer le sens du propos, rappelons que nous devons d'abord nous intéresser à nos représentations comme à cette « masse d'où émerge la conscience de soi ».

Quelques exemples montreront de quoi il s'agit. Dans cette « masse » qu'est notre expérience vécue comme société, il y a la « culpabilité ». Jacques Brault y voyait, pour la philosophie, une remarquable porte d'entrée dans notre univers mythique. Il cite Anne Hébert écrivant :

> « Je devins [...] toute livrée en dedans de moi au plus noir des démons : la culpabilité. Je n'aurai jamais assez de fautes à commettre pour justifier ce remords originel. »[26]

Et Brault commente : « La dernière phrase indique le chemin par où approcher l'ambiguïté : coupables avant la faute, tels sommes-nous au dire de la philosophie qui s'enseigne ici. » On pourrait multiplier les textes qui témoignent de

---

24. MALRIEU, op. cit., p. 65.

25. Elle vient de divers textes de Jacques BRAULT. Voir notamment : « Pour une philosophie québécoise », Parti Pris, II, 7, 1965, pp. 9–16 ; repris dans : Y. LAMONDE, Historiographie de la philosophie au Québec (1853–1970), Montréal, HMH, 1972, pp. 171–181.

26. Anne HÉBERT, « Le temps sauvage », Écrits du Canada français, XVI, 1963, p. 106 ; voir Brault, à l'endroit indiqué (dans Lamonde), p. 176.

cet aspect de notre condition et qui en manifestent les multiples facettes. Par
ailleurs, un tel sentiment a suscité une immense littérature. En les rapprochant
d'Anne Hébert, lisons ces vers de Goethe que cite Freud dans ce qu'il appelait
discrètement « ce mémoire » sur « le sentiment de culpabilité » :

> « Vous nous introduisez dans la vie
> Vous infligez au malheureux la culpabilité
> Puis vous l'abandonnez à la peine
> Car toute faute s'expie ici-bas. »[27]

On peut aussi présenter ce sujet d'une autre manière. On « interprète » les
écrits d'un auteur. Par exemple, selon l'*Histoire du Québec contemporain*, on
rencontre chez Edmond de Nevers une «... vision idéaliste, bien conforme à
l'idéologie clérico-nationaliste... », celle d'une société « axée sur l'art et les
valeurs spirituelles... », qui «... se consacrera aux choses de l'esprit, méprisant la
richesse et le développement économique ».[28] Cependant, pour Marc La
Terreur, bien que nous ayons une vision qui « témoigne d'un esprit idéaliste »,
les jugements à porter seront passablement différents. Selon lui, de Nevers, au
cours d'une description, considère que certains « concluent à l'infériorité
économique congénitale des Canadiens français » pendant que d'autres «... ne
songent qu'à s'enrichir... ». Par ailleurs, pour La Terreur, « on ne décèle nulle
trace d'ultramontanisme dans *L'avenir du peuple canadien-français* : il n'est pas
question de prôner la mission religieuse des Canadiens français ni de faire du
catholicisme un trait constitutif de leur mentalité ».[29] Voyons maintenant une
autre façon de comprendre, de « lire » le même essayiste. Ce qui est frappant
dans l'approche d'André Major, c'est qu'elle n'utilise pas les catégories
ordinaires d'un certain savoir « objectivant ». Elle n'empêtre pas quelqu'un
dans des étiquettes — idéalisme, idéologie clérico-nationaliste, ou ultramon-
tanisme —, elle ne réduit pas et ne stérilise pas la vision d'une société en
remarquant qu'elle sera axée sur des valeurs spirituelles et méprisera tout
bonnement le développement économique. Elle prête son attention à la *pensée*
et à l'*émotion*, elle récupère une strate qui est plus profonde que celle que visent
nos étiquettes et nos découpages officiels. Ramenant de Nevers à ses motivations
initiales, aux sources affectives de son discours et à ses préoccupations vitales,
Major le placera dans un contexte, disant qu'il (Major) veut « décrire une
maladie de l'âme qui était le lot de toute l'intelligentsia canadienne-française »,
et qu'Edmond de Nevers « qui en souffrit, demeure exemplaire ». Parlant de sa

---

27. GOETHE, Les chants du joueur de harpe, dans *Wilhelm Meister* ; cité par FREUD, *Malaise
dans la civilisation*, (traduit par Ch. et J. Odier), Paris, PUF, 1976, p. 92.

28. P.-A. LINTEAU, R. DUROCHER, J.-C. ROBERT, *Histoire du Québec contemporain*, Boréal
Express, 1979, p. 627 (section rédigée par Sylvain SIMARD).

29. Marc LA TERREUR, notice sur *L'avenir du peuple canadien-français*, dans : M. LEMIRE
(dir.), *Dictionnaire des œuvres littéraires du Québec*, I, Montréal, Fides, 1978, pp. 48-51.
L'évaluation me semble ici plus circonstanciée et moins rapide que dans l'ouvrage précédent.

pensée, il fera observer qu'« ... elle ne remettait en question ni les bases sur lesquelles nous fondions notre existence ni l'ordre politique qui avait été récemment institué », que cette « pensée », bien qu'« énergique », ne fut pas « révolutionnaire », et qu'elle participe d'un moment pendant lequel « ... la vision est toujours "idéale" et ne se conforme qu'imparfaitement à la réalité, comme si un secret impératif interdisait à la pensée de renoncer à ses formes anciennes pour n'obéir qu'à sa nécessité créatrice ».[30]

J'ai voulu, par ces brèves indications, indiquer que le savoir objectif seul présente deux difficultés. La mise en rapport des deux premières lectures fait apparaître un conflit d'interprétation — dont il ne sera pas question ici — dont l'examen montrerait peut-être qu'il est insoluble si on en reste au niveau des « objectivations ». Par ailleurs, une comparaison entre les deux premières lectures et la troisième fait apparaître quelle différence et quelle distance il y a entre ce que j'identifie au savoir objectif (les deux premières lectures) et un autre type de savoir que je décrirai en reprenant des termes utilisés plus haut. Il s'agit d'une « conscience de l'histoire et du social ». Dans le premier cas, l'auteur est dissous dans l'appareil explicatif d'un système. Il est expédié dans un monde d'idées et nous en sommes débarrassés. Dans le second (troisième lecture), il est ramené à lui-même, à ce que les auteurs d'*Une logique de la communication* appellent les « prémisses signifiantes pour l'existence ».[31] Et nous le sommes par la même occasion.

La « connaissance » tacite

On trouve donc, et j'en fais état, une méfiance à l'égard des objectivations, des « constructions de l'esprit », de la société devenue « objet de contemplation », et une valorisation de la situation, du vécu, d'un rapprochement de l'histoire et du social qui, en plus de nous restituer à nous-mêmes, nous rendrait accessibles les autres sociétés, les autres cultures. Là-dessus, quelques remarques additionnelles ne seront pas inutiles. Ce dont on se méfie, c'est de l'explicitation. Ce qu'on valorise, c'est quelque chose qui demeure implicite et tacite. Or, il est remarquable que cet implicite, ces « prémisses signifiantes pour l'existence », on trouve aussi que ce soit ce qui est fondamental.[32] On peut illustrer autrement les

---

30. André MAJOR, « Pour une pensée québécoise », *Voix et images du pays. Littérature québécoise, Cahiers de Sainte-Marie*, 4, Montréal, 1967: 125–131. Je remercie Jacques Beaudry d'avoir attiré mon attention sur ce texte.

31. P. WATZLAWICK *et al., op. cit.*, pp. 264ss.

32. *Op. cit.*, p. 266: « ... leur genèse se situe donc pratiquement en dehors du champ d'une exploration possible [...] hors de la compréhension objective de l'homme » ; et, p. 269 : « Psychologiquement, l'homme ne peut survivre dans un univers dont de telles prémisses ne peuvent rendre compte, dans un univers qui pour lui n'a pas de sens. »

statuts respectifs des deux pôles dont il est question. On lit ceci dans *Malaise dans la civilisation*, immédiatement après la citation de Goethe et rarement tel hommage fut fait aux poètes :

> « Et il est bien permis de pousser un soupir quand on s'aperçoit qu'il est ainsi donné à certains hommes de faire surgir, véritablement, sans aucune peine, les connaissances les plus profondes du tourbillon de leurs propres sentiments, alors que nous autres, pour y parvenir, devons nous frayer la voie en tâtonnant sans relâche au milieu de la plus cruelle incertitude. »[33]

Ce que cela enseigne c'est, d'une part, que du point de vue du sujet connaissant, dans un tel domaine, la connaissance abstraite ne suffit pas. On peut le constater si on revient à ce passage d'Anne Hébert sur la culpabilité. Il me serait possible, je l'ai dit et montré par un exemple, de faire une liste de ces textes qui, dans ma littérature et dans celles des autres, nous en parlent. Cela ne donnerait rien si ce qu'ils signifient n'est pas rapporté à l'expérience que j'en ai eue et que j'en ai. D'autre part, on peut en dire autant de ce que nos sciences nous apprennent sur nos idéologies, nos imaginaires, nos classes. Leur signification dernière, leur pertinence, ils les auront si nous pouvons les ramener à ces « prémisses signifiantes pour l'existence », si elles sont mises en rapport avec ces prémisses, leurs sources, leur histoire, leur sens, c'est-à-dire si elles sont métamorphosées en culture. Cela, il se peut bien que la science ne puisse le faire et que cela appartienne à la philosophie. Mais, c'est une autre question. Cependant, si on suppose que la science est assimilable au manifeste, en ce sens qu'elle est une explication et une réduction du latent, si on va jusqu'à admettre, comme Marx semble l'entendre dans la « Préface » à la *Critique de l'économie politique*, qu'il faille « expliquer » la conscience « par les contradictions de la vie matérielle, par le conflit qui existe entre les forces productives sociales et les rapports de production », à moins de croire que pour Marx il nous soit impossible de nous comprendre nous-mêmes, il faudra justement se demander ce qui se produit lorsque nous revenons dans l'histoire et dans la société et ce que deviennent, vis-à-vis d'autrui, les connaissances que nous tirons des sciences et qui concernent finalement le présent et l'avenir, des gestes à poser. Que faut-il par ailleurs comprendre lorsque Marx dit que ce conflit, les hommes en « prennent conscience » et « le mènent jusqu'au bout » en passant par les « formes idéologiques » ? Chez Marx, l'histoire serait-elle réduite à l'économie ? On fait souvent comme si c'était le cas. N'est-ce pas plutôt l'économie qui est réintégrée à l'histoire ? Ceci importe. Si on peut constater de manière scientifiquement rigoureuse le « bouleversement matériel », la prise de conscience n'en

---

33. FREUD, *Malaise dans la civilisation*, p. 92. On rencontre une remarque assez semblable à la fin d'une conférence : « Si vous voulez en apprendre davantage sur la féminité, interrogez votre propre expérience, adressez-vous aux poètes ou bien attendez que la science soit en état de vous donner des renseignements plus approfondis et plus coordonnés. » FREUD, « La féminité », *Nouvelles conférences sur la psychanalyse* (traduit de l'allemand par Anne Berman), Paris, Gallimard, 1936, p. 178 ; l'expression « Adressez-vous aux poètes » est citée par WATZLAWICK *et al*, p. 149.

reste pas moins un « phénomène culturel » (Merleau-Ponty). L'économie, les situations économiques gardent leur pouvoir de motivation. Mais leur efficacité leur vient de ce qu'elles sont vécues et reprises par un sujet humain.

On peut d'ailleurs en dire autant de tous les phénomènes culturels. C'est ce qu'il fallait comprendre à propos de la culpabilité. Il faut appliquer à ces événements ce que Merleau-Ponty disait de la liberté. Elle s'exerce dans le présent et c'est en agissant que l'on transforme le passé et que l'on s'en libère. Et cela ne peut se faire que si dans le présent se réalise un nouvel engagement dans le sensible et dans l'histoire.[34] Il est en outre possible, de cette manière, de voir par où on peut esquiver ce danger d'anachronisme et de passéisme qui se faufile quelquefois et que l'on craint souvent lorsque l'on parle de quelque chose comme un « enracinement culturel ». Crainte qui fut exprimée assez vigoureusement par François Ricard, à propos du *Livre blanc sur la culture*, et qui se trouve aussi ailleurs.[35] C'est ce même danger, qui dépend d'une notion erronée de la culture, qui faisait intervenir Jacques Berque au colloque de l'UNESCO sur la Culture et la Science : intervention qui refuse une conception qui, en insistant trop sur les traditions, le passé et les survivances, devient « régression culturelle » et « fétichisme », pour une idée de la culture qui, bien que n'allant pas « sans l'activation des potentiels hérités des aïeux », conduit à opérer des distinctions entre ce que l'on doit retenir du passé parce que « virtualités dynamiques » et ce qui relève de la « muséologie ».[36]

On trouve un exemple de cette attention au présent et un souci de dissolution des accommodements néfastes du passé dans le texte précédemment cité d'André Major. Son analyse de notre pensée l'amène à conclure que dans son histoire elle a surtout été une réflexion qui s'est menée à l'écart de notre

---

34. MERLEAU-PONTY, *Phénoménologie de la perception*, p. 519 : « … En assumant un présent, je ressaisis et je transforme mon passé, j'en change le sens, je m'en libère, je m'en dégage. Mais je ne le fais qu'en m'engageant ailleurs. Le traitement psychanalytique ne guérit pas en provoquant une prise de conscience du passé, mais d'abord en liant le sujet à son médecin par de nouveaux rapports d'existence. Il ne s'agit pas de donner à l'interprétation psychanalytique un assentiment scientifique et de découvrir un sens notionnel du passé, il s'agit de le revivre comme signifiant ceci ou cela, et le malade n'y parvient qu'en voyant son passé dans la perspective de sa coexistence avec le médecin. Le complexe n'est pas dissous par une liberté sans instruments, mais plutôt disloqué par une nouvelle pulsation du temps qui a ses appuis et ses motifs. Il en est de même dans toutes les prises de conscience : elles ne sont effectives que si elles sont portées par un nouvel engagement. Or cet engagement à son tour se fait dans l'implicite… »

35. Voir : GOUVERNEMENT DU QUÉBEC, *La politique québécoise du développement culturel*, Québec, Éditeur officiel du Québec, 1978, 2 vols. La « Note » beaucoup trop rapide et partielle de François RICARD se trouve dans *Liberté*, 118-119, juillet-octobre 1978 : 3-12.

36. Dans : *La science et la diversité des cultures*, Paris, PUF/Unesco, 1974, pp. 129-130 ; remarquons que ça ne l'empêche pas de dire plus loin (p. 151) : « … La rationalité réduite à l'instrumental a fait faillite. L'un des traits de notre époque est la revanche du vécu, ou de l'appétit de vécu, contre la rationalité de plus en plus abstraite… »

existence : en cela, elle ne touchait pas au réel, soit qu'un «instinct de conservation avait jugulé celui de l'aventure », soit qu'elle se réfugiait dans une morale abstraite, dans une idéologie,[37] ou dans quelque nostalgie. À chaque fois, elle repoussait son instinct créateur, son dynamisme intime ; elle ne parvenait pas à renier ce qu'elle construisait comme retraite, pour le dépasser et atteindre une conscience de soi qui ne soit plus une fuite. Les écarts, les rationalisations du passé révèlent une tension et elles sont instructives, mais on voit aussi que ce n'est que graduellement que nous sommes parvenus à «une attitude beaucoup plus sensible aux faits et à la passion que ceux-ci provoquent » et que notre pensée «débouche sur le monde des actes ».[38]

La philosophie, la culture et le monde des actes

La philosophie s'oriente, se définit et se constitue selon le «monde des actes ». La science, selon le « monde des idées ». Ce n'est peut-être que cela. Les sciences ont pour objectif un modèle abstrait de la réalité. Le sentiment que quelque chose leur échappe conduit le philosophe à vouloir les réactiver, à les rattacher à ce qu'elles ont «laissé tomber ». On peut comprendre ainsi un mot d'Einstein qui signale que plus la science est réussie, plus elle est éloignée de la réalité : « Dans la mesure où les lois mathématiques renvoient à la réalité, elles ne sont pas certaines ; et dans la mesure où elles sont certaines, elles ne renvoient pas à la réalité. »[39] On rencontre chez Lévi-Strauss[40] une tension analogue vers l'intelligible, en même temps qu'il nous aide à définir la réalité, l'existence. Le médiateur, le schème conceptuel détermine l'existence. Ni la matière — pur sensible —, ni la forme — pur intelligible — n'ont d'«existence indépendante ». C'est par les schèmes qu'elle se réalise, qu'il y a des «structures », des «êtres à la fois empiriques et intelligibles ». Les pratiques, ces réalités discrètes dont part l'ethnologue, paraissent trop «sensibles », trop informes pour recevoir un statut respectable d'objets de connaissance. En tant que pures pratiques, elles sont opaques, et sans existence indépendante. Quant à la *praxis*, il la qualifiera de «totalité fondamentale pour les sciences de l'homme »: de là, cette tension vers l'intelligible. Cette «infrastructure » appartient à l'intelligible ; mais, prise seule, elle ne définit pas l'existence. Il y a donc une ontologie et une épistémologie. Ce qui distingue Lévi-Strauss et Merleau-Ponty ce n'est pas l'ontologie mais l'épistémologie. Et celle-ci dépend

---

37. Notons-le au moins une fois. Dans mon texte, le mot *idéologie* est entaché d'une certaine ambiguïté. Il s'agit tantôt de rationalisations, tantôt de quelque chose de transparent qui a le même statut que l'imaginaire et le mythique.

38. André MAJOR, «Pour une pensée québécoise », *op. cit.*, p. 130.

39. Einstein, cité par John LOSEE, *A Historical Introduction to the Philosophy of Science*, Oxford University Press, 1972, p. 111.

40. Voir plus haut note 2.

d'une approche. Le premier met l'accent sur l'intelligible et nous livre une *praxis* conçue comme visée de la science.[41] Pour le second, il y a un effort pour reprendre et retenir le sensible et l'intelligible, car ils sont, les deux ensemble, l'existence. Et rien ne permet d'identifier le sensible à quelque insaisissable irrationnel.[42] Ce que vise la philosophie, ce n'est pas les faits, qui ne sont que sensibles, ni les essences, qui ne sont qu'intelligibles. Fuyant un dualisme qui vient tout autant du dionysiaque que de l'apolinien laissés chacun à lui-même,[43] on se méfie des constructions — même légitimes — de la science et surtout des savoirs qui prennent une forme autoritaire et dogmatique.

Que signifie par ailleurs le rapport au sensible? On peut voir cela se dessiner dans ce qui précède et comprendre ce qui est visé. L'insistance sur le sensible est engendré par un effort pour réaliser une adéquation de la pensée et de l'existence (acte) et leur conférer en même temps une puissance d'affirmation. Si cet effort est nécessaire c'est que les problèmes de l'existence, qui sont aussi bien économiques et sociaux que psychologiques, entraînent la fuite. C'est ce qu'on exprime en disant qu'il n'y a pas prise sur le réel, insensibilité aux faits. Et que les idéologies sont des rationalisations. Remontant des idéologies vers les problèmes, on infère qu'une telle situation occasionne une impuissance qui est aussi bien celle de la pensée que de l'existence et donc une incapacité de produire et de créer. Donc, de s'affirmer. La culture est alors à définir plutôt comme puissance de la pensée et de l'existence que comme fabrications et productions.

On voit encore par ceci que ce qui est appelé «situation», «vécu» et «singularité» ne doit pas d'abord être conçu comme un objet ou encore ce qui par ses contenus propres peut susciter des découvertes et des réussites. L'idée de situation renvoie avant tout à un dynamisme, à une passion qui pourra inciter à la découverte. De même l'idée d'une métamorphose en culture n'a rien d'une accumulation de connaissances. Elle porte sur l'implicite et le latent, pour donner force à la sensation et à l'imagination, pour qu'elles soient en possession de leurs moyens.

---

41. Lévi-Strauss nous dit (*La pensée sauvage*, p. 173) qu'il est d'accord avec Sartre. Mais c'est tout à fait différent. *Praxis* est un terme dont la signification est aussi vague et plastique que celle d'« existence ». Lévi-Strauss intellectualise la *praxis*, en fait l'objet à construire par la science. Chez Sartre, elle est, comme chez Merleau-Ponty, un milieu intersubjectif qui s'identifie par ailleurs au langage. (Voir: *Critique de la raison dialectique*, Paris, Gallimard, 1960, p. 181.)

42. Il faudrait voir où en sont rendus à cet égard les héritiers du positivisme. À la fin d'un article, Gerald Holton soutient que l'on doit à tout prix maintenir l'ajustement entre les éléments rationnels et sensibles de la connaissance, que l'hypothèse de l'interaction des deux est toujours la plus fructueuse, que les processus de l'imagination sont des actes de la raison, etc. Voir: Gerald HOLTON, *The Scientific Imagination. Case Studies*, Cambridge, Cambridge University Press, 1978, 1979, notamment l'article intitulé «Dionysians, Apollonians, and the scientific imagination», p. 109.

43. Et qui peut trouver sa contrepartie théorique dans une séparation trop nette entre infrastructure et superstructure, praxis et langage, etc.

En lisant ce texte on se sera dit que finalement la philosophie, *et la science*, sont renvoyées vers un impénétrable mystère, vers un insaisissable principe. Tout n'a pas été dit — loin de là — sur les développements respectifs de la philosophie et de la science, sur leurs relations mutuelles et sur leurs rapports avec la littérature, l'imaginaire et le sensible. Mais il est évident qu'il y a ce renvoi. C'est ce que l'on trouve chez Castoriadis lorsqu'il parle du sens. C'est ce dont il est question lorsque l'on prétend que le poète et l'artiste ont saisi quelque chose du sensible et peuvent nous le faire saisir. La même idée est présente d'une manière claire et nette chez Watzlawick *et al.* lorsqu'ils indiquent que les « prémisses signifiantes pour l'existence » sont ce qui est fondamental, mais aussi ce qu'on ne peut explorer, ce qui se situe hors de notre compréhension. À cela se rapporte la fin du *Tractatus* de Wittgenstein. La vie n'est pas un problème. On ne peut, à son propos, formuler de véritable question. C'est en ce sens qu'il n'y a pas de problème. Et s'il y a un problème, sa solution est la disparition du problème : c'est pourquoi ceux pour qui le sens de la vie devient clair après un long doute sont incapables de dire en quoi consiste ce sens.[44] Nous voilà revenu à l'implicite, à une « certitude » de l'existence qui dépend de l'agir et qui engendre une adéquation de la pensée et de l'action.

J'aime bien l'interprétation que Hans Reichenbach nous propose du monologue d'Hamlet. Il nous replace devant ce même « problème ». Au fond, « Être ou ne pas être », ce n'est pas une question mais une tautologie. Le monologue n'est qu'une fuite et une rationalisation, et Hamlet lui-même avoue que ce n'est pas de cela, d'être ou de ne pas être, qu'il s'agit : « La conscience, nous dit-il, fait de nous tous des lâches. La belle couleur native de la résolution est affadie par l'ombre pâle de la pensée. Et des entreprises de grand essor et conséquence vont tout de travers et s'écartent de l'action. » Hamlet voudrait être sûr avant d'agir, de tuer son oncle. Mais le logicien lui dit qu'il n'y a pas de certitude, qu'il n'y a que la probabilité et que tout ce qu'il peut faire c'est miser, faire des essais, faire comme si c'était vrai, en se basant sur la probabilité.

La seule question c'est qu'Hamlet veut savoir s'il aura le courage de venger son père. Mais la conscience l'empêche de faire des mises et d'agir :

> « Voilà où j'en suis, moi, l'éternel Hamlet. À quoi cela me sert-il de demander avis au logicien, si tout ce qu'il me recommande c'est de faire des mises. Son avis confirme mes doutes plutôt qu'il ne me donne le courage dont j'ai besoin pour agir. La logique n'est pas faite pour moi. Il faut avoir plus de courage qu'Hamlet pour être toujours guidé par la logique. »[45]

---

44. L. WITTGENSTEIN, *Tractatus logico-philosophicus*, (traduction Pears & McGuinness), London, R.K.P., pp. 149–151 ; l'ouvrage de WATZLAWICK *et al.* se termine par la citation de ces textes.

45. Hans REICHENBACH, *The Rise of Scientific Philosophy*, University of California Press, 1951. Dans la traduction française de Mme G. Weill, Hans REICHENBACH, *L'avènement de la philosophie scientifique*, Paris, Flammarion, 1955, pp. 215-216.

Dès le début de cet article, je me mettais à la place d'Hamlet, disant que j'allais risquer des mises. Il s'est bien agi de cela. Mais je vois bien aussi que j'ai été constamment attiré par la relation à la pensée (objective), à l'ombre pâle et que j'ai tenté de consolider l'hypothèse qui rend possibles les mises, d'augmenter un degré de probabilité. Il y a là un processus qui reflète les oscillations de notre pensée collective. On le verra par une illustration qui donne son sens à l'ensemble de la discussion qui précède. Les trauvaux de l'Institut supérieur des sciences humaines de Laval sur nos idéologies [46] portent sur notre imaginaire collectif et incitent à des recherches du même genre. Les « lacunes » qu'on y a vues renvoient significativement à la pensée objective. André Vachet [47] requérait une « définition rigoureuse de l'*idéologie*... » et récusait que l'idéologie puisse « se limiter à n'être que "ce qu'une société peut dire d'elle-même" ». Serge Gagnon, quant à lui, trouvait ces études prématurées et il lui paraissait essentiel qu'on y rattache des travaux sur « ... la situation, l'identité des idéologues, leurs assises économiques, leur position relative dans l'échelle sociale, le degré de prestige dont ils jouissent, la part qui leur revient dans la distribution du pouvoir ».[48] Mis à part une certaine pertinence des remarques de Gagnon, m'est avis qu'il y a méprise. Une exigence interne veut, autant en philosophie qu'en science, que nous partions d'une *sensibilité* aux faits, que nous nous assurions d'abord d'une inhérence historique, d'une instauration du sensible et de l'imaginaire, de ce que nous avons dit de nous-mêmes, avant de passer à la théorie, aux concepts, à l'histoire des structures sociales.

Claude SAVARY

Département de philosophie,
Université du Québec à Trois-Rivières.

46. Fernand DUMONT *et al.* (éds), *Idéologies au Canada français, 1850–1900*, Québec, PUL, 1971 ; *Idéologies au Canada français, 1900–1929*, Québec, PUL, 1974 ; *Idéologies au Canada français, 1930–1939*, Québec, PUL, 1978.

47. Compte rendu de *Idéologies au Canada français, 1900–1929*, dans : *Livres et auteurs québécois 1974*, Québec, PUL, 1975 : 281–292.

48. Serge GAGNON, « L'histoire des idéologies québécoises : quinze ans de réalisations », *Histoire sociale – Social History, IX*, 17, 1976 : 17–20.

RÉFLEXIONS SUR LA NOTION DE « VALEUR ESTHÉTIQUE » DANS LA SOCIOCRITIQUE DE LUCIEN GOLDMANN

> « L'imagination est le fondement du travail scientifique ; mais le premier usage qu'il faut en faire est pour imaginer les moyens matériels de lui donner des limites raisonnables. »
>
> LEROI-GOURHAN

Toute pratique visant à constituer le « littéraire » comme objet de science vise en réalité à énoncer certaines procédures dont le projet réside dans la production d'un discours sur une matière textuelle. L'extrême difficulté soulevée par une telle pratique à vouloir ainsi transformer sa « lecture » en « théorie » est sans conteste la problématique majeure d'une « science de la littérature » et suffit déjà à indiquer son origine dans la nécessité qui relie toute pratique « signifiante » à l'activité herméneutique. « Nous sommes encore des théologiens », déclarait avec une franchise exemplaire Roland Barthes.[1] C'est dire que texte et commentaire ont partie indissolublement liée — non en vertu d'une quelconque complicité entre production textuelle et institution pédagogique (qu'une critique somme toute assez sommaire se contente de dénoncer), mais plus vraisemblablement en raison même de la matière (en l'occurrence *verbale*) du texte, laquelle préside à son régime spécifiquement *sémantique*, autrement dit : à son caractère non univoque. La non-univocité étant constitutive du sémantique, celui-ci convoque, de ce fait, l'interprétation. Et c'est dans cette convocation même que s'élabore le conflit qui déchire aujourd'hui l'activité du commentaire, divisée contre elle-même entre sa fonction proprement herméneutique (sa mauvaise conscience) et son désir de conformité avec la pratique scientifique dominante (sa bonne foi). L'enjeu en est essentiellement *idéologique*.

Dans son *Cours de philosophie pour scientifiques*,[2] professé à l'École normale supérieure en 1967-1968, L. Althusser avait insisté sur le fait que les diverses disciplines « littéraires » (l'enseignement de la littérature, en particulier) résidaient fondamentalement dans un savoir investi non dans l'*objet* mais dans un « savoir-faire » ; qu'en conséquence, la prétention à les traduire dans un *rapport*

---

1. *Revue d'histoire littéraire de la France*, septembre-octobre 1974, p. 806.
2. Polycopiés, pp. 15–19.

théorique de connaissance conduisait tout au plus à un projet partiel, le plus souvent velléitaire. Toute méthode, en effet, a pour fin de «faire parler le texte », c'est-à-dire de lui supposer un code latent derrière le code manifeste. La description d'une matière textuelle qui s'avoue *positive* (scientifique) présuppose tout de même un champ herméneutique qui la qualifie, ce champ fût-il implicite, fût-il inavoué, fût-il «refoulé». Ce qu'on appelle la «crise des méthodes » en matière de travail sur les textes est, en conséquence, un conflit de procédures, non un affrontement épistémologique entre science et non-science. Il n'est donc pas étonnant, ni même surtout scandaleux, que le «commentaire du texte », issu d'une exégèse laïcisée, soit confondu avec le lieu d'où il est proféré : l'enseignement — au point, souvent, où l'on confond à son tour celui-ci avec «l'institution littéraire» proprement dite où s'élaborent les grands processus de sémantisation et de valorisation. En fait, l'objet se résorbe et se dérobe tout entier dans son aspect sémantique. Avoir prise sur lui, même dans un *rapport théorique de connaissance*, c'est toujours l'évaluer, l'investir de toutes parts par des procédures qui lui confectionnent un *état*, un statut.

C'est dans cette perspective qu'il importe de délimiter la problématique qui fera l'objet des réflexions qui suivent. Il ne s'agit donc pas d'interroger l'entier de la construction critique que L. Goldmann a élaborée pendant près de vingt-cinq ans en vue de la fondation d'une sociocritique à laquelle il avait donné le nom de « struturalisme génétique ».

Du *Dieu caché* (1956) à la préface des *Structures mentales et création culturelle* (1970),[3] rédigée quelque trois mois avant sa mort, il n'est presque aucun texte de L. Goldmann où ne surgisse, sous une forme ou sous une autre, quelque allusion à cette idée centrale que «seul le créateur d'une œuvre valable peut être saisi par l'historien sociologue» (*DC*, 349). Cette conception d'une validité de nature proprement esthétique, l'historien sociologue l'a cependant non moins constamment assortie d'un certain nombre de «critères» qui, lui, a sensiblement varié au cours des études et des années. Il ne saurait être de notre propos de chercher à vérifier si toutes les œuvres analysées par Goldmann dans ses nombreuses études étaient véritablement, en regard de ces critères, des œuvres *valables* — mais bien plutôt, dans un premier temps, d'observer à travers sa variance l'ensemble des critères et procédures qui l'autorisaient à construire l'objet d'une telle *validité* esthétique. Le *Dieu caché* nous informera premièrement : « Le sens valable est celui qui permet de retrouver la *cohérence entière* de l'œuvre, à moins que cette cohérence n'existe pas, auquel cas [...]

---

3. Œuvres de Lucien GOLDMANN auxquelles il sera fait référence : *Sciences humaines et philosophie* (SHP), PUF, 1952, (rééd., Gonthier, 1966) ; le *Dieu caché* (DC), Gallimard, 1956 ; *Racine* (R), L'Arche, 1956, (rééd., 1970) ; *Pour une sociologie du roman* (PSR), Gallimard, 1964 ; *Structures mentales et création culturelle* (SMCC), Anthropos, 1970 ; *Marxisme et sciences humaines* (MSH), Gallimard, 1970.

l'écrit étudié n'a pas d'intérêt philosophique ou littéraire. » (*DC*, 22.) Goldmann a soin ici de prévenir dans une note que la cohérence dont il est question ne saurait être la cohérence de la logique : on ne saura que plus tard en quoi il opposait l'une à l'autre. On conçoit d'entrée de jeu à quel point la notion de cohérence est liée (et le restera jusqu'à la fin), dans la logique de son système théorique, à l'existence même de l'œuvre comme *valeur*. Retenons pour l'instant que la révélation de la cohérence d'une œuvre se situant au terme d'une analyse (« retrouver »), l'opération de *valorisation* semble résulter de cette analyse même, plus qu'elle ne constitue un parti pris à priori. C'est du moins ce que paraît confirmer l'assertion suivante, où se trouvent à nouveau mises en concordance *cohérence* et *valeur* : « Si le critère de cohérence apporte une aide importante et même décisive lorsqu'il s'agit de comprendre la signification d'un élément, il va de soi qu'il ne s'applique que très rarement, et seulement lorsqu'il s'agit d'une œuvre vraiment *exceptionnelle* [nous soulignons], à l'ensemble des écrits et des textes d'un auteur. » (*DC*, 23.) Une œuvre est, en conséquence, exceptionnelle (valable) si elle est en mesure de répondre au critère de cohérence, et elle est cette cohérence même en raison de son caractère exceptionnel : on mesure déjà à quel problème de logicité nous devrons nous heurter plus loin si nous voulons éviter le cycle de la tautologie. Mais il convient auparavant de remonter de peu dans le temps pour repérer à même les écrits de Goldmann l'origine du concept de « cohérence ».

Dès 1952, alors sous le coup des écrits du jeune Lukács (1905–1917), Goldmann a très certainement déduit du concept de « totalité » (emprunté précisément à Lukács) la notion de « cohérence », qui lui est proche, et l'a immédiatement couplée à celle de « grandes œuvres » : « La sociologie de l'esprit peut étudier les visions du monde sur deux plans différents, celui de la conscience *réelle* du groupe [...], ou celui de leur expression *cohérente*, exceptionnelle [...] dans les grandes œuvres de la philosophie et de l'art [...] » (*Sciences humaines et philosophie*, 136.) La notion est encore ici assez élémentaire et ne cherche pas encore à se réaliser dans des analyses spécifiques ; c'est sans doute pour cette raison que le critère de cohérence n'apparaît formé, avec toutes ses conséquences méthodologiques et théoriques, qu'au cours de l'élaboration des études sur Pascal et Racine qui constituent la thèse du *Dieu caché*.

C'est cette même année que paraît l'essai sur *Racine*, modèle réduit de ce qui avait été écrit du théâtre racinien dans le *Dieu caché* : rien, donc, de très substantiellement nouveau sur le plan de la théorie de l'analyse ; s'y trouve cependant confirmée de façon marquée, sur le plan théorique, la relation *cohérence/validité esthétique*, en regard, cette fois, de l'opération de l'analyste dont « la difficulté [d'analyser sociologiquement une œuvre] décroît avec l'importance et la valeur esthétique de celle-ci. Plus l'univers d'une œuvre littéraire est *cohérent* et plus la relation entre cet univers et la forme dans laquelle il est exprimé est *nécessaire*, plus aussi l'œuvre est à la fois esthétiquement valable et facile à analyser en elle-même [...] » (*R*, 77.) On remarquera qu'une fois de plus l'existence de la cohérence est posée comme un axiome sans jamais se trouver décrite dans son fonctionnement ni dans sa réalisation à travers la diversité de l'œuvre — autrement dit : la notion de cohérence se présente comme un élément de la réflexion théorique sur l'objet qui est l'œuvre, elle n'est pas elle-même fondée par la théorie. Peu de choses ont changé lorsque paraît *Pour une sociologie du roman* en 1964, à ceci près que la cohérence, toujours tenue pour l'unique critère de la validité esthétique de l'œuvre, est devenue, avec une précision plus grande, le terme d'une médiation dialectique entre l'œuvre comme *opération* et la « conscience de groupe » comme *matériau* : mais elle s'y inscrit toujours davantage comme un mode d'existence de l'œuvre que comme une propriété de la conscience qui l'engendre : « L'œuvre littéraire n'est pas le simple reflet d'une conscience collective réelle et donnée mais l'aboutissement à un niveau de cohérence très poussé des tendances propres à la conscience de tel ou tel groupe [...] » (*PSR*, 27.)

C'est avec la parution de *Marxisme et sciences humaines*, en 1970, que le système « cohérent » commence à se trouver bouleversé ; plus précisément dans un texte écrit en 1967 sous le titre de « La sociologie de la littérature : statut et problèmes de méthode » (*MSH*, 54–93). Révélant la généalogie de ses catégories philosophiques à travers l'esthétique classique allemande (Kant, Hegel, Marx, le jeune Lukács), Goldmann y fait sienne une définition de la *valeur* « comme une tension surmontée entre d'une part la multiplicité et la richesse sensible, et d'autre part l'unité qui organise cette multiplicité dans un ensemble cohérent » (*MSH*, 89). Si l'on rétablit dans sa logique simplifiée cette formulation difficile, l'on arrive à la formule suivante : valeur = tension surmontée entre multiplicité (= richesse) et unité. L'équation subsiste entre *valeur* et *cohérence*, cette dernière se trouvant désormais explicitée comme *tension* entre le multiple et l'un. Mais qu'est-ce donc que cette *tension* en termes descriptifs et comment se réalise-t-elle dans ce qu'une analyse positive laisse voir de la matière textuelle ? C'est ce que nous avons le projet de résoudre plus loin. Quant au concept de « multiplicité », il révèle sa teneur à la fois dans son opposition à *unité*, mais surtout dans son équivalence à *richesse* — sans toutefois signaler de *quoi* précisément cette multiplicité est la propriété : de l'œuvre comme totalité ou de ses éléments constituants. Reconnaissons néanmoins que cette proposition se laisse facilement réduire à ce que nous enseignent tous les textes antérieurs, à savoir que la cohérence est l'unique critère de la valeur esthétique de l'œuvre.

Dans un texte consacré à l'œuvre de Marie-Claire Blais, écrit en 1969 et paru dans *Structures mentales et création culturelle* (1970), l'inouï se produit : Goldmann y affirme ne voir plus « dans la cohérence qu'un des trois éléments constitutifs de la valeur esthétique, [les deux autres étant la richesse et le caractère non conceptuel] » (*SMCC*, 414). Et dans la préface de ce même recueil, figure ce qui peut être considéré comme le dernier état de sa position théorique ; comme pour bien insister, la formulation de cette position revient deux fois dans la même page :

> « L'œuvre littéraire se caractérise par quatre traits d'égale importance : son caractère rigoureusement *unitaire*, sa *richesse*, le caractère d'*univers* réel ou virtuel de l'ensemble des éléments qui la constituent, et son caractère *non conceptuel*. [...]
>
> « Parmi ces autres traits, sa structure spécifique est constituée par son *unité* et son caractère d'*univers*, la nature esthétique de l'expression de cette structure dépendant aussi de sa *richesse* et de son caractère non conceptuel. » (*SMCC*, xiii.)

D'un unique critère (la cohérence), maintenu pendant quinze ans dans la théorie, comment Goldmann a-t-il pu passer sans transition à trois, puis à quatre critères (qu'il appelle tout à coup « traits » ou « caractères »), le mot même de *cohérence* ayant même totalement disparu de la dernière formulation ? S'agit-il d'un séisme survenu subitement dans la théorie même ? Ou d'un effet de diffraction successive d'un même concept éclaté sous le coup d'une révision théorique ? Toujours est-il qu'il semble évident que nous ne nous trouvons plus en 1970 devant la même position qu'en 1956, ou même qu'en 1952. Considérons le dernier état de cette proposition : ce qui est devenu « nature esthétique » peut aisément être assimilé à ce qui était autrefois désigné par le terme de « valeur esthétique ». Il reste que nous voyons apparaître ici pour la première fois (le texte de 1969 et la préface de 1970 constituant une convergence sur ce point) le trait-critère et l'expression de *non-conceptuel*. Or cette expression n'est nouvelle chez Goldmann qu'en tant que critère : elle était apparue en 1956 dans son *Racine* où elle n'avait aucunement ce statut et ne se trouvait en aucune façon associée à l'aspect théorique de la notion de cohérence : « Dans l'univers d'une œuvre littéraire, il n'y a jamais de concept, il y a des êtres individuels, des situations et des choses. » (*R*, 23.) C'est, à notre avis, la définition même de ce qui veut être dit par « le caractère non conceptuel » d'une œuvre. Nous discuterons plus loin l'enjeu réel de l'introduction de cette notion de « non-conceptuel » dans la constitution méthodologique des critères de valorisation esthétique. Mais n'est-ce pas là, de la part de Goldmann, une récusation implicite de son approche de l'œuvre de Pascal (*DC*) et, plus récente, de son étude sur *L'Encyclopédie* (*SMCC*, 3–130), œuvres, toutes deux, à caractère hautement conceptuel et dont la validité esthétique a pourtant été éprouvée par le fait même de l'analyse ? Une explication nous semble pertinente, sinon plausible : les liens que Goldmann entretenait dans ses dernières années avec Adorno, qui vint à son séminaire de Bruxelles et dont la *Ästhetische Theorie* paraissait précisément en 1970. On y trouve formulée de façon non équivoque la nécessité pour l'œuvre (et par *œuvre*, il faut entendre *œuvre valide*) de renoncer à la conceptualisation : « Ce qui est conceptuel dans les œuvres implique des systèmes de jugements, et il est contraire à l'œuvre de juger. »[4] Peu importe pour l'instant que cette assertion soit juste ou pas (nous en discuterons

---

4. Th. W. ADORNO, *Théorie esthétique*, trad. Jimenez, Klincksieck, 1974, p. 136.

ultérieurement), il convient de reconnaître à travers l'esthétique du philosophe de Francfort le lieu possible de l'émergence, chez le Goldmann des dernières années, de la notion de *non-conceptuel.*

Et c'est sans doute à cette idée de « conceptualité » que vient s'opposer l'affirmation du « caractère d'univers » d'une œuvre, trait précisément apparu dans la préface de 1970 à la suite de l'introduction de la notion de « non-conceptuel ». Il s'agit bien, en conséquence, d'une redondance par antiphrase, le *caractère d'univers* (« des êtres individuels, des situations et des choses » *R*, 23) étant la confirmation du « non-conceptuel ». Cette opération nous permet de comptabiliser trois traits (ou « caractères ») là où il y en avait quatre dans la formulation ; il reste à savoir si ce sont les trois mêmes que dans la formulation de 1969 où s'inscrivaient le « non-conceptuel », la « richesse », la « cohérence ». En 1970, après la réduction logique à laquelle nous les avons soumis, ces trois constituants sont devenus : le « non-conceptuel », la « richesse », l'« unité ». Nous avons déjà considéré la notion de « non-conceptuel ». Celle de « richesse » est déjà apparue en 1967 et nous avons montré alors qu'elle se présentait comme une équivalence de la notion de « multiplicité » qu'elle a ici tout logiquement supplantée. Quant à la substitution de la notion d'*unité* à celle de *cohérence* qui prévalait seule jusque-là, elle ne laisse pas d'apparaître problématique et symptomatique à la fois. Problématique, car *cohérence* et *unité* n'étaient nullement placées en équivalence dans la proposition de 1967 où le critère de cohérence était plutôt donné comme résultant d'un rapport dialectique entre *multiplicité (= richesse)* et *unité.* Symptomatique, car cette « incohérence » visait peut-être à indiquer le type d'impasse méthodologique où s'engageait de plus en plus, du moins sur le plan de la réflexion théorique, l'activité critique de Goldmann. Il ne fait aucun doute que la mort seule l'a empêché de réexaminer une formulation qu'il aurait sans conteste réussi à « corriger », tant sa capacité à penser ces problèmes était rigoureuse et exigeante.

Nous ne prétendons nullement parachever cette pensée qui n'a pas eu le temps de s'accomplir. L'examen, déjà suffisamment laborieux, auquel nous venons de soumettre l'évolution de certains concepts et qui eût exigé davantage, nous enjoint tout au moins de tenter d'esquisser ce qu'eût pu devenir une certaine théorie de la *valeur esthétique* si elle avait été menée à son terme.

Nous voici donc devant trois propriétés qui fondent, selon Goldmann, la valeur esthétique d'un écrit et le rendent du même coup « saisissable » par l'historien sociologue. Ce sont, pour récapituler, le caractère *non conceptuel*, la *cohérence* et la *richesse.* Des trois, le moins équivoque, parce qu'il révèle sa définition partielle dans sa précision sémantique même, est sans conteste celui de *non-conceptuel.* La question est donc celle-ci : est-il juste d'affirmer que le caractère conceptuel d'une œuvre la rend esthétiquement invalide et par conséquent insaisissable par l'historien sociologue ? Précisons dans un premier temps qu'aucun écrit — pas même le dictionnaire — ne saurait être absolument conceptuel. Il n'en est pas non plus qui soit totalement dépourvu de tout aspect conceptuel. Le corpus des textes s'étale sur une plage qui va d'une conceptualité quasi nulle (par exemple, le *haïku* japonais) à une quasi-saturation conceptuelle (le texte juridique ou le système philosophique). Dans un deuxième temps, il convient de se demander si est théoriquement pertinente la discrimination entre *conceptuel* et *non-conceptuel*. Toute activité instituant le texte comme objet n'entre en contact avec lui que par son aspect essentiellement verbal. Le *conceptuel* (comme le *non-conceptuel*) ne se réalise de même que dans et par l'univers verbal. Or, le verbal étant un système constitutivement sémantique — le premier, et qui détermine radicalement tous les autres — on peut se représenter la totalité du système verbo-sémantique le long d'un axe *x y*, allant du *non-univoque absolu* (qui serait réalisé, par exemple, par la présence dans un texte d'un mot délibérément inventé par l'auteur et dont nul contexte ne permettrait de déterminer le sens, même approximatif)[5] à l'*univoque absolu* (un concept dont la définition serait donnée à même le texte, comme c'est le cas dans certains écrits de nature juridique).

Nous aurions alors la figure suivante :

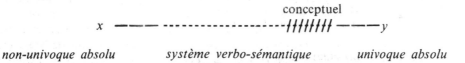

conceptuel

$$x \; \text{———} \cdots\cdots\cdots\cdots\cdots \text{///////} \text{———} y$$

non-univoque absolu   *système verbo-sémantique*   *univoque absolu*

Le conceptuel ne serait alors qu'un *état* particulier de ce système, décalé plus ou moins vers l'univoque absolu. Mais il demeure de l'ordre du *verbal* et en cette qualité est aussi «interprétable» que les états se situant plus ou moins vers l'autre extrémité. Rien n'autorise en conséquence théoriquement à pratiquer une «coupure» qualitative entre *conceptuel* et *non-conceptuel*, qui ne représentent que deux états plus ou moins stables d'un même système. Mais l'argument pratique le plus probant en faveur du caractère esthétiquement valide d'une œuvre «conceptuelle» et sa possibilité d'être saisie par l'historien sociologue est l'étude même que fit Goldmann des *Pensées* de Pascal où la teneur en états conceptuels est plus forte que dans les tragédies de Racine soumises à la même *description positive*. Au total, sur ce point de variation de sa pensée, Goldmann a très vraisemblablement cédé à une esthétique primaire qui discrédite sous le nom «d'œuvre à thèse» l'écrit où prime quantitativement l'aspect proprement *discursif* (conceptuel) ; et Adorno n'est sans doute pas étranger à cette attitude. Or, dans la mesure où l'aspect discursif est lui aussi de nature verbale (donc soumis à la règle herméneutique), sa fonction spécifique dans le processus de validation de l'œuvre dépend directement de son statut et de son mode

---

5. Et même alors le sens de ce mot serait à la rigueur de signifier le non-sens — ce qui est encore une façon de *signifier*.

d'insertion dans la structure de cohérence. Proust ne saurait être disqualifié sous prétexte que l'on repère dans son récit des « discours » souvent fortement conceptualisés sur la musique ou la peinture : le conceptuel même, ici, sous certains facteurs, se transforme en *représentation* sans pour autant annuler l'aspect de sa conceptualisation.

En aucun moment de l'évolution de sa pensée théorique, Goldmann n'a jugé bon de préciser, ni même de décrire ce que pouvait être, en situation textuelle, la cohérence d'une œuvre ; sans doute la transparence du mot même lui apparaissait-elle suffisante. On a cependant déjà entrevu que, dérivé du concept lukácsien de « totalité », le critère de cohérence pouvait renvoyer à un type particulier de totalité à l'œuvre dans l'univers verbal des textes, défini tardivement comme une multiplicité unifiée. La cohérence est ainsi moins un statut de l'œuvre qu'un travail qui se poursuit au sein des éléments (nécessairement isolables) qui la constituent. Et par *éléments* de cet univers spécifiquement verbal, il faut entendre *tous* les éléments constitutifs du système verbal lui-même ; son répertoire est relativement clos : ressources phonétiques, unités lexicales, solutions morphologiques, modèles syntaxiques, réseaux sémantiques, appareil métrique ou prosodique, etc. Tout le « construit » verbal (images, schèmes, figures de rhétorique, etc.) n'est en fait qu'une réalisation particulière de ces divers éléments et constitue lui-même un répertoire de seconde instance. On est alors en droit d'affirmer que toute œuvre (et même tout écrit) est un ensemble régi par la complexité dans la mesure où il est construit à même la multiplicité du système verbal — mais toute œuvre n'est investie par la cohérence que dans certaines conditions résultant de son organisation interne.

Pour que cette complexité puisse en quelque façon être perçue et capturée comme cohérence, il importe qu'y apparaissent les mêmes vecteurs qui président ailleurs à la formation de tout système dit « complexe » :

1. une *variété*[6] d'éléments à fonction spécialisée (les mots)
2. une *organisation* des éléments en classes d'aspect interdépendantes (classe phonétique, lexicale, morphologique, syntaxique, etc.)
3. une *densité* mesurable des interconnections entre éléments, entre classes, entre éléments et classes.
4. des interactions *non linéaires* (à sens multiples).

Tout écrit répond par définition au premier vecteur ; l'apparition de la cohérence ne commence qu'avec le deuxième où elle opère en termes de distribution, d'occurrence et de fréquence. Au troisième, tout élément, toute classe, doit pouvoir être mis en relation avec chacun de tous les autres éléments

---

6. Dans le sens cybernétique de Ashby : le nombre d'éléments différents, ou le nombre de relations différentes entre ces éléments, ou le nombre d'états différents de ces relations. Un système relativement simple de sept éléments connectés par des relations orientées à double sens et comportant chacune deux états s'exprime par le chiffre énorme de 2^{42}.

et chacune de toutes les autres classes, soit par symétrie, soit par dissymétrie — c'est dans cette mesure, et celle-là seulement, qu'Adorno pouvait, dans un langage « non univoque », proposer que « les œuvres devraient gagner en *valeur* en proportion de leur articulation [...] aucune zone morte, aucun élément in-formé, aucun espace non parcouru par la structuration [...] »[7] Le quatrième vecteur parachève le processus par des relations obligatoirement orientées non linéairement : si un élément A est mis en relation avec un élément B par un canal *a*, à son tour B doit pouvoir être mis en relation avec A par un canal *a'*.

Il résulte de ce déploiement de la complexité que la cohérence est moins un *état* qu'un processus ; et que la première *qualité* de ce processus réside d'abord dans la possibilité qu'il offre de se faire « découvrir » par l'interrogation herméneutique primordiale.[8] En ce sens, la *cohérence-processus* est avant tout une *dynamique* par laquelle, sous la conduite d'une conscience perceptive (le « collapse du psi » de la mécanique ondulatoire), se forme le lieu de transmutation des *quanta* en *qualia*. Toute entreprise de *valorisation* porte précisément sur ce lieu — mieux connu sous l'appellation de *forme*. Cette forme est l'*être* même de l'œuvre dans la mesure où elle est aussi médiation/relation à ce qui la perçoit. Mais les « flux sémantiques » qui traversent tous les réseaux vectoriels de la forme sont analogiquement corollaires de ces objets ambigus que poursuit la mécanique quantique — en quoi leur *être* est d'être interprétés par ces « physiciens de la sémantique » que sont les divers exégètes, critiques, « théologiens » de Barthes...

C'est donc dans sa dynamique interne, dans cette synergie « évaluable » et immanente à l'œuvre, que celle-ci communique à l'observateur-participant son dessein d'être transformée en discours. Car nous ne perdons pas de vue, dans cette démonstration pour le moins austère, que ce dernier a, au départ et dans le temps même où il observe son objet, un projet particulier, qui est de produire sur lui un discours — à la rigueur pouvons-nous en réduire la nature dans les termes de Gadamer : « L'acte d'interpréter est bien l'opération même de la compréhension, qui ne s'accomplit que dans l'expressivité (*Ausdrücklichkeit*) de l'interprétation par le langage, non seulement pour ceux à qui est destinée l'interprétation, mais aussi pour l'interprète lui-même. »[9] En ce sens, toute lecture est à la fois *interprétation* et théorie implicite de son activité. Fonder la

---

7. *Op. cit.*, p. 253.

8. Goldmann n'a lui-même donné que peu d'illustrations d'une analyse complexe ; signalons notamment, toutes publiées in *SMCC*, ses études des vingt-cinq premières répliques des *Nègres* de Genêt, pp. 341–367, de poèmes de Saint-John Perse, pp. 369–392, et des *Chats* de Baudelaire, pp. 393–399.

9. *Vérité et méthode*, PUF, p. 245. Et c'est à peu près ce que dit Nietzsche sous une forme plus problématique : « Pouvoir lire un texte en tant que texte, sans y mêler une interprétation, c'est la forme la plus tardive de "l'expérience intérieure" — peut-être même est-ce une forme à peine possible. » (*La volonté de puissance*, aph. 265.)

validité de l'œuvre qu'elle interroge revient, pour elle, à fonder la validité de ses propres opérations. Et c'est par sa cohérence en tant qu'interprétation, que ce discours, à son tour, peut entrer en rapport verbalisé avec la matière textuelle — en raison d'une nouvelle cohérence entre discours et matière textuelle s'établit ce qu'on appellera la *justesse* d'une interprétation/explication.[10]

On comprendra dès lors ce qui advient de la notion de *richesse*, telle du moins qu'elle est apparue tardivement dans les énoncés méthodologiques de Goldmann : elle n'est plus qu'une propriété de la cohérence et par là même ne saurait être définie comme un critère la validation esthétique. Elle opère à travers les qualifications vectorielles déjà décrites comme conditions d'émergence de la cohérence ; elle est tout entière contenue dans la *variété*, l'*organisation*, la *densité* et la *multilinéarité*. Nous considérons en conséquence inutile le critère de *richesse*, d'autant qu'il s'agit d'un terme manifestement ambigu, impropre à une réflexion théorique qui a pour fin d'élucider ses propres conditions d'opération-nalité. Ce qui nous remet d'emblée devant le premier état de la pensée théorique de Goldmann : seul le critère de cohérence, à condition d'être informé par les procédures des quatre vecteurs susdits, peut méthodologiquement servir à établir la qualification esthétique d'une œuvre littéraire. Est *cohérente* l'œuvre qui attise le commentaire.

Notre réflexion resterait toutefois incomplète si elle n'interrogeait en conclusion ce que Goldmann déduit de l'œuvre ainsi valorisée, à savoir qu'elle *seule*, une fois qualifiée, « peut être saisie par l'historien sociologique ». En d'autres termes : c'est la cohérence même d'une œuvre qui autorise et multiplie les possibilités de discours ; et ce, pour des raisons qui sont immanentes à l'œuvre et relèvent, à la fois mais *que partiellement*, du « savoir-faire » de l'observateur dont toute l'activité est en quelque sorte provoquée par une matière textuelle *objectivement* cohérente. Cette activité, cette pratique de l'observateur consiste, dans son aspect de « savoir-faire », à repérer les circuits qui parcourent la matière textuelle et à leur injecter ces « flux sémantiques » déjà constitutivement disponibles dans la dynamique latente de l'œuvre. Or, seule l'œuvre ainsi investie peut être validement mise en rapport avec un autre objet, qui a contribué à son émergence comme œuvre mais lui est irréductiblement hétéronome : la *conscience sociétale*. C'est déjà ce qu'avec sa forte intuition de poète avait pressenti Francis Ponge dans l'approche sociologique de toute matière textuelle : « Pour qu'un texte puisse d'aucune manière rendre compte d'une réalité du monde concret (ou spirituel), il faut d'abord qu'il atteigne à la réalité dans son propre monde, celui des textes. »[11] Autrement dit : sa cohérence

---

10. Gadamer encore ici, renforçant l'idée de cohérence (qu'il appelle *concordance*) : « La justesse de la compréhension a toujours pour critère la concordance de tous les détails avec le tout. Si cette concordance fait défaut, la compréhension a échoué. » (*Op. cit.*, p. 131.)

11. *Pour un Malherbe*, Gallimard, p. 48.

en tant qu'œuvre est la première (et sans doute unique) garantie qu'une œuvre est en mesure de représenter à même sa forme quoi que ce soit d'un univers qui lui est radicalement hétéronome, en l'occurrence le monde social. Sur un mode plus dialectique, le philosophe Henri Lefebvre formulait une pensée assez semblable sur la nature de la forme esthétique comme perméabilité immanente de l'œuvre au champ social où elle s'inscrit : « La forme esthétique sera toujours la forme de conscience qui aura saisi le plus concrètement les tendances essentielles du contenu social, et les aura réalisées en un objet plus riche et plus chargé de sens que tout autre objet. »[12] Et le canal qui nous permet de passer d'un univers à un autre et nous autorise à mettre en rapport matière textuelle et conscience sociale n'est rien d'autre que leur commune nature *verbale-expressive*. C'est par le langage, qu'elles réalisent sur des modes différents, que ces deux séries d'organisation communiquent. Que la forme-cohérence soit, dans l'ordre du régime sémantique, le produit d'une activité similaire dans l'ordre de l'anthropologique et du social, seule une pensée dialectiquement orientée est en mesure d'y souscrire et d'en rendre compte de façon pertinente. Lorsqu'a été établie la cohérence d'une œuvre, et par conséquent sa qualification esthétique, on est dès lors autorisé à présumer que l'on trouvera dans le champ social de son émergence une cohérence corrélative — cette corrélation de structures est appelée chez Goldmann *homologie*. Si cette hypothèse est juste et peut être confirmée par l'expérimentation comme règle de savoir, l'on devrait pouvoir, dans le cas d'une œuvre avérée « valable » mais dont le champ social d'émergence serait historiquement inconnu ou mal établi (par exemple, la *Chanson de Roland*), soupçonner, à même la rationalité de sa forme, la structure sociale de la conscience qui l'a constituée et à laquelle elle devrait appartenir. C'est en fait ce qu'a réussi Goldmann en cherchant à quel sous-groupe de la collectivité des jansénistes pouvait renvoyer la cohérence à l'œuvre dans les *Pensées* de Pascal et les tragédies de Racine, et le découvrant dans les écrits extrémistes de Martin de Barcos, qu'il a édités puisque leur existence même, avant cette découverte, était quasi inconnue. Mais cette réussite même ne laisse pas de sécréter un problème de taille : cet objet historique que constitue la « structure mentale » d'un groupe social, comment est-il connaissable ou même repérable sinon à travers des textes encore ? Si bien que l'on peut affirmer que ce que la sociocritique articule, en réalité, ce n'est jamais une cohérence esthétique à une conscience sociétale immédiatement perceptible, mais bien une série textuelle représentant une cohérence esthétique à une « vision du monde » déduite d'une autre série textuelle — mais de cette dernière, la cohérence n'est plus requise comme critère de validité ; celle-ci est à chercher dans l'information manifeste du contenu. Il demeure néanmoins que c'est l'introduction rétrodictive de cette structure mentale (fût-elle déduite de textes non valables) dans la

---

12. *Contribution à l'esthétique*, Éditions sociales, 1953, p. 128.

cohérence de l'œuvre qui sera le mieux en mesure de lui conférer son sens le plus global, celui qui «contiendra» tous les autres sens particuliers, partiels et possibles. Et c'est, encore ici, par le caractère spécifiquement *verbal* du rapport des deux «univers» que ce rapport devient objet privilégié de l'interprétation. L'œuvre *esthétiquement valable*, en créant ses propres conditions d'existence, crée du même coup son rapport corrélatif à son champ d'émergence — cette «vision du monde» structurée et plus ou moins latente dans la conscience du groupe.

En corollaire, on est en droit d'affirmer qu'une œuvre esthétiquement non valable (où régnerait, par conséquent, la non-cohérence) pourrait à la rigueur témoigner «documentairement» par son *contenu*, non par sa *forme*; elle livre dès lors des *informations*, mais elle n'intègre pas dans un procès de cohérence le moment de cette historicité présente en elle.

Adorno conférait (à peu près dans les mêmes termes que ceux de Goldmann) à la cohérence le pouvoir d'absorber la structure du social : «La forme, la cohérence esthétique de tout élément représente dans l'œuvre d'art le rapport social.» (*Op. cit.*, 337.) Alors que Baktine, dans son *Esthétique du roman* (Gallimard, 1977), mieux averti du caractère herméneutique de cette opération, voit plutôt dans cette cohérence (*unité*) le fait non d'une pensée logique mais du «sentiment d'une activité valorisante». Il doit y avoir, aussi rigoureuses que celles qui expliquent les «chefs-d'œuvre», des lois qui puissent rendre compte de ce que certaines œuvres sont conçues en dehors de tout rapport de cohérence avec l'historicité qui les engendre : leur échec historique coïncide alors avec leur échec esthétique. Et cet échec se confond, dans «l'institution», avec son impuissance à susciter le commentaire qui, seul, lui confère existence.

Ce que fonde Goldmann, en réalité, par sa procédure de *valeur esthétique*, c'est un certain niveau de critique sociologique privilégiant, dans le foisonnement interne de l'œuvre, une configuration particulière — celle qui assurera le mieux, à son tour, la cohérence du *discours* d'interprétation. L'œuvre est ainsi *valorisée* par les mêmes voies qu'elle se trouve *décryptée*. S'institue alors entre les deux activités un *effet de cohérence*. Mais cette double opération n'est rendue possible que par la constitution en symétrie de l'œuvre et du commentaire, de l'innovation et de la transmission. La virtualité de l'œuvre n'est pas encore sa signification : elle la prépare. Et le commentaire la confirme.

Comme le propre de toute activité herméneutique est tout à la fois d'être *interprétante* et *interprétable* en tant qu'activité verbale, et si l'interprétation portant sur la corrélation entre la valeur esthétique de Racine et la «structure mentale» du groupe extrémiste des jansénistes est à son tour *esthétiquement valable*, elle doit en conséquence pouvoir être interprétée. Il y a, en effet, un assez extraordinaire et étrange «effet de cohérence» dans le choix que firent du théâtre de Racine les trois grandes « écoles » de la critique « scientifique » pour fonder et exercer leurs méthodes (le structuralisme linguistique avec le *Sur Racine* de Barthes, la psychocritique avec *L'inconscient dans l'œuvre et la vie de Racine* de Mauron, la sociocritique avec le *Racine* de Goldmann). Si donc l'hypothèse herméneutique de Goldmann est juste, il doit y avoir un rapport homologique entre l'intérêt récurrent et marqué de ces « fondateurs d'école » pour le théâtre de Racine et la « structure mentale » qui préside aux activités des divers groupes de la « nouvelle critique ». Et ce rapport doit être lui-même sensiblement *homologue* à celui qu'a repéré Goldmann entre l'œuvre de Racine et la conscience de groupe des jansénistes extrémistes. Par la médiation de l'œuvre (valorisée) de Racine, ce que dit la nouvelle critique, c'est en réalité sa cohérence homologique au groupe des jansénistes extrémistes. Ceux-ci, nous explique Goldmann, sont nés, comme « groupe », d'une déchéance sociale de la noblesse de robe, que l'absolutisme royal a rejetée hors du monde du pouvoir ; ce rejet « hors du monde », les a conduits à structurer par compensation une « vision du monde » fondée sur le *contemptus mundi*. Or n'assistons-nous pas, depuis la fin de la dernière guerre, à une « déchéance » du même type chez cette « ancienne noblesse » que constituent les littéraires, au profit de l'activité concurrente, scientifique ? Tout tendrait à l'illustrer. Ce qu'on appelle la « crise de la littérature » n'est, en fait, rien d'autre que la crise du *statut du littéraire* dans l'idéologie globale de notre époque, où la « dominante » est assurée non plus pas l'*herméneutique* mais par la pratique scientifique. D'où, croyons-nous, cette velléité, particulièrement cohérente dans la nouvelle critique, de transformer son discours *honteux* en un appareil simili-technologique et « rationnel » où elle croit prendre le texte comme objet au même titre que le physicien, dans son laboratoire sophistiqué, prend pour objet la relation des particules sub atomiques. Seulement, c'est bien cette dernière activité qui, selon Georges Steiner, constitue la véritable aventure poétique de notre siècle. C'est ainsi que tout savoir doté d'une épistémologie faible, comme c'est le cas du savoir sur les textes et, en général, de toutes les sciences humaines, apparaît comme particulièrement perméable à l'idéologie de la *scientificité* — qui n'est pas tout à fait celle de la science.

Quoi qu'il en soit de cette « interprétation », elle confirme du moins que les textes conçus en d'autres temps ont le pouvoir parfois de raviver leur contenu réel au contact, en d'autres temps, de « structures mentales » homologues à celles qui leur ont servi de champ d'émergence. Et seules, semble-t-il encore, les œuvres *valables* ont ce singulier pouvoir. Il ne manque même pas à notre temps l'équivalent d'un Martin de Barcos : cet écrivain de la perpétuelle « double contrainte » qui, à travers une interrogation « tragique » sur l'utilité même de la littérature, déclarait le plus clairement du monde : « Nous sommes les jansénistes de notre temps. » (Jean-Paul SARTRE, *Qu'est-ce que la littérature ?*, p. 268.) Il disait dans le manifeste d'un contenu ce que dit dans sa cohérence l'ensemble des œuvres « valables » du commentaire critique de la même époque. C'est ainsi que l'historicité ponctuelle d'une entreprise de valorisation théorique d'une œuvre (celle de Racine) rejoint l'historicité immanente de cette œuvre.

Et quoi qu'il en soit encore, si une certaine scientificité réelle — et tant désirée — a quelque chance de s'établir en herméneutique littéraire, c'est dans la mesure où elle ne consistera pas à importer des « modèles » issus des sciences dites « exactes » dans le traitement et l'analyse des textes, mais bien plutôt à introduire ceux-ci dans un *continuum*, qui est l'organisation même de la matière ; elle réside, en conséquence, moins dans des méthodes ou des technologies textuelles que dans une orientation et une disposition générale d'une pratique visant à intégrer le texte (tout texte) dans une interprétation globale de l'univers — interprétation elle-même appelée et coordonnée par le désir d'une nouvelle *unification du savoir*. C'est, dans l'état actuel de nos incertitudes, à cette condition seulement que nous pourrons faire de la sociocritique un usage sinon « scientifique », du moins rationnel, en tout cas *raisonnable*.

Jean-Marcel PAQUETTE

Département des littératures,
Université Laval.

IMAGINAIRE, MERVEILLEUX ET SACRÉ
AVEC J.-C. FALARDEAU

Au moment où nous rédigeons ces pages, à deux décades près de l'an deux mille, Freud a déjà réhabilité le rêve, Breton l'instinct, Durand l'imaginaire, Mabille le merveilleux, Todorov le fantastique ; Otto, Bataille, Caillois, les historiens Éliade et Dumézil ont réévalué depuis longtemps le sacré et le religieux. Jean-Charles Falardeau écoute ces « maîtres » avec un talent critique dont nous voudrions rendre compte ici pour mieux nous interroger avec lui sur d'autres perspectives possibles de l'étude du phénomène religieux dans le milieu canadien-français.[1]

Rappeler ce qui, à notre point de vue, constitue l'essentiel du message de notre distingué compatriote dans ces matières pourtant ardues, vérifier dans la mesure du possible les avenues que nous ouvrent déjà plusieurs de ses intuitions sur l'imaginaire et le merveilleux, voilà une entreprise pour le moins audacieuse.

Au premier abord, il est difficile d'imaginer que cet homme raffiné et distingué au possible, sociologue en plus et conduit comme tel à scruter des systèmes de valeurs fermes et à inspecter le champ bien concret des structures sociales de la paroisse, du village, de la famille, puisse un jour rêver de merveilleux et d'espaces spirituels inédits. Prêtons-nous à ce frère amical, vénéré et admiré depuis plus de quarante ans, des considérations que seule une amitié excessive pourrait justifier ? Quand on s'est longtemps occupé de l'univers religieux de ses ancêtres médiévaux et de sa *translatio studii* en Amérique française,[2] n'est-ce pas témérité et gratuité pure que toutes ces préoccupations retrouvées dans une problématique moderne ? Pourtant, ce n'est pas l'amour obsessif du Moyen Âge qui nous rapproche de Falardeau : ce

---

1. Une première orientation bibliographique sur l'imagination, l'imaginaire, les symboles et les mythes, dans : J.-C. FALARDEAU, *Imaginaire social et littérature*, Montréal, Hurtubise HMH, 1974, pp. 144-145. À compléter avec l'article de P. KAUFMANN, dans : *Encyclopædia Universalis, VIII*, 1970 : 733–739. Aussi, avec « le sacré », de André DUMAS, *id., XIV*, 1972 : 579–581.

2. En arrière-plan du présent essai, notre étude « Histoire et religion traditionnelle des Québécois, 1534–1980 », *Stanford French Review* (U.S.A.), *IV*, 1-2, 1980 : 19–41.

sont plutôt les effets de l'héritage religieux en milieu nord-américain. Les mêmes quêtes spirituelles et les mêmes hésitations face aux changements culturels de notre temps nous conduisent à relire J.-C. Falardeau.[3] L'académisme universitaire, l'aventure du surréalisme, l'affaire Borduas vingt ans plus tard, l'intervention courageuse de notre ami Robert Élie,[4] des amitiés parallèles, tout ceci, nous l'avons partagé chacun à notre façon et sans même en discuter entre nous. Nous nous étions à divers degrés consacrés au service des étudiants. Il nous est aussi arrivé d'occuper successivement la même chaire de civilisation franco-québécoise à l'Université française de Caen. Dans de telles circonstances, il est presque normal que nos imaginations se soient souvent croisées. Où et quand? Mais quelque part, ne fût-ce que dans cet univers intérieur judéochrétien qui a enveloppé nos enfances respectives. Autant de prétextes qui nous amènent aujourd'hui à rejoindre Falardeau sur le terrain qu'il habite et défriche avec un acharnement digne de son sens du bien savoir et du bien faire.

Surtout, l'occasion nous est enfin offerte de penser « sacré », « mystère », « imaginaire », « merveilleux » en compagnie d'un pionnier de la sociologie religieuse en Amérique française. Stimulus d'autant plus efficace que nous avons eu, au moins à trois reprises, l'occasion d'entendre les propos de notre collègue, avant qu'il ne les livrât à l'impression. La première fois, en avril 1962, ce fut à l'occasion du colloque de *Recherches sociographiques*; la seconde fois, le 17 octobre 1971, à l'Institut supérieur des sciences humaines de l'Université Laval, lors du deuxième colloque sur les religions populaires. En 1973, le même J.-C. Falardeau proposait aux membres de l'Académie québécoise des sciences morales et politiques, à Montréal, une communication intitulée *Problématique d'une sociologie du roman* et publiée en 1974 dans *Imaginaire social et littérature* sous le titre déjà plus signifiant : « Le roman et l'imaginaire ».

Nous le revoyons encore assis à la table de conférence, sérieux et digne, ferme dans ses mots, bien aligné sur son texte; nous l'entendons dire dans une langue froidement impeccable des paroles qui nous rassurent et nous interrogent tous. Sans qu'il le sache toujours, J.-C. Falardeau aura, par ses travaux autant que par la direction de ses recherches en matières religieuses, profondément influencé le Canada français depuis plus de vingt ans. Ses nombreuses études de sociologie et sa participation à l'évaluation périodique des croyances, rituels et agirs du plus grand nombre, ce que nous appelons provisoirement *la religion populaire*, restent de première importance. En somme, c'est presque un acte de

---

3. Pour nous, et parmi d'autres textes importants à noter, fut décisive à tous égards cette étude : « Les recherches religieuses au Canada français », dans : *Situation de la recherche sur le Canada français*, sous la direction de Fernand DUMONT et Yves MARTIN, Québec, Les Presses de l'Université Laval, pp. 209–228 (importantes bibliographies).

4. Voir : « Notule sur un texte de Robert Élie », *Revue dominicaine, 55*, novembre 1949 : 236-237. À resituer dans le contexte de l'époque avec l'étude de François-Marc GAGNON (voir note 27).

piété, entendu au sens médiéval, que nous accomplissons en rendant hommage à celui dont nous avons si souvent relu les textes et pillé les bibliographies.

Notre propos exact est de considérer tour à tour l'imaginaire, le merveilleux et le sacré[5] pour mieux entrevoir, si possible, et toujours en compagnie de Falardeau, l'accès aux mystères qui définissent le sacré judéo-chrétien dans lequel la majorité de nos compatriotes canadiens-français ont vécu jusqu'à la limite de la pensée magique.

I. DU SOCIAL À L'IMAGINAIRE

L'imaginaire : réalité ou fiction?[6]

L'imaginaire fait partie de toutes les sociétés, de la plus archaïque à la plus civilisée : « Nous savons que l'homme vit et survit encore grâce à l'imagination. Notre monde rationnel continue à baigner dans une magie diffuse. » Chacun de nous a la faculté ou le pouvoir, et certains plus que d'autres, de former des images et de les combiner en vue de son propre discours. Ces images ne renvoient pas nécessairement au réel ; elles peuvent n'être parfois que l'idéalisation, la projection ou même la profanation d'une réalité hypothétique. L'imaginaire est réel ou fictif. Fictif, il peut conduire au délire. Sartre voit dans l'imaginaire une certaine façon qu'a l'objet de paraître à la conscience ou, si l'on préfère, une certaine façon qu'a la conscience de se donner un « objet », qui pourrait aller jusqu'à l'absence et même l'illusion. D'autres, de l'école réaliste, acceptent l'imaginaire comme un état naturel quoique provisoire : l'état d'un être en quête d'idées et d'action. Récupéré par la sagesse populaire, l'imaginaire apparaîtra comme l'effet d'un esprit créateur et libéré ou comme la menace à éviter si l'on ne veut pas enchaîner sa raison et l'entraîner à la démission totale.

La tendance fut longtemps d'opposer imaginaire et rationnel, comme on opposerait vice et vertu. « Méfie-toi de ton imagination », la « folle du logis » ; « ça ne te mènera nulle part d'imaginer que... » ; « tu as des imaginations ». Le malade imaginaire ! Mais, en ces derniers temps, et on peut l'écrire maintenant sans trahir, on est peu à peu revenu à la « raison » : Freud, Breton, Bachelard, Durand, Sartre et d'autres, Caillois en particulier, ont célébré l'imagination, et conséquemment l'imaginaire, le merveilleux, voire le sacré.

---

5. Qu'on se réfère pour ces mots aux dictionnaires courants de la langue philosophique de André LALANDE, Paul FOULQUIÉ, Régis JOLIVET, etc. Dans notre exposé, nous nous inspirons surtout de Jean-Charles FALARDEAU, *Imaginaire social et littérature*, Montréal, Hurtubise HMH, 1974, 152p. (« Reconnaissances ».)

6. *Imaginaire social...*, pp. 108ss. Au niveau philosophique, un remarquable article de M. NEUMAN, « Towards an integrated theory of imagination », *International Philosophical Quarterly*, XVIII, 1, 1978 : 251–275.

L'imaginaire et la réalité spirituelle

Aujourd'hui, les « grands » textes de Falardeau sur l'imaginaire, réel ou fictif, se retrouvent dans cet opuscule de 150 pages denses et réfléchies comme tout ce qu'il a écrit, dédié à nuls autres qu'à « nos » étudiants de Normandie. Avec les maîtres qui l'inspirent, *Imaginaire social et littérature* proclame que le champ de l'impossible est plus vaste que celui du possible, que l'invisible est aussi réel que le visible, sinon davantage, et que ce que nous voyons fait souvent écran au meilleur de l'existence humaine. L'insolite, le fantastique, le tragique, l'illusion, le surnaturel sont des mondes à ne pas dédaigner même si leur connaissance paraît compromise au départ par toutes sortes de subjectivités et de pouvoirs. Dans un dialogue ouvert et noble avec des interlocuteurs dont plusieurs rejettent vigoureusement toute appartenance religieuse, J.-C. Falardeau se montre intelligent et subtil : il sait reconnaître son bien là où il se trouve, il n'hésite pas à formuler ses propres choix. L'imaginaire est un univers extraordinaire et magnifique de symboles et de thèmes, univers des espaces, des rythmes et des conduites, univers du jeu, du rêve et des rôles sociaux. N'allons pas opposer ce que la nature unit, ni inférioriser l'une — l'imagination par exemple — pour mieux grandir l'autre, la raison, ou même la conscience. L'être humain ne saurait se réaliser sans rêveries.[7]

L'histoire raconte...

Il y a aussi l'argument de l'histoire, *magistra vitae*. Qui oserait aujourd'hui mettre en doute la réalité du surréalisme, de la psychanalyse, des sciences de la conscience ? De son maître vénéré Léon Gérin, Falardeau a appris que la dimension historique est une dimension essentielle. Il convient d'interroger l'histoire telle qu'elle arrive, fût-elle à nos yeux fiction ou illusion. Contrairement à Philippe Soupault ou même à André Breton prêts à refuser un certain passé, Falardeau, lui, est partisan de l'approche historique globale ;[8] il ne peut pas, il

---

7. *Id.*, p. 109 : « Il n'y a pas, dit Bachelard, de rupture essentielle entre imaginer et percevoir ; il y a continuité du perçu et de l'imaginé. Mais l'imagination est encore plus dynamique. Non seulement elle nous permet d'anticiper et de préparer le réalisable, mais en projetant ses fantaisies dans le jeu, la fiction, la rêverie, elle nous aide à distancer sinon à rompre nos attaches avec le "réel". Il y a une imagination du réel ; il y a une réalité de l'imaginaire. C'est surtout en regard de celle-ci que Gilbert Durand, au terme de ses enquêtes, se croit justifié d'attribuer à l'imagination une fonction générale d'"euphémisation", c'est-à-dire une fonction de "dynamisme prospectif qui, à travers toutes les structures du projet imaginaire, tente d'améliorer la situation de l'homme dans le monde". »

8. *Id.*, pp. 108 et 135. Déjà, en 1962, dans *Situation de la recherche sur le Canada français*, p. 218 : « Or, c'est à partir de ce phénomène culturel global que doivent se formuler encore maintenant et pour un long temps à venir les hypothèses des recherches psychologiques, anthropologiques et sociologiques qui ambitionneront d'étudier les composantes religieuses de la société canadienne-française. Ces recherches, en particulier celles de la psychologie sociale, ne

ne veut pas personnellement se déshériter, et encore moins « coloniser » ses options en imitant servilement les attitudes parfois contradictoires de ses prestigieux « maîtres » français.

Mieux vaut relire l'histoire de l'imaginaire comme une « série de phases alternantes ». Pendant longtemps on a privilégié la raison aux dépens de l'imagination. Le romantisme a tenté à sa manière de corriger la situation. Au XXe siècle, nouveau recul : la technique est au pouvoir, la science moderne se constitue en réagissant contre « l'élément affectif de l'imagination » (Bachelard). Entre temps, le surréalisme revient à la charge pour venger les misères faites à l'imaginaire en lui accordant tous les mérites. À ce surréalisme proclamé surtout par André Breton, Falardeau va accorder des titres de noblesse comme peu d'intellectuels québécois l'ont osé à l'époque, en interrogeant un lieu qui lui paraît excellent à considérer à tous égards : le roman.

L'imaginaire du roman

Les terres de l'imaginaire sont si variées et l'histoire de la fertilité romanesque si convaincante qu'il suffit d'un ou deux sondages pratiqués avec discernement pour découvrir l'intégration des divers éléments de la culture. Falardeau multiplie les lectures et les approches. Lui qui s'était d'abord dédié à l'étude de la paroisse et de la famille comme unités sociales privilégiées trouve ici une autre « institution » qui lui révélera la richesse même de la vie de ceux qui l'entourent. Et, nous aurions dû l'écrire plus tôt, Falardeau est tout autant homme de lettres que sociologue.[9]

C'est que le roman est un lieu d'imaginaire social sans pareil. L'univers créé par le roman est parfois de la plus haute fantaisie, qu'il soit merveilleux, fantastique, étrange. Produit de jeux de l'imagination qui sollicitent l'évasion du lecteur et répondent à ses vœux de vies possibles au-delà de l'existence concrète,[10] le roman est tout autant le reflet d'une réalité sociale que l'image d'une société rêvée, « transposée, recomposée, transfigurée, refigurée, transcendée ».[11] À mesure qu'il écrit, le romancier est conduit à vaincre la réalité qui le hante.

---

déboucheront sur les conditionnements profonds des mentalités et des conduites religieuses que si elles s'intéressent d'abord et principalement aux phénomènes sociaux globaux. Il y a une indissolubilité historique de la culture canadienne-française et de la religion catholique. » (Voir note 31.)

9. « Je le soupçonne, aujourd'hui, d'entretenir une passion plus vive pour la littérature que pour la sociologie, mais ce n'est là qu'un déplacement d'accent, car Jean-Charles Falardeau n'a jamais dissocié l'une de l'autre. » (Gilles MARCOTTE, préface à *Imaginaire social...*, p. 13.)

10. *Imaginaire social...*, pp. 114-115. Autre résumé, encore plus explicite, dans *Littérature et société canadiennes-françaises*, sous la direction de Fernand DUMONT et Jean-Charles FALARDEAU, Québec, Les Presses de l'Université Laval, 1964, p. 123.

11. À relire, dans *Littérature et société canadiennes-françaises*, l'excellente page 123.

« Libération des forces imaginantes », l'écriture devient, face à la vie concrète, « acceptation, cri, révolte, sublimation ou mythologie ». Le meilleur roman est celui qui exprime avec la meilleure cohérence la vision d'un monde imaginaire, fruit d'une hypothèse parfois inconsciente, informulée, déséquilibrée. Le lecteur, complice, et souvent à un degré aussi intense que le romancier, profite de l'œuvre pour « imaginer » à son tour une réalité sociale différente de celle que l'écrivain lui offre.

Dans le roman, Falardeau trouve « les vœux contrariés de l'imaginaire dans la vie individuelle ou collective », « une évocation des vies possibles dans la société, une dramatisation de ce que feraient les hommes s'ils allaient jusqu'au bout de leurs fantaisies, de leurs rêves et de leurs désirs ».[12] À cause des lois, des contrôles ou même des censures nécessaires au fonctionnement pratique du groupe, celui-ci est frustré par la réalité qu'il vit. Le romancier reçoit cette réalité, il la transpose jusqu'à vouloir, à sa manière bien limitée il faut le dire, exaucer les vœux de la société captive.[13]

Lecteur assidu de Proust, Faulkner, Joyce, Virginia Woolf, J.-C. Falardeau a déjà trouvé dans ses auteurs préférés le rêve, la gratuité en même temps que l'invention, l'explicitation, la diffusion d'une réalité souvent inexplorée qu'il souhaite à ses compatriotes. Dans l'univers « romancé » qui est à la fois société réelle, société imaginée et société rêvée, il cherche le sens profond à trouver à même le tissu social qui le porte. J.-C. Falardeau a une telle estime pour le romancier créateur qu'il lui attribuerait volontiers les qualités du visionnaire et du prophète.

La création romanesque l'attire en soi. Il y a davantage : toute la société québécoise a besoin de s'identifier. La sociologie en tant que telle se consacre à cette tâche qu'elle ne réussira pas seule. Ce que les symboles sociaux ne révèlent pas toujours, l'univers des romanciers le dira peut-être. Dans une conférence, le 15 février 1968, à la Faculté des lettres de l'Université de Montréal, notre collègue indique déjà ses grandes préoccupations de continuité culturelle :

> « Une interrogation de notre roman demeure un accès privilégié vers une conscience plus claire de l'évolution de la société et de la culture canadiennes-françaises. Une sociologie du roman, sans prétendre épuiser l'objet littéraire, peut être attentive aux constellations thématiques qui le structurent, aux constantes qui ont perpétué ces constellations, aux éclatements qui les ont transformées. Par là, elle est révélatrice des continuités et des discontinuités de la culture et elle débouche sur un plus vaste palier où peuvent être saisies les similitudes, les dissemblances et les compénétrations de culture à culture. »[14]

---

12. *Imaginaire social...*, p. 113.

13. *Id.*, p. 84 : « Le grand écrivain est celui qui réussit à créer un univers imaginaire cohérent dont la structure correspond à celle vers laquelle tend le groupe... »

14. *L'évolution du héros dans le roman québécois*, Montréal, Les Presses de l'Université de Montréal, 1968, pp. 7-8.

Imaginaire social et littérature est justement cet effort de récupération à travers diverses œuvres de Laberge, Grignon, Harvey, Langevin, Godbout, Ferron, Languirand, Bessette, Thériault, Giroux, Élie et d'autres romanciers du milieu. Chaque romancier révèle l'univers d'un peuple en quête d'une nouvelle identité évaluée, au niveau des idéologies sous-jacentes, par Jeanne Lapointe, Robert Charbonneau, Fernand Dumont, Jean-Louis Major, Réjean Robidoux, Georges-André Vachon, Gilles Marcotte, Jack Warwick, d'autres encore.

Observateur généreux et honnête, J.-C. Falardeau s'intéresse au roman parce qu'il est cultivé jusqu'à la moelle des os et qu'il ne veut rien perdre du réel. Les espiègleries de l'imagination le hantent. Loin d'être la folle du logis, l'imagination romanesque serait plutôt comme la conscience libérée de ses propres devoirs. Vision optimiste et positive qui l'amènera à étudier bientôt le merveilleux et le sacré dans le roman, surtout depuis qu'il fréquente Breton, Mabille, Bachelard, Schulz, Caillois...

II. DE L'IMAGINAIRE AU MERVEILLEUX

Qu'est-ce que le merveilleux ?

L'antiquité latine et médiévale écrit : *mirabilia, memorabilia, prodigia, miracula*. «...Nombreux sont les parents immédiats ou lointains de la famille de mots français dérivés du latin *mirari*, depuis *admirer*, en passant par *miracle* jusqu'à *miroir* ».[15] Aujourd'hui que nous parlons volontiers de science-fiction, de fantastique, de parapsychologie, de bio-énergie, de dédoublement, *merveilleux* signifie plutôt l'*exceptionnel*, le non-évident, l'étrange des puissances occultes. Ce monde « aux frontières de l'impossible » contredit souvent le réel le plus ordinaire et le plus quotidien : de là tout le prestige accordé à des personnes, à des événements, à des situations, à la « nouvelle », à tout ce qui pourrait défier l'habitude.

Dans une œuvre littéraire, par exemple, le merveilleux suscite une impression d'étonnement et de dépaysement ; il renvoie en général à des faits invraisemblables, à l'intervention d'êtres surnaturels ou fantastiques. Avec Todorov, Falardeau est prêt à associer au merveilleux, l'étrange, l'imaginaire, le fantastique de même que le lien étonnant qui existe entre l'homme et les bêtes.

Sans nous aventurer dans le dédale des signifiants et signifiés, retenons pour le moment la richesse des réalités subjectives que tous ces mots, *merveilleux* en particulier, laissent pressentir. Que je délie « l'écheveau des contraintes mentales ou sociales », que je redevienne « sensible aux illuminations des repaires de l'enfance », que j'écoute les « tensions extrêmes de l'être » et les

---

15. On voudra bien ici se reporter aux notes parues dans *Imaginaire social...*, pp. 131–142.

« signaux du surréel », des phénomènes imprévisibles s'ensuivent et mon esprit s'émeut :

> « Dire d'un être, d'un objet, d'un événement qu'ils sont merveilleux est une appréciation subjective. Le jugement ou l'évaluation qui les définit comme merveilleux tient à une attitude, à une visée qui est de moi, ou du groupe auquel j'appartiens, ou de la culture de la société dans laquelle je suis né. Ce que j'estime merveilleux m'apparaît dans une « aura » qui ne tient pas tant à l'objet qu'à mes propres dispositions. D'où la profonde vérité de la fable du Tao : l'image merveilleuse fournit une médiation appropriée à l'illimitation du désir. » [16]

Comment naît le merveilleux ?

« La raison pour laquelle nous disons merveilleux a son origine dans le conflit permanent qui oppose les désirs du cœur aux moyens dont on dispose pour les satisfaire. Est *merveilleux* ce qui dessine l'horizon des vœux profonds, des désirs ou des passions, en leur offrant la possibilité d'une réalisation à l'encontre des probabilités du cours ordinaire des choses. » [17] Qu'il soit perçu comme *subjectif*, cela ne veut pas dire que le merveilleux soit pour autant irréel et sans histoire. Tel l'imaginaire, il est d'abord un fait spirituel, en même temps qu'une interrogation face aux mystères des origines et des finalités :

> « La littérature orale ou écrite, domaine privilégié de l'expression du sens merveilleux, nous incite à reconnaître que celui-ci, tout en provoquant l'étonnement ou la fascination, sollicite certaines inquiétudes fondamentales... Mystère des origines ancestrales, mystère des désirs archaïques refoulés... » [18]

De plus, et nous y reviendrons encore à propos du sacré, le *merveilleux* a subi les lois historiques du refus et de la renaissance au moment où chacun croyait pouvoir s'en passer. Étranges coïncidences et unité de l'expérience spirituelle ?

> Au XIXe siècle, le merveilleux, pourchassé par le positivisme, se réfugie dans l'art et le rêve. Pour les Romantiques, comme l'a brillamment illustré Albert Béguin, dès ici-bas l'âme appartient à deux mondes, celui de la pesanteur et de l'ombre, celui de la lumière. La vie est irréaliste. Il y a primauté de l'imaginaire sur le réel. "Le merveilleux, écrit Baudelaire, nous enveloppe et nous abreuve comme l'atmosphère mais nous ne le voyons pas." Alice, en manœuvrant la logique de façon subversive, parvient à dépasser les frontières du sens commun et se construit un monde merveilleux "au-delà du miroir". » [19]

Subjectif et historique, vision globale du monde et des rapports que nous accordons aux réalités quotidiennes, le merveilleux véhicule déjà toute une culture :

> « ... il s'est manifesté, selon les époques, par une prodigieuse diversité de formes qu'ont inventées et perpétuées soit les arts dits populaires, soit les arts plus savants, y compris la

---

16. *Id.*, p. 133.
17. *Ibid.*
18. *Id.*, p. 140.
19. *Id.*, p. 135.

littérature. Il a acquis des stylisations esthétiques. Il a donné naissance à ce qu'on a dit être la plus haute catégorie esthétique. C'est à ce niveau que l'étudient les spécialistes du folklore, de la poésie, du théâtre, de la danse, etc. » [20]

Les Grecs avaient raison : l'imagination émerveillée est peut-être imprévisible dans ses attitudes, elle n'en reste pas moins indispensable à l'homme qui pense et qui agit.

Le merveilleux et ses interprétations

Attendons-nous dès lors à une abondance de significations, à toutes sortes de registres et jeux du merveilleux : je peux parler d'un paysage, d'une musique ou d'un être merveilleux. « Je peux aussi promouvoir le merveilleux au "statut de genre" et le faire devenir périlleusement abstrait. »

Dans cet univers multidimensionnel d'ambiguïtés, merveilleux, fabuleux, magique, miraculeux hier, deviendront peut-être aujourd'hui ordinaire, naturel, normal.

> « Les métamorphoses de Lucius d'Apulée, ou les enchantements dans lesquels l'attirait la déesse Isis n'étaient déjà plus merveilleux aux yeux d'un grand nombre de ses contemporains de Rome... Le spectacle des îles côtières de l'Amérique du nord émerveillait le narrateur des récits de Jacques Cartier et laisse indifférent le voyageur du XXᵉ siècle. Tel choral de Bach me transporte dans l'éternité qui ne "dit rien" à des amis qui me sont proches. Un fidèle de l'Église orientale est en extase durant une cérémonie religieuse que j'observe seulement en spectateur intrigué... La fascination dans laquelle nous entraînaient les récits de Jules Verne a été réduite à une curiosité scientifique parmi d'autres depuis que nous avons vu des astronautes alunir, un certain soir d'août 1969. » [21]

C'est ainsi que l'on peut dire de chaque époque comme de chaque civilisation qu'elle a le merveilleux qu'elle désire, qu'elle mérite. On en viendra même quelquefois à changer sa compréhension : « ce qui apparaissait auparavant comme merveilleux peut passer au rang des phénomènes explicables ». [22]

On se retrouve, comme pour l'imaginaire, confronté à diverses possibilités pour trois raisons au moins : à cause des sens multiples du merveilleux en lui-même, à cause des changements culturels et à cause de la subjectivité attachée à chaque expérience personnelle du merveilleux. [23]

Tout dépend, bien entendu, de ce que l'on veut signifier, avec cette précision essentielle que l'au-delà des mots est souvent plus exaltant que les mots eux-mêmes.

---

20. *Id.*, p. 135.
21. *Id.*, pp. 135 et 133.
22. *Id.*, p. 135.
23. *Id.*, p. 137.

On sait la richesse des réalités en cause. Falardeau estime qu'il serait bon, à la suite de Caillois et Todorov, de comparer le merveilleux et le fantastique. L'interprétation proposée par Caillois, qui accorde au fantastique d'être une agression dans un monde réel, ne nous satisfait pas. Reconnaissons les services rendus par ces évaluations. Mais pour notre part nous doutons qu'une notion aussi subjective et aussi relative que l'agression [24] devienne le critère essentiel d'une distinction déjà compromise par des frontières inévitables de sens et de significations. On risque une fois de plus d'opposer entre elles diverses notions, trop fluides pour vraiment définir des rôles, et de créer ainsi de nouvelles incertitudes. Plus généreux en ces matières à l'égard de ses maîtres que nous ne le serions, Falardeau accepte, un peu vite à notre avis, l'opposition du fantastique et du merveilleux que lui offre si ingénument Caillois.

Mais ces catégories ont peut-être leur utilité, une utilité provisoire, dans la mesure où elles invitent à rencontrer J.-C. Falardeau dans un de ses choix essentiels que bien peu d'auteurs ont signalé : le surréalisme. En militant en faveur du merveilleux, notre confrère devait nécessairement rencontrer sur les routes imprévisibles de l'imaginaire, du mystère et du sacré, Caillois, André Breton et plus tard son disciple québécois, Borduas.

III. DU MERVEILLEUX AU SACRÉ [25]

Il a lu Breton. Il est au courant du *Refus global* de Borduas. Mais il est aussi d'éducation humaniste, profondément logique et éduqué dans le respect des valeurs stables. Falardeau n'en est pas moins conscient de l'importance d'une

---

24. *Id.*, pp. 138-139 : « Arrêtons-nous à la littérature et soulignons une distinction capitale entre deux notions souvent confondues, celles de merveilleux et de fantastique. À la suite de Roger Caillois, reconnaissons que le merveilleux définit un ordre de phénomènes qui s'opposent au monde réel. Une fois acceptées les propriétés singulières du monde merveilleux ou féerique, tout y demeure remarquablement stable et homogène. Le monde du merveilleux est peuplé de fées et de dragons ; les métamorphoses y sont constantes. Le récit merveilleux se situe dès le début dans l'univers fictif des enchanteurs. Ses premiers mots rituels nous en sont un avertissement : "En ce temps-là... Il y avait une fois...". L'imagination exile personnages et événements dans un monde fluide et lointain, sans rapport avec la réalité de chaque jour. Le fantastique, au contraire, n'est pas un milieu : c'est une agression. Il suppose la solidité du monde réel mais pour mieux la ravager. Sa démarche essentielle est l'Apparition. Fantômes et vampires sont, bien sûr, des êtres d'imagination mais l'imagination ne les situe pas dans un monde lui-même imaginaire. Elle se les représente ayant leurs entrées dans le monde réel. Le fantastique "est postérieur à l'image d'un monde sans miracle, soumis à une causalité rigoureuse". »

25. Sur le merveilleux dans ses rapports avec le sacré et le mystère, J.-C. Falardeau au second Colloque sur les religions populaires, organisé par le Centre d'études des religions populaires de Montréal, à Québec, les 16 et 17 octobre 1971. Le texte — en première édition — de sa communication a paru, avec d'autres études, aux Presses de l'Université Laval, en 1974, sous le titre *Le Merveilleux*, édité par Fernand DUMONT, Jean-Paul MONTMINY et Michel STEIN, pp. 143-156. (« Histoire et sociologie de la culture », 5.) Ce texte, remanié, a été publié, la même année, dans *Imaginaire social et littérature*, pp. 131-142.

révolution culturelle qui obligerait l'homme de science et l'universitaire épris d'abstractions à reconsidérer l'au-delà du nommé, du vu et du vécu. Déjà, face au merveilleux, il s'engage à poursuivre d'autres réalités, à chercher de nouveaux rapports avec lesquels [le merveilleux] entretient de subtiles et profondes associations, tels le *sacré*, le *surnaturel*, le *mystère*.[26] À André Breton, qui enchaîne et reprend les propos de Gérard de Nerval, de Baudelaire et d'Apollinaire, J.-C. Falardeau accorde une bienveillance et une attention que peu d'idéologues québécois ont su montrer d'une façon aussi sérieuse et aussi franche.

Sans le savoir et sans vouloir le savoir surtout, André Breton allait réhabiliter à sa manière le sacré. Le sacré perdu et retrouvé par les voies étranges du merveilleux et de l'imaginaire. D'autre part, les surréalistes, surtout les partisans québécois de la première heure,[27] sont si heurtés par le catholicisme ambiant qu'ils finiront par oublier que la religion rejetée radicalement véhicule avec elle des espaces intérieurs dont pourtant ils se réclament. Perspicace, capable de comparaison, connaissant mieux que quiconque Breton, Caillois et Éliade, Falardeau peut intervenir, mais avec la discrétion que l'on sait. Par la médiation du merveilleux en relation étroite avec le sacré et le surnaturel, voici « une dialectique entre ce qu'il y a de plus profond dans l'homme et ce qu'il y a de plus aux confins du monde... » ; c'est « comme un long voyage orienté vers la conquête d'un royaume merveilleux, d'une terre que l'homme se promet à lui-même ».[28] Ces propos sont presque tous de Breton : Falardeau les endosse avec enthousiasme, sans aliénation cependant car il est tout aussi capable à l'occasion de prendre ses distances face à l'impérialisme culturel d'où qu'il vienne.

Le merveilleux n'est pas exactement le mystère, ni le sacré au sens spécifique du mot, ni le surnaturel. Parce qu'il implique une foi, des croyances, des rites et une théologie reçus d'ailleurs, le surnaturel, tel le mystère « chrétien », est d'un autre ordre.

---

26. On pourra, sur ces questions complexes, recourir avec profit à : R. COURTAS et F.-A. ISAMBERT, « La notion de sacré : bibliographie thématique », *Archives de sciences sociales des religions, XXII*, 44, 1977: 119–138. Sans oublier cependant qu'il peut y avoir tout autant désacralisation et passage du religieux au merveilleux « profane » ; voir, par exemple, F.-A. ISAMBERT, *La fin de l'année : étude sur les fêtes de Noël et du Nouvel An à Paris*, Paris, Société des Amis du Centre d'études sociologiques, 1976, 227 + xxxixp. Actuellement en cours : J. RIES (éd.) *et al., L'expression du sacré dans les grandes religions*, dont le tome I a déjà paru au Centre d'histoire des religions de Louvain-la-Neuve, 1978, 325p. Au strict point de vue théorique, on pourra relire les conférences prononcées à l'occasion des Journées universitaires de la pensée chrétienne, 23–26 octobre 1969, Université de Montréal : *La désacralisation. Essais*, Montréal, HMH, 1970, 208p. (« Constantes », 25.)

27. Voir : François-Marc GAGNON, *Paul-Émile Borduas (1905-1960) : biographie critique et analyse de l'œuvre*, Montréal, Fides, 1978, pp. 217ss.

28. *Imaginaire social...*, p. 141.

« Ce que l'on dit merveilleux est, au contraire, le fruit de l'imagination créatrice de l'homme, ou encore, selon la frappante expression de Louis Jouvet, "du surnaturel fabriqué par les hommes". Pour autant, j'estime difficilement recevable la notion d'un merveilleux qui serait donné ou révélé ; encore moins celle d'un merveilleux explicable, celui du merveilleux scientifique. De deux choses, l'une : ou bien on peut s'expliquer à soi-même ou se faire expliquer, et l'on est dans le domaine de l'intelligible rationnel ; ou bien on ne peut pas, et l'on demeure alors soit dans le surnaturel, soit dans le merveilleux, soit dans le fantastique ou l'étrange. » [29]

Au lieu de sur-valoriser le merveilleux et de déprécier le sacré, plutôt que d'opposer et de dissocier, Falardeau cherche à distinguer les sphères qu'il associe dans son esprit, en même temps qu'il interroge la réalité religieuse canadienne-française. Que Breton oppose merveilleux à tout ce qui est religion et mystère, qu'il soit même « anti-mystère », que Todorov fasse le contraire et renvoie le merveilleux dans la catégorie du surnaturel, cela ne change en rien la nature première des choses : il existe au-delà de tous ces mots une réalité sur-naturelle, une transcendance, le besoin d'un au-delà merveilleux que Breton lui-même appelle à sa manière. Bref, « ce qui est sacré n'est pas co-extensif à ce qui apparaît comme merveilleux, ni inversement ».[30]

Il existe un merveilleux sacré comme il y a un merveilleux profane. Qu'est-ce que le merveilleux sacré, sinon l'imaginaire parvenu aux frontières imprévisibles du mystère ? Et le mystère, en soi ? Il est d'un autre ordre ; il répond à des désirs, à des besoins, à des attentes « impossibles ». Quand par exemple l'imagination chrétienne produit du merveilleux sacré, la route d'accès au mystère lui est ouverte. C'est l'acceptation du croyant qui permet cette ouverture d'esprit à un au-delà du merveilleux et du sacré. *Fides quaerens imaginarium !*

Il sera de plus en plus nécessaire de distinguer les domaines et les obédiences du merveilleux, du sacré, comme ceux d'un sacré purement rituel et d'un sacré enveloppé de mystère. Loin de céder à une mode ou à l'autre, à droite ou à gauche, notre confrère préfère l'attitude scientifique faite tour à tour d'observations et d'analyses. Compétent et discret, il sait l'art des nuances. Globale sans être totale, son admiration pour Breton n'est pas inconditionnelle. Une intelligence supérieure reste critique même en face de ses propres options.

Les multiples interventions de notre confrère sur tous ces points sont d'autant plus appréciables, et à la longue plus libératrices, qu'elles restent toujours réfléchies et vérifiables. Ils ne sont pas nombreux les sociologues de la culture et de la religion québécoises qui ont pu, comme lui, allier l'érudition, le respect des autres et l'ouverture d'esprit face à l'indicible, à l'imaginaire, au merveilleux, au sacré et au mystère. Est-il besoin d'ajouter que sur ces thèmes,

---

29. *Id.*, p. 137.
30. *Id.*, p. 136.

Falardeau est non seulement un maître de pensée mais aussi un modèle d'écriture correcte? Une fois de plus, ses amis en conviendront : le style, c'est l'homme!

Reprenons pour la clarté du propos. Au lieu de voir dans le mystère « une intrigue de la raison », à la manière de Breton, ou de créer un divorce entre le sacré chrétien et le sacré profane, Falardeau accepte plutôt l'imaginaire et le merveilleux comme une voie vers ailleurs, comme un appel au dépassement. De même que le temps continu raconte l'éternité sans s'y identifier nécessairement, que l'espace pascalien est une indication lointaine mais éloquente de l'infini qu'il ne définit point, ainsi tout imaginaire, tout merveilleux quels qu'ils soient lui font penser à la possibilité d'un au-delà du sacré humain, qui serait le mystère tel que le proclament les textes sacrés de la culture judéo-chrétienne.

Peut-être devrions-nous ajouter aux énoncés de notre confrère Falardeau ce que nous suggère l'histoire même de l'imaginaire et du sacré. Dès les premiers siècles de notre ère, les Apocryphes ne font-ils pas échec aux Livres saints? L'hagiographie y est plus populaire que la théologie. Faut-il pour autant opposer et dissocier? Distinguons les rôles et les niveaux d'intelligibilité, répondrait Falardeau. Breton a raison : l'invisible est souvent plus riche que le visible et ce qui est trop explicite peut faire écran aux vraies réalités. Avec cette précision pourtant : il arrive que le merveilleux tout comme l'imaginaire soit, à cause de ce qu'il suggère, une voie privilégiée au mystère. La seule voie? Sûrement pas. Mais la religion qui rejetterait le merveilleux sous prétexte de protéger la pureté du sacré et du mystère risquerait de s'appauvrir, tout comme s'appauvrirait nécessairement l'intelligence qui se dissocierait de l'imagination.

Une question que nous posons aussitôt, mais sans vouloir l'imposer à notre savant ami : comment expliquer que l'Église chrétienne se soit tellement défiée de l'imagination et de l'irrationnel au nom même de l'intelligibilité du sacré et de l'accès au mystère? Pourquoi toutes ces oppositions théoriques et pratiques alors qu'elle s'accommode d'un nombre incalculable de miracles, d'apparitions, d'extases et autres « merveilles » du genre? Encore en 1982, pendant que peintres, millénaristes, parapsychologues et ésotéristes de toutes sortes relisent et commentent l'Apocalypse de saint Jean, chef-d'œuvre du merveilleux judéo-chrétien et du divertissement eschatologique, l'Église se montre plutôt réservée et n'ose citer de ce livre étonnant que quelques extraits favorables à sa logique du salut prêché à la manière rationnelle d'Occident. Le malentendu latent qui demeure toujours entre l'Église et les artistes chercheurs d'imaginaire est révélateur. Est-ce le conflit nécessaire entre une religion savante soucieuse de la pureté du Message et une religion populaire portée à épouser les modes et dires du peuple? Nous savons que notre confrère n'a pas d'estime particulière pour cette distinction. Le problème demeure donc ouvert.

Mais il reste que la contradiction des faits et des attitudes est là. Elle est significative même, peut-être reliée à notre condition humaine de chercheur de

Réel. Il est normal qu'une Église fortement occidentalisée et qui exprime encore sa foi à l'européenne subisse la pression du moule culturel dans lequel elle incarne sa pensée officielle. Tout comme il est rassurant pour le mystère religieux lui-même que le peuple chrétien soit aussi attiré par tout ce qui est au-delà du rationnel et du vraisemblable. Elle a raison, comme malgré elle, notre Église, et même si *son* Thomas d'Aquin ne prise guère les métaphores et les images pour exprimer les mystères chrétiens, elle a raison de tolérer ses *légendes dorées* en même temps que ses théologiens les plus racés se doivent de vénérer la pureté du sacré. Bref, nous ne croyons pas que la lutte entre les partisans de l'imaginaire et les partisans de la raison soit si tragique. L'ambiguïté des significations oblige plutôt à des discussions continues. Comment et pourquoi l'entente absolue serait-elle valable entre les théoriciens du mystère, du sacré, du merveilleux et de l'imaginaire, puisque — et Breton avait raison — la réalité est déjà piégée par nos mots et nos modes de penser? C'est à *Raison* et à *Imagination*, comme on disait au temps du *Roman de la Rose*, de voir à ce que la « dispute » demeure courtoise et de bon naturel comme celle dont nous venons de rendre compte.

*

*   *

1982. La crise religieuse du Québec catholique coïncide avec une recherche d'identité plus ou moins équivoque selon les partialités du moment. Notre univers spirituel est remis en question presque à tous les niveaux de notre vie collective. Les recherches théoriques de notre ami sont de nouveau confrontées avec une problématique d'autant plus redoutable que les penseurs québécois chrétiens de la rigueur de Falardeau sont rares. N'avons-nous pas vu, en ces temps de refus global, des écrivains pourtant éminents expliquer tout le Québec sans même faire intervenir le catholicisme populaire local et raconter notre nationalisme sans citer une seule fois le Chanoine Groulx? Vraiment, il faut le faire !

Falardeau n'est pas de cette espèce inévitable. Dès 1962, il avait ouvert le débat ; il fut le premier sociologue canadien-français à s'attaquer scientifiquement à l'analyse de nos institutions religieuses et à celle de nos comportements face au sacré. Tout de suite, au nom de l'histoire des Québécois, telle qu'elle arrive devant lui, il proclame tour à tour l'indissolubilité des études conjointes de la religion et de la culture, de l'histoire et de la sociologie.[31] Face à

---

31. Voir : « Itinéraires sociologiques, Jean-Charles Falardeau (1943) », *Recherches sociographiques*, *XV*, 2-3, mai-août 1974 : 219–227. En novembre 1980, lors du colloque Frégault à l'Université d'Ottawa, J.-C. Falardeau rend hommage à ce dernier d'avoir respecté la perspective de L. Groulx, en voyant « dans la connaissance de notre histoire la condition essentielle de notre devenir... en vue d'une plus exacte connaissance de nous-mêmes ».

l'imaginaire et au merveilleux comme au sacré, il exige une vision globale des réalités et souhaite que l'on universalise le plus possible. Car il sait les tendances de toute minorité à particulariser.

En outre, si on tient à dénoncer éternellement l'aliénation du milieu, il importe de respecter la problématique canadienne-française : le Canada n'est pas la France. Ni le Québec. Nos enquêtes peuvent s'inspirer de lectures européennes mais de là à emprunter les schèmes de là-bas et des idéologies *made in Germany*, il y a une marge que ne voudrait pas franchir Falardeau. D'ailleurs, il est trop informé pour ne pas voir en notre penchant à l'imitation et à l'importation d'idées et de formules toutes faites une inclination à la paresse intellectuelle. Jamais lui, en toute hypothèse, et redisons-le, n'aurait osé, et n'oserait encore expliquer le Québécois sans faire intervenir au premier plan son passé chrétien. Bien sûr, on peut refuser, critiquer une théorie, des dogmes, des pratiques, mais quand les faits sont là, ils sont là. Falardeau sait, et mieux que nous ne savons l'écrire, tout ce que nous voulons dire.

Cependant, constatons avec plaisir que les études et les propos de Falardeau continuent à s'imposer, autant par la qualité de leur contenu que par la vision qui les inspire.[32] Il a su discrètement et scientifiquement interroger la foi de son enfance, l'évaluer et la critiquer sans pour autant se renier, ni renier l'histoire de son peuple : peu de savants canadiens-français ont affronté ce double défi. Nous sommes peut-être nous-même victime de notre métier d'historien de la culture populaire traditionnelle, mais nous croyons sincèrement que la magnanimité de Falardeau s'explique en partie par ses propres combats envers les refus parfois courts et blasphématoires du milieu. S'il a pu apprécier avec un tel bonheur les aventures angéliques du surréalisme de Breton, c'est qu'il était lui-même à la recherche d'un espace spirituel qui irait au-delà du vécu quotidien de son peuple. Ainsi, nous serions prêt à remercier doublement J.-C. Falardeau d'avoir initié nos compatriotes aux études de sociologie religieuse et d'avoir été capable de situer notre catholicisme avec toutes ses gaucheries conformistes à l'intérieur d'une vision globale de la sociologie humaniste.

Nous ne saurions quitter ce texte, inachevé comme l'hommage qu'il signifie, sans rappeler que J.-C. Falardeau nous convie à d'autres tâches encore. « Nous devons poursuivre nos explorations chez ceux qui nous entourent, qui attendent nos signaux dans le ciel du *pas-encore-connu*. »[33] À une condition bien

---

32. *V.g.* A. GAULIN, *Entre la neige et le feu : Pierre Baillargeon, écrivain montréalais*, Québec, Les Presses de l'Université Laval, 1980, p. 309 ; André BELLEAU, *Le romancier fictif : essai sur la représentation de l'écrivain dans le roman québécois*, Québec, Les Presses de l'Université du Québec, 1980, pp. 13, 105 ; *Le Roman canadien-français : évolution, témoignages, bibliographie*, Montréal, Fides, 1971, pp. 153, 163. (« Archives des lettres canadiennes », 3.)

33. *Imaginaire social...*, p. 141.

sûr : que nous nous placions dans la perspective « d'une vaste anthropologie » qui surprenne l'homme total en situation.

> « Le temps devrait être passé où nous nous laissions limiter par les étiquettes de disciplines particulières. Ce qui importe est de poser les questions que nous estimons capitales. Seule une saisie de toutes les dimensions importantes qui circonscrivent l'homme en situation peut nous permettre de formuler des interrogations valables à son sujet, qu'il s'agisse de ses visions du monde, de ses attitudes, de ses croyances, de ses conduites étonnantes ou de ses espoirs. Approche existentialiste, peut-être ; approche directe et globale, sûrement. Approche qui ne peut, non plus, méconnaître ce qu'a à nous proposer une sociologie de la culture et de la connaissance. » [34]

Une sociologie de la culture et de la connaissance pratiquée dans une perspective interdisciplinaire et communautaire ? Telle est exactement la grande option à ne jamais trahir. « C'est au prix de patientes explorations que nous découvrirons les zones d'affleurement entre les surréalités qui sollicitent ceux qui nous entourent et les dédales de leur existence quotidienne. » [35] Les champs d'études sont immenses. Nous n'avons que l'embarras du choix. On pourrait s'attaquer aux « mythologies profondes qui sous-tendent notre littérature orale et écrite », ou encore « cerner les grands symboles qui ont présidé à la conquête de notre espace, de notre âme collective ; nous enquérir des modalités d'un multiforme folklore urbain que nous connaissons à peine ; déceler les projets d'existence d'une jeune génération qui se crée un univers ludique sinon artificiellement et dangereusement hallucinant face à un monde qu'elle dénonce en bloc ».[36] C'est dire que le savant honoré dans ces lignes qui lui appartiennent en ce qu'elles ont de plus convenable, et même s'il atteint l'âge fatal de la retraite, garde encore sur l'avenir des sciences humaines et de la culture humaniste, l'esprit de pionnier qui a toujours guidé ses recherches.

Le Moyen Âge latin conclurait dans un axiome que nous commentons pour le plaisir de savoir notre confrère enfin récompensé : *vespere laudatur dies.* De même que le soir fait la gloire du jour, ainsi il arrive comme dans le cas de notre ami que la soirée de sa vie à l'université signifie aussi la gloire d'une journée admirablement remplie, à laquelle nous souhaitons de longs accomplissements.

Benoît LACROIX, o.p.

*Institut québécois de recherche
sur la culture.*

---

34. *Id.*, pp. 141-142.

35. *Id.*, p. 142.

36. *Ibid.* L'étude de l'imaginaire religieux collectif est à la conquête de nouveaux terrains depuis qu'il y a une recrudescence de la fiction : *v.g.* extra-terrestres, OVNI, soucoupes volantes. Avec l'article et la bibliographie thématique de J.-B. RENARD, dans *Archives de sciences sociales des religions, L*, 1, juillet–septembre 1980 : 143–164.

JUBILÉS, MISSIONS PAROISSIALES ET PRÉDICATION AU XIXe SIÈCLE *

Malgré l'étude de Louis Rousseau sur les Sulpiciens de Montréal,[1] l'histoire de la prédication au Canada français est peu connue et encore moins étudiée. Les textes épiscopaux officiels en parlent de temps en temps, dans des lettres personnelles des évêques sentent le besoin de rabrouer des curés pour leur négligence à prêcher, la plupart des communautés religieuses d'hommes y préparent leurs membres et leur transmettent des règles et un style éprouvés. Mais ces documents disparates ont été peu exploités jusqu'à maintenant ; et encore moins à propos de ce qu'on peut appeler la prédication populaire, c'est-à-dire celle qui « cherche ce qui convient communément à tous les hommes ».[2]

Mon propos ne veut éclairer qu'une tranche minime de ce territoire inexploré de l'histoire religieuse. Il se borne simplement à livrer quelques réflexions sur la prédication populaire au XIXe siècle, vue à partir des jubilés, de l'exemple de Mgr de Forbin-Janson et des missions paroissiales.

A) *Les jubilés*[3]

Parler de jubilé, c'est rappeler une création populaire spontanée qui est à l'origine des indulgences accordées « en forme de jubilé » et des années saintes. C'est la foule, en effet, assemblée à Rome à la fin de 1299, qui oblige Boniface

* Nous utilisons les sigles suivants : AETR : Archives de l'Évêché de Trois-Rivières ; ASQ : Archives du Séminaire de Québec ; MEM : Mandements des évêques de Montréal ; MEQ : Mandements des évêques de Québec ; MER : Mandements des évêques de Rimouski.

1. Louis ROUSSEAU, *La prédication à Montréal de 1800 à 1830, Approche religiologique*, Montréal, Fides, [1976], 269p.

2. *Manuel du second noviciat, Écho de nos traditions apostoliques*, Aylmer, 1947, p. 11. Ce manuel, à l'usage des Rédemptoristes, se base sur la tradition remontant à saint Alphonse et sur plusieurs écrits du XIXe siècle. Je remercie les autorités de Sainte-Anne-de-Beaupré pour m'avoir communiqué cet ouvrage.

3. Une partie des recherches sur les jubilés a été faite par un étudiant, monsieur Marius Langlois : je l'en remercie.

VIII à accorder l'indulgence plénière aux chrétiens qui visiteront Saint-Pierre de Rome à l'occasion du changement de siècle.[4] Les autorités ecclésiastiques canalisent rapidement cette piété populaire et réglementent strictement les jubilés en fixant leur fréquence (cent ans, cinquante ans, trente-trois ans...), leurs catégories (ordinaires, extraordinaires), leurs richesses spirituelles (les indulgences à gagner) et leur déroulement (pèlerinage à Rome ou visites d'églises, confession, communion, mortifications, charités...). Ils deviennent ainsi un temps de grâce exceptionnel où les fidèles sont appelés à la prière et à la conversion par une prédication spéciale.[5]

Au Canada français, la tradition des jubilés remonte aux premières années de la Nouvelle-France. Le 17 décembre 1647, le *Journal des Jésuites* raconte l'ouverture du jubilé accordé par Innocent X. Le chroniqueur décrit surtout la cérémonie liturgique spéciale et il note les aumônes faites par les Ursulines, les Jésuites et le gouverneur ; il ajoute :

> « Les trois stations estoient la paroisse de Québec, les Hospitalières et les Ursulines [...] Les saluts se faisoient aux religions [communautés] à quatre heures l'une après l'autre indifferemment, selon la commodité du Supérieur qui preschoit à l'une des deux & ensuite n'en partoit bien qu'après le salut et puis alloit à l'autre, et Mons. le Gouverneur et le monde suivoit. »[6]

Le jubilé se termine le 31 décembre 1645 :

> « Le dernier jour de l'an se ferma le Jubilé. Nous pensasmes faire procession ; mais le temps d'hyver n'est nullement commode pour cela. On se contenta donc de faire le salut à l'ordinaire à l'issue de vespres ; on tira trois coups de canon lors qu'on donna la bénédiction avec le St. Sacrement, on alla aux maisons religieuses faire le salut pareillement et fermer le jubilé : on ne tira point. »[7]

Le même *Journal des Jésuites* annonce, le 15 août 1653, un jubilé publié sous l'autorité de l'archevêque de Rouen, mais il s'intéresse moins à la prédication qu'à l'enchevêtrement des juridictions ecclésiastiques.[8] Ce jubilé commence le 31 août et dure deux mois avec force processions.[9]

---

4. « Jubilé », *Catholicisme, Hier, aujourd'hui et demain*, VI, col. 1113–1123.

5. Les bilans, publiés à la fin des jubilés, appuient fortement sur les fruits de conversion : « Pour ne parler que de ce qui s'est passé au milieu de nous, N[os] C[hers] F[rères], dans chacune de nos paroisses, dans la plus petite de nos missions, quel élan religieux ! quel retour vers les sacrements ! que de confessions bien faites ! que de saintes et ferventes communions ! combien d'âmes tièdes ont été arrachées à leur indifférence ! combien de pécheurs se sont sincèrement convertis ! combien de chrétiens fidèles ont été sanctifiés davantage, affermis dans les voies de la perfection ! » (Mgr Jean LANGEVIN, « Mandement du 1er janvier 1876 », MER, *Mgr Jean Langevin*, 1, pp. 344ss.)

6. LAVERDIÈRE et CASGRAIN, *Le Journal des Jésuites publié d'après le manuscrit original conservé aux archives du Séminaire de Québec*, 3e édition, Montréal, François-Xavier, 1973, pp. 18ss.

7. *Id.*, p. 22.

8. *Id.*, pp. 185–187.

9. *Id.*, p. 189.

Le premier jubilé promulgué par Mgr François de Laval est celui de 1681 célébré ici en 1683 ; il dure deux semaines, du mercredi de la semaine de la Passion (7 avril) au mardi de Pâques (21 avril).[10] L'évêque de Québec ne parle pas de prédication spéciale, sauf pour demander aux prêtres d'« exhorter les peuples que nous avons commis à votre conduite, et les disposer par les préparations nécessaires à recevoir les grâces divines pendant le saint temps du jubilé ».[11] Mais ces recommandations ne se retrouvent plus lors du jubilé de 1685, qui a pourtant lieu pendant le carême, temps ordinairement choisi pour les prédications spéciales.[12]

Les successeurs du premier évêque de la Nouvelle-France se contentent, eux aussi, de demander aux pasteurs d'« exhorter les peuples et les disposer à recevoir les grâces divines pendant le temps du jubilé ».[13] Seul Mgr de Pontbriand se distingue en organisant une prédication spéciale pour le jubilé — il conseille, par exemple, aux curés de « s'entr'aider mutuellement à confesser et à instruire les peuples qui leur sont confiés »[14] — et en insistant plusieurs fois auprès de ses prêtres sur la nécessité de prêcher le jubilé :

> « Avec quel zèle, dit-il, avec quelle force n'allez-vous pas dans ces jours de bénédiction annoncer à vos peuples les vérités du salut ! Quel temps en effet plus propre pour jeter dans les cœurs des pécheurs la semence du père de famille que le temps précieux où la rosée du ciel y tombe avec autant d'abondance ? Quel crime ne commettrions-nous pas, Nos Très Chers Frères, si par une condamnable indolence, nous endormant sur le salut de nos frères, nous négligions de leur faire connaître la grâce qui leur est offerte, de leur apprendre les moyens d'en profiter, et à quel malheur ne devrait pas s'attendre celui d'entre nous qui se trouverait coupable d'une telle injustice envers son peuple ! *Vae mihi si non evangeliza vero !* »[15]

D'ailleurs, le mandement même de l'évêque, adressé à ses diocésains, est déjà une longue exhortation à la prière et à la conversion, où les prédicateurs pourront puiser avec profit.[16]

---

10. Mgr DE LAVAL, « Mandement pour le jubilé du 11 septembre 1681, accordé par Innocent XI », 29 janv. 1683, MEQ, 1, pp. 109ss.

11. *Id.*, p. 111.

12. Henri DE BERNIÈRES et Louis ANGO, « Mandement de Messieurs les vicaires généraux de Monseigneur l'illustrissime et révérendissime évêque de Québec pour la publication du Jubilé », janv. 1685, *id.*, 1, pp. 143–145.

13. Mgr DE SAINT-VALLIER, « Mandement pour la publication du jubilé », 16 décembre 1692, *id.*, 1, p. 293.

14. Mgr DE PONTBRIAND, « Ordre à observer dans le temps de l'année sainte, accordé par Notre Saint Père le Pape Benoît XIV ; ce qu'il faut faire pour le gagner », 27 déc. 1751, *id.*, 2, p. 85.

15. Mgr DE PONTBRIAND, « Avis aux confesseurs à l'occasion du jubilé de l'année sainte accordé par Notre Saint Père le Pape Benoît XIV », 22 nov. 1751, *id.*, 2, pp. 76ss ; la même exhortation se retrouve dans le mandement du 27 déc. 1757, *id.*, 2, p. 98.

16. Mgr DE PONTBRIAND, « Mandement pour le jubilé de l'année sainte accordé par Notre Saint Père le Pape Benoît XIV le 25 décembre 1750 », 27 déc. 1751, *id.*, 2, pp. 88–99.

Même si nous ne connaissons pas les résultats concrets de ces appels, nous pouvons croire que, dès le Régime français, l'habitude a été prise de faire, à l'occasion des jubilés, une prédication spéciale et, dans certains cas, d'inviter un prédicateur étranger.

Si nous nous fions aux documents officiels — circulaires et mandements des évêques —, la même coutume se poursuit jusqu'au milieu du XIXe siècle. Tout change avec l'arrivée des communautés religieuses européennes, particulièrement les Oblats en 1841 et les Jésuites en 1842. Ce sont leurs membres qu'on invite désormais pour solenniser les jubilés et assurer la conversion des paroissiens.[17] Le jubilé devient ainsi une espèce de retraite paroissiale dont témoignent les thèmes des instructions fixés par les évêques : la gravité du péché, la nécessité de la conversion, la nécessité et les qualités de la contrition, le ferme propos.[18] Cette prédication de choc est elle-même préparée par des sermons, faits par les curés de paroisse, sur « les dispositions, les conditions d'une bonne confession ; — esprit de foi, — sentiment de douleur et d'humilité, – sincérité et intégrité » et sur « la satisfaction comme partie intégrante du sacrement de Pénitence ».[19]

Les paroisses qui ne peuvent se payer des Oblats ou des Jésuites — et, plus tard, des Dominicains, des Rédemptoristes, des Capucins... — peuvent faire appel à quelques prêtres séculiers renommés pour leur éloquence. L'exemple de Louis-François Laflèche, futur évêque de Trois-Rivières, mérite d'être cité.

Revenu des missions de l'Ouest canadien en 1856, Laflèche, tout en assumant diverses tâches au Séminaire de Nicolet, commence à se faire connaître comme prédicateur exceptionnel dans les paroisses voisines : par exemple, un de ses sermons de Pâques a fait sensation à la Baie-du-Febvre.[20] Devenu, en 1861, procureur du diocèse à Trois-Rivières et prédicateur ambulant

---

17. En 1852, par exemple, les Oblats prêchent le jubilé dans 45 paroisses. (Gaston CARRIÈRE, *Histoire documentaire de la Congrégation des Missionnaires Oblats de Marie-Immaculée dans l'Est du Canada* [...], IV, Ottawa, Éditions de l'Université d'Ottawa, 1962, p. 311.) Ce succès peut s'expliquer par l'appel qu'avait lancé Mgr Ignace Bourget : « Je donne tout pouvoir d'appeler à votre secours pour la prédication et la confession, autant de Missionnaires et de Prêtres approuvés que vous croirez vous être nécessaires. » (« Circulaire au clergé », 10 juin 1852, MEM, 2, p. 229.)

18. Mgr Jean LANGEVIN, « Circulaire du 1 mars 1875 », MER, *Mgr Langevin*, 1, p. 339.

19. *Ibid.* Le chanoine E.-C. Fabre, l'un des meilleurs prédicateurs de sa génération, décrit ainsi sa façon de prêcher : « J'ai coutume, dans mes jubilés, de prendre une demi-heure pour l'examen de conscience puis après quelques couplets de cantiques je fais une instruction de retraite qui prend une autre demi-heure à peu près et cela deux fois par jour. Dans cet examen je fais ordinairement entrer les sujets sur lesquels je veux appuyer, par exemple les fréquentations, l'usure, la dîme, etc. » (E.-C. Fabre à Louis-François Laflèche, 17 oct. 1865, AETR, *Fonds Laflèche*, A1 F35-02.)

20. J.-E. BELLEMARE, *Histoire de la Baie Saint-Antoine dite Baie-du-Febvre, 1618–1911*, Montréal, La Patrie, 1911, p. 274.

pour sauver le diocèse de la banqueroute,[21] Laflèche fait preuve d'une éloquence chaleureuse et d'un sens inné de l'exposition. On l'invite un peu partout et son évêque, Mgr Thomas Cooke, l'emploie à combattre les « erreurs modernes », particulièrement à l'occasion de ses visites pastorales ; ce qui donne la première mouture des *Quelques considérations sur les rapports de la société civile avec la religion et la famille* publiées en 1865-1866.[22] Or, le jubilé de 1865, qui suit la promulgation de *Quanta Cura* et du *Syllabus Errorum* de Pie IX, est précisément prévu pour combattre les « principales erreurs de notre temps ». Mgr Bourget le rappelle en fixant les objectifs des cérémonies spéciales :

> « Inspirer en toute occasion, aux fidèles un profond respect pour les Lettres Aposto-liques qui viennent de condamner les erreurs de ces temps mauvais ; faire prier pour que ces Lettres soient partout triomphantes de l'erreur, — surtout dans le diocèse [de Montréal] ; leur en faire comprendre peu à peu l'excellence et les précieux avantages, en leur faisant toucher du doigt l'absurdité des fausses doctrines qui y sont réprouvées ; attaquer les propositions condamnées, l'une après l'autre, pour qu'il n'y ait pas de confusion dans leur esprit ; ce qui arriverait si l'on cherchait à leur tout expliquer à la fois ; leur faire comprendre le malheur des peuples qui en sont venus, par exemple, à vouloir se passer de Dieu, dans le soin de la famille et le gouvernement des sociétés ; faire amende honorable à Notre Seigneur pour les outrages qui lui sont faits, dans la personne de son Vicaire, surtout par les excès indicibles commis contre les Lettres Apostoliques qu'il s'agit de faire proclamer et triompher en tous lieux. »[23]

C'est là un programme qui entre pleinement dans les vues de Laflèche et il ne faut pas se surprendre de le voir invité dans plusieurs paroisses de son diocèse — La Pointe-du-Lac, Champlain, Acton-Vale, Trois-Rivières — et même à la cathédrale de Montréal. Partout, il condamne « de concert avec le Père des fidèles les erreurs du temps »[24] et il développe « les grandes vérités de la religion ».[25] Son éloquence est persuasive, disent les témoins ;[26] elle est même « populaire », mais dans l'unique sens où l'orateur se fait comprendre de tous :

> « Les propositions les plus élevées et les plus abstraites sont présentées par lui sous une forme simple, qui en rend, pour tous, l'intelligence prompte et facile, et qui permet à chaque auditeur d'arriver, par la lumière de sa seule raison, à la conclusion que l'orateur a déterminée d'avance.
>
> « En même temps qu'on admire et qu'on apprécie, chez M. Laflèche, la science profonde du théologien, une connaissance très étendue de l'Écriture Sainte et des

---

21. Sur ce sujet, voir : Nive VOISINE, *Louis-François Laflèche, deuxième évêque de Trois-Rivières*, I. *Dans le sillage de Pix IX et de Mgr Bourget (1818–1878)*, Saint-Hyacinthe, Edisem, 1980, pp. 83–107.

22. Montréal, Eusèbe Senécal, 1866, 268p. La première version du texte a d'abord été publiée dans le *Journal des Trois-Rivières* en 1865.

23. Mgr BOURGET, « Circulaire de Monseigneur l'évêque de Montréal au clergé de son diocèse, accompagnant le mandement du jubilé de 1865 », 23 janv. 1865, MEM, 5, p. 79.

24. « Le jubilé d'Acton-Vale », *Le Journal des Trois-Rivières*, 28 juillet 1865, p. 3.

25. *Id.*, 29 sept. 1865, p. 2.

26. « Le jubilé à Champlain », *id.*, 18 juillet 1865, p. 3.

enseignements de l'Église, on reconnaît le zélé directeur de la conscience, le missionnaire habitué à faire entendre la parole de Dieu aux humbles et aux faibles. » [27]

Quelques autres prêtres séculiers font, comme Laflèche, des prédications spéciales, mais la plupart d'entre eux, surtout les célèbres apôtres de la tempérance, ont fait un pas de plus et ont suivi le style et les traces de Mgr de Forbin-Janson.

B) *La prédication de Mgr de Forbin-Janson*

Évêque — exilé — de Nancy, Charles de Forbin-Janson (1785–1844) prêche dans la vallée du Saint-Laurent de septembre 1840 à novembre 1841. Précédé par sa grande réputation d'orateur, mais aussi marqué par une longue expérience puisée dans les fameuses missions de la Restauration en France, le prélat inaugure ici la coutume des missions paroissiales et leur donne un style qui sera longtemps suivi par plusieurs communautés religieuses.

Pendant l'année qu'il passe au Canada, Mgr de Forbin-Janson prêche dans plusieurs paroisses, mais il a particulièrement du succès à Québec, à Montréal et à Trois-Rivières. C'est Québec qui a d'abord la révélation de son éloquence percutante en septembre 1840 et on a déjà l'impression d'entendre une nouvelle façon de prêcher ; *Le Canadien* écrit :

> « Le sermon de monsieur l'Évêque de Nancy, hier [6 sept. 1840], dans la cathédrale, a produit une impression des plus vives dans son auditoire, et il est devenu depuis le sujet de toutes les conversations ; en un mot, on en est revenu tout enthousiasmé. » [28]

Mais c'est à Montréal, pendant la retraite qui dure du 13 décembre 1840 au 21 janvier 1841, que l'évêque exilé déploie le mieux les ressources de son verbe enflammé et de son sens théâtral. Sans employer tous les « procédés spectaculaires bruyants » et les « gros effets » qu'on lui a souvent reprochés, [29] il jalonne les semaines de prédication de cérémonies plus solennelles où les gestes et les décors paraissent aussi importants que les paroles ; telles sont la cérémonie de l'amende honorable, la communion des femmes à Noël, la rénovation solennelle des promesses du baptême, la consécration à la Sainte Vierge, sans oublier l'agonie du pécheur — prière en famille au son du tintement de la cloche, chaque soir — et l'apothéose de la bénédiction de la croix du mont Belœil. [30]

---

27. « Le jubilé à la Cathédrale de Montréal », *id.*, 22 déc. 1865, p. 2. C'est un extrait de la *Minerve* du 19 déc. Même témoignage dans *l'Écho du Cabinet de lecture paroissial*, VII, 24, (15 déc. 1865), p. 370.

28. *Le Canadien*, 7 sept. 1840, p. 2.

29. J. LEFLON, « Charles de Forbin-Janson », *Catholicisme, Hier, aujourd'hui et demain*, VI, col. 1342.

30. On peut suivre la prédication de Mgr de Forbin-Janson grâce aux comptes rendus très détaillés — et enthousiastes — des *Mélanges religieux*. Voir aussi : G. CARRIÈRE, « Le renouveau catholique de 1840 », *Revue de l'Université d'Ottawa*, 24, 1954 : 257–269 ; Léon POULIOT, *La réaction catholique de Montréal, 1840-1841*, Montréal, Messager, 1942, 119p.

La réponse des fidèles est à la hauteur des moyens employés. Partout où l'évêque passe, les églises se remplissent, une armée de confesseurs suffit à peine à donner l'absolution aux repentants et les conversions se multiplient. Mgr de Forbin-Janson le décrit lui-même avec un brin d'exagération :

> « [...] il fallait voir les vrais prodiges de la grâce divine dans la conversion de milliers et de milliers d'âmes ! [...] quinze à vingt confesseurs au moins et quelquefois trente-six, jour et nuit travaillant et des semaines entières, chaque jour 8 à 900 communions et des larmes abondantes que la terre en était exactement parlant, mouillée au-dessous de la tête des pénitents ! Il n'y avait plus de place dans les petites villes ou bourgades pour loger les hommes et les chevaux [...]. 7 à 800 et quelquefois 1 000 et 1 200 personnes ne pouvant plus rester dans nos églises entendaient les instructions *en dehors*, la porte ouverte, ou bien perchées sur des tas de neige, 50 à 60 à chacune des fenêtres et cela par un froid si rigoureux [...] quelquefois 100 à 120 petites voitures me suivaient en glissant sur la neige. »[31]

Au-delà du style romantique et un peu vantard, ce texte contient une large part de vérité que corroborent plusieurs témoignages de l'époque. Le 6 février 1841, par exemple, l'abbé Charles Harper, du Séminaire de Québec, écrit à Mgr Joseph Signay, de Québec :

> « La retraite [à Trois-Rivières] remue tout le district. La foule ne trouve pas de place dans l'église, quoiqu'elle couvre même les marches de l'autel, les avenues, passages, escaliers, etc. Le presbytère se remplit de manière à empêcher même M. le grand vicaire d'y pénétrer jusqu'à son office. Les confessionnaux sont assiégés jusque très tard dans la nuit. »[32]

Ce passage de Mgr de Forbin-Janson est une des causes du renouvellement spirituel des années 1840 qui a changé le visage religieux du Canada français. L'évêque a aussi, semble-t-il, contribué à changer le style de la prédication des curés canadiens : en 1851, l'abbé Jean Holmes, du Séminaire de Québec, dénonce la longueur exagérée des sermons et il attribue la cause de ce travers à Monseigneur de Nancy : « C'est lui, écrit-il, qui a mis dans la tête aux gens de prêcher durant des heures entières. »[33] Peut-être aussi certains autres défauts condamnés par Holmes — l'abus des périodes et du « clinclan du siècle de Louis XVI »,[34] la manie de censurer les erreurs de l'époque, etc. — proviennent-ils d'une imitation maladroite de l'éminent voyageur ? Dans quelle mesure l'abbé Jérôme Demers, qui passe pour l'un des meilleurs prédicateurs du diocèse de Québec, n'a-t-il pas été marqué par le prélat français ? On décrit ainsi le style du Québécois :

> « [...] plus véhément, [il] traitait surtout avec grand fruit, les vérités terribles de notre religion : l'enfer, le jugement, le péché. [...] sévère dans son maintien et doué d'un organe puissant, [il] faisait comme éclater la foudre sur la tête de ses auditeurs parfois atterrés. »[35]

---

31. Mgr de Forbin-Janson — Mgr Menjaud, 16 mai 1841, Archives de la Sainte-Enfance (Paris), *Fonds Forbin-Janson*, année 1841.

32. Cité dans BELLEMARE, *op. cit.*, p. 231.

33. J. Holmes — Dominique Racine, ecc., Jeudi Saint 1851, ASQ, *Manuscrit 656*, 4e lettre.

34. Le même au même, 16 mai 1851, *id.*, 6e lettre.

35. *L'Abeille*, XI, 4, 6 déc. 1877, p. 15.

Mgr de Forbin-Janson ayant été chargé de la retraite pastorale du diocèse de Québec en 1841, il a pu prêcher d'exemple mais aussi donner aux curés des conseils sur la prédication. Mais ce sont là des suppositions que l'état de nos recherches ne nous permet pas de confirmer ou d'infirmer.

Par contre, il est clair que la venue de Mgr de Forbin-Janson a donné l'élan aux missions paroissiales qui dureront pendant plus d'un siècle grâce à la relève assurée par plusieurs communautés religieuses.

C) *Les missions paroissiales*

Tout particulièrement au XIXe siècle, il faut bien distinguer entre la *mission* et la *retraite* paroissiale. La première est une prédication très spéciale — sur les grandes vérités du salut — qui s'adresse à l'ensemble de la paroisse et qui dure au moins dix, douze jours ; elle ne doit pas se donner à des intervalles trop rapprochés : on parle ordinairement de trois, quatre ans. Les retraites durent moins longtemps et peuvent s'adresser à des catégories déterminées de fidèles ; elles peuvent aussi se répéter annuellement.[36] Elle devient ainsi presque de la prédication ordinaire et fait moins impression :

> « Au Canada plus qu'ailleurs, écrit un Rédemptoriste, il faut faire une grande impression pour mettre une différence entre *une mission* et les retraites qui se donnent presque partout chaque année, durant peu de jours et qui ne remuent certainement pas assez. »[37]

La mission s'accompagne aussi d'un cérémonial précis, qui rappelle celui de Mgr de Forbin-Janson et qui a pour but d'impressionner les auditeurs :

> « Donc, pour remuer jusqu'au fond les âmes de ce bon peuple, on n'omettra jamais nos cérémonies ordinaires, l'ouverture et la clôture solennelles, les sermons avec illumination en l'honneur du Saint-Sacrement et de la Sainte Vierge, le son des cloches, surtout la cloche dite "des pécheurs", et l'on prolongera les exercices pendant dix jours, autant que possible. »[38]

Les Oblats sont les premiers, au Québec, à marcher sur les traces de l'évêque de Nancy et à parcourir les diocèses pour y prêcher des missions paroissiales. Arrivés à Montréal à la fin de 1841, ils se voient aussitôt attribuer ce champ d'apostolat par Mgr Bourget,[39] qui en même temps se sert de leur règlement pour uniformiser l'ordonnance des missions paroissiales ;[40] les curés les préparent par un triduum de prières et reçoivent les missionnaires selon un

---

36. *Manuel du second noviciat...*, pp. 92–102.

37. *Id.*, p. 99.

38. *Ibid.*

39. G. CARRIÈRE, *Histoire documentaire de la Congrégation des Missionnaires Oblats de Marie-Immaculée dans l'Est du Canada* [...], IV, Ottawa, Éditions de l'Université d'Ottawa, 1962, pp. 287–314.

40. Mgr BOURGET, « Mandement de monseigneur l'évêque de Montréal, annonçant l'ouverture d'une mission », MEM, 1, pp. 262–270.

protocole établi ; les prédicateurs, aidés des confesseurs, prennent ensuite la paroisse en charge pour tout le temps nécessaire à sa conversion ; les missions se terminent par la plantation d'une croix commémorative qui devra devenir un signe de persévérance :

> « Afin d'obtenir la persévérance à tous ceux qui auront eu le bonheur de faire la mission, il y aura pendant neuf jours, ou si cela est jugé plus convenable, pendant neuf dimanches consécutifs, une procession à la croix plantée pour la clôture de la mission — L'on s'y rendra en chantant le *Vexilla Regis* ; et l'on récitera au pied de la dite croix des actes de remerciements, et des prières pour demander la persévérance. L'on retournera à l'Église en chantant le *Stabat Mater* ; et chacun étant à sa place, le curé rappellera à ses paroissiens quelques'uns des avis qui leur ont été donnés pendant la mission, lesquels il croira devoir inculquer davantage dans leurs cœurs ; et tout se terminera par la bénédiction du St-Sacrement avec le Ciboire. » [41]

Les descriptions des missions paroissiales, que l'on trouve en abondance dans les premières années des *Mélanges religieux*, nous prouvent que les directives de l'évêque de Montréal ont été suivies.

D'autres communautés religieuses viennent bientôt appuyer les Oblats : en 1842, les Jésuites, qu'il faudrait étudier d'une façon particulière ; les Dominicains, qui s'installent à Saint-Hyacinthe en 1873 et qui travaillent surtout dans ce diocèse et dans celui de Québec, car, ailleurs, ils sont longtemps suspects de « libéralisme » ; [42] les Rédemptoristes, qui prennent charge de Sainte-Anne-de-Beaupré en 1878 et qui, eux, sont davantage populaires auprès des évêques ultramontains intransigeants (Rimouski, Trois-Rivières...) ; viendront aussi les Capucins, les Franciscains, les Pères du Saint-Sacrement, etc. La prédication de chacun de ces groupes mériterait une étude, mais les limites strictes de cet article nous obligent à nous restreindre à quelques remarques sur les Rédemptoristes.

Ils arrivent au Québec avec une tradition qui remonte à saint Alphonse de Liguori et ils essaient d'en déroger le moins possible. Ils se considèrent comme des « troupes de choc » mandatées pour un ministère extraordinaire dont le pivot sera la mission paroissiale. Celle-ci est d'ailleurs leur « œuvre principale et de beaucoup supérieure à toute autre », car elle vise à atteindre et convertir tout

---

41. *Id.*, p. 268.

42. Les Dominicains étaient aussi français d'origine : « Nous étions français et dominicains, c'est-à-dire fils du père Lacordaire. C'en devait être assez pour qu'on se mît en garde contre nous. Il est de fait que de grandes défiances existent dans une partie du clergé canadien contre les prêtres français et les œuvres françaises, soit amour-propre national, qui peut aussi faire par soi, ou bien animosité produite dans les esprits à l'occasion du si regrettable conflit qui existe entre l'évêché de Montréal et le séminaire de Saint-Sulpice, toujours est-il qu'être français c'est être suspect. Mais nous étions aussi Dominicains français, restaurés par le père Lacordaire et, par conséquent, imbus de ses idées et doctrines dites du "libéralisme catholique". Nous ne pouvions donc qu'être dangereux car, à tort ou à raison, on a dans ce pays une effroyable terreur de ces prétendues doctrines libérales catholiques. » (Louis-Th. Bourgeois — Chapitre provincial de 1875, dans : J.-Antonin PLOURDE, *Dominicains au Canada, Livre des documents*, I, Montréal, Lévrier, 1973, p. 179.)

le monde, tout en garantissant la persévérance des fidèles et en stimulant le zèle du clergé résident.[43]

Sauf sur des points secondaires, les missions rédemptoristes du XIXe siècle suivent d'assez près l'ordonnance prévue par Mgr Bourget et les Oblats. Préparée par diverses prières, l'ouverture doit être un événement : tout doit être prévu pour qu'il y ait foule et le sermon — très spécial — « doit d'abord capter la bienveillance et la confiance de tous en présentant les missionnaires comme les envoyés de Dieu, chargés par lui d'un message de miséricorde et de bonté ».[44] Puis suit, selon la définition même de la mission rédemptoriste, « un ensemble complet et coordonné d'instructions, de sermons et d'autres exercices spirituels destiné à renouveler entièrement les âmes d'une paroisse ».[45]

La prédication proprement dite poursuit des buts précis :

> « Elle commence, généralement, par préparer l'âme à ne pas trop regimber devant les sacrifices qu'exige toute conversion. Puis, elle frappe de grands coups et pénètre l'âme d'une salutaire frayeur, dans le but de l'amener à la pénitence et au pardon que lui offre la miséricorde divine. Elle montre enfin aux convertis la voie à suivre à l'avenir et les encourage à y marcher généreusement, afin d'être fidèles jusqu'à la mort, surtout en priant sans cesse pour la persévérance finale. »[46]

En conséquence, les prédicateurs organisent leur mission dans une double perspective : un travail de *conversion*, un travail de *persévérance*. Le travail de conversion est d'abord amené par des instructions sur la foi, sur le sacrement de pénitence et sur les devoirs ; il comprend surtout des sermons sur la *crainte* (le salut, le péché mortel en général, les principaux péchés en particulier, les fins dernières : la mort, le jugement particulier et général, l'enfer) et sur l'*espérance*, basée sur l'amour divin. Le travail de persévérance est préparé par des instructions sur sa nécessité, ses ennemis et ses armes ou moyens (prière, confiance à Marie, fréquentation des sacrements, exercices de la vie dévote), le tout se terminant par la vision du ciel, terme de la persévérance.[47]

La prédication elle-même est appuyée par un certain nombre de cérémonies qui sont « un puissant moyen, et tout à fait populaire, de réveiller et d'ébranler les masses comme de produire dans les individus de salutaires impressions ».[48] Les principales sont :

1. La réception solennelle des prédicateurs
2. L'ouverture solennelle de la mission

---

43. *Manuel du second noviciat...*, pp. 94s.

44. *Id.*, p. 109.

45. *Id.*, p. 103.

46. *Id.*, p. 96.

47. Pour les besoins de cet article, nous avons consulté surtout les sermons du père Alfred Géna, dans une copie dactylographiée conservée aux archives des Rédemptoristes à Sainte-Anne-de-Beaupré.

48. *Manuel du second noviciat...*, p. 146.

3. L'exposition du tableau de Notre-Dame-du-Perpétuel-Secours
4. La cloche des pécheurs
5. Le « salut des morts » : *Libera* et sermon sur la mort en présence du catafalque ; chant du *Dies irae...*
6. L'amende honorable
7. La consécration à la Sainte Vierge
8. La bénédiction des enfants
9. L'exposition et la plantation de la croix
10. La procession au cimetière
11. Les promesses de tempérance : elles font partie intégrante des missions paroissiales et elles sont si importantes qu'elles mériteraient une étude spéciale
12. La bénédiction des objets de piété
13. Les communions générales
14. Le renouvellement des promesses du baptême
15. Une bénédiction de statue, l'érection d'une croix commémorative
16. La clôture solennelle

De plus, sermons et cérémonies sont accompagnés de prières et surtout du chant de cantiques qui « donnent de l'élan à la mission » et « délassent le peuple de la longueur des exercices ».[49]

Il s'agit là, évidemment, d'un schéma exemplaire qui est le plus souvent suivi, mais qui peut souffrir certains changements compte tenu de la longueur de la mission, de la clientèle, de son nombre et de son état de préparation. Les prédicateurs doivent adapter ce plan de mission au vécu des gens.

Il serait donc intéressant de connaître le *vrai* déroulement des missions dans divers milieux donnés. Quand, pour diverses raisons, la mission est plus courte que dix, douze jours, quels sont les sermons et les cérémonies qui sont laissés de côté ? N'a-t-on pas tendance à réduire la partie consacrée à la persévérance au profit de la prédication-choc sur la crainte, le péché et l'enfer ? Et la prédication elle-même, dans quel style se donne-t-elle pour qu'elle soit appelée populaire ?

Sans doute, chez les Rédemptoristes — comme dans les autres communautés religieuses — l'accent est mis sur une prédication qui doit être comprise par tous et qui pour cela doit être simple, claire, pratique et concrète, évitant à la fois, disent les manuels, « un style trop recherché et fleuri, des mots élégants, en un mot, un langage affecté et chatoyant » et une manière « incorrecte, peu soignée ou même triviale ».[50] Mais là aussi la documentation officielle — et nommément les textes des sermons — ne nous renseigne pas sur l'art de dire

---

49. *Id.*, p. 145.
50. *Id.*, pp. 14–16.

des prédicateurs. Heureusement, quelques témoignages d'époque nous permettent de nous en faire une certaine idée ; le dernier historien de la communauté
rédemptoriste, Jean-Pierre Asselin, vient de nous en signaler quelques-uns :

> « Éclairés sur la malice du péché et *terrifiés* par les grandes vérités, les braves gens
> n'entraient pas au confessionnal, mais y tombaient en sanglotant. » (Grande-Vallée, 11
> novembre 1880.)

> « Impossible de résister une fois qu'on venait aux exercices. "Père", me disait un jour
> monseigneur [le curé], "vous autres rédemptoristes, vous y allez à *coup de hache*. Impossible
> de résister." Il était le premier à dire que jamais il n'avait été témoin d'une mission aussi bien
> suivie, avec tant d'entrain et dans laquelle on mettait aussi bien le *doigt sur la plaie*. » (Lévis,
> 28 décembre 1881.)

> « Quand on montait en chaire et qu'on voyait la grande église bondée de monde, on
> était déjà plus ou moins excité [...] Plus on les *flagellait*, plus leur ardeur pour la mission
> augmentait. » (Beauport, 17 avril 1884.) [51]

Le père Hendricks, qui fait ces commentaires, laisse assez bien deviner la
part que tenait la crainte (ou la terreur) dans sa prédication et la virulence avec
laquelle il pouvait dénoncer les abus et les péchés. Dès lors, faut-il se surprendre
que la prédication populaire, celle des missions, des retraites et des campagnes
de tempérance, soit devenue synonyme de sermons tonitruants et terrifiants, de
mises en scène frappantes, de condamnations violentes et de menaces à
l'emporte-pièce ? Et que la mémoire collective ait surtout retenu comme
souvenir ces moments terribles de dénonciation, cette pastorale de la peur
tournée vers la conversion à tout prix ? D'où ces histoires sur le gros et bon
prédicateur qui attire les gens et le petit et méchant missionnaire qui les
terrorise...

Sans doute faudrait-il nuancer davantage car plusieurs prédicateurs, même
chez les Rédemptoristes, ont préféré une autre voie de prédication populaire,
peu conforme même aux règles de leur communauté. C'est la multiplication des
témoignages et des cas qui nous permettra un jour, nous l'espérons, d'avoir un
panorama vraisemblable de la prédication populaire au XIXe siècle.

Quant à nous, nous avons voulu signaler simplement que cette prédication
prend ses racines dans la prédication extraordinaire à l'occasion des jubilés et
aussi des Quarante-Heures, des neuvaines, des triduums, etc. Elle acquiert son
style avec le passage de Mgr de Forbin-Janson au Canada français et l'arrivée
des communautés religieuses vouées aux missions paroissiales, les Oblats et les
Rédemptoristes tout particulièrement. Ces missionnaires donnent l'exemple
d'une rhétorique populaire que certains prêtres séculiers — missionnaires-
colonisateurs ou apôtres de la tempérance, entre autres — voudront imiter.
C'est le cas de Charles Chiniquy qui, avant sa défection, est si « populaire » que

---

51. Témoignages cités dans : Jean-Pierre ASSELIN, *Les Rédemptoristes au Canada, Implantation
à Sainte-Anne-de-Beaupré, 1878–1911*, Montréal, Bellarmin, 1981, p. 56. C'est nous qui soulignons.

Mgr Bourget doit l'avertir d'être plus digne en chaire. C'est le cas aussi du grand vicaire Alexis Mailloux, l'apôtre de la croix noire, qui ira combattre Chiniquy aux États-Unis. À peu près tous les diocèses compteront ainsi quelques prédicateurs exceptionnels, invités dans les grandes circonstances et même engagés pour des retraites paroissiales, mais les vrais maîtres de la prédication populaire demeureront toujours, au XXe comme au XIXe siècles, ces « pères » qui bouleversent les foules à l'exemple de Victor Lelièvre et d'Ubald Villeneuve et de combien d'autres.

Nive VOISINE

Département d'histoire,
Université Laval.

MYTHES D'ANTICOSTI

Anticosti compose la terre mythique la plus riche du Québec, si l'on fait exception de certains écoumènes amérindiens ; au cours des ans, à l'histoire vraie et factuelle s'est ajoutée, au sujet de nombreux phénomènes ou personnages, une charge déformée par l'imagination et relevant surtout du mental. L'histoire totale d'Anticosti comprend nécessairement un volet fantaisiste, peu vérifiable, auquel on ne croit pas mais que l'on aime néanmoins retrouver. Toute tentative de réduction des faits à une stricte authenticité, c'est-à-dire toute démythification, conduirait à un appauvrissement culturel régional, à l'érosion de la riche dimension folklorique de la Grande Île.

La situation géographique semble avoir favorisé les interprétations amplificatrices des événements. D'abord, Anticosti n'appartient pas à la « Grande terre » ou « terre ferme ». Elle est seulement située en avant du continent, d'où l'hypothèse logique (mais jugée officiellement fausse) de l'origine *antecosta* du toponyme Anticosti, dans la cartographie ibérique. L'île a toujours été isolée, volontairement ou pas. Après 1880, l'on a développé le concept du « vote par télégraphe ». « Il est défendu de débarquer », proclamait le premier règlement de la maison Menier, en 1896. Par rapport aux régions avoisinantes, la traversée la plus courte est celle de la Minganie, mais, elle aussi, comporte des risques. Anticosti a été longtemps négligée, comme tout l'Est du Québec d'ailleurs ; elle a été encore moins desservie par bateaux réguliers que la Basse Côte-Nord. Même aujourd'hui, les chasseurs et pêcheurs n'atteignent pas les lieux facilement ; ainsi, les autorités du Québec peuvent contrôler les entrées et sorties aériennes de la très grande majorité des voyageurs. De plus, la quasi-omniprésence d'une large batture dont la mince nappe d'eau à marée haute pouvait faire échouer de modestes voiliers a marqué plus que tout autre facteur l'âme d'Anticosti ; d'un côté, la crainte des désastres a créé des marins bien « peureux » ; d'un autre, la triste histoire de la mer et les difficultés de débarquement ont longtemps retardé la colonisation ; au recensement de 1871, il n'y avait que cent deux insulaires. En fait, les premiers peuplements de longue durée ont été les sites des phares et des « dépôts de provisions », ces tristes refuges pour naufragés, double solution que le gouvernement canadien avait trouvée, à partir de 1831, aux problèmes de la dangereuse navigation périphérique aux côtes anticostiennes. Une ligne télégraphique desservant environ 60% du littoral et un ou deux câbles sous-marins constituaient d'autres moyens de désenclavement; de 1885 à 1906, le nombre des stations télégraphiques augmenta de quatre à treize. Le long isolement de l'île, en défavorisant les informations exactes et rapides, fournissait un milieu très fertile à la culture des petites histoires. Anticosti étant un au-delà, elle pouvait naturellement être interprétée comme un cimetière, une énigme, une île étrange, mais pourquoi pas aussi un paradis.

Le déroulement historique de l'île a connu six grandes périodes, utiles pour situer les faciès mythiques. a) La longue ère antérieure aux Blancs, avant le XVIIe siècle et pour laquelle les documents archéologiques demeurent insuffisants, compose la première période. b) De 1680 (environ) à 1830 surviennent les premières tentatives de peuplement. c) Puis, de 1831 à 1895, des naufrages, des phares et la pêche périphérique assurent une certaine permanence dans des résidences ponctuelles périphériques; l'anglophonie domine. d) L'ère française Menier suit et comprend une tentative originale de développement intégré, surtout dans l'ouest de l'île. e) À partir de 1926 et jusqu'à 1973, l'île se spécialise dans la production de la pâte destinée à des papeteries extérieures. C'est l'ère du bois, sous la direction de compagnies de langue anglaise. f) Depuis 1974, le Québec, propriétaire, cherche la meilleure vocation de l'île.

Plus qu'ailleurs au Québec, Anticosti a connu une histoire franco-anglaise très contestée, ce qui semble avoir contribué tant à l'enracinement des déformations qu'au dédoublement culturel des versions. L'histoire de la colonisation, de la politique, de l'exploitation des forêts, de la pêche au saumon, de la navigation périphérique, des petites guerres religieuses et même du langage exprime la rencontre d'influences française (de France), britannique, canadienne, états-unienne, québécoise et autres. Il n'y a pas de réponse simple à la question: l'île a-t-elle été française ou anglaise? Les états changent à la fois dans le temps et dans les régions insulaires, à considérer l'ethnie des colonisateurs et celle des colonisés. Une vue très générale des choses indique que la majorité des Anticostiens ne sont devenus des Canadiens de langue française qu'au cours du dernier quart du XIXe siècle; l'étude des noms des confirmés précise même que la francophonisation s'est faite plus tôt dans la façade occidentale de l'île qu'ailleurs. L'arrivée des Menier a évidemment accentué ce mouvement de « reconquête ». La francophonie a été davantage présente par la France et les Anticostiens eux-mêmes que par le Québec qui n'est arrivé que tardivement. La double présence alternative ou chevauchante de langues française et anglaise a déformé maints faits culturels; elle pourrait contribuer à rendre compte de la grande variation d'écriture de l'anthroponyme Menier; les épitaphes des cimetières de l'île donnent le choix entre Port Ménier, Port Meunier, Port Menier, Port-Ménier et Port-Menier.

Les divers acteurs, « transmetteurs d'histoires », héros ou martyrs de la mythologie insulaire se trouvent avant tout dans les neuf catégories d'individus qui portent référence à Anticosti ; voici une typologie fonctionnelle des habitants suivant une trame plutôt historique. Les deux premiers groupes ne concernent guère la terre anticostienne comme telle.

1. *Les pêcheurs au large de l'île.* Les meilleures années ont pu attirer plusieurs milliers de ces *floaters* dans la partie septentrionale du golfe du Saint-Laurent. Ces pêcheurs sans comptoirs n'avaient que de rares contacts avec une île ceinturée d'une batture meurtrière.

2. *Les victimes des naufrages.* Leur nombre varie de quelques centaines à quatre mille, suivant des « racontars ». La plupart des naufragés appartenaient à des populations tout à fait étrangères à l'île. Certains des malheureux ont leur épitaphe. Si le siècle à catastrophes fut le XIXᵉ, le plus connu des rescapés est néanmoins le R.P. Emmanuel Crespel, en 1736. Les autres groupes démographiques se rapportent soit à la population résidante soit à plusieurs types de populations temporaires.

3. *Les Anticostiens authentiques.* Ce sont les hivernants, ceux qui demeurent dans l'île au moins plusieurs années et qui la considèrent comme leur patrie ; leur nombre total n'a jamais dû atteindre mille, en même temps. Ces gens ont été pêcheurs, travailleurs forestiers, artisans, employés dans divers services et chômeurs. Le célèbre Louis-Olivier Gamache, Joseph Schmitt, médecin durant huit ans, et l'actuel informateur Charlie McCormick ont fait ou font partie de cette catégorie. En octobre 1980, la population permanente se fixait à deux cent quatre-vingt-onze individus, dont 44% de femmes. Plusieurs de ces familles se sont établies à l'île lors de la réanimation économique des années 1926–1930.

4. *Les pêcheurs commerciaux en résidence brève.* Plutôt que de vivre sur des bateaux importants comme les *floaters*, ils touchaient terre momentanément. Cette population flottante variait, d'une saison de pêche à l'autre, de quelques dizaines à plusieurs centaines d'individus ; elle occupait divers sites côtiers, par exemple la fameuse Baie-du-Renard. L'on pêchait surtout « à terre » (à proximité des côtes). Certains pêcheurs auraient vu avec frayeur des bateaux, des capitaines et des marins fantômes, sortes d'« onni » ou objets navigants non identifiés. Cette forme d'occupation légère et dispersée a grandement diminué avec l'arrivée de Menier.

5. *Les salariés temporaires de la forêt.* Dans l'île, les bûcherons ont commencé à « couper » vers 1910. Le nombre de ces « saisonniers » a considérablement varié d'une période économique à l'autre. C'est peut-être durant l'ère du bois (1926–1973) qu'ils ont été les plus nombreux, avec peut-être trois mille personnes. Par moments, ils pouvaient donc composer une masse démographique beaucoup plus importante que celle des habitants permanents. Des écrivains de l'imagination (N. DUMAY, 1976) ont choisi leurs héros parmi ces salariés qui vivaient dans des camps. Ce type de travailleurs n'existe plus.

6. *Les pêcheurs sportifs.* Le référent de cette catégorie d'Anticostiens de passage est la prise du saumon, *a sport of Kings.* Par an, à la fin du XIXe siècle, il devait y avoir quelques dizaines de pêcheurs indépendants. La maison Menier a organisé cette pêche recherchée au bénéfice d'un groupe d'habitués et d'invités, de type VIP (*very important person*). Le Fonds Menier déposé aux Archives nationales du Québec comprend un « Livre de pêche » qui donne des statistiques détaillées pour la période 1895–1926. Ils étaient ou sont pêcheurs de rivière, non pêcheurs de mer, comme ceux des catégories 1 et 4. En 1980, cent soixante et un pêcheurs de luxe ont séjourné dans l'île, une ou deux semaines. De même fonction se trouvent les braconniers dont le nombre est cependant inconnu. Le Jupiter se présente comme le cours d'eau le plus recherché du Québec et peut-être de l'Amérique du Nord.

7. *Les chasseurs sportifs.* Vers 1900, la grande chasse était celle de l'ours. Grâce à l'introduction du chevreuil par Menier, Anticosti est devenue le « paradis » de la chasse à cet animal, au fusil et, depuis peu, à l'arc. La pratique de ce sport, comme celui du saumon, coûte cher ; un non-résidant paye 1 250 $ pour quatre jours aux pavillons Jupiter, saison 1981. Anticosti a accueilli mille cinq cents chasseurs en 1980.

8. *Les visiteurs.* À peu d'exceptions près, les interdits de séjour qui, de 1896 à 1974, touchaient tous les non-invités à la chasse ou à la pêche ont retardé la formation de cette catégorie d'individus. La prédiction de Charles Baillargé (1900) à l'effet « que peut-être avant deux ans cette île va devenir une place d'eau, où les touristes vont affluer en masse » n'est jamais devenue une réalité. Ils demeurent peu nombreux les amateurs de la forêt, de la mer, des vallées et des sites historiques d'Anticosti. L'administration n'en a repéré que deux cent dix, en 1980. Les écrivains de l'île auxquels on doit une bonne partie du corpus légendaire d'Anticosti entrent dans ce groupe ; entre autres, les capitaines Pierre Fortin et Napoléon Lavoie ; les abbés J.-B. Ferland, V.-A. Huard et Charles Guay ; les Français Paul Combes et J. Despêcher ; des gens de langue anglaise comme J. Richardson, A.R. Roche, J.U. Gregory, L.R. Scheult et E.E. Wilson ; enfin, des Québécois, tels N.-H.-E. Faucher de Saint-Maurice, Joseph Bureau, Nazaire Levasseur, Charles Baillargé, Arthur Buies, Armand Lavergne, Marie-Victorin et Damase Potvin. Vers 1973–1976, des dizaines de chercheurs de toutes disciplines se sont également rendus à Anticosti, la plupart pour de courtes périodes.

9. *Les employés des services.* Au XIXe siècle, la navigation, la surveillance du territoire, la colonisation et la religion ont dû faire naître les premières générations de ce type de travailleurs mais c'est l'ère Menier (1896–1926) qui a institutionnalisé ce système d'employés ; le plus célèbre d'entre eux fut certes Georges Martin-Zédé, le gouverneur en titre de l'île qui fit environ trente « campagnes » de France à Anticosti. Les grandes années de l'exploitation forestière (1926–1930 ; autour de 1950) ont certes créé des besoins spécifiques au plan des services. L'on connaît H. Valiquette pour avoir été un mémorable

contremaître de la production de « pitoune ». Depuis que le Québec est propriétaire et gérant de l'île (1974), le nombre de ce type d'employés a augmenté car des guides et des gardiens sont nécessaires à l'exploitation sportive du territoire. Dix-neuf cent quatre-vingts a connu cent soixante-trois de ces travailleurs saisonniers, dont les femmes représentaient 16%.

La catégorie 3 est pratiquement la seule à comprendre des représentants d'une pyramide démographique complète : enfants, adultes et personnes âgées. Au plan de la provenance des habitants temporaires, ont dominé ou dominent les bordures québécoises du golfe : Gaspésie, Côte-Nord et Îles-de-la-Madeleine ; au siècle dernier, l'on venait également de Terre-Neuve ; présentement, le Nouveau-Brunswick fournit des employés. Au milieu du XIXᵉ siècle, les principaux groupes d'individus appartenaient aux catégories, 1, 2 et 4. La première moitié du XXᵉ siècle a surtout connu les groupes 3, 5 et 6. Présentement, les catégories 3, 6, 7, 8 et 9 composent les ensembles les plus nombreux et caractéristiques.

Les neuf groupes ont joué différents rôles au chapitre de la mythologie anticostienne. Les rescapés de la catégorie 2 ont eux-mêmes créé une partie des légendes et les naufrages ont été l'objet de toutes sortes d'interprétations et de craintes. Le groupe 3, pour une part, constitue la mémoire de certains passés et

Panneau d'information historique

Photo Louis-Edmond Hamelin, 1977.

Le vocabulaire de cette plaque officielle du Québec traduit l'émotion que peut provoquer l'histoire d'Anticosti. Avec des mots comme « somptueuse villa », « richissime », « seigneur », « légendaire », « pirate et contrebandier », « prospérité », le rédacteur semble s'être efforcé de choisir des signifiants propres à ouvrir l'appétit des lecteurs sur certains dits d'Anticosti.

possède des informateurs. Les entités 6 et 7 fournissent évidemment des matières à raconter. La plupart des catégories, notamment les 4, 5 et 9, ont servi et servent encore d'excellents véhicules aux légendes d'Anticosti.

L'on ne pourrait attendre de nous une mythologie approfondie. Point d'analyse sémiotique de chaque thème comme point d'examen comparatif des différentes versions d'un même corpus. Plutôt que de nous attarder à des études classiques de signification, nous nous en tiendrons à la présentation de quelques textes fabuleux, accompagnée de commentaires faits à la lumière de contextes et de référents. Bref, un simple effort de saisir l'« inter-dit » dans les dits.

Moyens de transport lors d'expéditions de pêche

Photo Collection Menier, vers 1920.

Le Jupiter, affluent de la façade méridionale d'Anticosti, est la reine des cours d'eau à saumons. Jusqu'à récemment, et encore, il s'agissait d'une pêche élitiste sur invitation. L'on venait de Port-Menier en bateau, peut-être même sur le yacht princier d'Henri Menier, *La Velléda*, puis *La Bacchante*. Le Jupiter dont le lit est installé dans des terrains sédimentaires perd beaucoup par infiltration, la profondeur de la nappe est faible et l'eau claire. Le haut rang des pêcheurs (Gouverneur général du Canada, Sir Lomer Gouin...), l'honneur des hôtes et la nature vierge nécessitaient une organisation à grand déploiement. La « barque de Cléopâtre » et des attelages de chevaux composaient les types les plus solennels de déplacement. Cette barque était une embarcation à fond plat et « ferrée » pour glisser sans dommage sur les seuils rocheux du lit ; elle était munie d'un baldaquin blanc servant à protéger des rayons du soleil lors de banquets pris sur l'eau ; donc loin des moustiques des rives ; des toiles latérales pouvaient se rabattre en cas de pluie. Des attelages de chevaux montés tiraient la barque au loin ou transportaient les pêcheurs aux mouilles poissonneuses (fosses ou *pools*). Le saumon de Jupiter en particulier faisait les frais des relations familiales, sociales et politiques de l'empire Menier, puis, plus tard mais différemment, ceux de la *Consol*.

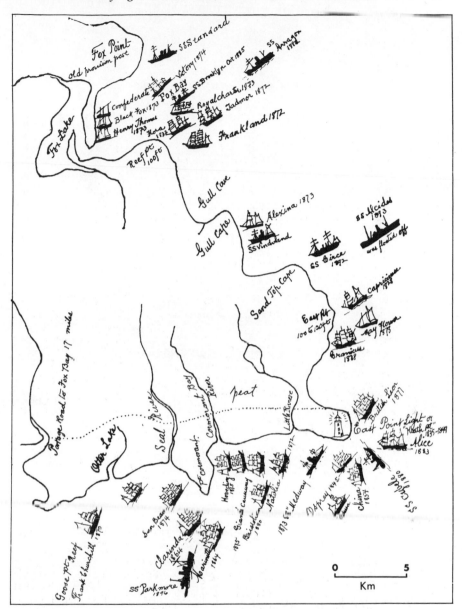

Le phare East Point Light ou Heath Point, le deuxième de l'île, a été bâti à partir de 1835. Le dessin révèle que la presque totalité des navires échoués étaient des bateaux à voile. Le trait de côte représente 60 km au long duquel se sont produits trente-six naufrages en 68 ans. L'on constatera avec étonnement que les catastrophes sont surtout arrivées après l'installation du phare. Au nord de la Pointe Heath, se trouve le dessin du *Granicus* dont le désastre de 1828 est tristement célèbre. Les échouements de la baie du Renard, eux, sont plutôt reliés à des tentatives de colonisation. Près de là, à Fox Point, la carte mentionne un *old provision post*, dépôt de provisions installé d'abord au bénéfice des naufragés : pêcheurs, puis marins et voyageurs au long cours. L'intérieur des terres ne comporte pas de mentions excepté un sentier sud-nord de 26 km et un trait pointillé formant la limite méridionale des « tourbes ». Au XIXe siècle, le principal écoumène d'Anticosti, c'était encore la mer.

SOURCE : *Map of the Island of Anticosti... showing wrecks since 1736*, (par D. Têtu et J.U. Gregory?, Québec?, 1908?) Québec, Cartothèque de l'Université Laval. Reproduction par Claude Demers, Service de l'audio-visuel, Université du Québec à Trois-Rivières.

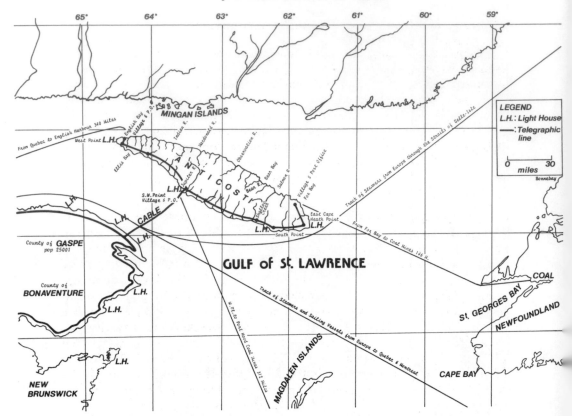

L'original de cette carte, publiée à Londres en 1885, accompagnait un prospectus fort alléchant sur les avantages de l'île (agriculture, pêche, chasse et transport). Pour sa part, l'Allan Line Royal Mail Steamers offrait des *assisted passages* aux colons de même qu'aux *Female Domestic Servants*.

Le document nous informe des trajets des transatlantiques (bateaux à vapeur ou encore à voiles), du récent câble sous-marin reliant Anticosti à la Gaspésie, de la « ligne télégraphique » suivant le rivage méridional de l'île, des trois villages et bureaux de poste d'English Bay, de Fox Bay et de S.W. Point, enfin des quatre phares de West Point, S.W. Point, South Point et Heath Point. En outre, l'on indique deux sources possibles de charbon de l'extérieur. Ce tableau de l'écoumène, rédigé en langue anglaise, n'avait pas beaucoup changé depuis une quarantaine d'années et il restera valable jusqu'au début du XXe siècle. Pour 1891, le *Recensement* donnera 253 habitants.

En fonction de la charge mythique d'Anticosti, ce document apparemment anodin se situe dans une phase de « réparation de réputation ». Les villages rappellent davantage de purs plans de développement que des agglomérations dûment organisées. On ne fait plus allusion aux nombreux naufrages et l'on ne localise aucun « dépôt de provisions », destiné aux sinistrés. L'île était passée d'enfer à paradis.

Un système télégraphique relativement élaboré pour avertir des désastres de navigation venait de faire l'objet d'une motion au parlement fédéral en vue de son utilisation comme véhicule électoral ; Anticosti produirait alors des « votes par télégraphe ». Un tel moyen de votation a alimenté, dans tout le Québec laurentien, une tradition haute en couleurs.

SOURCE : The Governor and Company of the Island of Anticosti, *The Settler and Sportsman*, London, Morris, 1885.

Image de l'île : ribambelle de qualificatifs excessifs

Il ne faudrait pas croire que le fabuleux d'Anticosti ne concerne que des événements singuliers. Toute l'île a été et est encore l'objet d'appréciations qui se situent bien au-delà d'un réel tangible et justifiable ; même à ce niveau d'ensemble, la légende a des mots traduisant des espoirs illimités ou une amertume inconsolable. La réputation globale d'Anticosti semble se déchirer en deux pôles opposés, pôles vieux comme le monde chrétien : le paradis ou l'enfer. Puisque par définition, l'île n'est ni l'un ni l'autre, l'on voit tout l'excessif, toute la violence de telles évaluations. Même un relevé fort incomplet des épithètes reflétant les perceptions de l'île nous convainc de la puissance évocatrice des sémènes déclarés ou narrés.

En langue française, l'on trouve au moins quatorze qualificatifs que MarieVictorin (1920) classe sous le générique de « litanie » ; six du côté positif, soit Reine du Golfe ! Terre de lumière ! Clef du Saint-Laurent ! Paradis de la chasse ! Royaume vierge ! Nef de verdure ! Huit du côté négatif, avec Cimetière du Golfe ! Île mystérieuse ! Mégère des brumes ! Ogresse insatiable ! Terreur des marins ! Pieuvre des naufragés ! Arche de la faim ! Mer du désespoir !... En fait, les évocations sont beaucoup plus nombreuses que ne l'indique cette liste poétique. Celles qui avantagent l'île sont : Perle ! Perle du Golfe ! Pays de rêve ! Paradis de la pêche ! Île de Chocolat (référence à l'entreprise Menier) ! Lieu privilégié ! Presque le paradis ! Nature extraordinaire ! La Bonne vie ! Endroit idéal ! Domaine unique au monde ! Rêve protégé ! Émeraude du Golfe ! Arcadie ! Comme description plus prosaïque : Futur centre industriel du Canada ! Au grand dam d'Anticosti, traînent aussi dans les écritures : État entièrement stérile (1880) ! Côte à épaves ! Prison ! Paradis perdu ! Île maudite ! Île ignorée (Martin-Zédé, 1938) ! Immense tristesse ! Implacable défi ! Éternelle désolation ! Terre ingrate ! Rôle nul ! Éléphant blanc (1980) !

La langue anglaise a laissé de semblables écarts d'appréciation avec : Canada's Hermit Isle ! Jinx Island ! Enigmatic Island ! Nugget of the North ! Feudal Realm ! Untamed Island ! Barbaric Charm ! mais aussi Barren ! The Graveyard of the Gulf ! Impromissing Appearance (1856) ! et Strangest Island of the World !

Si les écrivains n'ont cessé de juger Anticosti sous forme allégorique ou symbolique, l'opposition paradis/enfer n'est pas loin d'avoir connu un cycle au XIXe siècle. En effet, un renversement très net s'est établi dans la narration, au cours des années 1870. Auparavant, Anticosti faisait naître répulsion et frayeur ; après, elle sera jugée bonne terre de peuplement. Dès 1872, la publicité faisant suite au premier grand plan de colonisation parle même d'*hundreds of thousands* d'habitants possibles. Les développeurs du temps ont compris qu'il fallait transformer la réputation anticostienne et une île d'inconvénients est devenue une île pleine de mérites. En France, reflet tardif de ce changement complet de réputation, le rapport Combes (Paris, 1896) : « Les résultats de mon exploration détruisent de fond en comble la légende d'Anticosti "l'Inhospitalière". » Le langage appréciatif d'Anticosti s'est donc balloté d'un pôle-lieu de désolation à un pôle-terre bénie.

Les vantardises tout comme les anathèmes, qu'ils apparaissent successivement ou parallèlement, sont bien davantage sortis de l'imagination des visiteurs et travailleurs étrangers que de celle de ces Anticostiens authentiques caractérisés par une résidence prolongée.

L'ours, « principal personnage »

Par rapport aux moustiques, l'ours constitue un « vieux » sujet puisqu'il fait partie de l'histoire quadricentenaire d'Anticosti.

Cet animal aurait d'abord donné son nom à toute l'île, du moins à certains lieux. De longues discussions sur l'origine du mot Anticosti n'ont pas éliminé l'hypothèse suivant laquelle il pouvait être une déformation d'un terme amérindien probablement utilisé par plus d'une ethnie indigène (Montagnais, Iroquois, Micmac...) et écrit par les Blancs (francophones comme anglophones) de différentes façons. L'on rappelle *Natisc(k)otec, Naticousti* ou *Natiscosti* ou *Nadicousti, Natiskuan, Natiscosee*, de même *Natashquan, Natashkouch* ou *Natascouch, Natascoutek* ou *Natascotek* et *Natascouel*... Quoi qu'il en soit, ils signifient « le lieu où l'on prend l'ours ». Étant donné que les Amérindiens dénommaient plutôt des lieux précis que des grands ensembles, nous doutons qu'ils aient utilisé ce mot pour l'ensemble de l'île. Et Champlain a dû refléter une toponymie amérindienne de petits lieux lorsqu'il a mentionné sur sa carte de 1632 le modeste poste de : Port-aux-Ours. La toponymie moderne comprend un Cap de l'Ours, une Baie de l'Ours, une rivière de l'Ours de même qu'une Baie Natiscotec et une Rivière Natiscotec au nord-est de même qu'un Cap à l'Ours au sud-ouest.

En deuxième lieu, l'ours était objet de chasse suivant les fantaisistes versions des chasseurs. En voici une première.

« Le soir, au coin du feu, maints trappeurs racontent encore des histoires merveilleuses... mais nulle à mon avis ne vaut celle de l'ours tué au vol.

« Tétu avait ouï-dire qu'une baleine morte était venue atterrir à quelques lieues de son habitation... Il part, accompagné de Crispin, son homme de peine, bien décidés tous deux à tirer du cétacé toute l'huile qu'il pourrait rendre... Mais ils avaient été devancés par des rôdeurs de grève encore plus alertes qu'eux, et deux ours noirs s'en donnaient à cœur joie, le museau plongé dans les flancs du monstre, mangeant comme deux clercs échappés de carême, et ne s'interrompant de fois à autre que pour respirer longuement et pour lécher leurs babines toutes ruisselantes de lard.

« Sa vie de trappeur, autant qu'une certaine fable de Lafontaine, avaient mis Tétu au courant des habitudes rusées de maître *Ursus* ; aussi fit-il signe à son compagnon de ne pas trop se presser de tirer. L'ours, dont la fourrure soyeuse devait orner l'arrière d'une carriole se présentait mal ; il fallait attendre le moment favorable pour le prendre à l'œil ou au cœur.

« Crispin, rendu nerveux par l'appât du butin, avait déjà épaulé. V'lan ! le coup part : la balle ricoche sur le museau de l'ours et va, comme Jonas, se perdre dans le ventre de la baleine. Le second ours, plus gourmet et sans doute de meilleure famille que son camarade, avait réussi, pendant le colloque des chasseurs, à se hisser sur le dos du cétacé ; c'était sa manière à lui de mettre la main au plat. La détonation du fusil était venue le surprendre là, et tout effrayé, perdant la tête comme Balthazar au milieu de son festin... il s'était élancé dans l'espace où la balle de Tétu était venu le rejoindre. Celle-ci l'envoya rouler raide mort sur le dos de son compagnon qui, hurlant de douleur, le museau haché... prend le bois au galop. » (FAUCHER DE SAINT-MAURICE, 1881.)

Les amis de Menier ont sans doute été avec les Indiens et Blancs de la Côte-Nord les responsables des grandes chasses à l'ours. La photothèque apologétique de la maison montre des documents ostentatoires d'animal abattu, puis triomphalement « sorti » du bois. Mais la chasse solennelle n'était pas toujours heureuse.

« Même dans leurs divertissements, les colonisateurs français de l'île, pour avoir voulu se fier exclusivement à leurs lumières, ne furent pas toujours très chanceux. Les bêtes sauvages même se montrèrent réfractaires aux méthodes trop modernes de la France.

« De son château de la Baie Gamache, le seigneur Menier organisa, un jour, une chasse à l'ours à l'affût. On voulut appliquer exclusivement pour cette chasse les règles de la vénerie française moderne. À la brunante de ce jour, le parti armé des fusils les plus dernier cri fut placé à un bon endroit, au Lac Plantin (sic), par des guides français accoutumés à la chasse aux sangliers dans la brousse française. Les nuits sont froides à Anticosti et les gorges se contractent vite sous les morsures de la bise. Mais défense de tousser ou d'éternuer. On toussa et on éternua quand même à qui mieux mieux. Enfin, la bête est signalée, et les piqueurs donnent le signal convenu : Taïaut !... Taïaut !... Une bruyante décharge de mousqueterie trouble le silence de l'île. On se rue sur la proie. Hélas ! Une vingtaine de balles avaient traversé un baril vide d'huile dont on s'était servi pour apporter les appâts de l'ours.

[...]

« Pendant ce temps, avec d'antiques pétoires qui se chargeaient par la gueule, des braconniers de la Côte-Nord abattaient par dizaines, de l'autre côté de l'île, les beaux ours de M. Menier... » (Damase POTVIN, 1945.)

Enfin, l'ours d'Anticosti a de tout temps semé la peur. Au XVIIᵉ siècle, un explorateur note : « l'Isle d'Anticosti où l'on tient qu'il y a des Ours blancs monstrueusement grands, et qui dévorent les hommes » (G. SAGARD, 1632), opinion qui n'était pas de nature à attirer des colons. L'ours blanc, rare à ces latitudes serait donc venu ajouter ses méfaits à ceux des ours zonaux, noirs ou bruns. Au XVIIIᵉ siècle, le Père Crespel, lors de sa terrible randonnée, avait écrit : « la viande d'ours ne nous manqua point ». En 1887, L.-H. Taché signale la « renommée » des ours d'Anticosti. G. Martin-Zédé décrira comment, en 1898, un ours aurait eu raison du résidant McDonald, ce dernier étant dans sa propre maison. À la fin du XIXᵉ siècle, l'intérieur de l'île demeurait encore inexploré ; la mention que les seuls sentiers « étaient tracés par les ours » (RECLUS, 1890) traduisait davantage une profonde répulsion des hommes à l'endroit d'un tel pays qu'un hommage à une bête qui aurait été alors si bienveillante.

Bref, une appréciation générale n'était pas alors exagérée : « l'ours est le principal personnage d'Anticosti » (*Grande Encyclopédie*, Paris, 1890). À tout croire, on aurait pu penser jusqu'à récemment : quelques pêcheurs avaient la mer, les ours avaient l'île.

Louis-Olivier Gamache, hors-la-loi ou bon samaritain ?

« Dans les premiers jours de septembre, 1852, je m'embarquais sur la *Doris*, afin de visiter, pour la première fois, les côtes désertes et inhospitalières de l'île d'Anticosti.

[...]

« Le vapeur à hélice allait distribuer les provisions d'huile, de lard et de farine, avant les gros temps de l'équinoxe ; il portait quelques membres du bureau de la Trinité, chargés de visiter les établissements confiés à leur surveillance. Ma mission fut d'un ordre tout différent.

[...]

« Nous n'avions plus qu'une étape à visiter dans l'île, celle de la Baie de Gamache. J'avais hâte d'y arriver, car depuis nombre d'années le nom du sieur Gamache retentissait à mes oreilles, sans que j'eusse trouvé l'occasion de voir le personnage lui-même. Il n'est pas un pilote du Saint-Laurent, pas un matelot canadien, qui ne connaisse Gamache de réputation ; de Québec à Gaspé, il n'est pas une paroisse où l'on ne répète de merveilleuses histoires sur son compte. Dans les récits populaires, il est représenté comme le bel idéal d'un forban, moitié ogre et moitié loup-garou, qui jouit de l'amitié et de la protection spéciale d'un démon familier. "On l'a vu debout sur un banc de sa chaloupe, commander au diable d'apporter un plein bonnet de bon vent ; un instant après, la chaloupe de Gamache faisait vent arrière, les voiles pleines, sur une mer unie comme une glace, tandis que, tout autour, les autres embarcations dormaient sur l'eau, sur un calme plat. Pendant un voyage qu'il fit à Rimouski, il donna un grand souper au démon, non pas à un diablotin de seconde classe, mais au bourgeois lui-même. Seul avec ses compagnons invisibles, il a massacré des équipages entiers et s'est ainsi emparé de riches cargaisons. Vivement poursuivi par un bâtiment de la compagnie des postes du Roi, il a disparu avec sa goëlette, au moment où il allait être saisi, et l'on n'a plus aperçu qu'une flamme bleuâtre dansant sur les eaux." Voilà la substance de bien des légendes que, le soir à la lumière des étoiles, les matelots débitent sur le gaillard d'avant, et qui se répètent, au coin du feu, dans les réunions du village.

« Sur ces récits merveilleux s'était élevée et avait grandi la réputation du redoutable sorcier ; aussi la plupart des voyageurs auraient-ils mieux aimé escalader la citadelle de Québec que d'approcher, pendant la nuit, de la maison de Gamache.

« Ces contes avaient été accueillis même sur les navires anglais.

[...]

« Les fables les plus merveilleuses étaient débitées par un marchand juif, de Montréal, qui, pendant deux jours, fut dans des transes continuelles, tant il craignait d'être mis à la broche et dévoré à belles dents dans l'antre du polyphème d'Anticosti.

« À peine avons-nous mis pied à terre qu'un homme, en cheveux blancs, mais encore vert et vigoureux, s'avance vers nous et vient me saisir la main avec une énergique cordialité.

[...]

« C'était Louis-Olivier Gamache, maître du lieu. À son compte, notre hôte avait alors soixante-huit ans ; il était plein de feu et d'activité.

[...]

« La maison, consistant en un rez-de-chaussée surmonté d'un étage et d'une mansarde, était un véritable arsenal. Dans la chambre voisine de la porte d'entrée, je comptai douze fusils, dont plusieurs étaient à deux coups. Chargés et amorcés, ils étaient suspendus aux poutres et aux cloisons, au milieu d'épées, de sabres, de piques, de baïonnettes, de pistolets. [...]

> « Tenus avec un soin et une propreté remarquables, les hangars contenaient de longues rangées de barils, de sceaux, de barriques et d'épaves de tout genre.

[...]

> « Je vois bien que je serai forcé de me marier une troisième fois. Je pense, monsieur le curé, que si vous pouviez me trouver, à Québec, une femme qui voudrait devenir madame Gamache, vous me rendriez service et à elle aussi, peut-être. » (J.-B. FERLAND, 1877.)

Qui était vraiment Gamache ? Les notes biographiques disent peu. Il est né sur les rives méridionales du Moyen estuaire du Saint-Laurent, après la Conquête. Après avoir été mousse de frégate et marin de la marine royale, il devint commerçant à Rimouski. L'insuccès et sans doute autre chose d'inconnu le poussent à aller s'installer dans l'île très isolée d'Anticosti ; en effet, vers 1810, cinq personnes seulement composaient la population permanente totale, ce qui, théoriquement, donnait un habitant chaque cent kilomètres de côtes. À cette époque, les premiers phares ne sont pas encore construits et les croisières fédérales pour la surveillance du golfe ne sont pas encore commencées. Gamache vivra de l'île, terre et mer (chasse, pêche, trappe, élevage, culture et cueillette d'épaves). En 1854, on le trouvera mort. *Le Rapport des pêcheries* (Ottawa, 1900) rapporte que « Gamache s'est fait enterrer debout afin d'avoir une avance sur les autres au jour de la Résurrection ». Certains jugeront qu'il pourrait en avoir besoin.

L'abbé Ferland semble avoir été conquis par son illustre hôte, peut-être parce que ce dernier se vantait d'être bon. « Je viens te donner le dernier coup », avait déclaré Gamache, un fusil à la main, à un infortuné réfugié de la mer. Il s'agira en fait de lui « payer la traite », à partir d'un flacon d'eau-de-vie. « Si des peureux disent que Gamache tue les voyageurs, tu leur répondras qu'ils ont menti. » Dans une autre occasion, après avoir soigné un Montagnais qu'il avait d'ailleurs blessé, il lui rendra son canot et ses provisions. Ferland écrira plutôt gentiment : « dans sa personne, les dehors étaient rudes, mais le fond du cœur était bon. Il était le premier à rire des moyens qu'il avait employés pour acquérir sa terrible renommée et il se félicitait de la sécurité qu'elle lui procurait dans son poste périlleux. » L'Église semblait avoir absous le pécheur.

D'autres auteurs, comme L.-H. Taché, seront moins tendres pour Gamache « qui ignorait tout ou à peu près ce qu'est un sentiment de pitié »... et dont « l'orgueil froissé avait toujours éloigné le pardon du cœur ». Même si l'accusation ne semble pas avoir été portée, Gamache a bien pu jouer au « naufrageur », ce riverain qui trompe les hommes de bord dans le but de faire échouer leur vaisseau.

Quoi qu'il en soit, à la fin du siècle, l'on entretenait bel et bien l'histoire du héros et l'abbé V.-A. Huard écrira à son tour : « sa légendaire mémoire n'est pas près de se perdre ». Le château Menier sera construit non loin de la maison de

Louis-Olivier Gamache, et la baie Ellis, la plus importante de l'île, aura porté le nom de Gamache. Aujourd'hui, les visiteurs se rendent à l'épitaphe du héros, élevée hors cimetière.

Les naufrages : désastres et émotions

Des découvertes à l'ère Menier qui débute en 1896, les naufrages alimenteront la grande peur d'Anticosti. Ils ont certes été nombreux, dépassant, de 1736 au début du XXe siècle, le seuil des trois cents. Les périodes durant lesquelles les échouements ont connu leur plus forte fréquence ont été de 1846 à 1854 quand le trafic Canada–Grande-Bretagne vers Québec ou provenant de Québec était fort achalandé et, de 1868 à 1883, années des premières grandes tentatives de colonisation. Nombreux sont les auteurs, connaissant l'île ou non, qui se sont montrés prolixes sur les accidents de la navigation péri-insulaire d'Anticosti. Les désastres les plus célèbres sont ceux de la flotte de Phips en 1690, de *La Renommée* en 1736, du *Granicus* en 1828 et du *Manchester Trader* en 1903. La carcasse du *Wilcox* gît, depuis 1954, sur la grève septentrionale de l'île.

Voici un très bref compte rendu du naufrage de *La Renommée* qui occupe cent soixante-quinze pages dans le récit originel. Un dur périple de six mois a été nécessaire pour sauver six des trente-quatre passagers qui avaient réussi à toucher terre.

> « *La Renommée*, en 1736, en décembre, par un froid intense, jetait trente-quatre hommes à la côte avec des provisions pour à peine quelques semaines. La nuit du sinistre avait été terrible ; vingt hommes avaient été engloutis par les vagues ; et des trente-quatre épargnés par la mer, six avaient gagné le rivage et les autres avaient passé la nuit à bord, accrochés dans les mâts ou les haubans, exposés à la violence du vent et des flots, et croyant à chaque instant voir le moment suprême arriver. Il faut suivre ces hommes dans leur long supplice, aux prises avec l'épuisement et la maladie ; les voir se nourrir d'une once de fleur par jour, se diviser pour aller à la recherche de secours et revenir avec le découragement au cœur ; puis leur tentative de traverser un bras de mer de douze lieues de largeur sur une faible embarcation, par un froid de vingt-cinq degrés ; les voir se disputer pour savoir qui partirait et qui resterait ; ceux qui restaient recevant le serment de ceux qui partaient et qui, avant de s'embarquer, juraient sur le salut de leur âme, de faire tout ce qui serait humainement possible pour venir les délivrer de cette prison dont le golfe était l'inexorable geôlier. Il faut enfin, pour réaliser toute l'horreur de leur situation, voir les naufragés restés dans l'île, attendant chaque jour le retour de leurs compagnons, passant par toutes les alternatives de l'espoir et du découragement, et ne recevant de secours que lorsqu'ils n'avaient plus que la force de tendre leurs bras vers leurs sauveurs. » (L.-H. TACHÉ, 1887.)

Quatre-vingts ans après ce désastre, un bâtiment d'une autre marine royale vient également s'échouer sur le *reef* anticostien. Il ne s'agit plus d'un vaisseau de guerre ; il est transporteur de marchandises canadiennes vers la métropole.

> « Un autre drame terrible se déroula à la suite du naufrage du *Granicus* : ce bâtiment à voile, chargé de bois, s'échoua sur les récifs de l'île près de Baie-du-Renard en novembre 1828. Il n'y avait, cette année-là, aucun gardien résidant à cet endroit, M. Godien ayant résigné ses fonctions à la suite de la mort de sa femme. Le dépôt de provisions était également vide pour

la même raison. Le printemps suivant, M. Basile Giasson, capitaine d'une goélette faisant la chasse aux loups-marins retrouva ces malheureux naufragés. Arrivé à la hauteur de Baie-du-Renard, le vent lui étant contraire et sa provision d'eau épuisée, il décida d'y mouiller pour la nuit. En entrant dans le hâvre, il aperçut une chaloupe échouée non loin d'une maisonnette qui avait été construite par le gouvernement pour secourir les naufragés. Il débarqua avec ses hommes pour y jeter un coup d'œil. À peine eurent-ils ouvert la porte qu'ils virent, accrochés au plafond, six cadavres éventrés, la tête coupée ainsi que les jambes et les bras, à la jointure du coude et des genoux. Ils pénétrèrent dans la cabane qui était dans un désordre indescriptible. Dans la cheminée se trouvaient quelques charbons éteints et deux grandes chaudières suspendues à la crémaillère remplies de jambes et de bras humains. Dans une seconde pièce, trois grands coffres et un quart contenaient de la chair humaine conservée dans le sel et dans la troisième, ils y trouvèrent un homme mort couché dans un hamac. À ses côtés se trouvait un grand couteau et sur le plancher gisait une jambe dont la chair était tout rongée jusqu'à l'os et un vaisseau en fer blanc rempli de bouillon. Dans un hangar près de la maison, ils trouvèrent encore huit cadavres éventrés et les têtes de 23 malheureuses victimes. Ils creusèrent une fosse commune et y déposèrent tous ces restes humains avant de quitter cet endroit maudit.

« Qu'était-il arrivé, il n'y eut aucun survivant pour le raconter. Le journal de bord du capitaine du *Granicus* finissait le 28 avril 1829 en mentionnant que l'équipage avait beaucoup souffert durant l'hiver et le capitaine paraissait prévoir sur les derniers jours le malheur qui se produisit. Dans le cours du mois de juin de la même année, les hommes d'un équipage d'Arichat, Cap-Breton, débarquèrent non loin de là et trouvèrent deux cadavres étendus l'un à côté de l'autre sous un gros arbre. Tout près d'eux se trouvait un bout de madrier sur lequel on avait écrit avec la pointe d'un couteau les mots : "What Sadness, What Pity". Il y avait encore quelques mots que l'on ne put déchiffrer. Ils étaient sans doute morts de faim après avoir échappé au massacre. » (Ch. MCCORMICK, 1979.)

La batture, le brouillard, les courants contraires, le vent, d'élémentaires instruments de navigation et de signalisation, la faible adresse de certains navigateurs, l'état possible d'ébriété de l'équipage sont des causes favorables à la production de nombreuses catastrophes. Tout cela rendait Anticosti « le digne séjour des trépassés » (L.-H. TACHÉ, 1887). Mais ces éléments n'expliquent pas la dimension totale qu'a prise dans la littérature orale ou écrite l'affaire « naufrages ».

Nous avons identifié plusieurs exagérations descriptives qui ont amplifié le phénomène. L'imagination a comme auréolé la réalité d'une plus-value. Une pénibilité subjective s'est ajoutée à la pénibilité objective. Les accidents ont eux aussi donné dans le mythe. D'abord, il semble y avoir eu des catastrophes provoquées. Nombreuses sont les mentions d'événements calculés ; de vieux bateaux en venant s'échouer à Anticosti donnaient à leurs propriétaires un moyen de les renouveler, grâce aux remboursements d'assurance. Qui risquerait un autre accident pour aller vérifier sur place des conditions déclarées lors d'un malheur précédent ?

Le nombre de voyageurs qui sont décédés à l'occasion des naufrages et surtout de ceux qui ont été ensevelis dans l'île constitue une matière très conjecturelle. L'ordre de grandeur semble être de quelques centaines d'individus mais on lit avec étonnement dans Georges Martin-Zédé, au début du XXe

siècle : « Quatre mille tombes de marins ». Une telle statistique était de nature à alimenter un sentiment de grande frayeur.

Une autre cause d'exagération résidait dans le fait que beaucoup de narrateurs n'avaient pas été eux-mêmes témoins des aventures que néanmoins ils décrivaient avec force. Il est difficile de penser qu'en 1690 le reportage-vérité était déjà pratiqué surtout lorsqu'il s'agissait de faire connaître son propre désastre. C'est Louis Crespel qui aurait publié le fameux récit de sauvetage de son frère Emmanuel, et six ans après (1742). Le désastre du *Granicus* n'a été interprété qu'au printemps suivant et par un capitaine de goélette de la Côte-Nord. En outre, étant donné qu'une partie de ce qu'on savait venait de quelques résidants de l'île et que certains d'entre eux pillaient à la fois les épaves des navires et les « dépôts gouvernementaux de provisions », ces informateurs n'offraient guère de fiabilité. Qui considérerait en principe fidèle le témoignage d'un Louis-Olivier Gamache ?

Il y avait aussi une psychose des désastres maritimes. Depuis les découvertes en particulier et la navigation à voile, la mer était reconnue comme « mangeuse d'hommes ». Anticosti a vécu l'asmosphère de Terre-Neuve où « la mer l'emporte sur tout élément pour le mystère et la peur » (Jean-Claude DUPONT, 1968). Non seulement y a-t-il des désastres bien réels mais les pêcheurs saisonniers croient voir des bateaux-fantômes montés par des squelettes qui les entraînaient sur le *reef*. L'interprétation romantique s'était emparée du phénomène et avait préparé les esprits à la compassion : Le *Radeau de la Méduse* de Géricault (1819), la *Barque de Dantes* de E. Delacroix (1822), le « Oh ! combien de marins... » de Victor Hugo, l'*Annabel Lee* d'Edgar Poe (1849), des vers de Lamartine, ceux de Théophile Gauthier et « ces tombes d'inconnus qui demeurent là sans prières » (FAUCHER DE SAINT-MAURICE, 1881) ; L.-H. TACHÉ (1887) avait été fort évocateur : « dans les nuits noires, les morts doivent se lever et parcourir les grèves rafraîchissant leurs eaux aux baisers de l'orage ». Tous ces écrits et descriptions sont apparus au cours du XIXe siècle, le grand siècle des désastres anticostiens. Plus tard, même Marie-Victorin (1920) donnera dans un langage extrêmement symbolique : « dans les adoucis du vent et dans la vague, on croit encore ouïr des fragments de *Miserere* et l'*Ite missa est* de cette émouvante messe du Saint-Esprit dite dans la cabane d'épaves pour choisir ceux qui allaient partir dans l'unique barque, laissant les autres sur le rivage maudit » (référence au désastre de *La Renommée*, 1736).

De tous ces malheurs amplifiés par les dires, il reste le témoin de la langue toponymique. Plus réaliste mais non moins évocatrice, elle perpétue dans le temps la mémoire des événements maritimes malheureux avec « Brisants », « Pointe des Morts », « Pointe de la Croix », « Baie du Naufrage », « Pointe au Naufrage » et autres appellations de navires et objets échoués.

Malgré la pénibilité de la situation, Anticosti était loin d'être « le » cimetière du golfe du Saint-Laurent, encore moins celui de l'Atlantique nord.

Considérant l'intensité des relations commerciales entre la Laurentie et la Grande-Bretagne, au XIXᵉ siècle, le danger de perdre un navire autour d'Anticosti était de quelques dixièmes seulement de 1% du nombre des bâtiments naviguant dans ces parages. Par ailleurs, comparés aux accidents produits dans les sites «concurrents», comme l'île de Sable, les Îles-de-la-Madeleine, Saint-Pierre et Miquelon ou les côtes continentales du Canada, les désastres d'Anticosti arrivaient plus fréquemment.

D'abominables moustiques

Si le «groupe de recherche sur les insectes piqueurs» (GRIP) de Trois-Rivières avait existé au siècle dernier, il n'aurait surtout pas manqué d'objets d'études. L'on jugeait alors les moustiques, la grande peste d'Anticosti, et les «piqués» recevaient beaucoup de sympathie. Les moustiques gênaient le plaisir des pêcheurs invités. Voici un premier témoignage, celui d'un Français de France qui vint explorer Anticosti à la fin du XIXᵉ siècle.

«Au Canada, l'île d'Anticosti a la réputation d'être particulièrement féconde en diptères suceurs de sang. On les comprend sous la désignation générale de "mouches", mais on les distingue en maringouins, en moustiques et en brûlots.

« Dans ma traversée de la forêt très humide qui existe entre l'anse aux Fraises et la baie des Anglais (dans la partie occidentale de l'île, celle où j'ai rencontré le plus de moustiques), j'ai eu le visage, le cou et les mains littéralement inondés de sang qui coulait jusque sur mes vêtements, et à mon arrivée, la peau était couverte d'une croûte noire continue formée par les caillots desséchés.

« Sur le moment, et pendant quelques heures, les morsures, même si elles sont très nombreuses, sont peu douloureuses. Ce doit être un résultat de l'alcaloïde vénéneux que le moustique, comme tant d'autres diptères, introduit dans la plaie, et dont le premier effet est sédatif. Mais la phase d'excitation ne tarde pas à suivre: elle atteint d'abord les centres nerveux, en particulier le cerveau, et produit un bizarre résultat: c'est une excitation tout à fait analogue à celle qui suit l'absorption modérée de vin de Champagne; c'est une sensation de bonne humeur, de gaieté, avec tendance à la loquacité, et développement de l'esprit de répartie. J'ai observé ce phénomène sur moi-même, le soir du 12 juillet, après la traversée de la forêt, de l'anse aux Fraises à la baie des Anglais, et sur un magistrat canadien, M. Vallée, dans la soirée du 15 juillet, après une excursion à la baie Gamache, pendant laquelle il avait été particulièrement mordu.

«À cette surexcitation cérébrale, succède une excitation nerveuse générale qui chasse le sommeil. Puis l'alcaloïde se répand de proche en proche dans les tissus, et il se produit, dans la région mordue, une tuméfaction douloureuse qui a persisté une première fois, chez moi, pendant vingt-quatre heures (le 13 juillet), une seconde fois quarante-huit heures (les 17 et 18 juillet), à la suite d'explorations à la baie Gamache (15 juillet), et aux rivières aux Becscies et à la Loutre (16 juillet). Toutes les glandes du cou, très gonflées, ne se sont dégonflées que plus tard.

«Monsieur Vallée a même éprouvé des vomissements, comme après un empoisonnement alcaloïdien.

«Lorsque la tuméfaction générale diminue, il reste autour du point central de chaque morsure un petit mamelon induré qui devient le siège d'une vive démangeaison, et se dessine en rose sur la peau. C'est le commencement de l'élimination du venin et de la guérison. À mesure qu'elle s'accomplit, les points roses deviennent de plus en plus sombres. Enfin l'épiderme, mortifié tout autour de la morsure, se détache par écailles, et il reste sur la peau, à l'endroit des piqûres, de petites taches livides arrondies, dont quelques-unes ont persisté chez moi plus d'un mois après le coup du suçoir du moustique.

« C'est sans résultat appréciable que j'ai expérimenté les moyens employés au Canada, soit pour empêcher la piqûre des moustiques, soit pour en atténuer les effets. » (Paul COMBES, 1896.)

Les Québécois qui ont été exposés à l'assaut des moustiques pourront juger de la valeur de la description précédente. Quoi qu'il en soit, la publication du texte dans une revue scientifique pouvait acheter la crédibilité du lecteur. Les petites « mouches » d'Anticosti devaient terrifier les Parisiens de la Belle Époque.[1]

Voici, d'autre part, l'opinion d'un prêtre qui accompagne l'évêque Labrecque.

« Le soir finit par arriver, et avec lui, grâce à la placidité de l'atmosphère, nous vinrent des légions de *taons à cheval* (de la cavalerie !) et de jolies mouches dont les yeux d'or aux reflets verdâtres étaient d'une grande richesse ; il vint aussi de ces moustiques avec qui M. Lagueux avait eu maille à partir quelques heures auparavant. Il manquait vraiment ce comble à notre infortune ! Les taons et les mouches, en insectes bien élevés, se contentaient de nous envelopper des méandres gracieux de leur vol ; mais les moustiques ! les moustiques de l'Anticosti ! c'est-à-dire des moustiques encore barbares qui n'ont aucune idée de loi, ni d'égards, ni de réserve quelconque. On connaît assez combien les moustiques civilisés sont encore sujets à caution. Que l'on imagine donc, si on le peut, la sauvage férocité de leurs congénères de l'Anticosti s'acharnant contre trois pauvres Canadiens en détresse sur ce rivage désolé ! La situation fut jugée assez sérieuse, pour que nous recourussions aux armes que nous possédions. M. l'abbé Lagueux et moi étions munis chacun de drogues (antimoustiquaires), préparées l'une à Paris, l'autre à Québec, et nous éprouvâmes leur efficacité, qui était minime ; nous allâmes jusqu'à nous oindre successivement de l'une et de l'autre à la fois. Cela nous procura bien quelque soulagement, et le gros des ennemis reculaient en approchant de cette couche huileuse et fortement aromatisée, dont ruisselaient notre figure et nos mains ; mais il y avait toujours des insectes plus hardis, des foudres de guerre évidemment, qui méprisaient les obstacles et nous perçaient à l'envi de leurs dards empoisonnés.

[...]

« Que l'on imagine ce que fut ce martyre en entendant Monseigneur avouer qu'il éprouva beaucoup de soulagement lorsque le sang de ses piqûres, coagulé avec les insectes écrasés, lui eut recouvert la figure d'un enduit protecteur !

[...]

« Je dois donc avouer que cette graisse à l'acide carbonique ne me paraît pas l'emporter notablement, en efficacité, sur les préparations dont nous avions fait l'épreuve à l'anse des Trois-Ruisseaux. Ces graisses et ces huiles procurent certes du soulagement ; elles tiennent même en respect le gros des assaillants. Mais il y a toujours quelques-uns de ces brigands qui ne sont pas dupes de ces parfums équivoques et qui vous écorchent bel et bien. » (V.-A. HUARD, 1897.)

Ces descriptions qui parfois confondent maringouin, moustique et mouche noire sont choisies parmi plusieurs autres. Le *Journal* de Georges Martin-Zédé

---

1. La littérature de langue anglaise donne dans les mêmes exagérations. Le *New Dominion Monthly* écrira en 1870: « Flies have done as much towards preventing the settlement of the island as anything else. »

parle des moustiques dès sa « mission » de 1895 et revient sur le sujet dans plusieurs chapitres ; il sera même question de moyens fort astucieux pour diminuer le nombre de ces « êtres abominables ». En outre, le même gouverneur dans le rapport de sa « campagne » de 1907 pense « mettre des animaux sur l'île pour donner du sang aux moustiques, nous évitant de leur fournir nous-mêmes ».

L'assaut des chroniqueurs (souvent de salon) contre des insectes piqueurs, pourtant sans danger, n'atteint pas seulement Anticosti. Louis Hémon aussi avait un semblable message à passer, d'ailleurs à une période où la maison Menier claironnait le sien dans la Grande Île. François Paradis et Maria étant aux bleuets, « d'innombrables moustiques et maringouins tourbillonnaient dans l'air brûlant de l'après-midi. À chaque instant, il fallait les écarter d'un geste ; ils décrivaient une courbe affolée et revenaient de suite, impitoyables, inconscients, uniquement anxieux de trouver un pouce carré de peau pour leurs piqûres ; à leur musique suraiguë se mêlait le bourdonnement des terribles mouches noires, et le tout emplissait le bois commme un grand cri sans fin. » (Louis HÉMON, 1923.)

Cette présentation horrible des maringouins (*culucidés*) et des mouches noires (*simulies*) ne relève malheureusement pas d'une littérature drôlatique ; elle ne saisit pas l'occasion de faire rire. D'humour, à peu près pas. Cette littérature écrite par des Européens ou par certains de leurs descendants reflète une vision du monde ; chez eux, les moustiques font penser aux ours et aux neiges de Voltaire. C'est l'une des images que l'on attend d'un pays neuf, non encore débarrassé des barbaries de toutes sortes, non encore embourgeoisé, non encore civilisé.

Le GRIP de l'Université de Trois-Rivières admet certes l'inconvénient des moustiques. Quant à la question de savoir s'ils sont plus nombreux à Anticosti qu'ailleurs, les recherches indiquent que le nombre des espèces y est plus faible que celui des régions tempérées du Québec (MAIRE et AUBIN, 1980). Malheureusement, l'on ne possède pas de données sur l'abondance même des individus par espèce. Scientifiquement, l'on n'est donc pas en mesure de répondre à la question, ni pour 1900 ni pour maintenant. Il existe tout de même un témoignage non favorable à la thèse de l'hyper-« moustiquité » de l'île. Il y a quelques années, les études approfondies du gouvernement du Québec étaient loin de faire tant d'histoires sur les moustiques d'Anticosti ; d'un côté, l'*Esquisse* (1974) écrit : « les amateurs de camping apprécieront la faible densité des moustiques ». De l'autre, c'est aux insectes attaquant les forêts que l'on accorde de l'importance : arpenteuses, mouches à soie, tordeuses ; l'écologie et les réserves forestières passent au premier plan.

L'aventure vaudevillesque de Forsyth

« M. Faucher de Saint-Maurice et Mgr Charles Guay, P.A., nous font connaître l'aventure vaudevillesque de la Compagnie Forsyth (vers 1873) qui fit de grandes dépenses pour arriver à un fiasco monumental ; elle avait été trompée par ses agents d'Angleterre.

[...]

« Voici des faits indéniables qui sont rapportés par Mgr Charles Guay à qui ils ont été racontés :

« Un nommé Closter, Scandinave, représentait la dite compagnie, et demeurait à la Baie Gamache en qualité d'agent local.

« La Compagnie lui confia un jour une somme de $6 000 pour acheter l'outillage nécessaire à la colonisation de l'île.

« Il se rendit à Montréal et acheta au rabais un fonds de magasin en faillite, et ses achats furent transportés à grands frais à l'île d'Anticosti. Ils consistaient en six quarts remplis de cordes de violon ; une quantité considérable de perches à pêcher, de mouches de toute espèce pour la pêche ; de paquets innombrables de limes de toutes dimensions, d'un nombre incalculable de poignées de cerceuil, de plusieurs milliers de livres d'acier en barre, etc., etc., et d'un bric à brac indescriptible. M. Closter, aidé de son géologue, M. Taylor, avait fixé la métropole de l'Île à la Baie Gamache, et la capitale future avait reçu le nom poétique de Nora. Les rues et les boulevards en avaient été alignés ; la nouvelle cité devait occuper plusieurs milles carrés.

« Au moment où cette mise en scène se déroulait à la grande satisfaction de ses auteurs, il y avait sur l'île, à Belle-Baie, une demi-douzaine de colons qui se mouraient de faim, et l'état-major qui se composait de MM. Closter et Taylor, devait avoir recours aux expédients d'un cuisinier français pour prendre leurs trois repas par jour. Celui-ci allait à la pêche à la truite et avait recours à d'autres moyens pour leur conserver la vie.

« Quelques terreneuviens attirés sur l'Île par les prospectus alléchants de M. Closter, furent réduits à la dernière des misères.

« Trois d'entre eux — deux pères de famille et un célibataire — réparèrent une vieille chaloupe pour se rendre à Gaspé et y chercher des vivres. Ils laissèrent Belle-Baie dans l'automne de 1873 et se noyèrent dans la traversée.

« Le gouvernement fédéral, dans l'automne suivant, envoya un croiseur à l'Île d'Anticosti pour rapatrier les débris de cette colonie naissante.

« Les officiers du croiseur trouvèrent les deux veuves des maris noyés l'automne précédent, dans la plus grande pauvreté et dans un dénuement complet. Elles furent transportées au port des Basques, sur l'Île de Terre-Neuve.

« Le même croiseur, en revenant à Québec, ramena M. Taylor avec sa famille, et le cuisinier français qui se trouvait à la Baie Gamache sans aucune ressource quelconque.

« Quant au bric à brac de M. Closter, il fut vendu à une maison de commerce de Charlottetown, Île du Prince-Édouard, dans l'automne de 1874.

« Ainsi finit la comédie, termine Mgr Guay. » (D. POTVIN, 1945, à partir de GUAY, 1902.)

Trois commentaires peuvent être présentés à la suite de la situation ridicule que suggère la précédente description. Certes, de telles aventures peuvent-elles être produites par des « développeurs » fantaisistes et alors ne méritent-elles aucune excuse. Cependant, les citations ne laissent voir qu'un « côté de la médaille » ou plutôt qu'une phase, peu brillante sans doute, mais d'un ensemble qui se voulait quelque peu intégré. Car, 1872 avait connu un plan grandiose de développement, objectif que la crise économique mondiale de même que le « lugubre hiver » (*Rapport des pêcheries*, 1873) ont bien voulu contribuer à laisser en plan. L'aventure Forsyth s'est présentée en fait comme le principal projet économique d'une décennie au cours de laquelle la population d'Anticosti a augmenté comme jamais elle l'avait fait et le fera. (Données du *Recensement*.)

Ici comme au sujet des autres mythes anticostiens, les informateurs n'ont pas de connaissances directes des événements. Analogiquement, ils n'ont pas vu l'ours mais ils ont seulement vu l'homme-qui-a-vu-l'homme-qui-a-vu-l'ours. Dans ces conditions, les qualificatifs « faits » et « indéniables » apparaissent eux-mêmes excessifs. L'auteur les aurait-il employés pour racheter l'invraisemblable de son récit ?

Enfin, le caractère alternatif français et anglais de l'île créait des moments historiques où une culture triomphante développait des arguments accablants au détriment de la culture perdante. Il faut savoir que le curé Charles Guay d'Anticosti publie en 1902 alors que le royaume appartient depuis six ans au Français Menier et que ce dernier vient d'avoir maille à partir avec des immigrants anglophones et protestants issus de Terre-Neuve. La critique des concurrents faisait bonne guerre. D'ailleurs, la grande maison de France ne se gênait pas pour écrire que le développement réel de l'île ne commencerait qu'avec elle. L'on a fait un écho attardé de cette partisanerie.

> « Il est remarquable de constater que pendant tout un siècle, les Anglais ont eu la pleine possession de l'île, sans y pouvoir absolument rien faire, malgré les capitaux qu'ils avaient à leur disposition, en certaines occasions. Toutes leurs tentatives d'exploitation et de colonisation ont abouti à de lamentables fiascos... Il fallut le génie français pour arriver à mettre un peu de vie sur cette île sauvage et désertée. En trois ans (1896–1899), Monsieur Menier fit plus sur l'île que les propriétaires d'avant avaient fait dans un siècle. » (Damase POTVIN, 1945.)

Mais, grandeurs et misères des empires ! Menier tombera à son tour, après trente ans, et ses successeurs, les papeteries anglophones, feront de même, après cinquante ans. Si Anticosti est un paradis, elle ne l'est donc que temporairement et, à chacun son tour !

*
*   *

L'originalité de « ces choses bien anticostiennes » (MARIE-VICTORIN, 1920) reflète une personnalité qui, sous de nombreux traits, tranche avec celle des Laurenties fluviale et estuarienne.

Ces différences ont leurs racines dans le milieu naturel. Anticosti, située hors du Bouclier, n'offre pas à l'œil les rondeurs des Laurentides ; par ailleurs, elle n'a ni le site des vastes nappes argileuses de la plaine du Saint-Laurent ni celui de l'abondante « gravelle » des côteaux. Ce sont des roches sédimentaires qui forment la base de l'originalité de l'île : au nord, longues et hautes falaises fermées à la pénétration des hommes ; partout, battures larges et encerclantes transforment les navires imprudents en épaves ; en outre, ce « pays calcaire » fournit des gorges profondes à mur vertical au fond desquelles évoluent des cours d'eau à faible débit et transparents, le tout permettant de bien voir les saumons dans les « fosses » ; ces rivières peu navigables sont bordées de « platières » caillouteuses pâles et sèches, site du pêcheur ; de plus, une telle structure rocheuse permet de nombreuses grottes ayant pu faciliter la disparition puis la réapparition de fantômes. S'ensuit évidemment une flore calcicole. Le vent du large, lui, bat la forêt riveraine qui devient si touffue et rabougrie que l'on « marcherait sur le sommet des arbres ». Et cette Grande Île, dont la capitale Port-Menier est à la latitude de Matagami, offre des caractères nordiques avec des moustiques, des ours, une colonisation difficile, un faciès d'isolement et une population résidante réduite.

Comparée à la culture québécoise à laquelle on la réfère ordinairement, la culture d'Anticosti affiche des traits également spéciaux. Jusqu'au XXe siècle, le principal écoumène de l'île était la mer ; elle l'est même indirectement par le saumon de l'île, un visiteur appartenant d'abord aux grandes eaux. La structure agraire n'est pas celle du rang québécois, aucun colonisateur d'Anticosti n'ayant véhiculé cette façon d'occuper le sol vierge. Au contraire, Menier a créé une planification et une architecture même uniques au pays. Aujourd'hui, comme au temps lointain des découvertes, la chasse (chevreuil) et la pêche (saumon) fournissent les principaux produits. En outre, puisque les destins politiques d'Anticosti ne l'ont pas fait profondément pénétrer dans la culture du Québec principal, l'île a développé un style propre, une différence vis-à-vis les Basses-Terres authentiques du Saint-Laurent.

Une bonne partie de la mythologie anticostienne reflète justement cette situation originale de l'île. La perception de choses éloignées, différentes de celles auxquelles on est habitué et mal sues a, petit à petit, bâti un imaginaire à la fois vraisemblable et enrichi. De plus, les événements invitaient sans cesse le Québec du fleuve à penser à Anticosti ; au XIXe siècle, les bateaux de commerce quittant Québec pour la Grande-Bretagne se préoccupaient du point le plus désastreux de la traversée : Anticosti. Durant l'ère Menier, le yacht somptueux touchait le port de Québec et le tout Québec devait désirer être invité à la pêche au saumon anticostien. Plus tard, pendant plus de trente ans, la forêt insulaire va attirer des milliers de bûcherons québécois alors que la « pitoune » produite remontera par bateau vers Cap-de-la-Madeleine. Ces diverses activités rappelaient aux riverains de l'estuaire l'existence d'une généreuse et énigmatique île située à l'une des extrémités du Québec.

Les différents mythes renvoient aux complexes sociaux qui se sont succédé à l'île. Les bases de la mythologie appartiennent donc à divers mondes. Les naufrages ont plutôt affecté la marine britannique. Le marin anthropophage était un Noir, comme suite à la découverte des cannibales en Afrique. « L'Île de

Chocolat » rappelait la famille française Menier. Les *squatters* venaient surtout de Terre-Neuve. Malgré la dominance de tous les éléments étrangers, la culture québécoise était quand même bien présente par l'ami du diable, Louis-Olivier Gamache, par les prouesses continuelles du braconnage et par le héros de Trois-Rivières Maurice L.-Duplessis refusant de vendre l'île à des Allemands militaristes (la coïncidence avec les intérêts anticostiens des papeteries de la Mauricie n'étant pas mentionnée !). Enfin, la mythologie anticostienne a créé des martyrs ou des héros ; parfois les mêmes personnages ont joué chacun de ces rôles, suivant le type d'interprétateur ou suivant les successions chronologiques. Le thème le plus fécond se rapporte à l'ère Menier (1896–1926) ; il nourrit des dizaines de situations donnant prise à des interprétations grandioses : expéditions de pêche dans les « barques de Cléopâtre », craintes britanniques de réarmement français, chasses cérémoniales à l'ours, luttes (surtout verbales) contre les moustiques, appréciations ridiculisantes des peuplements antérieurs (Forsyth), affaire des *squatters* de Fox Bay qui ont joué au martyr (1896–1900), réceptions incomparables au château de Port-Menier, règlements originaux de la vie dans l'île... Par ses mérites propres et son faciès glorifiant, l'aventure française Menier, elle aussi, alimente la mythologie anticostienne.

Louis-Edmond HAMELIN

Université du Québec à Trois-Rivières.

BIBLIOGRAPHIE SOMMAIRE

(Anonyme), *The Settler and Sportsman*, London, Morris, 1885, 40p. et carte. (Au nom de : The Governor and Company of the Island of Anticosti.)

ARCHIVES NATIONALES DU QUÉBEC (un mètre de documents).
1. G. MARTIN-ZÉDÉ, *Journal de l'Île d'Anticosti*, Manuscrit quotidien de 1902 à 1928 incl. Illustré de photographies. (Un cahier par an ; deux cahiers de 1909 à 1914 incl.)
2. ANTICOSTI, *Livre de pêche*, H.M., 1896–1928. (Nom des pêcheurs, dates, prises, photos non identifiées spécifiquement.)

C. BAILLARGÉ, *Anticosti en 1900*, Québec, 1900, 12p.

CANADA, *Documents de la Session (1853–1910)*, Ottawa. (Environ 50 cm de documents sur les pêcheries du Golfe.)

P. COMBES, « Les Moustiques de l'île d'Anticosti », *Revue scientifique* (Paris), *IV*, 6, 1896 : 751–753.

E. CRESPEL, *Voyages... dans le Canada*, Québec, Côté, 1884, 175p. (Première édition, Francfort, 1742. Réimpression, Montréal, 1968.)

J. Despêcher, *Notice sur l'île d'Anticosti*, Paris, 1895, 23p.

N. Dumay, *L'embarquement pour Anticosti*, Montréal, Tisseyre, 1976, 234p.

J.-C. Dupont, *Contribution à l'ethnographie de Terre-Neuve*, Québec, CEN, Université Laval, 1958. 165p.

N.-H.-E. Faucher de Saint-Maurice, *Promenades dans le Golfe Saint-Laurent... Anticosti*, Québec, Darveau, 1881. (Anticosti : 49–145.)

J.-B. Ferland, *Opuscules. Louis-Olivier Gamache et le Labrador*, Montréal, Beauchemin, 1912, 121p. (Voyage en 1852. Première édition, 1877.)

Charles Guay, *Lettre sur l'île d'Anticosti...*, Montréal, Beauchemin, 1902, 315p.

L.-E. Hamelin et B. Dumont, « Anticosti : l'aspect régional du peuplement », *Cahiers de géographie de Québec*, 60, 1979 : 435–450.

V.-A. Huard, *Labrador et Anticosti...*, Montréal, Leméac, 1972, 505p. (1re éd. 1897 ; Anticosti : 193–250.)

L. Hémon, *Maria Chapdelaine*, Montréal, 1980, 206p. (Réédition de 1923.)

J.C.K. Laflamme, « Anticosti, la légende de ses forêts rabougries », *La Vérité*, 1901.

D. Mackay, *Anticosti*, Toronto, McGraw-Hill Ryerson, 1979, 160p.

Fr. Marie-Victorin, *Croquis laurentiens*, Montréal, Côté, 1946, 164p. (1re édition, 1920 ; Anticosti : 123–146.)

G. Martin-Zédé, *L'Île ignorée. Journal de l'île d'Anticosti, 1895–1926*, Paris, 1938, 520p. (dact.) (Projet de publication par Coméditex, Québec.)

C. McCormick, *Anticosti*, Chicoutimi, JCL, 1979, 231p.

A. Maire et A. Aubin, *Les moustiques du Québec (Diptera : culicidae). Essai de synthèse écologique*, Mémoire de la Société entomologique du Québec, 6, 1980, 107p.

Jules Nadeau, « Anticosti des légendes. De Jacques Cartier à Adolf Hitler », *Le Maclean*, novembre 1954, 7p.

New York Herald, New York, 6 juillet 1896, p. 2, (article de Klein).

D. Potvin, *Le Saint-Laurent et ses Îles*, Québec, Garneau, 1945, 425p. (Anticosti : 321–363.)

Québec, *Esquisse du schéma d'aménagement de l'île d'Anticosti*, Québec, Ministère des terres et forêts, 1974, 270p. (Grand format ; les documents de base comportent quelques milliers de pages.)

Québec, Ministère des terres et forêts, *L'île d'Anticosti (bibliographie)*, Québec, Éditeur officiel du Québec, 1979, 43p., 7p. et 14p. (En collaboration ; près de 500 titres.)

A.R. Roche, *Notes on the Resources and Capabilities of the Island of Anticosti*, Transactions, Lit., Hist. Q., IV, 1843–1856 : 175–227. (Texte d'une conférence, 4 octobre 1853.)

G. Sagard, *Le Grand voyage au pays des Hurons*, Paris, Moreau, 1632. Réédité par M. Trudel, Montréal, HMH, 1976, 268p.

L.R. Scheult, « Anticosti Island », *Canadian Geographical Journal* (Ottawa), V, 2, 1932 : 67–80.

Jos. Schmitt, *Monographie de l'île d'Anticosti*, Paris, Hermann, 1904, 370p. (Ouvrage qui a connu plusieurs éditions ; la bibliographie comprend environ 500 titres ; carte.)

L.-H. Taché, « Anticosti ou l'Île de l'Assomption », *Nouvelles soirées canadiennes*, 6, 1887 : 6–22, 99–108 et 337–344.

E.E. Wilson, « Anticosti Island, Nugget of the North », *National Geographic Magazine*, 81, 1942 : 120–140.

LA LÉGENDE NAPOLÉONIENNE
AU QUÉBEC

L'idée qu'un peuple se fait d'un autre, qu'on appelle couramment l'opinion, est une partie intégrante des représentations collectives. C'est une réalité mentale qui déborde les consciences individuelles tout en contribuant à les constituer, suivant la définition qu'en a donnée Maurice Blondel et qu'a reprise Maurice Halbwachs. Ce type de représentation est une réalité fort complexe, où se mêlent l'idée et le sentiment, le rationnel et l'affectif. Et l'idée que les peuples se font des autres ne coïncide pas toujours avec la réalité, tant s'en faut. Dans l'étude d'un pareil phénomène, il y a un écart entre la réalité objective du peuple regardé et l'idée que s'en fait le peuple regardant. L'objet à connaître se trouve ainsi dans le rapport entre deux réalités objectives : celles des peuples considérés. Cette représentation collective devient à son tour une réalité objective. Dans un tel cas, il apparaît vite que l'intérêt va d'abord et surtout au peuple regardant, à l'idée qu'il se fait de l'autre. Ces perceptions dépendent des origines du premier, de sa filiation parfois, de ses tendances, de ses motivations, de ses souvenirs, de son information, de ses relations avec l'autre, ainsi que de la distance géographique et culturelle qui les sépare. Il faut encore tenir compte des différents niveaux des représentations, celui des intellectuels, le plus facile à connaître, et celui de la masse, plus difficile à saisir, mais qui n'en a pas moins, par sa sensibilité et sa mémoire, une grande part dans la formation des représentations collectives. Dans le cas de la France vue par les Français canadiens, il ne s'agit pas du même type de représentation que celle des Français qui voient l'Allemagne, l'Angleterre, l'Italie ou les États-Unis, mais bien d'une collectivité issue de l'autre par filiation directe. Ce n'est plus une vision créée par les poètes et les essayistes ou fondée sur le souvenir des guerres que deux peuples se sont livrées ou qu'ils ont faites ensemble, mais bien la représentation d'un peuple, fils de l'autre. C'est dans une perspective ainsi définie qu'il importe d'étudier le mythe napoléonien au Québec au XIXe siècle, non sans avoir établi au préalable comment les représentations canadiennes envers la France se sont développées après 1760.

Si les Canadiens avaient déjà une notion claire de la patrie à la fin du Régime français, s'ils s'étaient sentis différents des Français de France dès la fin du XVIIe siècle, au point d'avoir des démêlés avec eux dans le commerce ou la guerre, il est certain qu'il n'y avait encore aucun sentiment national en 1760 sur les bords du Saint-Laurent. L'attachement demeurait profond envers la France et le Roi et la participation des Canadiens à la guerre de Sept Ans en donne le plus bel exemple. La cession du pays à l'Angleterre n'apporte aucun témoignage de satisfaction. La faute en fut imputée par les uns à la mésentente entre les Français et les Canadiens sur la façon de conduire la guerre, par les autres à l'intendant Bigot où à la Pompadour. Bien entendu, la défaite fut interprétée par le clergé comme une punition du ciel. Quant au reste, les Canadiens ne comprirent pas ce qui leur arrivait. Chose importante à remarquer toutefois, le roi Louis XV ne fut en aucun cas tenu responsable. Le sentiment royal demeurait intact et les populations reprirent le cours de la vie quotidienne. Très lentement, les supports de l'opinion déjà identifiés vont commencer à jouer leur rôle dans la formation des représentations. Les journaux de Québec et de Montréal vont informer chaque semaine les Canadiens sur ce qui se passe en France. Les relations personnelles, les correspondances entre les familles et les communautés religieuses, le va-et-vient continu des Canadiens entre la France et la province de Québec, l'arrivée du livre français, tout cela garde la colonie devenue anglaise en contact avec son ancienne mère patrie. Il fallait attendre un événement d'importance majeure pour que se manifestent les réactions canadiennes, un événement qui engage toute la France. Ce fut la Révolution de 1789.

C'est à partir de là qu'il faut tenir le plus grand compte du niveau des représentations. Chez les gens instruits, dans les journaux de Québec et de Montréal, la Révolution est acceptée avec enthousiasme, y compris chez les administrateurs anglais. On célèbre à qui mieux mieux la destruction du despotisme. La *Gazette de Québec* retransmet même sans sourciller tout ce qui arrive en France contre la religion, comme la dissolution des monastères, l'affaire des Carmélites ou la nationalisation des biens d'Église, chose excellente, dit-elle. *La Gazette de Montréal* va plus loin, en ce sens qu'elle veut appliquer au Canada les mesures révolutionnaires contre la noblesse et le clergé. Des sociétés de patriotes et des clubs constitutionnels naissent à Montréal et à Québec. En somme, toute opinion qui s'est exprimée publiquement, de juillet 1789 jusqu'à avril 1793, fut nettement positive. Mais on sait par les correspondances privées que le clergé, les communautés religieuses et les nobles ont vite déchanté et sont devenus hostiles, mais sans le manifester publiquement. Quant aux masses populaires des villes et des campagnes, on ignore tout d'elles sur ce plan. Elles ont été certes informées de ce qui se passait, mais on ne possède pas de moyen d'appréhender leurs sentiments ou leurs opinions au cours de ces quatre années. Et à partir du moment où la Révolution déclarait la guerre à l'Angleterre, tout changeait. L'Angleterre étant en guerre, les colonies le sont, en vertu du pacte colonial. Désormais, tout ceux qui s'expriment devront être contre la puissance ennemie. Et celle-ci, ce n'est pas une puissance ordinaire, ce n'est pas seulement l'ennemi si bien identifié depuis Louis XIII, c'est la Révolution. Le conflit ainsi déclenché par la France en février 1793 allait entraîner l'Europe entière dans une série d'alliances et de combats qui dureraient vingt-trois ans et qui atteindraient à certains moments l'Égypte, les Antilles, la Russie, les États-Unis et le Canada. C'est l'Angleterre qui dirigerait l'ensemble et qui n'aurait de cesse que le jour où l'ennemi s'avouerait vaincu.

L'enthousiasme envers la Révolution avait touché toutes les classes sociales et ce n'est qu'à partir de 1792 que le gouvernement de Londres avait commencé de réagir sous l'impulsion du jeune William Pitt, qui se prit alors d'une haine inextinguible envers la Révolution. Une fois les hostilités déclarées, une véritable guerre sainte commence, qui durera jusqu'en 1815. Le gouvernement anglais prend les moyens et adopte les mesures pour combattre le monstre révolutionnaire en Angleterre même. Il abolit la liberté d'association, procède à des perquisitions à domicile et à des arrestations arbitraires, fait de nombreux procès pour délits d'opinion, suspend l'*habeas corpus* — ce qu'il ne fera pas durant la Seconde Guerre mondiale — et censure les journaux. Dans ce dernier cas, le gouvernement de Londres va plus loin : il achète la presse en subventionnant les journaux contre-révolutionnaires. La presse anglaise est ainsi devenue un ferment de haine, une machine à injures et à insultes grossières contre la France révolutionnaire, contre Bonaparte et Napoléon. L'Église anglicane est le plus ferme soutien du gouvernement dans sa lutte sacrée contre la Révolution.

La nouvelle de la mort de Louis XVI, guillotiné le 21 janvier 1793, et celle de la déclaration de guerre du 1er février atteignent Québec à la fin d'avril. C'est aussitôt le branle-bas de combat. Entre le 24 avril et le 16 mai, la réaction des administrateurs et des corps constitués s'affirme nettement. Le lieutenant-gouverneur Alured Clarke émet une proclamation, la Chambre d'Assemblée et le Conseil législatif votent une adresse au lieutenant-gouverneur. Le juge en chef William Smith, s'adressant aux grands jurés, leur demande de veiller sur le discours des uns et des autres, afin de mieux découvrir la diffusion du poison révolutionnaire. Il met en garde contre « l'abus de la presse », contre l'activité des clubs qui veulent réformer l'État. Bref, la suspicion devient un devoir et chacun doit se méfier de la sédition.

Il fallait donc frapper l'imagination collective en l'informant de l'état de guerre. À l'été et à l'automne 1793, les menées du citoyen Genet, ministre de la Révolution à Philadelphie, la crainte de la remontée du Saint-Laurent par une flotte française obligent l'administration à de nouvelles mesures. Le juge Smith revient à la charge en novembre, faisant appel au patriotisme, rappelant que tout écrit ou conversation contre la constitution du pays est interdite. Lord Dorchester lance, trois semaines après, une proclamation dans laquelle il adjure les bons sujets de chercher à découvrir les traîtres. En novembre également, l'évêque de Québec envoie une circulaire aux curés leur expliquant que les liens sont rompus avec la France depuis 1763 et qu'on doit ainsi fidélité, soumission et obéissance à Sa Majesté britannique.

Lors de l'appel de deux mille miliciens en mai 1795, les habitants de nombreuses paroisses refusent de s'inscrire sur les rôles, par crainte de voir les hommes de dix-huit à soixante ans envoyés en dehors du territoire et en quelque sorte « déportés ». Deux ans après, la loi de voirie entraîne quelques attroupements dans les régions de Montréal et de Québec. Les habitants sont mécontents d'une mesure qui les oblige à payer de leur personne et de leur travail pour la construction des chemins à un moment de conjoncture économique défavorable. Le gouvernement, de son côté, croit voir des émissaires de la Révolution partout, mais il n'en arrête jamais. Il doit donc prendre des mesures plus incitatives. C'est l'enrôlement moral par les Associations loyales partout, comme on venait de le faire en Grande-Bretagne. À cette occasion, des paroisses, qui ont refusé de s'inscrire aux milices, vont même jusqu'à présenter leur autocritique au gouverneur. Et l'administration suspend l'*habeas corpus*, trouve enfin un émissaire en 1797, David McLane, le juge et l'exécute, pour faire un exemple. Et c'est ainsi jusqu'en 1815. Après les discours, la persuasion, les lois, les Associations loyales, la pendaison d'un espion américain, on tiendra les populations en haleine par des souscriptions pour l'Angleterre, des proclamations, des mandements d'évêque, des sermons, des messes, des *Te Deum* pour les victoires anglaises. Ce fut une véritable mobilisation des populations durant vingt-trois ans.

Pour mieux toucher les gens instruits et leur fournir des armes dans la lutte contre l'Ennemie, des livres et des brochures contre la Révolution sont largement diffusés, et au moins huit d'entre eux sont publiés à Québec et à Montréal avec des subventions du gouverneur. Entre autres le *Journal de Cléry*, valet de chambre de Louis XVI, et la *Relation de la mort de Louis XVI*, écrite par son aumônier, l'abbé Edgeworth de Firmont. Quant à la presse périodique, elle soutient chaque semaine, inlassablement, le combat et la propagande. Toute l'information est dirigée contre la Révolution et Napoléon Bonaparte. Les journaux n'oublient jamais que les Canadiens sont d'anciens Français. Ils insistent sur le sort fait aux Bourbons, sur les atrocités révolutionnaires et d'abord sur l'exécution de Louis XVI et de Marie-Antoinette. Enfin, c'est dans cette conjoncture que naît l'idée de la conquête providentielle. Les Canadiens n'avaient pas compris pourquoi ils avaient été abandonnés par la France en 1763. Trente ans après, le juge Smith leur en fournit la raison : Dieu avait séparé le Canada de la France et l'avait confié à l'Angleterre pour lui épargner les « horreurs » de la Révolution. Le Conseil législatif, Mgr Plessis, les curés dans leurs sermons répètent à satiété cette vérité enfin reconnue, qui sera enseignée à tous et chacun durant un siècle et demi par la suite. Le vocabulaire employé ne parlait que des « horreurs de la Révolution », des massacres, des atrocités de la révolution régicide, parricide, athée, persécutrice, sanguinaire et satanique.

Ce fut donc une véritable guerre psychologique, conduite au Canada de l'époque et plus particulièrement au Bas-Canada. Ce fut également une réussite totale. D'une part, les Canadiens ne profitèrent pas de la situation pour imiter les Américains en se soulevant contre les Britanniques, ce qu'ils auraient fort bien pu tenter de faire et ce que craignaient par-dessus tout les Britanniques. D'autre part, cette action psychologique permanente menée par les classes dirigeantes, les administrateurs, le clergé catholique et les élites laïques, autant que le fort contingent de prêtres émigrés, a passé la rampe et a pénétré profondément les masses populaires, chrétiennes et monarchistes. Celles-ci, rappelons-le, avaient perdu leur mère patrie sans comprendre, mais étaient restées très attachées au roi de France. Les voyageurs européens le signalent souvent dans leurs récits de la fin du XVIIIᵉ siècle. Le roi d'Angleterre n'était et ne pouvait être absolument rien pour les Canadiens. Et soudain la Révolution, décapitant Louis XVI, les prive de leur père. C'était un monde qui s'écroulait, dont on leur rappellerait sans cesse qu'il était disparu par les atrocités, les persécutions et les spoliations. C'en était fini de la vieille France et du roi dans la psychologie collective canadienne. Il ne semblait pas y avoir d'issue au malheur, il n'y avait plus personne ni rien à qui ou à quoi se rattacher dans la suite du monde connu jusque-là.

Et pourtant, il y aurait bientôt Bonaparte et Napoléon, qui prendrait le relais et qui en ferait voir de toutes les couleurs aux « Bretons », comme Baptiste appelait les Anglais. Il domine la France et l'Europe entière du Portugal à la Pologne, de l'Italie à l'Allemagne du Nord. Bien entendu, la propagande l'accable de 1798 à 1815, d'Aboukir à Waterloo, rapportant les batailles de Bonaparte et de Napoléon sans jamais parler de ses victoires lorsque c'était le cas, exaltant par contre ses défaites durant des semaines et des mois dans les journaux et par des messes et des *Te Deum*. Comme en Angleterre, la presse de Québec et de Montréal n'écrit presque jamais le nom de Napoléon : elle ne parle que de Buonaparte. Les journaux canadiens empruntent une abondante matière, celle des journaux anglais, tout en insérant les poésies gauches de nos versificateurs. On trouve tous les vocables importés, tels que le Corse — qu'on appelle ici le « Corsicain » — l'usurpateur, le tyran, l'arlequin, le monstre impie ou l'ogre. La presse anglaise de Québec insiste lourdement sur l'image, apportée d'Espagne, qui assimilait Bonaparte à l'Antéchrist. Il est même interdit de prononcer le nom de Napoléon en public et encore moins d'oser parler de ses victoires. Autrement on passe pour un *French and bad subject*. Mais tout cela était bien de la propagande et perçu comme tel par les Canadiens.

Napoléon n'avait pas été parmi les régicides et il avait fait le Concordat. Il avait été sacré à Paris par Pie VII et, s'il avait un peu malmené le Pape, il n'avait pas persécuté les catholiques ni massacré les prêtres. Et c'était un général extraordinaire, un guerrier et un conquérant qui, encore une fois, faisait trembler les Anglais, ce qui ne pouvait déplaire aux Canadiens. Il y avait le discours obligé des journaux et de ceux qui s'exprimaient publiquement, mais on peut penser qu'il y avait dans tous les groupes sociaux une admiration silencieuse et complice, comme Philippe Aubert de Gaspé le raconte en parlant de son père. Un autre indice qui nous met sur la piste de la perception de Napoléon dans les milieux populaires, c'est la lettre de douze habitants de sept villages du sud de Montréal, signée à Saint-Constant en 1805. Ils ont plus de cinquante ans et ils parlent des « intentions du peuple canadien de retourner sous l'Empire de la France et porter de nouveau le nom glorieux de Français ». Ils s'adressent à « Sa Majesté » et deux des signataires iront porter la lettre en France. En somme, après plus de dix années de catastrophes, de malheurs et de massacres en France dont le bruit s'était si bien répandu par la propagande des élites politiques, religieuses et intellectuelles, les exploits de Bonaparte et son choix pour le principe monarchique pouvaient redonner un peu d'espoir et d'admiration envers la Grande Nation, qui paraissait avoir tant démérité du monde. La légende dorée de l'Empereur des Français allait le montrer dans les décennies suivantes.

La légende napoléonienne est née dès la campagne d'Italie en 1797. C'est le Bonaparte d'Arcole et du Saint-Bernard, immortalisé par Gros et David, auquel succédera le Napoléon d'Austerlitz et de Wagram. Le héros lui-même met ses soins à la développer et à l'entretenir avec la conscription des peintres, des musiciens, des architectes et des écrivains, qui multiplient les louanges par le pinceau, l'opéra, les monuments ou le dithyrambe. La presse est certes asservie au même rôle. Le catéchisme impérial décrète la soumission à l'Empereur et on invente même un saint Napoléon, alors que les curés doivent lire au prône les bulletins de la Grande Armée, qui étaient traduits en plusieurs langues et répandus partout en Europe. Mais les malheurs et les défaites des dernières années avaient diminué la qualité du personnage que pourtant les hommes de toutes les classes avaient admiré, qu'ils fussent Beethoven, Goethe ou Hegel, qu'ils fussent paysans allemands ou français.

Son départ pour l'Atlantique Sud va redresser la situation. Le martyr de Sainte-Hélène, le prisonnier des Anglais, qui fait trembler de peur les princes européens, sut tirer parti de sa condition misérable dans le célèbre *Mémorial*, dicté à Las Cases. À sa mort en 1821, le mythe est constitué. Le souvenir du jeune héros, du maître du monde et du proscrit ont fait oublier l'ogre.

La propagation de la légende est aussi puissamment aidée par les différentes conjonctures que connaît la France après 1815. « Terreur blanche » et difficultés économiques font regretter la relative tolérance de l'Empire et les bonnes années de 1802 à 1810. Et surtout les vieux soldats, rentrés chez eux après 1815, ont raconté dans les veillées l'épopée de la Grande Armée, exaltant jusqu'à la déification le héros qu'ils avaient suivi sur les routes de l'Europe, de Rome à Moscou. Le peuple était ainsi élevé dans le culte bonapartiste. C'était une véritable religion. Les mendiants demandaient l'aumône au nom de Napoléon, des sociétés se vouaient à son culte dans plusieurs pays. La légende napoléonienne fut une légende populaire avant d'être littéraire, une tradition orale et un culte de masse d'abord. Elle fut emportée sur les ailes de la chanson par Béranger et Debraux, diffusée dans les almanachs populaires, les images d'Épinal, les lithographies, la gravure, les récits des manuels scolaires. Les écrivains s'y mirent ensuite et la répandirent dans la bourgeoisie et les classes supérieures par le roman et le théâtre, dont Balzac, Stendhal et Hugo sont les ténors. En 1848, on dénombrait près de six cents pièces de théâtre consacrées à Napoléon. Il n'est pas surprenant qu'en 1830 il soit devenu en France et dans l'Europe entière le symbole de la gloire militaire et de l'idéal national, le type du héros. Et le sentiment national s'exprime souvent par le culte du héros. Ajoutons que la légende s'est répandue ailleurs dans le monde, en Asie et en Amérique du Sud, en Perse et en Nouvelle-Zélande. On la retrouve bien entendu aux États-Unis, en Louisiane et au Canada.

Les États-Unis avaient été un lieu de refuge pour beaucoup de Français durant la Révolution. Il y eut Barbé-Marbois, Brissot, le duc d'Orléans, Chateaubriand, Talleyrand, La Rochefoucauld-Liancourt, de même que des prêtres émigrés. Le général Moreau y vint sous Napoléon. Après Waterloo, ce fut au tour des hommes de la Grande Armée de s'y replier, tels que Grouchy, les fils Foucher, le général de Caulaincourt, le duc de Vincence, le général des Fourneaux, le comte Réal, les généraux Bernard, Lallemand et Lefebvre-Desnouettes. Quelques-uns tentèrent de fonder un établissement au Texas et ce fut l'échec du Champ-d'Asile. Le frère aîné, Joseph Bonaparte, acquit d'abord un immense domaine dans le New Jersey et s'établit à Point-Breeze. Ceux qui pouvaient le plus craindre cette présence française, c'étaient les Anglais du Canada, dont les gouverneurs avaient toujours peur de voir revenir le conquérant. Aussitôt que Drummond apprit la venue de Joseph aux États-Unis, il demanda des instructions à Londres, qui lui répondit d'exclure tout parent ou partisan de Napoléon qui se présenterait au Canada.

Au cours des années suivantes, les rumeurs les plus folles continuèrent de circuler. L'une voulait que Lallemand eût pour but secret d'aller enlever Napoléon à Sainte-Hélène et de venir s'emparer du Canada. Si l'on en croit le *Mémorial*, Napoléon y aurait songé en mai 1816, ayant appris que Joseph avait acheté des terrains au nord de l'État de New York. Chose certaine, Joseph n'avait pas le tempérament du conquérant. Il se tint tranquille à Point-Breeze, fonda le *Courrier des États-Unis* à New York en 1826, journal qui eut une grande audience dans les milieux français des États-Unis et au Québec. Joseph-Edmond Roy a pu croire que, *La Minerve* ayant été fondée la même année que le *Courrier des États-Unis*, Joseph Bonaparte n'y aurait pas été étranger. Pour effrayer davantage les Britanniques, Joseph Bonaparte avait construit, au nord de l'État de New York, quelques maisons qu'il loua à des Français. Sur la rive sud du Saint-Laurent, un groupe d'officiers de l'armée de Napoléon étaient venus s'établir à Cap Vincent, dans la région des Mille-Isles. Joseph les visitait souvent et ils vivaient entre eux, dans le culte du héros, se tenant en relation avec les autres exilés ailleurs dans le monde. Leur entourage a toujours prétendu qu'ils entretenaient l'espoir du retour de Napoléon. Si bien qu'après sa mort, ils rentrèrent presque tous en France.

Au Québec comme en France et dans les autres pays européens, la légende dorée est d'abord un phénomène populaire. C'est dans l'anthroponymie que Napoléon a laissé les traces les plus importantes de sa présence. Pour la période de 1804 à 1855, des recherches effectuées dans plus de trente paroisses, dont les deux tiers dans la région de Québec, donnent des indications nettes. La ville de Québec ne compte que la paroisse Notre-Dame avant 1829. Malgré le climat de terreur qui règne chez les Britanniques au temps de l'Empire, on trouve trois enfants baptisés sous le prénom de Napoléon en 1806, 1807 et 1812, respectivement fils de charretier, de charron et de charpentier. On en compte 288 de 1816 à 1855 dans la même paroisse, enfants de familles de 57 métiers ou professions différentes, dont le plus grand nombre (135) se trouve chez les menuisiers, les charpentiers, les journaliers et les charretiers. Au faubourg Saint-Roch, paroisse détachée de Notre-Dame en 1829, il y a 412 inscriptions sur les registres de baptême avant 1856, dont les pères travaillent dans 49 métiers différents. Encore là, les charpentiers, les menuisiers et les journaliers forment le plus grand nombre (182). Et le faubourg Saint-Roch est certes un quartier plus populaire que celui de la paroisse Notre-Dame. En 26 ans, il donne 124 Napoléon de plus que Notre-Dame en 51 ans. La paroisse de Montréal a connu également deux Napoléon avant 1816, tous deux fils de négociants. Mais le recensement de la période 1816–1855 n'a pas encore été fait. Dans les campagnes aussi bien dans la région de Québec qu'à Nicolet, Trois-Rivières, Louiseville, Saint-Jérôme, Saint-Mathias-de-Rouville, des pères nomment leurs fils Napoléon et les cultivateurs sont les plus nombreux. À Saint-François-de-Beauce, à Saint-Joachim de la Côte-de-Beaupré, à Saint-Joseph de la Pointe-de-Lévis, il y a deux Napoléon dans la première et un dans chacune des deux autres avant 1816. Dans les paroisses qui existaient avant 1800, c'est à partir de 1830 que le nombre augmente partout. Quant aux paroisses fondées à partir de 1830 on l'a vu pour Saint-Roch de Québec, elles ne cèdent pas leur place. Par exemple, à Saint-Calixte-de-Plessisville, qui n'est en 1840 qu'une mission où le prêtre passe une fois par année, il y en a 32 en 15 ans ; à Saint-Christophe-d'Arthabaska, 16 en 4 ans.

Autre trait intéressant, c'est que les prénoms comprennent souvent des alliances qui eussent été aberrantes en France, tels que des Louis-Napoléon et des Louis-Philippe-Napoléon. La mortalité infantile étant chose courante à l'époque, les pères ayant perdu un premier fils du prénom Napoléon font baptiser le suivant de la même façon. L'exemple le plus célèbre est celui de Ludger Duvernay, qui prénomme ainsi successivement ses troisième et quatrième fils. Après 1840, le cas commence à se présenter du père ou du parrain qui se prénomme Napoléon. De sorte qu'au milieu du XXe siècle, il y avait une tradition solidement établie de trois ou quatre générations de Napoléon, de père en fils ou d'oncle à neveu. Si l'on consulte encore des généalogies ou des listes d'élèves de collèges, les Napoléon apparaissent partout, comme au Séminaire de Saint-Hyacinthe, où le nombre passe de 3 en 1830–1839 à 24 en 1870–1879. Enfin, les anecdotes où le surnom de Bonaparte ou de Napoléon a été décerné à quelques Québécois foisonnent. Pour n'en retenir qu'une, citons le cas de Joseph Trudel dit Bonaparte, de Nicolet, qui avait été ainsi qualifié par son seigneur lors d'un procès en 1845 et qui, sa vie durant, garda le surnom, signant même ses actes notariés « Joseph Trudel de Bonaparte ». Ses enfants et ses petits-enfants étaient connus comme les « petits Bonaparte ». La toponymie, si l'étude en était entreprise, fournirait aussi les siens. La ville de Québec eut son quai Napoléon vers 1830 et Montréal une rue dans la même décennie. Des bateaux et des restaurants portent aussi son nom durant ces années.

La chanson populaire ne l'a pas davantage oublié. Aux Archives de folklore de l'Université Laval, on en retrouve plusieurs qui étaient encore chantées vers 1960 chez les personnes âgées, et d'autres dès 1830 sur les rives du Saint-Laurent. Les unes sont tirées du *Chansonnier du royaliste*, de Barthélémy et Méry et de Béranger et Debraux, ou encore de soldats de la Grande Armée venus en Acadie et au Québec. D'autres phénomènes méritent d'être signalés, tels que les maisons construites sur le modèle de celle occupée par Napoléon à Longwood. Ce fut le cas du premier collège de Sainte-Thérèse-de-Blainville, édifié par l'abbé Ducharme, fervent admirateur de l'Empereur, celle de Atkinson, à New-Liverpool, incendiée après 1960, ou encore le manoir du seigneur Barthélemy Joliette à l'Industrie, qui imite celui de Joseph Bonaparte aux États-Unis.

Si la légende napoléonienne a été très répandue dans les masses populaires, elle n'en a pas moins été omniprésente dans la culture savante, dans l'imprimé, dans la sociabilité et dans l'iconographie. Et d'abord dans la presse périodique. Les journaux de longue durée comme *Le Canadien* et *La Minerve*, les nombreux autres qui paraissent de cinq à dix ans ou qui ne vivent qu'une année ou deux, en parlent tous. Ceux qui ont paru de 1797 à 1815 ont été forcés de se montrer hostiles à Napoléon jusqu'au départ pour Sainte-Hélène. Seul *Le Canadien* avait osé ne pas répéter les grossièretés et les injures venues d'Angleterre. Il avait adopté le ton neutre, tout en jugeant quelquefois sévèrement la politique impériale. C'est pour cette raison, entre autres, que l'entourage du gouverneur Craig fit croire à ce dernier que l'ambassadeur de Napoléon à Washington subventionnait *Le Canadien*. Le gouverneur le crut, fit saisir les presses du journal et emprisonna ses propriétaires.

Dès 1816, les nouvelles de Sainte-Hélène commencent à arriver et les journaux français de Québec, de Trois-Rivières et de Montréal publient de l'information sur Napoléon à longueur d'année par la suite. Une vue sommaire de cette énorme cueillette, qui s'arrête en 1848, montre que tous les genres et tous les types d'information s'y trouvent à propos de Napoléon, empruntés à l'actualité certes, mais surtout à la légende telle qu'elle se déroule en Europe et venant par les journaux, les livres et les brochures de France. Les milliers d'articles qu'on y peut lire vont de la maxime, des poésies et des chansons de quelques lignes aux biographies et aux récits de batailles étalés sur plusieurs colonnes ou numéros. Les écrits de Napoléon, vrais ou apocryphes, ceux des membres de sa famille et de ses maréchaux, les chansons de Béranger, les poésies de Hugo, les écrits de Barthélémy et Méry, de Berthet, de Berthoud, de Balzac, de Chateaubriand, d'Émile Marco de Saint-Hilaire, bref les textes des grands et des petits qui ont développé le mythe littéraire s'y rencontrent. Certains ont connu un sort spécial. *Le Manuscrit venu de Sainte-Hélène d'une manière inconnue* et publié à Londres en 1817 est inséré dans les journaux de Québec, de Trois-Rivières et de Montréal en juin et dès les premiers numéros du *Canadien*, qui reparaît à partir de ce moment. L'année suivante, J.-V. Delorme édite le manuscrit en brochure à Montréal tandis que Bédard, du *Canadien*, en fait autant à Québec. Le *Manuscrit* a même été copié à la main. Nos jeunes écrivains, tels que F.-X. Garneau et Napoléon Aubin, consacrent quelques poésies à leur héros en 1838.

Le théâtre et le spectacle ont offert d'autres occasions aux populations de Québec et de Montréal de communier au culte de Napoléon. À titre d'exemples, citons la venue à Québec du *Grand panaroma* de la bataille de Waterloo, présenté dès janvier 1818, du « montreux de ville », colporteur qui, pour un sou, faisait passer sous le grossissement d'une lentille les images de Rome, du Vésuve, du Juif Errant et de Napoléon, tel que Louis Fréchette le vit à Lévis vers 1845. Il serait exagéré de dire que le portrait de Napoléon se retrouvait dans toutes les maisons du Québec. Mais les images d'Épinal qui l'ont célébré en France se sont également répandues dans nos campagnes.

Quant aux ouvrages sur Napoléon, ils sont chez les vendeurs de livres, dans les listes que nous donnent les inventaires après décès et dans les catalogues de bibliothèques collectives. Jean Rivard n'a emporté que quatre livres dans son camp de défricheur : l'*Imitation de Jésus-Christ, Don Quichotte, Robinson Crusoé* et l'*Histoire populaire de Napoléon*, qu'il avait reçue en prix au collège. Et Rivard faisait la lecture de Napoléon le soir, à la chandelle, à son compagnon analphabète, Pierre Gagnon, qui appelait Rivard l'Empereur, Sa Majesté ou le Petit caporal. Dans les collèges de l'époque, Ducharme à Sainte-Thérèse, Jérôme Demers au Séminaire de Québec et quelques prêtres à Sainte-Anne-de-la-Pocatière ne cachaient pas leur admiration pour Napoléon. Ceux qui allaient en France se rendaient aux Invalides voir les survivants de la Grande Armée et passaient leurs soirées dans les théâtres parisiens où l'on jouait des pièces sur Napoléon. Enfin la Société française en Canada, société créée par les immigrants français, fondée en 1835 à Québec et à Montréal, se place sous le signe de l'Empereur en célébrant chaque année le 15 août « sa fête patronale, la Saint-Napoléon », dans une salle ornée de souvenirs napoléoniens, chaque membre portant à la boutonnière une médaille en argent à l'effigie de Napoléon.

En somme, la légende et le mythe ont envahi le Québec comme ils ont submergé l'Europe et couru le monde. En Europe, les peuples ont tenté de secouer le joug de la Sainte-Alliance au cri de « Vive Napoléon ! ». Et pourtant ce sont ces mêmes populations qui avaient combattu le tyran en Espagne et en Allemagne. Le sentiment national avait besoin d'un héros qui allait servir de catalyseur au mouvement des nationalités. Comment le Québec aurait-il pu rester étranger au mythe, lui qui avait le plus grand besoin d'un héros, qui avait d'abord perdu sa mère patrie en 1763 et son père trente ans après? La Révolution avait à jamais interdit aux Français canadiens le retour à l'Ancienne France. Mais à Louis XVI décapité avait assez vite succédé Napoléon, conquérant extraordinaire, qui renouait avec le principe de la légitimité monarchique un moment éteinte avec Louis XVI et qui avait fait une sacrée peur à l'Anglais. Cela au moment même où l'idée de nation commençait à se préciser et à s'extérioriser au Québec. Viendraient les luttes politiques de la décennie 1830, mouvement de nationalité s'il en fut un. C'est dans ces années que les prénoms Napoléon se multiplient, que la légende populaire et le mythe littéraire remplissent les journaux, et que nos poètes le chantent. Au héros éponyme s'ajoute Papineau, héros de la révolte contre l'oppresseur. Papineau part, Napoléon demeure dans l'inconscient collectif.

Lorsque la France officielle reparaît pour la première fois lors de la venue de la *Capricieuse*, corvette envoyée par Napoléon III en juillet 1855, les populations des villes et des campagnes célèbrent les retrouvailles si longtemps attendues. Il y a certes de nombreuses réceptions officielles à Québec, à Montréal et jusqu'à Toronto pour le représentant de la France alliée de l'Angleterre. La diplomatie exige beaucoup de retenue dans les propos de part et d'autre et l'on fait révérence à Napoléon III et à Victoria. Mais dans l'idée des populations, l'oncle et le neveu sont si bien confondus que le 15 août, à bord de la *Capricieuse*, c'est Napoléon 1er dont on fête l'anniversaire. Crémazie a su traduire dans son *Vieux soldat canadien*, écrit pour la circonstance, les sentiments profonds de ses compatriotes :

> « Mutilé, languissant, il coulait en silence
> Ses vieux jours désolés, réservant pour la France
> Ce qui restait encor de son généreux sang ; »

Mais

> « Fier de ses souvenirs, il chantait son espoir. »

Et cet espoir couronné à l'été de 1855, ce n'est ni le souvenir de Louis XV ni celui de Louis XVI le roi martyr qui le comblent, mais bien celui de Napoléon, l'homme du destin. Prométhée cloué sur le rocher de Sainte-Hélène, symbole du génie aux prises avec la fatalité, quelle ressemblance avait le héros avec la nation canadienne, elle-même deux fois séparée de la France par la cession et la révolution régicide ! Ainsi le mythe napoléonien, personnifiant la patrie perdue et incarnant la fierté de la race, avait apporté un puissant facteur de cohésion aux Canadiens, leur avait donné le héros dont ils avaient besoin. Tant il est vrai que « le mythe napoléonien est un mythe de la réintégration, du partage et de la liberté, dans une époque d'éviction, de dépossession et d'aliénation ». Et tout mythe implique le thème du retour du grand homme perdu.

Claude GALARNEAU

Département d'histoire,
Université Laval.

EN QUÊTE D'UN IMAGINAIRE
QUÉBÉCOIS

Le problème particulier des Québécois, c'est d'avoir eu à se réinventer un imaginaire. En 1760, ceux que l'on appelait les « habitants » n'étaient plus des Européens, mais ils ne s'identifiaient pas non plus aux Indiens. Issus d'une des grandes cultures européennes, soudainement sevrés de leur mère patrie, ils se trouvaient aux prises avec une réalité qui jusque-là avait toujours été interprétée à la française. Ils devenaient des sujets britanniques sans pour autant renier leur passé. Les quelques générations d'analphabètes après la Conquête sont d'une importance majeure dans l'élaboration de leur imaginaire. Quand certains Canadiens peuvent fréquenter l'école et surtout le collège classique, à partir de 1791, ils doivent s'abstraire d'une culture populaire devenue souveraine et réapprendre la culture européenne qui leur parvient maintenant essentiellement sous sa forme livresque. Leur point de vue, leur perspective dirait Lukács, a maintenant complètement changé. Ils regardent l'Europe avec des yeux d'Américains, une Europe stéréotypée auprès de laquelle l'Amérique fait figure de désert.

Renouer avec la littérature européenne n'allait pas sans causer un certain traumatisme. La littérature classique, la plus répandue, présentait des héros partagés entre l'amour et l'honneur, dilemme peu déchirant pour des gens qui n'ont jamais sacrifié à l'honneur et encore moins au parfait amour. La littérature du siècle des lumières reçoit un meilleur accueil chez une élite qui s'initie au système parlementaire. Voltaire, Montesquieu et les *débaters* anglais trouvent une large audience auprès des députés canadiens. Toutefois, il ne semble pas que les quelques lettrés se soient reconnus dans les écrits d'imagination, la poésie en particulier, ce qui fait écrire à Joseph Quesnel :

> « Parcours tout l'univers, de l'Inde en Laponie,
> Tu verras que partout on fête le génie,
> Hormis en ce pays ; car l'ingrat Canadien
> Aux talents de l'esprit n'accorde jamais rien. »[1]

---

1. Joseph QUESNEL, « Épître à Généreux Labadie », *Le Répertoire national*, 1893, I, pp. 79-80.

Jugement qu'entérine Michel Bibaud quelques années plus tard :

> « Non, je ne serai point de ces auteurs frivoles
> Qui mesurent les sons et pèsent les paroles.
> Malheur à tout rimeur qui de la sorte écrit
> Au pays canadien, où l'on n'a pas l'esprit
> Tourné, si je m'en crois, du côté des trois Grâces. »[2]

Il faudra cependant beaucoup de temps pour que le Canadien s'aperçoive que la langue et la littérature d'ailleurs véhiculent un imaginaire qui ne correspond pas à la réalité d'ici. À mesure que le livre européen pénètre le milieu, surgissent de faux problèmes qui suscitent des querelles sans fin. Les ravages des mauvaises lectures qui alarment tant Mgr Bourget, dès les années 1840, font sourire quand on sait qu'au-delà de 80% de la population ne sait pas lire. Les menées de la franc-maçonnerie internationale, qui aurait pour cible le Canada catholique, hantent la dernière moitié du siècle et atteignent un point de saturation avec Tardivel qui verse dans le ridicule en révélant la pseudo-confession de Léo Taxil. Est-ce par un complexe de colonisé, est-ce par paresse intellectuelle, le Canadien se croit obligé de reconnaître, ici, avec le retard et le décalage qui s'imposent, un devenir qui est déjà consigné par l'histoire en Europe. Dans un univers bien structuré, la réalité seconde devrait découler de la réalité première, mais ici la réalité seconde ne coïncide pas avec la réalité première.

Nous appelons réalité première, la réalité de tous les jours qui peut être définie ou cernée par un vocabulaire déjà bien arrêté.[3] Cette réalité s'organise à partir des sensations de chaque individu à un moment donné. Comme elle ne se partage avec les autres qu'en partie, chaque homme demeure isolé par ses rêves tout en sachant bien que le monde est réel pour les autres aussi. Dans la mesure où elle reste routinière, cette réalité ne cause pas de problèmes. L'accord ou le consensus sur un minimum de choses permet de la définir comme acceptable par la majorité.

À côté de cette réalité quasi sensorielle, il en existe d'autres qui ne jouissent plus du même consensus. On peut parler de l'univers du désir, du rêve ou de l'univers de la théorie. On n'y accède pas aussi directement. Comme il s'agit d'univers individuels, il faut compter sur des moyens spéciaux de communication pour les partager. Ce sont les arts et les sciences. Mais la maîtrise de ces disciplines nécessitant un long apprentissage, elles demeurent l'apanage d'une

---

2. Michel BIBAUD, « Satire contre l'avarice », *Le Répertoire national*, 1893, I, p. 107.

3. « The reality of everyday life appears already objectified, that is, constituted by an order of objects that have been designated as objects before my appearance on the scene. The language used in everyday life continuously provides me with the necessary objectivations and posits the order within which these make sense and within which everyday life has meaning for me. » (Peter L. BERGER and Thomas LUCKMANN, *The Social Construction of Reality*, New York, Doubleday, [1967], p. 21.)

élite. La réalité, que l'on peut appeler seconde par rapport à l'immédiate, s'impose en surdétermination explicative de la première. Bien qu'élaborée par une minorité, elle est proposée à la majorité qui l'accepte un peu à la manière d'un acte de foi, tout en se réservant le droit de veto du « gros bon sens ».

La réalité seconde élaborée ici l'est d'après l'univers livresque européen. Sous le Régime français, la politique coloniale avait interdit l'imprimerie et les quelques institutions d'enseignement étaient d'abord destinées aux Indiens, de telle sorte que les cadres civils et militaires, de même que les religieux, toujours en provenance de la Métropole, monopolisent l'interprétation de la réalité seconde. C'est avec des yeux d'Européens que les auteurs des *Relations* décrivent le pays. C'est avec les mêmes yeux que Charlevoix découvre les Canadiens. Sous le Régime anglais, après un certain laps d'inculture, ce sont encore des Européens, comme Fleury Mesplet, Valentin Jautard, Pierre Du Calvet, Joseph Quesnel... qui tiennent la plume. La réalité qu'ils reflètent trouve-t-elle quelque résonnance chez le peuple? Qui nous dira si le voltairianisme à tout crin de *La Gazette littéraire de Montréal* n'est pas seulement le fait de quelques individus? Même la constitution d'une nouvelle élite issue des collèges classiques ne tarit pas le flot d'immigrants intellectuels qui continuent à européaniser notre réalité. Lors de la Révolution française, près de cinquante prêtres non assermentés s'exilent au Canada et certains d'entre eux jouent un rôle de premier plan dans la formation de la jeunesse. Tout au cours du XIXe siècle, chaque révolution jette sur nos bords des clercs qui fuient les réformes libérales. Tous ces hommes imposent leur grille de lecture à la réalité d'ici et prêtent main-forte à l'ultramontanisme naissant.

Ces renforts périodiques prendront l'allure d'une invasion après 1840 avec le retour des Jésuites et des Franciscains, l'implantation des Dominicains, des Clercs de Saint-Viateur et des Clercs de Sainte-Croix. Commencent à affluer à la même époque les religieux et les religieuses enseignants.

Pendant ce temps l'éducation classique fait des progrès et forme une élite vraiment canadienne. Pour la première fois certains hommes politiques — je pense à l'équipe du *Canadien* en particulier — élaborent une problématique politique strictement québécoise. Leur groupe ethnique leur apparaît comme une nation en devenir qui a besoin de l'Angleterre pour atteindre sa maturité sans risquer l'assimilation par les anglophones nord-américains. C'est toutefois à travers les libéraux du XVIIIe siècle qu'ils se perçoivent comme les représentants légitimes du peuple souverain. En primeur, la maïeutique canadienne libère donc un esprit nouveau. Mais l'échec militaire en 1838 et les conséquences qui s'ensuivent font prévaloir le point de vue du clergé. De tous les milieux, c'était celui des clercs qui entretenait les contacts les plus étroits avec la France ultramontaine. La lecture, la correspondance et les voyages établissent des liens serrés qui favorisent une vision identique des choses. Les trois quarts de la littérature française du XIXe siècle tombent sous la coupe de l'index au profit d'auteurs comme Anaïs Ségalas, madame Swetchine, Eugénie de Guérin, Lacordaire, Mgr Dupanloup, Mgr Pie, Mgr Bautain, « les pères de l'Église moderne de France », comme les appelle Faucher de Saint-Maurice.[4] Ces noms figurent en bonne place dans le *Catalogue des bons livres* et entrent dans les bibliothèques paroissiales alors en pleine période d'expansion. Mais c'est surtout par le biais de la prédication que ces auteurs vont atteindre le peuple.

Le catholicisme français, encore profondément marqué par la Révolution, cherche à rétablir la société monolithique de l'Ancien Régime et, pour ce faire, il s'adonne à une rhétorique fondée sur les horreurs commises au nom de la liberté. En ruinant l'ordre traditionnel et en contestant l'origine divine du pouvoir, l'idéologie libérale aurait ouvert la porte à tous les désordres : les révolutions se succèdent, les ouvriers font la grève, les paysans se rebellent... Dans une prédication largement inspirée par le catholicisme de droite, l'Europe est présentée ici comme le prototype de l'histoire. Ce qui permet de dire : « Voilà les châtiments qui vous attendent si vous vous engagez sur la même voie. »

La perturbation de la société traditionnelle, attribuable à la Révolution, l'est par ricochet à la littérature des Encyclopédistes. Réservé jusqu'alors à de petits cercles très restreints de lettrés, l'imprimé n'avait jamais alarmé les autorités tant civiles que religieuses. Mais sa large diffusion au XIXe siècle par la presse et par la littérature de colportage fait craindre le pire. Émanent du Saint-Siège des directives pour encourager les catholiques à fonder des journaux et à répandre les bonnes lectures. Elles trouvent plus d'une oreille attentive au Canada et très tôt se forment des organismes pour combattre les mauvaises lectures, contrôler la circulation des livres et censurer les journaux. Toutes ces mesures prises au début de l'épiscopat de Mgr Bourget ont un caractère préventif car, encore une fois, on voit dans le destin de la France le sort qui est réservé au Québec s'il tombe dans les mêmes travers. C'est Jonas menaçant Ninive des foudres célestes si elle ne se repent pas.

Ainsi, à compter de 1840, l'habitude se prend de lire et d'interpréter le réel québécois à partir de l'histoire récente de la France. La dialectique de cette histoire n'est nulle autre que celle qui sous-tend toute l'histoire du peuple élu. Dieu châtie les siens quand ils s'éloignent de lui et les comble de bienfaits quand ils restent fidèles. Aussi, évoque-t-on une France heureuse et prospère quand triomphe l'alliance du trône et de l'autel, et une France déchirée par la dissension quand elle se laisse courtiser par les républicains et les libéraux. La cuisante défaite de 1870 était attendue avec impatience par tous les ultramontains canadiens : elle venait confirmer leur philosophie de l'histoire.

À partir du canevas interprétatif, France fille aînée de l'Église, on construit l'histoire du Canada. François-Xavier Garneau, éduqué en dehors du sérail,

---

4. Narcisse-Henri-Édouard FAUCHER DE SAINT-MAURICE, *Choses et autres*, Montréal, Duvernay et Dansereau, 1874, p. 12.

avait eu le malheur de lire des historiens comme Michelet et Thierry et il faisait de la lutte séculaire entre Anglais et Français toute la dynamique de son récit. La critique ecclésiastique ne lui pardonna pas de n'avoir pas mis le focus sur l'action de l'Église. L'historien eut beau remanier son texte dans les éditions ultérieures, il ne réussit jamais à satisfaire les ultras. En réaction, il suscita toute une génération d'historiens-prêtres qui réécrivirent l'histoire à partir du canevas messianique. La Nouvelle-France, comme le disait son nom, continuait sur le nouveau continent la mission de la France, fille aînée de l'Église. Sa mission unique était de répandre la foi parmi les indigènes d'abord et ensuite parmi les anglo-protestants de l'Amérique. Des historiens comme Ferland, Faillon et Casgrain voient partout des signes de mission providentielle. Les origines de la colonie sont marquées par l'intervention divine. Le Canada est soustrait à la domination française juste à temps pour échapper à l'esprit révolutionnaire. Même la pauvreté des agriculteurs est interprétée comme un signe de prédi-lection divine. Ainsi est-on en droit de s'attendre aux plus hautes destinées nationales :

> « À moins d'une de ces réactions souveraines, dont on n'aperçoit aucun indice, ce vaste marché d'hommes qui s'appelle le peuple américain, aggloméré sans autre principe de cohésion que les intérêts cupides, s'écrasera sous son propre poids. Qui nous dit qu'alors le seul peuple de l'Amérique du Nord (tout naissant qu'il est aujourd'hui), qui possède la sève qui fait vivre, les principes d'ordre et de moralité, ne s'élèvera pas comme une colonne radieuse au milieu des ruines accumulées autour de lui. »[5]

La réalité seconde que l'élite propose au peuple québécois a donc ceci de particulier qu'elle est surtout construite à partir des situations qui se produisent en France, mais qui demeurent seulement dans le domaine des probabilités au Canada, comme le châtiment de Ninive dont parle le prophète Jonas. La certitude de la répétition de l'histoire fait consister toute la sagesse à prévenir les causes qui ont engendré des effets néfastes. Dans un pays neuf que le mouvement historique occidental n'a pas encore englobé, tout demeure dans le domaine de la virtualité. Aussi ne regarde-t-on pas vers le passé pour vraiment l'analyser, ni vers le présent pour le comprendre, mais vers l'avenir pour qu'il corresponde aux normes parfaites qu'on lui détermine.

C'est ainsi que l'on décroche complètement de la réalité canadienne pour verser dans un idéalisme absolu. Au lieu d'éveiller les imaginations, de provoquer les prises de conscience, la littérature d'importation n'engendre que des pseudo-problèmes. Tout se passe comme si les esprits d'ici n'avaient pas été assez vigoureux pour se détacher des modèles français et en fabriquer qui leur soient propres. Pour que la littérature française serve vraiment de catalyseur, il aurait fallu qu'elle coïncidât parfaitement avec la réalité d'ici. Autrement la

---

5. Henri-Raymond CASGRAIN, « Le mouvement littéraire au Canada », *Œuvres complètes*, Québec, Darveau, 1873, I, p. 373.

distance entre le monde livresque et le monde du vécu est trop grande pour que l'on puisse faire quelque transposition que ce soit. Quand, à partir du modèle français, on essaie de décoder la réalité ambiante, on en arrive vite à la conclusion qu'ici il ne se passe rien qui vaille. C'est là l'excuse majeure qui sert aux plumitifs à excuser leur improductivité. Dans un essai qui date de 1845, L.-A. Olivier se plaint déjà de la stérilité de la réalité canadienne :

> « Notre population actuelle, laborieuse et morale, mais peu nombreuse ; notre histoire dépouillée des grands événements qui ont agité l'Europe au commencement de ce siècle, ne leur offrait qu'un champ ingrat à cultiver : aucun de ces caractères puissants, aucune de ces passions orageuses qui bouleversent les sociétés et excitent les hommes à des œuvres remarquables, soit dans la voie du crime, soit dans celle de la vertu. »[6]

Les plus nombreux à se plaindre de l'inconsistance de la réalité canadienne sont sans conteste les romanciers. Éduqués à la lecture des feuilletons français, ils sont peu aptes à faire la différence entre la réalité première et la réalité seconde et ils s'imaginent volontiers que les romans européens ne font que refléter le vécu quotidien. C'est pourquoi ils se trouvent si dépourvus en face de leur propre milieu. Le premier, Philippe Aubert de Gaspé fils, affirme : « Le Canada, pays vierge, encore dans son enfance, n'offre aucun de ces grands caractères marqués, qui ont fourni un champ si vaste aux genres des romanciers de la vieille Europe. »[7] Ce n'est qu'avec le temps que la réalité canadienne deviendra à ses yeux intéressante et pourra servir d'inspiration aux écrivains. Patrice Lacombe fait la même constatation : « Mais nous les prions [les lecteurs] de remarquer que nous écrivons dans un pays où les mœurs en général sont pures et simples [...] Laissons aux vieux pays, que la civilisation a gâtés, leurs romans ensanglantés. »[8] Bien qu'il aille dans le même sens que celui de Aubert de Gaspé fils, Lacombe met cependant l'accent sur l'état d'innocence qui serait celui du Canada. D'ailleurs, à bien lire *La Terre paternelle*, on s'aperçoit vite que le romancier assimile le statisme à un état de perfection qui peut être compromis ou totalement détruit par le mouvement. G.-H. Cherrier, éditeur de *Charles Guérin*, dans sa préface de la première édition, évoque lui aussi la notion du monde parfait d'où le mouvement sous toutes ses formes est exclu : « De cela [l'absence d'intrigue] il ne faudra peut-être pas autant blâmer l'auteur que nos Canadiens, qui tuent ou empoisonnent assez rarement leur femme, ou le mari de quelque autre femme, qui se suicident le moins qu'ils peuvent, et qui en général mènent, depuis deux ou trois générations, une vie assez paisible et dénuée d'aventures [...] »[9] Antoine Gérin-Lajoie dénie également à la réalité

---

6. Louis-Auguste OLIVIER, « Essai sur la littérature du Canada », *Le Répertoire national*, 1893, III, p. 247.

7. Philippe-Ignace-François AUBERT DE GASPÉ, « Préface », *L'influence d'un livre*, Québec, Cowan, 1837, p. iv.

8. Patrice LACOMBE, « La Terre paternelle », *Le Répertoire national*, 1893, III, p. 396.

9. Georges-Hippolyte CHERRIER, « Avis de l'éditeur », *Charles Guérin*, Montréal, Fides, [1978], p. 31. (« Nénuphar ».)

canadienne toute dimension romanesque : « Ce n'est pas un roman que j'écris, et si quelqu'un est à la recherche d'aventures merveilleuses, duels, meurtres, suicides ou d'intrigues d'amour tant soit peut compliquées, je lui conseille amicalement de s'adresser ailleurs. »[10]

Toutes ces prises de position sont évidemment suscitées par les romans feuilletons que les journaux publient régulièrement à partir de 1830. Comme l'enseignement classique n'initiait pas à la littérature contemporaine et que la circulation des livres était quelque peu gênée par la censure, c'est dans les journaux que les jeunes gens faisaient leur initiation au roman et ils en tiraient une conception pour le moins fantaisiste. Mais le pire n'est pas là. Ces énoncés nous prouvent que les lecteurs coupés du quotidien européen ne faisaient pas la distinction entre la réalité première et la réalité seconde et que pour eux des romanciers comme Eugène Sue ou Paul de Kock copiaient la réalité de leur milieu sans rien y changer. Aussi, à la lecture des *Mystères de Paris*, a-t-on l'impression de découvrir les dessous d'un monde corrompu qui n'ose plus s'avouer autrement. Peu à peu, au fil des lectures, s'articulent dans l'imagination des lecteurs canadiens les éléments d'un imaginaire stéréotypé qu'ils attribuent au Vieux Continent. L'Amérique, en comparaison, paraît désertique, inhabitée et dépourvue de toute pâte qui fait les grandes gestes. Pratiquer le roman veut dire, à leurs yeux, se plier à la convention d'un genre où abondent les enlèvements, les séquestrations, les meurtres et les reconnaissances dans un décor fait de donjons, de grottes et de souterrains. Comme on ne retrouve rien de tout cela ici, l'intrigue doit se dérouler ailleurs sous peine de tomber dans la banalité que redoutent tant les écrivains. Dans *La Fille du brigand*, Eugène L'Écuyer transforme Cap-Rouge en un repaire de bandits auxquels la ville de Paris n'aurait suffi pour satisfaire leur soif de rapines. *Les Fiancés de 1812* et *Une de perdue, deux de trouvées* débordent les frontières canadiennes pour trouver suffisamment de matière à leur besoin d'aventures. Quant à Amand, le héros de *L'Influence d'un livre*, il échappe à la banalité quotidienne de son village en se réfugiant dans la magie.

Les préfaces de romans démontrent de plus la quasi-impossibilité pour les écrivains québécois d'entrer en contact avec une réalité encore brute. Avant d'atteindre au stade des concepts, avant de s'organiser en imaginaire, la réalité doit subir un certain degré de stylisation, pour employer le vocabulaire de Fernand Dumont (*Le lieu de l'homme*). Dans la forêt touffue du réel, les facultés humaines finissent par battre certains sentiers qu'empruntent spontanément ceux qui participent d'une même culture pour imaginer ou pour penser. Le langage est un premier degré de stylisation du réel. La seule façon de désigner les choses témoigne déjà d'un système de représentation du réel. À fortiori les intrigues romanesques, les personnages... Or le propre de la stylisation c'est de

---

10. Antoine GÉRIN-LAJOIE, « Avant-propos », *Jean Rivard*, Montréal, Beauchemin, (10e édition), 1958, p. 13.

créer un objet culturel différent du réel, mais représentatif de ce dernier. La représentation nécessite l'abstraction du réel et sa reconstruction.

L'étape de la stylisation échappe complètement aux écrivains canadiens qui s'imaginent pouvoir atteindre directement le réel comme, croient-ils, le font les Européens. En réalité, la stylisation, c'est-à-dire ces sentiers qui permettent de pénétrer la forêt touffue, est européenne et ne correspond en rien au réel d'ici. Il en résulte que l'objet culturel produit à partir de la lecture des romans feuilletons provoque certes une prise de conscience, soit l'absence de réalité romanesque au pays, mais elle amène l'écrivain canadien à taxer son environnement de stérilité.

Les préfaces de romans révèlent aussi une prise de conscience de l'absence de réalité canadienne dans les écrits où prédominent les procédés habituels au roman noir. Sans qu'on sache trop bien pourquoi, on ne se reconnaît pas en ce monde hautement fantaisiste de l'aventure et de la coïncidence. Il faut revenir à un certain réalisme, comme le proposent Patrice Lacombe, P.-J.-O. Chauveau et Antoine Gérin-Lajoie. « Peignons l'enfant du sol tel qu'il est », nous dit le premier. Pour le deuxième, « c'est simplement l'histoire d'une famille canadienne contemporaine que l'auteur s'est efforcé d'écrire ». Le dernier avoue : « On ne trouvera dans ce récit que l'histoire simple et vraie d'un jeune homme sans fortune. »

Même si, dans les autres genres d'écrits, on ne se rend pas trop compte de l'absence de problématique vraiment canadienne, dans le roman, on veut s'orienter vers l'observation, c'est-à-dire vers la recherche d'une certaine adéquation avec le réel. Pour cela, il faudrait inventer une stylisation proprement canadienne, mais comme on n'en dispose pas encore, on s'imagine d'une façon assez simpliste pouvoir s'en passer. Antoine Gérin-Lajoie avoue tout candidement : « Ce n'est pas un roman que j'écris », laissant entendre par là qu'il reproduit l'observation directe. Pour prouver sa bonne foi, il cite en addenda des témoignages, des statistiques, des rapports de missionnaires colonisateurs. Quant à *Charles Guérin* : « C'est à peine s'il y a une intrigue d'amour dans l'ouvrage ; pour bien dire le fond du roman semblera, à bien des gens, un prétexte pour quelques peintures de mœurs. » S'il s'agissait d'Européens, on pourrait croire à quelque stratégie narrative. Mais dans le contexte, il faut prendre leur affirmation au pied de la lettre. L'affabulation leur apparaît comme un moyen de masquer le réel. Aussi, le réalisme est-il inversement proportionnel au degré de fiction. Leur volonté de renouer avec la réalité canadienne, pour explicite qu'elle soit, ne cesse pourtant pas d'éveiller des soupçons. Patrice Lacombe écrit bien : « Peignons l'enfant du sol tel qu'il est », mais il ajoute, pour expliciter sa pensée : « religieux, honnête, paisible de mœurs et de caractère, jouissant de l'aisance et de la fortune sans orgueil et sans ostentation, supportant avec résignation et patience les plus grandes adversités ».[11]

---

11. Patrice LACOMBE, *ibid.*

De son côté, Gérin-Lajoie qualifie ainsi l'histoire simple et vraie de son jeune homme pauvre « qui sut s'élever par son mérite, à l'indépendance de fortune et aux premiers honneurs de son pays ». Philippe Aubert de Gaspé fils a beau dire « Il m'a donc fallu me contenter de peindre des hommes tels qu'ils se rencontrent dans la vie usuelle », il n'en a pas moins retenu un être d'exception qui appartient plus à la tradition romanesque qu'à la vie courante.

La volonté de renouer avec la réalité canadienne est donc limitée tant au niveau de l'intention que de l'exécution et nos écrivains, tout en se livrant à l'écriture, ne font que remplacer à leur insu une forme de stylisation par une autre. Certes, l'on voudrait fournir au peuple un miroir dans lequel il pût se reconnaître, mais un miroir qui ne retienne que les aspects avantageux. Formés à la rhétorique des collèges classiques, les lettrés québécois ont appris que l'œuvre d'art imite la nature, mais pas n'importe quelle nature, la belle nature, celle dans laquelle convergent le vrai, le bon et le beau. À partir de 1842, le journal *Les Mélanges religieux* revient souvent sur la coïncidence obligatoire des trois transcendantaux pour qu'il y ait vraiment œuvre d'art. Shaftesbury explique ainsi cette théorie : « Ce qui est beau est harmonieux et proportionnel. Ce qui est harmonieux et proportionnel est vrai, et ce qui est à la fois beau et vrai est par conséquent agréable et bon. »[12] La nature vraie ne peut donc être que belle, d'où la nécessité de la corriger d'après un modèle idéal. Encore ici, c'est le processus de stylisation que l'on retrouve en plein fonctionnement. La belle nature provient d'un réaménagement du réel selon une esthétique prédéterminée. L'art classique prétendait imiter la nature tout en imitant les Anciens parce que ces derniers avaient déjà opéré ce réaménagement en fonction des canons de l'art. La bonne formation ne consiste pas en autre chose qu'à savoir comment il faut parler ou écrire de tel ou tel sujet. Un imaginal bien catalogué fournit des séries d'images, de métaphores, d'allégories, de situations qui constituent une sorte de réservoir dans lequel les littérateurs et les orateurs peuvent puiser sans fin pour orner leur prose ou leurs vers.

La volonté de renouer avec le réel d'ici se situe donc à bonne distance du réalisme auquel on aurait pu s'attendre. Non seulement sa formation rhétorique l'interdit à l'écrivain canadien, mais aussi sa conception de la littérature. Conscient des objectifs que se propose la société dans laquelle il vit, il sait que l'artiste doit subordonner sa liberté créatrice à l'obtention du bien commun. Autrement, la fantaisie de chacun conduirait à l'anarchie. Ainsi le vrai ne peut être que bon et beau. On affirmera donc avec H.-R. Casgrain que « la littérature est le reflet des mœurs, du caractère, des aptitudes, du génie d'une nation... » mais pas de n'importe quelles mœurs car la réalité idéale que l'on recherche n'est pas seulement pour le contentement de l'esprit, elle a un rôle social important à jouer. Casgrain l'avoue sans ambages en parlant de la future

---

12. Cité par Tzvetan TODOROV, *Théories du symbole*, Paris, Seuil, 1977, p. 151.

littérature canadienne : « Elle n'aura point ce cachet de réalisme moderne, manifestation de la pensée impie matérialiste ; mais elle n'en aura que plus de vie, de spontanéité, d'originalité, d'action. » On ne veut pas du réalisme tel qu'il se pratique en France depuis Balzac, Stendhal et Flaubert parce qu'au fond on ne tient pas à refléter la réalité sociale et politique avec trop d'exactitude.

En effet, Casgrain souligne bien que le peuple canadien en est arrivé à « l'heure du repos ». Après la défaite des Patriotes, après le Rapport Durham et après l'union des deux Canadas, il ne saurait plus être question que de repos pour les francophones d'Amérique. Depuis 1791, deux projets de société s'étaient constamment affrontés. Si d'un côté on avait les finances, le *know how* et les appuis politiques, de l'autre on possédait le nombre et, dans l'évolution politique du monde occidental vers la démocratie, le nombre devait l'emporter. Mais avec le flot d'immigrants britanniques et l'union du Haut et du Bas-Canada, la majorité s'était muée en minorité et les chances de former un peuple distinct en Amérique du Nord apparaissaient plus minces que jamais. Le nationalisme qui s'était peu à peu défini depuis la fondation du journal *Le Canadien* s'était surtout orienté vers la politique, mais, après 1838, il doit se chercher une nouvelle définition. L'action devient de plus en plus impossible, il lui faut céder la place à la parole : *Cedant arma togae*. L'heure est venue de créer une patrie de la parole : « Mais à l'heure du repos, écrit toujours Casgrain, elle éprouve le besoin de chanter ses exploits et de se créer une patrie dans le monde des intelligences aussi bien que dans l'espace. »[13] La patrie que l'on n'aura pas eue par les armes, on l'aura par l'imagination. C'est à quoi va s'appliquer la littérature que l'on qualifie volontiers de nationale.

Cette littérature compensatrice va certes se tourner vers la réalité canadienne. Elle va discerner des problèmes propres à la collectivité québécoise : surpopulation des terres de la vallée du Saint-Laurent, émigration aux États-Unis, encombrement des professions libérales, accaparement du commerce et de l'industrie par les anglophones... À tous ces problèmes, elle ne trouvera qu'une solution : une plus grande abnégation, un plus grand esprit de sacrifice. En effet, l'imaginaire qui sustente cette littérature s'alimente à une seule source, la religion. Aussi la problématique qui en résulte ne peut-elle être que morale. C'est dans la séquence faute, châtiment, pardon qu'elle s'inscrit. Tout désordre résulte d'une faute. C'est en cherchant le coupable et en le punissant que l'on rétablit l'ordre. Si les paysans doivent quitter leur terre pour s'exiler aux États-Unis, c'est parce qu'ils ont voulu vivre dans le luxe, qu'ils se sont endettés et qu'ils ont été acculés à la faillite. La solution à l'émigration se trouve donc dans la lutte contre le luxe, origine de tels maux.

Si l'on ne pouvait pas empêcher les problèmes de se poser, du moins pouvait-on les prévenir en conditionnant les esprits. La reconstruction du réel

---

13. Henri-Raymond CASGRAIN, *Œuvres complètes*, 1873, I, p. 353.

se fait en fonction de cet objectif. Avec la conviction profonde de posséder la vérité, on se lance dans l'interprétation du réel en vue d'illustrer quelques principes fondamentaux : Dieu récompense ceux qu'il aime, s'il s'agit de bonheur ; il les éprouve, s'il s'agit de malheurs. Mais toujours reste inaltérable au cœur des croyants la conviction d'être les enfants privilégiés de Dieu. À partir de cette conviction, le réel s'interprète facilement. Le fait qu'il soit le seul peuple catholique en Amérique du Nord, donne aux Canadiens français la certitude d'être prédestinés. De là à la mission de convertir tous les anglo-protestants de l'Amérique au catholicisme, il n'y a qu'un pas bien vite franchi. La vocation agricole, source d'infériorité économique et sociale, devient un autre signe de prédestination. Voici la lecture qu'en fait en 1859, le Français Rameau de Saint-Père :

> « Accorder un souci moindre à l'industrie et au commerce, s'adonner davantage à l'agriculture plus utile peut-être pour la vraie puissance des nations, et moins répulsive certainement au développement intellectuel ; s'attacher avec la plus grande sollicitude, non pas seulement à répandre l'instruction, mais à en rehausser le niveau en même temps que l'intelligence générale, marier l'élévation de la science la plus sérieuse et rehausser par la beauté de la forme, la solidité de la pensée, voilà le but que les Canadiens doivent se proposer et l'essence même du caractère national. »[14]

Quant aux retards technologiques que l'on n'est pas sans remarquer, on en fait l'éloge comme d'une marque de fidélité.

Avec de pareils paramètres, tous les événements, toutes les situations, tous les problèmes trouvent naturellement leur explication. C'est donc en fonction d'une réalité ainsi restaurée que l'on propose aux « littérateurs canadiens », comme on disait à l'époque, d'écrire. Si on admet que la littérature nationale doit avoir son « cachet propre, original, portant vivement l'empreinte de notre peuple »,[15] on ne l'ouvre pas à tous les courants pour autant. « Elle sera le miroir fidèle de notre petit peuple », admet Casgrain, pas du peuple tel qu'il est, mais tel qu'on lui propose d'être. C'est pourquoi l'abbé ajoute : « avec sa foi ardente, ses nobles aspirations, ses élans d'enthousiasme, ses traits d'héroïsme, sa généreuse passion de dévouement ».

Ces orientations, qui étaient plus des directives qu'autre chose, car la censure saura les faire respecter, étaient extrêmement lourdes de conséquences. Elles avaient avant tout pour but de restaurer l'unanimité du discours menacée tant par les jeunes libéraux que par la littérature réaliste ou naturaliste. Pour cela, l'écrivain ne doit pas se servir d'une loupe qui scrute le réel et en fait surgir des interrogations. Il ne devait surtout pas provoquer une prise de conscience qui aurait pu déboucher sur des réformes. Au lieu de conduire à la réalité, il doit

---

14. Edmé RAMEAU DE SAINT-PÈRE, *La France aux colonies*, Paris, Jouby, 1859, p. 259.
15. Henri-Raymond CASGRAIN, *Œuvres complètes*, 1873, I, p. 368.

en forger un substitut. C'est ainsi que le mouvement de 1860 inaugure vraiment notre premier âge de la parole parce que le verbe, libéré des entraves du réel, ne se reconnaîtra plus aucune attache envers lui. La réalité seconde ainsi fabriquée va s'imposer au peuple tant par les livres que par les discours et les sermons. Peu à peu les voix dissidentes seront étouffées et tous, clercs et laïcs, parleront à l'unisson. C'est alors qu'Adolphe-Basile Routhier pourra écrire son « Ô ! Canada » et le peuple l'accueillera comme l'expression d'une patrie qu'il croit avoir.

Maurice LEMIRE

Département des littératures,
Université Laval.

L'ÉTRANGER DE RACE ET D'ETHNIE
DANS LE ROMAN QUÉBÉCOIS

> « La littérature a été avant tout un instrument de
> combat social ou politique, un refuge, une soupape
> de sûreté. Rendre compte de la littérature canadienne-
> française c'est, dans une large mesure, récapituler
> l'aventure de la collectivité humaine pour qui elle a
> été un cri ou une évasion. »[1]
>
> Jean-Charles FALARDEAU

Le texte qui suit découle d'un projet[2] assez vaste qui se proposait
d'analyser le personnage de l'étranger dans les romans québécois, négro-
africains et maghrébins de 1918 à 1974. Si la date de départ correspondait à un
moment de mutation profonde dans le monde et au Québec — la première
guerre —, elle correspondait aussi à une période d'évolution des littératures
négro-africaines et maghrébines.

Le choix de ces trois littératures reposait sur le fait qu'elles émanaient
d'anciens pays colonisés qui ont tous vu, à un moment de leur histoire, leur
territoire envahi par des étrangers à leur milieu et à leur culture et qui en ont
ressenti une frustration. Ce trait commun a suscité dans la littérature
romanesque la création de personnages non indigènes, surtout d'un type qui
s'est présenté sous de nombreux visages : celui du colonisateur, de l'exploiteur,
du dominateur, en un mot du perturbateur par excellence. Dans une seconde
étape de la recherche, il sera fructueux de comparer la perception de l'étranger
dans les trois corpus romanesques en question. Nous ne présenterons ici que
l'étranger dans la littérature québécoise.

---

1. Jean-Charles FALARDEAU, *Notre société et son roman*, Montréal, HMH, 1967, p. 48.

2. Projet F.C.A.C. Pour la partie québécoise du projet, l'équipe comprenait, outre l'auteur,
les étudiants suivants : André Beauchesne, Pierrette Robillard, Maureen Hillman, Ginette Morin,
Gilles Légaré, Nicole Lafrance, Marc Genest. Leur contribution à la recherche est à la source de cet
article.

Pour cerner ce corpus déjà très vaste, près de mille romans, nous n'avons d'abord retenu que les œuvres composées d'un seul récit et d'au moins une centaine de pages. Comme il s'agissait d'inventorier l'imaginaire québécois francophone, dans sa vision de l'étranger, nous n'avons ensuite conservé que les auteurs nés au Québec afin d'éviter toute ambiguïté. Nous traitons uniquement de l'étranger de race (caractères physiques), d'ethnie (langue et culture), ou de celui qui est perçu comme tel parce qu'il s'est assimilé aux valeurs étrangères. Nous l'avons défini comme suit : un personnage physique ou moral, donc individu ou groupe, qui n'appartient pas au groupe et qui le trouble positivement ou négativement, personnage qui, en d'autres mots, perturbe son système de valeurs. Nous n'avons donc pas retenu les personnages comme celui du Survenant, dans le roman du même nom, qui troublait un autre milieu, mais du même groupe ethnique. Nous avons aussi exclu les Indiens, comme il seyait, car nous sommes aussi des étrangers pour eux. Si nous n'avons retenu dans la définition que les perturbateurs, nous avons considéré dans certains cas, qui seront indiqués de façon claire, les étrangers non perturbateurs significatifs, c'est-à-dire qui n'avaient pas un caractère purement épisodique. La grille d'analyse est largement inspirée par l'article de Philippe Hamon, « Pour un statut sémiologique du personnage »[3] mais simplifiée et adaptée pour répondre aux besoins d'une étude portant sur une masse énorme de romans. Après avoir dégagé l'état civil du personnage : nom, âge, état, etc., nous retenions ses appellations, ses qualifications physiques et morales, ses types d'action, ses attitudes, ses relations avec les principaux protagonistes, avec le héros en particulier. Nous transcrivions tous ces aspects pour nous assurer de la cohérence de l'ensemble et pour bien dégager les caractéristiques essentielles du type étranger. Nous relevions ensuite l'ampleur et surtout la nature de son rôle dans le récit, s'il était adjuvant ou opposant par rapport au héros ou s'il était perçu positivement ou négativement par le narrateur ou ses porte-parole. Le point de vue retenu, bien entendu, par rapport à l'étranger, est celui du narrateur. Enfin, nous avons tenté d'établir l'importance du facteur « étranger » par rapport aux autres thèmes. Dans le développement qui suit, nous nous proposons de montrer l'ampleur quantitative de la production touchant à l'étranger, l'importance du thème comme tel et du rôle assigné au personnage dans le récit, le genre de roman où on le trouve. Nous décrirons ensuite l'origine ethnique des étrangers, leur profession ou métier et tenterons de dégager, à partir des descriptions physiques et morales brossées par les romanciers, les types ou stéréotypes qui meublent l'imaginaire québécois et le rôle qu'on leur fait jouer. Nous garderons une perspective synchronique et diachronique. Après cette partie sémiologique, qui relève de l'analyse interne des œuvres, nous tenterons de formuler une explication englobante en plaçant les romans

---

3. *Littérature*, 6, mai 1972 : 86–110.

dans un contexte plus large, historique, social, économique, l'œuvre littéraire étant pour nous un produit de la société.

Nous retenons deux grandes étapes, celle d'avant 1960 et celle d'après, à cause de toutes les transformations qui ont marqué cette époque en Afrique comme au Québec. Nous subdiviserons quand même la première étape en deux tranches, soit de 1919 à 1939, période d'entre-deux-guerres, et de 1939 à 1959, période de guerre et d'après-guerre jusqu'à la Révolution tranquille. Cette façon de procéder nous semble permettre des comparaisons intéressantes.

1919–1959

Dans la première période qui s'étend de 1919 à 1959, le corpus, retenu et dépouillé en grande partie, compte 520 romans. Sur ce nombre, nous en avons relevé 102, soit plus de 19%, comportant des étrangers significatifs. De ceux-ci, 60 contenaient des étrangers perturbateurs, c'est-à-dire des personnages, comme nous l'avons indiqué ci-haut, qui venaient positivement ou négativement troubler le système de valeurs des Québécois. C'est dire que les étrangers, dans plus de la moitié des romans qui en comportent, affectent les autochtones. Si nous partageons cette première partie en deux tranches, nous constatons que dans la première (1919–1939), il y a 29[4] romans avec perturbateurs contre 13 avec non-perturbateurs, tandis que dans la deuxième (1940–1959), et ceci pour une production littéraire qui ne cesse de croître, il y en a 32 avec perturbateurs contre 28 avec non-perturbateurs, ce qui semble indiquer que, dans cette deuxième période, la présence de l'étranger heurte moins que dans la première. Nous pouvons nous demander si les romans avec étrangers significatifs sont plus nombreux à certains moments. Dans l'immédiat après-guerre, en 1946 et 1947, nous en relevons 4 et 5 et, en 1948, 10 (dont 4 perturbateurs), alors que nous en comptons 1, 2 ou 3 le reste du temps. À remarquer aussi que nous rencontrons 6 romans avec étrangers perturbateurs en 1959, le nombre le plus élevé depuis 1919.

Pour jauger l'importance du phénomène « étranger », nous pouvons aussi nous demander si le thème de l'étranger est primaire ou secondaire dans les romans avec étrangers perturbateurs et si, dans les mêmes ouvrages, les personnages étrangers ont un rôle primaire ou secondaire. Pour la partie 1919–1959, le thème de l'étranger est majeur dans 37 cas sur 60 et le rôle est primaire dans 42 cas. Quand, à ces dernières statistiques, nous ajoutons le pourcentage assez élevé de 19% de romans avec étrangers significatifs signalé plus tôt, nous pouvons conclure à l'importance certaine de l'étranger dans la

---

4. Le lecteur voudra bien excuser l'usage de nombreux chiffres qu'il trouvera ici, chiffres qui ont un caractère relatif en littérature. Il pourra y voir des tendances qui servent à fonder et à nuancer les appréciations.

première partie, mais seule une comparaison avec les littératures négro-africaine et maghrébine nous permettra d'en évaluer le degré. En comparant de nouveau les deux tranches de la première partie, nous remarquons que de 1919 à 1939 le thème est majeur dans 21 romans sur 28 et le rôle primaire dans 21 sur 28 également, alors que de 1940 à 1959 le thème est majeur dans 16 cas sur 32 et le rôle primaire dans 21 cas sur 32. Quand nous ajoutons à ces chiffres le nombre relativement plus élevé de perturbateurs dans la première tranche (29 contre 13 non-perturbateurs) que dans la deuxième (32 contre 28 non-perturbateurs), nous sommes amené à conclure que l'étranger comme thème, comme rôle et comme facteur de perturbation est plus important de 1919 à 1939 que de 1939 à 1959, ce à quoi nous devrons essayer de trouver une raison dans la partie explicative.

Les étrangers perturbateurs se retrouvent dans plusieurs genres de romans. Les romans du terroir et les romans historiques, ceux-ci concentrés surtout entre 1921 et 1927, constituent les deux genres les plus caractéristiques jusqu'en 1939 et ils comptent chacun une dizaine de perturbateurs. Les deux romans de reconquête économique en 1922 et en 1923, de Harvey et de Paquin, en comptent évidemment. Nous en retrouvons encore dans les romans d'aventures, dans les récits de guerre qui ont suivi le deuxième conflit mondial et dans les romans psychologiques. Un très grand nombre des romans de cette période sont d'ailleurs empreints de nationalisme. Les affrontements de valeurs revêtent des formes diverses, souvent négatives : conflit armé, lutte contre les trusts étrangers, résistance face au bel étranger ou à la belle étrangère, ou parfois positives : encouragement, soutien ou conversion d'étrangers dans la rencontre des valeurs.

Après ces considérations de caractère plus général sur le phénomène « étranger », nous en venons à l'analyse des personnages eux-mêmes dont les deux tiers dans l'ensemble sont des hommes. Quelle est l'origine ethnique des étrangers, toujours dans la même période 1919–1959 ? Nous trouvons des Britanniques, des Canadiens anglais, des Américains, des Français, des Juifs (identifiés comme tels), des Polonais, des Allemands, parmi les plus nombreux. Dans l'ordre d'importance, si on regroupe Britanniques et Canadiens anglais, ceux-ci dominent nettement en nombre. Les auteurs ne nous permettent pas toujours de distinguer les anglophones par l'origine. À cause de ceci et par commodité, nous distinguons les Anglais, comprenant les Britanniques, peu nombreux, et les Canadiens anglais, et les Américains. Si nous embrassons perturbateurs et non-perturbateurs, les anglophones, comprenant Anglais et Américains, fournissent le plus fort contingent d'étrangers, comme individus ou groupes, soit 61 sur 115 relevés. Les Français viennent en second avec 25, suivis des Juifs, 6, des Polonais et des Allemands à quelques unités. Quand on retient les perturbateurs seuls, l'ordre demeure le même, sauf interversion entre Polonais et Allemands, ce qui donne : anglophones 45, Français 12, Juifs 4 et autres 15. A tous ces groupes, il faut ajouter les Canadiens français assimilés au nombre de 9 et les Franco-Américains assimilés au nombre de 4. Ces assimilés, qui revêtent une importance particulière durant la première période, sont de façon générale à la solde des Anglais ou des Américains. Si nous nous interrogeons sur la quantité des étrangers perturbateurs, par rapport au nombre global d'étrangers significatifs, les anglophones sont perturbateurs à 45 sur 61, soit en grande majorité, les Juifs dans 4 cas sur 6, tandis que les Français ne le sont que dans 12 cas sur 25. Les allophones se partagent en deux et les assimilés sont tous perturbateurs.

Quels métiers ou professions exercent les étrangers ? Cette indication est généralement donnée pour les hommes et rarement pour les femmes qui sont dans l'ensemble épouse de, fille de. Comme les occupations sont liées à la nationalité et font partie de l'image de l'étranger, nous les avons groupées selon l'origine ethnique des personnages. La majorité des Anglais appartiennent au monde des affaires et occupent un poste de commande : propriétaires ou présidents de compagnies, financiers dans divers domaines, représentants de compagnies, officiers, gérants ou contremaîtres. Quelques-uns sont soldats, employés de bureau ou cultivateurs. Dans les professions, on ne découvre qu'un ingénieur. Le seul ouvrier agit comme président du syndicat. Les Américains occupent les mêmes postes supérieurs dans l'industrie ou le commerce et les narrateurs aiment souvent signaler qu'ils sont millionnaires ou riches. Mais on en relie aussi quelques-uns aux sciences ou à la publicité. Les connotations d'argent, de pouvoir, de sciences et de communications semblent bien rattachées au monde anglophone. Les occupations des Français ne touchent pas du tout aux affaires. Elles ont trait à l'enseignement universitaire, à la littérature, aux arts, sauf dans le cas de deux cultivateurs et d'un valet. On relie les Juifs au commerce et à l'industrie et l'un au marxisme, comme chef syndicaliste. On ne discerne qu'un seul autre groupe significatif, celui des Canadiens français assimilés qui ont comme trait commun, dans 5 cas sur 7, de travailler pour des compagnies anglophones comme administrateurs, notaires ou gardiens par exemple.

Les qualifications physiques ou morales contribuent, avec l'occupation, à fonder le type de l'étranger et elles semblent correspondre à la situation sociale qu'on lui prête. Le mâle anglophone, en général, on le décrit comme beau, grand, fort, viril, énergique, athlétique. Au moral, on lui reconnaît aussi des qualités correspondant à sa réussite économique : intelligence, initiative, hardiesse, habileté en affaires, esprit pratique, esprit d'entreprise, tact, entregent et politesse, mais aussi on le trouve hypocrite, rusé, arrogant, hautain, exploiteur, profiteur, dominateur, amant de l'argent et des affaires, avec certains vices à l'occasion : ivrognerie, égoïsme, débauche. Dans les descriptions de personnages, les auteurs font une distinction de sexe et parfois de groupe. Ils sont partagés pour l'Anglaise entre sa beauté, son visage de poupée, sa blondeur et son manque de tenue féminine, mais pour l'Américaine ils font l'unanimité : c'est la belle séductrice mince, blonde, élégante, jolie, même splendide, envoûtante, aguichante, spontanée, chaleureuse, à l'œil enjôleur et aux gestes languissants. Ceci posera des problèmes d'interprétation. Quant aux Français et aux Françaises, on leur accorde l'élégance, la culture et le brillant. Les écrivains réservent aux Canadiens français et aux Franco-Américains assimilés la somme de leurs sarcasmes. Trois jouissent du privilège de la beauté des anglophones, mais les autres, sauf un qui se « convertira » éventuellement, peuvent avoir des traits grossiers ou le crâne étroit. Au moral, il convient d'énumérer ici tous les défauts dont on les accable pour bien saisir le mépris qui les entoure : arrogant, buté, bilieux, sans juste raisonnement, mou et traître, arrogant et traître, traître et vaurien, orgueilleux, fourbe, parvenu, cynique, beau parleur, à l'esprit d'intérêt. Retenons ce portrait brossé par Lionel Groulx du fils anglicisant de Maud et Jules de Lantagnac dans *L'Appel de la race* : « À mesure que le cadet avançait en âge, les traits saxons s'accusaient plus fortement dans la figure et par tout le corps du long adolescent... La barre du front se faisait plus raide, la moue des lèvres plus arrogante » (p. 127). « Quelle imprécision maladive, quel désordre de la pensée, quelle incohérence de la personnalité intellectuelle : une sorte d'impuissance à suivre jusqu'au bout un raisonnement droit... » (p. 68).

La seule Canadienne française dans cette situation est traitée de nonchalante, de relâchée, de débraillée, de frou-frou et de sans gêne et la seule Franco-Américaine, d'évaporée. Voilà comment les romanciers fusillent les traîtres. Les Juifs projettent aussi une certaine image traditionnelle comme des êtres rusés, fourbes, usuriers, sales si on retient les étrangers significatifs ; deux ont droit à un portrait plus sympathique et cela dans la deuxième tranche de 1939 à 1959. Signalons que les Anglais qualifiés positivement appartiennent en majorité à cette période également.

Les aspects de la description traités jusqu'ici convergent vers un élément central : le rôle accordé par l'auteur à l'étranger dans son récit. Est-il adjuvant, support, aide pour le héros ou le milieu canadien-français, ou opposant, nuisance ? Est-il perçu positivement ou négativement par le narrateur ? Nous nous limitons ici au seul étranger perturbateur. Parmi les 60 romans de cette partie, 12 comportent seulement des étrangers sympathiques et 33 uniquement des étrangers antipathiques. Il est intéressant de savoir à quel groupe appartiennent les uns et les autres. Les Anglais, pour les trois quarts des personnages, se logent chez les opposants. Ceux qui sont sympathiques se regroupent en majorité dans la deuxième tranche, surtout de 1945 à 1959, après le deuxième conflit mondial. Les Américains sont opposants aux deux tiers et les Français, adjuvants dans une même proportion. Les Canadiens français et les Franco-Américains assimilés sont tous considérés comme opposants, sauf celui qui reviendra aux valeurs québécoises. Les Américains, comme personne morale, constituent le milieu fascinant, maudit ou pervertisseur par excellence pour le Canadien français. Le « déserteur », Pierre Giroir, par exemple, dans le roman intitulé *L'Erreur de Pierre Giroir* (1925) de Joseph Cloutier, quitte sa ferme pour les États-Unis afin de faire fortune et reçoit la punition exemplaire. Trois de ses filles, empoisonnées par l'atmosphère des usines, meurent, lui-même « ruiné par le travail et le chagrin n'est plus qu'une épave humaine » (p. 217) ; sa femme décède et même le fils demeuré au pays encourt la calamité des siens. Il s'abandonne à la drogue qui le fera aussi mourir. C'est un Canadien français déjà assimilé par les valeurs américaines : « mis comme un monsieur de la ville », « breloque et bague d'or », « beau parleur », « cynique » (pp. 95-96-97), qui servira d'intermédiaire.

Dans cette première partie qui s'étend de 1919 à 1959, nous avons observé dans les romans une présence étrangère relativement importante, perturbatrice, en majorité anglophone. Celle-ci, typée dans ses occupations, ses qualités physiques et morales, trouble négativement le milieu canadien-français, constitue une opposition dans sa quête. Mais entre 1945 et 1960, on dresse de l'anglophone une image plus positive, on lui attribue un rôle plus sympathique, comme on le fait aussi pour le Juif.

1960-1974

Comme pour la première période, nous avons dépouillé la grande partie des romans de 1960 à 1974 rédigés par des auteurs nés au Québec, soit 470. On constatera que la production globale romanesque de ces quatorze années est aussi importante quantitativement que celle des quarante années antérieures. De ce corpus, nous avons relevé 88 romans avec étrangers significatifs, dont 53 contiennent des perturbateurs. Les 18% d'étrangers significatifs de la deuxième période correspondent bien aux 19% de la première. Si nous poursuivons la comparaison, nous observons aussi que la période actuelle compte une majorité de romans avec étrangers perturbateurs parmi les œuvres avec étrangers significatifs, comme dans la première tranche (1919–1939) de la première période, alors que de 1939 à 1959, le nombre de romans avec étrangers non perturbateurs était à peu près égal à celui des romans avec étrangers perturbateurs. Nous avons déjà déduit que de 1939 à 1959 la présence étrangère paraît moins bouleversante. Si nous nous arrêtons à l'évolution des romans, année après année, nous constatons que de 1960 à 1974, l'année 1965 produit 9 romans avec étrangers significatifs et les années 1969, 1970, 1972, 1973, 1974 en produisent respectivement 7, 8, 9, 11, 8 par rapport aux autres années avec 1, 2 ou 3. Dans cette effervescence de 1969 à 1974, nous retrouvons 26 des romans avec étrangers perturbateurs sur les 53, soit la majorité regroupée en 5 ans sur les 14. Pour jauger encore l'importance du phénomène « étranger », nous pouvons signaler que dans 28 romans le thème « étranger » est majeur et que dans 31 le rôle est primaire, donc dans une majorité des 53. Nous devons indiquer cependant un aspect particulier, pour lequel nous ne pourrons pas donner une explication : en 1973 et en 1974, 9 fois le thème est mineur, sur 12 romans, et 9 fois le rôle est secondaire alors qu'on observe une plus grande répartition dans les années antérieures.

En comparant de nouveau avec la première période, nous constatons que les thèmes sont en majorité majeurs dans celle-ci comme dans l'autre et que les rôles sont en majorité primaires, mais dans une proportion quand même plus grande de 1919 à 1959.

Les genres en vogue rencontrés durant la première période ont éclaté durant la deuxième, bien que l'évolution ait été amorcée antérieurement à 1960. C'est la disparition à peu près complète du roman historique et du roman du terroir. Les personnages étrangers figurent maintenant dans un large éventail de genres. Mais nous retrouvons quand même un bon nombre de romans psychologiques ou à caractère social et des romans politiques, surtout depuis 1965. Le roman lui-même, comme on le sait, est modifié par des formes nouvelles d'écriture. Les romanciers caricaturent moins leurs personnages, les étrangers comme les autres. Plusieurs romans à caractère onirique rendent aussi plus complexe l'analyse des personnages. Nous avons retenu ceux qui nous paraissaient suffisamment caractérisés. Les étrangers, comme l'indiquait souvent leur occupation, habitent toujours la ville, au point où on peut faire fréquemment une association entre ville, États-Unis, industrie, commerce et étranger. [5] Phénomène du temps, la proportion des femmes étrangères perturbatrices s'est accrue dans la deuxième période, au point où celles-ci sont plus nombreuses de façon absolue entre 1960 et 1974 qu'entre 1919 et 1959.

Quelle est la provenance ethnique des personnages étrangers depuis 1960 ? Si nous retenons tous les étrangers significatifs, nous comptons encore une majorité d'anglophones (42), suivie des francophones (23), des Italiens (12), des Juifs (8) et des Noirs de divers pays (8). Les Italiens et les Noirs apparaissent pour une première fois de façon importante. Quelques autres sont polonais, allemands, yougoslaves, hongrois, grecs, syriens. Quand on ne retient que les perturbateurs, les anglophones s'imposent toujours avec 27, suivis des francophones avec 16, des Italiens avec 8 et des Juifs avec 6. Les assimilés canadiens-français et franco-américains tombent à 4, de 13 qu'ils étaient auparavant. En nombre absolu, nous comptons plus d'étrangers perturbateurs dans la deuxième période que dans la première, 89 par rapport à 85, et le nombre des anglophones, tout en demeurant important, le plus important, obtient une

---

5. « Tout cela, c'est Montréal, l'étranger, l'endroit où il avait découvert avec accablement et stupeur, l'année de l'exposition universelle, à voir tant de touristes de toutes les couleurs et de toutes les langues et les cartes de bonheur de tant de pays, à quel point lui et les siens étaient fragiles, exposés, mal embarqués dans le bateau du confort nord-américain payé à tempérament, avec une fausse aisance. » (André LANGEVIN, *L'Élan d'Amérique*, p. 120.)

place relativement moins élevée depuis 1960 par rapport aux autres groupes auxquels se sont joints Italiens et Noirs.

Dans la dichotomie perturbateurs/non-perturbateurs, la majorité des personnages anglophones se rangent dans les perturbateurs comme avant, bien qu'en proportion moindre : 27 sur 42 étrangers significatifs anglophones, par rapport à 45 sur 61, alors que les francophones (français et belges) se montrent proportionnellement plus perturbateurs : 16 sur 23 par rapport à 12 sur 25. La majorité des nouveaux arrivants, Italiens et Noirs, rejoignent les perturbateurs — ce qui ne les classe pas nécessairement parmi les opposants comme nous l'avons vu.

Les occupations par groupe ethnique, et il s'agit généralement des occupations des hommes, car les auteurs n'indiquent pas plus qu'auparavant celles des femmes, s'annoncent comme suit. Les Anglais règnent toujours dans les postes de commande, dans les affaires d'abord, mais on les trouve aussi dans l'enseignement et aux études dans les universités ; les Américains apparaissent aussi comme propriétaires, mais ils apparaissent surtout maintenant comme professionnels : médecins, ingénieurs, ou comme comédiens. On trouve même un cultivateur. Les Français gardent encore des liens avec les tâches culturelles ou professionnelles, mais exercent aussi des métiers comme celui de pêcheur ou bûcheron. Nous remarquons même une maquerelle et une maîtresse de bordel. Les Juifs changent peu leur image occupationnelle, sauf dans le cas d'un ingénieur. Les romanciers réservent aux Italiens des tâches plus humbles d'ouvrier, de restaurateur, de chauffeur — y compris celles de prostituée et de chef de bande. Quant aux Canadiens français assimilés, dont nous parlent trois romans seulement dans cette deuxième partie, ils travaillent toujours pour des anglophones, sauf un scientifique. Plusieurs romanciers déplorent maintenant l'assimilation de l'ensemble de leurs compatriotes aux valeurs américaines, comme en témoigne bien la citation suivante tirée du *Nez qui voque* de Réjean Ducharme :

> « Qui, au Canada, n'est pas de la race des hot-dogs, des hamburgers, du bar-b-q, des chips, des toasts, des buildings, des stops, du "Reader's Digest", de "Life", de la Metro-Goldwyn-Mayer, du rock'n roll et du bouillie-bouillie ? Qui d'entre nous, mes frères, n'est pas un apôtre de Popeye, de Woody the Woodpecker, de Naked City, de Cité sans voiles, de Father Knows Best, de Papa a raison, de Simon Templar, de la Dodge, de la Plymouth, de la Chrysler, des voies surélevées, des carburateurs enrhumés, du watusi, du cha-cha-cha, du Coca-Cola, du Seven-Up, de Jerry Lewis et de Tcharles Boyer ? Qui, ici, a le courage d'aller casser la gueule aux chanteurs payés par les vendeurs de Pepsi, chanteurs qui chantent ni plus ou moins que nous sommes de la génération Pepsi ? » (P. 122.)

Trouvons-nous depuis 1960 des descriptions physiques et morales similaires à celles de la première période ? Plusieurs romanciers décrivent encore les hommes anglophones comme beaux, grands, virils, musclés, mais savent introduire des nuances et osent les voir comme petits, laids, raides et parler même d'un émasculé. Les femmes anglophones n'ont pas perdu leur charme :

belles ou ravissantes, aguichantes et charmeuses comme Patricia, anglo-juive, dans *Le Couteau sur la table* de Jacques Godbout ou comme Molly dans *La Guerre, yes sir !* Ethel, la Juive, est ravissante aussi dans *Ethel et le terroriste* de Claude Jasmin. Nous ne pouvons pas dégager un type physique pour les Français, mais les Françaises, plus nombreuses depuis 1960, exercent une attirance physique par leur beauté et leur élégance. Ainsi les voient, par exemple, Maurice Gagnon dans *Entre tes mains* ou André Laurendeau dans *Une vie d'enfer*. Plusieurs autres étrangères de groupes ethniques différents séduisent aussi. Les Noirs sont beaux, hommes ou femmes. On ne trouve plus rien sur le physique du Juif. Du côté des qualités morales, les auteurs accolent encore à la majorité des anglophones des épithètes plutôt négatives, mais n'établissent pas de constantes ; ainsi pour les Américains et les Juifs. Ils n'épargnent pas encore une fois les quelques Canadiens français assimilés retrouvés dans trois romans, dont celui de Charlotte Savary, *Le Député* (à Ottawa !).

Enfin, nous en venons au rôle des étrangers de 1960 à 1974. Au nombre des 53 romans avec étrangers perturbateurs, 18 ne comportent que des opposants et 17 que des adjuvants. Comme les romanciers sont devenus plus nuancés, nous trouvons des romans avec et des « bons » et des « méchants », ce qui fait 25 romans avec des sympathisants en totalité ou en majorité, 21 avec des opposants en totalité ou en majorité et 7 avec un nombre égal des deux. Si nous faisons le compte avec les personnages eux-mêmes : 54 opposants, 45 adjuvants. Les Anglais se retrouvent en grande majorité chez les opposants : 16 sur 20, les Américains aussi, mais dans une proportion moins grande : 5 sur 8, et les Juifs : 4 sur 7. Une légère majorité de Français, 7 sur 13, et d'Italiens : 3 sur 5, avec 2 cas ambivalents, se rangent dans les adjuvants. Les assimilés, il va sans dire, s'opposent. Nous n'observons pas d'années où l'un ou l'autre parti domine, sauf que les sympathisants semblent plus rares en 1971 et en 1972. Nous constatons, sur le plan des rôles, une véritable évolution depuis 1960 par rapport à 1919–1959. Dans la première période, seulement 12 des 60 romans ne contenaient que des adjuvants, par rapport à 17 sur 53 dans la deuxième, et les romans ne contenant que des opposants passent de 33 dans la première à 18 dans la deuxième, ce qui nous paraît indicatif d'une vision beaucoup plus positive des étrangers chez les romanciers. Nous en trouvons encore confirmation dans un nombre accru de personnages adjuvants, soit 45 pour 53 romans par rapport à 35 pour 60 et une diminution d'opposants qui passent de 70 à 54, statistiques qu'il faut toujours voir comme des tendances. Mais si nous considérons les opposants en tant que rattachés à des groupes ethniques, les romanciers les recrutent d'abord et avant tout chez les Anglais, qui nous semblent encore perçus plus négativement encore dans la dernière période, aux quatre cinquièmes par rapport aux deux tiers, et chez les Américains qui gardent leur cote négative antérieure. Rappelons cependant ce que nous avons signalé pour la deuxième tranche de la première période, soit de 1939 à 1959 : les Anglais et les Américains et les Juifs avaient droit à une image plus positive, surtout de 1945 à 1959. Mais ils retrouvent depuis 1960 l'image négative de 1919 à 1939. Les femmes anglophones, cependant, gardent, en toutes les périodes, une attirance physique.

Étranger et idéologie

Pouvons-nous établir un rapport entre l'image que les romanciers nous présentent et les idéologies qui ont régné chez la majorité des intellectuels du même temps ? Nous avons été frappé, sinon étonné, de l'importance qualitative et quantitative de la présence anglophone dans le roman et de la vision négative qu'entretiennent généralement pour elle les romanciers, et ceci dès l'année 1919 qui marque le début de notre recherche. Les intellectuels, en majorité, dans les années vingt, entretiennent toujours l'idéologie de conservation élaborée au XIXe siècle et qui tend à préserver les valeurs traditionnelles face à la menace anglophone. L'opposition contre « les Anglais » vient tout juste d'être exacerbée par deux événements, les sérieuses restrictions du gouvernement d'Ontario pour l'enseignement du français en 1913 et le décret du service obligatoire dans la guerre mondiale. « Jamais, comme le signale Jean-Charles Falardeau, la tension entre Français et Anglais au Canada n'aura été aussi aiguë. »[6] L'abbé Lionel Groulx et l'*Action française*, fondée en 1917, contribuent avec bien d'autres à défendre les valeurs en cause. La revue, qui se veut la voix du Canada français, voit celui-ci comme politiquement menacé et économiquement inférieur. D'autres événements ne manquent pas de faire sentir le poids de cette situation. Les Britanniques et ensuite les Américains établissent dans le premier quart du XXe siècle leur domination économique au Québec comme au Canada. Les Britanniques détenaient, en 1900, 85% des investissements étrangers au Canada. Les Américains leur succèdent et en accaparent 61% pour en laisser 36% aux Britanniques.[7] Le Québec tombe de Charybde en Scylla toujours sous domination massive anglophone. Nous comprenons dès lors que les intellectuels canadiens-français, dans leur contestation de ces géants économiques, accordent une importance majeure au personnage étranger anglophone dans le roman, qu'ils le perçoivent comme un perturbateur négatif et qu'ils le décrivent comme propriétaire d'industrie, homme d'affaires, grand, puissant, énergique, dominateur, arrogant et exploiteur. La bascule économique en faveur des Américains à cette époque peut sans doute justifier pourquoi on les perçoit comme particulièrement riches. Nous ne nous étonnerons pas non plus que, dans cette

---

6. Jean-Charles Falardeau, « Vie intellectuelle et société au début du siècle : continuité et contrainte », dans : Pierre De Grandpré, *Histoire de la littérature française au Québec*, Montréal, Beauchemin, 1968, p. 21.

7. Alfred Dubuc, « Développement économique et politiques de développement : Canada 1900–1940 », dans : R. Comeau (éd.), *Économie québécoise*, Montréal, Les Presses de l'Université du Québec, 1969, p. 196.

lutte nationaliste intense, les Canadiens français et les Franco-Américains qui collaborent avec l'ennemi soient accablés comme des traîtres. Mais l'idéologie de conservation absorbe les élites à un point tel qu'elles perdent contact avec la réalité existentielle : le bouleversement économique et social qui affecte les Canadiens français qui, de 60,3% ruraux en 1901, le sont à 51,8% en 1911 et à seulement 36% en 1921. Ils sont maintenant aux prises avec la cité industrielle. La minorité qui, comme Édouard Montpetit, perçoit que l'enjeu n'est pas seulement moral mais qu'il est aussi économique, trouve peu d'écho dans le roman. Alors que le roman du terroir bat son plein durant le premier tiers du XXᵉ siècle, prônant le retour au sol et dénonçant les dangers moraux de la ville et des États-Unis comme dans *Restons chez nous* (1908) ou *L'Appel de la terre* (1919) de Damase Potvin, on ne trouve que deux romans de reconquête économique : *Marcel Faure* de Jean-Charles Harvey (1922) et *Jules Faubert, roi du papier* d'Ubald Paquin (1923).

On comprendra aussi que les romanciers vont décrire les Français, malgré l'abandon du Canada et la Révolution, de façon plutôt positive. Comme le souligne Jean-Charles Falardeau : « L'acharnement à défendre la langue inspire et absorbe le meilleur de l'activité intellectuelle de cette époque [1900–1930]. »[8] Beaucoup tentent de retourner aux sources françaises. Nous avons même eu droit à la querelle entre les terroiristes et les Parisianistes.[9] Il n'est pas étonnant que les personnages français soient vus dans une option culturelle.

Mais les élites canadiennes-françaises, à cause de l'« omniprésence et omnipotence croissante des cartels américains »,[10] poursuivent jusqu'à la Guerre la lutte contre les trusts anglophones. À l'intérieur de leur doctrine, face à l'étranger menaçant, on discerne aussi un certain antisémitisme qui se manifeste dans le portrait négatif du Juif. Peut-être le percevait-on comme menaçant. La minorité juive, en réalité, s'accroît constamment depuis surtout le début du vingtième siècle et fait sentir sa présence à Montréal, en particulier, où elle se concentre, dans le domaine des affaires. De 7 000 en 1901, elle passait à 58 000 en 1931, et à 71 000 en 1951.[11] Quant aux Italiens perturbateurs, qui apparaissent tardivement, après les années soixante, dans l'univers romanesque, ils se concentrent aussi en grand nombre à Montréal (30 000 en 1951) où ils se sont surtout multipliés après la Deuxième Guerre mondiale. Les sentiments

---

8. Jean-Charles FALARDEAU, *op. cit.,* (1968), p. 26.

9. Voir : Maurice LEMIRE, « Introduction à la littérature québécoise », dans : *Dictionnaire des œuvres littéraires du Québec*, II, Montréal, Fides, 1980, pp. xxxi–xliii.

10. Jean-Charles FALARDEAU, « La Crise de croissance de l'entre-deux guerres (1930–1945) », dans : Pierre DE GRANDPRÉ, *op. cit.*, p. 189.

11. Raoul BLANCHARD, *L'Ouest du Canada français*, I, « Montréal et sa région », Montréal, Beauchemin, 1953, pp. 323–327 ; LINTEAU, DUROCHER, et ROBERT, *Histoire du Québec contemporain*, Montréal, Boréal Express, 1979, pp. 61-62.

partagés qu'ils éveillent chez les romanciers pourraient trouver l'explication suivante. Si sympathiques qu'ils puissent être comme Latins et catholiques, ils ont aussi encouru l'ire des milieux nationalistes à l'occasion de conflits linguistiques qui les ont opposés au milieu francophone et dont le débat autour des écoles de Saint-Léonard en 1968 a été une manifestation ouverte.

Nous avons noté dans la description de la deuxième tranche de la première partie, soit de 1939 à 1959, marquée par la Seconde Guerre mondiale, que le nombre de romans avec étrangers perturbateurs et non perturbateurs s'accroissait en 1946, 1947, 1948, ce qui semble correspondre à l'éveil au monde qu'avait suscité l'ampleur du conflit et à l'acquisition d'une « certaine conscience internationale », [12] comme l'indique Fernand Dumont. Nous avions aussi signalé que durant ces mêmes années (1939–1959) le nombre d'étrangers non perturbateurs était aussi élevé que celui des perturbateurs, alors que de 1919 à 1939, le nombre de perturbateurs doublait celui des non-perturbateurs, ce qui peut, ajouté aux autres faits que nous allons présenter, indiquer un changement idéologique contrastant avec l'effervescence nationaliste d'avant-guerre. Non seulement trouvons-nous autant de non-perturbateurs que de perturbateurs, mais nous décelons plus de perturbateurs positifs et adjuvants, surtout entre les années cinquante et soixante, que dans les années 1919–1939. Ce phénomène correspond bien à l'éveil dont nous avons parlé ci-haut et à ce que Dumont condense dans l'image suivante : « Le vieux nationalisme marque le pas. »[13] Ceci nous donnera en particulier un certain nombre de romans inspirés par la guerre où les personnages anglophones sont décrits sans agressivité et deviennent même adjuvants comme dans *Les Chasseurs d'ombres* de Maurice Gagnon (1959). La guerre, l'industrialisation et l'urbanisation accélérées ont ébranlé les esprits qui cherchent de nouvelles voies. Période de la Faculté des sciences sociales de Laval, de la Commission Parent, de *Cité libre*, autant d'éléments indicatifs de la recherche, chez les intellectuels les plus dynamiques, d'une pensée sociale, économique, éducative. Cette génération, « en lutte permanente pour faire valoir des idées plus progressistes », rejette l'ancien nationalisme et considère que le nationalisme et surtout le séparatisme « risquent d'étouffer le progrès du Québec ».[14]

Cette ouverture à l'étranger des années cinquante fait sentir ses effets même durant les années soixante alors que les romanciers caricaturent moins l'étranger et le présentent plus souvent comme adjuvant — surtout si nous comparons avec la période 1919–1939. Mais il n'en reste pas moins qu'avec la

---

12. Fernand DUMONT, « Vie intellectuelle et société depuis 1945 : la recherche d'une nouvelle conscience », dans : Pierre DE GRANDPRÉ, *Histoire de la littérature française au Québec*, III, p. 17.

13. *Id.*, p. 19.

14. Richard JONES, « La remise en question (1939–1960) », dans : J. HAMELIN (dir.), *Histoire du Québec*, Saint-Hyacinthe, Édisem, 1976, p. 497.

remontée du nationalisme depuis les années soixante, le personnage anglophone se voit attribuer, comme dans la période intense des années vingt et trente, une image physique et morale négative et rejeter dans l'opposition, surtout depuis 1965 avec l'apparition du *Couteau sur la table* de Jacques Godbout et de *Prochain épisode* de Hubert Aquin. Faudrait-il même voir une coïncidence entre la structuration politique des forces nationalistes depuis le R.I.N. en 1960 au Parti québécois en 1968, partis très liés aux intellectuels dans leurs débuts, et un accroissement des étrangers perturbateurs opposants observés statistiquement de 1969 à 1974? Cette contestation trouve bien son expression dans le roman d'André Langevin, *L'Élan d'Amérique* (1972), qui se réfère à l'exploitation par les anglophones de nos richesses naturelles et à l'occupation de Montréal par l'armée en 1970: «Ils ont pris nos terres, la forêt. Maintenant ils prennent la ville... Avec l'armée, des mitrailleuses, des tanks.» (P. 198.)

Si les tendances observées dans l'analyse des personnages romanesques étrangers semblent trouver leur explication dans l'évolution idéologique des intellectuels du Québec qui font du roman un instrument de propagande, surtout avant la deuxième guerre, ou un moyen d'engagement depuis les années soixante, il subsiste des questions dans la description de la femme anglophone quasi toujours décrite comme physiquement attrayante ou séduisante, avant et après 1960. Ajoutons que c'est le cas, depuis 1960 en particulier, des Françaises, des Juives et de nombreuses étrangères.

Peut-être pourrions-nous trouver des raisons qui relèveraient de la psychanalyse: projection de ses phantasmes érotiques sur les femmes étrangères plutôt que sur les Québécoises longtemps identifiées à la mère plutôt qu'à l'amante,[15] image de la femme tentatrice, attrait exotique de l'étrangère, mais ce n'est pas ici notre propos. Dans une perspective idéologique nous pourrions comprendre l'attrait pour les Françaises en majorité sympathiques et même pour les Juives, comme dans *Ethel et le terroriste* de Claude Jasmin, alors qu'il s'agirait pour certains critiques d'un processus d'identification à un groupe minoritaire. Mais pour la femme anglophone? Avant 1960, les romanciers semblaient vouloir faire de la femme anglophone une poupée, superficielle, lascive, qui pouvait attirer le jeune Canadien français vers un monde fascinant mais matérialiste, vide de valeurs spirituelles, celui des Anglais, des Américains. Pour après 1960, et peut-être pour avant, Jacques Godbout nous fournit une clef. La belle Patricia, à la fois Juive et anglophone, représente le monde anglophone:

> «Patricia est un peu ce clinquant, cet univers de parvenus, ce chrome qui parle anglais, ce factive. C'est toute une race d'Américains — et de Canadiens anglais — qui accorde autant d'importance à un musée de l'automobile qu'au Parthénon [...] Patricia, c'est mon côté faible, ma mare, le moyen terme par lequel j'entre en contact charnel avec les cent quatre-vingt-dix millions d'individus qui m'entourent.» (Pp. 27-28.)

---

15. Voir: Pierre MAHEU, «L'Œdipe colonial», *Parti pris*, 9-10-11, été 1964, pp. 19-20; Jean LEMOYNE, *Convergences*, Montréal, Éditions HMH, p. 105.

Madeleine, une autre femme, figure le monde francophone, le Québec : « ...
Madeleine, elle, était ce pays conquis que je retrouvais lentement, calmement »
(p. 105). Les belles séductrices anglophones pourraient représenter, aussi,
symboliquement, la séduction de l'Amérique anglophone, attirance consciente
ou peut-être inconsciente. C'est une question ouverte qui demanderait un
approfondissement.

Comme nous l'avons indiqué au début, notre recherche embrassait un
corpus très vaste et ne pouvait et ne voulait que retenir des grandes orientations,
des grandes tendances, que voir la question de l'étranger dans son ensemble.
D'autres projets, touchant à des groupes plus limités, pourront être entrepris.
Plusieurs, d'ailleurs, l'ont déjà été. Nous pourrons compléter notre travail
seulement lorsque nous établirons des comparaisons avec des littératures
d'autres pays ayant déjà été soumis politiquement à une puissance dominante
ou qui le sont encore économiquement. On évaluera avec plus de certitude
l'ampleur et les caractéristiques propres du phénomène étranger dans notre
littérature. Déjà nous prenons conscience de l'importance et de l'impact d'un
groupe en particulier, l'anglophone, de la séduction qu'il exerce et de la raison
majeure de cet impact dans l'imaginaire québécois : la domination à caractère
économique.

Antoine Sirois

Faculté des arts,
Université de Sherbrooke.

ROMANS AVEC ÉTRANGERS PERTURBATEURS, 1919-1974
(Auteurs nés au Québec)

1919 Damase Potvin, *L'Appel de la terre*, Québec, L'Événement.
      Ernest Chouinard, *Sur terre et sur mer*, Québec, s.é.

1920

1921

1922 Jean-Charles Harvey, *Marcel Faure*, Montmagny, Imprimerie de Montmagny.
      Lionel Groulx, *L'Appel de la race*, Montréal, L'Action française. (Référence : 3e édition,
      1923.)

1923 Ernest Chouinard, *L'Œil du phare*, Québec, Le Soleil.
      Ubald Paquin, *Jules Faubert, roi du papier*, Montréal, Pierre-R. Bisaillon.
      N.-M. Mathé, *Ma cousine Mandine*, Montréal, Édouard Garand.

1924 Jean Féron, *Fierté de race*, Montréal, Édouard Garand.

1925 Joseph CLOUTIER, *L'Erreur de Pierre Giroir*, Québec, Le Soleil.
Harry BERNARD, *La Terre vivante*, Montréal, L'Action française.
Damase POTVIN, *Le Français*, Montréal, Édouard Garand.
Laure CONAN, *La Sève immortelle*, Montréal, L'Action française.

1926 Arsène GOYETTE, *L'Ineffaçable souillure*, Sherbrooke, La Tribune.
Jean FÉRON, *La Métisse*, Montréal, Édouard Garand.

1927 Jean FÉRON, *La Besace de haine*, Montréal, Édouard Garand.

1928

1929 Jean-F. SIMON, *Deux du Vingt-deuxième bataillon*, Montréal, Imprimerie De La Salle.

1930 Pierre DUPUY, *André Laurence, Canadien-Français*, Paris, Plon.

1931 Éva SÉNÉCAL, *Dans les ombres*, Montréal, Albert Lévesque.

1932 Eugénie CHENEL, *La Terre se venge*, Montréal, Édouard Garand.
Lionel GROULX, *Au Cap Blomidon*, Montréal, Granger.

1933 Michelle LE NORMAND, *Le Nom dans le bronze*, Montréal, Le Devoir.
Marie-Rose TURCOT, *Un de Jasper*, Montréal, Albert Lévesque.

1934 Jean-Charles HARVEY, *Les Demi-civilisés*, Montréal, Totem.
Damase POTVIN, *La Rivière-à-Mars*, Montréal, Totem.

1935

1936

1937 Damase POTVIN, *Peter McLeod*, Québec, chez l'auteur.
Félix-Antoine SAVARD, *Menaud, maître-draveur*, Québec, Librairie Garneau.

1938 Raymond DOUVILLE, *Aaron Hart*, Trois-Rivières, Bien public.
Léo-Paul DESROSIERS, *Les Engagés du Grand-Portage*, Paris, Gallimard.
RINGUET, *Trente arpents*, Paris, Gallimard.

1939

1940 A.B. PLOURDE, *L'Amour et l'épreuve*, Montréal, Valiquette.

1941 C.-H. BEAUPRÉ, *Les Beaux jours viendront*, Québec, Presses sociales.
Léo-Paul DESROSIERS, *Les Opiniâtres*, Montréal, Le Devoir.

1942 Rex DESMARCHAIS, *La Chesnaie*, Montréal, L'Arbre.

1943

1944 François HERTEL, *Anatole Laplante*, Montréal, L'Arbre.
Adrienne MAILLET, *Un Enlèvement*, Montréal, Pascal.

1945 Hervé BIRON, *Poudre d'or*, Montréal, Pilon.

1946 Jean BLANCHET, *Les Feux s'animent*, Montréal, Fides.
Adrienne MAILLET, *Amour tenace*, Montréal, Lévrier.

1947 Jean-M. CARETTE, *Zirska, immigrante inconnue*, Montréal, Brousseau.

1948 Adrienne CHOQUETTE, *La Coupe vide*, Montréal, Fernand Pilon.
Adrienne MAILLET, *De gré ou de force*, Montréal, L'Arbre.
Jean-Jules RICHARD, *Neuf jours de haine*, Montréal, L'Arbre.
 Roger LEMELIN, *Les Plouffe*, Québec, Bélisle.
1949

1950 Charlotte SAVARY, *Isabelle de Frêneuse*, Québec, Institut littéraire de Québec (I.L.Q.).

1951 Charlotte SAVARY, *Et la lumière fut*, Québec, I.L.Q.
Yves THÉRIAULT, *Les Vendeurs du temple*, Québec, I.L.Q. ; *Les Dompteurs d'ours*, Montréal, Cercle du Livre de France (C.L.F.).

1952 Roger LEMELIN, *Pierre le Magnifique*, Québec, I.L.Q.

1953

1954 J. VAILLANCOURT, *Les Canadiens errants*, Montréal, C.L.F.
Michel DUPUY, *La Source et le feu*, Montréal, Péladeau.

1955

1956 Maurice GAGNON, *L'Échéance*, Montréal, C.L.F.
Jean SIMARD, *Mon fils pourtant heureux*, Montréal, C.L.F.

1957 Robert ÉLIE, *Il suffit d'un jour*, Montréal, Beauchemin.
Paule DAVELUY, *Chérie Martin*, Montréal, L'Atelier.

1958 Gérard BESSETTE, *La Bagarre*, Montréal, C.L.F.

1959 Marie-Claire BLAIS, *La Belle bête*, Québec, I.L.Q.
René CHICOINE, *Carrefour des hasards*, Montréal, C.L.F.
Léo-Paul DESROSIERS, *Les Angoisses et les tourments*, Montréal, Fides.
Maurice GAGNON, *Chasseurs d'ombres*, Montréal, C.L.F.
Pierre GÉLINAS, *Les Vivants, les morts et les autres*, Montréal, C.L.F.
Jean SIMARD, *Les Sentiers de la nuit*, Montréal, C.L.F.

1960 Maurice GAGNON, *Entre tes mains*, Montréal, C.L.F. (*Les Chirurgiennes*).
Claude JASMIN, *La Corde au cou*, Montréal, C.L.F.
Robert DE ROQUEBRUNE, *La Seigneuresse*, Montréal, Fides.

1961 Réal BENOIT, *Rhum-Soda*, Montréal, HMH.
Gérard BESSETTE, *Les Pédagogues*, Montréal, C.L.F.
Léa PÉTRIN, *Tuez le traducteur*, Montréal, Déom.
Charlotte SAVARY, *Le Député*, Montréal, Jour.
Yves THÉRIAULT, *Amour au goût de mer*, Montréal, Beauchesne.

1962 Jacques GODBOUT, *L'Aquarium*, Paris, Seuil.

1963 Louis BILODEAU, *Belle et grave*, Montréal, Beauchemin.
Claude MATHIEU, *Simone en déroute*, Montréal, C.L.F.
Claire MONDAT, *Poupée*, Montréal, Jour.

1964 Claude JASMIN, *Ethel et le terroriste*, Montréal, Déom.
Andrée MAILLET, *Les Remparts de Québec*, Montréal, Jour.

1965 Hubert AQUIN, *Prochain épisode*, Montréal, C.L.F.
Jacques FERRON, *La Nuit*, Montréal, Éd. PP.
Jacques GODBOUT, *Le Couteau sur la table*, Paris, Seuil.
André LAURENDEAU, *Une Vie d'enfer*, Montréal, HMH.
Wilfrid LEMOINE, *Le Funambule*, Montréal, C.L.F.
Yvette NAUBERT, *La Dormeuse éveillée*, Montréal, C.L.F.

1966 Pierre DE GRANDPRÉ, *La Patience des justes*, Montréal, C.L.F.
Jean-Guy PILON, *Solange*, Montréal, Jour.

1967 Réjean DUCHARME, *Le Nez qui voque*, Paris, Gallimard.

1968 Roch CARRIER, *La Guerre, yes sir!*, Montréal, Jour.
Hubert AQUIN, *Trou de mémoire*, Montréal, C.L.F.

1969 Roch CARRIER, *Floralie où es-tu?*, Montréal, Jour.
Gilbert CHOQUETTE, *La Défaillance*, Montréal, Beauchemin.

Marcel GODIN, *Ma Dent contre Dieu*, Paris, Laffont.
Michèle MAILHOT, *Le Fou de la reine*, Montréal, Jour.

1970 Roch CARRIER, *Il est par là le soleil*, Montréal, Jour.
Anne HÉBERT, *Kamouraska*, Paris, Seuil.
Jacques LAMARCHE, *Le Royaume détraqué*, Montréal, C.L.F.
Yves THÉRIAULT, *Cul-de-sac*, Québec, I.L.Q.
Adrien THÉRIO, *Un Païen chez les pingouins*, Montréal, C.L.F.

1971 Gérard BESSETTE, *Le Cycle*, Montréal, Jour.
Marcel GODIN, *Danka*, Montréal, L'Actuelle.

1972 Claude CARRIER, *Le Refus d'être*, Montréal, Beauchemin.
Yvette NAUBERT, *Les Pierrefendre*, Montréal, C.L.F.
André LANGEVIN, *L'Élan d'Amérique*, Montréal, C.L.F.
Victor-Lévy BEAULIEU, *Un Rêve québécois*, Montréal, Jour.
Yves THÉRIAULT, *La Passe-au-Crachin*, Montréal, René Ferron.

1973 André BROCHU, *Adéodat 1*, Montréal, Jour.
Roch CARRIER, *Les Deux millième étage*, Montréal, Jour.
Claude JASMIN, *Pointe-Calumet*, Montréal, La Presse.
Michelle GUÉRIN, *Le Sentier de la louve*, Montréal, C.L.F.
Jacques LAMARCHE, *La Dynastie des Lanthier*, Montréal, C.L.F.
Gilles MARCOTTE, *Un Voyage*, Montréal, HMH.
Jean-Jules RICHARD, *Centre-ville*, Montréal, L'Actuelle.

1974 Guy-Marc, FOURNIER, *L'Arche*, Montréal, C.L.F.
Raymond PLANTE, *La Débarque*, Montréal, L'Actuelle.
André MAJOR, *L'Épouvantail*, Montréal, Jour.
Paul VILLENEUVE, *Johnny Bungalow*, Montréal, Jour.
Roger FOURNIER, *Moi, mon corps, mon âme, Montréal*, Montréal, La Presse.

LES « CARACTÈRES » NATIONAUX DANS UN MANUEL DE GÉOGRAPHIE DES ANNÉES 1930

Peu d'écoliers canadiens-français du Québec ont échappé entre 1920 et 1960 aux manuels de géographie des Frères Maristes. Ces ouvrages sont même passés dans la littérature de souvenir avec leurs cartes et leurs illustrations aux couleurs vives et leurs formules du type : « Montréal, la ville aux cent clochers ».[1] Tout en fournissant une information abondante et constamment mise à jour dans une présentation agréable, les manuels de la collection des Frères Maristes restent proches de la nomenclature dans le style des manuels de l'époque. On y trouve un autre caractère qui ne laisse pas de surprendre le lecteur d'aujourd'hui : l'abondance des jugements de valeurs et des stéréotypes nationaux. L'étude de ces passages nous apparaît des plus révélatrices d'une vision très caractérisée du monde qu'on vise à inculquer à la jeunesse du temps.

Le Monde de l'Atlas-Géographie

Des habitants de l'Océanie, région « remarquable non seulement par l'immensité de l'espace qu'elle occupe, mais encore par l'extrême variété de ses aspects, de ses climats, de sa faune et de ses productions » (83), on ne donne qu'une nomenclature sommaire et quelques chiffres de population.[2]

---

1. Voir, par exemple : Jean HAMELIN (1920-1970), *Les rumeurs d'Hochelaga* (Montréal, Hurtubise HMH, 1971) : allusions à « la ville aux cent clochers », pp. 98 et 170. L'édition de 1936 de l'*Atlas-Géographie* à la page 177 dit précisément : « Montréal a été surnommée la ville des clochers ; elle possède plus de 150 églises ou chapelles (...) ». Faut-il rappeler ici qu'à l'époque pré-télévisuelle, les images littéraires et iconographiques des manuels depuis le catéchisme jusqu'aux atlas avaient beaucoup plus d'impact qu'aujourd'hui sur le jeune.

2. Pour ne pas alourdir l'appareil critique, nos citations suivies du numéro de la page sont empruntées, à moins d'avis contraire, à l'édition de 1936 de l'*Atlas-Géographie* [...] *7e et 8e années*, Montréal, Granger Frères, 193p. Ce manuel dont le copyright remonte à 1927 a alors atteint sa vitesse de croisière. Il nous arrivera de compléter ou de comparer avec l'*Atlas-Géographie* [...] *Cours moyen*, c'est-à-dire 4e et 5e années, paru en 1945 (copyright, 1944) et l'édition de 1946 du *Cours complémentaire (8e et 9e années)*. L'approbation de ce manuel par le Conseil de l'instruction publique remonte à 1923 ; l'édition de 1946 souligne qu'il a été « adopté » par les commissions scolaires de Québec et de Montréal. Les soulignés dans notre texte sont toujours des auteurs des manuels.

« Continent lourd et massif », difficile de pénétration, l'Afrique a été « la dernière partie du monde connue dans son entier bien qu'elle ait été à la porte de la civilisation antique ». (59) « Les peuplades nègres [y] sont adonnées pour la plupart aux pratiques dégradantes du fétichisme » ; cependant, « un grand effort a été fait depuis un siècle pour convertir les Noirs de l'Afrique au catholicisme : grâce au zèle infatigable des missionnaires, il commence à porter des fruits. Sur tous les points de la côte et bien avant dans l'intérieur, ont été fondées des chrétientés nombreuses et florissantes qui deviennent, en même temps, des centres de civilisation. » (61) Une exception au tableau : « Dans l'Afrique du Sud vivent plusieurs races de nègres, sinon très civilisés, du moins industrieux et bien organisés, auxquels on donne le nom général de Cafres. » (66)

« L'Asie est la plus peuplée, la plus vaste et la plus élevée des cinq parties du monde. La moitié de la population totale du globe se trouve en Asie. Nul pays [sic] du monde ne se présente à nous escorté d'un pareil cortège de grands souvenirs : c'est en Asie que l'Écriture sainte place le berceau du genre humain ; c'est là qu'ont été fondés les premiers empires et qu'ont fleuri Babylone, Ninive, Tyr, Jérusalem et tant d'autres cités célèbres, aujourd'hui ensevelies à jamais sous leurs ruines. » (68) « Grâce au zèle des missionnaires et à la belle œuvre de la Propagation de la foi, le nombre des chrétiens s'accroît chaque jour en Asie » (71) qui sont 20 millions sur 900. Les principaux pays méritent une présentation. « Les Turcs ont une origine et des mœurs asiatiques ; ils sont bien faits de corps, braves à la guerre, et légendaires pour leur force physique ; mais comme tous les mahométans ils sont fanatiques, orgueilleux, ignorants et sensuels ; ils manquent des qualités qui assurent aujourd'hui le succès ; toute civilisation, toute industrie a disparu sous leur domination oppressive et barbare. » (73) « L'Arabe a le corps souple et maigre, le teint brun, les yeux et les cheveux noirs, la barbe forte ; il supporte bien la faim et la fatigue. Doué d'un esprit pénétrant et d'une certaine aptitude pour les sciences, les arts et l'architecture, il a eu au moyen âge une période de civilisation brillante dont témoignent les monuments qu'il a laissés en Espagne et dans l'Afrique du Nord. Poli, hospitalier, l'Arabe est néanmoins enclin à la vengeance, au vol et à la trahison. » (74) La Palestine « dont l'étendue égale à peu près la moitié de la superficie de la Nouvelle-Écosse » et « dont le sol si fertile et si productif autrefois nourrissait plusieurs millions d'habitants, est aujourd'hui dépeuplée et inculte ; elle ne présente partout que des collines nues et déboisées, des torrents desséchés, des campagnes acides et pierreuses » (75). Suivent des notations de géographie sacrée sur le Jourdain, le mont Carmel, le mont Thabor, le mont Nébo, Jérusalem et d'autres villes comme Béthulie « où Holopherne périt de la main de Judith » (75). Passant en Asie orientale, on y apprend que « le Chinois a le teint jaunâtre, le visage large et carré, le nez court, les pommettes saillantes, la barbe et les cheveux noirs et raides. Il est intelligent et possède de remarquables aptitudes pour les arts mécaniques ; sobre, endurant au travail, c'est un

excellent cultivateur, un négociant adroit et dissimulé. » (79) Vivant dans une
« monarchie constitutionnelle » et possédant un commerce qui « fait une
redoutable concurrence aux autres grands pays commerciaux », le Japonais
« est ordinairement plus petit que le Chinois, mais il a les traits plus réguliers ;
son teint est brun olivâtre ou parfois blanc. Au moral, c'est un peuple aimable,
gai, d'une excessive politesse ; il se distingue par un sens artistique développé.
L'instruction est très répandue au Japon. » (80) Les « Hindous » [*sic*] vivent
dans « une vaste contrée méridionale administrée par l'Angleterre ou tout au
moins placée sous son influence ». Ils sont « d'une grande sobriété, sont
intelligents, doux, timides et hospitaliers, mais efféminés et superstitieux. Ils
sont bien faits, quoique pas très robustes ; la couleur de leur peau, généralement
brune et même noire dans les classes inférieures, est souvent très claire dans les
classes supérieures. » (81) La grande richesse du pays est l'agriculture même si
seulement le tiers du pays est cultivé. Comme la Chine, l'empire des Indes
pourrait économiquement se suffire à lui-même. « L'industrie hindoue, florissante pendant tant de siècles, est aujourd'hui en partie ruinée par la concurrence
anglaise. » (80)

L'Amérique du Sud est présentée fort brièvement au plan humain. Sa
population est formée de « blancs descendants d'Européens », de métis, de
« noirs, descendants des anciens esclaves amenés d'Afrique » et des « Indiens,
anciens possesseurs du sol, quelques-uns civilisés, mais la plupart restés ou
redevenus plus ou moins sauvages » (117).

L'Amérique du Nord « a, de l'Europe, les populations actives et intel-
ligentes qui, dans un espace de temps relativement très court, a élevé sa
civilisation, son industrie et son commerce au niveau de ceux de la vieille
Europe, chose qui lui a été facilitée d'ailleurs, par cette dernière ressemblance,
d'avoir, comme l'Europe, des côtes accessibles et découpées » (87). Des
habitants des « États du Centre », seuls les Mexicains ont droit à un portrait.
« Le Mexicain, d'un naturel généreux et enthousiaste, manque de persévérance,
d'esprit d'entreprise et surtout de ponctualité : au Mexique, toutes choses se
feront *a magnana* (demain matin) ; le Mexicain ne connaît pas, comme son
voisin le Yankee, le prix du temps. La vanité du Mexicain n'a point de bornes ;
son courage consiste à mépriser sa vie propre autant que celle des autres ; il est
prompt à se servir de ses armes, qu'il porte toujours sur lui. » (109) La société
mexicaine est compartimentée. Les Créoles (descendants d'Européens) « sont
les seuls entourés d'une véritable considération car ils représentent la caste
aristocratique ». Les Métis « forment la partie la plus active mais aussi la plus
turbulente de la nation ; vigoureux, indisciplinés, ils sont les auteurs principaux
des révolutions qui désolent le pays ». Les « Péons » constituent des « sortes de
serfs de la glèbe » tandis que les Indiens « nomades » sont encore « plus ou
moins sauvages » (108).

Les pages consacrées aux États-Unis se distinguent par leur sobriété en
matière de jugements. Sous la rubrique « Caractère », on y apprend que « les

premiers colons des États-Unis étaient de forte race anglo-saxonne ; ce n'étaient pas des aventuriers, mais des chefs de famille, apportant leurs biens, leurs vertus natives et leurs mœurs rigides » (95). « La population des États-Unis se compose d'éléments divers : toutes les races et toutes les nations y sont représentées. Les Européens forment l'élément principal, mais ils appartiennent à toutes les races de l'Europe, parlent toutes les langues, pratiquent toutes les religions. » (95) Les seuls défavorisés des États-Unis semblent être les habitants de « race rouge » qui « vivent péniblement dans les réserves qui leur sont assignées par le gouvernement » (95). L'auteur souligne au passage la proportion considérable des « nègres » dans les États du Sud mais sans jugement. Si « l'anglais est la langue officielle des États-Unis et s'il est parlé par tous les citoyens [...], divers groupes de nationalité unis et assez forts, gardent, en plus, leur langue d'origine » (95). D'après le contexte, l'auteur évoque les Allemands, les Canadiens et les Italiens. « La religion catholique est florissante aux États-Unis » et l'« instruction [y] est très répandue ». Si les États-Unis occupent « un des premiers rangs dans la production mondiale », c'est dû non seulement à ses ressources naturelles mais « à l'esprit d'entreprise du peuple qui l'habite » (96).

Sur le « caractère » des habitants du Canada, le manuel est plutôt bref si on le compare aux pages sur certains pays d'Europe. Le Canadien français « dont les ancêtres ont colonisé le pays [...] a gardé, dans son caractère, les qualités de franchise, de gaieté et d'urbanité qui lui viennent de ses aïeux. Comme le Français de France, il aime à parler et entendre parler ; très attaché à sa religion à laquelle il doit la conservation de son idéal politique, il tient également beaucoup à la langue ancestrale. » L'auteur précise : « Sous cette dénomination générale de Canadien français, nous comprenons aussi les Acadiens, fils du même sol et du même peuple. » (136) Son concitoyen « anglais » « a peu changé ses habitudes » en traversant les mers ; « il se croit encore sur le sol de la mère patrie et agit avec la même précision, le même souci des affaires ou du sport » (136). Des Indiens, des Chinois, des Japonais et des diverses « races européennes » qui ont immigré au Canada (Belges, Italiens, Allemands, Polonais, Russes, etc.), il n'est fait que mention sans leur attribuer quelque « caractère ». L'auteur emploie ici le mot « race » sans s'embarrasser de contradictions. On verra plus bas une définition de race qui n'a rien à faire avec celle-ci.

L'Europe occupe une place de choix dans le manuel. « L'Europe est la plus petite des cinq parties du monde, mais c'est la plus puissante, la plus civilisée et relativement la plus peuplée. Dieu n'a pas donné à l'Europe les dimensions imposantes de l'Asie ou de l'Amérique ; simple presqu'île du continent asiatique, elle n'offrirait pas, dans toute sa surface, un bassin assez vaste au Nil, à l'Amazone ou au Mississipi ; mais telle est la puissance de l'esprit humain et de la civilisation chrétienne que cette médiocre péninsule est, depuis vingt siècles, le grand théâtre de l'histoire, et le centre du monde par ses arts, son commerce et son influence ; elle est en quelque sorte la métropole du genre humain. » (25)

« L'Europe est peuplée de race blanche. Si on excepte quelques races très anciennes qui ont été refoulées graduellement aux extrémités occidentales du continent (Basques, Celtes), la population de l'Europe appartient à trois familles principales », soit « gréco-latine, germanique et slave » (29). L'Europe dont la population équivaut au quart du total du globe est peuplée de « chrétiens à part 10 millions de musulmans, de juifs ou de païens ». Elle compte « 200 millions de catholiques, 130 millions de schismatiques et 110 millions de protestants » (30).

Du caractère des peuples slaves, le manuel parle peu. Il est vrai que « rien n'est si mêlé que les races, les langues et les peuples du nord-est de l'Europe : lors des grandes invasions, bien des troupes se sont arrêtées en chemin ou, ayant été refoulées, se sont fondues dans la population du pays » (51). Seuls les Polonais ont droit au paragraphe « Caractère ». Ils sont « gais et rêveurs, vaillants et généreux, épris d'idéal, très aptes aux sciences et aux arts ; la population ouvrière est remarquable d'endurance et de docilité » (53).

De la famille germanique, le groupe des Scandinaves reçoit des mentions élogieuses. « La Norvège forme un peuple de marins ; les descendants des anciens *northmen*, écumeurs de mer, ont gardé leur amour de la liberté et des aventures. » (55) Leurs voisins suédois « sont intelligents, sociables et polis. On les a appelés les Français du Nord : ils aiment à se faire donner ce titre, mais il leur manque pour le mériter : le soleil du Midi, les monuments curieux et le renom poétique. » (55) Leurs voisins finlandais qui, sans être scandinaves, partagent le même milieu géographique sont « blonds, de grande taille, ils forment un peuple de défricheurs laborieux et de marins habiles » (53).

« Au physique, l'Allemand est grand, fort, un peu épais, il a les cheveux blonds. Au moral, il est laborieux, économe et opiniâtre » (47) Son voisin, le Hollandais, « a la taille élevée, la peau blanche, les cheveux blonds, les yeux clairs. Il est réservé, taciturne comme son ciel, grand fumeur et grand buveur d'alcool. C'est un marin habile, un colonisateur adroit, un commerçant avide. » (45) Partagé entre « la race flamande » et « la race wallone », le Belge « combine l'opiniâtreté calme, persévérente et réfléchie des races germaniques, à la vivacité d'allure et d'intelligence des peuples latins » (45).

Une place de choix est réservée aux Îles britanniques qui, avec la France, ont droit à un chapitre entier dans le manuel. Après avoir célébré la constitution britannique, modèle de « la plupart des constitutions actuelles des États civilisés », l'excellente culture de son sol, le fait qu'elle est « la première puissance industrielle et commerciale qui fût jamais », l'auteur évoque le « caractère » de ses habitants : « Le peuple anglais a été façonné par le milieu physique. L'air est humide et lourd, le sol qu'il faut constamment draîner ou défricher pour l'empêcher d'être repris par la forêt ou le marécage, ont créé ou développé en lui certaines habitudes passées depuis longtemps dans le tempérament national ; par exemple le besoin d'une nourriture copieuse et fortement épicée, composée principalement de viande; l'usage des boissons fortes; l'obligation enfin d'avoir un logement bien clos et confortable: le *home* où se pratique le culte de la famille et du foyer. La santé menacée par le climat, il a dû se prémunir par l'exercice, le sport qui, à son tour, a contribué à donner au caractère anglais, la volonté, l'impassibilité, la ténacité et l'amour de la lutte, marques distinctives de cette race. » (33) Le déterminisme géographique marque aussi les habitants de la Verte Érin d'origine celtique: « Les brouillards fréquents et les pluies presque continuelles donnent à ce pays un aspect mélancolique qui a, peu à peu, passé dans le caractère de ses habitants. »

Les pays dits gréco-latins nous valent des stéréotypes aux traits accusés. « Le climat très varié de la Grèce a contribué à développer chez les Grecs les qualités les plus diverses: il a éveillé leur intelligence naturellement vive, fine et curieuse; c'est l'éclat de la lumière qui a fait des Grecs un peuple d'artistes, doués d'un sentiment exquis de la mesure et de la forme. » (58) Le Portugal connaît le sous-développement économique en partie à cause de traités trop favorables à l'Angleterre; dans cette « république unitaire encore mal établie », l'instruction est peu répandue: on y compte quarante pour cent d'illettrés. (43-44). « L'Espagnol est généralement de taille moyenne et bien fait; dénué d'embonpoint, il a le teint basané au sud, pâle ailleurs. Il est loyal, généreux, courageux, capable de grandes corruptions, mais il offre en même temps un singulier mélange d'indolence, d'orgueil et de passions violentes. » Sur l'Italie, le manuel est plus prolixe encore. Ce pays est « remarquable par ses arts, ses monuments anciens et par les souvenirs historiques ou religieux que son sol nous rappelle. Nulle part la peinture, la musique et la sculpture n'ont atteint une telle perfection. On vante avec raison le beau ciel d'Italie. » (40) Quant aux habitants, ils sont « sobres, gais, intelligents; ils excellent dans la musique, la peinture et la sculpture, mais ils sont vindicatifs, insouciants et, s'ils font d'excellents manœuvres, ils manquent d'audace ou d'énergie pour les grandes entreprises; ils ont, en général, une imagination vive et brillante, l'émotion facile et changeante. L'Italien est un artiste, ce n'est pas un savant ni un inventeur. » (40) Un développement est consacré à Rome, « métropole du monde catholique », et à ses monuments. L'édition de 1946 du *Cours complémentaire* renferme un chapitre sur l'État pontifical, « puissance dont l'étendue est toute en hauteur: [car] elle unit la terre au ciel » (65). On y rappelle qu'en 1870, « sous prétexte d'unifier les royaumes d'Italie, les États pontificaux longtemps convoités furent enlevés à l'Église. Le 11 février 1929, une entente entre la Papauté et le gouvernement d'Italie réparait l'injustice commise ». Et de terminer en citant Mussolini: « La Cité du Vatican est petite par le territoire, mais elle est grande moralement. »

Avec l'Angleterre, la France connaît de tous les pays d'Europe le plus long exposé. Issus de « trois souches principales: les Celtes, les Romains et les Francs », les Français parlent tous la langue française sauf quelques milliers de

Bretons, de Basques, de Flamands et d'Alsaciens qui, pour la plupart, « ajoutent à leur idiome particulier, la langue nationale » (37). « La France est placée sous un beau ciel, les étrangers aiment à y venir : l'Anglais, dit un proverbe, travaille chez lui et va se reposer en France. Le Français sait recevoir et aime à recevoir ; aussi la vie de société faite de politesse, de distinction, de finesse s'est-elle développée en France plus que partout ailleurs. Le Français est généreux, brave dans le danger, sa parole est facile, piquante et éloquente au besoin, son esprit est remarquable d'ordre, de clarté et de mesure. Sur le champ de bataille, c'est un soldat incomparable. Mais on reproche aux Français, avec raison, d'être légers, inconstants et trop amis du changement. » (38) Parmi les lieux importants, on ne manque pas de citer les provinces de Normandie, de Bretagne et de Picardie d'où « sont venus nos ancêtres », Saint-Malo, patrie de Jacques Cartier, Brouage, patrie de Champlain, Lourdes et Paray-le-Monial et la Basilique du Vœu national au Sacré-Cœur sur la colline de Montmartre, trois centres de pèlerinage fréquentés par les Canadiens. (38-39) Paris est « la plus belle ville du monde par ses monuments » et c'est « la métropole littéraire, scientifique et artistique du monde entier » (38).

Un ethnocentrisme satisfait

Les généralisations abusives, les stéréotypes grossiers et le déterminisme quelque peu primaire de ces manuels ont de quoi faire sursauter le lecteur de 1980, habitué à plus de sobriété dans les manuels en matière de jugements sur le « caractère » des peuples. La littérature géographique du XIXe siècle, héritière en la matière des récits de voyages, reste pleine de jugements sur les peuples au nom de la géographie « humaine ». Une science fille de la psychologie sociale s'élabore en Europe à la fin du siècle. Il en sortira du pire et du meilleur. Les uns s'en serviront pour exalter les différences qui enrichissent le genre humain ; d'autres pour mieux appuyer leurs hiérarchies des « races ». En France, le succès d'un ouvrage tel *Esquisse psychologique des peuples européens* du philosophe Alfred FOUILLÉE (Paris,, Alcan), qui connaît plusieurs éditions avant 1914, témoigne de la force du courant. L'entre-deux-guerres continue de vivre de cette science aux bases bien fragiles.

Les stéréotypes nationaux nous intéressent au moins à deux titres. D'une part, ils nous renseignent sur la vision du monde transmise à des générations d'écoliers avec la bénédiction des responsables de l'éducation du temps. D'autre part, ils nous mettent sur la piste de l'âme collective qui se révèle à travers les images de l'autre tant il est vrai que les stéréotypes constituent des repoussoirs ou des sources d'attractions dans la recherche de son identité collective.

Ce qui frappe, de prime abord, c'est la richesse des stéréotypes sur l'Europe. Plus de la moitié des jugements sur le caractère des peuples portent sur des Européens. Les peuples du Nord y sont représentés, à tout prendre, sous un jour nettement plus favorable que ceux du Midi. Aux premiers les qualités morales (politesse, économie, opiniâtreté, esprit de travail), aux seconds les dons culturels (sens artistique). Les vices sont réservés aux Méditerranéens (inconstance, insouciance, indolence, esprit de vengeance, orgueil et passions violentes). Tout au plus souligne-t-on discrètement que le Nordique aime l'alcool.

Comment s'expliquent ces traits ? Le climat y joue un rôle-clé. Le climat fait de lumière explique les qualités artistiques des Grecs. Seul le soleil manque aux Suédois pour en faire un peuple idéal. La Grande-Bretagne doit à son climat le *home*, le sport et les qualités morales de ses habitants. C'est le climat qui rend les Irlandais mélancoliques. Cependant, si le Canada « est un pays clair et gai ; [si] les journées de soleil sont plus nombreuses dans notre pays qu'en Angleterre ou en Allemagne » (26), l'auteur n'en tire aucune conséquence pour le caractère des habitants.

Quant au relief, il n'entre en jeu que sur les côtes. Les peuples du Nord se révèlent, grâce à leur exposition maritime, des « marins habiles ».

Ce déterminisme simpliste tourne un peu court. On ne trouve rien sur les ressources du sol et du sous-sol ou sur d'autres facteurs qui eussent pu « expliquer » d'autres traits de « caractère national ».

La géopolitique suggère des explications. L'Italie, en rivalité avec la France à la fin du dernier siècle jusqu'en 1914 au moins, est jugée sévèrement tandis que les alliés traditionnels, Pologne et Suède, sont fort prisés. L'auteur ou les auteurs du manuel sont ici nettement tributaires de sources françaises.

L'appartenance ou non au catholicisme ne semble pas jouer un rôle décisif dans les jugements d'ensemble, sauf peut-être en ce qui a trait aux Polonais qui ne sont décrits que sous des traits positifs. Les États-Unis de fondation protestante, la Grande-Bretagne protestante elle aussi, la Suède luthérienne sont fort bien traités. L'Italie et l'Espagne sont jugées avec une sévérité certaine tandis que le portrait du Mexique (où a eu lieu de 1910 à 1928 une révolution fortement anticléricale) n'a rien de reluisant.

Pourtant, les traits religieux de l'humanité sont très accusés. Quatre grandes religions se partagent le monde. Le Christianisme se divise en trois branches : l'Église catholique, « la seule véritable » (*Cours moyen*, 17), « la seule vraie » (*Cours complémentaire*, 42), l'Église grecque schismatique et l'Église protestante « née au XVIe siècle de la révolte de Luther contre l'autorité du Pape » (*Cours complémentaire*, 42). Le Judaïsme est la religion des Juifs qui attendent encore le Messie. Le Mahométisme, « fondé par un faux prophète appelé Mahomet » (*Cours moyen*, 17), est « un mélange grossier de pratiques chrétiennes, juives et païennes » (*Cours complémentaire*, 42). Le Paganisme « consiste à rendre à des objets créés un culte d'adoration qui n'est dû qu'à Dieu seul » (*Cours moyen*, 17). Dans le *Cours complémentaire*, on explique avec plus de précision les variétés de polythéismes.

Les formes politiques n'ont pas de rapports avec les caractères. L'État est « un territoire dont tous les habitants obéissent au même gouvernement ; ex. : l'Angleterre, la France, les États-Unis » (*Cours moyen*, 18). Les États connaissent diverses formes de gouvernement : monarchie, république, confédération... « Un État est une confédération lorsqu'il est composé de plusieurs États secondaires unis pour leurs intérêts communs, ex. : les États-Unis, le Canada, le Mexique. » (*Ibid.*) Si « presque tous les États sont aujourd'hui constitutionnels », il arrive qu'« en période difficile, on voit s'établir un gouvernement absolu sous forme de dictature. Telles sont actuellement (1934) les dictatures fasciste en Italie, hitlérienne en Allemagne, soviétique en Russie. » (43) Le *Cours complémentaire* apprend que « peuple ou nationalité » désigne « un groupe d'hommes dont le rassemblement a été favorisé par des circonstances historiques, par une communauté de langue, de religion, de mœurs et surtout par l'idéal d'un même avenir ». L'auteur précise : « En Europe, après la guerre, la langue est devenue le signe de la nationalité. Dans les pays neufs, la nationalité se base sur la foi en un même avenir. Ex. : bien que leurs origines historiques et religieuses soient fort diverses, Canadiens et Américains forment deux peuples dont le but est de mettre le plus possible leur pays respectif en valeur. » (43)

Si l'agriculture, « la source la plus abondante de revenus de notre Province » (194), occupe une place de choix dans le manuel qui compte un important chapitre sur la colonisation du Québec, aucune idéologie agriculturiste ne commande les jugements. L'exaltation des Anglo-Américains laisse au contraire percer une admiration pour le commerce et l'industrie qu'on retrouve dans les allusions favorables aux « marins habiles », aux « colonisateurs adroits » et aux « commerçants avides ».

À aucun moment il n'est fait appel à l'idée de race pour expliquer le « caractère ». On explique la diversité du peuplement terrestre comme suit : « Bien que tous les hommes descendent d'Adam et d'Ève, nos premiers parents, ils ne sont pas entièrement semblables parce qu'ils ont été changés par le climat des pays où ils se sont établis ; on les divise aujourd'hui en quatre grandes races, d'après la couleur du visage » (17, édition du *Cours moyen*) ; les quatre races sont la blanche, la jaune, la noire et la rouge. Dans le *Cours complémentaire*, on parle de trois races : blanche, jaune et noire, « la moins civilisée » précise l'auteur (41).

À travers ces traits multiples et parfois contradictoires par lesquels le Canada français se définit en décrivant les autres, il se dégage l'image assez nette d'un ethnocentrisme satisfait. Le catholicisme et la langue française, « à cause de sa clarté et de son élégance [...], ordinairement employée par les savants et à la cour des rois » (*Cours moyen*, 18), constituent les deux signes de l'identité canadienne-française. Le climat du Canada fait du Canadien français un Nordique plus qu'un Méridional. L'avenir de la collectivité passe par la pratique des vertus « anglo-saxonnes » sans pour cela renier les héritages catholiques et français.

Pierre SAVARD

Centre de recherche
en civilisation canadienne-française,
Université d'Ottawa.

NOTE DOCUMENTAIRE

Le Québec n'a jamais connu le système du manuel unique souhaité, par exemple, par des syndicalistes pour réduire les frais des parents dont les enfants passent d'une école à l'autre mais fortement combattu, autour de 1900, pour des raisons idéologiques : le danger que l'État n'impose par là une doctrine unique. La réalité est toutefois plus complexe. Les communautés religieuses qui, depuis le début du XXe siècle, dominent l'industrie du manuel scolaire en sont venues dans la pratique à se partager le marché suivant les disciplines. Aux Clercs de Saint-Viateur est dévolue l'histoire du Canada de l'école élémentaire aux classes de lettres du cours classique : le Farley-Lamarche vient en 1935 couronner l'édifice. Si le manuel de Mgr Camille Roy domine en littérature canadienne-française dans les classes du classique pendant des décennies, celui des Sœurs de Sainte-Anne, qui connaît des rééditions, occupe le marché des classes des couvents. Les Frères de l'Instruction chrétienne, quant à eux, monopolisent le secteur de l'anthologie au cours public avec les *Lectures littéraires* qui présentent des auteurs français et canadiens.

Les Frères Maristes, pour leur part, publient près d'une cinquantaine de manuels pour les cours primaire et secondaire entre 1891 et 1933 dans des matières comme la grammaire, la lecture, l'écriture, la comptabilité et la géographie. C'est sans conteste dans cette dernière discipline qu'ils vont connaître le plus grand succès. Leur premier cours de géographie en trois volumes destiné aux élèves de l'élémentaire et du secondaire sort des presses en 1908. En 1922 paraît le nouveau cours qui nous occupe ici. Voir sur ces questions : *Cinquantenaire de l'arrivée des frères maristes au Canada*, 1885–1935, s.l.n.d., 224p. (pp. 21-22). Dans les années 1940, les auteurs vont volontiers chercher l'expertise hors de la congrégation. L'abbé Th.-W. Lessard collabore à la préparation et à l'expérimentation du *Cours moyen* (4e et 5e années) publié en 1945 (voir l'avertissement du manuel). Benoît Brouillette est mis à contribution pour des chapitres sur la géographie générale dans l'édition de 1946 du *Cours complémentaire* (voir la préface du manuel).

Le succès de la collection s'explique en partie par son caractère moderne. La préface de l'édition de 1936 du *Cours complémentaire* célèbre « la netteté de l'impression, la pureté des lignes et la symphonie chantante des couleurs » réalisées dans une de « nos imprimeries les plus réputées ». La Maison Granger Frères déjà solidement installée dans le monde de l'édition du manuel scolaire ne ménage rien pour conserver à cette collection son caractère attrayant. La collection des Frères

Maristes se retrouve encore dans les écoles et les collèges classiques au milieu des années 1950. Elle sera peu à peu remplacée à la fin de cette décennie par la collection Pierre Dagenais, en trois volumes, au Centre de psychologie et de pédagogie. Dagenais s'est entouré d'un comité de rédaction qui regroupe tant des dynamiques jeunes professeurs de géographie que des géographes de profession blanchis sous le harnais de l'enseignement: le sulpicien Gérard Aumont, Ludger Beauregard, Benoît Brouillette, Pierre Camu, Paul-Yves Denis, Noël Falaise, Robert Garry, Fernand Grenier, Marc-Aimé Guérin, Louis-Edmond Hamelin, André Journaux, André Lefebvre, Louis Trotier.

Sur l'évolution de l'enseignement de la géographie entre 1930 et 1960 on consultera, entre autres: Benoît BROUILLETTE, « L'enseignement de la géographie. Un manuel nécessaire », *Revue dominicaine*, avril 1940: 171–182 (éloge de la collection Brunhes chez Mame pour les écoles primaires); Louis-Edmond HAMELIN, « Quelques aspects méthodologiques de l'enseignement de la géographie dans le Québec », *Culture, XVI*, 1955: 68–89 (l'auteur note que les Maristes poussés par la concurrence des manuels de Dagenais ont refait leur livre de 5e année); Fernand GRENIER, « La géographie au Canada français », *Cahiers de l'Académie canadienne-française*, 6, 1961: 121–131 et 150–151 (dénonce l'édition de 1949 du cours complémentaire des Maristes); Louis-Edmond HAMELIN, « Petite histoire de la géographie dans le Québec et à l'Université Laval », *Cahiers de géographie de Québec, VII*, 13, octobre–mars 1963: 137–152 (fournit l'arrière-plan utile de l'évolution de la discipline; pour Hamelin, les années 1942 à 1948 sont celles des précurseurs de la « géographie moderne » et la didactique allait suivre).

Sérieusement contestés dès les années 1930 par les psychologues sociaux comme les Américains Katz et Braly, les stéréotypes disparaissent peu à peu des manuels. L'action de l'UNESCO leur porte des coups solides. On s'étonne d'autant plus de trouver, exceptionnellement il est vrai, des passages de ce genre dans un manuel publié à Montréal en 1977 (Marc-Aimé GUÉRIN, *Petit manuel de géographie québécoise*, Montréal, Guérin, 151p.): « Il est bien connu des agents d'immeubles que Montréal appartient aux Juifs et il faut lever notre chapeau, paraît-il, devant les petits Juifs qui achètent de vieux immeubles à Montréal, les retapent et les louent au Service des affaires sociales de Montréal ou à l'Université du Québec à Montréal. » (P. 65.). Ou encore: « Les Italiens [...] s'entêtent à parler anglais parce que ce sont des commerçants et des arrivistes: des sortes de petits Juifs méditerranéens qui désirent parler le langage de l'argent américain qui est anglais. Montréal, pour un Italien, ne serait qu'un autre New York, qu'un autre Chicago: villes où ses ancêtres ou ses cousins ont organisé, en Amérique, leurs premiers *traffics* (de l'italien *traffico*, négoce plus ou moins louche... » (P. 81.) Sur la question des stéréotypes, on se reportera au manuel classique de Otto KLINEBERG, *Psychologie sociale* (Paris, 1963, traduction, souventes fois réédité). La revue *Ethno-psychologie, Revue de psychologie des peuples* dans sa trente-cinquième année en 1980 publie des articles intéressants tant pour le contenu que sur les méthodes. Au Canada, le *Canadian Journal of Ethnic Studies / Revue canadienne d'études ethniques* permet de suivre le mouvement scientifique. Voir aussi la riche bibliographie dans: John W. BERRY, Rudolf KALIN et Donald M. TAYLOR, *Attitudes à l'égard du multiculturalisme et des groupes ethniques au Canada*, Ottawa, 1977, xxvi + 375p.

MILIEU RURAL ET AGRICULTURE
ENTRE LE ROSE ET LE NOIR

L'évocation du monde rural a largement fait sourire quelques générations de Québécois, en particulier depuis la Deuxième Guerre mondiale. Par contre, depuis que nous avons réglé certains problèmes avec nous-mêmes, depuis que nous assumons davantage notre passé, notre intérêt pour le milieu rural a commencé à changer de nature. Au cours de cet essai, nous retrouverons cette trajectoire en retraçant l'évolution des représentations du milieu rural et de l'agriculture.

1. Dans un ouvrage du même genre que celui-ci, *Mélanges géographiques offerts à Raoul Blanchard*, publié en 1959, le géographe Pierre Dagenais signait un texte intitulé « Le mythe de la vocation agricole du Québec » et montrait que ce mythe était en complet désaccord avec les faits.[1] Il n'en demeure pas moins que cette idée a occupé pendant environ un siècle une place importante dans le paysage idéologique québécois et cela mérite que nous nous y arrêtions.

Cette idée est née vers le milieu du XIXe siècle, alors que notre histoire connaissait une de ses périodes les plus sombres : difficultés dans l'agriculture, émigration de nombreux Canadiens français aux États-Unis, contraintes politiques liées aux événements de 1837-1838. Ces années connurent aussi de profonds réalignements à l'intérieur de la société canadienne-française, tant au niveau idéologique qu'au niveau des rapports de pouvoir. L'Église catholique entrait dans sa phase triomphante et nouait des alliances avec la fraction modérée des membres des professions libérales.

Comment l'Église et ses alliés réagirent-ils à la situation pénible que connaissaient alors les Canadiens français ? Au lieu de sombrer dans le pessimisme ou au contraire de les inviter à entrer dans l'ère industrielle, ils optèrent pour une troisième voie : les Canadiens français devaient retourner à leur passé, s'en inspirer pour vaincre les difficultés du présent et se préparer ainsi un avenir reluisant. S'appuyant sur une lecture fortement idéalisée du passé, ils assignaient à la nation canadienne-française une vocation particulière.

---

1. Québec, Les Presses de l'Université Laval, 1959 : 193–201.

Il ne s'agissait pas d'abord pour elle de rechercher le succès économique, mais d'affirmer une présence française et catholique.

Cette mission à la fois religieuse et civilisatrice fut un élément très important du nationalisme canadien-français et on proposait au plus grand nombre possible la pratique de l'agriculture comme moyen par excellence de la remplir. Les textes vantant l'agriculture et la colonisation sont innombrables. Citons-en quelques-uns, étalés dans le temps, pour illustrer la continuité de l'idée.

> « Après et avec la religion, tous ceux qui se sont intéressés au bonheur vrai du peuple canadien, le prêtre avant tout, ont eu soin de favoriser chez lui par tout moyen ses dispositions vertueuses et sa vocation agricole : deux ordres de choses liés entre eux plus étroitement qu'on ne le pense généralement, et qui cependant, entretenus avec zèle et constance, assureront toujours à ce bon peuple un état moral et social digne de ces heureuses inclinations... Ajoutons que son bonheur politique est aussi lié intimement à sa vocation agricole. Livré aux travaux des champs, il saura mieux que personne défendre le sol qui le nourrit. » [2]

> « Il n'est pas nécessaire que nous possédions l'industrie et l'argent. Nous ne serions plus des Canadiens français mais des Américains à peu près comme les autres. Notre mission est de posséder la terre et de semer des idées. Nous accrocher au sol, élever des familles nombreuses, entretenir des foyers de vie intellectuelle et spirituelle, tel doit être notre rôle en Amérique. » [3]

> « Notre participation au commerce et à l'industrie, au grand commerce et à la grande industrie... est modeste... En revanche, nous possédons le sol... Le sol agricole c'est notre grande richesse, notre meilleure contribution à la vie économique de la Province, le fonds solide de notre fortune, le principe de notre stabilité sociale, l'explication de notre survie, le gage de notre avenir. » [4]

Selon les circonstances et les auteurs, la vocation agricole du Québec était justifiée de façons différentes. Nous pouvons retenir au moins quatre types de justification : économique, historique, morale et théologique.

Justification économique. On posait comme principe que l'agriculture est à la base de toute l'activité économique. « La sagesse des temps a donc eu raison de formuler comme premier axiome d'économie politique que l'agriculture, c'est-à-dire les produits de la terre sont bien réellement la source, la base et le fondement de la prospérité générale d'une société. » [5] Quatre-vingts ans plus tard, nous rencontrons encore la même idée s'inspirant de la doctrine des

---

2. *Gazette des campagnes*, 8 avril 1862. Cité par Pierre GALIPEAU, « La Gazette des campagnes », *Recherches sociographiques, X*, 2-3, 1969, p. 296.

3. Extrait d'un article de Jules-Paul Tardivel dans son journal *La Vérité*, 1902. Cité par Michel BRUNET, *La présence anglaise et les Canadiens*, Montréal, Beauchemin, 1958, p. 163.

4. Esdras MINVILLE, *L'Agriculture*, Montréal, Fides et École des hautes études commerciales, 1943, p. 8.

5. *Nouveau Monde*, 2 décembre 1868. Cité par Nadia F. EID, *Le clergé et le pouvoir politique au Québec, une analyse de l'idéologie ultramontaine au milieu du XIXe siècle*, Montréal, Hurtubise HMH, 1978, p. 243.

physiocrates : « M. Duplessis a tenu à rappeler que l'agriculture a toujours été le fondement de la prospérité et de la stabilité de l'économie d'un pays. C'est une vérité fondamentale qu'on est porté à oublier. »[6]

Justification historique. Les peuples dont l'histoire a retenu les noms étaient avant tout des peuples d'agriculteurs. Il en serait de même pour les Canadiens français.

> « Restez attachés à la terre qui a fait jusqu'ici notre force et qui demeure notre grand espoir. C'est par elle que le peuple canadien assurera son avenir. Nous sommes un peuple essentiellement agricole par vocation. Tout drainage de nos populations rurales vers les villes est un ralentissement de notre évolution naturelle. »[7]

> « À notre peuple, plus qu'à tout autre, s'adresse la leçon de l'histoire : toutes les nations qui ont négligé la culture de leur sol n'ont pas tardé à déchoir ou à disparaître. »[8]

Justification morale. L'agriculture était une garantie de stabilité pour la société, elle la mettait à l'abri des troubles sociaux ; les agriculteurs étaient indifférents à « tous les ismes, qu'ils soient de communisme, de socialisme, de facisme ou autre », « en un mot, la ferme produit un meilleur citoyen ».[9] En bref, « rien comme l'agriculture pour former un peuple moral, robuste, religieux, invincible, immortel ».[10]

Justification théologique. Deux vocations découlaient directement de la volonté de Dieu, le sacerdoce et l'agriculture.

> « L'agriculture, mais c'est la première vocation donnée à l'homme par le Créateur. L'agriculteur fait justement sur ce champ de labeur ce que le Créateur lui a commandé pour suivre le cours d'une vie digne et honorable. Dans la poursuite de son propre avenir, il remplit un emploi qui lui a été imposé dès le commencement, il exécute en même temps le plan divin ; voilà pourquoi son état est si noble. »[11]

> « ... vous tous, courageux laboureurs de nos campagnes, heureux semeurs de blé, vous êtes les collaborateurs de Dieu. Soyez fiers de votre vocation. Dieu vous aime et vous bénit, parce que vous avez conservé, pure et vigoureuse, au milieu de nous, la foi de nos pères. »[12]

La majorité de la population était urbaine depuis un bon moment et occupait des emplois industriels et commerciaux lorsque l'Église, par exemple,

---

6. *Terre de chez nous*, 24 octobre 1951.

7. Extrait d'une lettre pastorale de l'archevêque de Québec, 1923. Cité par Jean HULLIGER, *L'enseignement social des évêques canadiens de 1891 à 1950*, Montréal, Fides, 1958, p. 16.

8. Albert RIOUX, *Le problème rural*, Québec, Commission royale d'enquête sur les problèmes constitutionnels, 1955, Annexe 7, pp. 22-23.

9. *Terre de chez nous*, 29 septembre 1943 et 23 janvier 1952.

10. *Bulletin des agriculteurs*, 7 août 1924.

11. *Bulletin de la ferme*, mars 1914.

12. Mgr Alexis-Xyste BERNARD, évêque de Saint-Hyacinthe, dans une lettre circulaire à son clergé à l'occasion du congrès de l'Association catholique de la jeunesse canadienne-française, 1916, dans : *Le problème agricole. Rapport officiel du congrès agricole tenu par l'A.C.J.C., à Saint-Hyacinthe du 30 juin au 3 juillet 1916*, Montréal, Bureau de l'A.C.J.C., 1918, pp. 12-13.

changea sa position quant à l'industrialisation et à l'urbanisation, non sans une certaine pointe de nostalgie d'ailleurs.

> « Si la vie ouvrière des villes, dans les conditions où elle s'est développée dans le passé, s'est montrée moins saine et moins protectrice des valeurs humaines que la vie rurale, il ne faudrait pas croire qu'elle est nécessairement meurtrière des âmes. La ville et le travail industriel ne sont pas en dehors du plan de Dieu et ne conduisent pas fatalement au matérialisme et à la déchristianisation des âmes. Le milieu ouvrier et industriel peut être sanctificateur. » [13]

2. L'idée de vocation agricole du Québec ne faisait pas l'unanimité. De nombreux écrits sur le Québec laissent pourtant l'impression contraire, où on le présente comme ayant longtemps été conservateur, traditionnaliste et parfaitement homogène. En fait, cette homogénéité a toujours été davantage souhaitée que réelle, mais ce souhait a été exprimé si souvent que certains en sont venus à penser qu'il correspondait à la réalité. Il faut aussi souligner que plusieurs de ces écrits avaient autant, sinon plus, un caractère politique que scientifique, ce qui les justifiait de tracer un tableau un peu rapide et sans nuances du passé et du présent pour mieux faire sentir le besoin de changement.

Pendant la longue période au cours de laquelle elle fit partie du paysage idéologique québécois, l'idée de la vocation agricole rencontra peu d'adversaires déclarés. Le fait qu'elle était largement soutenue par l'Église lui assurait une bonne protection, compte tenu de l'influence qu'exerçait alors cette dernière. Plusieurs n'en pensaient pas moins différemment.

Déjà au XIXe siècle, plusieurs hommes politiques québécois s'intéressaient à l'industrialisation de la province. C'est ainsi que J.-A. Chapleau déclarait en 1869 :

> « C'est en vain qu'on nous dira que le Bas-Canada est un pays essentiellement agricole ; c'est une erreur. Un pays qui a six ou sept mois d'hiver n'est pas, ne peut être essentiellement agricole. Ayez des manufactures, et vous utiliserez la moitié de l'année que l'agriculture perd presque complètement ; ayez des manufactures, et vous retiendrez ceux qui n'aiment pas la culture ; ayez des manufactures, et vous permettrez au jeune homme laborieux et économe de ramasser des économies pour aller ensuite affronter les misères de la forêt. » [14]

Tout autant que l'agriculture et la colonisation, l'industrialisation du Québec était perçue par certains hommes politiques, dès le début de la Confédération, comme une façon d'enrayer l'émigration. Même si l'affirmation de la vocation agricole du Québec se fit par la suite plus insistante, en particulier à la fin du XIXe siècle et au début du XXe, on n'en continua pas moins de souhaiter l'industrialisation, ce que nous indiquent certains écrits de

---

13. Extrait d'une lettre pastorale collective sur le problème ouvrier, publiée en 1950. Cité par Jean HULLIGER, *op. cit.*, pp. 313-314.

14. Cité par Marcel HAMELIN, *Les premières années du parlementarisme québécois (1867–1878)*, Québec, Les Presses de l'Université Laval, 1974, p. 78.

l'époque comme, par exemple, *L'indépendance économique du Canada français* d'Errol Bouchette. Ce fut surtout le cas des libéraux qui occupèrent sans interruption le pouvoir à Québec de 1897 à 1936 ; leur orientation recevait donc un certain appui de la population. Ils sollicitaient la venue de capitaux étrangers pour développer l'industrie et à ceux qui le lui reprochaient, le premier ministre Taschereau répliquait qu'il préférait importer des capitaux qu'exporter des Canadiens français.

Même chez les nationalistes, en particulier dans les années 1920, certains étaient ébranlés dans leurs convictions, face à la situation économique difficile. D'une part, ils percevaient bien que l'agriculture ne pouvait pas régler tous les problèmes ; d'autre part, ils craignaient que l'industrialisation réalisée en grande partie par des étrangers ne vienne augmenter la dépendance des Canadiens français en plus de mettre en danger leurs caractéristiques nationales propres. L'industrialisation serait plus facilement acceptable si ces derniers y jouaient un rôle intéressant. Aussi suggérait-on le développement de petites et moyennes entreprises, davantage en accord avec les possibilités des Canadiens français. Mais quand survint la crise économique des années 1930, les nationalistes retournèrent rapidement à l'idée de la vocation agricole et prônèrent le retour à la terre.[15]

3. La vocation agricole était proposée à partir d'une lecture mythique de l'histoire selon laquelle les ancêtres seraient venus pour établir d'abord une colonie agricole. Cela était largement vrai d'une des deux visions qui inspiraient l'action de la France en Amérique, celle qui souhaitait édifier une société vouée surtout à une mission religieuse et civilisatrice et où les activités économiques auraient été subordonnées à cette fin ; les fondateurs de Montréal se situaient dans cette perspective. La seconde convoitait d'abord les immenses richesses de ce territoire neuf, était surtout intéressée par le commerce des fourrures et se souciait peu de l'établissement d'une population. Cette dernière orientation l'emporta vite sur la première.

Quant aux colons, ils appréciaient doublement la traite des fourrures, parce qu'elle était payante et aussi parce qu'elle leur permettait de vivre dans la liberté des bois une complète indépendance. Nombreux étaient d'ailleurs ceux qui la préféraient à la pratique de l'agriculture, à tel point que les autorités durent réglementer sévèrement la traite, afin de garder les hommes au travail de la terre. À mesure que les territoires de traite s'éloignèrent des régions habitées, on s'orienta davantage vers l'agriculture, beaucoup plus parce qu'il n'y avait guère d'autres possibilités que par un véritable intérêt. Il n'y a d'ailleurs là rien pour surprendre car les trois quarts des immigrants venus de France n'avaient aucune expérience agricole.[16]

---

15. Au sujet de ces tensions idéologiques durant le premier tiers du XXe siècle, voir : Yves ROBY, *Les Québécois et les investissements américains (1918–1929)*, Québec, Les Presses de l'Université Laval, 1976, xii+250p.

16. Marcel TRUDEL, *Initiation à la Nouvelle-France*, Montréal, HRW, 1971, p. 219.

Durant le Régime français, l'agriculture en fut généralement une d'auto-subsistance, non pas que les colons aient choisi ce type, mais qu'est-ce qui aurait pu les inciter à agir autrement? Comme il n'y avait à peu près pas de marchés, comment auraient-ils pu pratiquer une agriculture commerciale? C'est l'absence de débouchés, au moins autant qu'une mentalité autarcique, qui orienta les colons vers ce type d'agriculture et qui entraîna l'autosubsistance à prendre place parmi les traits culturels des Canadiens français. Cela fut bien plus le résultat des circonstances, contre lesquelles les colons ne pouvaient rien, que la conséquence de prédispositions particulières. D'ailleurs, ils n'hésitaient pas, par exemple, à augmenter leur production de blé lorsque des possibilités de vente s'offraient à eux comme ce fut le cas au début du XVIIIe siècle, alors que la France a connu plusieurs mauvaises récoltes.[17]

L'agriculture d'autosubsistance domina aussi longtemps sous le Régime anglais, ce qui permit à de nombreuses déficiences de s'installer dans les façons culturales des Canadiens français. Une enquête menée en 1850 souligna que les deux principaux défauts de l'agriculture étaient le manque d'engrais et le manque de rotation. Elle rappela aussi les problèmes causés par les mauvaises herbes, l'insuffisance des fossés et des rigoles d'égouttement, les mauvais labours et les instruments aratoires démodés.[18] Ces remarques illustrent bien l'absence de tradition agricole chez les agriculteurs canadiens-français.

Une agriculture industrielle existait au milieu du XIXe siècle, mais elle était pratiquée par une élite, surtout canadienne-anglaise, en particulier dans la région de Montréal et dans les Cantons de l'Est.

Au lieu d'améliorer leur pratique agricole pour augmenter leurs revenus, les Canadiens français préférèrent chercher ailleurs un supplément. Ils le trouvèrent dans le travail forestier comme ils l'avaient trouvé autrefois dans la traite des fourrures. Avec le XIXe siècle, en effet, d'importants capitaux britanniques furent investis dans le domaine forestier et les Canadiens français fournirent la main-d'œuvre.

On préférait donc le travail salarié, même si le commerce du bois offrait alors de nouveaux débouchés pour les produits agricoles. Un tel fait, s'ajoutant à ce que nous avons déjà énoncé, nous indique que les Canadiens français n'avaient pas un penchant particulier pour l'agriculture et nous explique un peu comment ils cherchaient à s'en échapper à la moindre occasion.

Cela n'a pas de quoi nous surprendre, car ils ne choisirent pas l'agriculture mais, comme sous le Régime français lorsque les territoires de traites s'éloi-gnèrent, ils y furent de nouveau poussés après la Conquête. Ils furent alors

---

17. *Histoire du Québec*, sous la direction de Jean HAMELIN, Saint-Hyacinthe et Toulouse, Édisem et Privat, 1976, pp. 195ss.

18. Marc-A. PERRON, *Un grand éducateur agricole, Édouard-A. Barnard, 1835–1898*, (s.l.n.é.), 1955, pp. 12-13.

« refoulés dans l'agriculture », les nouveaux maîtres anglais s'étant réservé à peu près toutes les autres activités économiques.[19]

Le travail en forêt joua un rôle particulièrement grand dans les régions ouvertes à la colonisation à partir de 1850. Souvent d'ailleurs, la colonisation suivait l'exploitation forestière. Cette dernière offrait aux colons une source de revenu que leur refusait encore le travail de la terre, mais en même temps elle les détournait de l'agriculture. Beaucoup s'y laissèrent prendre d'autant plus facilement que les véritables motivations agricoles étaient souvent faibles.

Après la Deuxième Guerre mondiale, la demande pour les produits forestiers était trop grande pour ce qui pouvait être satisfait en suivant la méthode traditionnelle : coupe du bois en automne et en hiver et selon un procédé artisanal. L'allongement de la période de coupe ne régla pas le problème car l'offre de main-d'œuvre diminua. Nous savons en effet que le travail en forêt était pour une bonne part effectué par des agriculteurs ou des fils d'agriculteurs et, en allongeant la période de coupe, on empiétait sur le temps réservé aux activités agricoles. Il fallait donc faire un choix entre l'agriculture et le travail en forêt. Dans les régions périphériques en particulier, nombreux furent ceux qui optèrent pour ce dernier, abandonnant parfois même complètement leur ferme. Ils devinrent de véritables professionnels de la forêt.

La principale façon d'échapper à l'agriculture fut l'exode rural. En effet, aux appels à se diriger vers les régions de colonisation pour solutionner le problème de l'engorgement de la zone seigneuriale, les Canadiens français répondirent surtout par l'émigration vers les villes et, en particulier, jusqu'en 1930, vers les villes américaines.

Aux raisons invoquées pour expliquer cet exode rural : pressions démographiques, manque de terre, faible rentabilité de l'agriculture ou encore peu de possibilités d'emplois à la campagne, nous ajouterions, outre le fait déjà énoncé que les Canadiens avaient davantage été choisis par l'agriculture que l'inverse, que c'était là un bon moyen pour eux d'échapper à l'influence et au contrôle des élites traditionnelles et plus particulièrement du clergé. Si la période 1850–1950 a souvent été présentée comme en ayant été une de grande homogénéité, ceux qui ont creusé un peu, recueilli par exemple des témoignages oraux auprès de personnes âgées, savent que cette homogénéité était loin d'être complète. La contestation, quoique moins apparente que durant la période précédente, n'en existait pas moins. L'exode était une contestation en soi et de plus permettait de trouver un lieu où continuer d'exprimer sa différence.

Qu'est-ce qui poussait l'élite nationaliste canadienne-française, dont une bonne partie de ses membres habitaient la ville, à retenir si fortement l'idée de la

---

19. Maurice Séguin, « La conquête et la vie économique des Canadiens français », dans : R. Durocher et P.-A. Linteau (éds), Le « retard » du Québec et l'infériorité économique des Canadiens français, Montréal, Boréal Express, 1971 : 93–111.

vocation agricole du Québec dans son projet d'ensemble ? Marcel Rioux a parlé d'une idéologie de conservation pour caractériser le principal courant idéologique de la période 1850–1950.[20] La vie rurale était en effet présentée comme le meilleur moyen pour la nation canadienne-française non seulement de remplir sa mission, mais aussi de préserver ses traits caractéristiques. Mais n'était-ce pas aussi un bon moyen que se donnait l'élite pour conserver son pouvoir ? Si le projet se présentait sous une forme utopique, orienté vers une situation qui aurait été favorable à l'ensemble de la population, il avait au moins autant un caractère idéologique, orienté vers la protection de certains privilèges pour l'élite. Nous pouvons nous demander s'il ne renfermait pas un but non avoué : conserver à l'élite canadienne-française le pouvoir religieux, intellectuel ou politique qu'elle exerçait sur ses compatriotes. Ce pouvoir était beaucoup plus facile à conserver dans les campagnes que dans les villes, car il n'y était pas disputé par le pouvoir économique anglo-saxon, la tradition y avait encore sa force et le contrôle social y était plus agissant.

Chez ceux qui restèrent dans le milieu rural, les représentations qu'ils se faisaient de la vie urbaine étaient très différentes de celles de l'élite. Cette dernière avait souvent une vision en noir de la ville et une vision en rose de la campagne, tandis que chez les premiers c'était plutôt le contraire.

4. Les nombreux ruraux qui quittaient la campagne pour la ville espéraient y trouver mieux que ce qu'ils avaient connu et, le plus souvent, ils ne transportaient pas tellement de bons souvenirs avec eux. Étant donné l'importance de l'exode rural dans la composition de la population urbaine, cela devait marquer les représentations que les urbains se faisaient du milieu rural et de l'agriculture. Dans la plupart des cas, elles les conduisaient au mieux à l'indifférence et au pire à un certain mépris.

Non seulement le peuple des villes se désintéressait du monde rural, mais il sera largement rejoint par la classe intellectuelle, surtout après la Deuxième Guerre mondiale, à partir de la critique du nationalisme canadien-français. On lui reprochait son conservatisme, son incapacité à assurer l'avenir du Québec. Certains, par exemple à l'intérieur du groupe de *Cité libre*, iront même jusqu'à condamner toute forme de nationalisme.

La critique du nationalisme rejoignait les divers éléments de son contenu dont l'idée de la vocation agricole du Québec. Dans le feu de la critique, on en vint toutefois à confondre deux réalités pourtant bien distinctes, à savoir une idéologie véhiculée par une élite en grande partie urbaine et la vie quotidienne des ruraux. Ce qui conduisit non seulement au rejet de la vocation agricole, mais aussi à un désintéressement marqué pour les problèmes du milieu rural et de l'agriculture. Selon le dicton populaire, on jetait le bébé avec l'eau du bain.

---

20. Marcel RIOUX, « Sur l'évolution des idéologies au Québec », *Revue de l'Institut de sociologie*, Université Libre de Bruxelles, 1, 1968 : 95–124.

Il fallait désormais penser l'avenir du Québec dans une perspective urbaine et industrielle, car là était le moderne, là était le progrès. Cette orientation urbaine se retrouva par exemple dans l'expérience du Bureau d'aménagement de l'Est du Québec qui pourtant était une expérience de développement rural et qui en vint à proposer la fermeture de nombreuses municipalités rurales et la relocalisation de leurs populations dans des centres davantage urbanisés. D'autres organismes ont proposé des solutions semblables pour des municipalités de l'Abitibi et du Lac-Saint-Jean. Mais les populations visées ont fortement réagi et pris en charge leur avenir. On y vit actuellement diverses expériences de revalorisation du milieu, en particulier de développement agroforestier, qui auraient été difficilement pensables quelques décennies plus tôt.

L'analyse de la situation sous-jacente à cette vision urbaine de l'avenir du Québec était largement teintée d'économisme et, de plus, on utilisait une science économique bien plus apte à rendre compte des problèmes industriels et urbains que des problèmes agricoles ou, plus généralement, de l'ensemble des problèmes du milieu rural. Il y a, par exemple, des contraintes propres à l'agriculture, comme le temps et l'espace, que la science économique ignore souvent. De plus, cette dernière a tendance à ne considérer que la fonction de production de biens alimentaires du monde rural, négligeant des fonctions davantage sociales, comme les loisirs ou la préservation de la nature.

Cette vision urbaine est encore assez forte pour empêcher une bonne partie de la population de constater que le milieu rural a profondément changé au cours des dernières décennies, que l'agriculture n'est plus un genre de vie mais est devenue une véritable activité économique et que le milieu rural se diversifie de plus en plus, qu'il n'est plus seulement un milieu agricole.

5. Depuis une vingtaine d'années, nous assistons à un renouveau du nationalisme. Au nationalisme canadien-français, surtout culturel, s'est ajouté un nationalisme québécois, beaucoup plus global, qui assume la modernité mais qui n'en renoue pas moins avec le passé. Ce nouveau nationalisme a suscité un profond courant de retour aux sources : goût plus marqué pour l'étude de l'histoire, retour à la pratique des métiers artisanaux, chasse aux vieux meubles ou encore regain d'intérêt pour le folklore.

Regain d'intérêt aussi pour l'agriculture et le milieu rural en général. Cela est d'ailleurs d'autant plus ressenti par les ruraux qu'ils connurent pendant de nombreuses années l'indifférence de la majorité de la population urbaine. Cette situation nouvelle n'est probablement pas sans relation, par exemple, avec le fait que depuis quelques années la relève agricole est assurée plus facilement. L'agriculture n'est plus perçue comme dévalorisée et dévalorisante par de nombreux jeunes ruraux.

Si ce regain d'intérêt se retrouve jusqu'à un certain point dans l'ensemble de la population, il est davantage présent au niveau de l'État. Cela n'est certainement pas étranger au fait qu'un parti nationaliste occupe le pouvoir. Rappelons-nous, par exemple, l'opposition des autres partis à une loi aussi importante que la loi pour la protection du territoire agricole.

Les partis politiques ayant eu des préoccupations nationalistes, que ce soit l'Union nationale, le Parti libéral du temps de la Révolution tranquille ou le Parti québécois, ont habituellement porté une attention plus marquée au milieu rural et à l'agriculture. Cette attention a évidemment varié avec les époques. Du temps de l'Union nationale, l'agriculture était surtout perçue comme un genre de vie, d'où une politique gouvernementale qui en était plutôt une de « sécurité sociale ». Par la suite, et surtout depuis quelques années, l'agriculture est davantage perçue comme une activité économique, d'où une politique gouvernementale dans une perspective de développement économique.

6. L'intérêt nouveau pour le milieu rural et l'agriculture ne s'explique évidemment pas seulement par le nationalisme. Il faut aussi tenir compte du courant écologique et du mouvement de retour à la nature qui, eux, ne sont pas uniquement québécois mais occidentaux.

Chez certains, le goût de la nature est assez fort pour les conduire à un nouveau retour à la terre, le plus souvent comme lieu de résidence, mais parfois aussi pour y pratiquer l'agriculture. Comme les élites nationalistes d'autrefois, ils percevaient la ville en noir et la campagne en rose, mais quelle n'est pas leur surprise en arrivant à la campagne d'y découvrir, bien que ce soit moins dense, plusieurs des maux écologiques qu'ils dénonçaient à la ville, en particulier la pollution de l'air et de l'eau.

Nourris par leur vision idyllique, ils n'ont pas remarqué eux non plus que le milieu rural avait changé et que l'agriculture n'était plus un genre de vie, mais était devenue une activité industrielle et commerciale. Espérant rencontrer chez les agriculteurs des personnes aptes à partager leurs aspirations, ils font plus souvent qu'autrement naître chez eux de la suspicion quand ce n'est pas de l'aversion. L'incompréhension ville-campagne est maintenant vécue à l'intérieur même du milieu rural.

Ce texte dont on voudra bien reconnaître le caractère exploratoire ouvre au moins deux pistes de recherche. Une première qui serait une sociologie historique du Québec rural. Une seconde qui viserait à étudier les représentations que les urbains et les ruraux ont tant de leur propre milieu que de l'autre milieu. J'espère pour ma part explorer davantage ces deux voies.

Claude BEAUCHAMP

Département de sociologie,
Université Laval.

L'UNIVERS DES ASPIRATIONS
DES FAMILLES QUÉBÉCOISES:
1959, 1977

S'inspirant d'une riche tradition sociologique, Marc-Adélard Tremblay et Gérald Fortin ont réalisé en 1959 une enquête d'envergure sur les budgets, les conditions de vie et les modes de vie des familles québécoises francophones. Il s'agit là de la première grande recherche empirique menée au Québec à l'échelle de la société globale, dont les résultats ont été publiés dans leur monographie *Les comportements économiques de la famille salariée au Québec.*[1] Vingt ans plus tard, ce travail reste fort pertinent pour au moins deux raisons. On y retrouve d'abord une problématique sociologique originale pour l'étude des besoins, aspirations et privations des familles, problématique qui a peu vieilli et qui nous semble encore féconde pour la recherche, en particulier à cause de la rigueur logique de sa construction. Mais surtout, en proposant une analyse empirique très riche sur les familles québécoises à la fin des années cinquante, à l'aube de transformations sociales majeures, cette monographie peut servir de point de référence privilégié pour l'étude des changements sociaux survenus au Québec depuis une vingtaine d'années.

C'est cette analyse comparative que nous esquisserons dans le présent texte. Mais avant de préciser le problème qui retiendra notre attention, rappelons brièvement l'essentiel de la problématique de Tremblay et Fortin, construite autour du concept de besoin. Rejetant l'approche de la psychologie (centrée sur l'étude des tendances et des besoins innés ou fondamentaux) ou de l'économique (pour qui le besoin est déterminé par la demande solvable), les auteurs insistent plutôt sur le processus de construction des besoins sociaux qui sont dépendants de la définition que donne chaque famille de sa situation et de ses normes. Les besoins ne peuvent pas être appréhendés — ou mesurés comme on dit maintenant dans les appareils — de l'extérieur. Ils sont socialement construits par les acteurs en fonction de leur position dans une société donnée. « La véritable question que soulève la notion de besoin est donc celle de la norme et aussi de la définition de cette norme. [...] Plutôt que ce qui est

---

1. Québec, Les Presses de l'Université Laval, 1964.

nécessaire à un individu ou à un groupe, le besoin est donc *ce qui est jugé nécessaire*. [...] Ainsi, pour nous, ce qui est jugé nécessaire par l'individu a son fondement dans le système de valeurs et de normes culturelles du groupe auquel il appartient. » [2]

Opératoirement, Tremblay et Fortin ont cherché à déterminer « le milieu ou le groupement qui est le plus significatif pour la famille, c'est-à-dire celui qui définit les besoins et règle les moyens de les satisfaire » (p. 32). Trois hypothèses, puisées dans trois traditions sociologiques différentes, s'offraient à eux pour identifier les groupements significatifs susceptibles de correspondre à la structure des besoins des familles : les classes sociales (Halbwachs), le revenu ou la strate socio-économique (Dupectiaux, Engel) et le milieu socio-écologique (Redfield, l'École de Chicago, Chombart de Lauwe). [3]

À la suite de leur analyse empirique, Tremblay et Fortin ont retenu *le revenu* comme principal facteur de structuration des besoins et des attitudes des familles. D'où le diagnostic d'ensemble qu'ils ont porté sur la société québécoise au début des années soixante :

> « Il semble que la société canadienne-française forme de plus en plus un milieu homogène soumis à un même système de valeurs et de normes. Les différences culturelles entre le milieu rural et le milieu urbain ou entre les groupes d'occupation sont en voie de disparaître si elles ne sont pas déjà disparues complètement. Seul le revenu qui permet une participation plus ou moins grande à une culture de masse demeure un facteur important de différenciation sociale. » (P. 91.)

> « Le facteur principal qui influe sur le comportement de consommation des familles salariées est le revenu disponible. » (P. 125.)

D'après N. Gagnon, cette observation de Tremblay et Fortin est capitale, car elle devait conduire à la remise en question de la célèbre opposition entre le rural et l'urbain — qui tenait lieu en quelque sorte de paradigme pour l'analyse du Québec comme société globale — et ouvrir la voie à un autre paradigme définissant le Québec en termes de culture pré-industrielle, industrielle et post-industrielle. [4]

Dans la problématique de Tremblay et Fortin, le concept de besoin est logiquement relié à celui d'aspiration. « Tous les biens ne sont pas jugés nécessaires, certains sont jugés seulement désirables. C'est sur ce degré d'intensité que nous avons fondé une distinction entre besoin et aspiration. [...] L'aspiration au sens strict où nous l'emploierons est ce qui est souhaitable et réalisable.

---

2. Marc-Adélard TREMBLAY et Gérald FORTIN, *op. cit.*, pp. 30 et 31.

3. Tremblay et Fortin font aussi référence à l'hypothèse de Roseborough qui affirme que « la société globale est plus déterminante que chacun de ses sous-groupes » (p. 32) sans toutefois la retenir car elle n'est pas congruente avec leur définition des besoins qui sont constitués d'après les normes des groupes.

4. Voir : Nicole GAGNON, *La sociologie au Québec*, Département de sociologie, Université Laval, 1980, (notes ronéotypées).

L'aspiration prend donc naissance dans un bien désiré, conçu comme accessible. » (P. 34.) Cette distinction entre besoins et aspirations s'inspire de
l'hypothèse, avancée par S. Moscovici et F. Columelli, que les aspirations ne
peuvent pas se former si les besoins subjectivement définis ne sont pas
comblés.

> « Il apparaît qu'à partir d'un certain seuil que nous désignerons comme un *seuil
> d'anticipations*, l'individu passe de l'univers des besoins, caractérisé par une étroite détermi-
> nation de la conduite, à l'univers des motivations où le domaine des possibilités élargit
> l'horizon étroit du nécessaire. »[5]

D'après cette hypothèse, certaines familles sont prisonnières de l'univers des
besoins, préoccupées avant tout par la recherche de ressources permettant tout
juste de combler les besoins subjectivement définis. D'autres familles peuvent
au contraire se projeter dans l'avenir et faire des projets, entre autres parce
qu'elles ont la possibilité objective de le faire.

Pour Tremblay et Fortin, le revenu familial joue aussi un rôle déterminant
dans la formation des aspirations. La famille doit disposer d'un minimum de
revenus pour voir au-delà de l'horizon du nécessaire. S'il est une condition
nécessaire à l'élaboration des aspirations, le revenu familial minimum n'est
cependant pas une condition suffisante puisque d'autres facteurs interviennent
en même temps que le revenu pour structurer la définition que donne la famille
de sa situation et pour orienter son action. Ils insistent en particulier sur
l'histoire de la famille.[6]

Position des acteurs dans la société globale et histoire personnelle nous
semblent être les deux pôles, dans la problématique de Tremblay et Fortin, à
partir desquels les familles définissent leur situation et élaborent leurs normes,
donc à partir desquels se forment leurs besoins et leurs aspirations.

Une typologie des aspirations des familles

Nous nous limiterons dans les pages qui suivent à l'analyse des aspirations
des familles. Ce n'est pas l'objet des aspirations qui retiendra notre attention
mais plutôt la capacité qu'ont les familles à se projeter dans l'avenir ou la
possibilité qu'elles ont de formuler des projets définis comme réalisables.

---

5. Serge MOSCOVICI et F. COLUMELLI, « Contribution à l'étude des aspirations économiques
des travailleurs », *Bulletin du CERP, VI*, 4, 1957, p. 408.

6. « Si le salaire actuel représente une amélioration par rapport à la situation passée et surtout
si on prévoit que cette situation va continuer à s'améliorer, on sera optimiste et on entretiendra
facilement des projets d'avenir. D'un autre côté, si le salaire actuel représente une diminution par
rapport à la situation antérieure, et surtout si l'on ne prévoit aucune amélioration possible, la
situation sera définie de façon pessimiste et on aura tendance à se restreindre au niveau des
besoins. » (TREMBLAY et FORTIN, *op. cit.*, p. 163.)

Notre analyse portera précisément sur la typologie des aspirations des familles élaborée par Tremblay et Fortin en 1959. Cette typologie a été construite à partir d'indicateurs mesurant l'appartenance des familles à l'univers des besoins et à l'univers des aspirations, tels que définis plus haut. L'appartenance à l'univers des besoins est déterminée opératoirement à partir de l'évaluation que fait chaque famille de la concordance entre ses revenus et ses besoins subjectivement définis et la participation à l'univers des aspirations, à partir de la capacité qu'ont les membres de la famille à se projeter dans l'avenir.[7] Le recoupement des trois indicateurs proposés permet théoriquement la construction de vingt-sept types, qui ont été réduits à cinq (selon la procédure de réduction employée par Tremblay et Fortin ; voir page 387 de leur ouvrage). En voici la liste :

TYPE	CONTENU
A	Familles qui satisfont entièrement leurs besoins quotidiens, qui peuvent améliorer leurs conditions de vie et qui font des projets d'avenir ;
B	Familles qui satisfont entièrement leurs besoins quotidiens, tout en s'estimant incapables d'améliorer leurs conditions de vie ou de faire des projets d'avenir ;
C	Familles qui satisfont en partie leurs besoins quotidiens, qui espèrent améliorer leurs conditions de vie et qui font des projets d'avenir ;
D	Familles qui satisfont en partie leurs besoins quotidiens, mais qui se sentent incapables d'améliorer leurs conditions de vie ou de faire des projets d'avenir ;
E	Familles qui comblent difficilement leurs besoins quotidiens, qui n'espèrent pas améliorer leurs conditions de vie et qui ne font pas de projets.

Plus qu'une simple mesure des aspirations, cette typologie propose en fait un continuum qui permet de situer les familles dans les deux univers distingués. À une extrémité se trouvent les familles qui peuvent satisfaire leurs besoins tels qu'elles les définissent et qui ont en même temps la possibilité de faire des projets. À l'autre pôle, se trouvent les familles qui sont enfermées dans l'univers des besoins, sans avoir la possibilité d'en sortir.

Les types A, D et E sont congruents avec l'hypothèse de Moscovici et Columelli : la satisfaction des besoins subjectivement définis est préalable à l'entrée dans l'univers des aspirations, alors que les types B et C sont déviants par rapport à cette hypothèse. L'existence du type B suppose que la satisfaction des besoins subjectivement définis n'est pas une condition suffisante pour

---

7. Voici l'énoncé des trois indicateurs : « Est-ce que votre salaire actuel vous permet de satisfaire vos besoins de tous les jours ? Est-ce que votre salaire actuel vous permet d'améliorer votre condition de vie ? Est-ce que votre salaire actuel vous permet de faire des projets d'avenir ? Entièrement, en partie, très peu. »

l'apparition des aspirations. Même si elles ont acquis une certaine indépendance à l'égard des besoins quotidiens, ces familles ne nourrissent pas encore de projets d'avenir articulés et elles hésitent à se projeter dans l'univers des aspirations. Le fait d'avoir dépassé le seuil des besoins ne suffit pas à faire apparaître des aspirations. L'existence du type B oblige à préciser l'hypothèse de Moscovici pour expliquer comment et à quel moment les familles pénètrent dans l'univers des aspirations. L'autre type déviant (C) n'est pas prévu par Moscovici et Columelli et il contredit leur hypothèse générale. Avant d'avoir subjectivement laissé l'univers des besoins, les familles formant le type C sont déjà fortement engagées dans l'univers des aspirations. L'existence de ce type suppose que le franchissement du seuil des besoins ne dépend pas seulement des contraintes qu'impose le budget familial ni même de la définition subjective des besoins. D'autres facteurs interviennent pour hâter ou retarder la naissance des aspirations. C'est à leur étude que nous allons nous attarder ici.

L'extension des aspirations des familles

L'univers d'enquête d'où sont tirées les données que nous analyserons est constitué de familles et non d'individus. En 1959, Tremblay et Fortin avaient restreint l'univers de leur enquête aux seules familles complètes, salariées et francophones, excluant par exemple les professionnels à leur compte ou les cultivateurs. Leur but était de déterminer un univers d'enquête culturellement homogène. Les auteurs minimisaient ainsi les sources de variations introduites par l'existence de différences importantes dans une population hétérogène et maximisaient la possibilité de faire ressortir avec netteté l'effet des variables proposées, tels l'effet du revenu ou de la classe sociale sur les besoins ou l'effet de l'histoire de la famille sur la genèse de leurs aspirations. Nous avons construit, à partir d'une enquête menée en 1977-1978, un échantillon qui présente les mêmes caractéristiques que celui de Tremblay et Fortin.[8] Les deux échantillons permettent en particulier d'étudier l'hypothèse que les besoins et les aspirations seraient dépendants du milieu écologique (rural ou urbain), hypothèse rejetée par Tremblay et Fortin, rappelons-le.

Commençons par comparer la distribution des familles entre les cinq types dans les deux enquêtes menées en 1959 et en 1977 (tableau 1). Contrairement à ce qui se passait à la fin des années cinquante, la majorité des familles qui vivent en haut du seuil des besoins subjectivement définis en 1977 ont en même temps pénétré dans l'univers des aspirations. Le type B est beaucoup moins important

---

8. L'enquête a été menée par l'Office de protection du consommateur auprès d'un échantillon stratifié non proportionnel de ménages. Le critère de stratification était la région socio-économique. Le lecteur trouvera dans un rapport de recherche publié par l'O.P.C. (J. G. BELLEY, J. HAMEL et C. MASSÉ, *La société de consommation au Québec*, 1980) tous les renseignements pertinents sur l'échantillon. Pour les fins de notre analyse comparative, nous avons isolé de l'échantillon de l'O.P.C. les familles complètes, salariées et francophones.

TABLEAU 1

Typologie des aspirations des familles salariées, 1959 et 1977.
(en pourcentages)

TYPE	TREMBLAY FORTIN 1959*	OFFICE DE PROTECTION DU CONSOMMATEUR 1977
A.....................	34	45,7
B.....................	18	4,6
C.....................	10	26,4
D.....................	25	15,1
E.....................	13	8,2
TOTAL.................	100	100
N.....................	1 460	1 592

* TREMBLAY et FORTIN, 1964, p. 155.

en 1977 qu'en 1959. Une proportion élevée des familles hésitaient en 1959 à entrer dans l'univers des aspirations même si elles avaient la possibilité de le faire. Vingt ans plus tard, cette réticence a fortement diminué et l'hésitation qui avait un peu surpris Tremblay et Fortin dans leur enquête apparaît beaucoup moins importante. La seconde différence à noter entre les deux distributions est sans doute l'augmentation très forte de la proportion des familles dans le type C, type déviant par rapport à l'hypothèse de Moscovici. Ces familles ne satisfont pas encore tous leurs besoins tels qu'elles les définissent mais elles sont pourtant déjà engagées en forte proportion dans l'élaboration de projets d'avenir. Se situant avec peine à la frontière de l'univers des besoins, elles sont en même temps impliquées dans l'univers des aspirations. La comparaison des types C et D dans les deux distributions laisse voir une inversion complète en l'espace de vingt ans. En 1959, la majorité des familles vivant à la marge de l'univers des besoins n'avaient pas encore pénétré dans l'univers des aspirations. Deux décades plus tard, la majorité des familles vivant dans cette situation sont d'emblée engagées dans l'univers des aspirations et le type C devient même le second en importance, tout de suite après le type A. En 1977, non seulement les familles en haut du seuil des besoins n'hésitent-elles plus à élaborer des projets, mais encore une forte proportion de celles qui vivent à la marge de l'univers des besoins les suivent-elles dans cette voie. Ce déblocage des aspirations et leur extension à d'autres familles sont sans doute les deux faits marquants survenus au cours de la période qui sépare les deux enquêtes. Comment expliquer ces changements ? Qu'est-ce qui a amené la forte majorité des familles qui estiment satisfaire leurs besoins quotidiens en 1977 à entrer *en même temps* dans l'univers des aspirations, contrairement à ce qui se passait vingt ans plus tôt ? Comment expliquer en particulier le gonflement des aspirations dans un groupement de familles dont les ressources et la définition qu'elles font de leur situation les obligeraient plutôt à limiter leurs désirs ?

Nous tenterons de répondre à ces questions en explorant deux pistes. Il faudra d'abord faire intervenir les changements sociaux qui ont affecté le Québec comme société globale depuis l'enquête de Tremblay et Fortin, changements qui sont susceptibles d'avoir modifié l'organisation des besoins et aspirations. Mais l'explication ne doit pas être recherchée seulement du côté des changements macro-sociologiques. C'est ici que l'hypothèse de Tremblay et Fortin s'avère pertinente : l'entrée dans l'univers des aspirations dépend non seulement du revenu mais aussi de l'histoire de la famille, histoire qui affecte la définition de la situation et la représentation sociale des conditions de vie des familles. Nous avons donc deux pôles pour mener l'analyse : le contexte dans lequel s'élabore la définition de la situation et les paramètres en fonction desquels se prennent les décisions au sein de la famille.

Desserrement économique et aspirations

Au moment de l'enquête de Tremblay et Fortin en 1959, les dépenses reliées à l'éducation et à la santé étaient à la charge des familles. Les programmes d'aide sociale étaient restreints (pensions modestes aux aveugles et aux invalides, allocations familiales, etc.) et la notion de sécurité sociale n'avait pas encore détrôné celle de charité publique. Dans ce contexte, la prévoyance et la frugalité s'imposaient face aux coûts et aux risques du quotidien. Plusieurs changements sociaux importants ont modifié considérablement les conditions de vie des familles depuis 1959. Pensons non seulement au développement des appareils de l'État qui ont pris en charge des besoins fondamentaux tels que la santé ou l'éducation, ou encore à la mise sur pied de programmes de sécurité sociale, mais aussi aux conquêtes du syndicalisme et à l'élévation du niveau de vie.[9] Tous ces changements ont eu un impact certain sur la définition des besoins et sur le développement d'aspirations nouvelles.

L'espace manque ici pour faire une analyse détaillée de cet impact. Nous nous attarderons plutôt à une hypothèse d'ensemble avancée par Jean-Daniel Reynaud :[10] le desserrement des contraintes économiques, caractéristiques des années soixante, a provoqué le desserrement des contrôles sociaux et la libération des désirs.[11] La morale économique traditionnelle, affirmant les

---

9. Retenons un seul indice mesurant l'élévation du niveau de vie. Le revenu personnel *per capita* en dollars constants de 1961 était de 1 492 $ en 1961 et de 3 705 $ en 1975. Le pouvoir d'achat réel moyen s'est donc multiplié par 2.5 entre ces deux dates. (Office de planification et de développement du Québec, 1977.)

10. Jean-Daniel REYNAUD, « Du contrat social à la négociation permanente », dans : H. MENDRAS (éd.), *La sagesse et le désordre*, Paris, Gallimard, 1980 : 389–416.

11. *Id.*, p. 390.

vertus de la prévoyance et de la frugalité, a été remise en question par le desserrement, même relatif, des contraintes économiques provoquées par l'élévation du niveau de vie depuis vingt ans, l'extension des programmes sociaux, les gains du syndicalisme, le développement de l'éducation. Pour Reynaud, ce desserrement économique n'est pas étranger à l'ébranlement des institutions de contrôle social, de la Famille à l'Église en passant par l'École. N'est-il pas possible de relier ce relâchement des contraintes économiques, non seulement à la remise en question des contrôles traditionnels, mais aussi au déploiement des aspirations dont nous avons fait état ? C'est l'hypothèse que nous ferons ici.

Précisons ce qu'il faut entendre par desserrement économique, afin d'éviter certaines ambiguïtés. Cette notion ne signifie pas qu'il n'y a plus de contraintes économiques imposées par la maladie, le chômage, l'exploitation. Ni encore moins que les inégalités sociales tendent à diminuer. Au contraire, les recherches sociologiques récentes sur la stratification sociale, tant au Québec qu'ailleurs en Occident, laissent clairement voir que les distances entre les classes ou les strates restent très stables, et même que les strates les plus élevées ont tendance à profiter davantage des gains que procure la croissance économique. Certaines familles sont carrément exclues des gains de la prospérité. D'autres profitent inégalement des programmes sociaux universels. Le desserrement économique dont nous venons de parler risque de les toucher très peu, ces familles restant enfermées dans l'univers des besoins insatisfaits. Mais pour les autres familles, y compris pour un groupe important d'entre elles qui vivent à la marge de l'univers des besoins, le desserrement économique a tracé la voie à l'élaboration d'un programme d'aspirations : l'anticipation de gains futurs a remplacé la prévoyance, la participation à des biens collectifs et à des programmes sociaux (éducation, santé, etc.) procure dès maintenant une sécurité que seule donnait jusque-là l'épargne ; le désir a pris le pas sur la frugalité. C'est dans ce contexte global du desserrement des contraintes économiques qu'il faut situer, nous semble-t-il, l'extension du type A des familles, la diminution très forte du type B et le gonflement important du type C que nous avons observés plus haut.

L'hypothèse de Reynaud ne fait au fond que traduire différemment une observation classique en sociologie, maintes fois rapportée par les sociologues et formalisée dans la théorie de la privation relative : les gains réels, tout en comblant l'horizon étroit du nécessaire dont parlait Moscovici, engagent vers des possibles nouveaux. D'où l'apparent paradoxe, également connu, que l'amélioration des conditions objectives débouche fréquemment sur de nouvelles revendications, engendre des espérances de gains encore plus élevées, et côtoie souvent une plus grande insatisfaction et une frustration plus marquée.

Mais cette hypothèse que nous formulons pour définir le contexte macro-sociologique contemporain ne doit pas être confondue avec l'analyse de la création de besoins sociaux nouveaux par la technologie ou les propagandes de toutes sortes. Attardons-nous un instant au concept de *filière inversée* proposé par J. K. Galbraith.[12] Ce dernier critique la théorie économique classique, dans laquelle l'initiative appartient au consommateur dont les choix et les préférences se répercutent à travers le marché vers les entreprises de production. Galbraith soutient que la technostructure a renversé ce processus : l'offre crée la demande. De là à dire que l'offre crée le besoin, il n'y a qu'un pas vite franchi. Dans cette filière inversée, c'est l'entreprise ou les appareils qui dirigent la demande, soit par des moyens antérieurs à l'acte de consommer (sondages, *marketing*), soit par des moyens postérieurs (publicité). Cette notion de filière inversée pose problème pour le sociologue, car elle postule que le besoin est besoin d'un objet. Or les besoins ne sont pas le reflet des objets produits, comme l'a signalé Baudrillard,[13] qui reproche à Galbraith de faire correspondre les besoins empiriques aux objets empiriques et de définir à tort la conduite comme étant d'abord orientée vers l'objet. En d'autres termes, la prospérité économique, la productivité ou l'innovation technologique ne suffisent pas — bien qu'elles le permettent — à imposer des besoins nouveaux de façon mécanique. D'autres processus sociaux sont à l'œuvre ; qu'il suffise de rappeler, après Bourdieu,[14] que le besoin est d'abord besoin de distinction. De même, P. Kende[15] a déjà noté que l'innovation se transforme en besoins lorsqu'elle acquiert un minimum d'approbation sociale, donc lorsqu'elle crée de nouvelles normes.

L'hypothèse que nous avons formulée plus haut suggère que le desserrement économique rend possible l'élaboration de nouvelles normes, qui contribuent à redéfinir les besoins et les aspirations des familles et à les réorganiser. La problématique de Tremblay et Fortin reste donc d'une grande pertinence car elle trace la voie à une analyse proprement sociologique des besoins et des aspirations qui évite le piège dans lequel nous enferment certaines théories ou certaines approches, dont celle de Galbraith. De même, le problème posé en 1959 par les deux auteurs reste entier : qu'est-ce qui oriente la réorganisation de la structure des besoins subjectivement définis et, en particulier, qu'est-ce qui affecte l'apparition des aspirations dans ce contexte de desserrement économique : la classe sociale, le revenu, le milieu socio-écologique ? Nous savons que le revenu était déterminant en 1959, d'après la monographie des deux chercheurs de l'Université Laval. Le revenu joue-t-il le même rôle à la fin des années 1970 ?

Revenus et aspirations

Le revenu familial est plus étroitement lié à la typologie des aspirations en 1977 qu'en 1959. Dans l'enquête de Tremblay et Fortin, l'intensité de la relation

---

12. J. K. GALBRAITH, *Le nouvel état industriel*, Paris, Gallimard, 1968.

13. Jean BAUDRILLARD, *La société de consommation*, Paris, Gallimard, 1970.

14. Pierre BOURDIEU, *La distinction*, Paris, Minuit, 1979.

15. Pierre KENDE, *L'abondance est-elle possible ?*, Paris, Gallimard, 1971.

TABLEAU 2

Revenus moyens (1977), rapport entre le revenu moyen et le revenu total (1959 et 1977), et taux d'activité des femmes mariées (1977), selon la typologie des aspirations.

| TYPE | 1977 | | | RAPPORT REVENU MOYEN/REVENU TOTAL | | 1977 FEMMES ACTIVES À TEMPS PLEIN |
	REVENU MOYEN GLOBAL ($)	REVENU MOYEN DE L'HOMME ($)	REVENU MOYEN DISPONIBLE PAR UNITÉ ($)	1959*	1977	(%)
A................	19 577	15 552	6 636	1,16	1,19	27,4
B................	15 515	13 727	5 230	0,97	0,95	9,5
C................	16 448	13 821	5 505	1,06	1,01	26,0
D................	10 901	9 713	3 591	0,85	0,67	10,0
E................	9 220	8 356	2 603	0,84	0,56	8,9
TOTAL x̄	16 344	13 512	5 484	1,0	1,0	22,1
N	1 331		1 244	1 460	1 331	

* Calculé à partir du tableau 9, p. 156 de TREMBLAY et FORTIN (1964).

entre le revenu familial et la typologie était faible, alors qu'elle est assez forte une vingtaine d'années plus tard. Dans l'enquête de 1977, cette relation reste élevée lorsqu'on considère le revenu disponible par unité de consommation, mesure classique qui permet de contrôler le nombre de personnes dans la famille.[16] Comme Tremblay et Fortin basent leur analyse sur l'examen des revenus moyens observés dans chacun des types de familles, nous ferons de même pour les fins de l'analyse comparative (tableau 2).

Dans les deux enquêtes, les familles classées dans les types D et E ont des revenus nettement inférieurs qui les rendent incapables de formuler des projets d'avenir. On doit cependant noter que les moyennes de revenus observées dans les types D et E s'écartent davantage de la moyenne de l'ensemble de l'échantillon en 1977 (colonnes 4 et 5 du tableau 2). Ce résultat, congruent avec l'augmentation de l'intensité de la relation entre le revenu et la typologie dans l'enquête réalisée en 1977, signifie que seules les familles ayant des revenus vraiment trop peu élevés en 1977 restent enfermées dans l'univers des besoins, ce qui n'était pas apparent en 1959. Voyons autrement ce phénomène. Dans les deux types de familles qui vivent à la marge de l'univers des besoins (types C et D), le niveau de revenu semble assez déterminant pour expliquer l'entrée dans l'univers des aspirations. Les familles appartenant au type C ont des revenus moyens plus élevés que les familles du type D, le revenu salarié de l'homme y est plus élevé de même que le revenu disponible par unité de consommation. L'écart qui sépare les familles des types C et D est plus grand en 1977 qu'en 1959. Ce résultat laisse entendre que, parmi les familles qui satisfont plus ou moins leurs besoins quotidiens subjectivement définis, seules celles qui ont des revenus nettement trop bas ne réussissent pas à entrer dans l'univers des aspirations en 1977.

Le revenu suffit sans doute à expliquer le processus d'exclusion d'un certain nombre de familles de l'univers des aspirations et leur blocage du côté des tendances, pour reprendre l'expression de F. Dumont.[17] Sans les ressources financières pour satisfaire les besoins minima jugés nécessaires dans la vie quotidienne, il est bien difficile de se projeter dans l'avenir. Mais, par ailleurs, un niveau donné de revenu n'apparaît pas une condition suffisante pour provoquer l'entrée dans l'univers des aspirations, comme le donnent à penser les types B et C de familles. Les familles du type B estiment avoir les ressources qu'il leur faut pour satisfaire leurs besoins et pourtant elles ne sont pas entrées dans l'univers des aspirations même si leurs revenus leur permettaient de le faire. À l'opposé, les familles appartenant au type C estiment que leurs revenus sont insuffisants pour satisfaire les besoins quotidiens, mais elles formulent quand même des projets. En d'autres termes, d'autres facteurs

---

16. L'intensité de la relation entre le revenu familial et la typologie est de .55 et l'intensité de la relation entre le revenu disponible par unité de consommation et la typologie est de .49.

17. Fernand DUMONT, *La dialectique de l'objet économique*, Paris, Anthropos, 1970, p. 287.

TABLEAU 3

Typologie des aspirations des familles, selon l'activité de la femme et le revenu du mari.
(en pourcentages)

REVENU DE L'HOMME	TRAVAIL DE LA FEMME	TYPE					TOTAL	
		A	B	C	D	E	%	N
Bas	Plein	36,2	2,1	30,7	15,0	15,9	100	62
	Partiel	39,9	—	9,8	34,1	16,3	100	28
	Aucun	22,2	4,1	17,9	30,4	25,4	100	246
(Gamma = .26)								
Moyen	Plein	60,2	2,7	33,6	2,7	0,8	100	153
	Partiel	55,5	—	35,7	7,8	1,1	100	63
	Aucun	37,0	4,1	29,0	20,4	9,5	100	411
(Gamma = .42)								
Élevé	Plein	75,9	0,9	21,1	1,5	0,5	100	78
	Partiel	59,6	19,0	15,9	2,3	3,3	100	52
	Aucun	62,8	5,5	24,6	6,1	1,1	100	280
(Gamma = .17)								
TOTAL	Plein	57,0	2,0	30,9	6,8	3,3	100	293
	Partiel	53,0	8,6	22,2	10,1	6,2	100	143
	Aucun	41,2	4,9	25,3	18,5	10,1	100	937
(Gamma = .27)								
TOTAL		45,7	4,6	26,4	15,1	8,2	100	1 373

s'associent au revenu pour expliquer la distribution des familles entre les types.

Le travail salarié des femmes mariées

Le nombre de femmes mariées occupant des emplois salariés a augmenté de façon importante au cours des vingt dernières années. Sans doute l'entrée des femmes mariées dans la vie active a-t-elle favorisé l'accès des familles à l'univers des aspirations. Dans l'enquête menée en 1977, plus d'une femme mariée sur quatre occupe un emploi salarié à plein temps dans les types de familles A et C, contre environ 10% dans les autres types (dernière colonne du tableau 2) et les femmes mariées sont inactives en proportions plus grandes dans les types de familles exclues de l'univers des aspirations, en particulier dans les types B et D. De même, on note une nette relation entre l'activité des femmes mariées et la typologie des aspirations (tableau 3). Le travail salarié des femmes mariées est-il l'une des causes de l'augmentation importante notée dans les types de familles A et C, familles entrées dans l'univers des aspirations? Afin d'indiquer sommairement un élément de réponse, nous contrôlerons d'abord le revenu du mari.

Quel que soit le revenu du mari, le fait que la femme occupe un emploi à temps complet à l'extérieur du foyer contribue à faire pénétrer la famille dans l'univers des aspirations et l'apport d'un second revenu fait diminuer la proportion des familles enfermées dans l'univers des besoins. Mais le phénomène qui nous semble devoir retenir l'attention est l'effet nettement plus marqué du revenu de la femme dans les familles qui disposent déjà d'un revenu moyen grâce au travail salarié du mari. En d'autres termes, lorsque le salaire du mari situe la famille en quelque sorte à la frontière des deux univers distingués, l'arrivée d'un second revenu, qu'il soit le fruit d'un travail à temps plein ou à temps partiel, fait basculer un grand nombre de familles dans l'univers des aspirations. En plus d'apporter des ressources supplémentaires à la famille, le travail salarié des femmes a aussi une fonction symbolique importante, soit de faire débloquer les aspirations. On voit le même phénomène se produire lorsque les revenus du mari sont peu élevés: la proportion des familles augmente dans le type A mais c'est surtout dans le type C que cette augmentation est la plus marquée. Dans ce cas, le second salaire qu'apporte la femme ne suffit pas à faire sortir complètement la famille de l'univers des besoins, mais il débloque par contre des aspirations qu'on n'observe pas dans les familles à faible revenu qui ne vivent qu'avec le salaire de l'homme.

Le déblocage ou l'extension des aspirations que nous attribuons au travail salarié féminin apparaît lorsque nous contrôlons le revenu total disponible par unité adulte de consommation dans la famille, mesure qui a l'avantage de tenir compte des charges familiales (tableau 4). Lorsque les ressources disponibles par unité de consommation sont élevées, que ce soit par le biais du seul revenu

TABLEAU 4

Typologie des aspirations des familles, selon l'activité de la femme et le revenu disponible par unité de consommation.
(en pourcentages)

REVENU DISPONIBLE	TRAVAIL DE LA FEMME	TYPE					TOTAL	
		A	B	C	D	E	%	N
Bas	Plein............	28,4	4,7	25,1	16,4	25,5	100	27
	Partiel............	38,4	—	17,8	35,1	8,7	100	24
	Aucun	26,0	5,2	23,0	25,5	20,3	100	357
Moyen	Plein............	43,7	0,9	45,6	3,8	6,0	100	47
	Partiel............	49,1	13,1	20,2	8,1	9,5	100	50
	Aucun	46,9	3,7	27,2	15,9	6,3	100	317
Élevé	Plein............	66,6	1,9	27,5	3,3	0,6	100	208
	Partiel............	65,5	6,5	25,8	2,2	—	100	50
	Aucun	61,9	6,9	25,2	5,5	0,5	100	157

du mari ou que ce soit à la suite de l'addition de deux revenus, les deux tiers des familles font partie du type A et la majorité des autres se retrouvent dans le type C. Lorsque les ressources disponibles sont peu élevées, le fait que les femmes travaillent à l'extérieur ou non ne modifie pas la distribution des familles entre les types. Dans ce cas, l'insuffisance du revenu — que la femme travaille ou non à l'extérieur du foyer — empêche les familles de sortir de l'univers des besoins. Mais lorsque les ressources disponibles par unité de consommation sont de niveau moyen, le travail salarié des femmes mariées contribue à faire apparaître des aspirations dans les familles dont les besoins subjectifs sont en partie satisfaits seulement.

Histoire de la famille, trajectoire sociale et aspirations

Au début des années soixante, Tremblay et Fortin avaient observé que les événements passés vécus dans les familles affectaient de façon marquée la définition que les membres proposaient de leur situation et, partant, affectaient l'élaboration de leurs projets. Si la famille avait connu des difficultés, chômage ou maladie par exemple, ou si sa situation financière était stagnante ou en déclin, ses membres avaient fortement tendance à restreindre leurs ambitions et ils se projetaient difficilement dans l'avenir même si l'ensemble de leurs ressources les situaient au-dessus de l'univers des besoins. Ainsi, les familles appartenant au type B avaient-elles connu dans le passé plus de difficultés que les familles A et C, d'après les observations de Tremblay et Fortin. Par contre, si les revenus des membres d'une famille marquaient une amélioration par rapport au passé ou si la famille était moins exposée aux difficultés professionnelles (pas de chômage, bonnes assurances, etc.), celle-ci avait tendance à définir avec optimisme sa situation et ses membres hésitaient moins à se projeter dans le futur, même si leurs revenus les situaient souvent à la frontière de l'univers des besoins. À la suite de ces observations, Tremblay et Fortin soutenaient qu'on ne pouvait pas comprendre l'effet du revenu sur la formation des aspirations indépendamment de l'histoire des familles ou de leur trajectoire sociale. Nous examinerons de plus près leur hypothèse en construisant une mesure des difficultés rencontrées par les membres de la famille dans leur vie active au cours des trois années précédant celle où l'enquête a été menée. Nous avons construit un index des difficultés professionnelles susceptible de caractériser l'exposition des familles aux aléas du marché du travail : chômage, maladie et grève. Une position élevée sur l'index signifie que l'histoire récente de la famille a été pénible sur le plan professionnel.

Globalement, l'index des difficultés professionnelles est fortement relié à la typologie des aspirations : les familles qui ont connu des problèmes d'emploi sont en proportion moindre dans le type A et elles sont plus nombreuses dans les types D et E (gamma = .23). Cette relation va dans le sens de l'hypothèse de

TABLEAU 5

Typologie des aspirations des familles, selon l'indice des difficultés et le revenu disponible par unité de consommation.

(en pourcentages)

REVENU DISPONIBLE	INDICE DES DIFFICULTÉS	TYPE					TOTAL	
		A	B	C	D	E	%	N
Bas	Bas	32,8	2,8	25,8	27,4	11,2	100	172
	Moyen	28,1	13,3	20,5	26,4	11,7	100	81
	Élevé	20,1	2,8	21,2	23,4	32,5	100	152
(Gamma = .24)								
Moyen	Bas	46,2	5,6	32,0	12,3	3,9	100	218
	Moyen	54,6	5,9	23,7	9,8	6,0	100	113
	Élevé	37,6	—	25,5	22,6	14,3	100	85
(Gamma = .12)								
Élevé	Bas	69,4	3,9	22,1	4,1	0,5	100	248
	Moyen	66,2	1,9	27,1	4,3	0,5	100	87
	Élevé	50,2	4,3	41,4	3,6	0,5	100	76
(Gamma = .22)								
TOTAL	Bas	51,6	4,2	26,5	13,1	4,6	100	638
	Moyen	50,6	6,8	23,8	12,8	5,9	100	281
	Élevé	32,2	2,4	27,3	18,4	19,8	100	313
(Gamma = .25)								
TOTAL		46,4	4,4	26,1	14,4	8,7	100	1 232

Tremblay et Fortin. Les familles qui ont été les plus exposées à des difficultés sur le plan du travail sont plus souvent limitées à l'univers des besoins et ne peuvent en sortir. Cette relation n'est cependant pas entièrement satisfaisante car il se peut qu'elle ne reproduise que la relation déjà observée entre le revenu et la typologie des aspirations, les familles les plus exposées ayant probablement en même temps des revenus moindres.[18] Aussi contrôlerons-nous la variable revenu disponible par unité de consommation. Pour obtenir des données congruentes avec l'hypothèse de Tremblay et Fortin, il faudrait observer un effet des difficultés professionnelles sur la typologie des aspirations même lorsque le revenu disponible est élevé. Or, tel est bien le cas. Dans le groupe des familles ayant les revenus disponibles les plus élevés, le fait d'avoir connu des problèmes d'emploi fait diminuer la proportion des familles dans le type A au profit d'une augmentation dans le type C. De même, lorsque les revenus disponibles sont peu élevés, le fait de ne pas avoir connu de difficultés facilite l'entrée dans l'univers des aspirations.

L'effet du revenu sur le développement des aspirations n'est pas indépendant de l'évaluation globale que font les membres de la famille de leur situation. Si celle-ci a connu des moments difficiles dans le passé, elle aura tendance à limiter ses projets d'avenir même si les revenus disponibles sont élevés. Au contraire, la stabilité et la sécurité dans le champ de l'activité professionnelle favorisent nettement le développement des aspirations même lorsque les revenus ne le permettent pas de façon satisfaisante.

La relation entre la typologie des aspirations et l'occupation du mari vient appuyer cette observation. Plus le niveau socio-économique des familles est élevé, plus les proportions dans les types A et C sont élevées.[19] Ainsi, les familles appartenant au type C ont-elles un niveau socio-économique plus élevé que celles qui se retrouvent dans le type D. Les familles qui occupent une position élevée sur l'index socio-économique (échelle des occupations de Blishen) ont sans doute de meilleures conditions de travail et de sécurité, d'où la possibilité d'anticiper un avenir prometteur qui rend possible l'élaboration de projets même si les besoins perçus ne sont satisfaits qu'en partie. De même, les familles appartenant au type B sont en position moins avantageuse sur le plan professionnel que celles du type C, ce qui expliquerait leur hésitation à se lancer dans l'élaboration de projets d'avenir.

Une vue d'ensemble

Nous avons examiné jusqu'à présent l'effet d'un certain nombre de variables sur la typologie des aspirations en adoptant une méthodologie

---

18. Astrid LEFEBVRE-GIROUARD, *L'appauvrissement des petits salariés*, Montréal, Centre des services sociaux du Montréal métropolitain, 1977.

19. Gamma = .31. Le tableau n'est pas publié.

identique à celle de Tremblay et Fortin, ce qui a permis d'en arriver à des résultats congruents avec les leurs. Il est cependant difficile de dégager l'effet propre de chacune des variables susceptibles d'affecter la constitution des aspirations des familles à l'aide de l'analyse multi-variée classique des tables de contingence, en particulier lorsqu'il s'agit de contrôler simultanément plusieurs facteurs. Le revenu est-il plus important que la classe sociale? L'appartenance à un milieu de vie urbain ou rural joue-t-il un rôle dans l'élaboration des projets? L'activité professionnelle des femmes mariées reste-t-elle aussi déterminante lorsqu'on contrôle le milieu de vie et le revenu? Aussi proposerons-nous des modèles permettant de mesurer l'effet respectif des facteurs précédemment isolés sur l'entrée dans l'univers des aspirations. Plus précisément, nous ferons une analyse de régression sur l'index des aspirations, en transformant cette mesure en variable binaire dont les classes prennent les valeurs 1 et 0 selon que la famille est entrée dans l'univers des aspirations ou non. En plus des variables analysées dans les sections précédentes, nous ferons entrer dans les modèles deux nouveaux facteurs, l'âge et le milieu de vie rural ou urbain. Nous pouvons faire l'hypothèse que les familles les plus jeunes ont été socialisées pendant une période de prospérité et de croissance économique importante (en gros de 1955 à 1970) contrairement aux familles plus âgées qui ont sans doute été socialisées selon des normes différentes, privilégiant plus fortement la prudence et l'austérité. Mais surtout, il importe de considérer l'appartenance à un milieu de vie rural ou urbain. Tremblay et Fortin ont diagnostiqué la non-pertinence de cette variable pour l'étude des comportements économiques. Ce diagnostic est-il encore valable à la fin des années soixante-dix?

Les variables suivantes entreront dans la construction des modèles:

X_1 revenu du mari (en dollars de 1977)
X_2 activité professionnelle de la femme (1 = active, 0 = inactive)
X_3 catégorie socio-professionnelle du mari (code Blishen)
X_4 âge
X_5 indice des difficultés professionnelles
X_6 région (1 = urbain, 0 = rural)
X_7 revenu de la femme (1977)
X_8 revenu disponible par unité de consommation.

Nous introduirons dans l'équation de régression un terme mesurant l'effet d'interaction dégagé dans le tableau 3, puisque le travail salarié des femmes est apparu affecter davantage les aspirations des familles lorsque le mari avait un revenu moyen.[20]

Dans le premier modèle, nous considérerons le revenu de l'homme (X_1) et la variable binaire mesurant l'activité professionnelle de la femme (X_2). C'est le

---

20. Après avoir dichotomisé le revenu du mari (1 = moyen, 0 = autre), nous obtenons une variable binaire en multipliant X_1 et X_2.

TABLEAU 6

Régression d'un ensemble de variables sur
l'index des aspirations des familles.

	COEFFICIENT DE RÉGRESSION	COEFFICIENT STANDARDISÉ
Revenu de l'homme..................	.000018	.284 **
Activité professionnelle de la femme....	.09	.095 **
C.S.P. de l'homme....................	.002	.065 **
Région	–.004 *	–.009
Âge................................	–.001 *	–.04
Difficultés professionnelles.............	–.014	–.06 **
Interaction entre X_1 et X_2.............	.19	.15 **
R^2 = .17 Constante = .41 N − 1 148		

* Coefficient inférieur à deux fois son erreur-type.
** p < .05

fait que la femme mariée occupe un emploi salarié ou non qui importe ici pour l'étude des aspirations, le niveau même du revenu de la femme n'étant pas considéré (il le sera cependant dans les deux autres modèles). Le modèle s'écrira donc

(1) $\overline{Y} = B_0 + B_1X_1 + B_2X_2 + B_3X_3 + B_4X_4 + B_5X_5 + B_6X_6 + B_7X_1X_2$

Les résultats de la première analyse de régression sont présentés dans le tableau 6 et la matrice des coefficients de corrélation entre les variables se trouve dans le tableau 7. Signalons enfin que la part de la variance expliquée, mesurée par R^2, paraîtra sans doute peu élevée (autour de .20) dans les modèles. Cela s'explique en bonne partie par le fait que la variable sur laquelle s'effectue la régression est une variable binaire qui ne prend que deux classes, ce qui affecte l'analyse par la méthode des moindres carrés.

Le revenu de l'homme apparaît comme la plus importante des variables permettant de prédire l'entrée dans l'univers des aspirations. Signalons que cette variable doit être considérée, non comme une caractéristique personnelle de l'homme, mais plutôt comme le principal indicateur des ressources financières dont dispose la famille. Ce résultat montre clairement que le diagnostic posé par Tremblay et Fortin au début des années soixante a une portée générale et qu'il s'applique à l'ensemble de la période que nous étudions. Parmi les autres facteurs susceptibles d'affecter directement les aspirations, après le revenu, c'est l'activité professionnelle de la femme mariée qui ressort (coefficient standardisé .095). Mais surtout, c'est l'effet d'interaction entre le travail salarié de la femme

TABLEAU 7

Matrice des coefficients de corrélation entre les variables entrant dans l'analyse de régression.

	1	2	3	4	5	6	7	8	9	MOYENNE	ÉCART-TYPE
1. Revenu de l'homme	—	.03	.46	-.06	.09	-.26	.32	-.04	.47	13 611	6 814
2. Activité de la femme		—	.07	-.15	-.23	-.08	.20	.57	.45	.34	.47
3. C.S.P. de l'homme			—	-.12	-.04	-.32	.22	-.03	.33	39.8	11.9
4. Région				—	.01	.14	-.08	-.14	-.14	2.8	1.05
5. Âge					—	-.05	-.12	-.18	-.38	41.7	12.9
6. Difficultés professionnelles						—	-.16	-.02	-.15	1.4	1.8
7. Index des aspirations							—	.21	.35	.73	.44
8. Interaction entre 1 et 2								—	.28	.143	.35
9. Revenu disponible									—	5 547	3 430

et le revenu moyen du mari qui apparaît avec le plus de netteté dans le modèle et qui doit ici retenir notre attention. Cette observation est congruente avec ce que nous avons observé dans le tableau 3 : le travail salarié des femmes mariées, à temps plein ou à temps partiel, modifie le plus fortement l'entrée des familles dans l'univers des aspirations lorsque le revenu du mari est moyen, c'est-à-dire lorsque la famille est déjà au seuil de cet univers. La catégorie socio-professionnelle de l'homme affecte dans une moindre mesure l'entrée des familles dans l'univers des aspirations. Plus les hommes occupent une position élevée sur l'indice mesurant la profession, plus forte est la probabilité que leur famille entre dans l'univers des aspirations. Tremblay et Fortin avaient observé un phénomène analogue dans leur enquête, les cols blancs et les gens de métiers ayant des aspirations plus élevées que les manœuvres et les travailleurs non qualifiés. Ils en concluaient que les meilleures conditions de travail et la plus grande sécurité associées aux positions les plus élevées expliquaient cette relation. Cette hypothèse nous semble juste, car on observe effectivement, dans notre enquête de 1977, un effet négatif et statistiquement significatif de l'exposition des familles à des difficultés professionnelles sur la naissance des aspirations.

L'appartenance à un milieu de vie urbain ou rural n'affecte pas l'entrée dans l'univers des aspirations, une fois contrôlées les autres variables. Ce résultat est important car il vient confirmer le diagnostic posé par Tremblay et Fortin que nous avons rappelé en introduction. Précisons cependant que le rejet de l'hypothèse d'un effet du milieu de vie urbain ou rural par Tremblay et Fortin était surtout très net dans leur analyse des budgets et des besoins des familles, mais beaucoup moins évident dans leur analyse des aspirations (voir pages 156-157 de leur ouvrage). Devant la persistance d'une relation entre le milieu de résidence et la typologie des aspirations, ils avaient fait l'hypothèse que « quelques aspects de la vie urbaine prédisposent à renoncer à faire des projets d'avenir » (p. 157), en particulier l'isolement plus fréquent des familles vivant dans les grandes villes. Nous suggérons quant à nous une autre interprétation, plus simple. Dans notre enquête, il y a également une relation assez nette entre le milieu de résidence et la typologie des aspirations, mais de sens inverse, l'entrée dans l'univers des aspirations étant plus fréquent en milieu urbain (gamma = .16).[21] Mais lorsque nous construisons un modèle qui permet l'étude simultanée de plusieurs variables, l'effet, sur les aspirations, de l'appartenance à un milieu de vie urbain ou rural disparaît. Aussi est-il permis de croire qu'il en était de même en 1959, surtout si l'on considère que l'appartenance au milieu de vie urbain ou rural exerçait peu d'effets sur les autres dimensions retenues dans l'enquête de Tremblay et Fortin. Notons enfin que l'effet de l'âge est congruent avec l'hypothèse posée plus haut, les

---

21. Tableau non publié. Ajoutons aussi que, dans les deux enquêtes, les familles appartenant au type B se retrouvent plus souvent en milieu rural.

familles dont les membres sont les plus âgés ayant moins tendance à élaborer des projets d'avenir, mais cet effet n'est pas statistiquement significatif.

Cette première analyse de régression confirme les diagnostics posés dans les sections précédentes et elle donne des résultats qui vont dans le sens des conclusions de l'enquête de Tremblay et Fortin. Deux facteurs paraissent nettement affecter l'entrée dans l'univers des aspirations : le revenu des familles et leur histoire. Les familles doivent acquérir un minimum de ressources, soit par le seul revenu du mari soit par l'addition du revenu de la femme, avant de se projeter dans l'avenir. Le contexte de desserrement auquel nous avons fait allusion précédemment amène la grande majorité des familles qui en ont les possibilités objectives à entrer dans l'univers des aspirations. Mais, par ailleurs, le fait d'avoir connu des difficultés professionnelles dans le passé bloque à certaines familles l'entrée dans cet univers même si leurs revenus leur en assureraient potentiellement l'accès.

Pour établir avec plus de justesse notre diagnostic, nous examinerons un second modèle dans lequel nous remplacerons le revenu du mari par une nouvelle variable, le revenu familial disponible par unité de consommation (tableau 8). Cette variable permettra de tenir compte du revenu du mari et du revenu de la femme tout en contrôlant les charges familiales. Les résultats de cette seconde analyse de régression sont tout à fait congruents avec ceux de la précédente. Le revenu disponible apparaît nettement comme la principale

TABLEAU 8

Régression d'un ensemble de variables sur
l'index des aspirations des familles.

	COEFFICIENT DE RÉGRESSION	COEFFICIENT STANDARDISÉ
Revenu familial disponible............	.000036	.277**
Activité professionnelle de la femme....	−.02*	−.023
C.S.P. de l'homme...................	.004	.107**
Région	.0004*	.001
Âge..............................	.003*	.01
Difficultés professionnelles............	−.02	−.087**
Interaction entre X_1 et X_2............	.18	.146**
R^2 = .16 Constante = .37 N = 1 198		

* Coefficient inférieur à deux fois son erreur-type.
** $p < .05$.

variable susceptible de prédire la naissance des aspirations et l'effet d'interaction entre le revenu du mari et l'activité professionnelle de la femme demeure important. Il est ici normal de voir diminuer l'effet propre de l'activité professionnelle de la femme mariée, puisque cet effet est en partie pris en compte par la variable revenu disponible.

Nous considérons séparément, dans le troisième modèle, les variables revenu du mari et revenu de la femme. Nous n'insisterons pas sur l'analyse de régression effectuée auprès de l'ensemble de l'échantillon (première colonne du tableau 9). Cette analyse confirme une fois de plus les observations rapportées dans les modèles précédents. Nous isolerons plutôt les familles à double revenu, afin d'étudier l'impact respectif du salaire de l'homme et de la femme sur les aspirations (deuxième colonne du tableau 9). Le fait d'isoler les femmes qui occupent un emploi salarié montre avec évidence encore une fois l'importance du revenu dans l'élaboration des aspirations, puisque le revenu gagné par la femme est aussi important que celui du mari pour prédire l'entrée dans l'univers des aspirations. Cet effet très net du revenu de la femme n'apparaissait pas dans le modèle caractérisant toute la population à cause de la proportion élevée des femmes n'ayant aucun revenu. Il faut aussi insister sur l'importance de l'effet d'interaction qui apparaît dans ce troisième modèle avec plus de force encore. Dans les familles à double revenu, le travail salarié des femmes amène un plus grand nombre de familles dans l'univers des aspirations lorsque le revenu du mari situe déjà celles-ci à la frontière de l'univers des besoins. Fait à noter, l'effet des difficultés professionnelles n'est plus statistiquement significatif dans

TABLEAU 9

Régression d'un ensemble de variables sur
l'index des aspirations des familles,
ensemble de l'échantillon et familles à double revenu.

	COEFFICIENT STANDARDISÉ	
	Tous	H et F actifs
Revenu de l'homme..................	.287 *	.272 *
Revenu de la femme	.144 *	.273 *
C.S.P. de l'homme...................	.05 *	–.151 *
Région	–.009	.034
Âge..............................	–.027	–.113 *
Difficultés professionnelles.............	–.058 *	–.065
Interaction entre X_1 et X_2.............	.16 *	.264 *
R^2	.18	.20
N................................	1 198	407

* $p < .05$.

le groupe des familles à double revenu. Ce résultat donne à penser que celles-ci seront moins affectées par l'exposition à des problèmes d'emploi à cause de la diversification des sources de revenus. Que l'un des conjoints connaisse des problèmes sur le marché du travail (grève, chômage, maladie) n'affecte pas aussi fortement les aspirations des familles car le revenu de l'autre conjoint apporte une sécurité puisque la famille n'est pas dépendante du seul revenu de la personne en difficulté.

*

*   *

L'analyse comparative des aspirations des familles québécoises à une vingtaine d'années de distance (1959-1977) a mis en évidence de nombreux changements. La prudence dans les comportements et l'hésitation à élaborer des projets d'avenir que Tremblay et Fortin avaient observées dans un grand nombre de familles à la fin des années cinquante ont à toutes fins pratiques disparu en deux décennies, car l'espoir d'améliorer leurs conditions de vie et les projets d'acquérir de nouveaux biens et services se sont répandus même dans les familles qui parviennent avec peine à satisfaire leurs besoins quotidiens tels qu'elles les définissent subjectivement. Seules sont maintenant exclues à priori de cet univers des aspirations les familles qui sont tenues prisonnières de l'univers des besoins par l'insuffisance de leurs ressources financières et qui sont par conséquent enfermées dans l'horizon étroit du nécessaire dont parlait Moscovici.

Cette extension et ce développement des aspirations illustrent sans doute l'avènement d'une nouvelle éthique et l'apprentissage de la consommation dont Marc Alexandre [22] a montré la nécessité dans le développement de la société de consommation. Baudrillard va plus loin en avançant que « le dressage actuel à la consommation systématique et organisée est l'équivalent et le prolongement au XXe siècle du grand dressage tout au long du XIXe siècle, des populations rurales au travail industriel ». [23] En ce sens, les besoins des consommateurs et leurs consommations sont devenus de nouvelles forces productives et le système industriel a autant besoin des forces de consommation que des forces de travail, ce qui fait dire à Baudrillard que nous sommes bien plus dans une société de production que dans une société de consommation, les petits épargnants et les consommateurs anarchiques d'avant-guerre, libres de consommer ou pas, n'ayant plus leur place dans ce système économique. Galbraith avait déjà souligné dans la même veine que les Porto-Ricains étaient devenus une force de travail efficace par le biais de la consommation, qui les motivait à accroître leurs revenus en étant plus productifs. Dans son analyse macrosociologique de la place de la consommation dans les sociétés industrielles occidentales,

---

22. Marc ALEXANDRE, « Le crédit à la consommation », *La Nef*, *III*, 37, 1969 : 109-124.
23. *Op. cit.*, p. 115.

Baudrillard ne montre cependant pas comment s'effectue cet apprentissage ou ce « dressage des masses », puisqu'il ne fait que retourner la question en avançant que ce ne sont pas les individus qui ont des besoins ou des aspirations mais que c'est plutôt la société de production qui a besoin de la consommation des individus et qui les aspire. Autrement dit, comment se développent et s'étendent ces besoins et ces aspirations dans les sociétés contemporaines ? L'explication doit être cherchée, nous semble-t-il, en tentant de relier les analyses microsociologiques et macrosociologiques, ce que nous avons tenté de faire plus haut.

En 1960, Tremblay et Fortin ont eu le mérite de diagnostiquer que le clivage entre les milieux urbains et ruraux n'était plus pertinent pour expliquer les conduites et les attitudes des familles et les différences entre les genres de vie dans la société québécoise et ils ont suggéré de porter plutôt l'attention sur l'analyse des clivages socio-économiques, révélés en particulier par le revenu. Notre analyse vient confirmer largement ce diagnostic puisque le revenu familial est de loin le principal déterminant de l'entrée des familles dans l'univers des aspirations au cours des années qui ont suivi celle où a été menée l'enquête de ces deux chercheurs. D'autres facteurs viennent cependant modifier l'effet du revenu sur le développement des aspirations. Les difficultés professionnelles passées freinent l'élaboration des projets d'avenir, même dans les familles dont les besoins subjectifs sont satisfaits, tandis qu'au contraire le travail salarié des femmes projette les familles, surtout celles des classes moyennes, dans l'univers des aspirations. Les classes sociales et les strates professionnelles ne jouent pas ici un rôle déterminant. Leur effet porte surtout sur la différenciation des *objets* de l'aspiration (thème que nous n'avons pas abordé ici), ces objets n'ayant pas seulement une valeur d'usage puisqu'ils sont peut-être avant tout des signes, marquant les différences et les distances entre les classes sociales comme l'ont montré plus d'un sociologue (Veblen, Goblot, Bourdieu ou Baudelot et Establet, pour ne citer que quelques noms). Nous avons plutôt dégagé une toile de fond en tentant de cerner la représentation sociale d'ensemble que se font les membres des familles de leur situation dans la société globale.

Le revenu joue un rôle clé dans le processus d'entrée dans l'univers des aspirations parce qu'il permet de faire des choix. Un revenu qui permet de dépasser l'acquisition du minimum vital amène en même temps les acteurs à décider de l'allocation du surplus. Parce qu'elles en ont la possibilité, ces familles calculent, font des budgets, planifient. À l'opposé se trouvent les familles enfermées dans l'univers des besoins, besoins qu'elles définissent sans doute à un niveau plus bas que les autres familles. Dans ces familles, le revenu gagné par les femmes sert surtout à combler les besoins jugés nécessaires. Parlant des familles situées en dessous du seuil des besoins, G. Fortin écrit que toute planification budgétaire leur semble impossible :

> « C'est au hasard de la publicité, de la sollicitation des vendeurs ou du caprice quotidien
> que l'on effectuera des achats, que l'on satisfera aux besoins également pressants. Tous les
> besoins étant également prioritaires, il n'y a plus possibilité d'établir d'ordre de priorité et de
> planifier les conduites. »[24]

L'achat de biens de luxe, jugé irrationnel par l'observateur de l'extérieur ou par les bien-pensants doit être analysé dans ce contexte. Ces biens ayant valeur de signe dans la société de consommation, il n'est pas étonnant que les familles à faibles revenus en acquièrent quelques-uns, ne serait-ce que pour marquer symboliquement leur appartenance ou leur intégration à la société dans laquelle ils vivent.

Mais il peut y avoir un hiatus important entre les aspirations et ce que rendent possible les revenus. Ceux-ci sont moins extensibles que les aspirations. Leur croissance est limitée et sujette à des contraintes. L'avènement d'une crise économique comme celle qui s'est dessinée au cours des années soixante-dix affecte la croissance des revenus et accroît les risques et les problèmes auxquels sont confrontées les familles, bloquant ainsi la réalisation de leurs projets. Les familles qui vivent à la marge de l'univers des besoins risquent ici d'être les plus touchées. Or, parce qu'elles ont appris à planifier leur vie quotidienne et à faire des choix, ces familles accepteront plus difficilement d'être frustrées dans leurs aspirations et elles réagiront à la crise en se servant de leurs capacités d'organisation pour contrer les baisses de revenus réels jugées inacceptables. N'a-t-on pas déjà noté que les mouvements de consommateurs profitent surtout aux personnes qui sont déjà favorisées ? Gérald Fortin a indiqué comment l'apprentissage de la consommation pouvait se retourner contre les producteurs :

> « Plus peut-être que les idéologies de gauche, c'est la publicité des producteurs qui est et
> qui sera de plus en plus à la base de la revendication, des manifestations plus ou moins
> violentes. La publicité agit non seulement comme un facteur de stimulation auprès des
> couches défavorisées mais aussi comme un facteur très fort d'aliénation en rendant
> souhaitable ce qui est inaccessible aux familles à revenu moyen ou à revenu inférieur. »[25]

Simon LANGLOIS

Département de sociologie,
Université Laval.

---

24. Gérald FORTIN, *La société de demain : ses impératifs, son organisation*, Commission d'enquête sur la santé et le bien-être social, Annexe 25, 1970, p. 27.

25. *Id.*, p. 28.

L'ANTHROPOLOGIE DE LA SANTÉ
EN TANT QUE REPRÉSENTATION *

Trois traditions scientifiques particulières sont à l'origine de l'anthropologie de la santé en tant que champ distinctif de l'ethnologie : l'intérêt de l'ethnographie traditionnelle pour les médecines dites primitives (les études ethnomédicinales) ; les travaux sur la personnalité et la culture dans les années trente et quarante qui ont favorisé une étroite collaboration entre anthropologues et psychiatres et l'extraordinaire expansion des programmes internationaux de santé publique durant la période qui a suivi la Seconde Guerre mondiale.[1] Ces trois traditions scientifiques ont contribué à la constitution d'un corpus de connaissances se rapportant à la santé et à la maladie dans des contextes transculturels qui élargissent les conceptions bio-médicales de la maladie ainsi que les représentations professionnelles et les modèles thérapeutiques des intervenants du monde occidental. Les anthropologues médicaux américains ainsi que les spécialistes européens de l'ethnomédecine ont mis en relief des modèles opératoires qui incarnent ces conceptions élargies de la santé : ils proposent aux praticiens de la médecine occidentale une définition plus compréhensive de la santé, des démarches thérapeutiques qui tiennent compte du contexte socio-culturel de la dispensation des soins, des principes de réinsertion sociale qui respectent l'univers phénoménologique des patients ainsi que les systèmes d'attente de l'univers social plus large. Ces conceptions scientifiques nouvelles découlent, dans une large mesure, des acquis récents des sciences de l'homme, et, pour autant, elles ne constituent pas pour les agents

* Cet inventaire des recherches en anthropologie de la santé du Québec couvre la période 1960-1981. Il a été effectué à l'occasion d'un inventaire plus global sur l'anthropologie du Québec en collaboration avec le professeur Gerald Gold de York University. Nous tenons à exprimer nos remerciements aux collègues qui nous ont aidé soit dans le dépistage des travaux de recherche, soit encore dans l'interprétation des résultats : Gilles Bibeau, Ellen Corin, Maurice Blouin, Guy Dubreuil, Gerald Gold, Pierre Joubert, Elli Kongas-Maranda et Lucien Laforest.

1. Consulter : George FOSTER, « Medical anthropology : some contrasts with medical sociology », *Medical Anthropology Newsletter, VI*, 1, 1974 : 1–6 ; et Virginia L. OLESEN, « Convergences and divergences : anthropology and sociology in health care », *Medical Anthropology Newsletter, VI*, 1, 1974 : 6–9.

traditionnels un paradigme évident d'explication de la réalité pathologique ni ne justifient de transformations profondes dans les démarches thérapeutiques centrées sur le patient en tant qu'unité clinique exclusive. D'autres disciplines, telles que la sociologie, la psychiatrie sociale, la psychologie, par des cheminements parallèles ou analogues proposent elles aussi des définitions nouvelles de la maladie et des procès thérapeutiques rajeunis en vue de restaurer la santé. Pourtant la médecine, en tant que science et en tant que pratique, évolue lentement dans sa démarche de renouvellement.

L'anthropologie de la santé, une des sciences humaines dont les traditions de recherche portent à la fois sur le biologique, le psychologique et le culturel dans des voies comparatives peut apporter une contribution d'importance dans le rajeunissement des perspectives conceptuelles sur la santé et la maladie et dans la conception de pratiques professionnelles. Une conception systémique de la santé, par exemple, nécessite l'examen d'expériences pathologiques en tant que phénomènes totaux. Ainsi les analyses que poursuit l'anthropologie de la santé établissent les relations qui existent entre la maladie, les systèmes de dispensation des soins et les patrons culturels sans oublier l'univers phénoménologique du patient et les conceptions prophylactiques du professionnel de la santé. Toutes les civilisations du monde ont élaboré des conceptions de la maladie, ont développé des systèmes de dispensation des soins et ont mandaté des spécialistes pour traiter les malades et les aider à restaurer les équilibres physiologiques, psychosomatiques et socioculturels rompus. Conceptions de la maladie, élaboration des méthodes prophylactiques, apprentissage des spécialistes, application des thérapeutiques, constituent autant d'éléments du système médical qui sont influencés par les visions du monde, les systèmes de pensée et les modes de vie.

Une des contributions les plus substantielles de l'anthropologie culturelle dans l'étude des diverses civilisations du monde fut d'énoncer des généralisations qui possèdent un caractère d'universalité puisqu'elles se fondent sur des observations récoltées dans des contextes transculturels. Significatifs furent aussi les apports ethnologiques à la connaissance de la maladie et de la pratique médicale dans « la petite communauté » en mettant en relief les représentations sociales de la maladie tant chez les praticiens que chez les clientèles. Les connaissances récemment acquises en ethnomédecine témoignent d'un intérêt renouvelé pour la compréhension des médecines traditionnelles et primitives ainsi que pour la connaissance de leurs fondements philosophiques et théologiques. Finalement, les histoires de vie des *medicine men* et des guérisseurs représentent des contributions de première main qui donnent directement accès à la culture vécue des malades et des thérapeutes, révélant ainsi non seulement la dynamique d'un segment culturel mais aussi l'ensemble des éléments significatifs de l'organisation sociale et des patrons culturels d'une civilisation particulière.

L'anthropologie de la santé est une discipline scientifique, nul ne saurait le contester. Le modèle d'explication de la santé qu'elle propose (basé principalement sur les notions d'adaptation, d'équilibre et de croissance) découle d'études empiriques transculturelles. Toutefois, en tant que représentation scientifique, elle ne peut être dissociée des contextes socio-historiques de sa naissance et de son évolution ni des univers idéologiques de ses premiers promoteurs. Dans cette perspective, il nous apparaît intéressant et instructif à la fois de mieux connaître comment cette sous-discipline est née ici, le processus de son implantation, le genre d'études auxquelles elle a donné lieu, les principaux résultats auxquels elle arrive et les enseignements qu'ils traduisent, les pistes de recherche qu'elle suggère. La pénétration de cette nouvelle représentation dans notre milieu a-t-elle suscité des transformations du monde de la santé?

I. L'ANTHROPOLOGIE DE LA SANTÉ AU QUÉBEC

Étant donné la nouveauté de ce champ de recherche au Québec et tenant compte du fait qu'il se situe à un carrefour vers lequel convergent plusieurs sciences psychologiques et humaines s'intéressant à des aspects particuliers de la santé, il nous apparaît essentiel de présenter, au début de cet article, une définition de ce nouveau domaine d'études tout en ayant soin de le distinguer des disciplines apparentées, de circonscrire l'univers de l'inventaire et de mettre en relief les diverses tendances et orientations de la recherche, de souligner les lacunes les plus évidentes et de proposer certaines pistes importantes de recherche.

1. Une sous-discipline en émergence

L'anthropologie de la santé désigne l'ensemble des études portant sur les processus étiologiques de la maladie, les méthodes et les relations thérapeutiques entre soignants et soignés, le rôle de malade et le processus de réinsertion sociale du patient guéri ainsi que les modes préventifs de la rechute et de la maladie. Cette sous-discipline anthropologique vise à définir la totalité des facteurs (hérédité, environnement, constitution biologique, nutrition, conditions de vie, expériences vécues, etc.) qui exercent une influence sur l'état de santé d'un individu par le biais d'une approche théorique générale qui s'intéresse aux interrelations du biologique, du psychologique et du culturel dans notre civilisation (de type occidental) comme dans l'ensemble des civilisations du monde. Cette dernière caractéristique (comparative et transculturelle) distingue d'ailleurs l'anthropologie de la santé de la sociologie médicale. Nous reviendrons sur ce point un peu plus loin.

Cette définition très large met en lumière le fait que les diverses recherches théoriques et empiriques en anthropologie de la santé découlent de perspectives théoriques les plus variées, s'appuient sur des méthodologies et des techniques de recherche différentes et portent tout autant sur nos propres systèmes médicaux que sur ceux des autres civilisations du monde. C'est en cela que les études anthropologiques de la santé sont comparatives et transculturelles. Le dossier québécois de la santé, selon les perspectives de la bio-médecine et des sciences de la gestion du système de dispensation des soins, est très riche et les études découlant de ces perspectives apparaissent dans les différentes revues professionnelles d'ici. Il n'est pas dans notre intention d'en esquisser les principaux éléments dans le cadre de ce travail. En revanche, le dossier des sciences sociales de la santé et, plus particulièrement, celui d'une anthropologie de la santé qui viserait essentiellement à instaurer dans la compréhension des processus pathologiques, thérapeutiques et préventifs le faisceau complet des expériences de vie et des conditions sociales, reste à bâtir. Ce dossier, il faut le préciser, s'intéresserait tout autant à la médecine populaire qu'à la médecine savante.

L'anthropologie de la santé se distingue de la sociologie médicale par ses traditions de recherche, par la définition de son objet d'observation, par les techniques de cueillette des données qu'elle privilégie et par les modèles théoriques et analytiques qu'elle utilise. Nous avons rappelé plus haut les trois traditions particulières qui sont à l'origine de l'anthropologie de la santé. La sociologie, pour sa part, possède une tradition plus formelle, centrée sur les institutions dans la tradition établie par Weber, Durkheim et Parsons. Les techniques d'observation en anthropologie sont habituellement plus proches du vécu et plus qualitatives alors que les techniques du questionnaire et les techniques quantitatives sont plus utilisées en sociologie. Enfin, l'anthropologie de la santé valorise quatre perspectives théoriques particulières : celle de l'écologie médicale, celle de l'approche systémique, celle de la généralisation transculturelle et celle, finalement, de l'intervention dirigée. Ces distinctions doivent toutefois être nuancées pour tenir compte des rapprochements disciplinaires [2] des dernières années et des emprunts méthodologiques et théoriques respectifs.

2. Le sens de cet inventaire

Cette recension de la littérature anthropologique traitant de la santé au Québec est fragmentaire pour deux raisons principales. En premier lieu, les sondages bibliographiques effectués ne sont pas exhaustifs et, par voie de conséquence, n'ont pas répertorié d'une manière systématique tout ce qui a pu être publié sur le Québec en matière de santé selon une visée anthropologique. Par ailleurs, la définition du champ de prospection pose problème en ce qui a trait aux contributions des disciplines apparentées (sociologie médicale,

2. Virginia L. OLESEN, *op. cit.*

psychiatrie sociale, médecine sociale et préventive, service social de la santé, psychologie sociale, etc.). Nous n'avons pas noté les études provenant de ces disciplines à moins qu'elles aient été inspirées, dans leur démarche d'ensemble, par des théories anthropologiques. Une dernière remarque s'impose. Il ne faut pas oublier qu'à l'Université Laval, en particulier, la sociologie et l'anthropologie ont cohabité jusqu'en 1970. Cela se reflète assez bien dans le genre d'études qui furent entreprises à cette époque : elles peuvent tout aussi bien être classées en sociologie médicale qu'en anthropologie de la santé.

Tout limité qu'il soit, ce bilan cherche à montrer comment s'est bâtie la tradition des études anthropologiques dans le domaine de la santé au Québec. En ce sens, il est illustratif du genre d'études entreprises selon les périodes, des modèles conceptuels utilisés, des schèmes explicatifs proposés ainsi que des nouvelles compréhensions de la santé et de la maladie qui s'en dégagent. Nous nous sommes limité aux ouvrages et articles publiés quoiqu'à l'occasion il nous a semblé utile de signaler des thèses de maîtrise, des rapports de recherche ou même des propositions de recherche qui couvraient des domaines et thèmes de recherche encore peu touchés.

II. L'ÉTAT DES RECHERCHES EN ANTHROPOLOGIE DE LA SANTÉ DU QUÉBEC

1. *Les instruments de recherche*

Avant de discuter successivement les travaux se rapportant aux conditions sociales de la maladie et de la guérison, à l'épidémiologie sociale, aux professionnels de la santé, aux institutions de la dispensation des soins, aux représentations sociales de la maladie et à l'éducation et à la prévention, il nous apparaît essentiel de répertorier les instruments de recherche. Ceux-ci sont encore peu nombreux et portent sur des aspects particuliers du phénomène à l'étude. Par contre, ils ont le mérite de faire le point sur certaines questions et de proposer des démarches particulières ou encore de mettre en relief le registre complet d'études particulières. Étant donné la relative jeunesse de cette sous-discipline, il est remarquable de noter que tous ces instruments d'observation et d'analyse ont été conçus durant la dernière décennie.

Soulignons, tout d'abord, les principales revues anthropologiques et sociologiques publiant des articles sur le Québec qui ont présenté, dans les années récentes, des numéros spéciaux sur la santé.[3] L'ensemble des articles et notes de recherche qui apparaissent dans ces numéros spéciaux témoignent de

---

3. *Anthropologica* sur « La représentation du corps » (*XXI*, 1, 1979), *Anthropologie et sociétés* sur « Ethnomédecine et ethnobotanique » (*II*, 3, 1978), *Recherches sociographiques* sur « La sociologie de la santé » (*XVI*, 1, 1975) et *Sociologie et sociétés* sur « La gestion de la santé » (*IX*, 1, 1977). À l'automne 1981, *Anthropologie et sociétés* consacre un de ses numéros thématiques à « La dynamique bio-sociale » (*V*, 2, 1981).

l'intérêt grandissant des diverses disciplines humaines vis-à-vis la santé et de la richesse des approches théoriques et méthodologiques utilisées.

Des chercheurs œuvrant dans le cadre de l'Institut supérieur des sciences humaines de l'Université Laval ont préparé deux instruments bibliographiques. L'un répertorie *Le monde de la santé : 1940–1975* (DUSSAULT, 1975) tandis que l'autre fait l'inventaire des publications dans le domaine de la *Sociologie des maladies mentales* (HARVEY et SAMUEL, 1974). Bien que ces deux instruments bibliographiques ne fassent à peu près aucune référence aux travaux ethnologiques, ils représentent pour les anthropologues culturels des outils indispensables de recherche en ce sens qu'ils dressent la liste des contributions les plus substantielles en sociologie médicale et qu'ils reflètent assez bien l'état d'avancement des travaux dans ce domaine. Nous disposons, ainsi, d'une sorte de point d'horizon qui nous permette de jauger le caractère novateur des contributions contemporaines en anthropologie et le genre de renouvellement qu'elles apportent. Vient de paraître, enfin, un inventaire de la recherche sur la santé au Québec (LAGACÉ et PICARD, 1981).

Soulignons, également, l'existence de deux inventaires qui ont établi une revue systématique de l'ensemble de la production sur le Québec dans deux domaines de l'anthropologie de la santé. L'un (LACOURCIÈRE, 1976) examine l'ensemble de la production scientifique portant sur la médecine populaire au Québec jusqu'à nos jours. L'autre « dresse un inventaire des travaux à caractère expérimental et théorique effectués au Québec dans le domaine des aspects psychologiques et socio-culturels de l'alcoolisme afin d'avoir un meilleur éclairage de l'ensemble des facteurs et populations étudiés, des méthodes utilisées ainsi que des résultats obtenus en vue d'en faire une première évaluation et de formuler des recommandations utiles à d'éventuels chercheurs » (LABRIE et TREMBLAY, 1977, p. 85).

L'un des deux auteurs de l'inventaire sur l'alcoolisme conçut un plan de développement de la recherche médico-sociale à l'intention du Conseil des affaires sociales (TREMBLAY, 1975) qui prévoyait s'en servir dans un de ses rapports annuels.[4] Ce plan se déploie selon une double orientation. L'auteur, dans un premier temps, montre que l'originalité de la recherche québécoise en santé[5] appartient d'emblée au secteur des études médico-sociales pour autant que celles-ci s'insèrent dans un programme général « ayant les appuis et la continuité nécessaires ». C'est ce qui l'amène, en second lieu, à préciser et à

---

4. À notre grande déception, il n'a malheureusement jamais servi aux fins pour lesquelles il fut élaboré.

5. Nous considérons comme tout à fait exceptionnelles les contributions scientifiques de l'Institut Armand-Frappier dans le domaine de la microbiologie, celles du docteur Genest et de son équipe à l'Institut de recherches cliniques, celles du docteur Claude Fortier en physiologie ainsi que celles du docteur Fernand Labrie et de son équipe au Laboratoire d'endocrinologie moléculaire du CHUL.

définir les pôles de développement de ce type de recherche, les thématiques à approfondir et les démarches les plus fondamentales à entreprendre. Le même auteur (TREMBLAY, 1968 : 120–144), quelques années auparavant, avait conçu un plan directeur des études sur l'alcoolisme, un outil indispensable dans la planification de la recherche dans le domaine de l'alcoolisme : cet instrument fut jadis utilisé par l'équipe multidisciplinaire de recherche de l'Office de la prévention de l'alcoolisme et des autres toxicomanies (l'OPTAT) alors dirigée par le docteur André Boudreau, alcoologue de réputation internationale.

Une équipe multidisciplinaire de recherche de l'Université de Montréal s'intéresse aux problèmes associés au vieillissement chez les travailleurs d'usine à Sorel depuis déjà quelques années. Les chercheurs qui y travaillent ont construit des instruments d'observation (BASTARACHE, AUGER, FOREST et BASTARACHE, 1978) et d'analyse (FOREST et BERTHELETTE, 1981) et ont défini les conditions d'une collaboration plus fructueuse entre les médecins et les anthropologues dans ce type de recherche (FOREST, FOREST-STREIT et AUGER, 1979). Cette équipe possède plusieurs publications à son actif — que nous commenterons plus loin — et regroupe un certain nombre d'étudiants rédigeant des thèses de maîtrise. L'un deux (LAPLANTE, 1981) prépare une thèse de doctorat. Notons, enfin, que TREMBLAY (1973) a illustré la pertinence et l'utilité du questionnaire dans les études évaluatives de l'état de santé d'une population donnée.

L'ensemble de ces outils, plus particulièrement québécois si nous pouvons nous exprimer ainsi, comportent des lacunes évidentes si on les compare à la production instrumentale américaine et européenne de la dernière décennie. Les manuels et les recueils d'anthropologie médicale et de la santé, pour utiliser cet exemple, foisonnent chez nos voisins du Sud[6] et rapportent les résultats des recherches les plus originales ou reflétant particulièrement bien certaines approches conceptuelles et théoriques particulières. L'Institut québécois de recherche sur la culture a constitué un groupe de travail dirigé par Jacques Dufresne du cégep d'Ahuntsic dans le but de constituer une sorte de compendium de l'ensemble des connaissances acquises sur la santé dans les perspectives du modèle multidimensionnel des sciences humaines. Cette « encyclopédie » médicale appliquerait ces connaissances au milieu québécois dans le but de mieux renseigner les professionnels de la santé, les milieux de l'éducation et le public en général sur les acquis des sciences humaines par rapport à la santé et les éclairages théoriques nouveaux qu'ils suggèrent.

---

6. Pour les années récentes seulement, voici quelques-uns des ouvrages les mieux connus au Québec : Eleanor E. BAUWENS, *The Anthropology of Health*, Saint Louis, Mosby, 1978 ; George M. FOSTER et Barbara G. ANDERSON, *Medical Anthropology*, New York, Wiley, 1978 ; Norman KLEIN, *Culture, Curers and Contagion*, 1979 ; David LANDY (éd.), *Culture, Disease and Healing : Studies in Medical Anthropology*, New York, Macmillan, 1977 ; Michael LOGAN et Edward HUNT, *Health and the Human Condition : Perspectives on Medical Anthropology*, North Scituate, Duxbury, 1978 ; Ann McELROY et Patricia TOWNSEND, *Medical Anthropology in Ecological Perspective*, North Scituate, Duxbury, 1979. La production des dernières années est vraiment abondante.

De son côté, TREMBLAY prépare depuis quelques années déjà un ouvrage général portant sur la santé (1983) dans la perspective systémique. Cette approche fait éclater le modèle bio-médical de la médecine occidentale afin d'y introduire les facteurs environnementaux de l'écosystème, les éléments reliés à la personnalité (perceptions, besoins, motivations, attitudes, aspirations, expériences, représentations) ainsi que ceux associés aux patrons culturels, aux modes de vie et aux visions du monde. L'auteur accorde une importance primordiale à l'identification de facteurs et d'éléments devant servir à une synthèse des savoirs scientifiques sur l'homme en état de crise.

D'ici peu de temps nous aurons donc, pour le Québec, des instruments de recherche et de réflexion d'un type nouveau qui susciteront des critiques, bien sûr, mais qui donneront une vigueur nouvelle aux divers travaux et études dans le domaine des sciences humaines de la santé. En plus de son impact théorique, cet outillage comporte des enseignements précis pour le renouvellement des thérapeutiques en plus de préciser les nouvelles voies de la prévention, de la réinsertion sociale du patient et des nouveaux équilibres de vie à établir.

2. *Les conditions sociales de la maladie et de la guérison*

Nous partons de l'hypothèse que les concepts de santé et de maladie se situent sur un continuum où la santé optimale et la maladie terminale représentent les pôles. On peut concevoir la maladie comme étant essentiellement une dysfonction dans la tenue des rôles, c'est-à-dire une incapacité ressentie par l'individu par rapport à l'ensemble de ses fonctions et de ses obligations. La plupart du temps, c'est l'individu lui-même qui se définit comme malade et qui prend la décision de chercher une aide professionnelle. À partir du moment où il cherche activement cette relation d'aide chez une tierce personne formée pour atténuer les « problèmes » de santé, l'individu adopte le rôle de malade, lequel comporte tout un ensemble d'attributions et de comportements particuliers. Cette définition subjective de la maladie renvoie aux dispositions prévues par la culture pour traiter les maladies (le système médical), pour atténuer les maux d'un individu et pour lui permettre éventuellement de réassumer ses fonctions individuelles et sociales habituelles. Elle nous renvoie aussi aux spécialistes de la guérison, aux modes et rituels thérapeutiques et à l'ensemble des services de dispensation des soins. Comment l'individu les utilise-t-il?

Ce bref développement sur la santé et la maladie met en évidence l'encadrement culturel de la maladie par la définition qu'en donne celui ou celle qui la subit et par les attentes qu'ils entretiennent vis-à-vis les professionnels de la santé et leurs interventions thérapeutiques. Nous touchons à peine aux facteurs sociaux et économiques qui peuvent être à l'origine de toute une gamme de maladies. Le cas des maladies industrielles, telles que l'amiantose et les diverses intoxications chimiques, représente une illustration exemplaire acceptée par l'ensemble des administrations publiques. Les maladies psychosomatiques et les maladies de civilisation représentent d'autres cas où la production socio-culturelle de la maladie est de plus en plus acceptée par le corps médical et par le grand public renseigné. Mais en quoi et comment nos habitudes de vie et notre condition socio-économique peuvent-elles être à l'origine de malaises d'ordre biologique, d'ordre psychosomatique et, à la limite, d'ordre psychiatrique ? Voilà rapidement esquissées ce que nous appelons les conditions sociales de la maladie et de la guérison. L'importance des sujets proposés à nos investigations se révèle tout autant par leur nombre que par leur position dans notre univers phénoménologique. Ils sont au cœur d'une problématique élargie sur la santé et la maladie.

Notre inventaire nous a permis de repérer quelques études seulement dans ce domaine, ce qui nous fait prendre conscience des lacunes considérables à combler. Si on fait exception de l'étude de Tremblay (1960), toutes les autres ont été effectuées durant les six ou sept dernières années. L'étude de Tremblay prend, comme toile de fond, une profession, celle de bûcheron, et examine les tensions psychologiques reliées à sa pratique. Les tensions du travailleur forestier ne résultent pas uniquement de ses conditions de travail mais aussi des attentes du milieu, de ses aspirations et des projets qu'il nourrit pour ses enfants. Il gagne sa vie dans une situation où il prend conscience de son incapacité à relever ses niveaux de vie et à préparer ses enfants à assumer des fonctions professionnelles économiquement plus satisfaisantes et socialement plus prestigieuses. Étant soumis à ces diverses contraintes, on saisit mieux alors le fondement de son déchirement, de ses malaises physiques et de sa fragilité psychologique.

Ces études sur les professions et les diverses pratiques professionnelles, dans les perspectives de l'anthropologie de la santé, ne semblent guère avoir attiré les anthropologues ; pourtant on connaît l'importance grandissante des maladies industrielles dans la société québécoise. Les études d'une équipe d'anthropologues de l'Université de Montréal sur la santé et le vieillissement de travailleurs industriels nous apparaissent, sous cet éclairage, particulièrement intéressantes et prometteuses. Un certain nombre d'entre elles ont déjà fait l'objet de publications (Auger, Forest et Bastarache, 1979 ; Auger, Bastarache, Forest et Bastarache, 1980 ; Forest et Forest-Streit, 1980). D'autres ont fait l'objet de thèses de maîtrise. Nous attendons le rapport de synthèse que produiront ces études pour en évaluer l'impact tant sur le monde du travail que sur celui des recherches anthropologiques de la santé.

La thèse de maîtrise de Maurice Blouin (Université Laval, 1980) portant sur l'impact de la culture dans la définition de la maladie et dans la compréhension de la relation médecin-patient m'apparaît digne d'être soulignée par son caractère novateur (étude structurale de la santé) et par la richesse de ses hypothèses en ethnomédecine symbolique. L'étude sur la culture, les rites et les croyances associés à la naissance dans Charlevoix (GAGNON, 1979) représente une contribution digne de mention : elle demeure, toutefois, limitée dans sa portée par son caractère descriptif et anecdotique. Par ailleurs, l'article sur l'intégration sociale des handicapés physiques (FOUGEYROLLAS, 1979) développe une problématique où la dialectique individu-société permet de mieux comprendre la situation particulière de cette catégorie sociale qui entend combattre directement les préjugés qui les enferment dans des univers restreints et prendre en main leur épanouissement dans le sens de leurs conceptions propres. Sur ce plan, une équipe du Centre hospitalier de l'Université Laval fait la démonstration de l'influence des conditions sociales dans la production du handicap (JOUBERT et FILLION, 1981). Mentionnons, enfin, les articles récents sur l'homosexualité (GARNEAU et LABERGE, 1978) et le veuvage et la sexualité (STRYCKMAN, 1980).

3. *Les études épidémiologiques*

L'importance du modèle de l'écologie médicale a renouvelé les perspectives des études médicales sur la fréquence des maladies et leur distribution géographique. La « nouvelle épidémiologie », en effet, a fait éclater le modèle classique de l'étude des maladies en fonction de tout un ensemble de facteurs socio-démographiques et socio-culturels pour y insérer les interrelations homme-milieu dans la production de la maladie ainsi que l'ensemble des dispositions élaborées dans le système médical pour rétablir les équilibres écologiques et atténuer, sinon éliminer complètement, les mésadaptations individuelles. À notre connaissance, ce renouveau conceptuel n'a pas encore suscité d'études particulières dans le contexte québécois.

Par contre, l'influence de la psychiatrie sociale naissante des années cinquante aux États-Unis[7] et, en particulier, des travaux du docteur Thomas Rennie à Manhattan dans le cadre du *Mid-Town Project*,[8] de ceux du docteur Frederick Redlich[9] à New Haven ainsi que ceux du docteur Alexander H. Leighton en Nouvelle-Écosse (*Stirling County Studies*)[10] s'est fait sentir au

---

7. Alexander H. LEIGHTON, John A. CLAUSEN et Robert N. WILSON, *Explorations in Social Psychiatry*, New York, Basic Books, 1957.

8. L. SROLE, T. S. LANGNER, S. T. MICHAEL, M. K. OPLER et Thomas A. C. RENNIE, *Mental Health in the Metropolis*, New York, McGraw Hill, 1962.

9. A.B. HOLLINGSHEAD et F. C. REDLICH, *Social Class and Mental Illness*, New York, Wiley, 1958; et aussi Jerome MYERS et Bertram H. ROBERTS, *Social Class, Family Dynamics and Mental Illness*, New York, Wiley, 1959.

10. A. H. LEIGHTON, *My Name is Legion : Foundations for a Theory of Man in Relation to Culture*, New York, Basic Books, 1959; Charles C. HUGHES, Marc-Adélard TREMBLAY, R.N. RAPOPORT et Alexander H. LEIGHTON, *People of Cove and Woodlot : Communities from the View-point of Social Psychiatry*, New York, Basic Books, 1960; Dorothea C. LEIGHTON, J.S. HARDING, D.B. MACKLIN, Allistair M. MACMILLAN et A.H. LEIGHTON, *The Character of Danger*, New York, Basic Books, 1963.

Québec dans les travaux épidémiologiques du psychiatre Murphy de l'Université McGill. À compter des années soixante, Murphy et ses associés entreprirent une série d'études sur les taux différentiels des désordres psychologiques chez les populations d'ascendance française et d'origine britannique vivant dans des petites communautés et dans des unités sociales plus larges (MURPHY, 1974). Un autre psychiatre, Noël Fortin de l'Hôpital Notre-Dame a, pour sa part, analysé l'impact de l'insularité sur la santé mentale des Madelinots (FORTIN, 1966). Cette même perspective de recherche a fortement orienté les travaux des équipes de recherche œuvrant à l'OPTAT à ses débuts.[11] Utilisant le plan directeur auquel nous faisions allusion plus tôt, l'OPTAT entreprit une vaste étude sur les habitudes de consommation d'alcool dans la région du Bas-Saint-Laurent laquelle, comme chacun le sait, faisait partie de la région-pilote du Bureau d'Aménagement de l'Est du Québec (B.A.E.Q.) (TREMBLAY et LAFOREST, 1966). Ces études épidémiologiques donnèrent lieu à une remarquable thèse de doctorat dans laquelle l'auteur (LAFOREST, 1974) analyse l'hypothèse durkheimienne de la liaison entre l'anomie et diverses conduites pathologiques. En effet, Laforest établit, pour le contexte rural québécois, par une technique analytique sophistiquée, une relation d'association entre l'anomie et la déviance alcoolique dans les habitudes de consommation. Cette thèse couronnait toute une série d'études épidémiologiques sur l'alcool et la drogue que l'auteur publia à compter de 1968 dans la revue *Toxicomanies* (LAFOREST, 1968). Les études ethnographiques sur la Basse-Côte-Nord du Saint-Laurent donnèrent lieu à un essai d'évaluation des modèles et des comportements de consommation d'alcool (CHAREST, 1970). S'inscrivent dans la même tradition les travaux épidémiologiques du Département des sciences de la santé communautaire de l'Université de Sherbrooke dans l'Estrie sous la direction de Laforest (LAFOREST, 1970; DENIS, TOUSIGNANT et LAFOREST, 1973; TOUSIGNANT et DENIS, 1977). Utilisant certaines des orientations théoriques générales et des instruments d'observation des études effectuées dans le comté de Stirling, cette équipe établit la fréquence des cas d'intérêt psychiatrique et identifie les facteurs socio-culturels qui la font varier.

4. *Les institutions de santé et la dispensation des soins*

Chaque société a choisi des lieux et construit des établissements spécialisés à l'intérieur desquels se déploient les démarches et les thérapeutiques conçues pour enrayer la maladie et favoriser la guérison de patients atteints d'affections organiques et psychologiques. La société québécoise, en s'inspirant du modèle occidental, a élaboré un régime de soins qui s'appuie sur divers types

---

11. La loi sur les services de santé et les services sociaux, visant à rationaliser le système de dispensation des soins, est à l'origine de sa disparition.

d'établissements [12] afin de rendre accessible à la population de tous les milieux géographiques et socio-économiques ayant des « problèmes médicaux », tout un éventail de services et de soins spécifiques. Ces établissements de santé, selon leur vocation dans l'ensemble du réseau et leur taille, comportent des structures organisationnelles plus ou moins complexes et des catégories professionnelles plus ou moins nombreuses et diversifiées. L'hôpital, certes la structure la plus bureaucratisée, dont le fonctionnement suit le patron des grandes organisations industrielles, peut être conçu comme un système social quasi autonome, ayant sa culture propre mais reflétant, par ailleurs, la culture de la société globale. Il existe, dans ces institutions de santé, une hiérarchie sociale de type dualiste (structure de gestion des biens et des services et structure professionnelle de production des soins médicaux), une division des tâches professionnelles réglementées par les divers ordres corporatifs regroupant les professions de la santé et les divers syndicats défendant les intérêts de leurs membres, un mode de vie et des attitudes spécifiques.

Les malades qui séjournent dans ces établissements de santé pour des périodes variables doivent intérioriser les normes de comportements de ces milieux de vie afin de bénéficier pleinement des efforts thérapeutiques. La perception qu'ils ont de cette culture hospitalière, la compréhension qu'ils développent de l'action thérapeutique ainsi que les attentes qu'ils entretiennent vis-à-vis leur guérison influent sur leur réceptivité des soins proposés et procurés et, bien sûr, sur leur éventuelle guérison. Voilà esquissés les principaux traits du système de dispensation des soins et l'univers phénoménologique des bénéficiaires. Passons en revue maintenant les principaux travaux anthropologiques (ou d'inspiration ethnologique) sur les établissements de santé.

Quelques commentaires d'arrière-plan serviront à expliquer l'étonnante pénurie de travaux ethnologiques dans ce domaine. L'anthropologie du Québec en est à ses débuts (une tradition scientifique d'un quart de siècle environ). Elle s'est d'abord orientée, d'une façon primordiale, vers des études à caractère ethnographique et monographique du genre de celles poursuivies par l'équipe de Norman Chance dans le Moyen-Nord québécois sur les Cris, celles entreprises par l'équipe Dubreuil-Benoît-Gomila sur les communautés canadiennes-françaises et par l'équipe Tremblay-Charest sur la Côte-Nord du Saint-Laurent. Les premières études ethnologiques sur les institutions de santé furent effectuées durant la période 1966–1971. Cinq de celles-ci furent des travaux académiques réalisés sous la direction de Tremblay dans le but d'obtenir une maîtrise et portent sur l'hôpital psychiatrique (CÔTÉ, 1966 ; FORTIER, 1966 ; DRAPER, 1970 ; ROUTHIER, 1971 et BOUCHARD, 1971). Deux autres travaux (TREMBLAY, 1966 et 1970) se rapportent à l'évolution dans les structures et les fonctions de l'hôpital sous l'impact de la modernisation du Québec et à la socialisation des services de santé. Il ne fait aucun doute que l'ensemble de ces

---

12. Voir : *Les affaires sociales au Québec*, Québec, Éditeur officiel du Québec, 1980, pp. 149–174.

travaux, en plus de s'insérer dans le courant nouveau des études en psychiatrie sociale, ont tous été fortement influencés par les idées novatrices exprimées dans le Rapport Bédard[13] sur les hôpitaux psychiatriques et par celles préconisées par les schèmes conceptuels de l'antipsychiatrie.

La mise en application graduelle de la Loi 65 sur les services de santé et les services sociaux a vu naître au Québec de nouvelles institutions de santé comme les départements de santé communautaire (D.S.C.) et les centres locaux de services communautaires (C.L.S.C.). Ceux-ci distribuent des soins de première ligne tandis que ceux-là se préoccupent de la qualité des soins en s'inspirant des principes et des méthodes de la médecine familiale et communautaire. Ces deux innovations dans le régime québécois des soins ont fait l'objet de quelques études dans les deux ou trois dernières années (COUTURE, 1978; JOUBERT, 1980).

En bref, la pénurie de travaux portant sur les institutions de soins et l'absence d'études d'anthropologie clinique soulignent la jeunesse de cette discipline au Québec et témoignent aussi, indirectement, des résistances que rencontrent et qu'ont rencontrées les ethnologues dans la pénétration de ces lieux « sacro-saints » pour y agir soit comme chercheurs-observateurs ou encore comme intervenants dans l'équipe thérapeutique multidisciplinaire.

5. *Les professionnels de la santé*

Les changements récents dans les professions de la santé sont parallèles à ceux qui se sont produits dans la société globale québécoise. Résumons-en les principales facettes, délimitant ainsi par ce biais l'étendue du champ d'observation offert à l'ethnologie.

L'accélération des connaissances scientifiques et médicales oblige les spécialistes de la santé à un apprentissage plus élaboré et complexe où les sciences humaines se méritent une place de plus en plus importante. De ce point de vue, les articles de COQUATRIX sur la littérature obstétricale (1980) et de TREMBLAY sur les nouvelles fonctions du médecin de famille dans le champ de la santé mentale (1965) touchent à certains aspects de la redéfinition de l'activité professionnelle. L'action des corporations et des syndicats professionnels n'a pas encore fait l'objet d'études systématiques de la part des ethnologues bien qu'elle soit au cœur des transformations du monde de la santé. Le rôle des corporations professionnelles dans la protection des intérêts du public et dans le maintien de la qualité des soins devient de plus en plus complexe et controversé dans le champ des interventions médicales et cliniques nouvelles (insémination, avortement, eugénisme, soins palliatifs, manipulations génétiques, etc.). Par suite de l'intérêt diversifié des clientèles, de l'évolution des mentalités et de

---

13. Dominique BÉDARD, Denis LAZURE et Charles A. ROBERTS, *Rapport de la Commission d'étude des hôpitaux psychiatriques*, Québec, Hôtel du Gouvernement, 1962.

l'absence de consensus chez les professionnels de la santé eux-mêmes, les nouvelles règles de la bio-éthique ne s'expriment pas encore dans un projet unique ce qui, par voie de conséquence, entraîne des interventions et interprétations divergentes qui font l'objet de discussions sur la place publique. L'action syndicale rencontre des embûches du même ordre dans la défense des intérêts professionnels et personnels des membres (conditions de travail, définition des tâches, plan de carrière, sécurité d'emploi, etc.).

La poussée extraordinaire du développement technique a amené un perfectionnement de l'outillage existant et l'invention d'appareils nouveaux, permettant ainsi des interventions techniques de pointe. Celles-ci s'accompagnent, parfois, d'une atténuation de la chaleur et de l'intimité de la relation thérapeutique. On peut même se demander, à la limite, si la popularité grandissante des médecines « parallèles » et le recours de plus en plus fréquent aux diverses catégories de guérisseurs et, parfois même, aux charlatans, ne représentent pas une des conséquences de cette transformation substantielle du climat thérapeutique (BLOUIN, 1980). S'il est juste de penser que les ethnologues se sont toujours intéressés aux symbolismes, rituels et thérapeutiques privilégiés par l'ethnomédecine (BALIKCI, 1963), n'est-il point suprenant que dans la seule période 1974–1981 on dénombre neuf contributions ethnologiques centrées spécialement sur la pratique du « guérissage » et les pharmacopées qui l'accompagnent ainsi que sur les difficultés juridiques que rencontrent les différents types de guérisseurs ? (BRAULT, 1974 ; BRUNEL et MORISSETTE, 1979 ; BRUNEL, 1980a ; 1980b ; BRUNEL, 1979 ; DUBOIS-OUELLET, 1981 ; DULONG, 1977 ; KONGAS-MARANDA, 1981 ; NADEAU, 1975).

La complexification des appareils bureaucratiques et leur orientation par rapport à la rationalité des procédures et à l'efficacité des résultats ont entraîné l'élaboration de nouvelles méthodes de gestion et de contrôle des dépenses médicales. L'anthropologie culturelle ne semble pas s'être éveillée à la fonction critique de ces nouvelles pratiques institutionnelles dans l'évolution des systèmes médicaux québécois vers une plus grande formalisation. Ce qui surprend encore davantage, c'est l'absence d'études ethnologiques sur la socialisation de la médecine et la médicalisation des services sociaux, des terrains d'observation d'une exceptionnelle richesse à la racine d'une phénoménologie de la santé tant du côté des gestionnaires de la santé que de celui des clientèles.

6. *Les représentations sociales de la santé et de la maladie*

Un des champs de l'anthropologie médicale qui prend une rapide expansion en France est celui des représentations sociales et discours sur le corps et la maladie.[14] On sait que l'action des professionnels de la santé s'oriente, en partie,

---

14. Voir, en particulier, les travaux de Françoise LOUX. À titre illustratif, son article « Santé et maladie dans les représentations populaires françaises traditionnelles et modernes », *Santé, médecine et sociologie*, Paris, Centre national de la recherche scientifique, 1978, pp. 311–315.

en fonction de la plainte du patient et du discours qu'il tient sur ses malaises corporels, ses émotions aiguës et sur l'ensemble des éléments qui affectent son état de santé. Ces conceptions subjectives de la maladie de même que ces auto-évaluations de santé, en plus de contribuer à la définition d'une symptomatologie et d'une démarche thérapeutique dans une situation clinique donnée, servent également à nous faire pénétrer dans l'univers symbolique et phénoménologique des clientèles et, par ce biais, à mieux nous faire comprendre l'ensemble des définitions de la maladie, l'insertion comme le mouvement des clientèles dans le système de la « médecine savante » ou celui de la « médecine populaire ». Le recours au guérisseur, par exemple, dans nos propres sociétés est une démarche qui traduit des perceptions, des définitions et des attentes qui nous renvoient tout autant à la conception de la nature de la maladie qu'à celle des aptitudes et des attributions particulières de ce type de spécialiste.

Si nous faisons exception de l'étude de FLANNERY (1971) sur les concepts magico-religieux des Algonquins de la Baie James, car elle se situe dans le courant des traditions ethnographiques sur la médecine primitive à la manière du médecin-anthropologue Ackerknecht, [15] quelques études seulement s'inspirent de cette approche ethnopsychologique couplée aux schèmes conceptuels de la sémiotique. Mais ces dernières nous apparaissent comme étant particulièrement prometteuses et suggestives. Mentionnons, en premier lieu, l'ensemble des travaux de Gilles BRUNEL, du Département des communications de l'Université de Montréal, sur les guérisseurs, dont les analyses et les interprétations sont riches en hypothèses nouvelles, l'étude longitudinale du psychiatre-anthropologue Jean-François Saucier de l'Hôpital Sainte-Justine de Montréal portant sur les attitudes et les conceptions des adolescents francophones de Montréal vis-à-vis la maladie (SAUCIER, 1976–1981), celles de Gilles BIBEAU et de Louise PELLETIER de l'École des sciences infirmières de Laval (1980) portant sur le discours sur la santé et la maladie, et celle de Maria DE KONINCK et Francine SAILLANT du Conseil du statut de la femme sur les stéréotypes des soignants vis-à-vis les femmes (1980), l'ensemble des travaux que poursuit l'ethnospychologue Ellen CORIN du Centre de gérontologie sociale de Laval sur le processus de vieillissement et les modalités de l'intégration sociale des personnes du troisième âge et, enfin, la thèse de BLOUIN, à laquelle nous nous référions plus tôt, qui s'inspire des travaux de Pierre Maranda dans les perspectives structuralistes sur « l'infra discours populaire ».

Puisque le champ des représentations sociales renvoie à une approche ethnologique dite cognitive, il nous apparaît important, en terminant cette section, de mentionner deux études ethnobiologiques à caractère empirique. [16]

---

15. Erwin H. ACKERKNECHT, *Medicine and Ethnology: Selected Essays*, Baltimore, John Hopkins, 1971.

16. Voir, au sujet des études théoriques, l'article de Gilles BRUNET, « Tendances actuelles de la recherche en ethnobiologie », *Anthropologica, XIX*, 2, 1977: 111–132; et de Gérard FORTIN, « Ethnobotanique et ethnohistoire, commentaires sur les travaux de William N. Fenton », *Recherches amérindiennes au Québec, VII*, 3-4, 1978: 27–36.

L'une (BOUCHARD et MAILHOT, 1963) porte sur le lexique des animaux indiens et les travaux de Gérard Fortin, sur la pharmacopée traditionnelle des Iroquois (FORTIN, 1978). Ce dernier prépare une thèse de maîtrise à l'Université Laval sur les noms de plantes et leur utilisation médicinale chez les Montagnais de Mingan. Ces travaux viennent prolonger les études pionnières de l'ethnobiologiste Jacques Rousseau [17] au Nouveau-Québec durant les années quarante.

7. *Éducation et prévention*

Les nouvelles orientations de la médecine savante mettent l'accent sur l'éducation sanitaire et hygiénique, le dépistage hâtif des maladies et la prévention. Des sommes considérables d'argent sont dépensées à chaque année pour former des spécialistes en médecine sociale et préventive, pour développer des programmes d'éducation sur l'ensemble des principes hygiéniques de vie, pour amorcer des programmes de dépistage hâtif des maladies, pour réduire la pollution des milieux industriels et de l'environnement, en bref, pour faire avancer l'idée d'une médecine qui prévient tout autant la maladie qu'elle la guérit. Les ethnologues sont encore peu sensibilisés à l'importance comme à l'urgence d'entreprendre des recherches empiriques dans ce domaine et de participer, dans le cadre d'équipes multidisciplinaires, à la conception comme aux démarches méthodologiques de l'intervention des spécialistes de la santé.

Nous avons tracé, sur une base modeste, pour l'OPTAT (TREMBLAY, 1968), les grandes lignes d'un programme d'action préventive dans le domaine de l'alcoolisme dont les principaux axes de développement sont conçus en fonction des diverses catégories de consommateurs d'alcool. Ce programme s'insère dans les traditions de la recherche empirique en sciences humaines. Beaucoup plus substantiels et opérationnels apparaissent être les programmes préventifs de certains départements de santé communautaire, comme ceux des centres hospitalo-universitaires et de certains centres locaux de services communautaires qui découlent des visées et positions innovatrices de la Commission Castonguay-Nepveu. Ce sont des entreprises qui partent sur un bon pied par l'importance qu'elles accordent aux sciences humaines, dont l'anthropologie culturelle, [18] et par l'ensemble des ressources mises à la disposition de ces équipes d'un genre tout à fait nouveau dans l'univers de la santé (JOUBERT et FILLION, 1981; JOUBERT, BERNARD, LEMAY et FILLION, 1981; FILLION, JOUBERT et LEMAY, 1981).

---

17. Jacques ROUSSEAU, « Coupe biogéographique et ethnobiologique de la Péninsule Québec-Labrador », dans : *Le Nouveau-Québec : Contribution à l'étude de l'occupation humaine* (sous la direction de Jean MALAURIE et Jacques ROUSSEAU), Paris, Mouton, 1964 : 29-94.

18. Au Centre hospitalier de l'Université Laval, pour utiliser cet exemple que nous connaissons, l'équipe de recherche dirigée par Pierre Joubert comprend trois autres anthropologues culturels.

Il est encore trop tôt pour évaluer la qualité de la contribution des sciences humaines à l'effort préventif (recherche et interventions) des sciences de la santé. Il nous faudra attendre que les résultats de ces recherches et de ces interventions soient publiés et qu'ils aient été appréciés par des pairs. Nous espérons que les chercheurs et les intervenants, étant les premiers intéressés, sauront développer des instruments d'évaluation et pourront eux-mêmes, dans un premier temps, jauger à la fois la pertinence et le rendement de leurs contributions respectives et que le champ de la prévention ne conservera pas le statut peu enviable que lui confère un sociologue médical (LAFOREST, 1976).

*

*   *

Comment conclure ce vaste tour d'horizon qui ne fait qu'effleurer le sujet autrement qu'en mettant en relief quelques lacunes et en suggérant quelques nouvelles pistes de recherche?

Rappelons que l'anthropologie *au* Québec est une jeune discipline. De plus, l'anthropologie de la santé, en tant que sous-discipline, a vraiment pris son envol à l'échelle mondiale il y a une vingtaine d'années à peine. Il n'est donc guère surprenant qu'elle soit à se définir une vocation et qu'elle cherche à se découvrir une place dans l'univers de la santé. Ses modestes contributions au dossier québécois de la maladie sont tributaires des conditions mêmes de son existence. Il nous apparaît regrettable, toutefois, que les énergies consacrées à la construction de traditions scientifiques nouvelles se déploient dans l'oubli trop systématique, il nous semble, des contributions des années cinquante et soixante. Assisterons-nous à de perpétuels recommencements? Ne serait-il pas possible d'appuyer l'originalité des contributions récentes sur des travaux, bien éparpillés, il faut bien le concéder, mais qui reflètent les schémas théoriques et les opérationnalisations de leurs époques? Il apparaît illusoire, enfin, de baliser les pistes de développement et de recherches souhaitables pour l'avenir tellement le nombre et la variété des études à amorcer sont incommensurables. Il faudra aussi un peu plus de temps aux anthropologues médicaux pour apprécier l'ensemble de leurs travaux à l'occasion de conférences, de colloques et d'assemblées spéciales du genre de celles du Groupe de recherche interuniversitaire en anthropologie médicale et en ethnopsychiatrie (GIRAME) pour établir des bilans critiques, pour définir des champs de recherche particulièrement féconds, pour utiliser toute la gamme des approches conceptuelles possibles dans ce champ d'études en milieu québécois, pour mieux expérimenter les méthodologies nouvelles de l'observation et de l'intervention et pour susciter des consensus sur les orientations de cette sous-discipline ici. Serait bien naïf celui qui voudrait « brûler » les étapes de ce mûrissement préalable !

Marc-Adélard TREMBLAY

Département d'anthropologie,
Université Laval.

TRAVAUX RECENSÉS

F. Auger, F. Forest et E. Bastarache, « An anthropological project on French-Canadian workers : A progress report », *Canadian Review of Physical Anthropology, I*, 1, 1979 : 5–9.

F. Auger, E. Bastarache, F. Forest et R. Bastarache, « Morphologie et niveaux de santé : une analyse de deux groupes de travailleurs québécois », *Union médicale du Canada, CIX*, 3, 1980 : 377–385.

Asen Balikci, « Shamanistic behavior among the Netsilik Eskimos », *Southwestern Journal of Anthropology, XIX*, 4, 1963 : 38–396.

E. Bastarache, F. Auger, F. Forest et R. Bastarache, « Utilisation d'un questionnaire pré-examen médical auprès d'une population de travailleurs québécois », *Union médicale du Canada, CVII*, 9, 1978 : 1–12.

Gilles Bibeau et Louise Pelletier, « Le discours sur la santé et la maladie dans deux populations de Québec », communication présentée au Symposium sur la médecine populaire et la religion traditionnelle, Ottawa, Musée national de l'Homme, 1980.

Maurice Blouin, *Culture, santé et maladie*, thèse de maîtrise, Université Laval, 1980.

Serge Bouchard et José Mailhot, « Structure du lexique : les animaux indiens », *Recherches amérindiennes au Québec, III*, 1-2, 1973 : 39–67.

Marie-Marthe Brault, *Monsieur Armand, guérisseur*, Montréal, Parti pris, 1974.

Gilles Brunel et Luc Morissette, « Guérison et ethnoétiologie populaire », *Anthropologica, XXI*, 1, 1979 : 43–72.

Gilles Brunel, « Guérison, radiesthésie et communication corporelle », *Revue d'ethnologie du Québec, V*, 1, 1980 : 83–97.

Gilles Brunel, « Guérison, magie et symbolique corporelle », *Anthropologie et sociétés, IV*, 2, 1980 : 113–130.

Gilles Brunel, « La culture populaire en procès : le cas des guérisseurs traditionnels au Québec », *Sociologie et sociétés, XI*, 1, 1979 : 147–165.

Paul Charest, « La consommation des boissons alcooliques sur la Basse-Côte-Nord du Saint-Laurent », *Toxicomanies, III*, 3, 1970 : 329–370.

Ellen Corin, « Le concept socio-culturel de l'utilisation des réseaux sociaux chez les personnes âgées de la région de Québec », communication présentée au Congrès annuel de la Société canadienne d'ethnologie, Ottawa, 1981.

Raymond Côté, *L'hôpital psychiatrique : une culture asilaire ou un milieu thérapeutique*, thèse de maîtrise en sociologie, Université Laval, 1966.

Nicole Coquatrix, « Interpréter la littérature obstétricale contemporaine : note de recherche », *Anthropologie et sociétés, IV*, 2, 1980 : 145–159.

Denise Couture, « La division du travail en C.L.S.C. », *Recherches sociographiques, XIX*, 2, 1978 : 271–280.

Maria de Koninck et Francine Saillant, « Situation des femmes et stéréotypes chez les soignants : perspectives féministes », *Santé mentale au Québec, V*, 2, 1980.

Guy Denis, Michel Tousignant et Lucien Laforest, « Prévalence de cas d'intérêt psychiatrique dans une région du Québec », *Canadian Journal of Public Health, LXIV*, 4, 1973 : 387–397.

Michael J. DRAPER, *La psychiatrie communautaire ou l'accessibilité générale à la maladie mentale*, thèse de maîtrise en sociologie, Université Laval, 1970.

Michael J. DRAPER, « La réhabilitation du malade mental en milieu communautaire : un modèle théorique », Québec, Institut supérieur des sciences humaines, Université Laval, 1969 (ronéo-typé).

Simone DUBOIS-OUELLET, *Ethnomédecine auprès d'un guérisseur de Lévis*, thèse de maîtrise, Université Laval, 1981.

Gaston DULONG, « Médecin populaire au Québec », *La vie médicale au Canada français, VI*, mars 1977 : 294–297.

Gilles DUSSAULT, *Le monde de la santé 1940–1975 : Bibliographie*, Québec, Institut supérieur des sciences humaines, Université Laval, 1975. (« Instruments de travail », 17.)

Regina FLANNERY, « Some magico-religious concepts of the Algonquians of the East Coast of James Bay », dans : *Themes in Culture and Other Essays in Honor of Morris Opler*, Quezon City, Kayumanggi Publishers, 1971 : 31–39.

F. FOREST, « Le concept de vieillissement différentiel et son utilisation dans les études de santé au travail », *Santé mentale au Canada, V*, 2, 1981.

Ursula FOREST-STREIT, « Caractéristiques psycho-sociales d'un groupe d'étudiants en médecine à l'entrée à la Faculté », *Union médicale du Canada, CIX*, novembre 1980 : 1569–1577.

F. FOREST, U. FOREST-STREIT et F. AUGER, « Anthropologie et médecine : une collaboration qui pourrait être fructueuse », *Actes du 13ᵉ Colloque Anthropologie et médecine*, Association internationale des anthropologistes de langue française, Caen, 1979 : 104–134.

F. FOREST et D. BERTHELETTE, « Utilisation de l'analyse de variance multiple en anthropologie de la santé », *Revue canadienne d'anthropologie physique, II*, 1, 1981.

Marc FORTIER, *L'administration : de l'asile à l'hôpital psychiatrique*, thèse de maîtrise en sociologie, Université Laval, 1966.

Gérard L. FORTIN, « La pharmacopée traditionnelle des Iroquois : une étude ethnohistorique », *Anthropologie et sociétés, II*, 3, 1978 : 117-138.

Jean-Noël FORTIN, « Vicissitudes de l'insularité : observations socio-psychiatriques sur une population des Îles-de-la-Madeleine, essai en psychiatrie sociale », rapport préliminaire, *Laval Médical* (Québec), *XXXVII*, 2, 1966 : 168–174.

Patrick FOUGEYROLLAS, « Normalité et corps différents ; regard sur l'intégration sociale des handicapés physiques », *Anthropologie et sociétés, II*, 2, 1978 : 51–71.

Edward F. FOULKS, *The Arctic Hysterias of the North Alaskan Eskimo*, Washington (D.C.), American Anthropological Association, 1972. (« Anthropological Studies », 10.)

Jean-Philippe GAGNON, *Rites et croyances de la naissance à Charlevoix*, Montréal, Leméac, 1979.

Brigitte GARNEAU et Daniel LABERGE, « Les fourrés de la science. Homosexualité masculine : perspectives théoriques et anthropologiques », *Anthropologie et sociétés, II*, 2, 1978 : 73–106.

F. HARVEY et R. SAMUEL, *Matériel pour une sociologie des maladies mentales au Québec*, Québec, Institut supérieur des sciences humaines, Université Laval, 1974. (« Instruments de travail », 15.)

Pierre JOUBERT et Réjean FILLION, « L'influence des conditions ambiantes sur la construction du handicap : analyse des pratiques québécoises en réadaptation », *Santé mentale au Canada*, décembre 1981.

P. Joubert, L. Bernard, L. Lemay et R. Fillion, « Un modèle régional pour la planification des services socio-sanitaires en réadaptation », *Actes de la IIe Conférence internationale sur la science des systèmes dans le domaine de la santé*, Pergamon Press, 1981 (à paraître).

G. Labrie et M.-A. Tremblay, « Études psychologiques et socio-culturelles de l'alcoolisme : inventaire des travaux disponibles au Québec depuis 1960 », *Toxicomanies, X*, 1977 : 85–135.

Luc Lacourcière, « A Survey of folk Medicine in French Canada from early times to the present », dans : W. Hand (éd.), *American Folk Medicine*, U.C.L.A. Conference, Union of California Press at Berkeley, 1976 : 203–213.

Lucien Laforest, *Écologie et santé mentale dans les Cantons de l'Est*, Sherbrooke, Université de Sherbrooke (à paraître).

Lucien Laforest, « La prévention au Québec, une priorité oubliée », *Critère*, juin 1976 : 31–42.

Lucien Laforest, *La théorie de l'anomie et la déviance alcoolique : une application au contexte québécois (rural)*, thèse de doctorat en sociologie, Université Laval, 1974.

Lucien Laforest, « Les facteurs socio-culturels de l'étiologie de l'alcoolisme au Québec : quelques hypothèses de travail », *Toxicomanies, I*, 1, 1968 : 105–110.

Georges Lagacé et Gilles Picard, « Inventaire de la recherche en santé au Québec », *Carrefour des Affaires sociales, III*, 2, 1981 : 42–46.

Normand Laplante, *Anthropologie d'une population de travailleurs : environnement matériel et santé*, thèse de doctorat en préparation, Université de Montréal, 1981.

Elli Kongas-Maranda, *Les soins de santé domestique au Québec*, (titre provisoire d'un travail en préparation).

H.B.M. Murphy, « Differences of mental disorders between French Canadians and British Canadians », *Canadian Psychiatric Association Journal, XIX*, 1974 : 247–257.

Jacques Nadeau, « La médecine populaire dans quatre paroisses du comté de Bellechasse », *Revue d'ethnologie du Québec*, 13, 1975 : 51–104.

Jean Routhier, *La psychiatrisation de la maladie mentale au Québec*, thèse de maîtrise en sociologie, Université Laval, 1971.

Judith Stryckman, « Veuvage, remariage et sexualité », *Santé mentale au Québec, V*, 2, 1980.

Michel Tousignant et Guy Denis, « Folie, maladie mentale et dépression nerveuse : analyse de la représentation du normal et du pathologique », *Revue canadienne des sciences du comportement, IX*, 4, 1977 : 348–360.

Marc-Adélard Tremblay, « De l'hôpital médiéval à l'hôpital moderne », *L'hôpital d'aujourd'hui, XII*, 2, 1966 : 16–22, 56 et 62.

Marc-Adélard Tremblay, « Evaluation of medical care and health services by the survey technique », dans : David Sackett et Marjorie Baskin (éds), *Methods of Health Care Evaluation*, Hamilton, McMaster University, 1973.

Marc-Adélard Tremblay, *Initiation à la recherche dans les sciences humaines*, Montréal, McGraw-Hill, 1968.

Marc-Adélard Tremblay, *La santé des Québécois : le discours d'un anthropologue*, ouvrage en préparation [1983].

Marc-Adélard Tremblay, « Le rôle du médecin de famille dans la santé mentale », *Union médicale du Canada, XCIV*, 7, 1965 : 888–897.

Marc-Adélard TREMBLAY, « Les grandes orientations de la recherche médico-sociale au Québec », *La vie médicale au Canada français, IV*, 1975 : 1366–1382.

Marc-Adélard TREMBLAY, « Les tensions psychologiques chez le bûcheron : quelques éléments d'explication », *Recherches sociographiques, I*, 1, 1960 : 61–89.

Marc-Adélard TREMBLAY, « Services de santé et engagement de la communauté dans la société technologique », *Service social, XIX*, 1-2, 1970 : 60–79.

Marc-Adélard TREMBLAY et Lucien LAFOREST, « Preliminary observations regarding the epidemiology of alcoholism in the Lower St-Lawrence Region : an analysis of alcohol drinking patterns and the determination of their pathological nature », *Proceedings*, First Canadian Conference on Alcoholism, Toronto, 1966 : 21–35.

LA SANTÉ IMAGINAIRE

Au Québec comme ailleurs, la mise sur pied des structures propres à la société technologique a souvent suscité la riposte de la critique. On vient, par exemple, à peine d'entrer dans l'ère des professions qu'on lui oppose déjà les bienfaits de la déprofessionnalisation. Les sociétés modernes, pour la plupart, n'ont pas encore atteint un niveau de productivité digne de leurs ressources ; et pourtant des études de plus en plus étendues s'attaquent aux effets de contreproductivité qu'elles engendrent. De même, les structures administratives contrôlent toujours difficilement les coordonnées complexes d'une gestion efficace, pendant que se multiplient les critiques contre toute forme d'organisation bureaucratique. Et pourrait ainsi s'allonger la liste des illustrations, prises au sein des structures sociales dites modernes qui, une fois instaurées, s'affirment en leur contraire. Faut-il chercher dans la dynamique même du mode de production industrielle les germes de sa propre destruction, selon les propos d'un manifeste célèbre ? Ou bien faut-il retrouver là le résultat des interventions des spécialistes des sciences humaines qui, dans la culture contemporaine, se sont donné comme rôle d'être la conscience critique des institutions sociales existantes ?

Quoi qu'il en soit, l'institution est au cœur d'une crise ou mieux d'un enjeu qui pourrait bien être celui de l'imaginaire. Pour la société québécoise tout au moins, les travaux de Jean-Charles Falardeau ont largement contribué à lancer le débat. C'est comme si l'implantation des structures de la société moderne venait menacer l'imagination. C'est comme si l'espace et le temps accordés à la dissidence se faisaient de plus en plus restreints. En retour, les protestations de la critique qui devraient puiser aux sources de l'imaginaire ne font pas toujours preuve d'imagination. Le vieux Hegel avait sans doute raison de s'inquiéter du statut ambigu de celui qui critique tout en étant incapable de proposer des formules de dépassement. Par sa dialectique, il tentait de fonder la possibilité de la synthèse ; en langage contemporain, c'est le passage difficile de la critique à l'utopie qui est ici évoqué. Autrement dit, les institutions sociales ont tendance à sécréter leur propre déséquilibre. Mais comment se situent-elles face aux manifestations diverses de l'imagination qui pourrait les régénérer ? Le problème que l'on pose, c'est celui du fondement des nouvelles mythologies qui esquissent les grandes lignes d'un monde neuf ou d'une culture inédite. Encore faut-il, comme le faisait Socrate, trouver un exemple dans la vie quotidienne qui illustre ce problème. L'exemple sera celui de la santé. Il permettra de soulever une série de questions, toutes reliées les unes aux autres, sur la nature de l'institution, de la critique, de la mythologie et, bien entendu, de la santé.

L'institution et ses rêves

À voir les institutions sociales fonctionner, on a souvent l'impression qu'on ne pourrait en retracer la genèse et en saisir toute la teneur actuelle. On dirait que la virtuosité technique qu'elles déploient s'établit presque au détriment d'une rationalité substantive, pour reprendre la distinction de Weber, et vient masquer, par le fait même, les éléments de crise et de rêves qui les animent encore.

Dans l'histoire de l'institution sociale se cache un charisme, c'est-à-dire une inspiration. Mais pour se transformer en institution, le charisme devait être routinisé. C'est pourquoi, Troeltsch, poursuivant là-dessus la réflexion wébérienne, posait une sorte d'adéquation entre la routinisation et l'institutionnalisation.[1] Il appartient sans doute à des institutions aussi bien constituées que les Églises de relever le défi de rappeler quotidiennement à leurs membres le mystère de leurs origines. Et encore, au-delà de la pureté des intentions, l'institution ecclésiale se laisse prendre au jeu de sa logique, qui n'échappe pas à la cristallisation des conduites et à la reproduction systématique de ses gestes, dans un va-et-vient incessant du rituel au ritualisme.

Or le charisme routinisé qu'est devenue l'institution sociale à l'époque de la maturité prend la forme de la certitude, de l'assurance et de l'autorité. Autant d'attributs devaient lui apporter un statut privilégié et provoquer, de quelque manière, une certaine hostilité. Curieusement, lorsque les sociologues contemporains, comme Goffman, font l'étude des institutions sociales, le qualificatif qu'ils retiennent tout d'abord, c'est celui de totalitaire. Et les illustrations les plus courantes auxquelles ils font appel proviennent des milieux carcéraux, monastiques et hospitaliers.[2] On voit dans l'institution sociale l'exercice d'un contrôle et d'un monopole radical, dont les murs et les grilles définissent physiquement les frontières. Le pouvoir s'installe ainsi au cœur de l'institution et produit, à sa guise, un savoir qu'il contrôle et qui assure sa domination. C'est un peu ce que traduit le savoir médical, enrobé qu'il est dans des expressions ésotériques. Faut-il voir là une confusion de la logique implacable de l'institution

---

1. Jean SÉGUY, *Christianisme et société*, Paris, Cerf, 1980, p. 146.
2. Erving GOFFMAN, *Asylums*, New York, Anchor Books, 1961.

qui crée des systèmes hiérarchiques de dominances?[3] Par ailleurs, c'est peut-être aussi toute la distance qui sépare le médecin du guérisseur, à moins qu'un jour, l'entreprise médicale estime, comme l'a fait jadis l'Église en face du mouvement franciscain, tout l'intérêt qu'elle pourrait retirer à récupérer le dynamisme de ce groupe.[4] On comprend ainsi mieux les difficultés que rencontrent les sciences humaines à s'imposer dans l'univers hautement structuré de l'institution médicale, dont l'efficacité technique est souvent l'indicateur le plus probant de la culture savante.

Déjà l'on voit que l'institution est le royaume des professionnels. Il a sans doute fallu la critique virulente de Goodman et d'Illich, en particulier, pour mettre en relief, quoique de façon souvent caricaturale, le type de rapports que les institutions sociales de notre époque inscrivaient dans l'intervention du professionnel. On connaissait, depuis longtemps, le caractère fétichiste des rapports sociaux dans le mode de production industrielle. Mais le fait de l'associer à la relation médecin-patient permet d'illustrer cette polarisation : le professionnel offre un service qui devient, pour le client, presque irremplaçable. D'une part, il accède au titre d'expert et ne peut empêcher, d'autre part, que ses services prennent la forme de marchandise. Foucault a souligné l'amplitude de cet enjeu social en évoquant la prise en charge systématique de la maladie par les experts.[5] Troeltsch aussi, à propos de l'Église, s'étonnait toujours du pouvoir de l'institution qui prend en charge ses sujets dès la naissance et les accompagne jusqu'au dernier soupir.[6] On reconnaît ainsi la capacité de l'institution à accroître la dépendance chez la plupart de ses membres et à ne pas toujours prévenir l'apparition d'un sentiment d'impuissance.

A-t-on oublié, pour autant, l'origine onirique de l'institution? Pourrait-on retrouver dans les finalités explicites des institutions modernes, devenues de véritables méga-machines, quelques éléments du charisme originaire? Illich a souvent rappelé que l'institution médicale poursuit des objectifs qui provoquent sa crise et sa perte.[7] Il les rattache au rêve de l'horizon illimité: se dire, en médecine, qu'il est possible d'améliorer sans fin la santé des individus; se dire aussi que l'entreprise médicale pourra prodiguer tous les soins à tout le monde. L'absence de limites a quelque chose de cauchemardesque. Que devrait-il se produire? Illich se permet d'anticiper: ce sont les utilisateurs des services de santé qui découvriront progressivement ce qu'il y a d'illusoire dans les finalités de l'institution médicale; ils éprouveront, tôt au tard, la précarité des soins médicaux, parfois même les erreurs de l'appareil médical, pour se rendre compte enfin de quelle façon le rêve se distancie de la réalité.

---

3. Henri LABORIT, *La nouvelle grille*, Paris, Robert Laffont, 1974, pp. 329–337.

4. Ernst TROELTSCH, *Die Soziallehren der christlichen Kirchen und Gruppen*, Aalen, Scientia Verlag, 1961, p. 214.

5. Michel FOUCAULT, *Naissance de la clinique*, Paris, Presses universitaires de France, 1963.

6. Ernst TROELTSCH, *op. cit.*

7. Ivan ILLICH, *Némésis médicale*, Paris, Seuil, 1975, pp. 203–210.

La crise et la critique

En face de l'institution, la critique ressent un malaise persistant. Elle cherche à exercer une influence, tout en se protégeant soigneusement contre toute forme de récupération. Aussi les auteurs contemporains, d'Illich à Navarro, ont-ils privilégié la notion connue d'entropie qui permet à la fois de se tenir à distance et de nommer la crise profonde de l'institution.

Mais, s'il y a une question qui tient du paradoxe, c'est bien celle de la critique. Pour Marcuse, les sociétés technologiques amènent le dépérissement de la critique. Ses travaux s'efforcent de démontrer que les institutions modernes tendent à exclure la critique et, par voie de conséquence, l'imagination. La créativité se voit ainsi atrophiée. Par contre, ces propos deviennent, de quelque façon, tautologiques. Comment peut-on demander aux dominants de concevoir un autre monde que celui dans lequel ils se trouvent et dont ils retirent toute espèce de gratification ? Laborit a souligné le caractère reproductif des structures socio-économiques existantes ou ce qu'il a appelé la « pérennisation des règles de la dominance ».[8] Les dominants au cœur de l'institution sont enfermés « dans leurs propres automatismes socio-culturels », ajoutait-il.[9] Déjà installés au pouvoir, ils ont intérêt à garder prisonnière l'imagination qui les remettrait en question. À cet égard, la critique s'interpose comme une attaque contre la certitude, mais, plus fondamentalement, comme un appel à l'imaginaire. Il n'y a rien d'étrange alors à ce qu'Illich souhaite la crise de l'institution qui se verrait contrainte de libérer l'imagination tenue en captivité. Ainsi, on ne sait trop, au bout du compte, si c'est la crise qui suscite la critique ou la critique elle-même qui provoque la crise.

Dans le cas de l'institution médicale, la critique s'est donné un rôle stratégique. Elle anticipe la crise généralisée en rassemblant des signes déjà clairs de l'impasse de l'institution. Elle recueille, au passage, les manifestations diverses de ce qu'on appelle déjà l'auto-déréglage de l'institution. Elle tire donc avantage à se situer négativement d'abord, pour tenter d'introduire, par la suite, une inversion de la logique de l'institution. Se situer négativement, cela signifie en premier lieu dire non à la croissance sans limites de l'entreprise médicale. Cependant, ce n'est pas encore démontrer beaucoup d'imagination. Ce n'est pas encore évoquer l'imaginaire social qui définirait les contours d'un nouvel univers plus gratifiant que celui dans lequel on se trouve. Il faut reconnaître, toutefois, au crédit de la critique, que le choix des illustrations est fort suggestif. On n'ignore plus maintenant l'envahissement de la médicalisation au sein de tous les univers sociaux où la présence du professionnel s'avère indispensable. On entrevoit déjà la coalition d'intérêts proprement industriels qui accentuent la production de la technologie médicale et la prolifération des

---

8. Henri Laborit, *op. cit.*, p. 314.

9. *Ibid.*

produits pharmaceutiques.[10] Par ailleurs, que dire du paradoxe qu'entraîne la hausse des coûts dans le domaine de la santé, où les planificateurs devraient avouer que l'État n'a plus les moyens de supporter les services de santé qu'il a lui-même créés? La critique dénonce également les rapports ambigus que la pratique médicale entretient avec l'outillage technique. Il n'est pas suffisant de s'interroger sur les réactions des utilisateurs des services de santé, qui font preuve, à tort ou à raison, d'une grande docilité. Il faut prévoir aussi jusqu'où la technologie médicale interviendra dans l'univers du patient et du professionnel, qui n'est même plus à l'abri, pour ne citer qu'un exemple, du diagnostic par ordinateur, qu'une équipe médicale de Chicago vient de mettre au point.

C'est un peu envers et contre tous que la critique espère inverser la logique de l'institution. Les travaux d'Illich le rappellent constamment. Ils mènent une critique fondamentale, qui ne propose pas souvent de formules de remplacement, mais qui montre la nécessité d'un nouveau point de départ. Par exemple, on accorde une très large place, dans l'univers médical, aux effets de la contreproductivité. Déjà mise à l'épreuve dans le cas du transport, où il est admis que, au-delà d'un certain seuil d'utilisation des routes et de vitesse, on voyage de moins en moins vite, cette notion est appliquée à la santé, dont la multiplication des services ne se traduit plus en gain de mieux-être. La voie était ainsi ouverte à la redécouverte de l'iatrogenèse, connue depuis fort longtemps, mais dont les manifestations ont pris une ampleur dramatique à notre époque. Inverser la logique de l'institution veut aussi dire briser le monopole détenu par le corps médical sur l'ensemble des actes médicaux. C'est procéder à rebours de la professionnalisation et s'engager sur la voie de la déprofessionnalisation. Encore là, la croissance serait allée trop loin. Il y a une tentative de démystifier la spécialisation qu'a fatalement entraînée le progrès technique et, en somme, de démythologiser la science. La critique prépare la voie à l'émergence de nouveaux mythes dont l'éclipse constitue, semble-t-il, une menace sérieuse à la survie de l'humanité.[11] C'est à cette condition que la critique réussira peut-être à instaurer le fondement même de son propre contre-pouvoir.

Les nouvelles mythologies

Au sein des institutions sociales dominantes, on n'a jamais nié le pouvoir qu'ont les groupes sociaux de fabriquer des mythes nouveaux, même si on a ressenti le besoin de les neutraliser. La critique intervenait alors comme pour décrypter tout le dynamisme que contenaient ces forces de changement. La question qui se pose est plutôt celle de la viabilité de ces mouvements dits utopiques à travers le mode de production industriel dont la puissance intégrative n'est pas le moindre des effets.

---

10. Vincente NAVARRO, *Medecine under Capitalism*, New York, Prodist, 1976.
11. Ivan ILLICH, *op. cit.*, p. 204.

Cela ne signifie pas, bien entendu, que la société technologique moderne soit réfractaire à la critique ou à tout changement. Au contraire. On constate, dans le cas de l'entreprise médicale, le profit qu'elle sait tirer des reproches qui lui sont adressés concernant ses déficiences et ses insuccès. Elle reconnaît même, dans la voix de la critique, le souhait d'une amélioration et d'un progrès qu'elle désire elle aussi.[12] Loisible lui est alors de procéder à des auto-corrections qui assurent encore davantage le maintien de son institution. Tout n'est pas aussi inflexible que le laissent entendre certaines observations d'Illich. On peut même établir que la recherche de contre-possibles, tant vantée par Goodman, ne provient pas nécessairement des exclus du système social, comme les clochards, les minorités ou les déviants de Marcuse, qui seraient les principaux détenteurs du pouvoir de transformation. Tout cela pour dire que l'élaboration de mythologies nouvelles, comme celles qui se développent en santé autour de la méditation transcendantale et des communautés thérapeutiques, entre autres, pourrait recevoir un appui aussi de la part de certains professionnels de la santé, bien que ce ne soit pas principalement à ce titre qu'ils symbolisent l'institution médicale.

Par ailleurs, un certain nombre de difficultés proviennent du statut ambivalent de la mythologie elle-même. De quoi s'agit-il au juste? Sommes-nous en présence d'une voie tout autre que celle proposée par l'institution, sans exclure nécessairement la pertinence et les services rendus par les structures sociales existantes? Ou bien faut-il voir en elle des formes réelles de dépassement, face aux impasses dans lesquelles l'institution s'empêtre? Marcuse, à cet effet, a ressenti le besoin de procéder à l'inventaire des possibilités historiques de dépassement. Pour lui, c'est le sens de l'œuvre utopique.[13] Du point de vue de Goodman, l'utopie, c'est l'invention vécue dans le lieu et le temps où l'on est; c'est l'invention difficile, sans doute, du *Paradise now*.[14] À tous égards, les mythologies nouvelles seraient appelées à reconstituer des possibilités réelles de l'agir social. Elles freineraient ainsi le cauchemar de la croissance illimitée. Elles ramèneraient l'homme à l'intérieur de ses frontières. Elles réinstaureraient, en somme, leur rôle louable, bien qu'oublié, de rassurer et de sécuriser.

À une époque toute récente, les mythologies se sont manifestées dans des formes apparemment opposées. On les a tantôt désignées comme un pouvoir de négation: c'était la contre-culture; tantôt comme une source de régénération: c'était la nouvelle culture.[15] Sous une forme ou sous une autre, elles exprimaient le rejet global du système, coincé dans les structures d'une méga-machine. Aussi

---

12. Jean CLAVREUL, *L'ordre médical*, Paris, Seuil, 1978, p. 10.

13. Herbert MARCUSE, *La fin de l'utopie*, Paris, Seuil, 1968.

14. Bernard VINCENT, *Pour un bon usage du monde*, Paris, Desclée, 1979, p. 13.

15. Diane MOUKHTAR et Luc RACINE, « Nouvelle culture, utopie et non-pouvoir », dans : *La transformation du pouvoir au Québec*, Laval, Albert Saint-Martin, 1980 : 265–296.

proposaient-elles la reconstruction d'une micro-société, à l'échelle humaine, disait-on. « Subdiviser la société pour préserver l'unité de la personne au lieu de diviser la personne pour assurer l'unité de la société », tel était, par exemple, le projet capital de Goodman.[16] Au fond, la négation de la culture officielle n'est là que pour affirmer une nouvelle culture qui se donnerait des finalités différentes, où les rapports hiérarchiques de dominance seraient amoindris et où, de toute manière, une plus grande marge serait accordée à l'expérimentation de formes inédites de vie. Dans ce contexte, la mythologie a un effet direct sur l'apparition de types nouveaux de regroupement.

Malgré l'ampleur de l'échantillonnage, il apparaît utile de dégager, d'une manière très provisoire, au moins deux types opposés de ces regroupements. Le premier opte carrément pour la marginalisation et trouve son modèle dans une histoire ancienne : c'est la secte. En elle, Troeltsch et Weber ont repéré des traits de refus du monde et, en conséquence, d'une rupture d'avec le monde. Cette mise à part soulèvera, comme on l'imagine, d'énormes difficultés, à cause même de la dialectique des rapports que la secte instaure avec l'institution. Au cours des âges, il faut le dire, les Églises ont appris à s'accommoder de l'influence des sectes, mais tel n'était pas le cas aux origines. L'intransigeance et parfois la vigueur belliqueuse que ces groupes apportaient à leurs protestations leur ont valu et le mépris et les représailles. C'est pourquoi on les a contraints, à maintes reprises, à se retirer dans la clandestinité, vu leur refus d'établir un lien constructif avec la structure sociale dans son ensemble. Cependant, l'histoire a démontré que cette marginalisation a toujours été une solution provisoire.

Par ailleurs, le mythe s'est aussi introduit, d'une façon plus explicite, au cœur de la lutte sociale. C'est le modèle de regroupement qu'est en train de façonner l'autogestion. Depuis les débuts de l'expérience yougoslave, on est devenu plus sensibilisé aux implications concrètes de cette mythologie nouvelle. Au premier regard, on est frappé par le changement de la dynamique que l'autogestion entraîne. Rosanvallon la décrit en ces termes : « Historiquement malgré et à cause de la crise un nombre croissant de luttes ne se sont plus seulement déroulées dans une perspective revendicatrice classique [...], mais ont par exemple conduit les travailleurs à prendre eux-mêmes en mains leur entreprise. »[17] Il n'y a pas seulement là les signes d'un mouvement compensateur, mais, plus profondément, la redéfinition d'une perspective sociale globale. En effet, le mythe de l'autogestion part de la constatation que la société industrielle est bloquée pour l'ensemble des travailleurs et que la solution réside dans la brèche à effectuer à travers le monopole des détenteurs d'entreprise. En termes de réappropriation du travail et du capital, les conséquences sont évidemment considérables : le modèle de l'autogestion se fonde sur la possibilité de

---

16. Bernard VINCENT, *op. cit.*, p. 14.

17. Pierre ROSANVALLON, « L'avenir de l'autogestion », *Possibles*, *V*, 1, 1980, p. 144.

redistribuer le pouvoir et le savoir et, plus largement, sur un nouveau projet de société où le mythe de l'égalité, de la différence et de l'autonomie aura plus de chance de s'imposer. Mais s'agit-il d'une possibilité réelle ?

La santé et l'autonomie

Tout ce que nous avons examiné jusqu'à maintenant, la crise de l'institution, la critique et les mythologies nouvelles, convergent vers une solution commune, celle d'instaurer l'autonomie. Cette prise de position suscite, cependant, un certain nombre de difficultés. Fernand Seguin s'inquiétait, à bon droit, du fondement des interventions qui revendiquent l'autonomie quant à la santé, tout en laissant persister l'aliénation quant à tout le reste. Encore faut-il définir avec un peu plus de précision ce qu'on entend par « devenir autonome quant à sa santé ».

Cette question mérite sûrement d'être située dans un contexte plus général. Riesman, pour sa part, a reconstitué les choix auxquels aboutit le développement des sociétés modernes : être de plus en plus conformiste, anomique et dépendant ; ou bien assumer ses responsabilités et son autonomie, au sens wébérien.[18] Dans cette typologie, on se rend compte de ce vers quoi l'organisation sociale technologisée nous pousse, c'est-à-dire le factuel, et de ce qui devrait nous permettre d'éviter la dépendance et l'impuissance, c'est-à-dire le normatif. Illich parvient à la même conclusion en mettant au point son projet de société. « La Société conviviale, écrit-il, est une société qui donne à l'homme la possibilité d'exercer l'action la plus autonome et la plus créative, à l'aide d'outils moins contrôlables par autrui. »[19] À ma connaissance, Illich n'a pas suggéré l'abolition des instituts de recherche médicale ou des institutions de soins. Le problème est plutôt de savoir comment on peut passer de l'hétéronomie à l'autonomie. Plus fondamentalement, l'autonomie présupposerait l'appropriation d'un pouvoir qui, jusqu'à maintenant, était l'apanage de l'institution. Dans ce sens, elle relèverait de la stratégie.[20] Mais il y a plus. Elle implique un processus de décentralisation aux mains d'unités plus petites et un examen approfondi de la célèbre division du travail social. D'une certaine manière, elle risque d'abord de transformer la culture, avant de s'imposer comme force politique.

Au Québec, il existe, dans le domaine de la santé, plusieurs expressions d'autonomie, c'est-à-dire de prise en charge de sa santé. Ce ne sont encore que des esquisses d'une culture populaire en pleine effervescence. Elles se présentent sous la forme d'organisations sociales restreintes et souples ou mieux de mouvements sociaux poursuivant des objectifs précis. On a, avec raison,

---

18. David RIESMAN, *La foule solitaire*, Paris, Arthaud, 1964.

19. Ivan ILLICH, *La convivialité*, Paris, Seuil, 1973, p. 43.

20. Michel DE CERTEAU, *La culture au pluriel*, Paris, Union générale d'éditions, 1974, p. 185.

souligné que ces groupes, soi-disant d'auto-santé, n'ont pas de plan de réorganisation du monde dans leur poche et ne cherchent pas à distribuer des cartes de membres.[21] Quoi qu'il en soit, ils permettent l'élaboration d'expériences singulières qui visent à une autonomie concrète face aux services officiels de santé et qui se donnent explicitement comme tâche d'assumer son propre équilibre physique et mental. Aussi doivent-ils se développer en marge du système officiel et privilégier des modes d'intervention un peu différents. Une étude plus exhaustive, qui sera bientôt entreprise à travers le Québec, nous apprendra davantage sur l'idéologie de ces groupes, le statut de leur leader, les caractéristiques de leurs membres et l'utilisation qu'ils font de la culture savante. Pour le moment, on a réussi à les identifier : il s'agit de groupes populaires d'information et de services, comme certaines pharmacies et cliniques populaires et des centres d'auto-santé pour les femmes ou bien encore des groupes de thérapie substitutifs, qui, selon leur propre expression, coupent le circuit et donnent une place prédominante à la communauté thérapeutique. On voit déjà une prise en charge de sa santé explicitement affirmée et une recherche vécue d'autonomie par le souci quotidien de ne pas recourir, entre autres, aux subventions gouvernementales et aux interventions directes de professionnels attitrés. On ne peut pas dire durant combien de temps un tel défi sera relevé. Les groupes d'auto-santé prennent, quand même, une figure exemplaire à travers laquelle des expressions de la culture populaire ou une certaine appropriation de la culture savante surgissent avec une vivacité étonnante.

C'est, peut-être, dans de telles conditions qu'une conception nouvelle de la santé fait son chemin. On ne parle pas alors d'absence de maladie, de bien-être physique et mental ou bien de continuum de la maladie à la santé, comme l'affirment les biologistes. L'autonomie elle-même devient le signe de la santé. En institution psychiatrique, ces dernières années, on associe d'ordinaire l'amélioration de la qualité de vie du bénéficiaire au fait qu'il devienne de moins en moins dépendant des intervenants et qu'il prenne en charge l'organisation de sa vie quotidienne. C'est une autre façon de dire qu'être en santé, c'est être autonome.

*
*   *

Une fois que la critique des institutions sociales, comme celle qui s'adresse à l'entreprise médicale, se sera décantée et qu'elle aura rasséréné la virulence de ses propos, on découvrira probablement mieux les véritables failles de l'institution qui ont provoqué ces réactions. On n'aura pas dénoué la dialectique des rapports qui s'établissent entre la personne et la société ou l'individu et l'institution. On aura compris, toutefois, que l'imaginaire social sait s'infiltrer

---

21. André THIBAULT, « L'art de la dissidence », *Possibles*, *V*, 1, 1980, p. 169.

dans les interstices de la société et en soutirer des mythes, tel celui de l'autonomie, qui sont tout à l'honneur de sa vitalité.

Sans doute faudra-t-il examiner encore davantage la teneur de l'autonomie et revoir en profondeur les obstacles qui empêchent son plein épanouissement. Pourrait-elle avoir une portée réelle sur les agirs sociaux et donner lieu à plus de manifestations spontanées dans une société très structurée? Ou n'est-elle pas simplement l'expression d'une culture populaire qui refuse, de quelque façon, les catégories établies du savoir savant, ne serait-ce que pour démontrer le retard qu'accuse la connaissance sur la vie? S'il fallait avancer une position de problème, il semble, au premier abord, qu'elle devrait éviter toute forme d'exclusivité du genre: ou la culture savante ou la culture populaire. Personne ne niera que la technologie médicale s'appuie sur des connaissances exactes du fonctionnement des organismes, que même le guérisseur ne devrait pas ignorer. À cet égard, la volonté d'autonomie ne signifie pas un refus de savoir mais plutôt une réappropriation du savoir aussi savant soit-il. Si les groupes d'auto-santé se gagnent une certaine crédibilité, c'est qu'ils comprennent déjà que la culture savante a dû apparaître d'abord sous une forme populaire qui s'est éprouvée, autocritiquée et, peu à peu, institutionnalisée. On n'a pas accordé immédiatement de pouvoir et de légitimité aux alchimistes ou autres chercheurs inquiétants. Par ailleurs, la culture populaire n'a pas, non plus, à réinventer la science. Mais étant donné que son contact avec l'ensemble de la vie est plus direct, elle est amenée à réfléchir sur les effets de l'institution scientifique. Hegel aura encore une fois raison. Quelle que soit la puissance des institutions, aucune d'entre elles n'empêchera « la chouette de Minerve de prendre son vol à la tombée de la nuit ».

Alfred DUMAIS

Département de sociologie,
Université Laval

PLANIFICATION DU TEMPS DE TRAVAIL ET TEMPS VÉCU *

Aux grands projets de la Révolution tranquille ont succédé, avec la crise, des problèmes d'intendance. Aujourd'hui, nous assistons à des tentatives de planifier le temps de travail en vue d'une gestion plus « scientifique » ou moins coûteuse. Ce qui ne va pas sans d'énormes résistances ni sans le boycottage des syndicats. Crise du temps industriel. Crise de son extension dans la bureaucratie.

Il y a en somme, depuis le début de l'ère industrielle, une sorte de confrontation entre une conception rationnelle ou scientifique du temps de travail, d'une part ; et de l'autre, le temps tel que vécu, tel que valorisé ou symbolisé par les différents groupes.

Le temps est ainsi devenu un enjeu social. Il peut être opportun de réfléchir à cet enjeu en un temps où la mode est à la qualité de vie au travail (QVT). Le congrès international de Toronto sur la *QVT et les années 80*, en septembre 1981, a présenté un ensemble d'expériences dans divers pays. Ce qui frappe, c'est que ces expériences portent sur les conditions les plus faciles à changer et connaissent des succès très relatifs. Pourquoi ? Aucune firme ne remet en cause le temps industriel. On peut ne pas être étonné de la chose. Mais, peut-on penser, tant que le temps planifié et les cadences ne seront pas ralentis ou modifiés, la plupart des expériences de QVT tourneront court. Le temps est un enjeu majeur.

A) *Problématique*

Les organisations mises en place par la Révolution tranquille sont devenues monstrueuses. On peut le regretter avec Schumacher. Néanmoins elles sont là et, en attendant, on tente de les gérer le moins mal possible par des systèmes de temps planifié.

---

* Ce texte date de 1981. Il n'intègre pas les résultats d'un sondage, postérieur aux entretiens, auprès de 336 infirmières. (Voir : A. BILLETTE, avec la collaboration de G. FRÉCHET et C. LABBÉ, *L'infirmière et le système PRN*, Québec, Département de sociologie, Université Laval, 1982.)

Mon propos n'est évidemment pas de mettre en cause les dinosaures de notre civilisation ni de critiquer la nécessité, la validité, la fiabilité des systèmes de gestion du point de vue du gestionnaire ou de l'ingénieur en recherche opérationnelle. Ce sont les résistances qui m'intéressent. Il s'agit de recueillir et de réfléchir sur les résistances au moment de l'implantation de ces systèmes, avant même que les employés s'y habituent ou s'y résignent, ce qui est le cas présentement au Québec, dans le tertiaire public. Rien ne pourra évoluer à moins que soient prises en compte ces résistances et les valeurs humaines véhiculées par les groupes soumis quotidiennement à ces systèmes. Pour les aborder, il importe de se donner un cadre théorique. Beaucoup d'études ont mis en relief la conformité de cette logique scientifique du temps avec la logique de la rationalité économique ou bureaucratique.

Cette logique n'est pas neutre. Historiquement, elle en est une d'exploitation de la force de travail par l'appropriation des profits, toujours moyennant le « temps de travail ». Pour Marx, le temps de travail n'est pas seulement une valeur qui sert à mesurer toutes les autres, une mesure de toutes les valeurs d'échange. Il est lui-même une marchandise spécifique comme l'argent qui le représente. *Time is money.* Marx se fait ici l'interprète du capitalisme (ou du temps en terme d'argent considéré comme « équivalent général »).

Déjà sur cette base, on comprend que le temps planifié « scientifiquement » et imposé par l'employeur le soit à son profit et que l'employé y résiste en appréhendant une exploitation de la valeur de son temps de travail.

Mais au-delà de cette résistance viscérale, il y en a une autre qui a été beaucoup moins explorée. Le temps de travail planifié scientifiquement suscite une résistance d'une autre nature, et qui se fait au nom de « l'autonomie professionnelle », faute d'une meilleure expression. À ce titre, on peut parler d'autonomie à double face : autonomie pour autant qu'on n'est pas totalement assujetti au temps de l'employeur et à sa rationalité économique ou bureaucratique, d'une part ; et de l'autre, autonomie pour autant qu'on n'est pas totalement exécutant ou aliéné de son métier, de sa profession, de « son » temps évalué sur la base de son expérience, de sa compétence, de son art ou de sa science. L'une n'est pas l'autre mais lorsqu'au nom de la rationalité économique ou bureaucratique, l'employeur impose une planification scientifique du temps, il faut bien voir que par le biais de cette imposition du temps universel, l'une et l'autre autonomies sont atteintes en même temps et cette atteinte risque de provoquer une résistance d'autant plus grande que l'une et l'autre autonomies étaient plus valorisées. Sur la base de ce cadre d'analyse (qui n'est encore que théorique), l'hypothèse pourrait se formuler de la façon suivante : dans la mesure où le statut socio-professionnel est plus élevé, la résistance au temps scientifiquement planifié sera plus vive précisément parce que c'est l'autonomie dans la disposition de son temps qui est l'élément fondamental dans la définition et la hiérarchie du statut socio-professionnel.

Pour vérifier cette hypothèse, il faudrait comparer des catégories socio-professionnelles différentes hiérarchiquement et qui sont actuellement confrontées par des systèmes de mesure de temps, par exemple comparer les résistances des employés avec celles des professionnels et celles des cadres supérieurs. Mais cette recherche est en cours et, en l'absence de résultats comparatifs, je me limiterai à une monographie déjà faite sur le PRN[1] et sur les résistances infirmières. Parce qu'à ce stade les comparaisons avec d'autres catégories socio-professionnelles ne sont pas possibles, il s'agira ici d'illustrer l'hypothèse plutôt que de la mettre à l'épreuve. Vérifier en somme si les résistances infirmières ont un rapport avec l'autonomie dans la disposition du temps.

B) *Une illustration: le PRN et les résistances infirmières*

Tout d'abord quelques mots sur le PRN. Selon les fluctuations de la demande, il s'agit pour le gestionnaire de répartir plus adéquatement le personnel infirmier entre les unités d'un hôpital. On se fonde sur le temps requis pour soigner. Certains malades exigent mille minutes par jour, d'autres dix fois moins. Pour calculer cela, on établit la liste des soins requis et pour chaque soin, un temps moyen selon sa pratique courante. On additionne le tout. D'autre part, une infirmière représente trois cent soixante minutes par jour. Il ne reste plus qu'à équilibrer le plus adéquatement possible, dans chacune des unités de l'hôpital, le total des besoins avec le total des ressources infirmières. Pour réaliser l'équilibre, il suffit d'ajouter au personnel régulier d'une unité, un personnel d'appoint fourni par une équipe volante. Cette technique veut corriger par là un mode de gestion qui se faisait au « pifomètre » ou au « tordage de bras ». Le principe est simple mais l'élaboration est complexe et a exigé une dizaine d'années à une équipe importante. Selon Theureau, une autorité en la matière, le PRN est le meilleur d'entre les systèmes existants (Medicus, Grasp, Peto, MacDonnel, etc.) de dotation de personnel.

Et pourtant, les résistances des infirmières ont été sourdes puis, certaines d'entre elles, violentes. En janvier 1981, le système PRN a été boycotté par une majorité d'entre elles et la partie la plus marquante de notre recherche s'est poursuivie en plein boycottage. Après coup, que se dégage-t-il de ce boycottage, pourquoi les infirmières ont-elles rejeté le PRN?

À première vue, certains ont été tentés d'interpréter ces résistances comme de l'ignorance ou comme des attitudes stupides, arriérées, fermées au changement et aux processus modernes de rationalisation. Pourtant, l'enquête

---

1. Projet de recherche en nursing: mise au point d'un système d'information pour la gestion des soins infirmiers.

ne révèle pas une si mauvaise information de la part des infirmières. Il faut donc prendre le problème par un autre bout.

Objectivement, ce n'est pas simple à comprendre, même après enquête. Car, dans toute cette affaire, beaucoup de choses se sont mélangées et, en particulier, on a largement attribué au PRN les coupures de budgets qui ont eu lieu de la même façon dans les hôpitaux sans PRN! Mais ce dernier constat ne fait que reposer la question: pourquoi le PRN est-il devenu le bouc émissaire de ce qui ne va pas en milieu infirmier?

La raison fournie explicitement par le syndicat, c'est que le PRN serait du taylorisme. Pour justifier une telle position, il faudrait que toute mesure de temps de travail remonte à Taylor! C'est oublier que de telles mesures ont existé bien avant Taylor. C'est oublier d'autre part que le PRN n'est pas de l'OST mais un système de gestion ou, plus précisément, un système de dotation de personnel.[2] En boycottant le PRN par opposition au taylorisme, il se peut qu'il y ait eu méprise sur ce qu'est non seulement le taylorisme mais le PRN en lui-même et dans ses effets qui, comme le montre notre enquête, ne sont pas assimilables à ceux du taylorisme.

Peu importe l'erreur sur le mot. Derrière le boycottage, c'est d'une appréhension dont il s'agit. Ce qu'il convient de saisir, c'est que si la mobilisation syndicale menant au boycottage du PRN a pu avoir un tel impact, c'est qu'elle était révélatrice d'une appréhension déjà là. Appréhension de quoi? Quand on interroge les infirmières radicalement défavorables au PRN, on constate que la raison la plus souvent évoquée par ce groupe est celle du « minutage » de leurs activités et que ce minutage est perçu comme un défi à leur statut professionnel.

Qu'est-ce à dire? Les infirmières ont été formées avec l'idée qu'elles étaient des « professionnelles ». Comme groupe, elles se veulent professionnelles, elles ont une corporation professionnelle qui, comme celle des médecins, s'est construit, à Montréal, un édifice prestigieux. Mais c'est un statut professionnel traditionnel qui, depuis une vingtaine d'années, est de plus en plus menacé. Sous l'effet de la réforme Castonguay et de bien d'autres choses, le statut de l'infirmière a changé dans l'hôpital. Plusieurs spécialités aussi ont émergé ces dernières années toujours aux dépens du statut professionnel de l'infirmière (ergothérapeutes, physiothérapeutes, inhalothérapeutes, techniciennes de laboratoire, etc.). Ce qu'elles perdent en spécialités, les infirmières le gagnent en polyvalence. Mais il s'agit souvent d'une polyvalence de « bonne à tout faire » que la clause de la « délégation des actes » risque d'accentuer.

Et voilà que le PRN arrive comme la goutte qui fait renverser le vase. Car il menace le statut professionnel en l'un de ses replis les plus profonds, celui du contrôle du temps. J'y reviens, il s'agit ici d'appréhension et de quoi?

---

2. André BILLETTE, « Problématique sur le PRN », dans: *Travailler au Québec*, Montréal, 1981, pp. 53-54.

Appréhension de perdre, comme groupe, un statut professionnel traditionnel déjà très ébranlé et de n'être plus considéré que comme des employés soumis à des cadences, comme des employés de cuisine ou d'entretien ou d'hôtellerie. Perdre de son autonomie dans la disposition du temps, c'est l'appréhension qu'en raison des restrictions budgétaires, le gestionnaire en vienne à utiliser le système PRN pour ce qu'il n'est pas, c'est-à-dire comme une mesure de performance des actes infirmiers. Appréhension d'une perte d'autonomie dans la disposition du temps, qu'est-ce à dire ? Que l'infirmière se fasse imposer une norme de temps par le gestionnaire, indépendamment de son expérience, de sa compétence, de son art, de ses connaissances, de sa science, en somme indépendamment de sa perception qualifiée des besoins particuliers du malade.

Tout comme les cuisiniers de *fast food* (MacDonald et autres) ne sont plus des professionnels qui ajustent leur cuisson, leur assaisonnement, selon leur art et le goût du client, mais sont devenus des employés payés au salaire minimum, de même les infirmières réagissent par appréhension d'un tel sort pour elles-mêmes.

Être salariées, être obligées de se pointer à telle heure, être sur des quarts de nuit, de soir comme de jour, être soumises à un minutage de leurs actes, rien dans tout cela ne symbolise un statut professionnel, mais au contraire le statut de l'employé. En d'autres termes, les infirmières ont boycotté le PRN non pour ce qu'il était mais à cause de leur appréhension. Il y a ici un cas pur de réaction sociale fondée non sur ce qui est mais sur ce qu'on appréhende de ce qui sera. Le social n'est pas fait que de « réel », il est constitué aussi bien des effets d'appréhension même si cette appréhension n'est pas fondée dans le présent immédiat. Il n'est peut-être pas inopportun de rappeler l'aphorisme de la situation sociale : « Ce qui est perçu comme réel, est réel dans ses effets ».

C) *Une interprétation historique d'ensemble*

Revenons sur l'évolution sociale du « temps de travail » évoquée au début. Une distinction est fondamentale. Au temps traditionnel, imprévisible, de milieu naturel, a succédé un temps nouveau, orienté, prévisible : le temps des marchands, le temps des capitalistes ou encore, aujourd'hui, le temps des gestionnaires. Avec cette évolution, c'est le rapport des êtres humains à la nature qui se renverse. À l'attitude de soumission au temps succède une attitude plus active de gestion du temps.[3] Aujourd'hui le temps des gestionnaires est en train d'envahir non seulement l'industrie, la bureaucratie, mais aussi les secteurs qui, jusqu'ici, étaient restés soustraits à tout système de mesure de temps : les services d'hôtellerie, d'entretien, les soins de santé, l'enseignement, la

---

3. Jacques LE GOFF, « Le temps de l'Église et le temps du marchand », *Annales*, mars-juin 1960 ; Pierre BOURDIEU, « Attitude à l'égard du temps et conduite économique », *Sociologie du travail*, janvier-mars 1963.

recherche, etc. Même les traditionnelles fatalités (mortalité, morbidité, accidents, natalité) n'échappent plus aux mesures de prévision des gestionnaires.

Si maintenant on se tourne en particulier du côté des soins infirmiers accomplis dans les centres hospitaliers, ils n'ont jamais été soumis à des mesures de temps prédéterminé. Bien au contraire, ces soins sont restés dépendants au XXe siècle de la « structure fermée des professions de la santé qui a conservé certains attributs de la société féodale. Persistent : l'apprentissage, les associations professionnelles rappelant ces anciennes guildes, les codes particuliers d'éthique et, surtout, le système rigide et inégal de récompenses économiques et sociales pour les travailleurs. »[4]

Cependant, au Québec, depuis 1964, les rapports sociaux sont en train de changer du fait du droit de syndicalisation et de grève dans les hôpitaux. De plus, avec l'introduction de mesures de temps, c'est le rapport au temps qui est en train de se modifier dans les hôpitaux. Du fait qu'elles sont répétitives, plusieurs activités de base comme l'alimentation, le vêtement, la literie, l'entretien, les opérations financières, le travail de secrétariat et même une grande partie des soins infirmiers, etc. peuvent être prévues et planifiées malgré les fluctuations des admissions et des départs. Par-dessus tout, les impératifs des gestionnaires (enveloppe budgétaire, coupures de budget) déterminent le travail, l'utilisation du temps et des ressources. Le rapport de l'être humain à la nature change. Au rythme du temps naturel, biologique, traditionnel auquel à la fois le malade et l'infirmière étaient soumis, succède un rythme de temps planifié, malléable selon les impératifs de l'organisation, du rendement et des gestionnaires.

Que les infirmières non habituées à ce renversement d'attitude face au temps résistent et boycottent le PRN, on pouvait s'y attendre. Celles en effet qui ont été habituées à une attitude de soumission à l'autorité, au médecin, au malade et au temps en général, peuvent éprouver de la difficulté à s'habituer à l'attitude opposée qui consiste à dominer le temps, à le mesurer, à le rendre prévisible et à l'orienter. Mais la résistance ne s'explique pas seulement par ce manque d'habitude.

La résistance tient, comme on l'a vu, à l'appréhension que le minutage du PRN affecte la qualité des soins au malade et affecte les conditions concrètes de leur pratique professionnelle. Tant que le PRN donne lieu à ces appréhensions sans commune mesure avec des avantages encore difficiles à cerner — aussi longtemps que les infirmières gardent plus précisément l'appréhension que, malgré le raffinement des paramètres du PRN, l'arbitraire continue à régner dans la mesure du temps et dans la dotation de personnel — les infirmières n'ont de choix que de résister. La balle est dans le camp de la direction. Celle-ci

---

4. BADGLEY, cité par L. BRUNET, « QVT dans les hôpitaux », *La QVT*, *IV*, 1, 1981, p. 13.

doit se situer par rapport à l'appréhension des infirmières et la résorber, en démontrant les avantages du PRN pour les infirmières. Manifestement, le problème du boycottage du PRN en est un d'appréhension du futur. L'investissement dans le symbolique et dans l'avenir est aussi important que ce qui est dans le présent immédiat.

*

*   *

Nous avons fait une enquête sur le système PRN en plein boycottage, avant même que les infirmières éventuellement soient obligées de s'y résigner ou de s'y habituer. Boycottage au nom de quoi? Le plus souvent les infirmières considèrent incompatibles leurs valeurs d'humanisation (*tender loving care*) avec ce système de minutage au service d'une gestion plus scientifique. Cette formulation peut être très idéologique, mais elle est la plus partagée. Derrière cela, elle dénote un enjeu et même une menace très réelle. Celle, pour des infirmières qui se veulent «professionnelles», d'être de moins en moins autonomes dans la disposition de leur temps. Celle d'être réduites comme groupe au statut d'employées à cause du PRN. Bien sûr, le PRN en ce qu'il est dans le présent immédiat est peut-être le meilleur d'entre les systèmes de gestion des soins infirmiers. Mais qu'importe cette évaluation objective, ce qui définit la situation sociale, c'est bel et bien l'appréhension des infirmières. Tant qu'on n'aura pas pris en compte les appréhensions des infirmières, tant qu'on n'aura pas négocié avec elles, il sera difficile de sortir d'une situation de boycottage où le PRN sert de bouc émissaire.

En d'autres termes, maintenant que de nouveaux rapports sociaux ont envahi le monde infirmier avec le droit de syndicalisation et de grève, le changement dans le rapport au temps et, plus largement, tout changement social est lié non seulement à l'initiative patronale (fût-elle le PRN), mais aussi bien aux résistances syndicales qui font elles aussi partie du processus d'évolution. Un progrès durable ne peut venir que du conflit et du réajustement entre temps planifié et temps vécu: temps planifié de la direction selon ses impératifs de budget et de gestion et temps vécu tel que symbolisé par les infirmières selon leurs appréhensions et leurs impératifs professionnels auprès des malades. C'est là le prix d'une évolution sociale réelle.

André BILLETTE

Département de sociologie,
Université Laval.

ÉLÉMENTS BIBLIOGRAPHIQUES

A. BILLETTE, « Problématique sur le PRN », dans: *Travailler au Québec*, Montréal, Albert Saint-Martin, 1981 : 53-54.

P. BOURDIEU, « Attitude à l'égard du temps et conduite économique », *Sociologie du travail*, janvier-mars 1963.

H. BRAVERMAN, *Travail et capitalisme monopoliste*, Paris, Maspero, 1976, 359p. ; ch. 15 et 16.

L. BRUNET, « QVT dans les hôpitaux », *La QVT, IV*, 1, 1981.

Alain GRAS, *Les pièges du temps en sciences sociales*, Paris, Presses universitaires de France, 1979.

Jacques LE GOFF, « Le temps de l'Église et le temps du marchand », *Annales*, mars–juin 1960.

D. MERCURE, « L'étude des temporalités sociales », *Cahiers internationaux de sociologie, LXVII*, 1979 : 267-277.

J. THEUREAU, *L'analyse des activités des infirmières des unités de soins hospitaliers*, Laboratoire de physiologie du travail et d'ergonomie, Paris, CNAM, 1979, 279p.

E.P. THOMPSON, « Temps, travail et capitalisme industriel », *Libre*, 5, 1979 : 3-64.

C. TILQUIN *et al., PRN 80. La mesure du niveau des soins infirmiers requis*, Montréal, Eros, 1981, 237p.

« COMMENT PEUT-ON ÊTRE PERSAN ? »
PROPOS THÉORIQUES D'ÉTAPE *

Le « Persan » de la communauté des chercheurs en sciences humaines, n'est-ce pas un peu le théoricien ? Comment peut-on être théoricien ?

Rica écrit à Ibben : « Les habitants de Paris sont d'une curiosité qui va jusqu'à l'extravagance [...] Si quelqu'un, par hasard, apprenait à la compagnie que j'étais Persan, j'entendais aussitôt autour de moi un bourdonnement : Ah ! ah ! Monsieur est Persan ? C'est une chose bien extraordinaire ! Comment peut-on être Persan ? »[1]

C'est un être bien étrange, en effet, que celui qui consacre autant d'années d'écriture pour préciser de long en large comment voir les choses sociales et politiques, comment en traiter avec intention de « science », mais qui, finalement, les dit souvent en dehors de l'appareil analytique si patiemment construit. Rica avait préalablement confié à son correspondant : « Je ne me croyais pas un homme si curieux et si rare [...] Cela me fit résoudre à quitter l'habit persan et à en endosser un à l'européenne, pour voir s'il resterait encore dans ma physionomie quelque chose d'admirable [...] Je me vis apprécié au plus juste [...] car j'entrai tout à coup dans un néant affreux. »[2] Hors l'acte propre de théoriser, le théoricien est un chercheur comme un autre, soumis aux mêmes critères critiques que tous les autres praticiens. Il n'est plus « Persan ».

Comment peut-on être théoricien ?

Sautons un siècle, de l'humour de Montesquieu à la discipline de Comte, prescrivant : « La méthode n'est pas susceptible d'être étudiée séparément des

---

* L'auteur dédie ces propos de recherches à ses anciens étudiants des cours de Théorie politique générale et de Théorie des changements politiques du Département de science politique de Laval, ainsi qu'à ses nouveaux étudiants du cours de Théorie de l'État de l'École nationale d'administration publique.

1. *Lettres persanes*, 30ᵉ lettre, MONTESQUIEU, *Œuvres complètes*, Paris, Seuil, 1964, p. 78. (« L'Intégrale ».)

2. *Ibid.*

recherches où elle est employée. »[3] Voilà peut-être une excuse convenable pour le théoricien de livrer de temps à autre[4] des propos d'étape, des réflexions de méthode, des notes de recherches, des *working papers*. À condition de s'imposer quelques règles : que ces communications soient d'une grande franchise ; qu'elles soient correctrices et complémentaires de la partie de la théorie déjà proposée ; qu'elles engagent nettement leur auteur à ce qui reste à faire. Mais encore là, ces pièces circonstanciées, ancillaires de l'élaboration théorique elle-même, n'ont qu'une portée et qu'un intérêt relatifs pour les « consommateurs » virtuels de la théorie. Ces derniers sont naturellement en attente d'un produit fini d'une éventuelle utilité plus immédiate.[5]

Il en va autrement pour le théoricien, ou le *théorisateur* (pour en signaler la nuance de tâcheron). Lui sont nécessaires ces temps réflexifs pour prendre de la distance envers ses propres travaux, inévitablement marqués d'une certaine ferveur démonstrative.

Mais il ne s'agit pas tant de « répondre aux critiques » : ne leur fournit-il pas plutôt de nouvelles armes en réaffirmant des intentions et en explicitant de nouveaux points de méthode ? Ce peut toutefois être l'occasion de faire crever certains malentendus dont le plus déconcertant n'est-il pas que l'auteur aurait dû écrire un autre livre, œuvrer dans un autre champ théorique, ou tout simplement avoir fait une autre théorie ?

Par-delà des insuffisances de la théorie détectées par la critique, le théorisateur doit encore combler des « trous » de son élaboration passée, des silences qui, un temps, ont pu voiler de l'équivoque. Ces manques sont autre chose que le terrible, et nécessaire, doute scientifique mais qui ne doit jamais devenir inhibitif au point de cesser de travailler pour ne pas prendre le moindre risque de tomber dans ce que Claude Lévi-Strauss appelle le « bricolage intellectuel ».[6] L'admission de perplexités devant des alternatives de méthode, s'il est un acte de lucidité, en est un d'ingénieur et ne relève pas de l'inventivité du bricoleur.

---

3. *Cours de philosophie positive*, I, Paris, Garnier, 1926, p. 71.

4. Comme, il y a une dizaine d'années, dans un texte intitulé « Structure des "fonctionnalismes" en science politique », *Canadian Journal of Political Science / Revue canadienne de science politique, III*, 2, juin 1970.

5. « Le praticien reconnaît pour seule unité de compte, dans le monde scientifique, la théorie achevée [...]. Dans la théorie le va-et-vient entre la phase réflexive et la phase expérimentale de l'activité scientifique a été stabilisé à un niveau considéré, pour le moment, comme optimum. Le fait qu'on ne puisse pas, dans le secteur considéré, pousser la théorie plus loin m'apparaît comme la pierre de touche permettant sommairement de distinguer la théorisation en cours de la théorie. » (Jean TOURNON, *Cahiers de la Société canadienne de science politique*, 1 : « L'état actuel de la théorie politique », 1964, pp. 42, 48.)

6. *La pensée sauvage*, Paris, Plon, 1963, pp. 26–29. L'expression a été reprise dans le titre d'un récent livre de François BOURRICAUD : *Le bricolage intellectuel*, portant le sous-titre : *Essai sur les intellectuels et les passions démocratiques* (Paris, Presses universitaires de France, 1980).

Ailleurs,[7] il a déjà été évoqué du bout de l'aile comment on ne choisit pas de devenir théoricien, comme on le devient, sans trop s'en rendre compte au début, par la réponse à devoir fournir à un problème de travail se posant en telle conjoncture très concrète. Le problème d'origine a pu être oublié en cours de route ; mais, si l'on a persisté, peut s'y substituer, à la fin et fort opportunément, ce que Bachelard appelait « le sens du problème ».

Quant à la saisie en plus grande profondeur de l'implicite postulatoire de toute théorisation, ce tâcheron de théoricien y est plutôt inapte et une préoccupation de cet ordre risquerait de le stériliser. C'est à d'autres[8] qu'il convient de laisser donner ces coups de sonde en épistémologie. Notre théorisateur serait plus enclin, tiré à cette extrémité, à proposer des trucs de bricoleur qu'à avancer des raisons d'ingénieur ! À l'autre extrême de l'entreprise théorique, lorsque, après avoir balayé les trop vastes paysages de la « voie royale » (selon l'intention ironique), elle emprunte l'humble chemin de service, c'est alors que lui est posée la redoutable question : « À quoi sert la théorie ? » Si elle peut « servir » à quelque chose, à quoi et comment ? Pour une meilleure connaissance, qu'on n'aurait pas sans elle ou qui serait différente autrement ? Comment le savoir sans en poursuivre l'expérience jusqu'au bout ?

C'est le redoutable test de validité, de *faisabilité*,[9] d'opérationnalité. Son résultat ne se décrète pas à l'avance : il faut donc essayer. Pour la tentative, le théorisateur n'est pas plus mal placé que des consommateurs privilégiés de la théorie. On ne démontre pas la justesse d'une théorie, seulement sa non-fausseté. On ne démontre pas la juste utilisation d'une théorie, on peut montrer qu'à l'intérieur de certaines limites elle peut s'avérer utile pour l'analyse. Du même coup apparaît la frange d'une certaine superfluité de la théorie : son élaboration, « pure » et complète, contient toujours plus d'éléments (concepts, facteurs, variables, combinaisons diverses) que n'en requiert l'usage analytique qu'on en fait effectivement. Cela peut aussi se dire : la théorie n'est vraiment

---

7. *Recherches sociographiques*, dans un numéro spécial « La Sociologie au Québec » (*XV*, 2-3, 1974), publia dix-sept textes d'autant de collaborateurs racontant leur propre « itinéraire sociologique » à la demande de Jean-Charles Falardeau. L'itinéraire de l'auteur est aux pages 233–237.

8. L'auteur aimerait profiter de l'occasion pour remercier des chercheurs de tous âges et de toutes notoriétés qui, à différentes époques et par des échanges écrits et oraux, ont fait de stimulantes critiques de cette pensée « théorisante » : André J. Bélanger, Renaud Bernardin, François Chevrette, Jean-Pierre Derriennic, André Donneur, James Driscoll, Jacques P. Gagnon, François Houle, Jean-William Lapierre, Gilbert Larochelle, Réjean Landry, Georges Lavau, Jean Leca, Raymond Lemieux, Vincent Lemieux, Gordon Mace, Raymond Melka, Lionel Ouellet, Jacques Rivet, Charles Roig, Louis Sabourin, Micheline de Sève, Robert Thévenot, Raymond Valcin. On permettra une mention spéciale pour le regretté Pierre Duclos, qui fut un des premiers et plus persistants critiques et Réjean Morissette, notre dernier assistant de recherche à l'Université Laval.

9. Selon une traduction, en voie de s'accréditer, de l'indispensable *feasibility*.

utile que lorsqu'on l'a suffisamment oubliée pour s'en servir sans avoir à la légitimer point par point. Comme au sujet de la culture qu'on a déjà définie comme « ce qui reste quand on a tout oublié... »

I. PARTICULARITÉS D'UNE THÉORIE

L'usage analytique d'une théorie est une première validation autant décisive que le préalable de sa cohérence interne : c'est d'évidence que les deux doivent aller de pair. À l'origine du projet, il y avait une préoccupation pratique : mettre de l'ordre dans un désordre afin de tenter de s'y retrouver. L'intention en était proprement utilitaire et confinant presque à la naïveté. Comme l'établissait un tout premier lecteur et critique privilégié, il s'agissait d'« élaborer un système global à l'intérieur duquel tous les chapitres de la science politique trouveraient place et prendraient leur signification exacte ».[10] Dans deux livres,[11] séparés par quelques articles[12] reliés au sujet, cette élaboration s'est développée selon une perspective de trois niveaux, interreliés en seuils et en la recherche d'une dynamique propre à quatre mouvements politiques. Avant de raffermir chacune de ces trois lignes maîtresses, ouvrons une parenthèse pour disposer d'une objection parfois faite à la conceptualisation proposée.

Du jargon. L'idéal serait que le langage usuel suffise à l'analyse politique. Or, toutes les sciences ne se satisfont pas de la langue courante : de vocables usuels elles font des concepts scientifiques, ou encore forment des néologismes pour créer de nouveaux concepts estimés indispensables. Au profane, cela apparaît un jargon. Il faut réduire au plus strict minimum le jargonnage, qui reste toujours un mal, quoique parfois nécessaire. Pourquoi la science (ou sociologie) politique serait-elle restreinte à la langue du commun telle qu'on la parle dans les Parlements ou les journaux, les cafés du commerce ou les tavernes ? Pourquoi, de toutes les sciences sociales (voir, tout à côté, le droit et l'économie, la psychologie et la sociologie) serait-elle la seule à devoir s'interdire un minimum de conceptualisation appropriée et devenue essentielle pour rendre compte de son objet propre ? N'y aurait-il pas en ce rigorisme de

---

10. Raymond ARON, préface à *Fonctionnement de l'État*, Paris, Armand Colin, 1965, p. vii.

11. Le livre indiqué à la note précédente, ainsi que celui qui sera publié douze ans plus tard : *La gouverne politique*, Paris/LaHaye, Mouton, 1977.

12. L'article signalé à la note 4 ; « Pouvoir, contrôle et régulation », *Sociologie et sociétés, II*, 2, novembre 1970 ; « Sur la nature du politique », *Travaux et communications* de l'Académie des sciences morales et politiques, I, Sherbrooke, Éditions Paulines, 1973. Voir aussi les « Commentaires de la communication du professeur Arend Lijphart » au colloque conjoint de l'Association canadienne de science politique et de la Société canadienne de science politique sur le thème « Intégration et désintégration du système politique canadien », *Canadian Journal of Political Science / Revue canadienne de science politique, IV*, 1, mars 1971 : 18–21.

simplicité terminologique la croyance démocratique latente que, tout citoyen étant présumé capable de se déterminer, les praticiens de la science politique doivent s'abstenir de tout autre langage que le sien? On pourrait en faire l'hypothèse de ce puritanisme terminologique qui, se montrant tolérant pour certains emprunts d'ailleurs, se refuse à toute création conceptuelle autochtone.

L'introduction de certains néologismes se justifie à deux conditions : qu'ils soient nécessaires comme concepts et qu'ils soient formés de bonne race. Et, par-dessus tout, qu'ils soient rares.

Parler de *politie* en réanimant un mot français, en usage encore chez les grands classiques jusqu'au XVIIIe siècle, et que l'anglais a conservé en sa forme de *polity*, est-ce un néologisme? Parler de *gouverne*, terme qui n'est jamais tombé en désuétude, c'est d'un utile usage à côté de celui, surchargé, de gouvernement qui devrait être délesté pour un propos plus restreint et précis. La gouverne est le système de fonctionnement de la politie : ainsi échappera-t-on à la méprise, par l'acception à la mode de «système politique», de la société elle-même et de son mode d'organisation, mélange qui entraîne subrepticement des complications analytiques. Pour distinguer le phénomène psycho-culturel de la *politisation* des citoyens de celui de la transformation des «choses» et relations sociales en politique, il a aussi fallu se servir du néologisme de *politification*[13] qui est d'un tout autre ordre : une fois de plus se trouve évitée une confusion analytique sérieuse.

La fin supérieure et globale de la gouverne à l'intérieur de la politie est la légitimité; l'autre fin, mais en rapport à l'extérieur, est celle de la sécurité dans son environnement international. *Légitimation* existait déjà pour recouvrir le phénomène de garantie de la légitimité; on élabora le concept de *sécuration*, bâti de même façon que le premier, pour écarter le contresens que le terme psychologique courant de «sécurisation» aurait comporté. D'autres fois, il a fallu recourir à des préfixes pour compléter une chaîne conceptuelle, trop courte et déficiente, comme celle qui ne comprend que les mouvements de l'*interaction* et de la *rétroaction* : pour signifier les actions ou mouvements de pression et de domination et ceux de coopération dans l'innovation, on a dû forger les expressions de *peraction* et de *proaction*.[14] Ainsi s'est formée la trame des mouvements politiques estimés nécessaires à l'analyse, car on en fera dériver une typification des changements et des régimes.[15]

En chaque cas, un soin particulier a été porté à justifier soit l'introduction du concept nouveau, soit la dénotation précise d'un concept ancien surtout lorsqu'un emploi déconsidéré l'avait rendu peu utile ou même carrément

---

13. Ce néologisme est de Pierre Duclos, ainsi qu'il fut précisé dans *La gouverne politique*, p. 31, note 4.

14. *Id.*, ch. IX.

15. *Id.*, ch. XIII.

pernicieux. Une langue scientifique est une langue bien faite, cela a déjà été dit. Ce rapide relevé néologique aura permis à l'auteur une première explication générale, « hors texte », sur la petite légende d'une certaine difficulté terminologique qui, comme toutes les légendes, en plus d'avoir la vie dure, a bien un certain fondement de réalité... On concédera volontiers qu'il eût été préférable de pouvoir procéder aux mêmes constructions selon des termes plus conventionnels. Il fallait prendre le risque et payer ce prix d'un premier dépaysement, partiel et provisoire, du lecteur pour qu'il puisse entrer plus rapidement dans le *corpus* logique de l'élaboration théorique d'ensemble.[16]

De l'essentialisme. L'élaboration commence par la théorie de l'inclusion obligée.[17] C'est le premier visionnement, à l'horizontale, de la *politie*. C'est un critère à double branche, et de la politie et de la politification des choses et relations sociales. Il est apparu préalable et plus fondamental que le critère du monopole de la contrainte physique comme spécificateur de la puissance publique, selon la formule que juristes, politologues et sociologues répètent unanimement surtout depuis Max Weber. « Ont été *politifiées* ou sont politiques *les relations qui s'établissent en conséquence immédiate ou médiate d'une situation collective d'inclusion obligée à un seul type de société ou d'organisation sociale* »,[18] lequel est la politie, étant entendu que l'État est la politie-type de notre époque. « C'est l'aspect rigide et bilatéral : tous les hommes sont *inclus* dans un type de société qu'il est d'usage de nommer « politique », comme s'il s'agissait d'une exigence de leur nature sociale »,[19] proposition qui n'a pas manqué d'inspirer à certains critiques que c'était là une affirmation de type essentialiste.[20]

L'auteur doit probablement à ses premiers travaux de relations internationales d'avoir toujours attaché une grande importance au phénomène de la frontière. D'un côté, c'est telle politie et tel État ; de l'autre côté de la frontière, c'est telle autre politie et tel autre État. On est toujours de telle politie lorsqu'on voyage ou séjourne dans telle autre politie. On n'y échappe pas. Il faut être d'une politie pour mener une vie sociale et humaine normale. De ce fait, universellement constatable de l'inclusion obligée, ce sont les conséquences, non moins incontestables et en découlant indéfiniment, qui importent pour l'analyse. Si cette première branche du critère, délimitant une politie (ou un État) d'une autre politie (ou autre État), est aisément acceptée par son caractère flagrant, « les conséquences qui en découlent indéfiniment » sont moins évidentes puisqu'elles sont à retracer constamment par voie d'analyse.

---

16. Périphrases, définitions répétées, parenthèses explicatives, etc., auraient également comporté des inconvénients.

17. Correction dans *La gouverne politique* de la notion d'« appartenance obligatoire » proposée dans *Fonctionnement de l'État*. Voir : *La gouverne politique*, p. 32, note 7.

18. *Id.*, p. 28.

19. *Ibid.*

20. Point qui sera soulevé plus loin.

Il s'agit finalement de l'ensemble du domaine de la politification des choses et relations sociales : d'abord de celles que la gouverne détermine comme relevant de ses multiples instances, mais aussi de toutes espèces de relations sociales que les citoyens nouent entre eux, en tant que tels, et qu'ils se trouvent donc à rapporter plus ou moins directement à l'un ou l'autre aspect de la chose publique. Qu'on relise la définition, elle indique clairement les deux mouvements : de la politie à tous ses membres, mais aussi des membres, en leur qualité de citoyens, à la politie. Ce second mouvement de remontée est à retrouver progressivement à différents points du réseau de la gouverne ascendante ; il ne pouvait être donné d'emblée avant qu'on ait procédé à l'élaboration de la gouverne aussi bien descendante qu'ascendante.

Ainsi n'est-il pas étonnant que le lecteur ne retienne surtout que ce qu'il a tout de suite compris comme d'évidence : par le caractère de la frontière géographico-juridique, la nécessité d'être porteur d'un statut régulier de nationalité ou de citoyenneté pour pouvoir mener une existence sociale normale. Cependant, il ne faut pas en rester là, à ce qui représente la première face seulement de la politification. Les conséquences de ce caractère et de cette nécessité sont encore à voir dans l'ensemble des processus de politification par la gouverne descendante[21] et ascendante.[22]

Il n'y a pas que le versant extérieur, ou international, de l'inclusion obligée, par la superfonction de sécuration ; il y a aussi le versant intérieur, ou interne à la politie, par la superfonction jumelle de légitimation, descendant et remontant à travers le réseau complet de la gouverne. Autrement dit, le critère de l'inclusion obligée n'est pas donné une fois pour toutes au sujet de la frontière et de la nationalité : c'est par ce qui en découle et tout ce qui peut lui être rapporté qu'il est un critère, un critère d'observation première — le monopole de la contrainte venant en second. Concluons que ces deux significations de l'inclusion obligée n'étant pas du même ordre, elles ne se contredisent pas, elles se complètent plutôt. La première détermine la frontière, fixe et stricte de qualification juridique, de la politie en rapport aux autres polities ; la seconde sert à marquer « la *frontière*, changeante et métaphorique, de qualification sociologique de la gouverne dans la politie ».[23]

Cette présentation du critère du politique est-elle « essentialiste » ? Des critiques l'ont soutenu. La réponse est de deux ordres : de l'ordre de l'intention, de celui du résultat. Si la ou, plus largement, le politique a une « essence », ce ne fut certes pas l'intention de l'auteur de l'avoir recherchée, encore moins d'en avoir tenté une première démonstration. Il n'a voulu que caractériser un objet

---

21. Cette pénétration de la gouverne descendante se complète par les autres processus de mobilisation, de régulation et de répression.

22. Par diverses « représentations ». Le chapitre VIII de *La gouverne politique* est consacré à la présentation de ces gouvernes descendante et ascendante.

23. *La gouverne politique*, pp. 30-31.

d'étude qui fut certain et délimitable, d'où le recours à une observation de type sociologique, universelle et vérifiable. À cause de l'interpénétration de la Société et de l'État, des systèmes social et politique, une précaution de départ s'impose : une théorie dite « politique » n'a pas à rendre compte de tout le social, de tout le culturel, de tout le symbolique, etc., mais de ce qu'on peut qualifier avec certitude de « politique », laissant à d'autres ces impressionnantes constructions architectoniques de la Société ou du Système social. On n'avait pas à définir la politique dans son essence, mais à déterminer les contours de son existence sociale qui puissent donner prise à l'observation sociologique.

C'est un aspect paradoxal du malentendu que des lecteurs aient vu une prétention de définition essentialiste dans une simple mesure de prudence stratégique pour la recherche.

Et le résultat ? On peut être essentialiste sans l'avoir cherché, sans s'en rendre compte. Ici, il faut avouer sa perplexité d'autant qu'il est fort peu habituel dans la production courante de science politique de se livrer à des exercices de raffinement sur ce qu'est ou n'est pas le politique. Il est possible de relever dans *La gouverne politique* aussi bien que dans *Fonctionnement de l'État* des textes à portée ou à tonalités essentialistes. L'auteur s'est déjà disqualifié au début comme critique épistémologique de sa propre pensée. Tout en maintenant ce désistement, il lui sera peut-être permis de rappeler que la substance du politique n'était pas son sujet et qu'il ne s'agissait, en ces propos introductifs, que de se donner un objet d'étude qui ne fût pas illimité. En outre, ces passages à tonalités essentialistes, qu'on pourrait relever ici et là, doivent être analysés dans leur strict contexte d'élaboration ponctuelle, sans oublier leurs formules dubitatives ou interrogatives. Ainsi, pour la phrase citée au début de ce développement : « ... tous les hommes sont *inclus* dans un type de société qu'il est d'usage de nommer "politique", *comme s'il s'agissait* d'une exigence de leur nature sociale. » Le dernier souligné indique clairement une simple réflexion *en passant* de l'auteur qui revient, tout de suite après, à son propos principal selon la ligne déjà tracée.

Toutefois, ces rappels d'interprétation ne visent pas à contredire absolument la possibilité d'une certaine perception essentialiste — encore que la preuve devrait en être faite. Et si elle était faite, serait-ce une faute si grave si elle n'était pas responsable de gauchir tellement l'élaboration qui suit et les observations empiriques qu'on peut en faire conséquemment ? Ces précisions, dans l'esprit de l'auteur, ne constituent qu'un *addendum* à une discussion introductive qui n'avait pas cru esquiver complètement un des problèmes les plus fondamentaux de la philosophie, car « le débat, plus que deux fois millénaire, sur l'essentialité *du* ou *de la* politique ne se terminera probablement jamais ».[24]

---

24. *Id.*, p. 25.

Les niveaux. De la détermination à l'horizontale de l'objet politique par le critère à double embranchement de l'inclusion obligée, on passe à la présentation à la verticale en trois niveaux de la politie et de la gouverne, son système de fonctionnement. Cela rompt résolument avec les théorisations courantes influencées par la sociologie culturelle, la théorie des systèmes, la cybernétique, le structuro-fonctionnalisme. Le paradigme dominant s'exprime en gros selon une dualité de systèmes juxtaposés : d'une part, il y a un système politique, de l'autre, un système social, et tous deux communiquent par échanges et interrelations diverses, assez souvent selon la règle suprême du *feed-back*. La présentation d'une seule politie avec sa gouverne, en trois niveaux posés hiérarchiquement, contredit cette structure planiforme des deux systèmes et fut généralement considérée comme l'apport principal de cette théorie. L'auteur voudrait spécialement attirer l'attention sur l'importance toute particulière pour l'analyse, des seuils entre niveaux.

Auparavant, faisons sauter un petit obstacle terminologique — un de plus, mais le dernier — portant sur la dénomination même des niveaux. Au centre de la gouverne on reconnaît, à un premier plan de normes impératives, les fonctions de gouvernement et de législation ; et, à un second plan, de normes exécutantes, les fonctions complémentaires d'administration et de juridiction. Le niveau central de la gouverne est formé des opérations différenciées de ces quatre fonctions, du mode de fonctionnement interne de chacune d'elles et des interrelations qu'elles ont de l'une à l'autre : pour cette triple raison, cumulative, le niveau est dit «fonctionnel». Le niveau supérieur, qui surplombe naturellement, est qualifié de *superfonctionnel* avec, justement, ses deux superfonctions de légitimation et de sécuration déjà dites. Le niveau inférieur, qui est en deçà du niveau fonctionnel, est inversement, mais tout aussi naturellement, qualifié d'*infrafonctionel*. Les activités qui lui sont spécifiques sont respectivement, en une série graduée de conduites, les infrafonctions de contribution, de participation, d'opposition, de contestation, de dissidence et de rébellion. On admettra qu'au plan de l'expression tout au moins, superfonctions et infrafonctions ne répugnent pas plus que les classiques «superstructures» et «infrastructures». Il n'y a plus là de quoi fouetter un chat ou un Marx ! Encore que ce dernier avait plutôt négligé la structure centrale... C'est une tâche dont s'occupent activement beaucoup de néo-marxistes aujourd'hui.

L'observation fut parfois faite qu'il eût été préférable de dénommer les niveaux non fonctionnels autrement que par ces néologismes à la *super* et à l'*infra*. Mais comment ? Par des termes plus courants des sciences sociales, *v.g.* intégration, organisation, socialisation, acculturation, assimilation, etc. ? Sans insister sur le fait que l'emploi de concepts de cette nature pose, en soi, problème au plan théorique, il faut encore ajouter qu'aucun d'eux n'aurait eu de pertinence pour qualifier les niveaux en l'occurrence. On s'en remit donc à des concepts composés, d'autant que ces préfixes, suffisamment connus et évocateurs, sont d'une utilisation fréquente et opportune dans d'autres langages scientifiques. *Super* et *infra* présentaient en outre l'avantage de signaler la liaison hiérarchique entre niveaux, qu'il fallait surtout faire ressortir.[25]

Beaucoup plus importants que cette simple question de la dénomination des niveaux sont certes les processus élaboratifs de ces notions et l'établissement des rapports de hiérarchisation entre niveaux. N'ayant pas à en juger lui-même, l'auteur se contentera de rappeler que ces constructions notionnelles ont été longuement élaborées dans *Fonctionnement de l'État*, reprises en simplification et prolongement dans *La gouverne politique*.[26] Il maintiendrait aujourd'hui des séries de caractéristiques essentielles des niveaux,[27] en laisserait tomber carrément d'autres qui ne furent d'ailleurs soumises que sous condition analogique.[28] Et s'il devait en ajouter, ses réflexions pour l'heure s'arrêteraient à des séries nouvelles qui, probablement, ne renforceraient guère ce qui est déjà acquis, mais feraient voir peut-être des facettes nouvelles.[29] L'essentiel en chacun de ces énoncés est toujours le caractère privilégié en méthode du niveau central, ou fonctionnel, parce que constitué des quatre fonctions, duquel sont dérivés les deux autres en *super* ou en *infra*-fonctionnalité. Autrement dit, le niveau le plus immédiatement visible de l'univers politique étant celui de la « production » des normes, autant exécutantes qu'impérantes, il s'impose de le privilégier tout au

---

25. Dans un article dont la rédaction est postérieure au présent texte, on s'est finalement résolu à nommer les trois niveaux autrement que par leur seule spécification de « fonctionnalité ». Ainsi, des synonymes, plus légers à l'usage, ont été proposés pour chacun d'eux : celui de « régime » pour le niveau superfonctionnel, celui de « gouverne » pour le niveau fonctionnel et celui de « politie » pour le niveau infrafonctionnel. Voir : « L'État et ses trois niveaux : le régime, la gouverne et la politie », *Canadian Journal of Political Science / Revue canadienne de science politique*, XV, 2, juin 1982.

26. Pp. 120–131, 469–496, 504–508 de *Fonctionnement de l'État* ; Chap. V, pp. 65–74 de *La gouverne politique*.

27. NIVEAU SUPERFONCTIONNEL

27. NIVEAU SUPERFONCTIONNEL	NIVEAU FONCTIONNEL	NIVEAU INFRAFONCTIONNEL
Trame dure et formelle (du politique)	Trame serrée et pure	Trame lâche et mixte
Principe d'individuation	Principe de médiation	Principe de dialectisation
Structure globale	Division centrale du travail	Attitudes et comportements
Organisation	Fonctionnement	Conduites
Légitimation	Légalisation	Légitimité
Fins	Normes	Valeurs

28. NIVEAU SUPERFONCTIONNEL

28. NIVEAU SUPERFONCTIONNEL	NIVEAU FONCTIONNEL	NIVEAU INFRAFONCTIONNEL
Société formée en politie	Courroies de transmission	Culture politique
Conservation-maintien	Équilibration	Variations-changements
Champ directionnel	Champ gravitationnel	Champ diffus, magnétique
Encadrement des forces	Plateau d'émergence	Forces et contre-forces

29. NIVEAU SUPERFONCTIONNEL

29. NIVEAU SUPERFONCTIONNEL	NIVEAU FONCTIONNEL	NIVEAU INFRAFONCTIONNEL
Totalité politique	Centralité motrice	Globalité sociale
État sociétal	Appareil d'État	Société étatique

moins en méthode pour l'élaboration théorique générale. Mais pour l'analyse elle-même, l'étude des rapports entre niveaux, aux *seuils*, doit être tout aussi favorisée.

Les seuils. En effet, on n'établit pas des niveaux que pour une première identification des phénomènes politiques qui leur sont spécifiques, mais surtout pour pouvoir focaliser aux seuils de niveaux les phénomènes spécialement décisifs qui s'y déroulent. Cela qui fut affirmé avec insistance — c'est la substance même de la théorie — tout au long des deux ouvrages n'est pas toujours suffisamment perçu par le lecteur pour la raison toute simple que la rédaction du développement sur les niveaux prend beaucoup plus de place que n'en requiert l'espace consacré à la focalisation sur les seuils ! Comme quoi une théorie, par les exigences de sa communication écrite, peut créer l'impression d'une certaine disproportion de ses parties et ne pas suggérer de façon équilibrée l'usage analytique qu'on en peut faire.

Des seuils entre niveaux, guère plus que des points qui précèdent, on ne saurait donner ici qu'un aperçu très schématique.[30] Trois notions s'articulant expriment le principe d'opération de chacun des seuils entre niveaux. Les relations entre les niveaux superfonctionnel et fonctionnel se produisent dans le passage d'un seuil dit *constitutif* ou, plus exactement, par des *habilitations* mutuelles, quoique disparates, entre les agents de ces niveaux ; et l'ensemble de ces relations est soumis à une *convention* générale, valable selon ces deux directions, descendante et ascendante. En contraste mais symétrique, les relations entre les niveaux fonctionnel et infrafonctionnel se produisent dans le passage d'un seuil dit *sélectif* à cause des nombreux choix qui s'y opèrent, ou, plus précisément, par des *activations* descendantes (en pénétration) et ascendantes (en représentations) ; et l'ensemble de ces relations est soumis à un *code* d'actions et de conduites que fonde le principe général de la Représentation.[31]

Le lecteur patiemment attentif jusqu'à maintenant aura discerné que c'est au seuil constitutif que, par un mode conventionnel en grande partie établi par la Constitution, les agents supérieurs de la gouverne s'habilitent mutuellement : d'une part, le chef de l'État et les organes qui lui sont rattachés et, de l'autre, les gouvernants et les législateurs, car les superfonctions de légitimation et de sécuration ne pourraient s'accomplir sans l'exercice des fonctions de gouvernement et de législation, et vice versa. Il y a là dénivellation, ou passage de seuil entre niveaux, non seulement au moment de l'allocation des compétences mutuelles ou de leur éventuelle contestation, mais dans le fonctionnement courant et régulier des organes supérieurs de l'État. La présentation de cette

---

30. Voir la plus grande partie du chapitre VII (pp. 107–115) et le chapitre VIII de *La gouverne politique*. Il convient aussi de s'excuser du schématisme extrême des tableaux des notes 27, 28 et 29 qui précèdent.

31. Sur ce principe général dont ne s'occupe guère la théorie politique, voir les pages 125–128 de *La gouverne politique*.

question comme nécessaire articulation de fonctionnement est singulièrement amenuisée quand elle n'est pas complètement négligée, en science politique davantage encore qu'en droit public.

Aussi, trouve-t-on plus aisément que le seuil dit sélectif et régi par un code, entre les responsables « fonctionnaires » des quatre fonctions et les citoyens (à ce titre, « infrafonctionnaires »), est le lieu particulièrement stratégique de la gouverne s'activant dans les deux sens : c'est le grand jeu de la politique — *the big game of politics*. L'ensemble de ce jeu se déroule toujours selon un schématisme (dont il convient de s'excuser une dernière fois) par des activations d'en haut, ou descendantes, selon des processus de politification (de choses sociales devenues normes), de mobilisation (de ceux qui y sont soumis), de régulation (de leur soumission aux normes), de répression (en cas de non-soumission) ; et par des activations d'en bas, ou ascendantes, selon le répertoire possible de six conduites infrafonctionnelles (consensuelles : de contribution, de participation, d'opposition ; dissensuelles : de contestation, de dissidence, de rébellion) et en utilisant principalement des moyens d'action déjà politiquement pré-fonctionnalisés (personnel de leadership, partis politiques, groupes de pression, organismes consultatifs). C'est sur le fond de cette construction théorique qu'on a chance d'analyser de façon quelque peu serrée le flot bourdonnant et désordonné de « la politique » quotidienne, multiple et confuse, d'y retracer les dynamiques particulières et d'en dégager les principales significations.

Les dynamiques. Les « dynamiques particulières » de la politique ? S'il en est. Il fallait en faire l'hypothèse pour les rechercher. La dynamique d'*interaction* est connue depuis presque la naissance de la sociologie. Depuis peu, par l'invention de la cybernétique, la dynamique de *rétroaction* a sévi dans nos sciences sociales et spécialement en science politique. Il y a d'autres mouvements tout autant fondamentaux dont il n'est pas habituellement rendu compte. On a cru devoir proposer les dynamiques de *peraction* et de *proaction* (il en a été dit deux mots plus haut au sujet du recours parfois nécessaire à des néologismes). Cette catégorisation des mouvements de la vie politique en peractions, inter-actions, rétroactions et proactions [32] comme celle des niveaux, n'est certes pas une fin en soi.

Si elle a quelque fondement de réalité par-delà la pertinence et la cohérence de son élaboration, cette catégorisation permet d'en faire dériver une typologie des changements et une taxonomie des régimes. Aux catégories des mouvements de peraction, d'interaction, de rétroaction et de proaction correspondent les changements qui, respectivement, sont directifs, accommodatifs, correctifs et informatifs ; ainsi que les régimes qui, respectivement, sont qualifiés d'auto-ritaristes, de bureaucratistes, de libéralistes et de communalistes. Dans la réalité des choses politiques et pour l'analyse qu'on en peut faire, il est requis de ne pas

---

32. Sur la construction de ces notions, voir *id.*, au chapitre IX.

s'en tenir à des catégories pures et de recourir plutôt à des classements entrecroisés : un changement directif qui devient accommodatif, etc. ; un régime d'autoritarisme qui tend à la forme bureaucratiste, etc.[33]

Changements de politique et changements de régimes se font par la référence à des valeurs dominantes qui, respectivement, sont les valeurs d'autorité, d'efficacité, de liberté et de sociabilité. En première approximation, on peut grouper à l'enseigne de *ce qui fut* les valeurs directrices des régimes autoritaristes ; de *ce qui est* les valeurs accommodatives des régimes bureaucratistes ; de *ce qui doit être modifié* les valeurs correctives des régimes libéralistes ; de *pour ce qui sera* les valeurs informatives des régimes communalistes. Le changement, qui obéit à une dialectique de la contradiction (ce qui est — ce qui contredit ce qui est — ce qui change), est virtuellement partout où il y a des contradictions de fonctionnement dans la gouverne. Elles sont à voir à l'intérieur de chaque niveau : entre fins au niveau superfonctionnel, entre normes au niveau fonctionnel, entre valeurs au niveau infrafonctionnel ; ou, de niveau à niveau dans les deux sens : entre fins et normes au seuil des habilitations, entre normes et valeurs au seuil des activations.[34]

Du fonctionnalisme. Par la référence à la triade des fins superfonctionnelles, des normes fonctionnelles et des valeurs infrafonctionnelles, on s'est trouvé à mettre le cap vers les rivages brumeux et tourmentés d'une désirable théorie des changements politiques. On s'empresse de jeter l'ancre et de renvoyer ce propos à la partie finale au sujet de *ce qui reste à faire.* C'est plutôt le moment de s'arrêter à la particularité, la plus affirmée peut-être de cette théorisation, qui est une position en quelque sorte postulatoire : cette construction dit son intention de ne pas déborder une première perspective de fonctionnement et de ne s'occuper qu'en seconde étape, distincte, des faits de changement, et de quelque terme qu'on les coiffe : développement, modernisation, planification, innovation, etc. Le premier effort d'appréhension est résolument synchronique, réservant pour d'autres démarches les études diachroniques aussi bien de genèse que de changement.

Il y a là la croyance tout élémentaire, naïve peut-être, qu'avant de s'appliquer à ce qui peut ou doit changer, il faut d'abord voir le plus explicitement possible « comment ça marche, comment ça fonctionne ? ». C'est sans doute (avec tout cet appareil conceptuel fonctionnel...) une forme de « fonctionnalisme », mais qui est fort différent des fonctionnalismes qui ont fait recette ces dernières décennies en sociologie et en science politique.[35] C'est un fonctionnalisme qui ne part pas des règles de système mais bien plutôt de « la

---

33. *Id.*, chapitre XI, spécialement la page 177 pour une typologie de changements de régimes politiques.

34. *Id.*, chapitre XII et XIII.

35. Voir l'article cité à la note 4, spécialement les développements : « III. Comment le fonctionnalisme est venu à la sociologie et à l'anthropologie » ; « IV. Comment le fonctionnalisme est venu à la science politique » (pp. 211–217).

nature des choses » dont parlait Montesquieu, le premier théoricien fonction-
naliste; il présente dès l'abord une division centrale du travail politique,
amenant à poser le caractère privilégié en méthode du niveau fonctionnel avec
ses quatre fonctions, auxquelles sont rapportées, à travers les seuils, les deux
superfonctions et les six infrafonctions. Le fonctionnalisme de ces trois classes de
« fonctions » se présente tout différemment du fonctionnalisme systémiste ou du
structuro-fonctionnalisme dont des théoriciens ont su faire d'ingénieuses
transpositions pour l'étude de la vie politique.[36]

C'est plutôt une théorie *interprétative* du comment cela fonctionne ou
comment se passent les choses qu'une théorie *explicative* du pourquoi cela
fonctionne ainsi ou du pourquoi les choses sont telles et non pas autrement :
encore que les bonnes réponses fournies au comment acheminent vers les
réponses au pourquoi.[37] De nouveau ici, il s'agit de faire montre d'une prudence
semblable à celle qui faisait s'interdire d'analyser à la fois fonctionnement et
changement en confondant analyses diachroniques et synchroniques.

On peut toujours dire que c'est un fonctionnalisme des acteurs politiques
par rapport à d'autres acteurs politiques et non pas celui des influences
mutuelles qui s'exercent entre les phénomènes politiques et les univers de
l'économique, du droit, de l'idéologie, etc.[38] On pourrait préciser que c'est un
fonctionnalisme des *agents* politiques agissant ès telles qualités dans l'accomplissement de rôles spécifiques, prescrits ou acquis, à tel niveau ou à travers tel
seuil.[39]

Enfin, c'est un fonctionnalisme qui permet un cadre de repérage des
contradictions et difficultés de fonctionnement, des situations de blocage et des
goulots d'étranglement aux divers points du réseau et aux multiples interfaces.[40]
Si ce visionnement théorique ne fait pas du conflit le substantiel du politique,
les oppositions et contradictions de toute nature deviennent la motricité
particulière, imprévisible mais certaine, de la dynamique d'ensemble qu'il s'agit
précisément de reconstituer en chaque cas d'analyse déterminé.

C'est parfois une étrange sensation que d'apparaître marginal en œuvrant
dans la tradition peut-être la plus classique de la science politique.[41] On se
trouve ainsi à éviter les critiques d'écoles — ou à l'intérieur de l'école — mais

---

36. Sur les fonctionnalismes « cybernétique » de Karl Deutsch, « systémique » de David
Easton, « développementaliste » de Gabriel Almond et « actionnaliste » d'Amitai Etzioni : *id.*,
pp. 217–229. Voir aussi *Fonctionnement de l'État*, pp. 152–167.

37. *Id.*, pp. 503-504.

38. Observation faite à l'auteur par Jean-Pierre Derriennic.

39. Voir la dernière figure de *La gouverne politique* (p. 238) qui, en synthèse dynamique, tente
d'illustrer cette « politologique ».

40. *Id.*, le tableau des pp. 196-197.

41. « ... théoricien novateur pour les classiques, classique pour les novateurs » (Pierre DUCLOS,
« Fonctionnement de l'État », *L'Europe en Formation*, 80, novembre 1966, p. 35).

c'est aussi au prix de la privation des discussions d'école(s) qui peuvent servir d'introductions ou de médiations auprès du public de la spécialité. Lorsqu'il est privé de la référence initiale rassurante, le lecteur-consommateur de théorie peut se trouver peu enclin à dépasser la première perplexité de son propre déroutement. Il reste toutefois la catégorie fourre-tout d'« éclectisme » pour situer qui prend son bien où il peut ou veut, fût-ce dans la filiation la plus classique ! Cette dernière ne se perd pas complètement et elle a même besoin d'être réanimée par les modes du jour plus combativement novatrices et justificatrices. Ainsi, une « science », petit à petit et péniblement, a chance de finir par établir son *corpus*. À moins de nier qu'elle en ait un, ce qui n'est pas loin de se produire lorsque des techniques satisfaites de leur ingéniosité se prennent pour des théories.

Dans sa typologie en huit classes des théories politiques selon trois critères (1. extensive, non extensive ; 2. holistique, non holistique ; 3. spécifique, non spécifique), Vincent Lemieux classe *Fonctionnement de l'État* dans la catégorie des théories non extensives, holistiques et spécifiques. Cette « théorisation » est « spécifique en ce qu'elle s'attache aux relations de contrôle entre fonctions ou plutôt entre organes » ; elle est encore de « nature holistique » (considérant) « l'ensemble des contrôles super-fonctionnels qui ont justement pour but d'assurer l'unité d'ensemble ». Quant à l'extension, le « titre même de l'ouvrage indique » que l'auteur « se limite à l'étude de l'État, même s'il indique parfois que la construction théorique vaut également pour d'autres formes d'organisation sociétale ».[42]

Le degré d'extension de l'applicabilité d'une théorie est souvent son aspect le plus discutable. Comment vérifier avec quelque exactitude ce qui n'est souvent qu'une prétention optimiste d'auteurs opérant des transpositions plus ou moins opportunes et significatives ? D'autant qu'il n'est pas exact que le degré de validation d'une théorie augmente selon sa plus large extensibilité. Malgré le titre, *Fonctionnement de l'État*, son auteur n'estimait pas que l'État soit un « concept théorique majeur », bien qu'y voyant « l'indispensable cadre général à l'intérieur duquel la vie politique se coule à l'époque contemporaine » et « la grande unité totalisante de la politique ».[43] Mais, si cette construction est applicable à d'autres formes d'organisation sociétale, l'auteur ne prétendait pas lui donner une sphère d'application aussi large que celle que revendique, par exemple, la théorie générale des organisations.[44] Dans *La gouverne politique*, l'auteur risque plutôt une transposition de son schéma au plan des relations

---

42. V. Lemieux, *Les cheminements de l'influence*, Québec, Les Presses de l'Université Laval, 1980, p. 11.

43. *Fonctionnement de l'État*, p. 23.

44. Ce qui correspond à la « démarche » de Lemieux, ainsi qu'à celle de Crozier (*Le phénomène bureaucratique*, Paris, Seuil, 1964) et de Crozier et Friedberg (*L'acteur et le système*, Paris, Seuil, 1977). (Lemieux, *op. cit.*, p. 12.)

internationales.[45] C'est peut-être moins l'extension de l'application du cadre théorique dont il s'agit que d'un postulat d'univocité qu'on pourrait exprimer comme suit : « Toute vie politique quelque peu élaborée et constante manifeste les deux plans de l'impération (gouverner et/ou légiférer) et de l'exécution (administrer et/ou juger) ». Ce phénomène se retrouve dans les organisations politiques infra-étatiques (comme dans la vie politique locale, ou municipale) et supra-étatiques (comme dans la vie internationale). Ce qui est moins net en ces derniers cas, ce sont les phénomènes de dénivellement et, conséquemment, la dynamique inter-niveaux. Quant à l'intention holistique de l'entreprise, elle fut, dès l'origine, manifeste et préméditée, faisant l'objet de prises de position déterminées dans *Fonctionnement de l'État* :[46] ce dessein originaire n'a jamais été abandonné.

Ce « fonctionnalisme » qui aime reconnaître ses origines, bien antérieurement aux ouvrages des anthropologues fonctionnalistes (Malinowski, Radcliffe-Brown, etc.) et des sociologues structuro-fonctionnalistes (Merton, Parsons et sa double descendance en science politique et en sociologie), accepte volontiers ces caractéristiques de la typologie de Lemieux : holisme, spécificité politique et extension relative, au moins aux grandes organisations politiques. Il s'agirait maintenant de faire passer ce fonctionnalisme d'élaboration à l'acte analytique par une étude portant sur les changements politiques de l'ensemble sociétal québécois depuis les deux dernières décennies.[47]

II. CE QUI RESTE À FAIRE

L'application analytique au cas du Québec marquerait un quadruple retour : au changement, à l'État, à l'histoire, aux valeurs. L'attention à ces thèmes fut jusqu'à maintenant contenue, ou simplement renvoyée à plus tard. Retour ou plutôt « rendez-vous », volontairement ajourné et qui ne peut plus l'être, sans égard au temps qu'il faudrait encore pour mettre à point les outils nécessaires et, à jour, le dossier historique.

Retour au changement. C'est un terme populaire, terre fertile pour l'éclosion de slogans : « C'est le temps que ça change ! », « Ça ne peut plus durer ! » Ou encore, le désabusé : « Plus ça change, plus c'est pareil ! » Le changement comme voulu, recherché, dirigé, on en trouve le thème dans les philosophies du Progrès, les sociologies de l'Évolution qui allaient être relayées à l'époque contemporaine par les idéologies de la réforme et de la révolution, ainsi que par les politiques de rénovation et de planification. Nos sciences sociales leur

---

45. Voir le chapitre X.

46. Voir les passages sur le holisme aux pages 111–117, 127–131, 221–227, 450–451 et l'ensemble du chapitre XII, pp. 459–512. Dès le début, il était affirmé qu'il s'agissait d'élaborer une « sociologie *du total* politique dans le *global* social » (p. 33).

47. En une étude, en cours, qui pourrait s'intituler *La gouverne politique au Québec.*

emboîtaient le pas sous les enseignes plus récentes des théories du développement, de la modernisation, de l'innovation. La vogue présente pour les travaux de prospective ou, selon son label, plus naïvement illusoire, de « futurologie », recouvre mal nos anxiétés collectives, fondées en cette fin de siècle, mais tout de même stimule les faibles virtualités prévisionnistes de ces mêmes sciences sociales. Voilà pour le contexte d'époque.

Il s'agirait, par application spéciale au cas québécois, de passer de la perspective synchronique du fonctionnement à la perspective diachronique des changements passés, car « tout changement est un nouveau fonctionnement et, révèle, par ailleurs, *une part de fonctionnement qui ne change pas.* Traiter du changement, c'est commencer par prendre acte d'un mode donné de fonctionnement ».[48] Le changement obéissant à une dialectique de la contradiction, il faut se livrer au repérage des contradictions diverses qui rendaient les changements nécessaires, lesquels, bien ou mal, voulus ou non, s'accomplirent. Il faudra encore s'employer à détecter de nouvelles contradictions qui surgirent, ou d'anciennes qui se durcirent, du fait de changements qui, finalement, n'arrivèrent que partiellement ou trop tard. Il importera encore de prendre en compte, dans les volontés et efforts de changement, cette part du fonctionnement qui persiste, ou qui résiste, sous les innovations en cours.

Retour à l'État. Après l'avoir mis à l'arrière-plan de ses « analyses de système »,[49] la science politique se remet à son étude pour en saisir la « réalité omniprésente », car on semble redécouvrir qu'on « le pratique quotidiennement sans s'en rendre compte, sans prendre conscience qu'il influence une partie considérable de nos actes ».[50] Voilà que politistes et sociologues s'en avisent de plus en plus, qu'ils se mettent à faire de l'État autant un objet qu'un cadre d'étude, et qu'ils en font un « terrain » analytique nouveau d'investigation, ne fût-ce que pour y suivre à la trace ceux qui prétendent nous parler en son nom. Ce méta-système est aussi une macro-société qui renferme — par « inclusion

---

48. Ce qui fait qu'une « préthéorie du changement est en germe dans une théorie du fonctionnement » (*La gouverne politique*, p. 213). Cette détermination de ne pas dépasser l'analyse du fonctionnement dans le premier livre inspirait à un critique l'observation suivante : « Ce que le fonctionnalisme de Bergeron a d'éléatique, c'est sa volonté non d'exclure, mais de considérer comme secondaire pour la sociologie politique l'étude du changement, du mouvement, de l'histoire. » (Jean-William LAPIERRE, « Quintessences du politique », *Esprit*, 8-9, août-septembre 1968, p. 226.) Corrigeons : non pas « secondaire », mais « seconde », c'est-à-dire venant en second. Mais, comme il s'agit d'un critique perspicace, il prévoyait que l'analyse du niveau infrafonctionnel conduirait l'auteur à élaborer une « théorie du changement politique » (*ibid.*).

49. Y compris le présent auteur, ce qu'avait relevé Georges BALANDIER : « Après avoir été l'objet privilégié de toute réflexion politique, l'État paraît maintenant frappé de discrédit ; à tel point que la thèse récente de G. Bergeron, proposant une théorie de l'État, conclut néanmoins que celui-ci n'est pas un concept théorique majeur. » (*Anthropologie politique*, Paris, Presses universitaires de France, 1967, p. 145.) Voir plus haut la citation à laquelle il est référé à la note 43.

50. Jean-Marie VINCENT, *Les mensonges de l'État*, Paris, Le Sycomore, 1979, p. 244.

obligée » justement — la Société et les interactions sociales dont traitent encore, en leur premier chapitre, livres et cours d'Introduction à la Sociologie. Juristes constitutionnalistes et administrativistes, économistes des finances publiques ne sont désormais plus les seuls à traiter de « l'État ».

Mais c'est le plus souvent pour lui faire la vie plutôt dure ! Il semble être encore rébarbatif aux diverses formes de vie sociale, cet État qui s'est mis à proliférer partout, à la centaine depuis une génération ! Il s'est mondialisé et la planète en est toute couverte. Des « empires » il ne reste guère plus que ceux de la guerre froide. Malgré des Marchés communs, des Pactes d'alliance et divers phénomènes assez paradoxalement qualifiés d'« Intégration », *the state is here to stay*. Et, de façon aussi opaque que naguère, il apparaît être encore « l'horizon indépassable de notre époque ».[51]

C'est l'État avec la majesté de la majuscule, « le plus froid des ministres froids » qu'invectivait naguère un philosophe pessimiste, mais dont on exige maintenant qu'il s'occupe, avec un peu plus de ponctualité et de chaleur humaine, de notre « qualité de vie ». Au sortir de la guerre, l'heure était à la démystification de l'État et son privilège, exorbitant, de la souveraineté devait subir des reculs :[52] qu'en est-il trente-cinq ans plus tard ? Si l'on pose le face-à-face État-Société, c'est plus que jamais pour se rendre compte que chacun, à sa façon, contient l'autre. La science politique qui s'est refusée à n'être qu'une « statologie » fait, après une génération, retour à l'État comme à une fidélité première. N'en est pas le moins étonné le présent auteur qui préfère encore en traiter sous le duo conceptuel de « politie-gouverne », car c'est bien son être double : une société seule de son espèce, plus son système d'organisation et de fonctionnement.

Retour à l'histoire. Catégorie historique, l'État aurait pu ne pas naître ; il pourrait disparaître un jour très lointain, bien que rien ne l'annonce et qu'on ne voit guère par quoi il serait possible de le remplacer, hors la résurgence, en formes hypertrophiques, de nouveaux Empires. Nos besogneux exercices de théorisation doivent finir par faire se colleter leurs modèles, schémas et concepts avec des sociétés historiques concrètes, ne serait-ce que pour éprouver une certaine capacité d'opérationnalité. Si le résultat n'est pas trop négatif, la tentative peut comporter cette autre récompense de moins mal connaître la société politique qui a été choisie comme objet et cadre de l'expérimentation analytique. La théorie a moins besoin de raffinements et de compléments que d'un vigoureux test de pertinence historique et d'une nouvelle cohérence par rapport à l'Événement. Il est même à parier que, si l'aventure ne tourne pas trop

---

51. *Ibid.*

52. Qu'on songe au retentissement qu'eut alors l'ouvrage classique d'Ernst CASSIRER, *The Myth of the State*, New Haven, Yale University Press, 1946, et, à un autre niveau, à la très grande popularité du livre d'Emery REVES, *The Anatomy of Peace*, New York, Harper, 1945.

mal, la théorie s'en trouvera assouplie, allégée de certains éléments de construction dont le maintien paraîtrait d'une ornementation douteuse ou superflue.

L'histoire récente du Québec serait un beau cas pour la validation analytique de quelque théorie politique du changement. Ce sujet s'impose peut-être à un théorisateur qui y est et qui en est. Pourtant, les ouvrages sur la question québécoise ne manquent pas... Est-il un peuple qui se soit proportionnellement autant analysé depuis vingt ans ? Faut-il s'étonner d'une telle profusion d'examens, inévitablement répétitifs ? N'est-ce pas là, un peu, une forme « scientifique » d'auto-contemplation ? Mais c'est du contraire qu'il aurait fallu s'étonner si, vivant ce qui est effectivement un beau « cas historique », la génération soudainement nombreuse des *social scientists* québécois ne s'était pas appliquée, en une espèce de premier « devoir à la maison », à analyser cette bizarre société d'Occident qui, comme on le disait avec quelque exagération, faisait enfin son entrée dans le XXe siècle ? (Ouvrons, pour la refermer tout de suite après, la parenthèse sur l'aspect, plus noble, de l'implication civique du chercheur dans son milieu.)

« L'État du Québec » était plus qu'un slogan de circonstance. Entre la « Province », et sa sémantique à l'odeur d'ancien régime, et l'« État », ce plus récent vocable gonflé d'auto-affirmation un tantinet risible, il y avait tout de même l'acception technique exacte d'« État membre » d'un État fédéral. Pendant vingt ans, les Québécois ont développé un certain « sens de l'État », de cet État-là, « État fédéré » sinon État en plénitude au sens du droit international. Pendant la même période une nation québécoise prenait corps, affirmait une identité propre et plus nette que jamais. S'est produite progressivement une double authentification québécoise : de la nation dans son État et par son État. Cette logique évolutive a marqué un temps d'arrêt, au moins provisoire, un certain soir de mai 1980. Pour l'étude de ce phénomène, une théorie, qui fut conçue et élaborée pour l'État unitaire, aura à tenir compte des plus complexes lignes d'organisation et de fonctionnement de l'État multiple qu'est l'État fédéral.

On aura à établir un cadre à plusieurs cases pour tenir compte des dédoublements de niveaux et de seuils, de fonctions et d'infrafonctions.[53] La question des amendements constitutionnels et d'un possible réaménagement des compétences entre États membres et État central nécessitera une attention, plus particulière qu'il n'est requis dans les États unitaires, sur la focalisation du seuil des habilitations et sur la hiérarchisation à deux paliers de la superfonction de légitimation. Mais hors de la dynamique de ce contentieux persistant, s'étendant jusqu'aux relations extérieures (superfonction de sécuration), on peut rendre largement compte des quatre fonctions centrales de cet État du

---

53. En première position du problème, voir : « La gouverne politique dans un État fédéral » dans : *Mélanges Jacques Ellul* (en préparation et à paraître aux Presses universitaires de France).

Québec comme s'il était de type unitaire courant. En somme, il y aura lieu de faire une élaboration théorique de l'ensemble de l'État fédéral, multiple, selon le modèle analogique qui a été utilisé pour la multiplicité des États, soit pour le champ des relations internationales.[54] Cette multiplicité et cette complexité de l'État fédéral ne devraient pas être un obstacle insurmontable pour une théorie des niveaux. Les premiers promoteurs de l'idée fédérative et les fondateurs des anciens États fédéraux furent sans le savoir les ancêtres de la cybernétique d'aujourd'hui, cette technique qui se donne pour tâche de réduire la complexité et d'ordonner la multiplicité.

Retour aux valeurs, enfin. Non pas tellement pour la prétention de « l'analyse en profondeur », mais tout simplement parce que l'étude du changement amène à privilégier les valeurs *politiques* de la gouverne et les valeurs *sociales* de la politie, ou plus exactement la transformation de celles-ci en celles-là en une *valorisation* politique du social. Cette politification de valeurs sociales est le phénomène essentiel. C'est alors que *socius* se dédouble en *civis* dans le même agent humain.

Les valeurs sont d'intériorité : elles nous font comme nous les faisons. Les normes sont plutôt d'altérité : ce sont « Eux » qui en décident pour « Nous ». Mais, les fins sont d'extériorité : si légitimité et sécurité de la politie nous rejoignent, c'est à la façon d'un ensemble nous contenant. Si les normes sont centrales en fonctionnement, comme le sont les fins en genèse, les valeurs sont centrales et même initiales en changement. Tous les membres de la politie, tous les agents de la gouverne ont « leurs » valeurs, mais le champ de dialectisation des valeurs elles-mêmes et entre elles, surtout de la conversion politique des valeurs sociales ou culturelles générales, se déroule au niveau infrafonctionnel.[55]

---

54. Chapitre X de *La gouverne politique*.

55. Ce point est souvent contesté par des lecteurs ou des étudiants en séminaire, qui affirment qu'à cause de leur rôle suréminent dans les actions politiques, les valeurs ont plutôt quelque chose de superfonctionnel et devraient être situées au niveau supérieur ou « d'en haut ». Dans la littérature axiologique, en effet, les schémas proposés placent généralement les valeurs à un degré supérieur, surplombant l'univers des normes. On s'est érigé aussi contre cette tendance à ne tenir compte que de deux catégories correspondant en gros à la dualité des *moyens* (en l'occurrence, les normes) et des *fins* (où se trouvent, souvent pêle-mêle, les fins, les objectifs, les motivations, les croyances et... les valeurs). (Voir : *La gouverne politique*, p. 199.) La trinité des niveaux impose une vision triadique, où fins du système et valeurs comportementales des agents sont médiées par les normes de fonctionnement. Mais ces critiques signalent un point encore insuffisamment éclairci dans les rapports entre les niveaux superfonctionnel et infrafonctionnel, tels qu'ils furent schématisés à la note 27. Une théorie, davantage élaborée, du changement permettrait-elle un jour d'éclairer ce point ? Pour l'heure, on se contentera de suggérer une ligne de recherche analogique au sujet de la question classique — et chaudement actuelle au Canada — des droits publics et libertés civiles, les uns et les autres exprimant des « valeurs » éminemment politiques. L'énuméré qu'on fait de l'une et l'autre de ces catégories montre assez que les *droits publics* ressortissent à l'ordre superfonctionnel, constitutionnel ou mieux « constituant » de l'État (comme l'est sa constitution au sens large) et que les *libertés civiles* ou civiques relèvent plutôt des conduites infrafonctionnelles des citoyens devant l'État. Précisons encore que cette proposition n'est ici avancée qu'à la façon d'une piste de recherche.

Il n'est pas sûr qu'il y ait des valeurs politiques spécifiques ; elles surgissent plutôt à la façon de valeurs du minimum social et, faisant retour d'en haut sous la forme de normes fonctionnelles, elles apparaissent alors comme des espèces de valeurs sociales *ajoutées*. C'est ainsi qu'on bute sur ce paradoxe de Jacques Ellul : « Les valeurs qui de nos jours ne peuvent recevoir un contenu politique, ou ne peuvent servir à une politique, ne sont en définitive plus prises au sérieux. »[56] Mais la politique se trouve toujours à « brouiller » les valeurs dans l'acte même, normatif, de les servir : comment en garderait-elle la pureté d'origine ?

Naguère on a cru devoir se méfier de l'étude des valeurs, tout au moins de l'attitude consistant à faire de leur « allocation » l'objet de l'analyse politique ; [57] mais cette mise en garde n'était pas contredite par une présentation dialectique des valeurs au départ de l'action et des comportements politiques.[58] Longtemps après on retrouve tout naturellement les valeurs au terme d'une théorie du fonctionnement, à ce point précis où elle a à expliquer l'enclenchement des processus de changement.[59]

Dès l'abord, il importait de ne pas confondre l'inévitable référence aux (ou à « ses ») valeurs, que fait l'observateur, avec l'orientation nécessaire aux valeurs, qui conditionne les choix ou décisions des agents politiques de quelque niveau. Ce « malheureux enfant de la misère de notre science » dont parlait Weber n'est pas d'une réhabilitation facile. Il faut prendre bien d'autres précautions : l'analyse du changement par les valeurs n'est pas homologue à la rhétorique portant sur le changement de valeurs ; faire des valeurs des objets d'analyse est d'une démarche autre que d'y chercher un moyen d'explication parmi d'autres ; prise isolément, la valeur n'a pas plus de signification que le fait brut et la relativité des valeurs est une façon de dire qu'elles n'ont de réalité que les unes par rapport aux autres, etc. On fera l'économie du développement classique sur les jugements de fait et les jugements de valeurs.

La hiérarchisation des valeurs est indémontrable, si elle existe ! Davantage, elles ne se contredisent pas, ne ressortissant pas à un univers de logique comme les normes ou comme les fins. « Non seulement les valeurs ne sont pas logiques, non seulement semblent-elles être soumises à des dialectiques de contradiction entre elles et d'ambiguïté en leurs concrétisations normatives et finalistes mais

---

56. *L'illusion politique*, Paris, Robert Laffont, 1965, p. 22. Plus loin, l'auteur ajoutait : « Si vous mêlez les valeurs à la politique, vous rendez la politique impossible, et si vous ne le faites pas, vous lui enlevez tout son sens » (p. 69).

57. En réponse à Harold LASSWELL et surtout à David EASTON soutenant, dans *The Political System* (New York, Alfred A. Knoff, 2e éd., 1971, p. 129), que la politique consistait dans l'allocation autoritaire des valeurs pour une société. Voir : *Fonctionnement de l'État*, pp. 21-22 ; pp. 530-531, note 30. Voir aussi *La gouverne politique*, p. 229, note 9.

58. *Id.*, pp. 56-61.

59. *La gouverne politique*, chapitres XIII, XIV.

encore leur dialectisation propre semble *accepter de s'arrêter*, par faute de
non-transformation et de coexistence non négatrice des unes par rapport aux
autres. » [60] Cette difficulté pour l'analyse, s'ajoutant à la confusion portant sur
leurs origines (naissant au tréfonds des consciences collectives en croyances,
attitudes, motivations, etc.), ne doit toutefois pas à priori décourager l'effort de
l'analyste politique.

L'ensemble du discours politique est spécialement expressif de valeurs. Les
« grands textes » en font des explications formelles et solennelles : manifestes et
programmes, slogans et brocards, pétitions et doléances, déclarations de droits
et préambules constitutionnels, grands discours et déclarations historiques, etc.,
sont des condensés de valeurs politiques, politifiées ou politifiables. La tâche de
l'analyste politique en est dès lors facilitée par rapport à celle de l'analyste social
qui n'a pas au départ l'avantage d'une pareille décantation déjà toute faite.
C'est la tâche de l'analyste de signaler l'écart profond entre les valeurs les plus
solennellement proclamées et celles qui sont effectivement vécues. Il n'en
demeure pas moins que, de leurs reformulations en constantes répétitions, se
dégage une certaine universalité des valeurs en une espèce de « principe
fédérateur », permettant des comparaisons, sinon d'emblée des typologies
satisfaisantes. [61] Le monde des valeurs politiques, où se joue l'histoire de l'État
québécois en changement, ou en devenir, [62] reste à prospecter. En ces couches
souterraines de l'idéologie, il serait peut-être indiqué de suivre la première
grande veine d'une *axiologie*, ne convergeant guère vers celle d'une *praxéologie*
plus immédiatement engagée. Et c'est peut-être en l'écart de cette non-
convergence que réside le problème, et qui *ne se joue pas vraiment*.

*
*   *

Un collègue américain vient de déplorer « *the lack of rules for playing the
theory game* ». [63] L'alibi (ou les circonstances atténuantes ?) de tout ce qui
précède est de jouer, sans tour de passe, une des parties de ce jeu de la
théorisation. Ni introduction ni résumé de mille pages de laborieuse élaboration,
ces propos d'étape ne visaient qu'à fournir quelques précisions de confection et

---

60. *Id.*, p. 226.

61. *Id.*, pp. 222–272.

62. Voir : Gérard BERGERON et Réjean PELLETIER, *L'État du Québec en devenir*, Montréal,
Boréal Express, 1980 (œuvre en collaboration par onze professeurs de l'Université Laval et de
l'École nationale d'administration publique).

63. David APTER, « The passing of development studies », *Government and Opposition, XV*,
3-4, 1980, p. 965. Ce numéro spécial, intitulé « A Generation of Political Thought » et célébrant le
quinzième anniversaire du périodique, contenait des propos d'autobiographie intellectuelle d'une
vingtaine de *political scientists* de divers pays. Dans l'ensemble, le jugement porté sur le
développement de la théorie politique était très modérément « optimiste ».

réaffirmer des intentions, sans oublier les limites de ces mêmes intentions. L'œuvre achevée n'a pas à s'envelopper de pareilles considérations qui sembleraient, du reste, suspectes. Faut-il s'excuser d'un certain tour apologétique de ces propos? Ce n'était certes pas l'apologétique d'une dogmatique. Nous sommes dans un domaine de libre arbitre. Et même de libre examen. Ce qui implique que les recommencements ne sont jamais innocents des «compromissions» antérieures. Et comme le dit Fernand Dumont, «la théorie est à sa manière un rêve qu'il est bon de laisser se détendre et se déployer pour le reprendre plus prosaïquement dans la suite»[64]... en n'étant plus Persan!

Gérard BERGERON

École nationale d'administration publique.

---

64. Dans le numéro de *Recherches sociographiques*, cité à la note 7, p. 260.

ÉLÉMENTS D'UN SCHÉMA
POUR L'ANALYSE
DES CULTURES POLITIQUES

Les spécialistes sont à peu près unanimes à percevoir la culture comme l'ensemble des structures symboliques que les membres d'une collectivité ont en commun. Il existe toutefois de profondes divergences sur la façon d'en faire l'étude. Ces divergences sont encore bien plus prononcées quand il s'agit de culture politique. Les travaux s'inspirant de cette notion paraissent insatisfaisants au point où certains suggèrent qu'on cesse de l'utiliser au profit d'autres expressions, telles celles de « style politique », de « caractère national », de « croyances de masses », d'« éthos », de « personnalité de base », d'« esprit du temps » (*Zeitgeist*), ou encore d'« orientation ». [1] Plutôt qu'un simple changement de nom, ne serait-ce pas le cadre conceptuel qu'il faudrait rendre plus rigoureux ?

Dans leur traitement de la culture, les politologues américains font de nombreux emprunts à la théorie parsonienne : outre le concept de *value-orientation*, ils retiennent la distinction entre l'aspect tripartite des orientations à l'égard des objets (le *cognitive*, le *cathectic* et l'*evaluative*), de même que la notion de *pattern variables*. Nous estimons dès lors profitable de partir de Parsons, d'autant plus qu'à l'instar de ce dernier nous recourons à une approche systémique d'analyse. Nous jugeons toutefois nécessaire de nous montrer plus rigoureux dans l'élaboration d'un cadre conceptuel que la plupart de ceux qui ont emprunté à la théorie parsonienne de la culture. Plus encore : nous estimons nécessaire de modifier substantiellement cette dernière théorie elle-même.

Le substrat de la culture, il y a quasi-unanimité là-dessus, ce sont les valeurs. Ce sont finalement les multiples modes d'être que les valeurs revêtent

---

1. Le concept d'« orientation » ou de *value orientation* est tiré du schéma conceptuel de Talcott PARSONS auquel les politologues empruntent beaucoup. Parmi ceux qui ont suggéré la substitution du concept d'« orientation politique » à celui de culture politique, mentionnons Young C. KIM, « The concept of political culture in comparative politics », *The Journal of Politics, XXVI*, 2, 1964, p. 336.

qui procurent à la culture son étendue et sa profondeur. Toutefois, si les auteurs, quand ils analysent la culture, font une place centrale aux valeurs, ils ne se soucient guère de scruter la nature des valeurs ni d'examiner comment elles sous-tendent la culture, selon les différentes facettes que cette dernière présente d'elle-même.

A) *Valeurs et culture*

Peu nombreux sont les sociologues et les politologues qui se sont interrogés sur les divers modes d'être de la valeur et encore moins nombreux sont ceux qui, dans leur traitement de la culture, ont tenté de les opérationnaliser. Pour sa part, Parsons, approfondissant la distinction entre sujet connaissant et objet connu, distingue deux catégories de significations (*meanings*): les significations des objets vers lesquels les sujets s'«orientent» (*meanings of objects*) et les significations données par les sujets aux orientations (*meanings of orientations by actors*), distinction bien conforme au couple classique objectif-subjectif. En outre, Parsons désigne la première catégorie de significations, l'aspect externe de la culture et la seconde catégorie, l'aspect interne de la culture. [2]

Cette distinction relève de la logique conventionnelle. Elle nous paraît toutefois insuffisante et même inadéquate quand on l'applique telle quelle au domaine de la culture. Il nous semble même qu'il y ait une faille dans la logique de l'argumentation de Parsons. En effet, pour identifier tous les aspects de la culture, il ne suffit pas de reconstituer les « orientations », ni même d'englober en outre les objets des « orientations ». Ces démarches, prises hors du contexte général qui seul les justifie pleinement, ne livrent accès qu'à la périphérie ou à des manifestations souvent évanescentes de la culture. Il convient également de mettre l'accent sur la culture elle-même, notamment sur les valeurs qui sont l'âme d'une culture. Or, les valeurs sont ontologiquement pluridimensionnelles. [3]

---

2. Talcott PARSONS *et al.* (éds), *Theories of Society, II*, Glencoe, Free Press, 1961, p. 966. Sur le sujet, voir : Guy ROCHER, « La sociologie parsonienne : influence et controverse », *Sociologie et sociétés, III*, 2, 1971 : 135–151 ; James BOON *et al.*, *The Idea of Culture in the Social Sciences*, Cambridge University Press, 1973 ; François CHAZEL, *La théorie analytique dans la sociologie de Parsons*, Paris, Mouton, 1974.

3. Une question fondamentale concerne l'origine des valeurs. Nous faisons nôtre le point de vue durkheimien, repris et approfondi par nombre de philosophes français, selon lequel les valeurs prennent naissance dans l'expérience résultant des relations intersubjectives. Ainsi se trouve dissipé le mystère de leur nature. Il devient clair qu'en tant qu'elles émergent des relations intersubjectives, elles existent dans les consciences particulières (intériorité) et qu'en tant qu'elles survivent à ces relations comme souvenirs ou comme œuvres extérieures plus ou moins permanentes, elles se cristallisent dans des objets (fables, institutions, etc.). Mais, en même temps, si les individus s'entendent sur les valeurs au point d'en faire des catalyseurs ou tout au moins des éléments communs des relations intersubjectives, c'est qu'ils leur prêtent une existence extérieure à eux-mêmes et en quelque sorte transcendantale dont le lieu est situé non seulement en dehors de l'homme, mais souvent même au-delà de la société (les commandements des dieux, les traditions ancestrales, les coutumes populaires, etc.). De la sorte, par l'identification de trois aspects des

C'est ainsi que, sous un premier aspect, elles revêtent une forme transcendante ou même transcendantale (quand elles sont perçues sous la forme du « vrai », du « beau », de l'« utile », du « juste », etc.) ; sous cet angle, elles sont extérieures aux consciences et elles sont perçues par elles comme des standards d'excellence ou des étalons de mesure. Sous un second aspect, elles constituent le noyau de schèmes particuliers de l'esprit (idéaux, croyances, idéologies, intérêts, critères de jugement) vécus dans des consciences et qui influent à des degrés divers sur la façon dont individus et collectivités connaissent, apprécient et jugent les êtres et les choses ; elles consistent en des schèmes valorisants intériorisés. Sous un troisième aspect, enfin, elles prennent corps avec les objets ou encore s'immergent dans les situations dans lesquelles individus et collectivités se trouvent impliqués ; ainsi cristallisées et activées dans les objets et les situations, elles constituent les valeurs objectivées. [4]

Étant donné que nous entendons centrer notre problématique de la culture sur les valeurs, il s'ensuit que les trois aspects fondamentaux des valeurs que nous venons d'identifier représentent en même temps pour nous les composantes ou les dimensions principales de la culture. Il est donc utile de clarifier quelque peu chacun d'eux.

1. *L'extériorité.* Les valeurs, survivances sous la forme de principes, préceptes, commandements ou standards, des relations intersubjectives d'où elles sont issues, apparaissent comme un ensemble de propriétés ou de qualités transcendantes (ainsi les normes vis-à-vis de l'autorité qui les établit, et les

---

valeurs (extériorité, intériorité, objectivité) se trouve résolue (tout au moins à notre satisfaction) la question de savoir si les valeurs existent en soi ou si elles ne constituent qu'une simple projection de soi. À ce propos, voir : Jean PUCELLE, *Études sur la valeur*, tome I : *La source des valeurs* ; tome II : *Le règne des fins*, Paris, Emmanuel Vitte, 1951 (particulièrement le tome I, pp. 1, 4-5 et 25). Également, Robin M. WILLIAMS Jr., « Individual and group values », dans : Bertram M. GROSS (éd.), *Social Intelligence for America's Future. Explorations in Societal Problems*, Boston, Allyn and Bacon, 1969 : 163-185. Voir également : F. Allan HANSON, *Meaning in Culture*, London, Routledge and Kegan Paul, 1975.

4. Une illustration aidera à saisir cette triple dimension de la valeur. Soit la délégation/représentation qui constitue sans contredit l'une des valeurs les plus fondamentales et les plus discutées des régimes démocratiques de l'Occident. Cette valeur revêt l'un ou l'autre des aspects suivants : principe, standard d'excellence, ou étalon de mesure, considéré comme partie intégrante du stock des valeurs politiques de l'Occident moderne, la délégation/représentation est perçue comme existant indépendamment des consciences individuelles et ces dernières s'y réfèrent en tant que modèle ou exemple ; comme schème valorisant (idéologie ou conviction), la délégation/représentation apparaît comme valeur intériorisée dans les consciences, rattachée d'une manière plus ou moins précise et authentique à l'image exemplaire qu'elles s'en font et, sous cette forme, elle conditionne les appréciations des individus ou des collectivités à l'endroit des régimes politiques actuels ; en tant, finalement, que valeur cristallisée ou activée dans les objets, et, sous cette forme, cette valeur se retrouve d'une manière plus ou moins dégradée dans nombre d'organisations, notamment les régimes parlementaires, et peut être de la sorte appréciée par les individus et les collectivités conformément à des schèmes valorisants particuliers qui correspondent à la conception qu'ils se font de la délégation/représentation.

symboles par rapport aux signes qui les manifestent) ou même transcendantales (le vrai, le bien, le beau, l'utile, l'agréable, etc.) et, en tant que telles, douées d'une existence autonome (en dehors de tout sujet ou objet). Sous cet aspect, les valeurs sont perçues par les individus et les collectivités comme des standards d'excellence ou des étalons de mesure par lesquels se jauge le contenu ou le poids de « valeur » de tout être ou de toute chose. Toute civilisation, toute société comporte de la sorte un stock de valeurs, dont l'origine est souvent incertaine et dont l'emprise est fort variable, dans lequel individus et collectivités, dans leur recherche incessante de sanctions pour leurs conduites et dans leurs démarches souvent hésitantes pour affirmer leurs propres convictions, vont puiser. Nous appellerons ce premier aspect des valeurs, les valeurs exemplaires ou modèles.

2. *L'intériorité*. Les valeurs sont également percevables en tant qu'elles sont vécues sous la forme d'aspirations individuelles ou collectives, d'idéaux, de croyances, d'idéologies ou d'intérêts, de critères de jugement. Cet aspect des valeurs, nous le désignerons par l'expression de schèmes valorisants.

3. *L'objectivité*. Les valeurs apparaissent enfin comme cristallisées ou activées dans l'univers multiforme des objets ou encore ramenées vers le soi en situation et considérées dans leurs effets sur le soi. [5] Qu'il s'agisse des partis politiques, du régime parlementaire, du régime judiciaire ou des groupes d'intérêt, ces organisations sont « porteuses » de valeurs multiples, cristallisées en elles et activées par leur fonctionnement. Il est également clair qu'individus et collectivités peuvent se percevoir comme « acteurs » ou « agents » au sein de ces diverses organisations et, de la sorte, nourrir à l'endroit des effets qu'ils perçoivent des valeurs cristallisées dans les objets sur eux-mêmes différents sentiments (de compétence ou d'incompétence en ce qui concerne la connaissance qu'ils estiment en avoir, de puissance ou d'impuissance en ce qui touche à la conviction qu'ils ont de pouvoir s'organiser d'une manière convenable ou non pour agir dans ou sur ces organisations, de confiance ou de méfiance, enfin, selon qu'ils estiment ou non que ces organisations sont valables et leur sont bénéfiques). Nous appellerons ce double aspect des valeurs les valeurs objectivées.

---

5. À première vue, on pourrait croire que l'appréciation des effets des valeurs sur le soi en situation constitue un aspect *sui generis* des valeurs, qu'on pourrait désigner la *subjectivité* des valeurs. Il faut cependant voir que le « sujet » ici ne se retourne pas vers lui-même pour se percevoir lui-même dans l'intimité de son individualité propre, mais qu'il se représente plutôt le soi comme soumis aux contraintes du monde des objets et en quelque sorte objectivé puisqu'il devient pour l'individu un « objet » de représentation au même titre que n'importe quel objet. Il s'agit du soi objectivé ou, comme nous le désignerons, du soi dans la politique. Cette conscience de soi en situation distingue l'homme de l'animal. Comme le dit E. GENET-VARCIN, « Mais si l'animal sait, l'homme sait qu'il sait et peut se prendre lui-même comme objet de sa propre réflexion », dans : Jacques RUFIÉ, *De la biologie à la culture*, Paris, Flammarion, 1976, p. 293.

Ces trois attributs des valeurs ne doivent pas être considérés comme simplement juxtaposés les uns aux autres. S'ils n'existaient que comme pièces détachées, ils constitueraient de piètres pierres d'assise des cultures. En scrutant les rapports qui s'établissent entre les trois modes d'être des valeurs, on constate en effet qu'un double processus de dynamisation noue les uns aux autres les valeurs exemplaires, les schèmes valorisants et les valeurs objectivées. Et c'est en raison de ce double processus de dynamisation qu'une culture devient une unité d'opération ou un système.

1. *L'intériorisation (internalization)*, ou le mouvement de l'extériorité vers l'intériorité. Il s'agit du processus par lequel les valeurs sont communiquées, apprises et assimilées. Les nombreuses études sur la socialisation s'efforcent de reconstituer les formes et les effets multiples de ce processus. C'est là une voie d'accès à la culture très fréquemment choisie mais qui ne sera pas la nôtre. En nous interrogeant sur les valeurs intériorisées, nous serons toutefois conduit à nous demander comment elles rejoignent les valeurs sous leur aspect externe et, par là, à nous arrêter sur les modalités de leur intériorisation.

2. *L'objectivation*, ou mouvement de l'intériorité vers l'objectivité. [6] Il s'agit du processus par lequel individus ou collectivités retrouvent ou projettent les valeurs dans l'univers multiforme des objets ou encore les reportent sur le soi en situation et les considèrent dans leurs effets sur le soi. [7] De la sorte, des valeurs sont attribuées aux objets (ils sont beaux, bons, vrais, etc. ou l'inverse) et des expressions de sentiments sont formulées pour caractériser les rapports que le soi entretient avec les objets (sentiments de compétence, de puissance, de confiance, ou l'inverse).

Se dégagent ainsi logiquement deux approches différentes pour l'examen d'une culture. On peut en effet axer l'analyse sur l'un ou l'autre des deux processus de dynamisation d'une culture : l'intériorisation ou l'objectivation. En empruntant la première démarche, communément appelée socialisation, on part des traits et des comportements culturels et on se demande comment ils sont acquis. Facteurs et conditions de la socialisation se trouvent ainsi mis en lumière. C'est là une voie à prédominance psychologique. On peut également

---

6. Les auteurs américains appellent ce processus *externalization*. Bien que des considérations d'équilibre des catégories voudraient que nous recourrions au terme « extériorisation » pour caractériser le second processus, cette désignation serait inadéquate puisque le mouvement que nous voulons décrire va du soi vers le monde des objets culturels (notre troisième composante) et non pas vers les valeurs en tant que réalités extérieures aux consciences (notre première composante). Les auteurs américains, on l'a vu, confondent ces deux aspects, ce qui entraîne de graves ambiguïtés dans les analyses.

7. Pour les mêmes raisons que nous avons estimé inutile d'établir un aspect supplémentaire des valeurs — qui aurait été la subjectivité — pour caractériser les sentiments du soi en situation à l'égard de lui-même, de même il est superflu d'imaginer un troisième processus de dynamisation des valeurs qui serait la « subjectivation ».

partir des valorisations qu'individus et collectivités formulent à propos des objets culturels et se demander comment ces valeurs changent selon le sexe, l'âge, la classe sociale, l'ethnicité, etc. Cette démarche concentre l'attention sur les valeurs objectivées et, si l'analyse est poussée assez loin, elle permet de s'interroger sur l'influence du soi sur la valorisation des objets et, inversement, sur les effets des objets valorisés sur le soi. Sous ses aspects les plus manifestes, cette seconde démarche est surtout sociologique. Tandis que la première démarche met l'accent sur l'acquisition des traits culturels (phénomène d'«enculturation» ou d'assimilation culturelle), la seconde porte sur l'attribution de valeurs aux objets et la mise en rapport du soi avec les valeurs objectivées. L'une explique les origines et les caractères des traits culturels chez les individus et les collectivités; [8] l'autre privilégie le processus par lequel individus et collectivités valorisent les objets et supputent les effets de ces valorisations sur eux-mêmes.

Ces deux approches à l'étude de la culture ne peuvent pas être menées de front puisqu'elles impliquent des objectifs et des méthodes différents. La majorité des travaux empiriques sur la culture politique menés jusqu'ici ont mis l'accent sur la socialisation. [9] Pour notre part, nous adoptons ici la deuxième approche, celle qui se fonde sur les modes d'appréhension des valeurs objectivées. Il s'impose dès lors de dire pourquoi nous estimons nous donner là un outil susceptible de nous procurer un accès signifiant au monde de la culture.

B) *Notion de valorisation*

Nous voici parvenu au cœur de notre problématique. En effet, nous voulons cerner le type particulier d'activité mentale par lequel individus ou collectivités projettent leurs schèmes de valeurs particuliers sur les objets de

---

8. Toutes les études sur la socialisation ont jusqu'ici porté sur les conditions et les modalités de l'apprentissage des individus pour se donner une culture. Il n'y a aucune raison pour laquelle l'examen ne porterait pas également sur la façon dont les collectivités acquièrent elles aussi une culture propre, différente de celle des individus qui la composent, et contraignante à des degrés divers pour ces derniers.

9. Pour un exposé, voir : *Société et politique : la vie des groupes*, Québec, P.U.L., 1971, (tome I, pp. 177–202). On y définit la socialisation comme « le processus par lequel les individus assimilent les valeurs et les signes qu'une société sanctionne, c'est-à-dire le processus par lequel ils se donnent une culture » (p. 181). Même les typologies empruntées à cette démarche qui se veulent sociologiques trahissent un certain psychologisme. Il en est ainsi, par exemple, des trois étapes du processus de socialisation politique : la politisation, la personnalisation et l'institutionnalisation que David EASTON identifie dans *Children in the Political System* (pour un examen critique, voir: Annik PERCHERON, « La conception de l'autorité chez les enfants français », *Revue française de science politique, XXI*, 1, 1971 : 103–128; et, du même auteur : *L'univers politique des enfants*, Fondation nationale des sciences politiques, Paris, Colin, 1975).

même que les impressions qui en résultent pour le soi quand il se situe face aux objets valorisés. C'est en définitive l'angle d'analyse de la culture que nous sommes à déterminer. Et pourtant, nonobstant l'importance centrale de cette étape de notre effort d'élaboration d'un schéma conceptuel de la culture, nous ne parvenons pas à trouver le terme qui le désignerait de façon limpide. Les expressions qui viennent spontanément à l'esprit sont déficientes pour diverses raisons. Ce qu'il s'agit de trouver, c'est une expression qui, sans que les valeurs en tant que réalités exemplaires soient perdues de vue, traduise cette phase cruciale de la manifestation d'une culture que représente la perception des structures symboliques comme immergées dans le monde des réalités objectives de même que des réactions du soi à cette immersion. C'est précisément cette phase, mais, croyons-nous, d'une manière inadéquate, que Talcott Parsons et, à sa suite, la majorité des sociologues et des politologues américains, désignent par le terme *orientation* ou *value-orientation*.

Pour notre part, nous renonçons à employer le terme orientation ou orientation aux valeurs, parce que nous estimons que l'examen d'une culture doit s'attacher à bien autre chose qu'à simplement déterminer la direction que prend le mouvement de la conscience lorsque cette dernière cherche, découvre ou retrouve les valeurs dans les objets. Il s'agit tout autant de préciser en quoi consiste ce mouvement des individus et des collectivités vers les valeurs objectivées, quelle est la structure des schèmes valorisants qui orientent ce mouvement, quelle position individus et collectivités adoptent par rapport aux valeurs objectivées, de même que la nature des prélèvements effectués sur le stock des valeurs exemplaires. Le terme « évaluation » ou « processus d'éva- luation » (*evaluative process*) selon la suggestion de Kluckhohn et Strodbeck, n'est pas satisfaisant non plus parce qu'il présente l'inconvénient d'attirer l'attention sur un seul des éléments du mouvement de l'esprit vers les valeurs, c'est-à-dire le jugement. [10] Le terme « représentation », beaucoup plus neutre, présente le défaut d'avoir une portée trop générale. En français, dans un de ses sens premiers, ce terme renvoie aux idées que quelqu'un se fait du monde et de la vie. C'est pourquoi il est communément employé en cette langue pour désigner les idéologies. [11]

---

10. Il y a accord chez les auteurs sur ce point : l'« orientation » vers les valeurs comprend les trois activités mentales centrales de la connaissance, de l'affectivité et du jugement. Même si notre cadre d'analyse ne retiendra pas explicitement ces différenciations — un examen des monographies nous ayant révélé qu'elles sont difficilement opérationnalisables et nos propres travaux préliminaires sur les cultures politiques au Québec ayant confirmé ce fait — il n'en reste pas moins que notre intérêt se porte tout autant vers les mouvements de l'affectivité et les opérations du jugement que vers les actes de connaissance.

11. L'anglais et l'allemand n'emploient pas le mot représentation en ce sens. Notons en outre qu'en français, le terme représentation renvoie surtout à l'élément cognitif dans l'activité mentale et que ce n'est pas sans effort qu'on lui attribuerait également une charge affective et une référence à l'évaluation.

À défaut d'une désignation plus satisfaisante, nous allons nommer l'activité par laquelle individus et collectivités prêtent des valeurs aux objets ou encore apprécient leurs propres rapports vis-à-vis des valeurs objectivées en utilisant le terme valorisation. [12]

Par valorisation, nous entendons l'acte par lequel individus et collectivités, d'après leurs propres schèmes valorisants et en remontant jusqu'aux valeurs exemplaires, prennent position, favorablement ou défavorablement, sur les valeurs qu'ils découvrent cristallisées et activées dans les objets de même que sur les impressions qui résultent pour eux des interactions qui s'établissent entre eux et de tels objets ainsi valorisés.

L'acte de valorisation constitue de la sorte la phase critique de la dynamisation d'une culture : il est l'acte d'un être — individuel ou collectif — sensible et agissant d'après des schèmes de valeurs et des critères de jugement propres ; il oblige à une remontée jusqu'aux valeurs exemplaires, et cela en vertu de la tendance des individus et des collectivités à chercher des standards d'excellence et des étalons de mesure susceptibles de fonder le dialogue intersubjectif et de guider l'action ; de même se prolonge-t-il jusque dans l'univers des objets de façon à ce que soient repérées les valeurs qui s'y trouvent cristallisées ou activées et qui les touchent de façon plus ou moins directe et pressante dans leur définition d'eux-mêmes et dans leurs projets. Ce dernier mouvement de l'acte de valorisation — celui par lequel le sujet se prononce d'une manière favorable ou défavorable sur les valeurs trouvées dans les objets — constitue en réalité son aspect fondamental, celui qui rend compte de sa raison d'être. C'est, en effet, parce qu'individus et collectivités, sous le double aiguillon des nécessités de la vie quotidienne et des incertitudes reliées à leurs origines et à leurs destins, perçoivent le monde et la vie comme signifiants ou chargés de valeurs et qu'ils cherchent à se situer par rapport à ces derniers, qu'une culture n'est pas seulement un réceptacle de significations abstraites et

---

12. Le Littré ignore le terme valorisation. Le Robert le définit comme le fait de conférer une valeur plus grande à quelque chose. Quant au Larousse, il le définit comme « le fait de donner de la valeur à un objet ou à une représentation mentale »... Le sens que nous donnons ici au terme valorisation est assez voisin de celui du Larousse. Dans le langage courant et chez les économistes (comme dans l'expression « valorisation de... »), le terme veut dire conférer une valeur plus grande à quelque chose (ainsi, la valorisation de ressources, de son avoir, etc.). Nous pourrions de la sorte parler de la valorisation des valeurs, des symboles, etc. Les philosophes, ethnologues et sociologues français qui s'intéressent aux phénomènes culturels parlent couramment de valorisation, dans le sens de l'attribution d'une valeur à un signe, image ou symbole. Ainsi, dans *Images et symboles*, Mircea ÉLIADE (Paris, Gallimard, 1952) parle de « la nouvelle valorisation religieuse des Eaux instaurée par le christianisme » (p. 201), de la « valorisation du baptême comme descente dans l'abîme des Eaux pour un duel avec le monstre marin » (p. 203), etc. La notion de valorisation prendra pour nous un sens précis : nous la restreindrons à signifier un acte (geste, parole, actions...) attribuable à un individu ou à une collectivité et consistant dans l'attribution de valeurs à un ou plusieurs objets. La valorisation, entendue de la sorte, peut être affectée d'un signe positif, négatif ou neutre.

figées mais encore et surtout le lieu où les expériences concrètes, celles de tous les jours comme celles qui sont exceptionnelles, se voient conférer un sens vivant.

Étant donné l'importance primordiale de l'acte de valorisation dans la dynamisation des cultures, il convient d'expliciter la portée véritable qu'il revêt pour nous. Un point retient spécialement l'attention : le rapport entre la valorisation et les schèmes valorisants, d'une part, et les objets valorisables, d'autre part.

Pour nous, les valorisations représentent une succession d'actes (continus ou discontinus) effectués par des individus ou des collectivités situés dans le temps et dans l'espace et, de ce fait, directement observables en tant que phénomènes distincts par les techniques ordinaires de la sociologie ou de la politologie. Sans aucun doute, les valorisations renvoient aux schèmes valorisants (les idéaux, les croyances, les idéologies et les intérêts), et de là, aux structures mêmes de la personnalité. Dans leur nature et leurs manifestations, elles diffèrent toutefois essentiellement des schèmes valorisants. Prendre position par rapport à un événement, à un aspect de la situation, ce n'est pas seulement exprimer une croyance personnelle, dévoiler certaines facettes d'une idéologie. C'est également réagir, par la soumission ou la révolte, aux contraintes immédiates d'une situation ou d'une conjoncture perçue comme porteuse de valeurs cristallisées et activées. C'est non seulement se situer dans un temps et un espace donnés, c'est en même temps et surtout conférer des significations, des charges de valeurs, positives ou négatives, bénéfiques ou maléfiques, aux objets ainsi localisés. Bref, en même temps qu'une tentative d'investissement de l'environnement, c'est se définir soi-même comme être situé, c'est souvent même prendre position à l'égard de soi-même comme être plus ou moins en possession du contrôle de son environnement.

Sans aucun doute, quand on étudie une manifestation culturelle, on ne fait pas d'abord porter l'examen sur les structures sociales ni sur les interactions des individus et des groupes au sein de la société. [13] L'accent se trouve plutôt mis sur les valeurs elles-mêmes (en tant qu'exemplaires, schèmes valorisants ou objets valorisés). En centrant toutefois l'attention sur les valorisations plutôt que sur les aspects particuliers sous lesquels les valeurs instituent la culture, on se trouve à situer l'analyse à mi-chemin entre une optique strictement psychologique et une optique purement phénoménale. Nous ne considérerons donc

---

13. « Political culture does not refer to the formal and informal structures of political interaction... Nor does it refer to the pattern of interaction among political actors... As we use the term "political culture" it refers to the pattern of beliefs about patterns of political interaction and political institutions. It refers not to what is happening in the world of politics but to what people believe about those happenings ». Sidney VERBA, « Comparative political culture », dans : Lucian W. PYE et Sidney VERBA, *Political Culture and Political Development*, Princeton (N.J.), Princeton University Press, 1965, p. 516.

pas les valorisations à partir d'une optique « psychologisante » comme la plupart de ceux qui axent leurs analyses sur les « orientations » s'évertuent à le faire, s'empêchant de la sorte d'épuiser toutes les possibilités d'un outil d'analyse qu'ils n'ont pas suffisamment examiné. [14] En centrant nos analyses sur les valorisations, nous plaçons obligatoirement les « sujets » au centre de nos préoccupations. C'est à partir d'eux que nous allons entreprendre notre quête aux valeurs et c'est à eux que nous allons finalement revenir, pour nous interroger sur les effets sur eux des valeurs qu'ils auront trouvées dans les objets et sur les dispositions envers les valeurs qui résultent pour eux de leurs découvertes et de leurs expériences. Toutefois, tout en partant de nos sujets et en revenant finalement à eux, c'est-à-dire tout en reconnaissant le caractère fondamentalement subjectif de la culture, nous n'orienterons pas pour autant nos analyses du côté de la psychologie.

Certes, nous allons nous attacher à découvrir ce qui se passe dans l'esprit des gens (ce qu'ils disent et sentent à propos de la politique), pour autant que l'examen des valorisations permettra de le déceler. Mais nous ne scruterons pas de façon prioritaire et systématique les structures de la personnalité pour y trouver les raisons proprement psychologiques de ces valorisations. [15] Mais nous voulons également savoir à propos de quoi, pourquoi et comment ils sont amenés à se comporter de telle ou telle façon de même que les effets discernables de leurs valorisations sur les schèmes valorisants tout comme sur les valeurs objectivées et même sur les valeurs exemplaires. Nous voulons également tenir compte des caractéristiques des structures sociales et politiques qui confrontent les individus et les collectivités et qui conditionnent en partie leurs valorisations. Plus encore : nous entendons, autant que possible, saisir ces

---

14. C'est ainsi qu'Almond et Verba conçoivent la culture comme une « psychological orientation toward social objects ». En pratique, toutefois, leur démarche n'est pas réellement psychologique. Si elle l'était, les auteurs s'interrogeraient sur les caractéristiques de la personnalité de leurs répondants, sur leurs structures mentales, leurs ressorts affectifs, etc. En réalité, ils se bornent à identifier et à dénombrer un certain nombre de vues et impressions à propos d'un certain nombre d'objets politiques. Jamais ne considèrent-ils leurs répondants en tant qu'unités organiques de pensée et d'affectivité, c'est-à-dire comme des personnes individuelles concrètes. En outre, dans l'élaboration de leur problématique, ils n'ont utilisé aucun outil propre à la psychologie. Almond et Verba en réalité ne font que donner à leur étude une orientation « subjective » plutôt qu'« objectivante » — démarche tout à fait naturelle quand il s'agit d'étudier la culture, mais dont il s'impose de bien établir la nature et la portée véritables.

15. Bien entendu, l'analyse pourrait être poussée dans cette direction — laquelle, par contre, n'est certes pas celle que suivent les politologues qui disent considérer les « orientations » sous l'angle psychologique. Il faudrait dans ce cas revenir à Harold Lasswell, à T.W. Adorno et collaborateurs et autres politologues ou sociologues, qui, eux, ont vraiment tenté de construire une psychologie politique, en pleine conscience des contraintes et des aléas propres à une démarche exceptionnellement exigeante.

valorisations dans le contexte même où elles s'expriment, par exemple à l'occasion des enjeux que le rythme des événements fait émerger. [16]

C) *La culture comme structure symbolique*

Les diverses composantes d'une culture sont de la sorte interreliées fonctionnellement — notamment par le jeu des processus d'intériorisation et d'objectivation et par l'acte de valorisation — de façon à constituer une structure (ou un système) d'ordre essentiellement symbolique — à la fois externe et interne — de même qu'immergée dans le monde des objets avec lequel elle entretient des rapports intimes et constants.

Dans l'examen d'une culture, on ne saurait se restreindre à reproduire, en se contentant de les juxtaposer, les idées, les sentiments et les jugements (vagues ou explicites) des individus et des collectivités à propos des valeurs exemplaires et des valeurs objectivées. Il s'impose de reconstituer les cohérences, les congruences, les réseaux selon lesquels ces « idées » (que nous désignons par le terme valorisation) convergent en des ensembles articulés. Ce sont ces cohérences que les *pattern variables* de Parsons sont censés opérationnaliser.

---

16. Moshe M. CZUDNOWSKI, « A salience dimension of politics for the study of political culture », *The American Political Science Review, LXII*, 1968 : 878-888. Ces enjeux sociaux ne sont pas seulement des lieux privilégiés de manifestations des valeurs. Ils constituent également une occasion, par les résistances qu'ils opposent et les possibilités qu'ils offrent, de redéfinition, de changement ou même de renversement des valeurs parmi les individus et les collectivités. Nous voyons ici que les valeurs sous-jacentes aux conduites non verbales constituent une manifestation tout aussi importante de la culture que les expressions verbales (opinions, etc.). Selon Kroeber, en effet, « everyone is agreed that culture at least contains channelled or selected forms, norms, and values, a stream of related ideas and expressive symbols. Some would stop there ; but most anthropologists would include in culture also human behavior — at any rate such human behavior as is influenced or conditioned by ideas or forms and in turn is engaged in producing, maintaining or modifying them ». (A. KROEBER, *The Nature of Culture*, Chicago, The University of Chicago Press, 1952, p. 107.) Voir également : C. KLUCKHOHN, « Culture and behavior », dans : G. LINDSEY (éd.), *Handbook of Social Psychology*, II, Cambridge (Mass.), Addison-Wesley, 1954, pp. 923-924. Kluckhohn écrit : « [...] Culture consists of patterns explicit and implicit, of and for behavior [...] ». De même PARSONS, revisant sa position originale, considère dorénavant les « cultural systems » comme des « systems of action in the direct sense » (dans : *Theories of Society*, II, 1964). De fait, entre les valeurs sous-jacentes à l'action et celles évoquées dans l'opinion, il existe fréquemment des incompatibilités qui en elles-mêmes représentent des manifestations culturelles de première grandeur. ALMOND et VERBA ont reconnu ce point : « A citizen within the civic culture has a reserve of influence [...] He is not the active citizen : he is the potentially active citizen... the inconsistencies within attitudes and inconsistencies between attitudes and behavior [...] can maintain the tension between citizen activity and citizen passivity. » (*Civic Culture*, pp. 481-482. Les citations qui précèdent sont tirées de CZUDNOWSKI, p. 884.) Dans nos analyses, nous allons retenir tout autant les manifestations explicites de la culture (les valeurs sous-jacentes à l'action) que ses manifestations implicites (les valeurs évoquées dans les opinions). Nous y parviendrons, d'une part, en mettant un fort accent sur les valeurs objectivées dans l'organisation en vue de l'action et, d'autre part, en choisissant comme unités d'analyse les unités collectives réelles (groupes, élites, mouvements, régions, etc.).

Dans le même sens, Seymour Martin Lipset a dit de la culture qu'elle était une *structured predisposition*. [17] Il en est ainsi parce que les valorisations, bien que de prime abord elles se présentent comme des actes discontinus et hétéroclites, représentent en réalité des prolongements ou des émanations des schèmes valorisants. Les valorisations risquent d'être confondues, bien à tort toutefois, avec les idéologies. En effet, elles constituent des actes et non seulement des dispositions à l'action comme dans le cas des idéologies. De la sorte, elles dépendent tout autant des structures des objets valorisés et des sentiments résultant de la conscience des valeurs objectives sur le soi que des schémas valorisants eux-mêmes. Dès lors, les valorisations sont susceptibles de contredire les schémas valorisants et, dans les cas où elles ne constituent pas de simples éruptions passagères, elles peuvent aller jusqu'à entraîner la mise en question des schémas valorisants eux-mêmes (mutations ou renversement des idéologies, et ainsi de suite). [18] Dans son excellente introduction à un ouvrage collectif sur la culture et le développement politique, Lucian W. Pye va dans le même sens : la culture politique, en s'ancrant à la fois dans les événements publics et l'expérience privée, tente d'intégrer la psychologie politique et la sociologie. [19]

---

17. « [...] How the United States produced a particular set of "structured predispositions", which is one way of defining values, for handling strains generated by social change. These predispositions have affected the status system, the "American character", the pattern of American religion, and the development of class interests among the workers [...] American status concerns, "other-directedness", religious participation, Church organization, labor union structure, and the like, differed from those of other nations because of our distinctive value system. » (Seymour Martin LIPSET, *The First New Nation*, New York, Basic Books, 1963, p. 207.)

18. Par contraste avec les schèmes valorisants et, en particulier, les idéologies qui sont nécessairement structurées — bien qu'à des degrés divers — les valorisations, en tant qu'actes distincts les uns des autres, produits sous l'impulsion d'une conjoncture découlant en bonne partie de mouvements dans le monde des objets, ne se rangent pas d'elles-mêmes en structures pré-définies. Les « cohérences » parmi les valorisations ne sont pas « données » : elles doivent être « trouvées ». Au départ, elles ne sont que postulées par suite des liens organiques qui les rattachent aux schèmes valorisants. Il revient à l'analyse de reconstituer ces cohérences. C'est là d'ailleurs l'une des démarches les plus fascinantes dans l'étude des cultures.

19. « A political culture is the product of both the collective history of a political system and the life histories of the individuals who currently make up the system ; and thus it is rooted equally in public events and private experiences. The theory of political culture was developed in response to the need to bridge a growing gap in the behavioral approach in political science between the level of micro-analysis based on psychological interpretations of the individual's political behavior and the level of macro-analysis based on the variables common to political sociology. In this sense, the theory constitutes an attempt to integrate political psychology and sociology... political culture is a recent term which seeks to make more explicit and systematic much of the understanding associated with such long-standing concepts as political ideology, national ethos and spirit, national political psychology, and the fundamental values of a people... Not all the political attitudes and sentiments of a people are necessarily relevant in defining their political culture, for many are too ephemeral and lightly held to affect fundamental development. On the other hand, many apparently non-political beliefs — such as feelings of basic thrust in human relations, orientations toward time and the possibilities of progress, and the like — can be of overriding importance. This is so because the

Malheureusement, les politologues qui ont placé la notion d'« orientation » au centre de leurs analyses ont rarement fait montre de toute la rigueur souhaitable. Comme Gabriel Almond et Sidney Verba sont parmi ceux qui ont recouru de façon la plus systématique à la notion d'« orientation » dans *Civic Culture*, il suffira de se borner à un examen de cet ouvrage. Dans un texte d'une grande pénétration, Ralph E. Bunch rejoint parfaitement notre position. [20]

---

political culture consists of only those critical but widely shared beliefs and sentiments that form the « particular patterns of orientation » that give order and form to the political process... The concept of political culture also provides a useful basis for examining the links between social and economic factors and political performance. » (Lucian PYE, « Introduction : Political culture and political development », dans : Lucian W. PYE et Sidney VERBA, *op. cit.*, pp. 8 et 10.) Ce passage est particulièrement important parce qu'en plus d'identifier l'« orientation » comme un *pattern*, il montre bien que l'examen de la culture politique ne constitue pas un domaine exclusivement réservé à la psychologie ou encore à la psychologie sociale puisque l'accent doit être placé sur l'interaction entre les schèmes de valeurs subjectifs et les structures. De même, il attire l'attention sur un fait que nous considérerons comme capital et que peu de politologues ont reconnu : les valorisations les plus significatives du point de vue de la culture politique ne portent pas nécessairement sur des objets politiques. Les objets peuvent aussi bien être de nature économique, sociale ou culturelle (au sens général du terme).

20. « The literature of political science is lacking in any systematic application of the concept of orientation to the individual. Almond et Verba claim that the "connecting link between micro- and macropolitics is political culture" (*Civic Culture*, 33) and its components, including orientation, and they indicate an intention to apply the concept of orientation to that purpose. However their thrust in *The Civic Culture* is diverted into less ambitious application. While they often use the term in comparing aggregates of single variables in one nation with those of another, this is hardly microanalysis at the level of individual or macro-analysis of systems... Obviously, an "attitude" survey of even a thousand items could not fill a respondent's complete cognitive map, much less his total orientation to politics... * Any definition of evaluation must pay full credit to the element of stability found in orientations... The concept of orientation... may achieve its role as a bridge between micro- and macropolitics only if the device does not do violence to the integrated nature of an individual respondent's personality, that is, only when a *total* score or classification is available for each respondent... For these reasons, then, the term will be defined thusly : Orientations are categories of somewhat stable mental structures which dispose individuals to perceive and thus act toward classes of politically relevant objects in patterned manners. » (Ralph E. BUNCH, « Orientational profiles : a method for micro-macro analysis of attitude », *The Western Political Quarterly*, *XXXIV*, 4, 1971 : 666-674.) Concevant le *collective behavior* comme une « mobilization of a belief which redefines social action », Neil J. SMELSER, poursuivant un objectif différent du nôtre mais qui sous des aspects importants rejoint nos préoccupations, énumère les composantes suivantes de l'action sociale : « 1. The generalized ends or values, which provide the broadest guides to purposive social behavior (general sources of legitimacy) ; 2. the regulatory rules governing the pursuit of these goals, rules which are to be found in norms (or regulatory standards of interaction) ; 3. the mobilization of individual energies to achieve the defined ends within the normative framework (mobilization of individual motivation) ; 4. the available situational facilities which the actor utilizes as means (information, skills, tools, etc.) in the pursuit of concrete goals. » (*Theory of Collective Behavior*, New York, Free Press, 1962, pp. 8-9 et 24-25.) Non seulement allons-nous considérer les valorisations comme des *patterns*, mais encore c'est dans leurs multiples relations avec les structures mentales et les structures objectives pertinentes que nous les examinerons. D'où nous saisirons les valorisations dans le cours même de leurs déplacements et de leurs renversements. Ce n'est donc pas comme figées dans une mentalité, dans des institutions ou dans des pratiques

Notre accord fondamental avec les vues de Bunch ne nous persuade toutefois par de le suivre jusque dans les propositions concrètes par lesquelles il propose une classification très élaborée de variables qui permettent selon lui d'obtenir précisément le score total des orientations individuelles envers la politique. Pour notre part, nous estimons qu'il vaut mieux renoncer à obtenir une image détaillée et exhaustive de toutes les caractéristiques culturelles particulières d'un individu pour nous attacher plutôt à fixer les seuls traits qui paraissent fondamentaux, déterminants ou typiques d'un individu ou d'une collectivité, laissant de côté les manifestations de toute évidence secondaires ou passagères qui, selon toute probabilité, n'influeront pas de façon sensible sur l'avenir de cet individu ou de cette collectivité ni sur l'évolution générale de la société. [21]

Ce que nous entendons reconstituer à partir des multiples façons dont les individus, les collectivités et la société elle-même se donnent des structures symboliques, ce sont donc des structures ou systèmes de valorisations. Il est même possible que chacun ou la majorité tout au moins de ces systèmes particuliers de valorisations, sous des aspects signifiants, converge vers un petit nombre de types majeurs de culture, dont la typologie d'Almond et Verba (qui distinguent trois types : *parochial, subject* et *participant*) constitue un exemple. Mais, contrairement à Almond et Verba, nous n'allons pas postuler l'existence

---

conventionnelles mais aussi dans leurs dynamismes propres et la mouvance dans l'espace et le temps de leurs éléments constitutifs qu'il y a lieu de considérer les cultures. Parmi les nombreux auteurs qui se sont interrogés sur les éléments majeurs du modèle d'Almond et Verba pour l'étude de la culture politique, mentionnons : Gerald D. BENDER, « Political socialization and political change », *The Western Political Quarterly, XX*, 2, 1967 : 390-407 ; Davis S. GIBBONS, « The spectator political culture : a refinement of the Almond and Verba model », *Journal of Commonwealth Political Studies, XXI*, 1, 1971 : 19-35 ; Edward L. PINNEY (éd.), *Comparative Politics and Political Theory*, Chapel Hill, The North Carolina Press, 1966, pp. 29-98 ; Carole PATEMAN, « Political culture, political structure and political change », *British Journal of Political Science, I*, 2, 1971 : 291-305 ; Judith BLAKE et Kingsley DAVIS, « Norms, values and sanctions », dans : Robert E.L. FARIS (éd.), *Handbook of Modern Psychology*, Chicago, Rand McNally, 1964 ; Young C. KIM, « The concept of political culture in political analysis », *The Journal of Politics, XXVI*, 2, 1964 : 313-337.

*La remarque de Ralph Waldo Emerson concernant la société de son temps s'applique parfaitement aux exercices de ce genre : « The state of society is one in which the members have suffered amputation from the trunk, and strut about so many walking monsters — a good finger, a neck, a stomach, an elbow, but never a man. » (Cité par Ernest BECKER, *Beyond Alienation*, New York, George Braziller, 1967, p. 3.)

21. La tâche serait facilitée plutôt qu'entravée par le fait d'axer les analyses sur les unités collectives réelles (groupes, mouvements sociaux, élites) plutôt que sur les multiples catégories statistiques sous lesquelles il est possible de distribuer les individus (âge, sexe, revenu, profession, instruction, ethnicité, etc.). Par ailleurs, bien que la façon dont chaque individu construit son propre univers de valorisations représente une manifestation intéressante sinon toujours significative de la culture, pour cerner la culture comme un ensemble cohérent, il convient d'étendre le champ des préoccupations jusqu'à la considération des structures symboliques elles-mêmes dans leurs relations avec les structures sociales tout autant qu'avec l'individu.

de semblables types généraux de culture. Nous admettons cependant qu'il est possible qu'il en soit ainsi et nous retenons cette possibilité dans notre problématique, réservant à la dernière étape de notre travail la tâche de décider si l'état de nos données nous contraint à exclure ou au contraire à expliciter des types généraux de culture.

D) *Éléments d'un schéma conceptuel de la culture*

Récapitulons les composantes de la culture que nous avons jusqu'ici dégagées :

1. *L'extériorité* ou les valeurs sous leur aspect transcendant ou transcendantal (valeurs exemplaires). L'extériorité comprend, outre les valeurs sous leur forme transcendante ou transcendantale (en tant que standards d'excellence ou étalons de mesure), les normes (les valeurs institutionnalisées), les symboles (les valeurs signifiées). (Normes et symboles marquent une dégradation de transcendance par rapport aux valeurs en tant que telles.)

2. *L'intériorité* ou les valeurs en tant que schèmes valorisants dont se servent individus et collectivités pour s'exprimer et agir (schèmes valorisants intériorisés). L'intériorité comprend les idéaux, croyances, idéologies et intérêts de même que les critères de jugement (notamment les types de rationalité).

3. *L'objectivité* ou les valeurs en tant que cristallisées ou activées dans les objets ou perçues dans leurs effets sur le soi en situation (valeurs objectivées). L'objectivité comprend, d'une part, des éléments rattachés aux objets proprement dits, soit la situation ou les divers paliers sociaux et niveaux politiques, l'organisation en vue de l'action et les finalités de l'action et, d'autre part, des éléments rattachés aux sentiments qu'éprouve le sujet en situation et que nous estimons pouvoir regrouper selon trois ordres différents : la compétence ou l'incompétence (vis-à-vis la situation), la puissance ou l'impuissance (centrée sur l'organisation en vue de l'action) et, enfin, la confiance ou la défiance (axée sur les finalités de l'action).

4. *L'intériorisation* ou le processus par lequel les valeurs sont communiquées, apprises et assimilées.

5. *L'objectivation* ou le processus par lequel les valeurs sont retrouvées ou projetées dans les objets ou encore dans leurs effets sur le sujet en situation.

6. *La valorisation* ou l'acte par lequel individus ou collectivités, en partant de leurs propres schèmes valorisants, se prononcent favorablement ou défavorablement sur les valeurs qu'ils découvrent cristallisées ou activées dans les objets ou encore sur la nature des sentiments qu'entretient le soi en situation à l'égard de lui-même.

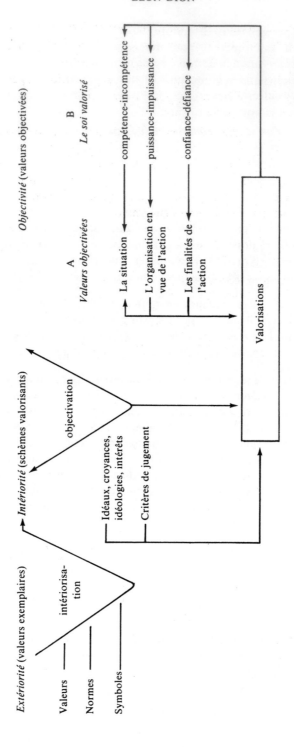

Composantes d'un système culturel

Nous porterons donc une attention particulière aux éléments de la situation, à ceux de l'organisation en vue de l'action, à ceux des finalités de l'action et, finalement, aux sentiments du soi en situation.

Ainsi envisagés selon leur ordonnance et leur interaction, il devient dès lors possible de présenter ces éléments sous une forme schématique et de procéder à notre définition de la notion de culture.

Par culture, nous entendons un ensemble de structures symboliques axées sur des valeurs exemplaires apprises et assimilées par les individus et les collectivités, se manifestant sous la forme de schèmes valorisants reportés par ces derniers (sous la forme de valorisations) sur les objets valorisés et sur les sentiments du soi en situation, de même qu'agencées de façon à constituer des configurations sous la forme de types généraux.

Léon DION

Département de science politique.
Université Laval.

LA RÉVOLUTION TRANQUILLE
DU PATRONAGE AU RÉGLAGE

Dans l'île d'Orléans, chère à Jean-Charles Falardeau et à Jean-Charles Bonenfant, son ami, la Révolution tranquille s'étendait au début des années 1960. Quelques partisans de la nouvelle culture politique faisaient entendre leur voix parmi celles des partisans, encore très majoritaires, de l'ancienne culture politique.

Au cours des années 1950, Georges-Émile Lapalme, le chef du Parti libéral du Québec, avait déclaré : « Être libéral, c'est être socialement juste. » De son côté, Gérald Martineau de l'Union nationale, accusé de patronage, avouait lors de la causerie qu'il prononçait à la télévision, le 8 juillet 1961 : « Oui, j'ai fait du patronage. Je l'ai fait au grand jour. Je ne m'en cache pas et je ne m'en défends pas. Tant et aussi longtemps qu'il y aura de la misère à soulager, des problèmes familiaux à résoudre, je n'hésiterai pas à réduire les profits des compagnies pour les faire distribuer à des centaines et des centaines de gens. »

On retrouvait sur le terrain ces deux conceptions de la politique. Elles seront illustrées ici par les propos de deux organisateurs libéraux de l'île d'Orléans, rencontrés un peu après les élections générales du 14 novembre 1962, celles de la nationalisation de l'électricité.

Un organisateur de l'ancienne culture politique

B. est un cultivateur assez prospère, de quarante-cinq ans environ. Il est le président des libéraux de Saint-Jean, qu'il habite avec sa famille, depuis dix ans environ. Quand j'arrive chez lui, il parle avec trois jeunes de la paroisse, dont deux frères, qui sont venus le voir dans le but d'obtenir du travail. Après leur départ, l'épouse de B. lui dit devant moi, d'un ton autoritaire : « Commence par en placer un par famille ! » Elle semble avoir une forte emprise sur B. Quand celui-ci s'absentera, au cours de l'entrevue, elle répondra au téléphone au principal organisateur libéral de Sainte-Pétronille. Elle est parfaitement au courant des affaires politiques de l'île.

Avec B. je fais un tour de l'île pour qu'il commente les résultats des élections dans les six paroisses. Parlant de Saint-Pierre, il manifeste son opposition à R. (l'organisateur de la nouvelle culture politique, qui sera présenté plus loin), « un grand niaiseux, pris dans son écaille, et qui ne se grouille pas ». À Sainte-Famille, les résultats ont été décevants pour les libéraux parce que le candidat n'a réussi à « marier » les deux principaux organisateurs qu'à la fin de la campagne. À Saint-François, il n'y a pas eu de « mariage » entre les deux frères qui dominent la politique locale. L'un des deux, qui est maire de la place, est même soupçonné de pencher vers l'Union nationale. L'épouse de B. déclare à ce propos : « Un Bleu n'a pas d'affaire à être maire avec un gouvernement libéral à Québec. » Il obtient des pensions, des primes, etc. et les libéraux n'en ont pas le mérite. Quant à l'autre frère, qui est l'organisateur libéral, B. lui reproche d'être trop ménager, d'en garder trop pour lui. Il n'a pas su profiter du bout de chemin qu'on lui a donné à réparer au cours de la campagne. Il y a fait travailler ses parents et des « Don Bosco » (*i.e.* des arriérés mentaux de l'institution de ce nom) pour sauver de l'argent. Des partisans libéraux, déçus, ont voté pour l'Union nationale à cause de cela.

D'autres frères des deux frères en question sont d'un peu toutes les couleurs, en politique. B. ne comprend pas cela : « Chez nous on était neuf frères et jamais on ne s'est couillonné. » Il pense que le plus vieux des frères devrait s'imposer aux autres.

B. et son épouse en ont contre l'Association libérale du comté. Si le candidat a été battu dans Montmorency, c'est à cause de l'Association. Ça n'a pas de bon sens de changer de président à tous les deux ans. Les présidents locaux font leurs demandes publiquement et se jalousent. B. dit là-dessus : « Le président de la paroisse voisine n'a pas d'affaire à savoir ce que je demande... Je ne me suis jamais réuni avec l'Association et pourtant c'est moi qui ai obtenu le plus pour ma paroisse. »

Au cours de l'entrevue, B. apprend au téléphone que le candidat libéral défait accepte de s'occuper du patronage dans le comté. C'est un grand soulagement pour B. et son épouse. Il enchaîne en disant que les organisateurs ne doivent pas faire d'argent avec la politique. Il y a bien assez qu'on les soupçonne, malgré tout, d'en faire. B. parle aussi du patronage : « Moi j'appelle du patronage de recevoir un dix dollars par en dessous, à l'occasion d'un contrat ou d'une vente. C'est mauvais, on ne doit pas faire cela. Mais placer nos libéraux, obtenir des faveurs pour eux, on appelle cela aussi du patronage. Je ne suis pas d'accord. Il faut que ce soit comme cela. C'est juste. »

B. est déçu des résultats dans Saint-Jean, même si le Parti libéral a obtenu une majorité de quarante-trois votes sur l'Union nationale. D'après le pointage, la majorité devait être de quatre-vingt-cinq à quatre-vingt-dix votes. Au village, de vingt à vingt-cinq électeurs qui devaient voter libéral ont voté Union nationale pour gagner. Il y en a qui se croiraient déshonorés s'ils perdaient. Le chef de l'Union nationale dans Saint-Jean répétait et répétait que l'Union nationale allait prendre une majorité de sièges. Et comme il a de l'argent, il gageait là-dessus, ce qui impressionnait les gens. « Ceux qui nous ont trompés, ajoute B., sont d'anciens partisans de l'Union nationale, qui ont eu des positions, des pensions de ce parti et contre lesquels nous n'avons rien fait, en espérant qu'à cause de cela ils voteraient pour nous. Nous savons qui ils sont. On voit cela dans la face de quelqu'un, le lendemain de l'élection, s'il a gagné ou perdu. Maintenant c'est fini. Demain soir, je vais chez le maire avec d'autres organisateurs pour revoir nos listes et sortir les noms de ceux qui ont voté contre nous à la dernière minute. Je vous assure que cette fois ils vont perdre leurs "jobs" et leurs pensions. »

De lui-même, B. ne parle pas de la nationalisation de l'électricité. Quand je lui demande s'il en a parlé durant la campagne, il me dit oui, mais sans conviction. Il montrait surtout aux gens que ça leur apporterait du travail.

B. et son épouse ont suivi le débat entre Lesage et Johnson à la télévision. Ils sont d'avis que Lesage a gagné le débat parce qu'il n'a pas eu de faiblesses, contrairement à Johnson qui « mettait et ôtait ses lunettes quand ce n'était pas le temps ». Mais B. ne pense pas que le débat ait eu une grosse influence sur les gens de Saint-Jean. « En ville peut-être, mais pas ici. L'idée des gens était faite avant le débat. »

Un organisateur de la nouvelle culture politique

R. qui a trente ans environ est lui aussi un cultivateur, mais moins prospère que B. Il est marié depuis quelques années. Son père et sa mère ainsi que des frères et sœurs et deux « engagés » vivent avec lui sur la terre paternelle, dont il dirige les travaux. Il est le président local des libéraux à Saint-Pierre. Le père de R. se mêle à la conversation, de même que l'épouse de R. qui regarde la télévision avec intérêt. Trois des sœurs de R. ainsi que les deux « engagés » sont eux aussi rivés à la télévision.

R. est heureux des résultats obtenus par le Parti libéral, à Saint-Pierre, la paroisse la plus conservatrice de l'île. La majorité de l'Union nationale est tombée de cent cinquante votes à quatre-vingt-cinq. Il explique ce résultat par plusieurs facteurs. D'abord, il y a le fait que l'ancien député unioniste, Yves Prévost, très populaire à Saint-Pierre, ne se représentait pas. Ensuite, le thème de la nationalisation de l'électricité a amené des votes au Parti libéral. Des partisans de l'Union nationale ont voté libéral à cause de cela. Il y en a même qui voulaient aller plus loin et nationaliser aussi Bell Canada, les industries de la pulpe, etc. Des libéraux n'étaient pas trop favorables à la nationalisation de l'électricité, mais ça ne les a pas empêchés de voter pour le parti.

R. croit que les nouvelles lois de Lesage dans le domaine de l'éducation, de l'hospitalisation ont été plus importantes que la nationalisation de l'électricité. Plusieurs électeurs de Saint-Pierre ont profité de ces lois et certains ont voté libéral à cause de cela. Même de vieux partisans de l'Union nationale admettaient qu'ils y avaient gagné avec ces lois, malgré l'augmentation des taxes. Ils ont quand même voté pour l'Union nationale, mais sans trop savoir pourquoi.

Quelques libéraux de 1960 ont été perdus. Trois familles peut-être, et dans tous les cas pour des insignifiances. Dans deux de ces cas, un membre de la famille a dû payer de l'amende pour excès de vitesse. Du temps de l'Union nationale, on s'arrangeait avec le député ou quelqu'un d'influent, et on ne payait pas d'amende. Les libéraux n'ont pas voulu agir ainsi et ces familles ont voté pour l'Union nationale à cause de cela. L'autre cas, c'est celui d'un type qui a prétendu qu'on avait empiété sur son terrain quand le chemin a été refait au printemps.

Il y en a plusieurs, dit R., qui ne regardent pas tellement l'argent qu'ils reçoivent du gouvernement, mais l'argent qu'ils doivent sortir de leur poche. Il est plus important pour eux de ne pas payer 25 $ d'amende que de recevoir une bourse de 100 $ pour l'éducation de leur garçon.

En 1960, le gouvernement libéral avait promis de faire des lois pour tout le monde, et il a bien fait de tenir sa promesse. C'est là le grand changement avec l'Union nationale. Le père de R. ajoute que maintenant les gens n'ont pas à s'humilier pour obtenir quelque chose.

R. ajoute que la promesse de Johnson de monter le salaire minimum à 1 $ l'heure lui a nui plutôt qu'elle l'a aidé. Il cite le cas d'une restauratrice de Saint-Pierre qui paie ses serveuses 0,60 $ l'heure. Si elle devait les payer 1 $ l'heure, il faudrait qu'elle monte les prix, qu'elle enlève les pourboires, et ça ne ferait l'affaire de personne.

Il y a autre chose qui a nui à Johnson, de l'avis même d'un partisan de l'Union nationale. Un soir à la télévision, Johnson promet de baisser les taxes, de hausser les exemptions. Une heure plus tard, c'est encore lui qui parle, et cette fois il promet d'augmenter les octrois, d'effacer les dettes. Ça ne tient pas debout : venir chercher moins d'argent et en donner davantage. Autrefois on pouvait faire passer cela, mais aujourd'hui les gens connaissent mieux la politique — ils sont mieux renseignés, jette la mère de R. — et ils ne se laissent pas prendre aussi facilement. Les politiciens, il y en a qui ont l'air fou à la télévision ! La politique, ça ne se fait plus comme avant. Les gens n'aiment plus quelqu'un qui passe son temps à crier fort et à faire des critiques. Il faut donner du positif.

L'épouse de R. est la première à parler du débat télévisé entre Lesage et Johnson. R. ne sait pas si le débat a acquis beaucoup d'électeurs au Parti libéral, mais ce qui est sûr c'est que les deux « engagés », qui sont de familles unionistes, ont décidé de voter pour le Parti libéral à l'issue du débat. L'un des deux dit qu'il n'a jamais été aussi mal que ce soir-là. Il était tout en sueurs. Johnson disait qu'il n'était pas le seul à avoir acheté des actions, ça faisait penser à un enfant qui dit : « c'est pas moi, c'est lui ! ».

R., à la différence de B., approuve l'existence d'une association libérale dans le comté, même s'il admet qu'en dehors de l'île elle a pu nuire au candidat du parti.

R. est évidemment contre le patronage. Il se réjouit qu'il ait diminué depuis 1960. Après qu'il soit parti pour une réunion de l'association libérale, son père me parle de Taschereau. C'était mon homme, dit-il, sauf au moment des élections. Je n'aimais pas sa façon de faire des élections. Il donnait de l'argent, effaçait des comptes, comme Duplessis. Je trouve que ce n'est pas correct. De pauvres diables avaient besoin de cela. Qu'un avocat ou qu'un médecin en profite pour les acheter, ce n'est pas correct.

D'une forme de gouverne à l'autre

Les propos de nos deux informateurs manifestent deux façons différentes de concevoir et de percevoir la politique ou mieux la gouverne, dans ses aspects politiques et administratifs. Ces deux cultures différentes renvoient à des pratiques différentes, ce que nous avons pu observer dans l'île et qui nous a été confirmé par d'autres informateurs.

Avant de nous interroger sur les rapports entre les représentations et les pratiques, essayons de définir les deux formes opposées de la gouverne qui se dessinent à partir des propos tenus par les deux organisateurs libéraux.

La gouverne consiste dans l'ensemble des relations de contrôle qui coordonnent l'action dans une organisation. À la suite de M. G. Smith, [1] on peut distinguer les modalités politique et administrative de la gouverne. La gouverne s'exerce selon le mode politique quand le pouvoir des acteurs impliqués dans les structures ou les processus de coordination des affaires publiques a un caractère segmentaire ou compétitif. Elle s'exerce selon le mode administratif quand, au contraire, le pouvoir des acteurs a un caractère hiérarchique ou monopolisateur.

Les représentations officielles de la gouverne dans nos sociétés veulent que l'élaboration des mesures gouvernementales ait un caractère politique et que leur application ait un caractère administratif. Mais ce ne sont justement que des représentations officielles. Il arrive que l'élaboration des mesures gouvernementales ait en fait un caractère administratif, quand, par exemple, un parti

---

1. Dans : *Government in Zazzau, 1800–1950*, Londres, Oxford University Press, 1960.

très dominant impose ses vues sans qu'il y ait débat ou presque. Et il arrive aussi que l'application des mesures gouvernementales ait en fait un caractère politique, soit qu'il y ait débat entre les fonctionnaires, soit que les relations entre les fonctionnaires et leurs publics donnent lieu à des négociations ou à d'autres phénomènes de pouvoir réciproque.

Il y a d'ailleurs des idéologies de remplacement (des « utopies » au sens de Karl Mannheim)[2] qui prônent le renversement de ces vues courantes de la gouverne. Dans maints pays dits sous-développés, il a été proclamé au moment de l'indépendance qu'on ne pouvait se payer le luxe d'un système compétitif de partis pour l'élaboration des mesures gouvernementales. Et, dans nos propres États, l'école dite du *public choice* voit un correctif à la bureaucratie dans l'instauration d'une certaine compétition entre les services gouvernementaux.[3]

Mais revenons à nos deux organisateurs libéraux de l'île d'Orléans, au moment de la Révolution tranquille. Les propos de B. renvoient à une gouverne par patronage et ceux de R. à une gouverne par réglage. Le patron est l'opérateur du premier système alors que le régleur est l'opérateur du second. L'opérateur est entendu ici, à la suite de Bertrand de Jouvenel, comme « l'homme obsédé par une certaine fin qu'il se propose et qui, en vue de cette fin, s'applique systématiquement à mettre en mouvement quantité de personnes dont le concours simultané ou successif est nécessaire au résultat qu'il recherche ».[4]

Le patron s'intéresse surtout à l'application des mesures gouvernementales. C'est là qu'il voit le jeu de la politique. Il négocie avec ses clients des échanges de prestations. Il négocie aussi avec le député ou celui qui en tient lieu dans le comté, de façon à obtenir les prestations demandées par les clients, ou qui leur seront offertes. Cet intérêt pour la phase de l'application est évident dans le discours de B. Par contre, il s'intéresse peu aux choix qui sont faits dans l'élaboration des mesures gouvernementales : le projet de nationalisation de l'électricité ne l'intéresse pas, si ce n'est par les emplois que la nationalisation permettra d'accorder. L'opposition de B. à l'association libérale du comté s'explique un peu de la même façon. Orientée surtout vers la participation à la gouverne par réglage, elle n'intéresse pas B. qui n'y voit que des contraintes posées à la gouverne par patronage. Même les remarques faites par B. et son épouse sur le débat télévisé entre Lesage et Johnson peuvent s'interpréter dans cette perspective. En ville, disent-ils, les gens sont peut-être influencés par le débat sur des idées, mais ici l'idée des gens était faite avant le débat — en sous-entendu : selon ce qu'ils avaient obtenu ou non par patronage du gouvernement libéral sortant.

2. Voir, de cet auteur : *Idéologie et utopie*, Paris, Marcel Rivière, 1956.

3. À ce propos, voir l'ouvrage de William A. NISKANEN jr., *Bureaucracy and Representative Government*, Chicago, Aldine-Atherton, 1971.

4. *De la politique pure*, Paris, Calmann-Lévy, 1963, p. 92.

Dans la gouverne par réglage, c'est plutôt l'élaboration des mesures gouvernementales qui est déterminante. Elle donne lieu à un débat, donc à de la politique, mais une fois les mesures adoptées l'application doit se faire de manière uniforme. C'est ce qu'entend R. quand il se félicite que le gouvernement libéral ait fait des lois pour tout le monde. Dans la mesure où l'association libérale participe à cette gouverne, R. y est favorable. La règle ayant un caractère « universel » alors que les prestations du patronage ont un caractère « particulier », il n'est pas étonnant que R. ait une vue plus générale de l'activité politique et administrative. Il ne comprend pas que les politiciens puissent promettre à la fois de baisser les taxes et d'augmenter les « octrois », que des électeurs soient sensibles à ce qu'on leur enlève, par exemple sous forme d'amendes, et qu'ils conservaient autrefois grâce au patronage, alors qu'ils sont plus insensibles à ce qui leur est donné par voie de réglage (par exemple, une bourse pour l'éducation de leurs enfants). D'autres électeurs par contre apprécieraient cette nouvelle forme de gouverne.

Le patronage et le réglage

Cela illustre bien la différence entre le patronage et le réglage, et comment la Révolution tranquille a consisté fondamentalement dans le passage de l'un à l'autre. Le patronage et le réglage se caractérisent par deux « mouvements » différents de la part de leur opérateur, le patron d'une part et le régleur d'autre part. Le régleur élabore ou applique des mesures qu'il veut les plus générales possible, de façon à y inclure de nombreux cas particuliers. Le patron au contraire traite chaque cas dans sa spécificité, dans l'élaboration des mesures gouvernementales et surtout dans leur application.[5]

C'est la distinction entre l'universalisme et le particularisme qui a été posée clairement par Parsons et Shils dans la construction d'une théorie générale de l'action.[6]

En termes logiques cette fois, on peut dire que le réglage s'exerce en extension alors que le patronage s'exerce en compréhension. Dans une relation

---

5. Cette différence avait déjà été soulignée par Robert K. MERTON dans son étude célèbre sur la machine politique, reproduite dans *Éléments de méthode sociologique*, Paris, Plon, 1953 : 151–168.

6. « *Universalism* : The role-expectation that, in qualifications for memberships and decisions for differential treatment, priority will be given to standards defined in completely generalized terms, independent of the particular relationship of the actor's own statuses [...] to those of the object.

« *Particularism* : The role-expectation that, in qualifications for memberships and decisions for differential treatment, priority will be given to standards which assert the primacy of the values attached to objects by their particular relations to the actor's properties [...] as over against their general universally applicable class properties. »

Talcott PARSONS et Edward A. SHILS (éds), *Toward a General Theory of Action*, Cambridge (Mass.), Harvard University Press, 1954, p. 82.

de réglage entre un régleur et ses sujets, l'extension est grande et la compréhension est petite, alors que dans une relation de patronage entre un patron et ses clients, l'extension est petite mais la compréhension est grande.[7] D'autant plus que les acteurs sont en présence l'un de l'autre dans une relation de patronage, alors que c'est rarement le cas dans une relation de réglage. L'échange n'y est pas évident, à la différence de la relation de patronage.

Cette opposition entre les deux modes de gouverne n'est pas sans rappeler celle qu'a posée Georges Dumézil entre le juriste et le magicien, « le souverain sous son aspect raisonnant, clair, réglé, calme, bienveillant, sacerdotal » et « le souverain sous son aspect assaillant, sombre, inspiré, violent, terrible, guerrier ».[8] Le patron n'a pas toujours les caractéristiques du magicien, mais il peut apparaître ainsi pour ceux qui ne sont pas de son parti, comme l'indiquent certains des propos de B.

De façon plus nette, l'opposition entre le patron et le régleur fait penser à celle qu'ont faite les Chinois entre le gouvernement par la bienveillance et le gouvernement par la loi, le confucianisme et le légisme. Pour les légistes, la règle naturelle suffisait à gouverner les hommes bons, mais ceux-ci n'existent plus dans le monde ou sont trop peu nombreux ; on doit donc gouverner par la règle du droit.[9]

C'est un peu le même constat qui est fait au moment de la Révolution tranquille. Le gouvernement par relations personnelles mène aux faveurs particulières et à la corruption. On ne peut établir la justice sociale que par des règles impersonnelles et universelles. Aux subventions discrétionnaires doivent succéder des procédures générales dans les achats, les contrats, le recrutement des fonctionnaires du gouvernement.

Les opérations de patronage et de réglage font une place différente, dans leur déroulement, à la politique et à l'administration. Le patron politise l'application pour obtenir l'appui de ses clients et ainsi éliminer ou tout au moins affaiblir ses rivaux non seulement dans l'application mais aussi dans l'élaboration des mesures gouvernementales.[10] Le régleur tolère qu'il y ait débat autour de l'élaboration des mesures gouvernementales, mais ne le tolère pas dans l'application. Le réglage incline ainsi à la bureaucratie dans les relations

---

7. Voir à ce sujet : Vincent LEMIEUX, « Patronage ou bureaucratie », reproduit dans *Parenté et politique. L'organisation sociale dans l'île d'Orléans*, Québec, Les Presses de l'Université Laval, 1971 : 225–235.

8. Dans : *Mitra-Varuna, Essai sur deux représentations indo-européennes de la souveraineté*, Paris, Gallimard, 1948, p. 85.

9. Voir à ce propos : Hu Yan MUNG, *Étude philosophique et juridique de la conception de « Ming » et de « Fen » dans le droit chinois*, Paris, Domat-Monchrestien, 1932.

10. À ce propos, voir : Vincent LEMIEUX, *Le patronage politique. Une étude comparative*, Québec, Les Presses de l'Université Laval, 1977.

avec les sujets, alors que le patronage incline à la partisannerie dans les relations avec les clients.

Pour concilier les deux, peut-être faut-il un gouvernement par arbitrage, qui corrige par la politique les excès administratifs du réglage et qui corrige par l'administration les excès politiques du patronage.

Pratiques et représentations

Les pratiques du patronage et du réglage se déroulent dans des systèmes sociaux qu'on peut considérer comme des langages au sens large du terme, ou encore comme des systèmes symboliques qui sont faits indissociablement d'un plan de l'expression (le signifiant) et d'un plan du contenu (le signifié).

En suivant une terminologie et un schématisme proposés par Paul Mus dans ses cours au Collège de France, [11] nous disons que le langage des pratiques s'exprime en des institutions qui ont des conduites comme contenu. Les institutions sont entendues ici comme toute manifestation extérieure récurrente des pratiques sociales, qu'elles soient officielles et autorisées, ou seulement officieuses. Quant aux conduites, on peut les définir par ce qu'elles produisent, c'est-à-dire par les flux de toutes sortes qui sont émis d'un acteur à l'autre.

Ainsi la pratique du patronage se manifesterait extérieurement, au plan institutionnel, par des mises en contact entre le patron et le client, alors que la pratique du réglage emprunterait plutôt d'autres canaux : l'écrit en particulier. Sur le plan du contenu, il y a aussi des différences : par exemple, les pratiques du patronage produisent généralement plus d'information que les conduites de réglage, grâce à la communication interpersonnelle que le contact rend possible.

Mais le patronage et le réglage existent aussi au niveau des représentations culturelles. Plus proprement que les systèmes sociaux, les systèmes culturels sont des langages, avec un niveau du signifiant (SA) et un niveau du signifié (SÉ). Mus nommait expressions les signifiants des représentations culturelles, et injonctions leurs signifiés, vus dans l'articulation des systèmes culturels aux systèmes sociaux.

Sans le dire en ces termes, Mus montrait que les systèmes culturels étaient le méta-langage des systèmes sociaux qui, en retour, étaient connotés par les systèmes culturels. Selon Roland Barthes, « un méta-langage est un système dont le plan du contenu est constitué lui-même par un système de signification », alors « qu'un système connoté est un système dont le plan d'expression est constitué lui-même par un système de signification ». [12]

---

11. Voir en particulier le résumé des cours de 1958-1959 paru dans *L'Annuaire du Collège de France*, 59e année (1959) : 413–425.

12. Dans : *Le degré zéro de l'écriture*, suivi des *Éléments de sémiologie*, Paris, Gonthier, 1964, pp. 163-164.

On peut schématiser ainsi, à la suite de Mus, la double articulation des systèmes culturels et des systèmes sociaux :

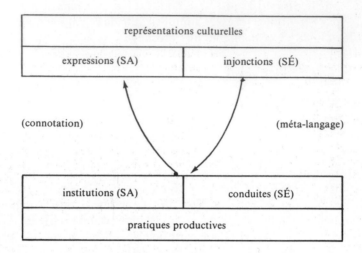

Double articulation entre les représentations culturelles
et les pratiques productives

Le contenu des représentations culturelles est fait des pratiques productives qu'il enjoint, mais les pratiques productives sont en retour exprimées dans les représentations culturelles. C'est dans les représentations culturelles qu'on prend conscience des pratiques productives, où l'on retrouve du même coup l'application des représentations culturelles. La culture authentifie les pratiques en les exprimant et les guide en les enjoignant.

Plusieurs auteurs qui ont étudié les phénomènes de patronage ont bien saisi cette double articulation et la détermination réciproque qu'elle exerce. Ainsi Jeremy Boissevain note à propos d'une étude sur le patronage en Sicile :

> « Il est frappant de constater que, dans les pays catholiques où existe un important culte des saints, ainsi l'aire méditerranéenne et l'Amérique latine, on a aussi un système politique qui, s'il n'est pas fondé sur les relations patron-client, est pour le moins fortement influencé par ces relations. Ces pays diffèrent des pays catholiques, situés plus au nord de l'Europe, où le culte des saints est beaucoup moins pratiqué, et où les relations patron-client sont moins importantes. Je ne prétends pas qu'il y a un lien causal entre le culte des saints et un système de patronage politique, bien que ce puisse être le cas. Mais il est évident, je pense, que le patronage religieux et le patronage politique se renforcent l'un l'autre. Chacun sert de modèle à l'autre. » [13]

---

13. Dans : « Patronage in Sicily », *Man*, 1966, pp. 30-31.

Dans cette veine on peut se demander si des représentations culturelles de nature religieuse n'ont pas authentifié et guidé les pratiques du patronage et du réglage dans notre société. Les représentations ont aussi connoté des pratiques changeantes, mais nous négligerons ici cet aspect pour nous concentrer quelque peu sur l'autre.

À titre d'hypothèse, nous proposerions que deux conceptions différentes de Dieu ont pu authentifier et guider à la fois les pratiques opposées du patronage et du réglage au Québec. La culture religieuse a représenté Dieu comme créateur d'un ordre juste dans le monde, où chacun est assigné à sa place. C'est le Dieu régleur, qui connaît. Mais Dieu est aussi représenté comme un « patron » qui comprend, auprès duquel peuvent intervenir les saints, qui sont des patrons inférieurs, et en particulier la Vierge Marie. Les saints sont même des patrons de leur propre chef, sans avoir à agir comme des intermédiaires (*brokers*) auprès de Dieu. Ainsi saint Antoine de Padoue est le « patron » des objets perdus. De lui-même il peut vous accorder, en échange d'une faveur ou d'une simple prière, de retrouver un objet précieux. Un peu comme le député ou l'organisateur qui n'a pas toujours, pense-t-on, à s'adresser à un fonctionnaire, à un ministre, ou au Premier ministre pour donner à un client une prestation de patronage.

Toutefois les représentations culturelles ne saisissent pas tout des pratiques et dans ce qu'elles saisissent il y a des aspects contradictoires. Par exemple, le modèle religieux pose un Dieu régleur mais il ne prévoit pas qu'il puisse être remplacé par un autre, comme le sont les gouvernements qui sont battus au moment des élections. Et le Dieu régleur, représenté comme un Dieu juste, est aussi un Dieu incompréhensible quand il pardonne au pécheur et châtie le juste. Un peu comme les gouvernements de réglage qui dans l'application des mesures gouvernementales se montrent parfois excessivement rigides envers certains sujets et plus souples envers d'autres.

Le patron, comme le bon pasteur, délaissera les brebis qui lui sont acquises, pour tenter de convertir les brebis perdues, de façon à grossir sa majorité ou à la mieux assurer.

On voit qu'il y a là un immense thème. Comment les systèmes culturels et les systèmes sociaux, en métaphore les uns des autres par les voies du métalangage et de la connotation, s'ajustent mutuellement pour que les représentations authentifient et guident des pratiques que « rattrapent » les représentations ? Rattrapage qui est toujours partiel et qui se décroche des pratiques, emporté qu'il est dans la logique du signifiant. De plus, des pratiques échappent aux représentations car, selon Mus, « la conscience n'est qu'une exception de l'inconscient ». [14]

---

14. On trouvera une présentation de la pensée de Paul Mus dans : Vincent LEMIEUX, « Un homme et une œuvre : Paul Mus », *Cahiers internationaux de sociologie, LX*, 1976 : 129–154.

Parti de la Révolution tranquille, telle qu'elle fut vécue sur le terrain par deux organisateurs politiques, nous sommes allé de l'étude des systèmes sociaux à celle des systèmes culturels et à la réflexion sur leur articulation réciproque. N'est-ce pas là le cheminement qui fut celui de Jean-Charles Falardeau, précurseur d'une sociologie nouvelle qui tienne ensemble le culturel et le social?

Vincent LEMIEUX

Département de science politique,
Université Laval.

VERS UNE TYPOLOGIE DES OBJETS ET DES FORMES DE L'INTERVENTION CULTURELLE ÉTATIQUE

Sans nous cacher le caractère sommaire et extrêmement provisoire des lignes qui suivent, nous voudrions tenter ici de dresser, et d'illustrer par quelques exemples empiriques, un inventaire typologique des objets et des formes de l'intervention culturelle étatique, dont nous avons cherché, dans un précédent article, à préciser la notion et à montrer l'actualité. [1] Ne serait-ce qu'en remémorant certains objets et certains modes d'intervention trop souvent ignorés ou négligés, nous voudrions ainsi donner un aperçu de l'ampleur et de la complexité d'un pareil sujet d'étude, suggérer les difficultés des comparaisons interétatiques en cette matière et faire pressentir l'extrême relativité d'analyses de l'intervention culturelle étatique qui ne prendraient en considération qu'une partie de ses objets ou de ses formes (par exemple, le mécénat à l'égard des beaux-arts et des belles-lettres). L'intervention de l'État en matière de culture se pluralise, en effet, en raison de la diversité de ses *objets* : secteurs, champs ou domaines de la culture sur lesquels elle porte, d'une part, et, d'autre part, fonctions spécifiques de l'action culturelle (ou processus culturels) qu'elle vise à l'intérieur de chacun de ceux-ci. Mais ses *formes* ou modalités se diversifient également selon qu'elle relève de l'une ou l'autre fonction, de l'un ou l'autre « pouvoir » (législatif, exécutif ou judiciaire) ou « niveau de contrôle » de l'État : « l'impératif (législation et gouvernement) et l'exécutif (administration et juridiction) ». [2]

A) *Vers une typologie des « objets » de l'intervention culturelle étatique*

Les classifications jusqu'ici proposées des objets d'intervention culturelle étatique ne sont pas sans rappeler l'amusante taxinomie évoquée par Michel

1. Voir : G. DUSSAULT, « La notion de culture en contexte d'intervention culturelle étatique et ses corrélats structurels », *Recherches sociographiques, XXI*, 3, septembre-décembre 1980 : 317–327. Depuis, *Le Monde diplomatique* (325, avril 1981) a publié tout un dossier sur le thème : « Une affaire d'État : la culture ».

2. G. BERGERON, *Fonctionnement de l'État*, Paris, Colin, 1965 ; J.-W. LAPIERRE, *L'analyse des systèmes politiques*, Paris, Presses universitaires de France, 1973.

Foucault dans la préface de *Les mots et les choses*. Tout empiriques, recourant à des catégories familières peu ou pas critiquées, elles sont incohérentes, ou, à tout le moins, si elles recèlent une cohérence secrète, cette dernière n'est certes pas celle du discours scientifique. Elles reflètent et justifient l'irrationalité, ou la logique autre, de certaines pratiques politiques et administratives bien davantage qu'elles ne contribuent à leur authentique rationalisation. Leur principal vice logique consiste à constituer en classes des parties non disjointes d'un même ensemble, de même que se chevauchent souvent dans la pratique les juridictions mouvantes de plusieurs ministères ou fiefs administratifs. Si scandaleuse que la chose puisse paraître après un siècle de réflexion scientifique sur la culture, l'exemple en la matière vient de haut. C'est ainsi que les experts de l'Unesco, dans *Réflexions préalables sur les politiques culturelles*,[3] énumèrent côte à côte, comme secteurs auxquels s'étend progressivement la politique culturelle : les « lettres », les « arts », la « musique », le « théâtre », le « concert », le « musée », la « bibliothèque », la « formation artistique », la « conservation du patrimoine », le « cinéma », le « livre », la « radio et télévision », l'« éducation populaire », l'« organisation des loisirs et le tourisme culturel », l'« esthétique urbaine » et la « création architecturale », l'« esthétique industrielle », l'« initiation à la science », le « sport » — comme si, dans cette rhapsodie de catégories, la musique, le théâtre et le cinéma n'étaient pas des arts, ni le concert un genre musical ; comme si la formation artistique, la radio et la télévision n'avaient rien à voir avec les arts, ni les musées avec la conservation du patrimoine, ni les bibliothèques avec le livre, etc. De même, en France, le *Rapport de la Commission des Affaires culturelles pour le VIe Plan*[4] signalait comme champs d'intervention, outre les arts et les lettres : l'enseignement (comme si celui-ci ne pouvait pas porter sur les arts et les lettres), la formation, l'information, le travail, le logement, le loisir, les revenus, l'urbanisme, le mode de vie (comme si ce dernier n'englobait pas les dimensions précédentes et quelques autres encore). Sans doute ces énumérations n'ont-elles pas de prétention scientifique. Mais les critiques dont elles sont justiciables pourraient tout aussi bien s'appliquer au découpage du « continuum de la politique culturelle » en « six secteurs distincts » proposé par « un groupe de chercheurs de l'Université d'York » : « culture artistique », « culture populaire », « culture liée aux media », « culture physique », « culture récréative », « culture liée à l'environnement »[5] — catégories qui, à la réflexion, sont loin d'être toutes mutuellement exclusives.

Nous croyons qu'il est possible de procéder à une classification plus rationnelle des *objets* d'intervention culturelle étatique en prenant soin de

---

3. Paris, Unesco, 1969, p. 36.

4. Voir : A.-H. MESNARD, *La politique culturelle de l'État*, Paris, Presses universitaires de France, 1974, p. 59.

5. D.P. SCHAFER, *Aspects de la politique culturelle canadienne*, Paris, Unesco, 1977, pp. 30ss.

distinguer notamment 1. les *secteurs* de la culture et 2. les *processus* culturels (ou fonctions de l'action culturelle), puisque les uns et les autres sont au principe de deux classifications distinctes entrecroisées.

1. En premier lieu, en effet, dans la mesure où une culture (ou une subculture) peut être définie, et tend de plus en plus malgré beaucoup d'ambiguïtés à être définie par les États eux-mêmes[6] comme l'ensemble des manières interreliées et interdépendantes de penser, de sentir et d'agir, ni innées ni universelles mais distinctives d'une collectivité donnée (civilisation, société globale, ethnie, nation, région, classe sociale, classe d'âge, groupement volontaire, etc.) à un moment donné de son histoire, elle constitue un système analytiquement décomposable en plusieurs sous-systèmes ou codes à la fois distincts et interdépendants. Dans l'état actuel de la recherche,[7] on peut ainsi distinguer les sous-systèmes :

a) religieux
b) cognitif (philosophie, sciences, technologies, idéologies)
c) « esthétique » (arts et activités expressives : jeux et sports)
d) éthique (morales et mœurs)
e) juridique
f) linguistique.

Du point de vue qui nous intéresse ici, il suffit de signaler qu'à travers le temps et l'espace, il n'est aucun de ces sous-systèmes qui n'ait fait l'objet d'une intervention de l'État ou, d'une manière plus générale, du pouvoir politique. Et, dans certains cas, cette intervention peut indirectement entraîner des conséquences beaucoup plus importantes pour d'autres sous-systèmes que les interventions les visant directement, au point de compenser ou d'annuler ces dernières. Ainsi, bien qu'il en soit rarement fait mention dans les énoncés officiels ou même dans les analyses de politiques culturelles, l'interventionnisme en matière religieuse a une très longue et importante histoire. Comme le rappelle fort à propos J.-W. Lapierre :[8] « La conversion au christianisme de l'empereur Constantin, de la reine malgache Ranavalona II ou du roi Ngwato Kgama III, la séparation de l'Église et de l'État sous la IIIᵉ République française en 1905, la décision du régent Shotoku qui, à la fin du VIᵉ siècle, fit venir au Japon des missionnaires bouddhistes de Chine et de Corée sont des actes de politique religieuse qui ont considérablement modifié le système culturel des sociétés globales dans lesquelles ils ont été produits. » Et, malgré le

---

6. G. Dussault, *op. cit.*

7. Voir, par exemple, les catégorisations de T. Parsons (*Toward a General Theory of Action*, Cambridge, Harvard University Press, 1951 ; « Culture and social system revisited », dans : L. Schneider et C. Bonjean (éds), *The Idea of Culture in the Social Sciences*, Cambridge, Cambridge University Press, 1973 : 33–46), de R. A. Peterson (*The Production of Culture*, Beverly Hills/Londres, Sage Publications, 1976) et de J.-W. Lapierre (*op. cit.*, p. 33).

8. *Op. cit.*, p. 235.

voile de pudeur dont on entoure apparemment aujourd'hui cette question, il ne faudrait pas croire que les États modernes ont cessé d'intervenir en ce domaine : que l'on songe, par exemple, au maintien et au financement publics de systèmes scolaires et de facultés de théologie confessionnels, aux exemptions fiscales concédées aux groupements religieux, ou aux poursuites judiciaires dont peuvent faire l'objet certaines sectes « trop » déviantes...

2. En second lieu, à l'intérieur même de chacun de ces secteurs, l'intervention peut porter sur l'une ou l'autre fonction de l'action culturelle. De la même façon en effet que l'analyse économique distingue des fonctions de production, de distribution et de consommation, l'analyse des politiques culturelles comme la sociologie de la culture tendent, implicitement ou explicitement, à distinguer au moins huit processus culturels interreliés et interdépendants. Bien que la nomenclature ne soit pas encore fixée, [9] et bien que les distinctions analytiques qui suivent ne prennent leur pleine signification qu'avec la progression de la division du travail, l'action culturelle peut, en effet, prendre la forme de :

a) *La création*. N'étant ni innée ni universelle, la culture implique nécessairement la création des codes, l'invention des formes qui la constituent. Fonction tellement fondamentale que les marxistes Huet, Ion, Lefebvre *et al.*, [10] qui préfèrent parler de « concepteur » plutôt que de « créateur » à cause de la « résonance idéaliste » (p. 15, n. 2) de ce dernier vocable, ne peuvent néanmoins s'empêcher d'utiliser la notion de « création » de manière récurrente (pp. 39, 48, 50). L'on sait l'ancienneté de l'intervention étatique en matière de création *artistique* : on la retrouve déjà sous l'Ancien Régime notamment sous la forme du mécénat. [11] Mais elle s'étend aujourd'hui à de nouveaux secteurs de la création culturelle, tels la recherche en *sciences* [12] ou la néologie en *linguistique*. [13] Il n'est cependant pas sans intérêt d'observer que cette fonction de création, que l'on reconnaît volontiers verbalement comme « au principe de tout », n'en est pas moins celle qui, au dire d'un éminent spécialiste, « est toujours la

---

9. Dans la seule documentation québécoise, on peut cependant en retrouver de nombreux éléments aussi bien dans le *Rapport de la Commission d'enquête sur l'enseignement des arts au Québec* (Québec, Éditeur officiel du Québec, 1968, 4 vols : vol. *II*, pp. 350ss) que dans le document de travail du Secrétariat des conférences socio-économiques sur *Les industries culturelles. Hypothèses de développement* (Québec, 1978).

10. A. HUET *et al.*, *La marchandise culturelle*, Paris, Éditions du Centre national de la recherche scientifique, 1977.

11. A.-H. MESNARD, *L'action culturelle des pouvoirs publics*, Paris, Pichon et Durand Auzias, 1969, pp. 36 et 43.

12. Voir, par exemple : J.-J. SALOMON, *Science et politique*, Paris, Seuil, 1970.

13. Voir, par exemple : GOUVERNEMENT DU QUÉBEC, Office de la langue française, *Les implications linguistiques de l'intervention juridique de l'État dans le domaine de la langue*, Actes du colloque international de sociolinguistique, Lac Delage (Québec), 3–6 octobre 1976, Québec, Éditeur officiel du Québec, 1978.

plus maltraitée dans les budgets culturels »,[14] de sorte que, pour un pays comme la France par exemple, les mêmes auteurs qui affirment qu'« une politique culturelle cohérente doit [...] d'abord faire naître les conditions les plus propices à l'activité des créateurs » [15] signalent, à quelques pages d'intervalle à peine, que la part des dépenses du Ministère des affaires culturelles consacrée à cette fonction n'a pas excédé 1,2% en 1970 (p. 66)...

b) *L'expression.* Il s'agit, dans ce cas, de l'usage actif des codes et des formes déjà institués. Bien que les frontières qui séparent l'*expression* de la *création* puissent être difficilement marquées, la distinction peut s'avérer utile notamment dans le cadre du débat sur la possibilité d'une authentique « démocratie culturelle » : [16] on peut en effet penser que l'universalisation de l'accès à la *création* proprement dite est une utopie, tout en estimant qu'il n'en va pas de même dans le cas de l'*expression.*

c) *La production.* Cette fonction diffère des précédentes comme diffèrent les rôles de l'éditeur et de l'auteur. Elle consiste dans la réalisation ou matérialisation de créations ou d'expressions culturelles sous forme de biens culturels reproductibles (*v.g.*, livres, disques, films) ou non (*v.g.*, spectacles). La distinction de cette nouvelle fonction s'impose particulièrement lorsque, avec le passage de l'artisanat culturel à l'industrie culturelle, les créateurs et les « expresseurs » ne sont plus maîtres de leurs moyens de production : comme le signalait naguère E. Morin, [17] il y a en effet dès lors « symbiose et conflit entre la création, qui relève des artistes, auteurs, etc. et la production (édition, journal, sociétés cinématographiques, postes de radio et de télévision) ». Ne serait-ce qu'en raison de la croissance spectaculaire des industries culturelles, la *production* fait certes aujourd'hui l'objet d'une attention accrue des États ; il ne faut cependant pas oublier que déjà « l'État libéral non interventionniste » intervenait sur cette fonction en se faisant « client » ou même, bien qu'exception-nellement, producteur lui-même. [18]

d) *La diffusion.* La diffusion (ou distribution) est à la production ce que, par exemple, le libraire est à l'éditeur. Qu'elle prenne ou non une forme commerciale, cette fonction est depuis longtemps visée par diverses interventions étatiques. Les politiques actuelles de diffusion culturelle prolongent la création de réseaux publics d'enseignement. Significatif à cet égard, le parallèle

---

14. A. GIRARD, *Développement culturel : expériences et politiques*, Paris, Unesco, 1972, p. 10.

15. C. FABRIZIO et N. SKROTZKY, *Regards sur la culture et la recherche scientifique*, Paris, La Documentation française, 1974, p. 56.

16. Voir : P. GAUDIBERT, *Action culturelle. Intégration et/ou subversion*, Tournai, Casterman, 1972, p. 171.

17. E. MORIN, « De la culturanalyse à la politique culturelle », *Communications*, 14, 1969, pp. 11s.

18. Voir : A.-H. MESNARD, *L'action culturelle des pouvoirs publics, op. cit.*, pp. 106 et 110.

qu'esquissait André Malraux lorsqu'il « déclarait [...] au cours d'une discussion budgétaire devant l'Assemblée nationale, le 27 octobre 1966, que "le problème est de faire pour la culture ce que la IIIe République a fait pour l'enseignement. Chaque enfant de France a droit aux tableaux, au théâtre, au cinéma comme à l'alphabet" ». [19] C'est devenu un lieu commun de dire qu'aux côtés de l'école, de nouveaux et puissants moyens de diffusion culturelle existent aujourd'hui, sur lesquels les États peuvent intervenir et interviennent en fait : ainsi, « la télévision est [...] un des principaux moyens d'action de toute politique culturelle et cela d'autant plus qu'elle atteint tous les publics ». [20]

e) *La réception.* Plus souvent désignée par la catégorie économique de « consommation », cette fonction se réfère à l'accueil réservé à la diffusion culturelle par les divers « publics de la culture ». Il importe de noter ici que l'État peut aussi bien intervenir sur les récepteurs que sur les créateurs, producteurs et diffuseurs, sur la « demande » aussi bien que sur l'« offre », de sorte qu'une analyse comparative de deux politiques de « démocratisation » culturelle qui ne considérerait que l'intervention étatique sur l'un de ces facteurs risquerait fort de conduire à des conclusions erronées.

f) *La conservation.* Cette fonction de stockage, notamment sous l'espèce de la conservation du « patrimoine national » aussi bien intangible que tangible, mobilier qu'immobilier, apparaît comme celle qui se trouve de loin privilégiée, budgétairement parlant, par les ministères des Affaires culturelles.

g) *L'animation.* Dans la mesure où l'animateur est défini comme « un éducateur qui se propose, à titre professionnel ou bénévole, d'entraîner une population à participer volontairement à des activités qui ne sont pas familières au milieu auquel elle appartient », [21] cette fonction s'apparente étroitement à celle de *diffusion.* Les activités auxquelles elle invite à participer pouvant appartenir aux cinq types précédents, l'animation constitue cependant une intervention consciente et délibérée sur des actions culturelles, ou ce que l'on pourrait appeler une action culturelle au second degré.

h) *La formation.* Parfois classée sous la rubrique « enseignement spécialisé », cette fonction ne se distingue de la *diffusion* que parce qu'elle vise la production de créateurs, producteurs, diffuseurs, conservateurs, animateurs... sans oublier les formateurs eux-mêmes, et constitue donc elle aussi, si l'on veut, une fonction de second degré (voire de troisième, dans le cas de la formation d'animateurs ou de formateurs...).

Enfin, il est bien entendu qu'un même acteur individuel ou collectif peut assumer plusieurs de ces fonctions et des rôles culturels correspondants. Ainsi,

---

19. J.-C. BÉCANE, « L'expérience des Maisons de la Culture », *Notes et études documentaires*, 4052, 8 janvier 1974, Paris, La Documentation française, 1973, p. 6.

20. *Id.*, p. 28.

21. UNESCO, *Réflexions préalables sur les politiques culturelles*, Paris, Unesco, 1969, p. 22.

un poste de télévision, agissant d'abord comme *diffuseur*, peut en même temps *produire* et *conserver* une partie de sa diffusion, faire de l'*animation*, etc. De même, on tend de plus en plus à faire assumer par les bibliothèques et les musées, en plus de leur traditionnelle fonction de *conservation*, des fonctions de *diffusion* et d'*animation*.

B) *Vers une typologie des « formes » de l'intervention culturelle étatique*

Quels que soient le *secteur* de la culture et, à l'intérieur de chacun, la *fonction* culturelle envisagée, l'intervention de l'État peut revêtir une grande diversité de formes ou de modalités.

Il convient tout d'abord de distinguer 1. les interventions d'ordre *impératif* et 2. les interventions d'ordre *exécutif.*

1. Les interventions d'ordre *impératif* peuvent être soit *législatives*, soit *gouvernementales*. Les législations relatives à la langue, au droit d'auteur, à l'exportation et à l'importation de biens culturels, de même que les lois définissant le statut des institutions culturelles constituent autant d'exemples de la première espèce, tandis que les réglementations, décrets, législations déléguées en vertu de lois-cadres illustrent la seconde.

2. À leur tour, les interventions d'ordre *exécutif* peuvent être de nature a) *judiciaire* ou b) *administrative.*

a) De nature répressive, les interventions d'ordre *judiciaire* se rapportent à l'exercice de la « police »[22] et à l'application des sanctions prévues par les lois. Dans le domaine qui nous occupe, elles prennent notamment, bien que non exclusivement, la forme de la censure. Celle-ci peut aussi bien frapper des personnes physiques ou morales que des actes ou des œuvres (livres ou tableaux, par exemple) et, à la limite dans ce dernier cas, se traduire par des autodafés. Les régimes les plus divers y ont eu recours : l'Allemagne nazie[23] et l'U.R.S.S. de Lénine[24] l'ont pratiquée. De nos jours encore, non seulement est-elle ouvertement reconnue par certains États,[25] mais comme le rappelle justement Lionel Richard,[26] « même si elle n'existe pas toujours officiellement,

---

22. A.-H. MESNARD, *La politique culturelle de l'État, op. cit.*

23. Voir : L. RICHARD, *Le nazisme et la culture*, Paris, Maspero, 1978, pp. 326–333.

24. Voir : J.-M. PALMIER, *Lénine. Sur l'art et la littérature*, Paris, Union générale d'éditions, 3 tomes, 1975 et 1976, II, p. 297.

25. Voir, par exemple, les monographies régionales de l'Unesco consacrées aux politiques culturelles de la Hongrie (Hongrie, Commission nationale pour l'Unesco, *La politique culturelle en Hongrie*, Paris, Unesco, 1974), de la Pologne (S.W. BALICKI, J. KOSSAK, M. ZULAWSKI, *La politique culturelle en Pologne*, Paris, Unesco, 1972) et du Kenya (K. NDETI, *La politique culturelle au Kenya*, Paris, Unesco, 1975).

26. *Op. cit.*, p. 14.

il n'est aujourd'hui pratiquement pas d'État qui ne se serve d'une façon ou d'une autre de la censure », notamment au nom de la morale, des bonnes mœurs et du maintien de l'ordre public.

b) Quant aux interventions de type *administratif*, elles revêtent elles-mêmes une impressionnante variété de formes : recherche, information, coordination, exercice d'une magistrature morale par désignation ou consécration publiques d'éléments culturels, allocation ou ponction de ressources.

L'allocation (ou, dans certains cas, la ponction) de *ressources* elle-même peut, à son tour, prendre des modalités très différentes dont certaines risquent toujours de passer inaperçues. Elle peut ainsi être *indirecte*, comme lorsque l'État prévoit des abattements fiscaux pour les dons à des organismes culturels, ou lorsqu'il apporte des restrictions protectionnistes à la liberté du marché des biens culturels (tel le contingentement à l'écran pour le bénéfice du film autochtone). Elle peut aussi être *directe* et prendre alors une forme *monétaire* ou *non monétaire* (prestations de biens, *v.g.* d'équipements, ou de services, *v.g.* de ressources humaines). Pour ce qui est de la forme *monétaire*, l'État peut intervenir en quelque sorte *positivement* ou *négativement*. *Négativement*, en renonçant à certains revenus qu'il prélèverait normalement sur la *consommation* ou la *production* culturelle : a) soit par détaxations totales ou partielles de certains produits culturels comme les manifestations théâtrales, [27] ou par retour d'une partie de la taxe à un « fonds de soutien » de l'industrie culturelle en cause, comme déjà le *Rapport de la Commission d'enquête sur l'enseignement des arts au Québec* [28] le suggérait pour le cinéma ; b) soit par un « allégement des charges fiscales » de l'industrie comme celui que réclama la profession cinématographique en Suède pour faire face à la concurrence de la télévision, [29] ou par exemption d'impôt des revenus de création, comme la chose se pratique ou se pratiquait encore récemment en République d'Irlande. [30] *Positivement*, enfin, l'État peut allouer des ressources sous forme *monétaire* en :

— *garantissant* des emprunts ;
— *prêtant* à des taux préférentiels ;
— *investissant* par l'intermédiaire de sociétés analogues à la SODIC québécoise (Société de développement des industries culturelles) ;
— *achetant* des biens ou des services, [31] ces achats pouvant aujourd'hui

---

27. J. CHARPENTREAU, *Pour une politique culturelle*, Paris, Éditions ouvrières, 1967, p. 129. Parfois, au contraire, les États surtaxent certains produits culturels comme produits de luxe (voir, par exemple : J. RIGAUD, *La culture pour vivre*, Paris, Gallimard, 1975, p. 240).

28. *Op. cit., II*, pp. 376 et 379.

29. B. SÖDERBERGH, *La culture et l'État*, Paris, Seghers, 1971, p. 130.

30. S. A. GREYSER (éd.), *Cultural Policy and Arts Administration*, Cambridge, Harvard Summer School Institute in Arts Administration, 1973.

31. Voir : J. CHARPENTREAU, *op. cit.*, p. 109 ; A.-H. MESNARD, *L'action culturelle des pouvoirs publics, op. cit.*, p. 106.

prendre la forme de commandes statutaires en vertu d'une quelconque « loi du 1% » ;[32]

— *donnant* enfin, purement et simplement, sous forme de *subventions, bourses* et *prix.*

Sans prétendre à l'exhaustivité, l'énumération qui précède des formes d'intervention culturelle étatique montre, croyons-nous, l'imposante panoplie de moyens d'action dont disposent les États en ce domaine et dont doit aussi tenir compte l'analyse des politiques culturelles.

Gabriel DUSSAULT

Département de sociologie, Université Laval.

---

32. Voir, par exemple : C. FABRIZIO et N. SKROTZKY, *op. cit.*, p. 15.

LES MOTS POUR LE DIRE

Au commencement était le verbe...
On fait pas du vin nouveau dans de vieilles outres

Dans un article déjà ancien, [1] j'évoquais la difficulté de repenser une société avec le vocabulaire et langue d'une société qu'on veut dépasser ou remplacer. J'évoquais aussi la puissance constructrice ou révolutionnaire de la langue de tous les jours, en particulier de la langue orale, une fois qu'on l'a dépouillée de ses symboles contraignants et aliénants.

Ma position principale était que la langue n'est pas simplement un code permettant l'efficacité mais surtout une structure de symboles permettant de réorganiser la réalité en rêves et en objectifs ; cette réorganisation permettant à son tour une action transformatrice sur la réalité et la société.

Contrairement à l'innovation, qui doit allier l'ancien et le nouveau dans un dosage savant, la révolution suppose une brisure complète avec l'ancien et, pour autant, l'invention d'une nouvelle langue apte à supporter symboliquement et même sémiologiquement l'ordre nouveau.

Les sciences, tant physiques qu'humaines, l'ont très bien compris, elles qui constamment renouvellent leurs stocks et leurs langages théoriques. On sait, par ailleurs, la difficulté d'inventer un langage et une pensée non rationalistes, même pour attaquer le rationalisme. [2] À ce propos, on peut se demander si la difficulté d'écrire des jeunes d'aujourd'hui (ce qui est vrai partout) vient moins d'un défaut d'apprentissage que de la création latente d'un nouveau langage et d'une nouvelle logique que les adultes arrivent mal à saisir mais qui correspondraient à une nouvelle société en train de se faire.

Mais lorsqu'il s'agit de développement et surtout de révolution, c'est-à-dire de changements volontaires, on ne saurait se contenter des inventions spontanées

---

1. G. FORTIN, « Langage et développement », *Presqu'Amérique, I*, 4, janvier-février 1972.

2. Voir : Andrée FORTIN, *Mode de connaissance et organisation sociale*, Les Cahiers du Cédar, Université de Montréal, 1981.

de nouvelles langues réflexives et symboliques. Il faut inventer volontairement, il faut les créer. Un projet de société implique une réflexion critique sur la société, l'établissement de nouvelles relations, mais aussi, sinon surtout, la création de nouveaux symboles ou d'anciens symboles réinvestis d'un nouveau sens. C'est sur ce dernier point que je veux m'attarder quelque peu.

Alors qu'à la fin des années 1950 et durant les années 1960, on a assisté à un foisonnement de projets, d'utopies, de créations artistiques qui avaient un certain pouvoir de mobilisation peut-être surtout sur la classe moyenne montante, mais aussi sur l'ensemble de la population, la création réflexive et symbolique est particulièrement pauvre au Québec depuis le début des années 1970.

Entre l'inflation, le chômage, la constitution, un référendum raté et les coupures de budget, les projets volent bas. Les symboles qu'on nous sert en témoignent.

Même le projet de la Baie James, qui aurait pu être un symbole important du Québec industriel et énergétique de l'avenir, a d'abord été boudé. Bien sûr on a cherché à le récupérer par la suite, mais il était trop tard. Le projet hydro-électrique est une réalisation importante, il n'est pas devenu un symbole.

La publicité, une des dernières institutions à jouer consciemment avec les symboles, a eu quelques trouvailles : « Le français, je le parle par cœur », « J'ai le goût du Québec ». Mais il s'agit surtout de slogans qu'une trouvaille des publicistes d'Ottawa pourrait nous faire oublier. Plus important encore, la raison d'être de la publicité, *i.e.* la société de consommation, voit son impact symbolique diminuer. Déjà, l'automobile et la maison unifamiliale apparaissent comme des objets de plus en plus inaccessibles : c'étaient pourtant les deux bases de la société de consommation. Restent la bière et les sports pour faire oublier nos malheurs et nos rêves perdus.

Même la chanson, qui un moment semblait devoir nous propulser, s'est de plus en plus privatisée. Sans doute, Félix Leclerc chante encore (de plus en plus) nos frustrations de peuple soumis à des puissances étrangères, surtout américaines ; mais s'il réussit à traduire nos frustrations, il n'en est pas de même des aspirations.

Les Acadiennes parlent de moins en moins de l'Acadie pour parler d'elles-mêmes, alors que Renée Claude nous garde précieusement dans la vie quotidienne de la femme amoureuse.

Georges Dor nous a chanté la Manic, non comme réussite mais dans sa morne réalité du travailleur exilé. Les fêtes nationales et la victoire du P.Q. nous ont appris à « nous parler d'amour » alors qu'un des plus grands succès récents nous confirme que « tout le monde est *stone* ».

La chanson québécoise des années 1970, comme la télévision, comme le roman, nous enferme dans le quotidien de la vie privée, quotidien non critiqué, vécu de façon désespérante dont on ne peut sortir que par la drogue [3] ou par l'amour privé. C'est sans doute là une réflexion puissante de l'aliénation croissante du citoyen devant les appareils d'État de plus en plus contrôlants et de moins en moins contrôlables ou contrôlés.

Ce contrôle de l'État et aussi de l'industrie se fait par toute une série de codes qui ne sont pas à proprement parler des langages mais des réifications des choses et des personnes. Formulaires, fiches informatiques, règlements universels. En plus de ces codes existe cependant un langage, celui de l'ingénieur, de l'économiste et du technocrate en général. Les symboles de base de ce langage sont la rationalité, l'efficacité, la planification, la concentration, la rentabilité, la croissance.

C'est là, peut-être, le seul langage qu'on ait inventé ou plutôt emprunté au Québec depuis dix ou quinze ans. Le discours concurrent que la société industrielle a inventé pour contrebalancer la rationalité, soit la langue de la démocratie, a bien des difficultés à s'installer chez nous. Une raison de ce retard est sans doute le besoin de ré-inventer ce discours pour l'adapter à chaque époque et à chaque société. Car si le langage de la rationalité est relativement universel, celui de la démocratie est particulier à chaque groupe d'hommes selon leur situation et leur tradition.

Cette démocratie symbolique qui dans les années 1960 tentait de se structurer dans l'animation, la participation, les groupes de citoyens, les conseils régionaux, s'est fait récupérer par la rationalité qui l'a bureaucratisée dans les C.R.D., les C.L.S.C., les PIL,[4] etc. Il y a bien sûr des réactions notoires qui sont elles-mêmes devenues symboles : les Opérations Dignité, Cabano, Tricofil. Ces symboles sont cependant très fragiles, du fait même que leur survie dépend des octrois et du bon vouloir de l'État. Dans certains pays, on laisse paraître des journaux de gauche qui tirent à quelques centaines d'exemplaires pour prouver qu'on y a une presse libre ; ici on peut bien se permettre d'avoir quelques expériences non rationnelles pour prouver qu'on est démocratique.

Un autre avatar de démocratie qui a marqué la fin des années 1970, c'est celui de la décentralisation. Enfin, on allait donner au niveau local un contrôle réel sur son devenir collectif qu'il pourrait définir selon ses valeurs et ses priorités. Plutôt que d'être un projet, cette décentralisation a à peine été un discours vide. Les détenteurs du pouvoir central n'ont pas accepté de déléguer leur pouvoir : à peine ont-ils toléré une déconcentration minime. Dans d'autres cas, la décentralisation s'est accompagnée d'un contrôle central renforcé (C.L.S.C.). Enfin, ce qui peut être encore plus grave, les agents qui ont profité

---

3. Nous sommes en retard de dix/quinze ans sur les Américains et les Anglais.

4. C.R.D. : Conseil régional de développement ; C.L.S.C. : Centre local de services communautaires ; PIL : Projet d'initiatives locales.

du peu de décentralisation qui s'est faite (les maires par exemple) sont de plus en plus imprégnés eux-mêmes du langage de la rationalité et non de celui de la démocratie. La décentralisation lorsqu'elle se produit se fait sur le modèle de la centralisation. Ce sont les administrations locales ou régionales qui augmentent leur contrôle bureaucratique et rationnel et non les citoyens.

Mais enfin, la jeune gauche intellectuelle! Elle est là, elle parle, elle écrit, elle tient des congrès, elle agit et crée des choses. N'est-elle pas en train de créer un langage démocratique? Oublions sa phase de marxisme mal digéré dont plusieurs sont sortis très désabusés sinon « désenchantés » au sens wébérien. Oublions l'aventure de la recherche-action qui reste encore très valable mais qui est déjà récupérée par les chercheurs de droite. [5] Ne pensons qu'à son enfant le plus beau: l'autogestion. Il s'agit là d'un effort véritable de réinventer le coopératisme et la démocratie de base. Et il s'agit non seulement d'une invention verbale mais d'une véritable incarnation dans l'action. Des expériences permettent de confronter la théorie et la contingence de la réalité. De nouvelles relations s'y forgent, en même temps que les symboles s'affinent.

Dans des oppositions occasionnelles avec le mouvement coopératif institutionnalisé et rationalisé et les appareils d'État, les convictions s'affermissent et le vocabulaire se précise. Des revues paraissent, le langage se diffuse et dépasse le milieu intellectuel restreint.

C'est sans doute là l'espoir le plus fécond de la création d'une langue de la démocratie qui puisse s'opposer efficacement à la langue déjà majoritaire de la rationalité. On pourrait souhaiter cependant que ce verbe s'ouvre à une prise en charge de l'ensemble de la société. Si le langage québécois de l'autogestion couvre assez bien la réalité des micro-réalisations, il est complètement inadéquat pour fonctionner dans un ensemble social et politique. Si on a dépassé l'anarchie individuelle, on est encore dans l'anarchie des collectifs.

S'agit-il d'un péché de jeunesse ou d'un vice structural du langage? Seul l'avenir le dira. Mais il ne faudrait pas attendre trop longtemps; les forces de récupération de la rationalité sont fortes et rapides.

Plusieurs ont dit jadis qu'il fallait inventer un « socialisme d'ici ». Nous en sommes malheureusement encore là. Trouverons-nous enfin les mots pour dire une société qui serait la nôtre mais qui serait surtout une société démocratique du haut jusqu'en bas et dans toutes ses dimensions?

Gérald FORTIN

I.N.R.S. - Urbanisation,
Montréal.

---

5. Non seulement le Québec est-il devenu pluraliste, mais les chercheurs et praticiens des sciences sociales le sont devenus aussi. Dans le temps, on disait que c'était un progrès !

UN INTELLECTUEL À LA RENCONTRE DE DEUX MONDES JEAN-CHARLES FALARDEAU ET LE DÉVELOPPEMENT DE LA SOCIOLOGIE UNIVERSITAIRE AU QUÉBEC

Objet de nombreuses études, le processus de constitution de nouveaux savoirs ou de nouvelles compétences est assimilé tantôt au mouvement de « professionnalisation », tantôt à l'organisation de disciplines scientifiques, mais dans l'un (sociologie des professions) et l'autre cas (sociologie de la science), ce processus est identifié à la constitution d'un corps de spécialistes et à leur insertion en milieu universitaire : les conditions institutionnelles ou les étapes d'institutionnalisation d'une discipline sont invariablement la délimitation des frontières de la discipline, l'organisation d'institutions d'enseignement et de recherche, la constitution de réseaux ou plus largement d'une « communauté » de collègues en contact les uns avec les autres, la formalisation des règles d'accès à la carrière scientifique, etc. Il faut cependant reconnaître que, parce qu'elle exige la mobilisation de ressources humaines et financières, toute transformation de la division sociale du travail intellectuel qu'entraînent l'apparition et l'organisation d'une nouvelle discipline ne repose pas sur la seule force de l'« idée » nouvelle ou sur la seule énergie de quelques individus d'exception. Pour la période contemporaine, en particulier pour la période qui correspond à la modernisation du système universitaire et qui date, en Europe et en Amérique du Nord, de la seconde moitié du XIXe siècle, une telle modification n'est nullement indépendante de transformations de la structure sociale elle-même, en particulier de la montée de nouvelles classes dirigeantes qui identifient leur mobilité au « progrès », à la « modernité » et à la « science », et qui souvent s'associent à des mouvements de réformes sociales. Dans le cas de la sociologie aux États-Unis, il ne fait aucun doute, comme le montre Oberschall, que sa naissance et son développement rapide sont provoqués par la prise de conscience et la prise en charge, d'abord par des institutions privées et ensuite par l'État lui-même, des « problèmes sociaux » (pauvreté, hygiène, criminalité, urbanisation, etc.) qu'entraîne l'industrialisation et qui suscitent l'organisation de mouvements réformistes habituellement animés par des membres des classes supérieures. [1] Fille de la modernité, la sociologie en est à la fois le témoin, l'analyste et (parfois) le critique.

Dans le cas d'une société telle que le Québec dont le développement économique est largement dépendant, *i.e.* fonction de capitaux étrangers, la mobilité et la mobilisation de la bourgeoisie francophone n'ont été, de la seconde moitié du XIXe siècle jusqu'aux années de la Crise, que partielles et n'ont pas permis, à travers des mouvements de réforme, la véritable modernisation du système universitaire francophone. Le développement de la sociologie sera certes lié à un mouvement social de modernisation, mais le contexte politique (de lutte contre le duplessisme) et aussi la composition de ce mouvement, plus étroitement lié aux classes moyennes et populaires, seront différents : à la fois cette conjoncture spécifique et les caractéristiques sociales de ceux qui s'intéressent à cette discipline donneront à son développement un rythme et une forme particuliers.

A) *Sociologie et science morale*

Contrairement à ce qui s'est passé aux États-Unis, l'institutionnalisation véritable de la sociologie ne se réalise, au Québec, que très lentement et tardivement : il y a bien quelques pionniers isolés — Léon Gérin, Marius Barbeau, etc. — mais jusqu'à la Seconde Guerre mondiale, la sociologie demeure une discipline marginale au système universitaire québécois franco-phone et il n'y a pas de véritables lieux de formation, ni de centres de recherche. En milieux anglophones, la situation est quelque peu différente : l'inquiétude que provoquent les transformations économiques et sociales entraîne, dès la fin du XIXe siècle, la multiplication des organisations privées (de charité, etc.) et suscite l'apparition, principalement sur la scène municipale montréalaise, de mouvements politiques d'orientation réformiste (lutte contre la corruption municipale, amélioration des conditions hygiéniques, etc.). L'étude d'un Ames, *The City below the Hill* (1898) s'inscrit dans un tel mouvement. Par ailleurs, l'Université McGill offre dès 1922 à ses étudiants en service social un premier enseignement en sociologie et le confie à Carl A. Dawson qui, originaire des provinces maritimes, vient de terminer une scolarité de doctorat en sociologie à l'Université de Chicago. [2] Dès l'année suivante, celui-ci participe à la mise sur pied d'un département de sociologie, le premier au Canada, et entreprend de former à la recherche empirique une première génération d'étudiants : la première thèse pour l'obtention d'un diplôme de maîtrise en sociologie (*The*

---

1. A. OBERSCHALL, « The institutionalization of American sociology », dans : A. OBERSCHALL (éd.), *The Establishment of Empirical Sociology*, New York, Harper & Row, 1972 : 187–252.

2. Au sujet de C.A. Dawson, voir : O. HALL, « Carl A. Dawson, 1887–1964 », *La Revue canadienne de sociologie et d'anthropologie*, I, 2, mai 1964.

Sociology of Rouville Country) est présentée par D.H. McFarlane en 1926. Pour sa part, Dawson effectue, dans le cadre d'une équipe multidisciplinaire, des recherches sur le peuplement des grands espaces des Prairies de l'Ouest canadien, [3] mais, durant les vingt premières années de sa carrière, il consacre ses énergies à l'organisation de son département et à l'enseignement : en collaboration avec un professeur de l'Université du Texas, W.E. Gettys, il publie en 1929 une *Introduction to Sociology* [4] qui est rééditée en 1935 et 1945. La venue en 1927 d'E.C. Hughes, qui a été lui aussi formé à l'Université de Chicago, donnera une impulsion à la formation spécialisée en sociologie (thèses de maîtrise) et au développement de la recherche, principalement à l'étude de la division du travail entre Canadiens anglais et Canadiens français. Jusqu'en 1940, la moitié (24 sur 58) des thèses de maîtrise en sociologie d'universités canadiennes sont de McGill : [5] le principal champ d'intérêt des étudiants est celui des relations ethniques et l'étude de groupes immigrants.

À l'Université de Montréal où Édouard Montpetit dirige, depuis 1920, une École des sciences sociales, politiques et économiques, il est bien question, ici et là, de sociologie mais la place de cette discipline demeure très marginale et son enseignement est étroitement associé à celui de la philosophie sociale. Il faut attendre le début des années 1940 pour qu'à la faveur d'une réorganisation de l'École, soit mise sur pied une section d'histoire et de sociologie et qu'apparaissent des cours explicitement identifiés à la sociologie. Mais le premier cours qui utilise la dénomination « sociologie » relève beaucoup moins de l'initiation à la théorie ou à la recherche sociologique que du service social : il s'agit d'un cours de « Sociologie appliquée » qui porte sur les problèmes de la misère et les façons d'y remédier. Son responsable est Arthur Saint-Pierre : cet intellectuel est alors largement mobilisé par des tâches d'organisation, d'enseignement et de diffusion de la doctrine sociale de l'Église et ses ouvrages (*Questions et œuvres sociales chez nous*, etc.), apparaissent comme le prolongement direct des responsabilités qu'il détenait au titre de secrétaire de l'École sociale

---

3. C.A. DAWSON, *The Settlement of the Peace River Country. A Study of a Pioneer Area*, Toronto, McClelland, 1934, 204p. ; C.A. DAWSON, *Group Settlement : Ethnic Communities in Western Canada*, Toronto, McClelland and Stewart, 1936, 395p. ; C.A. DAWSON et E.R. YOUNG, *Pioneering in the Prairie Provinces : The Social Side of the Settlement Process*, Toronto, McClelland and Stewart, 1940.

4. New York, The Ronald Press Company, 1929, 764p. S'appuyant largement sur les travaux de l'École de Chicago — Park et Burgess sont les deux auteurs les plus cités — ce manuel, qui présente comme objet de la sociologie le « groupe social », adopte une conception nettement empiriste et inductive de la sociologie et s'oppose à toute perspective « réformiste » : la responsabilité de la sociologie n'est pas de fournir des programmes de planification mais d'« exposer la structure de base des relations humaines et par là aider ceux qui peuvent vouloir apporter des changements à cette structure » (*id.*, p. iii).

5. Source : *Thèses des gradués canadiens dans les humanités et les sciences sociales*, Ottawa, Gouvernement du Canada, 1951, pp. 80–82. La seule autre université concurrente est l'Université de Toronto qui, entre 1920 et 1940, décerne dix-huit diplômes de maîtrise en sociologie.

populaire. [6] La préoccupation pour la recherche empirique n'est évidemment pas totalement absente à l'École des sciences sociales de l'Université de Montréal : celle-ci se manifeste par divers cours [7] et aussi par la mise sur pied en 1943 d'un Institut de sociologie, dont la direction est confiée à Saint-Pierre ; ses objectifs sont larges (étudier les mœurs, institutions, caractères, etc. de la population canadienne-française, chercher des solutions aux problèmes sociaux), mais ses activités se limiteront à réunir une très faible documentation.

Que ce soit à l'Université ou dans les milieux intellectuels et politiques, l'acception courante du terme sociologie en fait, comme le remarque Albert Faucher, une discipline dérivée de la morale sociale : « La sociologie doit se fixer d'abord sur les principes de l'enseignement social de l'Église ; ensuite elle peut, si elle le juge opportun, examiner la réalité sociale, se pencher sur les problèmes du milieu, à la lumière de l'enseignement traditionnel de l'Église. » [8] Aussi retrouve-t-on sous la rubrique « sociologie » des bibliographies des revues telles *l'Action française, L'École sociale populaire, Culture*, des ouvrages très divers : la lettre encyclique *Rerum Novarum* de Léon XIII, *La conquête du peuple* d'Albert de Mun ou la *Cité chrétienne d'après les enseignements pontificaux* d'Henri Brun.

À l'Université Laval, lorsqu'en 1932 est créée une École des sciences sociales et qu'elle est reliée institutionnellement à l'Institut supérieur de philosophie, la situation n'est guère très différente : le cours de sociologie, dont la responsabilité est confiée à Mgr Wilfrid Lebon, professeur de morale et de droit naturel social, en est un de philosophie thomiste et de morale sociale chrétienne. Dans son rapport annuel, le recteur de l'Université, Mgr Camille Roy, tient lui-même à rappeler que « la sociologie doit tenir compte des principes et des réalités », qu'elle doit « reposer sur de solides principes de philosophie, si l'on ne veut pas qu'elle soit faussée par les réductions trop variables ou par des passions égoïstes ». [9]

---

6. Les postes qu'occupe Arthur Saint-Pierre sont : chef de secrétariat de l'École sociale populaire (1908–1914), directeur de la revue *L'Oiseau bleu* (1919–1921) et professeur à l'Université de Montréal (1922). Il est aussi membre de l'A.C.J.C. dont il fut vice-président (1907–1917), de la Société Saint-Jean-Baptiste de Montréal dont il fut chef du secrétariat (1944-1945) et directeur de la Commission générale des Semaines sociales du Canada.

7. Parmi ces cours, il faut noter celui de « Géographie humaine » de Yves Tessier-Lavigne et de « Statistiques » de Raymond Tanghe. Pour sa part, A. Saint-Pierre introduit en 1945-1946 un nouvel enseignement, « Recherches sociales », par lequel il compte initier les étudiants à diverses méthodes de recherche : une partie importante du cours consiste en une historiographie de la recherche sociale au Canada français (Léon Gérin, H. Miner, E.C. Hughes, etc.).

8. A. FAUCHER, « La recherche en sciences sociales au Québec », dans : N.F. TIMLIN et A. FAUCHER, *The Social Science in Canada/Les sciences sociales au Canada*, Ottawa, Social Science Research Council of Canada, 1968, p. 3.

9. *Annuaire de l'Université Laval, 1931-1932*, p. 315.

Au moment de la réorganisation de l'École en 1938, cette conception de la sociologie n'est pas fondamentalement modifiée : les divers enseignements, dont les principales concentrations sont la philosophie (sociale, économique, politique), le droit (constitutionnel, civil, international, de l'Église), l'histoire (politique canadienne, économique canadienne, de l'action catholique) et la doctrine sociale de l'Église, ont pour objectif, selon l'expression de l'archevêque de Québec, Mgr J.-M. Rodrigue Villeneuve, o.m.i., de « faire de ceux qui les suivront de vrais sociologues chrétiens ». [10] Face à la « désorganisation qui menace la civilisation traditionnelle, héritée des plus beaux siècles du christianisme », ceux-ci auront « la tâche et l'honneur d'inoculer à l'organisme ce ferment salutaire et purificateur de l'influence chrétienne ». [11] Par la mise sur pied d'une École des sciences sociales, l'Université répond aux vœux du Souverain Pontife qui lui demande de « former des maîtres, des apôtres et des chefs sans lesquels il sera vain d'espérer un ordre social chrétien ». [12]

Un autre indice de l'importance que l'Église accorde aux « questions sociales » est la présence de membres du clergé et de communautés religieuses au sein du corps professoral des écoles universitaires en sciences sociales. À l'Université de Montréal, cette présence se maintiendra, jusqu'au milieu des années 1960, à environ 10% et l'on retrouvera plusieurs d'entre eux à des postes de responsabilité : le R.P. Bouvier, s.j., responsable de la mise sur pied d'une École de relations industrielles, le R.P. Guillemette, o.p., de la création d'une École de service social, et l'abbé Norbert Lacoste, de l'organisation d'un Département de sociologie. À l'Université Laval, la situation n'est guère différente : la présence de membres du clergé sera jusqu'au milieu des années 1960 de 15%. Et au moment même de sa réorganisation en 1938, l'on retrouve, en plus des R.P. Lévesque et Poulin, deux éminents intellectuels catholiques religieux : les R.P. Eschman, o.p., et Delos, o.p. Le R.P. Delos, docteur en droit, s'intéresse aussi à la sociologie : membre de l'Institut international de philosophie du droit et de sociologie juridique, il accepte alors la responsabilité du cours de « Sociologie internationale ». Et pendant son séjour au Québec, il publiera en deux volumes un essai théorique en sociologie : *Le problème de la civilisation. La nation* (Montréal, L'Arbre, 2 vols, 1944).

Lorsqu'en 1943 est créé, au sein de l'École des sciences sociales, un Département de sociologie, celui-ci porte officiellement le nom de « Département de sociologie et de morale sociale » et sa direction reste aux mains du doyen de l'École, le R.P. Lévesque. Certes apparaissent alors des cours dits « positifs » (méthodes de recherche, statistiques, sociologie spécialisée, etc.) mais ceux-ci

---

10. Cardinal J.-M. VILLENEUVE, o.m.i., « Lettre au R.P. G.-H. Lévesque, o.p. », *Annuaire de l'École des sciences sociales, politiques et économiques, 1939-1940*, Université Laval, p. 3.

11. *Id.*, p. 4.

12. *Ibid.*

demeurent bien encadrés par de nombreux cours « normatifs » (philosophie sociale et économique, cours sur les encycliques ou sur l'action catholique, etc.) ; de plus, cet enseignement « positif » est souvent confié à des membres du clergé ou de communautés religieuses. C'est ainsi que le R.P. Gonzalve Poulin, o.f.m., se voit, à son retour d'un stage d'études en France (1937–1939) et à la suite de quelques années d'action au sein du mouvement familial, confier la charge des cours d'Introduction à la sociologie et de Sociologie de la famille. Cependant, celui-ci délaisse rapidement le secteur de la recherche sociologique pour consacrer toutes ses énergies à la mise sur pied et à l'animation de l'École de service social de l'Université Laval. [13] Mais pendant les quelques années où il est étroitement associé à la sociologie, le R.P. Poulin contribue au développement de cette discipline : ainsi, en 1944, il réalise, en collaboration avec Jean-Charles Falardeau et Roger Marier, l'une des premières enquêtes sociologiques réalisées par des membres de l'École : *Le logement à Québec* (mai 1944, 44p.). De plus, son intérêt pour l'étude de la famille le conduit à publier à la même époque des articles dans diverses revues locales et aussi une *Histoire de la famille canadienne* (Montréal, La Famille, 1940, 118p.). Enfin, une dizaine d'années plus tard (1952), paraîtra aux Presses de l'Université Laval un autre ouvrage : *Problèmes de la famille canadienne-française.*

L'intérêt des prêtres et des religieux pour les « questions sociales » se traduit aussi, à cette époque, par la nécessité d'organiser annuellement des « Journées sacerdotales d'études sociales » ; en 1944, le nombre de prêtres « ayant des préoccupations sociales » est évalué à une soixantaine. [14] Plusieurs d'entre eux s'inscriront dans les écoles de sciences sociales et obtiendront une formation universitaire dans l'une ou l'autre des disciplines en sciences sociales : par exemple, à l'Université Laval, la plupart (19 sur 23) des diplômés de la Faculté des sciences sociales seront, entre 1947 et 1952, effectivement des prêtres ou des religieux(ses). [15]

---

13. R.P. Gonzague POULIN, o.f.m., « L'enseignement des sciences sociales dans les universités canadiennes », *Culture, II*, 1941, p. 342. Dans son « Itinéraire sociologique », le R.P. Poulin décrit ses diverses activités : conférences, participation à des congrès, écrits occasionnels, fondation d'agences sociales, le Centre médico-social, etc. (R.P. Gonzalve POULIN, o.f.m., « Itinéraires sociologiques », *Recherches sociographiques, XV*, 2-3, 1974, p. 217.)

14. Selon l'évaluation du R.P. Jacques COUSINEAU, s.j., « Commentaires », dans : J.-C. FALARDEAU, *Essais sur le Québec contemporain*, Québec, P.U.L., 1953, p. 210. Les « Journées sacerdotales » donneront naissance à la « Commission sacerdotale d'études sociales », qui interviendra de façon efficace, en 1948 et 1949 dans les conflits ouvriers. « C'est de l'élaboration de cette pensée sacerdotale mise au point, ordonnée et codifiée par des évêques avertis qu'est finalement sortie la Lettre sur le problème ouvrier. » (*Id.*, p. 210.) Cette lettre (*Le problème ouvrier en regard de la doctrine sociale de l'Église*, Lettre pastorale collective de Leurs Excellences Nosseigneurs les Archevêques et Évêques de la province civile de Québec, 1950) connaît une très large diffusion (édition originale de 100 000 exemplaires) et est traduite en quatre langues.

15. Marius PLANTE, *Évolution des origines sociales des diplômés de la Faculté des sciences sociales de l'Université Laval, 1947–1967*, thèse de maîtrise, Faculté des sciences de l'éducation,

La présence d'un aussi grand nombre de prêtres et de religieux témoigne de l'inquiétude de l'Église face aux transformations économiques et aux conflits sociaux que celles-ci entraînent ; elle indique aussi une modification de son mode d'intervention dans les affaires laïques : pour régler les divers problèmes sociaux et pour élaborer des plans d'action, la seule référence à la doctrine (sociale de l'Église) ne suffit plus, celle-ci doit aussi s'allier à une connaissance précise des réalités. En sociologie, l'une des premières tâches consiste à dissocier cette discipline de la morale sociale pour ensuite établir leur complémentarité. Dans son introduction à un *Précis de sociologie*, le R.P. Delos, o.p., dénonce « les confusions qui déroutent les esprits » et souhaite que la sociologie et la morale sociale puissent « collaborer, se fournir une assistance mutuelle », mais pour autant, précise-t-il, « qu'elles restent chacune à son degré de savoir ».[16] À la faveur d'un renouveau intellectuel, qui se manifeste tantôt par la diffusion d'un néo-thomisme (fondation d'une Académie canadienne de Saint-Thomas et tenue de Journées thomistes, diffusion des écrits de É. Gilson et de J. Maritain, etc.), tantôt par l'intérêt pour les recherches sociales empiriques, s'effectue une réorganisation des schèmes culturels : à la relation d'opposition entre Foi et Raison, entre Autorité et Liberté, etc., l'on tend à substituer celle de la complémentarité. En arts visuels, ce glissement s'opère à travers les écrits d'un Maurice Gagnon ou d'un François Hertel[17] et trouve une première manifestation dans les œuvres du groupe automatiste, pour qui la « vérité » d'une production artistique réside dans son adéquation à la subjectivité de l'auteur. Pour sa part, le R.P. Mailloux, o.p., effectue un travail similaire en psychologie : celui-ci s'efforce d'une part de réconcilier la psychologie expérimentale et la philosophie thomiste et d'autre part de modifier, en pédagogie, l'opposition entre l'autorité et la liberté par l'introduction de la notion de « personne » (de personnalité, etc.).[18] La contribution du R.P. Lévesque, o.p., et de ses collaborateurs à l'Université Laval s'inscrit dans un tel mouvement et prépare aussi graduellement un renversement du discours sur la vérité. Non totalement

---

Université Laval, 1968. Il est à noter que cette présence de prêtres s'affaiblira considérablement dans les années suivantes pour tomber à 5%. Pour toute la période étudiée (1947-1967), le pourcentage de prêtres et de religieux parmi les diplômés de la faculté est un peu supérieur à 10%.

16. R.P. J.-Th. DELOS, o.p., « Introduction », dans : A. LEMONNYER, o.p., J. TONNEAU, o.p. et R. TROUDE, *Précis de sociologie*, Marseille, Publiroc, 1934, p. 17.

17. Voir : Maurice GAGNON, *Sur l'état de la peinture canadienne-française*, Montréal, L'Arbre, 1945. Dans la compréhension de cette modification de la problématique en arts visuels, il ne faut pas négliger la venue au Québec du R.P. Couturier, o.p., qui, dans le cadre de conférences publiques, prendra la défense de l'« art vivant ». (M. FOURNIER et R. LAPLANTE, « P.É. Borduas et l'autonomisation ou les paradoxes de l'Art vivant », dans : *P.É. Borduas. Refus global et projections libérantes*, Montréal, Parti Pris, 1977 : 101-147.)

18. À la suite d'un débat dans les pages de la revue *Collège et famille*, cette problématique trouvera, en pédagogie, son expression et aussi sa systématisation dans l'ouvrage d'un professeur de l'Institut de psychologie de l'Université de Montréal : Roland VINETTE, *Pédagogie générale*, Montréal, Centre de psychologie et de pédagogie, 1948, 406p.

dissociable de l'ouverture au monde que provoque la Seconde Guerre mondiale, un renouveau de la culture savante n'est pas non plus indépendant de l'action d'une communauté religieuse, l'Ordre des Dominicains : cette communauté hautement scolarisée, qui participe alors au renouveau du thomisme, apparaît dans le champ intellectuel et religieux, et en particulier dans sa relation à une autre communauté, les Jésuites, plus « ouverte », plus « progressiste » (défense de l'art vivant, promotion d'une pédagogie nouvelle respectueuse de la personnalité de l'enfant, etc.) et « moderniste ».

B) *E.C. Hughes et l'« École de Chicago »*

La seule façon, pour une jeune institution d'enseignement, de fournir, en l'absence d'une main-d'œuvre locale, un enseignement en sciences sociales est souvent de recourir à des universitaires ou à des spécialistes étrangers. Pour sa part, le R.P. Lévesque, o.p., puise d'abord dans son propre réseau, qui est celui de sa communauté, mais il bénéficie aussi des services d'un sociologue américain, Everett C. Hughes, qui a enseigné à l'Université McGill et qui termine une recherche menée dans une petite ville industrielle du Québec : [19] celui-ci est d'autant plus intéressé à l'invitation qu'il n'a guère eu de contact avec les intellectuels francophones et qu'il pense que son travail « ne pourra être continué que par des Canadiens français, les gens les plus touchés par les changements ». Sa venue à l'Université Laval durant l'automne et l'hiver 1942-1943 est d'autant plus importante que, non seulement il est en mesure d'initier les étudiants aux problèmes de la recherche et de les familiariser avec les techniques de travail sur le terrain, mais aussi qu'à la suite de ses études sur les relations ethniques et sur les divisions du travail entre Canadiens anglais et Canadiens français, il dispose d'une problématique d'analyse générale du Canada français.

En plus de son enseignement et de nombreuses discussions avec les professeurs de l'École des sciences sociales, E.C. Hughes rédige, lors de son premier séjour à Québec, un *Programme de recherches sociales pour le Québec*, qu'il publie dans les *Cahiers* de l'École. [20] Il refusera par la suite d'être considéré comme « l'initiateur d'un mouvement de recherche à l'Université », [21] mais l'un de ses étudiants reconnaîtra qu'il fut « le stimulus le plus immédiat qui a été à

---

19. E. C. HUGHES, *French Canada in Transition*, Chicago, The University of Chicago Press, 1943. Cet ouvrage sera traduit en français deux ans plus tard par l'un de ses étudiants, Jean-Charles Falardeau : *Rencontre de deux mondes*, Montréal, Parizeau, 1945.

20. E. C. HUGHES, « Programme de recherches sociales pour le Québec », *Cahiers de l'École des sciences sociales de l'Université Laval, II*, 4, 1945, 41p.

21. E. C. HUGHES, « The natural history of a research project : French Canada », *Anthropologica, V*, 2, 1963, p. 235. « Je n'ai certainement pas, précise-t-il alors, créé ce groupe ni élaboré le programme de leur recherche. J'ai été plutôt une partie d'un mouvement dont [les jeunes chercheurs] ont été aussi une partie. »

l'origine de notre entreprise ». [22] Parmi les thèmes ou projets de recherches identifiés par ce chercheur qui, conscient de son statut d'« étranger », veut relier ses préoccupations aux « problèmes urgents du présent et du proche avenir », les plus importants sont : 1. l'étude de la famille et de son influence sur le choix professionnel des enfants, 2. l'étude de la paroisse comme institution sociale, 3. l'étude de problèmes fondamentaux d'une communauté urbaine, 4. l'étude systématique des divers types fonctionnels de communautés canadiennes-françaises rurales et semi-industrielles, et enfin 5. les goûts et les coutumes de la population en regard de la musique, des arts et des jeux. Dans le cadre de ce *Programme*, E.C. Hughes présente aussi une conception de la recherche sociologique, voire une éthique pour l'enquêteur social : celui-ci doit conserver « une certaine indépendance dans le choix des problèmes et des méthodes » tout en se mettant à la disposition des administrateurs et des chefs sociaux, qu'il ne doit pas chercher « à remplacer » ; sa tâche consiste et se réduit à « recueillir et à interpréter des faits ». [23] Mais Hughes ne réduit pas pour autant l'activité de recherche à celle d'un spécialiste ou d'un technicien : celle-ci a certes un but pratique qui est d'« aider à l'élaboration de toute politique sociale », mais elle a aussi un objectif beaucoup plus général, celui de « mieux faire comprendre la vie de l'homme au sein de la société et de l'influence de celle-ci sur sa destinée ». Et « celui qui veut faire une étude sérieuse de la société doit, ajoute-t-il, être un humaniste, possédant une bonne formation philosophique, historique et littéraire, un homme qui cherche sans cesse à élargir et à approfondir ses vues ». [24] D'ailleurs, et peut-être pour respecter l'esprit de l'École, l'introduction du *Programme* est précédée d'une longue citation, en latin, de saint Thomas.

Enfin, et c'est sa troisième contribution importante, E.C. Hughes propose une problématique d'analyse qui est celle-là même de son « maître », Robert F. Park de l'Université de Chicago, et selon laquelle « toute institution fait partie d'un réseau d'institutions ».

> « Aussi est-ce le rôle de l'enquêteur social de trouver la place de chaque problème, de chaque institution dans le tout dont ils font partie, c'est-à-dire de découvrir les fonctions de l'activité humaine et des institutions sociales [...]. Nous mettons ici l'accent sur l'unité organique de la société. Les individus, de même que les institutions ont des relations fonctionnelles. Aussi toutes les recherches sociales qui se désintéresseront ou ne tiendront pas suffisamment compte de ces relations fonctionnelles manqueront inévitablement leur but. » [25]

---

22. Jean-Charles FALARDEAU, « Problems and first experiments of social research in Quebec », *The Canadian Journal of Economics and Political Science, IV*, 1944, p. 365. De façon encore plus explicite, Falardeau avouera plus tard que par l'intermédiaire de Hughes, et aussi par son propre enseignement, « oui, il y a eu influence de l'École de Chicago au Québec ». (J.-C. FALARDEAU, « Antécédents, débuts et croissance de la sociologie au Québec », *Recherches sociographiques, XV*, 2-3, mai–août 1974, p. 150.)

23. E. C. HUGHES, « Programme... », *op. cit.*, p. 4.

24. *Id.*, p. 3.

25. *Id.*, pp. 13-14.

C'est d'ailleurs dans cette perspective que E.C. Hughes a effectué son étude *French Canada in Transition* et qu'il a mis en lumière le décalage qui existe au Québec entre d'une part les transformations économiques, *i.e.* la « révolution industrielle tardive », dont les agents sont étrangers, et d'autre part les institutions du Canada français, en particulier ses institutions et sa mentalité, qui sont « orientées vers une autre et précédente condition économique ». [26] Et, sur la base de la constatation d'un tel décalage, il n'hésite pas à critiquer les « leaders intellectuels » dans leur défense d'un savoir et de qualités qui ne « coïncident pas avec ceux du système économique dans lequel la plupart des Canadiens français doivent travailler ». Or, l'avenir de la culture canadienne-française dépend, précise-t-il dans un court article publié dans *L'Action nationale*, de « la réalisation d'un équilibre entre les facteurs suivants : d'une part, les fières traditions qui informaient jadis la vie des villes et traçaient d'avance la voie du succès, et d'autre part, les exigences plus variées et plus hautement techniques de la vie métropolitaine et industrielle ». [27] Se trouvent là réunis les éléments de la problématique sociologique qui guidera la jeune génération de chercheurs de l'Université Laval dans la réalisation de leurs premières études et qui les amènera à développer, au plan idéologique, la thèse du « rattrapage » ou de l'entrée dans la modernité.

C) *Spécialisation et différenciation*

L'influence d'E.C. Hughes au Québec n'aurait jamais été aussi grande s'il n'avait pas contribué lui-même à former ceux-là mêmes qui poursuivent son travail de recherche. Parmi les jeunes Québécois francophones qui reçoivent son enseignement, celui qui au cours des années 1940 et 1950 œuvre le plus activement à faire connaître les travaux de Hughes et aussi ceux de ses collègues de l'Université de Chicago est sans aucun doute Jean-Charles Falardeau ; il étudiera pendant deux ans la sociologie sous sa direction et entretiendra par la suite avec ce sociologue américain des relations qu'il qualifie lui-même d'amicales.

L'intérêt que Falardeau manifeste pour les sciences sociales est relativement tardif. À la fin de ses études classiques qu'il a entreprises au Petit Séminaire de Québec et qu'il a terminées au Collège Sainte-Marie de Montréal, ce fils d'un cadre d'une petite entreprise canadienne-française semble indécis quant à son orientation professionnelle : même s'il s'intéresse d'abord aux lettres, il décide

---

26. E. C. HUGHES, *French Canada in transition, op. cit.*

27. E. C. HUGHES, « Crise de la culture canadienne-française », *L'Action nationale, XVI*, décembre 1946, p. 328. Dans ce texte, Hughes manifeste une grande sympathie à l'égard du « petit peuple paysan, homogène, riche en traditions et solidement appuyé sur la solidarité de la famille et de la paroisse », qui lui apparaît fort « charmant » face à l'indescriptible atmosphère morale et spirituelle des États-Unis.

de s'inscrire à la Faculté de droit et poursuit parallèlement des études en philosophie. Une année plus tard (1938), c'est l'ouverture de l'École des sciences sociales de l'Université Laval : Falardeau s'y inscrit, maintient son inscription en philosophie et laisse tomber ses études de droit, au désappointement de son père qui s'interroge sur la valeur d'un diplôme en sciences sociales.

> « J'étais d'une génération dont l'adolescence avait coïncidé avec la dépression des années 1930. J'avais vécu, comme la plupart de mes amis, une vie québécoise vaguement bourgeoise, protégé contre tout souci par des études chez les Jésuites et la sécurité du régime Taschereau. Nos dernières années de collège, des années 34-35, avaient été celles du désarroi économique de nos familles, puis de leur gêne, quelquefois de leur pauvreté. Nous avions vécu les années de chômage, d'insécurité, des marches de la faim, les débuts des fascismes européens [...]. Ni nos parents, ni nos professeurs de collège, ni nos professeurs d'université n'avaient pu ou n'avaient voulu nous donner d'explication aux événements ni de réponse à nos interrogations. Nous avions lu et nous lisions encore Daniel-Rops et Mauriac, Gide et Péguy, Unamuno et Maritain, Claudel et Malraux. Plusieurs ne lisaient que l'abbé Groulx [...]. Nous apportions donc à l'École une infinité de questions. Elles n'étaient d'ailleurs pas les mêmes de l'un à l'autre. Tous, cependant, nous attendions que l'École donnât à chacune de nos questions une réponse claire et définitive. »[28]

Se remémorant cette période une vingtaine d'années plus tard, Falardeau donnera la description suivante de son orientation vers la sociologie :

> « Rien, en effet, dans mes préférences ou mes goûts conscients ne me signalait que je deviendrais sociologue. Ce terme, d'ailleurs, n'évoquait dans notre milieu, à l'époque où je dus faire un choix de carrière, que les travaux de théologiens ou la doctrine sociale de l'Église. J'étais attiré par les lettres et la philosophie. Mes parents firent impérativement valoir la nécessité de "gagner ma vie" et m'incitèrent à m'inscrire en droit. Ce que je fis. Tout en poursuivant, malgré tout, un cours de licence de la Faculté de philosophie de l'Université Laval où, déjà, terminant mes études secondaires au Séminaire de Québec, j'avais été l'un des premiers étudiants de Charles de Koninck. Il aura été mon premier maître véritable en me donnant le sens de la philosophie comme recherche. Je lui dois la révélation de la dialectique, le goût de la rigueur : une stimulante et indéfectible amitié se noua entre nous. Survient l'automne 1938 : la fondation de l'École des sciences sociales par le R.P. Lévesque, o.p., dont j'avais déjà suivi un enseignement à la Faculté de philosophie. Je veux étudier à cette nouvelle École dont je sens confusément qu'elle offrira des nourritures terrestres correspondant à mes goûts qui se situent entre les deux pôles du juridique et du philosophique. Mon père est plus réticent mais la rhétorique intuitive du P. Lévesque emporte vite ses objections. Après quelques mois, un peu écartelé entre les cours de trois programmes universitaires : droit, philosophie, sciences sociales, je me déleste allègrement du premier. »[29]

À ce moment, l'École des sciences sociales apparaît comme un moyen « pour chaque citoyen d'élite d'acquérir la culture personnelle vraiment sociale qui lui est indispensable ». D'ailleurs, un « pressant appel » est lancé aux étudiants des autres facultés, en particulier à ceux de droit et des lettres, et aussi aux « intellectuels, professionnels, hommes d'affaires, bref à tous ceux qui

---

28. J.-C. FALARDEAU, « Lettre à mes étudiants », *Cité libre*, 23, mai 1959, pp. 5-6.

29. J.-C. FALARDEAU, « Itinéraire sociologique », *Recherches sociographiques*, *XV*, 2-3, mai–août 1974, p. 219.

prétendent être de l'élite ». [30] Les étudiants eux-mêmes, qui à la fin de leurs études collégiales, s'orientent, souvent avec hésitation et crainte, vers les sciences sociales, le font dans cet esprit. « Nous n'avons pas encore, écrit en 1938 un étudiant qui fait sa demande d'admission, de vraie élite laïque qui comprenne le rôle qu'elle devrait jouer dans l'œuvre de restauration sociale. Nous en aurons une que vous formerez par votre haut savoir et que vous guiderez par vos directives éclairées. Je veux être de celle-là. » Cette « aspiration » est aussi décrite dans un roman, *Les beaux jours viendront...*, [31] écrit par Charles-Henri Beaupré, alors étudiant à l'École des sciences sociales et dédié à son directeur, le R.P. Lévesque, o.p. : « c'est l'histoire d'un fils d'ouvrier qui, à la fin de ses études classiques, songe aux carrières industrielles » mais qui décide d'aller étudier un an à l'École des sciences sociales, car il considère que « ce serait un merveilleux complément à ses études ». Son ambition est de « passer d'une classe sociale à l'autre » : après avoir travaillé dix ans à la base et avoir contribué à la mise sur pied d'un syndicat, d'une Caisse populaire, d'un magasin coopératif et d'un mouvement d'action catholique (J.O.C.), il y parviendra en devenant lui-même propriétaire d'un moulin à bois, jadis propriété de Canadiens anglais. Il s'agit là d'un roman à thèse dont l'intention est d'inciter les jeunes à l'action (individuelle et collective) : « C'est notre relèvement économique qui s'impose d'abord », affirme le héros au terme de son aventure. Il faut que chacun de vous mettiez la main à la pâte et travailliez à faire cesser les caravanes de gens bien intentionnés mais mal orientés, qui partent chaque jour à la conquête de vos droits, un livre sous le bras et des mots pleins la bouche... Ne l'oublions pas : « La Parole est aux Actes ». [32]

L'École des sciences sociales de l'Université Laval réunit certes quelques éminents professeurs étrangers mais, dans son ensemble, son corps professoral, largement composé de chargés de cours, demeure pendant les premières années peu spécialisé : en 1939-1940, l'on dénombre parmi les vingt-deux professeurs, neuf avocats, sept ecclésiastiques, deux licenciés en philosophie, deux licenciés en sciences sociales, deux licenciés en sciences commerciales et un médecin. Tous ces professeurs peuvent être difficilement considérés comme des « transfuges », c'est-à-dire comme des individus qui, formés dans une discipline, par exemple le droit, se sont instruits d'une autre pour l'enseigner ou la pratiquer à plein temps : la plupart n'ont jamais totalement rompu avec leur ancien groupe de référence et continuent d'exercer parallèlement une autre profession ou d'enseigner dans une autre faculté.

La nouvelle École ne se différencie pendant les premières années de celle de l'Université de Montréal que par ses conditions d'admission. En plus des auditeurs, l'École des sciences sociales admet des étudiants réguliers qui

---

30. *Annuaire de l'École des sciences sociales, 1939-1940*, Université Laval, p. 8.

31. Québec, Presses sociales, 1941, 340p.

32. *Id.*, p. 239.

suivent, comme les étudiants des autres facultés, des cours du jour pour l'obtention d'une licence. La condition d'admission pour cette catégorie d'étudiants est aussi le baccalauréat ès arts. Dans la toute première cohorte, qui réunit surtout des étudiants laïcs de sexe masculin, [33] la majorité (43 sur 68) est composée d'étudiants réguliers. De ce nombre, et même si les exigences scolaires n'apparaissent pas très sévères — nombreux sont les étudiants qui obtiennent une moyenne scolaire supérieure à 80% — seulement seize terminent leur scolarité et déposent une thèse pour l'obtention d'une licence en sciences sociales, certains se réorientant professionnellement, d'autres abandonnant pour des raisons financières.

Dans son enseignement, l'École des sciences sociales conserve une orientation fortement philosophique qui se reflète non seulement dans le programme de cours mais aussi dans le thème des thèses : parmi les thèses soumises entre 1935 et 1943 pour l'obtention d'une licence, quelques-unes se présentent comme des monographies de villages et de paroisses ou comme des études d'occupations et de lieux de travail, mais la plupart sont des dissertations de philosophie sociale (« L'idée du devoir », « Action catholique et action syndicale », « Hygiène morale », « Notion organique de la société civile et fonction supplétive de l'État selon la philosophie thomiste », « Corporations et politiques », « Le problème des salaires d'après le marxisme et la doctrine de l'Église », etc.). L'étroite liaison entre l'enseignement des sciences sociales et la philosophie à l'Université Laval se manifeste aussi dans le mode de participation des « jeunes » spécialistes en sciences sociales aux activités de l'ACFAS : ceux-ci se servent, comme première tribune, de la Société de philosophie de Québec, qui, faut-il préciser, se caractérise alors par la diversité de ses préoccupations (arts, sciences, littératures, anthropologie, etc.). Rien n'est donc plus naturel, pour Jean-Charles Falardeau en 1942 et 1943, que d'exposer, dans la section de Philosophie, le résultat des recherches qu'il effectue pour l'obtention de sa licence en sciences sociales : le titre de ses deux communications sont « Le communisme réalise-t-il l'idéal absolu du marxisme ? » et « L'économique est-elle fondamentale dans le marxisme ? ». Habituellement plus nombreux à présenter des communications (de 30% à 50% entre 1935 et 1945), les philosophes se regroupent volontiers aux congrès de l'ACFAS avec d'autres disciplines en sciences humaines dans des sections appelées « Sciences morales et sociales », « Philosophie et sciences sociales » ou « Philosophie et psychologie ». [34]

---

33. Eu égard à la présence de membres du clergé en communauté religieuse, cette première cohorte apparaît exceptionnelle ; pour les seules années 1947–1950, la proportion des membres du clergé parmi les diplômés en sciences sociales est de 82,1%. Pendant toute la période antérieure aux années 1960, c'est-à-dire entre 1947 et 1959, ce pourcentage demeurera toujours relativement élevé (32%). (Marius PLANTE, *Évolution des origines sociales des diplômés de la Faculté des sciences sociales de l'Université Laval, 1947–1965, op. cit.*)

34. Marcel FOURNIER, « Les conflits de discipline : philosophie et sciences sociales au Québec, 1922–1950 », dans : C. PANACCIO, *Philosophie au Québec*, Montréal, Bellarmin, 1975 : 207–237.

Quelque cinq années après la réorganisation de l'École des sciences sociales, le lien avec l'enseignement de la philosophie sociale ou de la morale est encore si étroit que le département de base de l'École, devenue faculté, est celui de Sociologie et de morale sociale et que son premier directeur est le doyen même de la Faculté, le R.P. Lévesque, o.p. : ses responsables et ses membres continuent de « se faire un devoir de tout considérer à la lumière de la doctrine sociale chrétienne » et de « baser leur enseignement sur la philosophie thomiste, celle-ci étant le fondement solide de toutes études sérieuses ». [35] Mais déjà, et l'on le lui reprochera sévèrement, la nouvelle faculté, qui regroupe maintenant un corps professoral « à plein temps » composé de jeunes spécialistes ayant poursuivi des études supérieures au Canada anglais ou aux États-Unis — Maurice Lamontagne, Maurice Tremblay, Roger Marier, Albert Faucher, etc. — entend faire une plus grande place aux « études positives modernes » et offrir des cours de « sociologie générale », de « méthode de recherches » et de « statistiques » : la formation se veut à la fois « normative » et « positive », c'est-à-dire « la seule qui soit réaliste, judicieuse et complète ». [36] Cette organisation de l'enseignement s'appuie sur le principe thomiste, selon lequel, précise-t-on, « l'étude des faits est primordiale dans les sciences morales (et donc dans les sciences sociales) » et par conséquent « la foi et la morale catholiques ne sont pas ennemies de la science ». [37]

Pour ceux qui entreprennent alors de « repenser [leur] milieu à partir de l'une des sciences de l'homme », il s'agit d'apprendre à « donner aux principes leur juste place et à discerner qu'il est plus facile de les énoncer que de les appliquer à une réalité humaine qui a sa primauté et ses lois propres ». [38] En d'autres termes, tout le défi est de « comprendre le Canada français *en deçà de la théologie et au-delà des habitudes nationalistes* », [39] bref de pratiquer la sociologie « avec les yeux et avec les pieds, en observant et en marchant » : [40] la vérité d'un discours ou la valeur d'une politique ne repose plus uniquement sur sa conformité à une théorie ou à une doctrine ; ce discours ou cette politique doit aussi tenir compte de la réalité, s'appuyer sur des données objectives.

« La société au milieu de laquelle nous vivons se transforme plus rapidement que la connaissance que nous en avons [...]. Le Québec qu'on disait auparavant rural s'urbanise et

---

35. *Annuaire de la Faculté des sciences sociales, 1944-1945*, Université Laval, p. 15.

36. *Ibid.* Au sujet de cette conception dualiste des sciences sociales, voir : Marcel FOURNIER, « L'institutionnalisation des sciences sociales au Québec », *Sociologie et sociétés, V*, 1, 1972 : 27–57.

37. R.P. G.-H. LÉVESQUE, o.p., *L'enseignement de la doctrine sociale de l'Église à la Faculté des sciences sociales de Laval*, Québec, Université Laval, décembre 1947, p. 2. Voir aussi : R.P. G.-H. LÉVESQUE, o.p., « Sciences sociales et progrès humain », *La Revue de l'Université Laval, III*, 1, septembre 1948 : 37–41.

38. J.-C. FALARDEAU, « Lettre à mes étudiants », *op. cit.*, p. 7.

39. *Id.*, p. 8.

40. J.-C. FALARDEAU, « Itinéraire sociologique », *op. cit.*, p. 222.

s'industrialise à un tempo accéléré ; des industries ont proliféré ; des villages autrefois isolés ont perdu leur cachet archaïque ; des populations nombreuses ont migré de partout ; les contacts urbains se sont multipliés ; la structure et les mœurs traditionnelles de la paroisse et de la famille sont en voie de s'altérer, surtout dans les régions-frontières récemment ouvertes à une colonisation planifiée. *Sous-jacentes à ces phénomènes, il y a des raisons profondes, et ce n'est pas en dissertant à priori sur un ton lyrique ou apologétique que nous parviendrons à les comprendre d'abord ni ensuite à leur appliquer les politiques les plus adéquates.*

> « Il est grand temps que nous nous mettions, avec *patience et sincérité*, à l'étude de notre société [...]. L'essentiel est de nous mettre à la besogne, en recommençant à la suite de Léon Gérin, une série de recherches qui nous apprendront à ouvrir les yeux et à comprendre les réalités sociales qui nous entourent. »[41]

Pour sa part, Jean-Charles Falardeau poursuit, dès son retour, les recherches qu'il a entreprises à l'Université de Chicago, et prend la responsabilité de l'initiation des étudiants à la recherche. Les enseignements qu'on lui confie relèvent largement de la sociologie dite positive, dont la fonction spécifique est d'« entraîner le mieux possible les étudiants à l'observation scientifique, de les rendre capables de bien voir, de bien comprendre et de bien expliquer la nature et les conditions sociales de leur milieu ».[42] Ces enseignements sont : Méthodes de recherche et d'observation (15 heures), Laboratoire de recherches (15 heures), Histoire des théories sociologiques (30 heures), Sociologie urbaine (30 heures), et Institutions sociales canadiennes (30 heures). Lorsqu'il fera l'évaluation de ces premières années, Falardeau mettra lui-même en lumière la réorientation que prend alors la faculté :

> « Nous avons œuvré à constituer une Faculté des Sciences Sociales qui serait complètement universitaire. Ce qui signifiait : une Faculté dont le programme d'enseignement serait de plus en plus scientifique, diversifié et solidement articulé, une faculté dont toute l'activité, celle des professeurs comme celle des élèves, serait fondée sur la recherche. »[43]

L'orientation « normative » de l'enseignement ne disparaît pas pour autant ; celle-ci se manifeste d'ailleurs par la présence au bureau de direction du Département de sociologie et de morale de deux religieux, le doyen lui-même et le R.P. Gilles Bélanger, o.p. Mais, avec l'organisation de cours dits positifs, se produit au sein du programme une juxtaposition de deux enseignements qui deviendront de plus en plus autonomes l'un par rapport à l'autre. Dans le cadre même de ses cours, en particulier le cours « Problèmes et méthodes de recherche », Falardeau réalise, avec la collaboration de collègues, diverses recherches empiriques : 1. élaboration d'une carte sociale de la communauté québécoise, dont une copie est envoyée au professeur E.W. Burgess de l'Université de Chicago, 2. étude de l'évolution de la population de Québec

---

41. J.-C. FALARDEAU, « Analyse sociale des communautés rurales », *Les Cahiers de la Faculté des sciences sociales de l'Université Laval, III*, 4, 1944, p. 5.

42. *Annuaire de la Faculté des sciences sociales, 1944-1945*, Université Laval, p. 38.

43. J.-C. FALARDEAU, « Lettre à mes étudiants », *op. cit.*, p. 10.

depuis les trente dernières années, 3. étude des diverses concentrations industrielles et commerciales de Québec et analyse de la distribution de la population
entre groupes professionnels et occupationnels en fonction de la nationalité et
du sexe.[44] En raison de la faible disponibilité des étudiants, ces recherches ne
sont souvent que partiellement réalisées, mais elles contribuent à modifier
l'approche des étudiants qui « par éducation traditionnelle, par mentalité et
souvent par orientation systématique sont beaucoup plus enclins à une
réflexion théorique, apologétique et sentimentale qu'à une observation concrète
et personnelle des faits ».[45] Par ailleurs, dans le cadre du Centre de recherche de
la faculté dont il est directeur-adjoint, Jean-Charles Falardeau participe à la
réalisation d'enquêtes dans la région de Québec : enquête sur la crise du
logement à Québec, rédaction d'un rapport spécial sur les allocations sociales
au Canada, monographies de villages et de localités urbaines, etc.[46]

La meilleure façon de « prouver l'existence de la sociologie » consiste donc
à « faire de la sociologie » : [47] non seulement cette démarche « comble un vide »
mais aussi elle impose graduellement une conception différente de la sociologie.
L'imposition de cette nouvelle conception ne se fait pas sans difficulté, sans
résistance.

> « Dès que quiconque veut faire allusion à une personne qui s'intéresse activement ou
> professionnellement à une forme d'apostolat social, à un mouvement social quelconque, au
> service social ou qui se préoccupe généreusement des "questions sociales", on l'étiquette du
> titre de "sociologue", généralement de "brillant sociologue". »[48]

Pour celui qui entend imposer un rapport « objectif, patient et continu »
des faits sociaux, il devient indispensable de consacrer une partie importante de
ses énergies à accroître la légitimité de la sociologie et de consolider sa position
dans le champ intellectuel : au plan institutionnel, cette tâche amènera Falardeau, qui occupe pendant près de dix ans la fonction de directeur au
Département de sociologie de l'Université Laval, à organiser des colloques, à partager des responsabilités dans des organisations et des sociétés
scientifiques et à créer une revue universitaire, *Recherches sociographiques* ; au
plan intellectuel, il est incité à publier plusieurs articles dans lesquels il prend la
défense de la sociologie, en décrit la démarche et en délimite les frontières (par
rapport aux autres sciences humaines). Parmi la centaine d'articles que
Falardeau publiera entre 1940 et 1970, une vingtaine seront consacrés à la
défense et à l'illustration de la sociologie.

---

44. J.-C. FALARDEAU, « Problems and first experiments of social research in Quebec », *op.
cit.*, pp. 369-370.

45. *Id.*, p. 370.

46. *Annuaire de la Faculté des sciences sociales, 1947-1948*, Université Laval, p. 62.

47. J.-C. FALARDEAU, « Géographie humaine et sociologie », *La Revue de l'Université Laval,
V*, 2, octobre 1950, p. 131.

48. J.-C. FALARDEAU, « Qu'est-ce que la sociologie ? », *Culture, X*, 1949, p. 251.

En raison même de l'importante tradition des recherches en géographie et du regain d'intérêt que connaît cette discipline au Québec [49] et qui se manifeste par la participation de géographes à « l'enseignement universitaire et aux activités de l'ACFAS »,[50] l'un des tout premiers textes que publie Jean-Charles Falardeau concerne le problème des relations entre la sociologie et la géographie humaine ; [51] quelques années plus tard, il reprend la discussion de cette question dans un article intitulé « Géographie humaine et sociologie » : [52] il répond ainsi à un article quelque peu polémique de Benoît Brouillette qui invitait sociologues et géographes à se « rencontrer sur le terrain et à s'aider mutuellement pour recueillir des observations et préparer des monographies ».[53] Pour Falardeau, la relation entre ces deux disciplines doit aussi en être une de complémentarité : « là où s'arrête le travail du géographe, commence celui du sociologue », mais la sociologie a un champ d'étude beaucoup plus vaste.

Par ailleurs, Jean-Charles Falardeau peut difficilement, de par sa formation première, ignorer toute la question des relations entre la sociologie et la « reine des sciences », la philosophie : son premier réflexe, largement déterminé par sa référence à un texte de Charles de Koninck, (« Sciences sociales et sciences morales », *Laval théologique et philosophique, I*, 1, 1945), est de reconnaître la dépendance de la sociologie à l'égard de la philosophie morale, dont « elle doit emprunter les prémisses fondamentales concernant la nature de l'homme et sa finalité propre ».[54] Cependant, « science de ce qui est », la sociologie conserve son autonomie : caractère scientifique de la démarche, utilisation de concepts opératoires, spécificité de la méthode (structuro-fonctionnelle), qui est « causale, fonctionnelle et typologique », etc. Ce statut

---

49. Dès la création de l'École des sciences sociales à l'Université de Montréal, l'on retrouve parmi le corps professoral, un géographe, Émile Miller, auteur de trois ouvrages d'intérêt général (*Terres et peuples du Canada*, Montréal, Beauchemin, 1912, 192p. ; *Pour qu'on aime la géographie*, Montréal, Ducharme, 1920 ; *Géographie générale*, Montréal, Beauchemin, 1923). À son décès, son enseignement est repris par l'un de ses élèves, Yves Tessier-Lavigne. Enfin, au milieu des années 1930, les écrits de Raoul Blanchard (*L'Est du Canada français*, Montréal, Beauchemin, 1935, 2 vols) connaissent une large diffusion. L'importance de la géographie sera suffisamment grande pour que l'on songe à éditer une revue spécialisée, *La Revue canadienne de géographie*, et à organiser, dans les universités de Montréal (1942) et Laval (1948), des Instituts de géographie, dont la direction sera confiée à Pierre Dagenais et à Pierre Desfontaines respectivement.

50. Parmi les communications en sciences humaines présentées entre 1940 et 1945, celles en géographie (11,5%) sont beaucoup plus nombreuses que celles en sciences sociales (4,0%). (M. FOURNIER, « Les conflits de discipline », *op. cit.*, p. 23.)

51. J.-C. FALARDEAU, « Analyse sociale des communautés rurales », *op. cit.*

52. J.-C. FALARDEAU, « Géographie humaine et sociologie », *op. cit.*

53. Benoît BROUILLETTE, « Comment faire une monographie géographique ? », *Cahiers de la Faculté des sciences sociales de l'Université Laval, III*, 3, 1944, p. 3.

54. J.-C. FALARDEAU, « Qu'est-ce que la sociologie ? », *Culture, X*, 1949, p. 255.

scientifique de la sociologie, Falardeau le défend mais tout en admettant qu'il est précaire en raison même de « l'immaturité » de cette discipline et, renvoyant dos-à-dos l'empirisme des sociologues américains et l'intellectualisme des sociologues européens, il pose comme conditions du développement d'une sociologie théorique « l'utilisation patiente et abondante de la méthode monographique » et la constitution de ce qu'il appelle alors la sociographie.[55]

Dès ses premières années d'enseignement, Falardeau donne à sa carrière une orientation nettement académique et scientifique : les premiers articles qu'il publie le sont en effet dans des revues spécialisées en sciences sociales, *Les Cahiers de l'École des sciences sociales de l'Université Laval* et le *Canadian Journal of Economics and Political Science*.[56] Cette spécialisation-professionnalisation, qui se manifeste dans l'enseignement qu'il donne à la Faculté, se traduit aussi pour sa participation active à la Canadian Political Association — membre du conseil exécutif en 1949, vice-président en 1954 et président en 1964 — et par sa collaboration à des publications de caractère international.[57] Même si elles sont toujours l'objet de critiques nombreuses, les sciences sociales occupent déjà, au milieu des années 1940, une position plus importante dans le système universitaire : entre 1940 et 1945, la population des étudiants réguliers inscrits en sciences sociales à l'Université Laval double pour atteindre l'effectif de 118 ; cette population, qui représente alors près de 10% de l'ensemble des étudiants de cette université, est supérieure à celle des facultés de Lettres (20), de Philosophie (57) et aussi de Droit (108). Cette croissance, qui se traduit dans les budgets d'enseignement et de recherche,[58] permet à la Faculté des sciences sociales de rejoindre et de dépasser, par le nombre de thèses de maîtrise et de doctorat en sociologie, les facultés des autres grandes universités canadiennes, par exemple McGill et Toronto.[59]

---

55. *Ibid.*

56. J.-C. FALARDEAU, « Paroisses de France et de Nouvelle-France au XVIIᵉ siècle », *Cahiers de la Faculté des sciences sociales de l'Université Laval*, II, 7, 1943, 38p. ; « Analyse sociale des communautés rurales », *op. cit.* ; « Problems and first experiments of social research in Quebec », *op. cit.*

57. J.-C. FALARDEAU, « Parish research in Canada », dans : C.J. NUESSE et Th. J. HARTE (éds), *The Sociology of Parish*, Milwaukee, Bonce Publishing, 1951 : 322–332 ; J.-C. FALARDEAU et Fr. E. JONES, « La sociologie au Canada », *Actes du troisième congrès mondial de sociologie*, Association internationale de sociologie, *VII*, 1956 : 14–22.

58. En 1945-1946, la Faculté des sciences sociales reçoit près de 50 000 $, ce qui la situe derrière les Facultés des sciences (374 700 $) et de médecine (173 800 $) et sur le même pied que la Faculté de foresterie et de géodésie.

59. Le nombre de thèses en sociologie présentées entre 1940 et 1945 est de neuf, c'est-à-dire un nombre légèrement supérieur au nombre de thèses présentées à l'Université McGill (huit) et à l'Université de Toronto (six). (Source : *Thèses des gradués canadiens...*, *op. cit.*, pp. 84–87.)

D) *De la recherche sociologique à la critique d'une idéologie*

Au lendemain de la Seconde Guerre mondiale, l'Université n'apparaît plus, et ses responsables le reconnaissent, comme une « usine à fabriquer des avocats, des notaires, des médecins, voire des ingénieurs » : celle-ci doit aussi accorder une place de plus en plus importante à la transmission « d'une science professionnelle dont les jeunes ont besoin pour remplir dans la vie une carrière honorable » et au « travail de recherche qui fait avancer la science dans tous les domaines ».[60] Pour les sciences sociales, cette spécialisation-professionnalisation demeure toute relative : non seulement les postes et les lieux de diffusion (revues spécialisées) sont peu nombreux, mais aussi les activités d'enseignement et de recherche prennent, en raison même de leur objet et de leur méthode, une dimension politique. Ainsi, même s'il s'insère rapidement dans les réseaux scientifiques canadiens et américains, Jean-Charles Falardeau diffuse aussi ses écrits dans des revues diverses et souvent auprès d'un public peu spécialisé, plus de 75% de ses articles entre 1930 et 1970, et intervient, principalement par la publication de textes dans les débats publics : il acquiert alors un statut d'intellectuel[61] au sens où il prend position sur les grandes questions d'orientation (politique, culturelle, etc.) de la société québécoise (et canadienne). Plus précisément, il devient membre d'une nouvelle génération d'intellectuels, qu'il qualifiera lui-même d'« élite clandestine ».[62]

Parce que l'objet même qu'il construit est celui-là même du passage de la société traditionnelle à la société moderne, Falardeau peut difficilement, dans la conjoncture des années 1940, ne pas aborder la question de l'« avenir du Canada français ». Dès 1941, avant même d'être nommé professeur à l'Université Laval, il est sollicité par la revue *L'Action nationale* pour répondre à la question « Existe-t-il une culture canadienne-française ? ». Sur la base d'une analyse des concepts de culture et de civilisation, il entreprend une description du *something different* du Canadien français, sa religion catholique, sa langue française et les événements historiques et aussi une critique très sévère de ses concitoyens dont il dénonce le « complexe de vassalité et de jeunesse à

---

60. Mgr Ferdinand VANDRY, « L'Université Laval au carrefour », *La Revue de l'Université Laval, III*, mai–septembre 1948, pp. 3-4.

61. Au sujet de la notion d'intellectuel, voir : Ch. KADUSHIN, *The American Intellectual Elite*, Boston, Little, Brown, 1974.

62. J.-C. FALARDEAU, « Élites traditionnelles et élites nouvelles », *Recherches sociographiques, VII*, 1-2, 1966 : 132–145. De cette « élite clandestine », qui se retrouve autour de *Cité libre* et à l'Université, Falardeau dira alors qu'elle conteste l'aliénation du religieux dans le temporel, du national dans la politique : cette élite opère une « dé-mystification et un décrochage idéologique ».

TABLEAU 1

Inscription des étudiants réguliers par faculté, Université Laval, 1935-1936 à 1969-1970.

FACULTÉ	1935 N	1935 %	1940 N	1940 %	1945 N	1945 %	1950 N	1950 %	1955 N	1955 %	1960 N	1960 %	1965 N	1965 %	1968 N	1968 %	1969 N	1969 %
Agriculture	—	—	—	—	—	—	—	—	49	2,2	117	2,6	349	4,7	324	2,8	278	2,3
Foresterie et Géodésie	44	8,3	67	8,5	72	5,7	96	5,6	150	4,9	215	4,8	394	5,3	442	3,9	348	2,9
Sciences	75	14,2	130	16,6	354	28,1	473	27,7	799	26,4	1 221	27,3	1 463	19,6	2 084	18,3	2 140	17,8
Médecine	263	49,9	315	40,1	469	37,2	622	36,4	613	20,2	554	12,4	500	6,7	619	5,4	641	5,4
Sc. para-médicales	—	—	—	—	—	—	—	—	67	2,2	87	2,0	—	—	357	3,1	243	2,2
Droit	105	19,9	83	10,6	102	8,0	178	10,4	267	8,8	186	9,2	393	5,3	853	7,5	888	7,4
Sc. de l'administration	—	—	—	—	—	—	—	—	378	12,5	526	11,8	627	8,4	529	4,6	614	5,1
Sc. de l'éducation	—	—	—	—	—	—	17	1,0	226	7,5	468	10,5	711	9,6	1 155	10,1	1 303	10,9
Sc. sociales	—	—	60	7,6	118	9,4	87	5,1	132	4,5	222	5,0	539	7,2	1 033	9,1	944	7,9
Architecture	—	—	—	—	—	—	—	—	—	—	—	—	125	1,7	157	1,4	158	1,3
Arts	—	—	—	—	—	—	33	1,9	25	0,8	155	3,5	452	6,1	452	4,0	465	3,9
Lettres	26	4,9	26	3,3	20	1,6	38	2,2	50	1,6	312	7,0	805	10,8	1 454	12,8	1 634	13,7
Philosophie	14	2,7	41	5,2	57	4,5	61	3,6	55	1,8	107	2,4	94	1,3	161	1,0	151	1,3
Théologie	—	—	53	6,8	69	5,5	104	6,1	157	5,2	150	3,4	357	4,8	443	3,9	419	3,5
Gradués	—	—	—	—	—	—	—	—	85	2,6	151	3,4	647	8,7	1 375	12,1	1 801	15,0
TOTAL	527		785		1 261		1 709		3 032		4 471		7 461		11 399		11 967	

SOURCES: Annuaires de l'Université Laval
Statistiques du Secrétariat Général
Archives de l'Université Laval
Mémoires de l'Université Laval à la Commission royale d'enquête sur les problèmes constitutionnels (1955).

TABLEAU 2

Articles de Jean-Charles Falardeau
selon le thème et le type de revue, 1930–1970.

THÈME	Revues de sciences sociales	Autres	TOTAL
Éducation	—	12	12
Église, religion, paroisse	3	8	11
Littérature, arts	4	8	12
Politique	2	2	4
Sciences sociales, théories	4	14	18
Stratification	4	14	18
Ville	7	11	18
Divers	—	8	8
TOTAL	24	77	101

SOURCE: *Bibliographie de Jean-Charles Falardeau*, Université Laval, 1970, (miméo.).

retardement ». Les « défauts » du Canadien français apparaissent alors nombreux : xénophobie latente, colonialisme, une sorte d'arrivisme, de mesquinerie intellectuelle, une tendance à un insularisme parfois intransigeant ».[63]

Par ses écrits dans *Le Devoir* et *Cité libre*, dont il deviendra, après y avoir publié une dizaine de textes, le directeur-adjoint en 1960, et par sa participation à l'Institut canadien des affaires publiques, Falardeau fournit une critique de la société canadienne-française et de ses dirigeants qui maintiennent une idéologie de conservation. Dans le cadre d'un important colloque qu'il organise à Québec en 1952 à l'occasion d'un congrès annuel de la Canadian Political Science Association et dont le thème est « l'industrialisation de la Province de Québec et ses répercussions sociales », Falardeau décrit la situation du Canada français dans les termes suivants :

> « Liés à Rome par la religion et à la France par la civilisation, nous sommes l'un des deux éléments politiquement essentiels d'un pays qui est lui-même, par vocation géographique, partie d'un triangle nord-américain. Si nous sommes *nord-américains* par naissance, nous sommes *français* par la civilisation et la langue, *catholiques* par tradition ou par conviction. Plusieurs questions qui se présentent comme des dilemmes exigeront des solutions prochaines. Comment concilier le souci d'une certaine prospérité collective avec les exigences spirituelles de la culture et du christianisme dont nous nous réclamons ? Comment atteindre un contrôle efficace de l'économie de notre partie de continent en face des impératifs du

---

63. J.-C. FALARDEAU, « Existe-t-il une culture canadienne-française définitive ou en voie de disparition ? », *L'Action nationale, XI*, mars 1941, p. 216.

capitalisme moderne? Chaque individu peut trouver facilement ses propres réponses. Mais que fera la collectivité? »[64]

Dans cette communication, Falardeau veut tout particulièrement mettre en lumière ce qu'il appelle « l'un des caractères essentiels à notre pensée, à savoir le décalage souvent considérable entre l'image "officielle" du Canada français qui est proposée par certains interprètes de la société et, d'autre part, les situations de fait et les sentiments réels de la population ».[65] Les responsables en sont principalement les « chefs nationalistes » dont « la rhétorique a élaboré l'image du Canada français aigri et révolté contre "les autres" et aussi le clergé ». Quelques années plus tard, parlant de l'œuvre du chanoine Groulx, Falardeau reprendra cette critique des nationalistes :

> « L'œuvre de l'historien que fut le chanoine Groulx a exaspéré les récentes générations de Canadiens français contre les "Anglais". Elle a surtout débouché sur la notion d'un "État français" en Amérique, d'une Laurentie dont les jeunes enthousiastes se sont envoûtés dans le rêve d'une utopique réserve québécoise qui serait séparée du reste du Canada et, consé-quemment, du reste du monde par un mur de Chine politique, religieux et linguistique. »[66]

Pour Falardeau, le « vrai drame » de la société québécoise se situe non pas, comme le pensent plusieurs intellectuels québécois, sur le plan des « relations constitutionnelles avec le gouvernement fédéral » mais sur le plan de « l'anti-nomie entre la civilisation urbaine et américaine et l'identité religieuse et culturelle du Canada français ». Par exemple, celui-ci rappelle un dilemme aussi souligné par un de ses collègues de l'Université Laval, Maurice Tremblay,[67] à savoir qu'« il est impossible de vouloir à la fois perpétuer certains postulats du nationalisme canadien-français et entrer en concurrence réelle avec les entreprises capitalistes canadiennes et nord-américaines ».[68]

Le parti pris pour l'« industrialisme moderne » amène Falardeau à consi-dérer comme négligeable le nationalisme canadien-français, qui « en tant que

---

64. J.-C. FALARDEAU, « Perspectives », dans : J.-C. FALARDEAU (éd.), *Essais sur le Québec contemporain*, Québec, Presses universitaires Laval, 1954, p. 248.

65. *Ibid.*

66. J.-C. FALARDEAU, « Les Canadiens français et leur idéologie », dans : Mason WADE, *La dualité canadienne*, Québec, Presses universitaires Laval, 1960, p. 37. À la même date, Falardeau dénonce, dans un article paru dans *Le Devoir*, « l'impardonnable erreur d'un repliement sur soi, de tout indigénisme, du stérile emprisonnement derrière les barreaux d'une impossible Laurentie » (« Notre culture, un phare ou une lampe de sanctuaire? », *Le Devoir*, 29 janvier 1960, p. 4). Dans ses *Mémoires*, le chanoine Lionel Groulx cite de façon quelque peu ironique un texte écrit en 1938 par Jean-Charles Falardeau pour l'*Hebdo-Laval*, journal des étudiants de l'Université Laval : celui qui « deviendra » le disciple du R.P. Lévesque y prend la défense de Groulx, « bafoué, traité d'orgueilleux, d'imposteur, de toqué, d'aveugle volontaire et de professeur d'insanités par un cloporte comme J.-C. Harvey ». (Lionel GROULX, *Mes Mémoires*, III. *1926–1939*, Montréal, Fides, 1972, p. 352.)

67. Maurice TREMBLAY, « Orientations de la pensée sociale », dans : J.-C. FALARDEAU (éd.), *Essais sur le Québec contemporain, op. cit.* : 192–208.

68. J.-C. FALARDEAU, « Perspectives », *op. cit.*, p. 255.

credo n'a jamais été accepté de façon totale, à quelque époque que ce soit, que par un nombre relativement restreint d'individus ou de cénacles » et à défendre la Confédération canadienne :

> « Il importe, écrit-il, de considérer [les problèmes économiques et culturels du Canada français] dans la perspective d'une comparaison avec d'autres pays plus anciens et contemporains dont l'aventure fut semblable à la nôtre, et non plus de façon exclusivement introspective. Un tel effort d'objectivation entraînera une plus grande auto-détermination et une libération. C'est grâce à une telle franchise que, dans le cadre de la Confédération canadienne, nos relations avec nos compatriotes anglophones ont acquis l'allure sereine que nous leur connaissons. Ces relations sont maintenant bien engagées. On abandonne petit à petit l'aigreur ou le lyrisme qui nous empêchait jadis d'être francs les uns avec les autres. Il y aura toute une histoire à écrire des étapes qui ont rendu possible ce duo presque harmonieux. La phase difficile de notre mariage de raison avec le Canada est en voie de prendre fin. Notre pays reconnaît maintenant de plus en plus qu'il est essentiellement inspiré par deux civilisations. »[69]

Cette position est celle-là même qui, selon Maurice Tremblay et Albert Faucher, tous deux professeurs à la Faculté des sciences sociales de l'Université Laval, caractérise l'action de cette Faculté :

> « L'attachement patriotique que la Faculté des sciences sociales porte à la culture canadienne-française et qu'elle prétend bien servir de la meilleure façon en l'ouvrant aux riches apports culturels qui s'offrent à elle, n'aboutit pas, dans ses perspectives, à un nationalisme ethnocentrique à l'intérieur de la Confédération. En effet, à titre d'institution *canadienne*, elle se reconnaît l'obligation de travailler positivement, dans sa sphère, à la promotion du bien commun canadien, auquel doit être subordonné, en justice sociale, le bien de tous les groupes particuliers du pays. »[70]

Sans occuper de poste proprement politique, Falardeau acceptera pour sa part de participer, en tant qu'universitaire, aux activités de la Commission nationale de la jeunesse, au Conseil canadien de la recherche en sciences sociales et à l'Office national du film : il s'identifie et s'associe ainsi à « l'élite nouvelle », cette élite « intellectuelle, rationnelle, technicienne et efficace »,[71] qui se superpose aux professionnels de la politique, aux hommes politiques, pour les contester et les guider.

Parce qu'elle impose un nouveau rapport à la réalité, l'activité d'enseignement et de recherche en sociologie introduit une nouvelle conception de la politique, à la fois de la réflexion et de l'action politiques : l'intention ou l'ambition devient alors, comme le souligne Jean-Charles Falardeau dans la préface d'un ouvrage engagé, *La grève de l'amiante*, d'« être réaliste ». Certes, la réflexion et l'action politiques demeurent toujours partiales, partisanes, mais

---

69. *Id.*, p. 256.

70. Maurice TREMBLAY et Albert FAUCHER, « L'enseignement des sciences sociales au Canada de langue française », dans : *Les Arts, Lettres et Sciences au Canada*, Ottawa, Cloutier, 1951, p. 203.

71. J.-C. FALARDEAU, « Élites traditionnelles et élites nouvelles », *op. cit.*

elles doivent maintenant répondre à une nouvelle exigence, celle de reposer sur un « effort d'objectivation ». Et pour différencier sa génération d'intellectuels de la génération précédente, Falardeau ne remplace pas seulement le mot « national » par le mot « social » : la différence en est une d'optique, « ceux qui se préoccupent aujourd'hui du problème social voulant être réalistes ».[72] Le lieu d'où ces nouveaux intellectuels entendent parler n'est donc pas, pour reprendre une distinction wébérienne, celui de conviction ou de la passion mais bien celui de la responsabilité intellectuelle, qui se manifeste dans le souci de probité, l'esprit de lucidité, la patience des études minutieuses, la capacité de formuler des interrogations d'une façon sérieuse et l'objectivité.[73]

« Il est normal », écrira l'un des professeurs de la Faculté des sciences sociales, Léon Dion, qui refuse que l'universitaire puisse devenir tour-à-tour politicien, chef ouvrier, journaliste, débattant, administrateur et propagandiste,

> « que les influences et les ordres de préoccupations venant de l'extérieur occupent une place importante dans la vie académique [...]. Tout en reconnaissant le caractère normal de ce conditionnement, il faut tâcher d'en minimiser l'influence en développant un sens rigoureux de la vie académique à l'intérieur de la Faculté. Si on n'y parvenait pas, on courrait le risque d'y voir s'introduire une échelle d'appréciation de l'activité de l'universitaire qui serait établie d'après des critères et des intérêts non académiques. »[74]

Parce que le nouveau discours social exige distance et autonomie (relative), il ne peut être formulé que de l'université et celui qui le formule doit se donner une éthique qui fera de sa science ou de sa discipline une discipline « académique ». Pour sa part, Jean-Charles Falardeau qui s'était engagé auprès de mouvements coopératif (revue *Ensemble*) et syndical et qui s'était impliqué dans la lutte contre le duplessisme (et le nationalisme d'alors), donne, à partir du début des années 1960, une orientation plus proprement académique à ses activités intellectuelles : « Les années 1960 me ramènent, écrira-t-il dans son "Itinéraire sociologique", vers de nouveaux soucis de recherches. »[75] L'une de ses préoccupations est aussi de fournir à la sociologie une assise plus proprement universitaire ou académique en créant une revue spécialisée centrée sur le Québec, *Recherches sociographiques*, en organisant des lieux de discussions (colloques de la revue, dont le premier porte sur *La situation de la recherche sur le Canada français*) et en construisant une tradition sociologique. Cette dernière préoccupation, qui est d'accroître la légitimité de la sociologie en lui découvrant une histoire amène Falardeau à réhabiliter l'œuvre de Léon Gérin [76] et à

---

72. J.-C. FALARDEAU, « Préface », dans : P.E. TRUDEAU, *La grève de l'amiante*, Montréal, Cité libre, 1956, p. xviii.

73. *Id.*, pp. xi-xviii.

74. Léon DION, « Aspects de la condition de professeur d'université », *Cité libre*, 26, juillet 1958, p. 24.

75. J.-C. FALARDEAU, « Itinéraire sociologique », *op. cit.*, p. 225.

76. J.-C. FALARDEAU (avec P. GARRIGUE), *Léon Gérin et l'habitant de Saint-Justin*, Montréal, Les Presses de l'Université de Montréal, 1968.

reconstituer une histoire des idées à partir du XIXe siècle.[77] Personnellement, celui-ci revient à ses « inclinaisons premières », la littérature, pour développer une problématique sociologique de la littérature et plus largement de la culture et de l'imaginaire,[78] et dans son enseignement, ses écrits et aussi par sa participation à l'Académie des sciences morales et politiques, il rappelle constamment à ses collègues les exigences mêmes de toute l'activité universitaire, de tout travail académique : le refus de la « joyeuse facilité, du laisser-aller et de la médiocrité », le rejet du dogmatisme et de tout sectarisme, le souci d'objectivité et l'esprit inventif, etc.[79] L'enjeu semble donc, pour cet intellectuel, s'être déplacé, du champ politique au milieu universitaire, mais parce que toute réflexion éthique, même en sciences ou en sciences sociales, risque de conduire au maintien ou à la contestation du système de stratification propre au milieu scientifique et, plus largement, à la défense ou à la remise en question de la structure même des rapports sociaux,[80] toute volonté de maintenir ou d'accroître l'autonomie d'une discipline telle la sociologie a une portée politique : elle aura été la condition de la constitution de la sociologie en tant que discipline universitaire.

Marcel FOURNIER

Département de sociologie,
Université de Montréal.

77. J.-C. FALARDEAU, *L'essor des sciences sociales au Canada français*, Québec, Ministère des affaires culturelles, 1964 ; *Étienne Parent, 1802–1874*, Montréal, La Presse, 1975.

78. J.-C. FALARDEAU, *Notre société et son roman*, Montréal, HMH, 1967 ; *Imaginaire social et littérature*, Montréal, Hurtubise HMH, 1974.

79. J.-C. FALARDEAU, « Itinéraire sociologique », *op. cit.*, p. 226.

80. H.S. BECKER, « Art as collective action », *American Sociological Review*, *XXXIX*, 6, 1978, p. 273.

UNIVERSITAIRES ET INTELLECTUELS

L'intérêt manifesté par J.-C. Falardeau pour l'analyse de l'Université en général et du travail universitaire en particulier ne s'est jamais démenti tout au long de sa carrière et de sa vie intellectuelle. De sa désormais célèbre « Lettre à mes étudiants » jusqu'à un texte récent « L'Université... Quelle université ? », en passant par un certain nombre d'études plus spécifiques, [1] Falardeau n'a jamais cessé de s'interroger sur les processus sociaux de transformation qui traversent l'université ; et qui, à fortiori, sont à l'œuvre au sein même de l'exercice du métier d'universitaire. À plus d'un égard, les analyses de Falardeau demeurent encore actuelles. En 1959, la tâche à l'ordre du jour était celle d'une nouvelle définition de la situation québécoise (canadienne-française, dans les termes de l'époque) ; pour ce faire, il fallait prendre appui sur une faculté dont toute l'activité serait fondée sur la recherche, recherche posée comme condition essentielle de toute vie intellectuelle. Une vingtaine d'années plus tard, les perspectives se sont modifiées : Falardeau constate la dégradation des objectifs de l'enseignement universitaire à un point tel que la relation professeur-étudiant sur laquelle l'université est centrée s'en trouve déformée et paralysée. Soumise au règne des hommes de l'organisation, l'université devient une institution bureaucratique à la poursuite du rendement et de la rentabilité.

A) *La pratique sociale de l'universitaire :*
   éléments de définition

Le présent texte s'inscrit dans le cadre des préoccupations qui ont retenu l'attention de Falardeau tout au long de ces années. Il est issu d'un travail de

---

1. Jean-Charles FALARDEAU, « Les universités et la société », *Mission de l'université*, Carrefour 52, Montréal, Beauchemin, 1952 ; « Lettre à mes étudiants », *Cité libre*, 23, 1959 ; « L'université d'aujourd'hui. Réflexions sur l'université en général et l'Université Laval en particulier », dans : Académie des sciences morales et politiques, *Travaux et communications, III*, Montréal, Bellarmin, 1977 ; « L'Université... Quelle université ? », *Tic-Tac, II*, 1, septembre 1978 ; « Pour que se ranime l'Université Laval », mémoire soumis à la Commission d'enquête sur l'avenir de l'Université Laval, texte ronéotypé, octobre 1978.

recherche qui a pour objet la pratique du métier d'universitaire au Québec ; plus exactement, il concerne l'analyse des différentes transformations, à la fois successives et simultanées, qui ont modifié l'exercice quotidien de ce métier dans l'université québécoise. Le bilan descriptif des changements qui ont affecté le système universitaire au cours des dernières années commence à être connu : les éléments de diagnostic s'accumulent les uns à la suite des autres de la part des diverses commissions d'enquête, lesquelles se mettent inévitablement en branle à intervalles réguliers. En effet, le développement rapide de l'ensemble du système universitaire entraîne des modifications substantielles dans les rapports qu'entretiennent les différents groupes universitaires. Tout se passe comme si l'université était en état permanent de crise plus ou moins larvée ; et ce, quels que soient les secteurs d'activités que l'on considère par ailleurs. On assiste périodiquement à des tentatives de réforme globalisante, ou peu s'en faut. Les réflexions des commissions d'enquête sont connues. À peine a-t-on besoin d'en rappeler les principaux éléments ici : gonflement des clientèles étudiantes ; détérioration de l'enseignement et de la relation professeur-étudiant ; une recherche qui n'arrive pas vraiment à trouver un rythme de croisière ; des finances qui s'amenuisent ; enfin la bureaucratisation croissante des activités universitaires. Tout cela fournit des pistes de réflexion, fort intéressantes au demeurant ; certaines d'entre elles auraient avantage à faire l'objet d'une réflexion plus systématique. Toutefois le caractère essentiellement descriptif de ces constatations [2] ne peut guère fournir d'éléments susceptibles de cerner la configuration générale du travail universitaire ainsi que les processus sociaux qui en assurent la transformation.

Par ailleurs on a assisté, au cours des dernières années, à la publication d'un ensemble de travaux concernant l'analyse du champ scientifique québécois. Bien qu'inscrites dans un même champ d'analyse, ces études abordent une variété d'objets fort différents : ainsi, par exemple, on s'est penché sur le développement des sciences humaines au Québec via le double mouvement de différenciation d'avec la philosophie et d'institutionnalisation dans l'université ; [3] ou encore, on a étudié la structuration du champ scientifique, son organisation, la place et la position des divers agents, leurs stratégies, les types de légitimité auxquels ils ont recours, etc. [4] Pour essentielles qu'elles soient, ces analyses s'inscrivent toutefois dans un autre ordre de préoccupations et, en

---

2. On pourra à cet effet consulter les sections qui concernent la pratique du métier d'universitaire dans le *Rapport* de la Commission d'étude sur les universités (Québec, Éditeur officiel du Québec, mai 1979) et le Rapport de la Commission d'étude sur l'avenir de l'Université Laval, *Pour la renaissance de l'Université Laval*, Québec, Université Laval, 1979, 347p.

3. Marcel FOURNIER, « Les conflits de discipline : philosophie et sciences sociales au Québec, 1920–1960 », dans : *La philosophie au Québec*, Montréal, Bellarmin, 1976 : 207–257.

4. Marcel FOURNIER, « La fin d'un académisme », *Recherches sociographiques, XVIII*, 2, 1977 : 295–305 ; Yves LAMARCHE, « Le champ intellectuel et la structure de ses positions », *Sociologie et sociétés, VII*, 1, 1975 : 143–153.

conséquence, ne concernent qu'indirectement l'objet de cette recherche. Deux raisons peuvent être invoquées à cet égard : d'une part, les analyses du champ scientifique concernent surtout l'organisation générale des activités scientifiques, *i.e.* de recherche — ou encore la structuration interne d'une discipline — ; d'autre part, ces activités scientifiques ne concernent de fait qu'une partie, fondamentale il est vrai, de l'objet de ce travail, à savoir la pratique de la recherche et ses prolongements institutionnels comme les associations scientifiques et les réseaux de publications.

L'objet de cette recherche, l'exercice du métier d'universitaire, excède largement la seule pratique scientifique, tout en l'englobant cependant. D'une certaine manière, c'est là aller à contre-courant des théories et des épistémologies dominantes à l'heure actuelle, lesquelles ont tôt fait de restreindre le travail universitaire à la seule pratique de la recherche ; et d'organiser par la suite leur réflexion à partir de ce seul découpage. Ce point de vue s'avère parfaitement légitime. Cependant il est apparu qu'il laissait échapper une trop grande part du travail universitaire et qu'on trouve dans celui-ci d'autres types d'activités qu'il faut précisément chercher à cerner, ne serait-ce qu'en raison des conséquences inévitables qui en découlent sur l'activité de recherche elle-même.

Ce qui échappe à la théorie de la pratique scientifique du point de vue d'une analyse du travail universitaire concerne, d'une part, l'activité d'expertise ; on entend par activité d'expertise ce que les technocrates cachent pudiquement sous le nom de service à la société et qui renvoie généralement au travail para-universitaire, à la consultation, à la commandite, *i.e.* à cette spécificité de l'expertise conférée à l'universitaire en raison de sa compétence et de sa spécialisation à l'égard de certaines questions précises et délimitées. J'ajouterai que l'expertise constitue un aspect qui ne s'est généralisé que récemment dans le cadre de l'exercice du métier d'universitaire ; quelles que soient les raisons de cette apparition tardive, on peut noter que cette activité est désormais rangée — sous l'euphémisme service à la société toutefois — parmi les grandes « missions » de l'université au même titre que l'enseignement et la recherche. En conséquence, je poserai donc que la pratique du métier d'universitaire renvoie tout à la fois — et d'une manière que l'analyse devra très précisément cerner — aux activités d'enseignement, de recherche et d'expertise. À ce titre, le travail universitaire est lié aux grandes figures, classiques et contemporaines à la fois, que sont respectivement le professeur, le chercheur et l'expert.

Ainsi le métier d'universitaire étant pour l'essentiel circonscrit dans ses éléments constitutifs, reste maintenant à aborder la question des formes historiques dans lesquelles ce travail s'est donné et s'est manifesté. Soulever cette question consiste en effet à inscrire le problème de la transformation de la pratique universitaire au cœur même du travail de réflexion amorcé ici. Si, de toute évidence, l'exercice de ce métier s'est considérablement modifié au cours des temps, il importe au plus haut point de penser conceptuellement le changement qui a affecté le travail universitaire. Et ce, en dehors des analyses qui sont habituellement proposées dans la logique classique du schéma de la causalité ; comme si les mêmes causes produisaient immanquablement les mêmes effets, peu importe le lieu et le moment historique où ils adviennent. C'est donc dire que toute pratique universitaire ne saurait être indistincte ou encore composite ; elle est marquée historiquement dans des formes particulières et spécifiques. La transformation de la pratique universitaire ne consiste pas dans l'ajout ou la suppression d'une activité quelconque relative à l'exercice de ce métier. À un titre ou à un autre, l'ensemble de ces activités a toujours été constitutif de la pratique universitaire en tant que telle. La transformation opère plutôt par le changement de l'articulation entre les activités qui composent le travail universitaire. C'est donc dire que ces activités ne sont pas simplement juxtaposées ou parallèles les unes aux autres. L'exercice de ce métier se donne toujours dans une forme historique spécifique, laquelle résulte d'un agencement particulier entre les activités constitutives, articulées par une dominante. De sorte qu'à une combinatoire donnée, dominée par l'activité d'enseignement correspond une forme X de pratique ; une nouvelle combinatoire axée essentiellement sur la recherche donnera une forme Y de pratique, etc. Ainsi l'objectif de cette recherche consiste-t-il à mettre à jour les diverses formes de la pratique universitaire à un moment donné du développement de son histoire ; et à indiquer en quel sens et comment se développe le processus de sa transformation.

B) *Le discours comme pratique*

Ceci constituant le cadre général d'analyse de cette recherche, ou encore sa problématique si on préfère, il convient maintenant d'expliciter le second volet de ce cadre d'analyse, celui qui concerne les rapports entre discours et pratique sociale et qui permettra d'ouvrir une parenthèse sur l'analyse sociologique du langage et sur le statut des processus discursifs dans l'explication sociologique. J'ouvrirai cette parenthèse parce qu'elle fait généralement problème dans la sociologie classique et qu'une recherche basée sur un matériel discursif soulève vraisemblablement de nombreuses interrogations, le plus souvent critiques, eu égard à la démarche qui est habituellement celle des sociologues.

D'entrée de jeu, précisons que cette analyse procédera à partir de trois corpus différents : la revue *Forum universitaire* publiée entre 1967 et 1973 par l'Association des professeurs de l'Université Laval, les quatre-vingts mémoires présentés à la Commission d'étude sur les universités (Commission Angers, 1977-1978), lors de sa consultation, enfin les cent cinquante-trois mémoires présentés en réponse au Livre vert sur la politique scientifique (1979). Il s'agit là d'un matériel documentaire vaste et considérable, s'échelonnant sur une dizaine d'années qui comptent parmi les plus importantes du point de vue du développement des universités québécoises. Ce qui signifie très exactement dans le cas dont il est ici question que l'analyse de la pratique universitaire opère par le biais d'une analyse du discours que les universitaires tiennent sur leur métier.

On voit immédiatement la difficulté surgir : en quoi et comment une analyse du discours des universitaires sur leur métier est-elle susceptible de rendre compte adéquatement de la pratique de ce métier ? Comment peut-on analyser le travail universitaire et la façon dont il prend concrètement forme en recourant pour l'essentiel à un matériau discursif, *i.e.* à la façon dont les universitaires parlent de ce travail particulier. Il faut dissiper dès à présent une équivoque, fort courante au demeurant ; en aucun cas, la démarche proposée ne consiste à confronter d'un côté une analyse de discours et de l'autre une analyse de la pratique sociale des universitaires afin d'en mesurer soit l'adéquation, soit un éventuel écart. Ce type d'étude qui se situe dans les démarches les plus habituelles de la sociologie classique en conclut à peu près invariablement au décalage, sinon à l'écart grandissant entre discours et pratique ; d'où les interprétations en termes de retard des mentalités et de la fonction de brouillage du discours et des idéologies par rapport aux pratiques auxquelles ils correspondent.

Notre perspective ne s'inscrit pas dans la démarche d'analyse qui vient d'être brièvement décrite. Elle se situe plutôt dans une direction opposée qui ne répond pas à la discrimination habituellement instituée entre pratique et discours. Au contraire, cette perspective tente d'inscrire le discours au sein même de la pratique sociale et de le définir en tant que tel comme une pratique. De sorte qu'on se trouve ainsi à poser que le discours s'avère de quelque manière constitutif de la pratique sociale universitaire et, à ce titre, susceptible d'en rendre compte. C'est donc dire que la démarche consiste très précisément à procéder à une analyse du processus de transformation de la pratique universitaire tel qu'il se manifeste dans le discours que les universitaires québécois tiennent sur leur métier.

Or une telle position, à la fois théorique et épistémologique, ne va pas de soi en sociologie actuellement ; en fait, elle suscite plus que des réserves qui tiennent en partie à l'incroyable soupçon qui pèse sur la parole et le langage dans une grande partie de la littérature sociologique classique. Soupçon d'ailleurs considérablement renforcé par certains courants du marxisme, voire de la psychanalyse : toute parole voile, masque et déforme, le langage brouille le réel, les idéologies accusent un décalage par rapport aux autres structures sociales comme l'économique et le politique. C'est pourquoi adopter la position qui consiste à ne pas opérer une scission entre langage et pratique amène à se situer en marge des courants dominants de la tradition sociologique.

La construction mise ici en œuvre entre discours et pratique exige quelques précisions. Elle vise notamment à prendre contrepied de la conception qui pose le discours comme un quelconque miroir, un reflet dans le meilleur des cas, plus ou moins adéquat, d'une pratique sociale qui lui serait extérieure en quelque sorte. On affirmera de plus que cette pratique universitaire ne saurait exister indépendamment ou hors d'un discours qui l'accompagne et la manifeste à la fois ; qui contribue à l'expliciter à tout le moins.

Cette tradition sociologique a opéré une coupure et une dichotomie, sinon une clôture, entre pratique et discours à partir d'une conception, philosophique notamment, qui a toujours opposé matière et pensée, action et langage, réel et imaginaire. C'est à cette conception que la sociologie a puisé certains de ses fondements théoriques qui semblent le plus aller de soi ; ceux-ci, en conséquence, deviennent des acquis sur lesquels il est d'autant plus difficile de revenir qu'ils justifient des démarches de recherche et d'analyse quasi séculaires ou, à tout le moins, des habitudes si fortement ancrées qu'on ne les questionne plus. Il convient de s'arrêter un peu sur ces positions théoriques et de prendre la mesure des conséquences qu'elles infèrent sur le plan de l'analyse. Parce qu'il ne faut guère se leurrer sur ce qui est ici en cause, à savoir une théorie du social qui fonctionne à l'implicite, et dont il s'agit de débusquer les postulats et les conséquences analytiques.

C'est à partir de l'hypothèse d'une fonction symbolique et de sa prégnance dans les processus sociaux que l'on est le mieux à même d'envisager le dilemme dans lequel est enfermée aujourd'hui une certaine sociologie. En effet, pour autant que soit considéré le système catégoriel d'oppositions binaires à partir duquel cette sociologie s'est construite et développée (oppositions identifiées précédemment), on est alors renvoyé à l'insurmontable dichotomie : d'un côté, le roc solide et imperturbable du travail, de l'économie, des rapports de production et de pouvoir, *i.e.* l'objectivité des conduites et des actes, *i.e.* le réel. De l'autre, le caractère fuyant et insaisissable du discours, de la religion, de l'art, de l'idéologie, *i.e.* la subjectivité de la parole et de la conscience, *i.e.* la pensée ; de ce côté, on se retrouve toujours en face de l'éternel débat : soit un univers aussi puissamment que mystérieusement créateur, soit les orties de l'illusoire et du fantasmatique. Or dans la lignée des travaux de Molino,[5] je poserai que le rapport au social n'est ni direct, ni transparent mais médiatisé, et ce, dans les deux types de conduites auxquelles il donne habituellement lieu : la conduite technique (le travail, l'économie, etc.) et la conduite symbolique. Ainsi une entité médiate, soit technique, soit symbolique, s'interpose entre l'agent social et le monde ; l'homme ne transforme pas directement la nature, il se sert de l'outil pour opérer ce travail ; de même il n'appréhende pas directement le monde ou encore ne répond pas passivement aux stimulus que constituent les objets, il interpose la médiation de la parole et du langage pour mieux les prendre en charge. Le caractère médiateur des deux types de conduites a ceci de

---

5. Jean MOLINO, « Sur la situation symbolique », *L'Arc*, 72, 1978.

particulier qu'il ne saurait être ramené à la reproduction d'une organisation du monde (de la nature, du social, etc.) qui préexisterait aux conduites en quelque sorte. La médiation fait advenir quelque chose qui n'était pas là au départ et dont la prégnance est irréductible à un quelconque jeu de miroir ou de renversement auquel conduisent trop souvent certaines conceptualisations en sociologie.

Qu'est-ce à dire du point de vue des pratiques universitaires dont paradoxalement nous ne sommes pas très éloignés ? Banalement qu'elles sont des pratiques médiatisées, tant dans leur aspect technique que symbolique. Ce faisant, et j'en ferai une proposition, l'une ou l'autre composante de la pratique universitaire ne saurait être construite comme un système déterminant le second, et par extension, l'expliquant analytiquement, dans un ordre de dépendance univoque. Si tel était le cas, il faut affirmer qu'on a affaire à un réductionnisme quelconque ; et ce, quelle que soit la théorie appelée à la rescousse pour en rendre compte. C'est sur la base du caractère médiateur des deux types de conduites identifiés qu'on peut penser leur fonctionnement autonome et s'interdire du coup d'induire un déterminisme de l'un sur l'autre.

C'est à ce point précis qu'il convient maintenant de s'arrêter pour réfléchir un instant sur le dédoublement dans lequel se donnent inévitablement les pratiques sociales : à savoir les formes comportementales et les formes langagières. [6] On voit que le travail et l'expérience sociale se scindent en action et en langage à partir du terreau dont on a déjà parlé ; qui plus est, ce dédoublement recoupe pour une large part la distinction entre conduites techniques et conduites symboliques dont on a précisé le caractère essentiel. Or si on estime que toute pratique sociale constitue un phénomène redevable d'une analyse dialectique, on doit l'appréhender dans son rapport à un processus historique spécifique sous la forme d'une totalité, i.e. d'un phénomène social total pour parler comme Mauss. Ce qui signifie très exactement que les formes comportementales de la pratique, ce qui relève de l'activité plus spécifiquement concrète, ne peuvent être lestées de tout le poids de l'objectivité et de la matérialité ; et on ne saurait davantage s'autoriser de classer les formes langagières dans l'ordre du fantasmatique et de l'illusoire. En fait, ce dont il est question ici, c'est de la naturalisation du plan canonique d'une certaine analyse sociologique qui autorise les chercheurs à placer, en premier lieu, le réel, i.e. les structures économiques et sociales au sens le plus général, puis en second lieu, l'idéologie et le langage. Une telle distinction est tellement ancrée et tellement répandue dans la littérature sociologique qu'elle s'en trouve naturalisée pour

6. Une certaine partie de ce qui suit est redevable des propos tenus par Nicole Ramognino lors de deux conférences, non encore publiées, données en novembre 1979 respectivement à l'Université Laval : « Questions méthodologiques et théoriques à propos de la notion de représentation utilisée en sociologie », et à l'Université de Montréal : « Les obstacles épistémologiques à l'analyse dialectique ».

ainsi dire et n'a même plus besoin d'être posée et discutée : elle constitue le principe de base de beaucoup d'analyses sociologiques. Or, conceptualiser la pratique sociale comme un processus implique que l'analyse soit conduite non pas en fonction du dédoublement apparent dans lequel elle se donne, mais par rapport à cette totalité qu'il faut justement s'efforcer de reconstituer.

Du point de vue de l'analyse de la pratique universitaire, il convient maintenant d'examiner les conséquences de ce qui a été exposé précédemment. Ces conséquences sont de divers ordres. Parmi celles-ci, je remarque notamment la mise à jour d'une théorie implicite du social présente et agissante au sein même de la tradition sociologique. Cette théorie implicite se donne dans un double mouvement qui consiste d'une part en un aplatissement des rapports sociaux sur les seules formes comportementales des pratiques sociales et d'autre part au privilège quasi exclusif donné à la fonction de communication du langage et, par extension, à une conception purement utilitaire du langage. À l'opposé, considérer la pratique sociale comme un processus dialectique à appréhender comme totalité conduit à inscrire le langage au sein même des rapports sociaux qui instaurent la pratique universitaire, en tant qu'il constitue un acte, différent sans doute des comportements, mais acte tout de même en train de s'accomplir : le langage constitue, à ce titre, un travail et une opération sur et dans une pratique tout à la fois. Voilà qui étaie la perspective de cette recherche : une analyse de la pratique universitaire telle qu'elle se manifeste dans le discours que les universitaires québécois tiennent sur leur métier.

Jusqu'ici la discussion concernant la problématique de cette recherche a été essentiellement théorique. Avant de poursuivre plus avant, il peut s'avérer utile d'engager brièvement la discussion à l'égard de certains aspects de l'analyse concrète des données et de la façon dont celle-ci peut être conduite. Alors qu'étaient récemment exposées [7] les coordonnées de ce travail, on avança, outre les objections traditionnelles qui viennent d'être présentées, deux remarques pertinentes que je veux maintenant discuter. La première de ces remarques portait sur la nécessité d'une mise en perspective de cette éventuelle analyse du discours universitaire avec un autre type de matériel ; en l'occurrence, il s'agissait de dégager les configurations diverses de la pratique universitaire telles qu'elles se donnent dans le discours et de les confronter avec une analyse des politiques de l'État quant au développement universitaire au cours de la période considérée. Soit. Et on admettra qu'une telle remarque puisse s'avérer des plus fécondes. Toutefois un problème méthodologique de première importance surgit inévitablement : de quel ordre serait cette analyse des politiques de l'État et sur la base de quel matériel pourrait-elle opérer ? On conviendra que la question est de taille. D'autant qu'on a de fortes chances de

---

7. Dans le cadre d'un séminaire de recherche regroupant des sociologues intéressés par les questions de travail.

se retrouver devant des documents qui soient des énoncés de politique, des orientations à imprimer à la planification universitaire, etc. Dans tous les cas, un matériel qui est de l'ordre du langage. De deux choses l'une alors : ou bien on procède à une analyse du discours de l'État ; ou bien on soumet ces documents à une lecture purement interprétative (ou encore simplement journalistique, ce qui est plus discutable). Dans le premier cas, la démarche peut être fort stimulante. Dans le second, on se retrouve devant une recherche menée en deux étapes, procédant à partir d'un matériel de même nature, mais conduite selon deux registres différents d'analyse. Pourquoi, et quelle est, à ce moment, la validité de cette mise en perspective ? Quel est le fondement d'une démarche qui s'autorise à traiter différemment deux corpus de l'ordre du discursif ? À cet égard, comment l'analyse du second corpus peut-elle servir à confirmer ou infirmer ce qui se dégage du premier ?

La seconde remarque consistait à suggérer la possibilité d'une confrontation entre l'analyse du discours des universitaires avec des données de nature statistique (voire mathématique), comme par exemple une analyse du budget des universités. Pour autant que l'on accepte la proposition selon laquelle le budget constitue l'indice par excellence du choix des priorités universitaires, la démarche proposée cherche à cerner dans quelle mesure la représentation que les universitaires se font de leur métier s'avère adéquate par rapport à une donnée quantifiable d'un autre ordre, à savoir les priorités budgétaires. La question est de taille, on en conviendra. Dans la perspective de la totalité dégagée précédemment, il n'y a à priori rien d'incompatible à une telle démarche, tout au contraire. Le problème me semble résider ailleurs, cependant. En effet, une analyse de budget, mettant à jour les priorités universitaires, peut-elle être donnée d'emblée comme une analyse de la pratique universitaire, de l'exercice de ce métier spécifique ? L'objet d'une telle analyse ne concerne-t-il pas l'institution universitaire en tant que telle ? Auquel cas, nous sommes immanquablement renvoyé au problème de l'articulation entre institution et pratique sociale. [8] Ce qui soulève la redoutable question de savoir dans quelle mesure la pratique universitaire se trouve à être d'abord déterminée par l'institution dans laquelle elle prend forme et se manifeste. Que la pratique soit redevable de l'institution, nul ne saurait en douter. Là pourtant ne réside pas la question essentielle : car ce qui est en cause ici, c'est de savoir, à même le rapport entre institution et pratique sociale, si les transformations de celle-ci peuvent être imputées à celle-là, *i.e.* si les modifications survenues dans l'exercice du métier d'universitaire s'expliquent directement par les changements institutionnels. L'interrogation porte ici sur la nature particulière du lien entre institution et pratique. Plutôt que de le présupposer, il importe davantage de le

8. Fernand CAROUGE, « Une pré-notion : le concept d'université et son traitement », *Annales de la Faculté des lettres et des sciences humaines de l'Université Toulouse-le Mirail, IX*, 3, 1973 : 33–49.

construire. À cet égard, nous serions porté à avancer que l'institution exerce des contraintes, fondamentales au demeurant, sur la façon dont la pratique universitaire se déploie ; mais celle-ci évolue d'abord en fonction du rapport entre ses éléments constitutifs, les pressions institutionnelles s'exerçant sur ce rapport, en tant que contraintes cependant. Ce qui veut donc dire qu'on ne saurait, dans un premier temps, attribuer aux budgets universitaires un pouvoir causal d'explication directe quant aux formes historiques dans lesquelles se donne le métier d'universitaire.

C) *Pratique sociale et jeu de langage*

On a exposé précédemment les éléments plus spécifiquement sociologiques d'une problématique qui a pour objet l'exercice du métier d'universitaire. Travaillant à partir d'un matériel discursif, il est apparu, au fil de la démarche d'analyse, pertinent de compléter les aspects sociologiques de cette problématique par un second objet plus proprement langagier celui-là ; et d'articuler les deux aspects de la question dans une problématique plus générale. Poursuivre le travail d'élaboration conceptuelle dans cette direction s'est avéré fécond à plusieurs égards ; non seulement parce que le matériel d'analyse est de nature discursive, mais peut-être davantage parce que la parole est omniprésente dans ce métier. S'il fallait encore s'en convaincre, on n'a qu'à réfléchir un moment à ce que font les universitaires dans leurs activités les plus courantes et les plus quotidiennes : donner des cours, des séminaires, des conférences ; écrire des articles ou des livres ; rédiger un rapport de recherche ou faire de la consultation ; discuter avec des collègues ou encadrer des étudiants ; participer aux innombrables comités universitaires ou aux activités d'une association scientifique. En un mot, ce sont des producteurs de discours ; leur pratique s'y inscrit d'une manière décisive, car la connaissance scientifique constitue une forme particulière du discours (ce qui n'exclut pas, loin de là, que la science puisse être considérée par ailleurs comme une force productive). Une présence aussi constante et aussi prégnante de la parole dans la quasi-totalité des activités relatives à l'exercice du métier d'universitaire, loin d'être le fruit du hasard, s'avère centrale dans le déploiement de cette pratique sociale particulière. Vouloir en tenir compte d'une part et d'autre part expliciter ce qui passe et se manifeste par ce canal a conduit à l'élaboration de cette problématique langagière. Qu'à cela ne tienne, nous avons donc résolument décidé d'analyser le travail universitaire à travers les formes langagières dans lesquelles il se donne.

Dans un ouvrage récent, [9] Lyotard, réfléchissant sur les problèmes particuliers du développement du savoir dans les sociétés contemporaines,

---

9. Jean-François LYOTARD, *Les problèmes du savoir dans les sociétés industrielles les plus développées*, Québec, Conseil des Universités, 1979. Ce qui suit est un rappel des principales propositions de Lyotard qui intéressent cette analyse.

affirme qu'il ne faut pas confondre connaissance et savoir scientifique, que la première est notamment plus vaste et plus englobante que le second, qu'elle se manifeste sous des registres et des modes plus variés. À cet égard, on conviendra que le savoir scientifique s'est instauré par l'isolement graduel d'un jeu de langage, celui des énoncés dénotatifs, décrivant strictement des objets. Les autres formes de connaissance admettent quant à elles une pluralité de jeux de langage et procèdent ainsi d'énoncés évaluatif, prescriptif, performatif, etc. Ajoutons à ce premier ensemble de considérations que la science se distingue plus particulièrement des autres formes de connaissance par son assujettissement à l'épreuve de la validation et de la fabrication : dans quelles conditions un énoncé est-il scientifique ? comment peut-on valider un énoncé ou fabriquer une preuve ? etc. Il s'agit en somme des problèmes d'administration de la preuve, caractérisée par l'argumentation, *i.e.* des règles spécifiques de jeux de langage.

Passant ensuite aux problèmes de légitimation dont il nous dit qu'ils constituent la question essentielle du savoir dans les sociétés actuelles, Lyotard est amené à poser que la science ne peut se légitimer par elle-même, *i.e.* faire savoir qu'elle constitue le savoir véridique, sauf à se présupposer justement elle-même. Pour ce faire, la science doit nécessairement avoir recours aux grands récits, *i.e.* au savoir narratif lequel est précisément formé des énoncés autres que dénotatifs dans les jeux de langage. Le savoir narratif a ceci de particulier qu'il génère intrinsèquement sa propre pragmatique en ce sens qu'il est d'emblée légitimant, *i.e.* qu'il fixe ce qui peut se dire et se faire dans une société donnée. Et le détour par le savoir narratif s'avère un recours obligé pour la science dans sa quête de légitimation. [10]

Du point de vue de notre démarche de recherche, les analyses de Lyotard sont doublement intéressantes : d'abord cette caractérisation du savoir scientifique par les énoncés dénotatifs au sein de l'ensemble des différents jeux de langage ; puis, le problème de la légitimité qui impose à la science le recours au savoir narratif et à l'ensemble des autres jeux de langage. Qu'est-ce à dire quant à l'analyse du discours universitaire ? Ceci notamment : le travail universitaire s'instaure comme activité entièrement tournée vers l'élaboration, la transmission et la circulation du savoir scientifique, procédant en cela essentiellement au moyen d'énoncés dénotatifs. Mais quand les universitaires discourent sur leur métier ou sur différents aspects de leur travail, on est en droit d'envisager l'hypothèse d'un déplacement qui consiste à passer d'une activité scientifique, caractérisée par le dénotatif, à un travail de justification-légitimation faisant appel à un ensemble de jeux de langage et d'énoncés différents. L'objet de ce travail de justification demeure toutefois l'activité scientifique en tant que telle. D'une certaine manière, c'est du recours au narratif dont il est ici question au

---

10. Ce qui est dit ici sur les questions relatives à la légitimation est forcément succinct. On en trouvera un exposé plus détaillé aux chapitres 2 et 3, 8 et 9 de l'ouvrage précité de Lyotard.

sein même du déploiement de la pratique universitaire, le passage par le narratif étant une condition de possibilité de l'instauration de cette pratique sociale.

Historiquement, la légitimation de la science a revêtu deux formes de récit propres au savoir narratif : le récit spéculatif et le récit émancipatoire.

1. *Le spéculatif :* il assure le fondement de la science comme système entièrement autonome, ne connaissant qu'une loi et un ordre qui lui soient propres. La science est sa propre fin, puisqu'il n'y a ni contrainte, ni finalité pré-déterminées. C'est la position d'Humboldt dans une formule désormais classique : « L'Université est le lieu où se poursuit, sans contrainte, l'expérience de l'esprit. »

2. *L'émancipatoire :* il associe la science à un processus de libération des hommes et de l'humanité. Le registre sous lequel ce récit s'énonce n'est plus la vérité comme dans le récit précédent, mais celui de la voie juste, celle-ci n'étant réalisable que par la transformation d'un état de fait (de société, etc.) donné. Le savoir ne constitue jamais qu'un moyen assorti d'une fin précise, l'émancipation de l'humanité. La sociologie critique de l'école de Francfort constitue le type même du récit émancipatoire.

Par ailleurs, les transformations technologiques les plus récentes des sociétés industrielles développées se manifestent par une informatisation grandissante des processus sociaux dans ce que Lyotard appelle la post-modernité : [11] les théories de la communication, la cybernétique, l'informatique et les langages d'ordinateurs, les problèmes de mise en mémoire et de banques de données, la télématique, etc. Du point de vue de la question qui nous intéresse, l'effet le plus manifeste de ces phénomènes consiste en l'instauration de nouveaux jeux de langages, inconnus jusqu'à tout récemment : programmatique, déontique, etc. En conséquence, on assiste à une déstabilisation progressive des deux grands récits de légitimation précédents et à l'émergence graduelle d'une nouvelle forme de légitimation : le récit performatif.

3. *Le performatif :* il inscrit la science dans la recherche généralisée d'une efficience optimale quant au bon fonctionnement du système (social ou autre, selon les cas). La science se légitime en ce qu'elle accroît le pouvoir relié à l'efficience du fonctionnement du système considéré. Il s'agit donc d'une science technicienne, générée dans le cadre d'une logique marchande.

Si on revient à ce stade aux préoccupations de cette recherche, nous pouvons avancer l'hypothèse que, non seulement la pratique universitaire revêt les différentes formes de légitimation dont on vient de faire état, mais que les diverses activités constitutives de la pratique, à savoir l'enseignement, la recherche et l'expertise, peuvent prendre, à un moment donné, soit la forme spéculative, émancipatoire ou performative. Ce qui offre, du point de vue

---

11. *Id.*, pp. 5ss.

analytique, un ensemble combinatoire d'une grande souplesse, susceptible de rendre compte des articulations concrètes dans lesquelles se donnent les discours et les pratiques effectives. Est-il besoin d'ajouter que celles-ci ne sont jamais la concrétisation pure et simple des types abstraits qui viennent d'être décrits. Ils participent toujours de plus d'un type, le plus souvent d'une manière contradictoire ; et c'est dans ce mouvement même que naît la transformation de la pratique. L'important toutefois étant de noter que la mise à jour des processus de légitimation opère par le repérage des traces et des marques linguistiques spécifiques caractérisant des énoncés propres à chacun des types.

Il reste cependant à aller au delà de l'identification des divers types de pratique sociale universitaire dans leurs éléments constitutifs ; *i.e.* à construire l'articulation de ces éléments (sociologiques et langagiers) entre eux et l'articulation de ces différentes formes de pratiques entre elles. Mais ce travail reste à faire. À titre purement indicatif toutefois, il est apparu utile, aux fins de cet exposé, de montrer dans quelles directions ce dernier aspect du travail de la problématique pourrait s'orienter, quelles pistes il pourrait être amené à explorer.

Si on considère l'activité d'enseignement d'abord, on peut sans grandes difficultés poser qu'elle est orientée vers la formation, à la fois technique et culturelle, des agents sociaux et vers la transmission des connaissances. Ce qu'un Bourdieu par exemple a pu conceptualiser dans sa théorie de la reproduction ; encore qu'il ne faille pas être trop immédiatement réductionniste et ainsi écarter d'office le caractère productif de l'activité d'enseignement. Cela reste à voir. L'enseignement de type spéculatif se caractérise par la formation de l'esprit en continuité avec la tradition culturelle ; l'agent y est au service du savoir. Par ailleurs, l'enseignement de type émancipatoire est orienté vers la formation de la personne dans son rapport avec la collectivité (la dialectique du je et du nous) ; ici le savoir est au service de l'agent. Quant à l'enseignement de type performatif, on le définit par la formation d'une main-d'œuvre spécialisée et compétente : le savoir y est marqué au coin de l'efficience.

Quant à l'activité de recherche, on la considère généralement comme orientée vers l'élaboration et l'acquisition de connaissances nouvelles dans les différents domaines du savoir ainsi que, par voie de conséquence, vers la constitution de nouveaux domaines de savoir. La recherche s'avère donc redevable d'une théorie de la production bien qu'il ne faille pas mésestimer les aspects plus spécifiquement reproductifs qui lui sont liés de quelque manière. Ainsi la recherche de type spéculatif est complètement tournée vers la recherche de la vérité, en dehors de toute autre considération, notamment sociale ou politique ; en un sens, il s'agit de la poursuite de l'universalité, en fonction des grandes valeurs humaines. De son côté, la recherche émancipatoire se constitue comme un moyen de changement, un guide pour l'action dont la finalité explicite est entièrement mobilisée dans la perspective d'une libération de l'humanité. Enfin, la recherche-performativité est axée sur l'amélioration de la productivité technologique et sociale, mesurée d'après le critère de l'efficacité ; là prend naissance une science technicienne.

D) *Du travail universitaire au travail intellectuel*

C'est bien avec l'activité d'expertise que s'effectue le passage du travail universitaire à ce que l'on appellera désormais le travail intellectuel. [12] En effet, l'expertise qui concerne au premier chef les rapports de l'université avec l'environnement socio-économique a ceci de particulier qu'elle a essentiellement trait à la mise en circulation de ce qu'on classifiera provisoirement comme des services. Cela appelle quelques explications. Le travail universitaire produit (et reproduit) un ensemble de biens de diverses natures : des marchandises particulières comme le sont les savoirs et les technologies nouvelles, des agents sociaux dotés d'une formation spécifique et aptes à occuper des postes précis dans la division du travail, enfin des biens symboliques comme une formule mathématique inédite, des textes — articles, livres, conférences —, une formalisation plus poussée en biologie moléculaire ou une réorganisation conceptuelle en théorie de la mécanique des glaces. Néanmoins, une fois produits, c'est à l'expertise en tant qu'activité constitutive de la pratique universitaire que revient la mise en circulation de l'ensemble de ces biens et leur inscription dans un réseau d'échanges où se joue une partie essentielle des rapports dialectiques entre l'université et les groupes sociaux qui constituent son environnement.

C'est précisément à ce titre qu'on s'autorise à parler de travail intellectuel : pour bien marquer le changement, *i.e.* le déplacement du lieu de l'analyse qu'opère l'activité d'expertise par la mise en circulation des produits du travail universitaire. On comprendra sans doute qu'une telle construction, qui vise à circonscrire dans sa matérialité la plus manifeste, *i.e.* dans son travail, le passage de l'universitaire à l'intellectuel, s'oppose de la façon la plus nette aux deux conceptions largement dominantes de l'intellectuel dans la société : d'abord celle de l'intellectuel situé dans l'espace social du pur désintéressement [13] qui, par un juste retour des choses, lui procure un quasi-monopole de la production des représentations sur le monde social, notamment via la mise en forme des catégories et des classifications qui permettent de penser le rapport au monde social ; ensuite celle de l'intellectuel dans le champ politique, conception plus classique encore que plus répandue que la précédente, et qui concerne surtout les prises de position — et même éventuellement l'action —

---

12. Conception qui s'éloigne notablement de celle, plus traditionnelle, de l'intellectuel comme homme de culture.

13. Véritable euphémisme, l'accès à l'espace social du désintéressement se trouve à être un processus asocial, donc naturalisé dans la condition même de l'intellectuel.

sur le monde social et sa transformation. Ce qui a donné lieu aux inévitables dissertations sur le thème : les intellectuels et le pouvoir ainsi qu'à différentes variations sur ce même thème.[14]

L'optique privilégiée ici aborde la question du travail intellectuel d'une tout autre façon. L'universitaire accède au champ intellectuel (pour autant qu'on accepte de le distinguer du champ universitaire) et il y inscrit sa pratique au moyen de l'activité d'expertise qui consiste dans la mise en circulation et l'échange des produits du travail universitaire. L'universitaire se manifeste en tant qu'intellectuel d'abord à même son travail le plus quotidien, le plus banal en quelque sorte ; bien davantage que par ses prises de position politiques ou les représentations qu'il élabore du monde social. Il n'est pas dit que celles-ci soient sans importance, au contraire ; mais compte tenu de ce qui fait l'objet de cette recherche, il a semblé que l'expertise des universitaires était le mieux à même de rendre compte du déplacement de leur pratique vers le champ intellectuel. Telle est du moins l'hypothèse envisagée.

On connaît la formule percutante de Bourdieu : les intellectuels se croient différents des autres, et, à ce titre, inclassables ; ce qui veut dire, échappant à toute classification. L'activité d'expertise permet de mieux prendre la mesure de ce qu'il en retourne. C'est à partir du travail de Fournier sur « la fin d'un académisme »[15] qu'on peut saisir plus spécifiquement l'expertise de type spéculatif. Car il est loin d'être évident, de prime abord, que l'expertise puisse revêtir la forme spéculative d'un strict point de vue logique. En effet, pour autant que le récit spéculatif soit orienté vers la vie de l'esprit, la quête incessante de la vérité, la science ne connaît que sa propre fin. Les rapports avec l'environnement socio-économique (l'expertise) s'avèrent forcément aléatoires, voire inessentiels. Pourtant les recherches de Fournier sur le phénomène de l'académisme dans la société québécoise ouvrent à cet égard une piste qu'il convient d'explorer. Définissant l'académisme comme le processus de constitution d'une science académique, « c'est-à-dire d'une science qui est principalement produite en milieu universitaire et dont le public privilégié est lui-même universitaire »,[16] il définit les conditions de participation à cette science académique : manifester le plus discrètement ses opinions personnelles, apparaître au-dessus de la mêlée, subordonner l'action à la réflexion, fuir les querelles de parti, etc. En un mot, autonomiser le travail universitaire vis-à-vis de l'action politique, en le situant au niveau le plus général et le plus universel. La présentation de l'Académie des sciences morales et politiques est instructive à

---

14. Edward SHILS, *The Intellectuals and the Power*, Chicago, University of Chicago Press, 1972. Michel FOUCAULT et Gilles DELEUZE, « Les intellectuels et le pouvoir », *L'Arc*, 49, 1972 : 3–10. Pour une version québécoise empirique de ce thème, on pourra consulter les articles de Maurice PINARD sur les intellectuels et la question nationale, parus dans *Le Devoir* des 12 et 13 mars 1981.

15. Marcel FOURNIER, « La fin d'un académisme », *op. cit.*

16. *Id.*, p. 303.

cet égard : « Les auteurs de ces essais s'accordent à croire que l'essentiel demeure important, qu'il faut subordonner l'accessoire à l'essentiel, le moyen à la fin, et remettre en question le progrès technique dans l'optique des valeurs humaines. »[17] Ainsi se profile l'intellectuel moraliste dont on peut avancer qu'il caractérise l'expertise de type spéculatif : ses interventions axées sur la défense du beau, du bien et du bon dans la perspective des grandes valeurs et d'une esthétique classique prennent la forme d'un jugement moral sur les transformations de la société.

L'expertise de type émancipatoire se donne comme l'activité qui participe du salut des collectivités et des masses opprimées dans la perspective d'une libération de l'humanité. Elle se concrétise par un travail, de nature très variée, auprès de quelque collectivité qui puisse être classée dans la catégorie des opprimées. Cela est très vaste, on en conviendra : des écologistes aux femmes, en passant par la nation et les organisations d'encadrement de la classe ouvrière (syndicat, parti, etc.), tout ce que les processus sociaux ou le goût du jour inscrivent dans l'oppression peut devenir l'objet d'un travail à caractère émancipatoire.[18] Depuis son autonomisation à l'égard des deux autres activités universitaires, l'expertise émancipatoire a constamment oscillé entre trois formes symboliques particulières qui fixent les contours de son ancrage social : d'abord celle de l'intellectuel engagé dont la figure, monumentale, demeure celle de Sartre. Puis celle de l'intellectuel organiquement lié à un parti ou à un mouvement social ; on pense ici à l'intellectuel communiste dont Gramsci a fixé les grands traits et réfléchi sur la pratique sociale spécifique.[19] Enfin celle de l'intellectuel critique, *i.e.* celui qui se prétend inclassable socialement, donc critique ; il s'agit de l'intellectuel sans attache et au-dessus de la mêlée, espèce de conscience universelle malheureuse, ce qui constitue en quelque sorte l'idéologie professionnelle des intellectuels. Il va sans dire que prennent forme au sein de l'expertise de type émancipatoire des pratiques sociales différentes, voire opposées, mais qui ont toutes en commun de se permettre, au nom d'une légitimité socialement accordée, de parler avec autorité de la libération du peuple.

Quant à l'expertise de type performatif, elle est plus particulièrement le fait d'une nouvelle catégorie d'universitaires, récemment apparus dans l'enseignement supérieur aux côtés du professeur et du chercheur : l'expert-technocrate, spécialiste des questions et problèmes concrets qui se posent dans l'aire de sa compétence. Cette activité est tout orientée vers l'optimisation des performances ; il s'agit en fait de l'augmentation de la productivité la plus immédiate

---

17. Cité par FOURNIER, *id.*, p. 302.

18. Cela inclut, à titre d'exemple, le discours et les pratiques de certaines constituantes de l'Université du Québec sur le régionalisme.

19. Dans cette veine, on pourra consulter une analyse de l'itinéraire intellectuel de Lukács : Michael LOWI, *Pour une sociologie des intellectuels révolutionnaires*, Paris, PUF, 1976.

et quotidienne des grands appareils de production, de gestion, d'encadrement et de contrôle qui quadrillent les sociétés actuelles. L'efficience technocratique qui se mesure en terme d'*input-output* consiste à améliorer la performance d'une organisation — ou d'une technique — dans le cadre d'un système social donné ; ce qui signifie d'accomplir mieux et avec plus de force ce qui doit être fait. On assiste alors à la montée d'une science technicienne et d'une technologie sociale, l'une et l'autre caractérisées par la pure circulation des connaissances : les problèmes sont techniques, ils se répètent invariablement où que l'on soit, il suffit de leur appliquer les connaissances déjà acquises afin de les régler et ainsi contribuer à l'efficience généralisée. [20]

Pour avoir une vue complète sur l'ensemble des rapports qui instaurent en tant que telle la pratique universitaire, il reste deux questions en suspens que je ne ferai que mentionner. Tout d'abord si nous avons procédé jusqu'ici au décryptage de la pratique par le biais de l'articulation de ses activités constitutives, il s'agirait maintenant de voir comment un matériau plus spécifiquement symbolique — l'idéologie professionnelle des universitaires — opère dans le discours et contribue de la sorte à produire une forme de pratique : il s'agit en fait de rendre compte de la spécificité de la symbolique professionnelle comme effet de renforcement de l'articulation des éléments qui composent la pratique. Ensuite, il nous a semblé que le processus de la constitution des domaines du savoir mettait en jeu des questions de toute première importance ; outre le problème des frontières, jamais définitivement fixées, entre les domaines du savoir, ce qui a trait au déplacement de ces frontières, aux découpages qui s'ensuivent des objets de la science, à la réorganisation des rapports entre ces objets a des incidences sur les formes de la pratique et, par extension, sur la configuration du champ universitaire.

André TURMEL

*Département de sociologie,
Université Laval.*

---

20. À cet égard, une récente brochure publicitaire du Centre de recherches industrielles du Québec s'avère instructive. Elle est intitulée : *Vos recherches scientifiques ont-elles un potentiel économique ?* On peut notamment y lire ceci : « Grâce à l'expérience du CRIQ et à ses contacts permanents avec les entreprises québécoises, le chercheur universitaire possède maintenant un partenaire avec qui il est possible de passer de l'idée originale au produit industriel fini. L'utilisation en commun des ressources humaines et matérielles des deux organismes est une garantie supplémentaire que la recherche universitaire pourra avoir des retombées pratiques sur l'économie québécoise. »

DÉTOURNEMENT DE MINEURS
L'ÉDUCATION QUÉBÉCOISE À L'HEURE
DE LA BUREAUCRATIE SCOLAIRE

A) *Des types de solidarité et du cours de l'histoire*

Le contexte sociologique où s'exerce l'enseignement supérieur a suffisamment changé depuis vingt ans pour qu'on soit tout naturellement porté à renvoyer dos à dos les pôles d'une typologie pour en parler: nous sommes passés, disons, de la *communauté académique* à la *bureaucratie scolaire*, de la rationalité des valeurs à la rationalité instrumentale, des solidarités mécaniques aux solidarités organiques, de la *gemeinshaft* à la *gesellshaft*, des rapports féodaux aux rapports marchands. Attendrait-elle encore une fois de Jean-Charles Falardeau qu'il lui montre ce qui en elle meurt et naît, que notre société l'obligerait sans doute, sur ce sujet dont il a peu parlé mais dont il s'est beaucoup préoccupé, à traduire quelque nouvelle « Rencontre de deux mondes ».

Toute typologie est modèle et à ce seul titre, réductrice. Bipolaire, elle récidive. Lorsqu'en plus, comme l'ont fait Weber, Durkheim, Tönnies et Marx chacun à leur manière, on utilise les pôles de la typologie pour rendre compte des termes d'un tournant historique unilatéral, du passage d'un état de fait à un autre mutuellement exclusifs, on risque d'insulter l'histoire après l'avoir blessée, empilant par-dessus la réduction le déterminisme et l'irréversibilité.

Tönnies et Durkheim, en effet, ne sont pas satisfaits d'identifier deux formes universelles de socialité. Ils en ont fait des types historiques pour interpréter la révolution bourgeoise d'Occident comme la destruction de l'un de ces modèles par l'autre. Le développement des sphères où régnait la solidarité organique ou sociétaire devait éventuellement conduire à l'étiolement, puis à la disparition des solidarités mécaniques ou communautaires. Peu friand de typologies théoriques, Marx en faisait quand même d'empiriques et éliminait en esprit le capitalisme sous les coups du communisme, comme le Joli Monstre lui-même avait bouffé *tout* le terrain du féodalisme. Et Weber, en évoquant le « désenchantement du monde » lié à la civilisation bourgeoise, laisse lui aussi entendre que l'extension socio-historique de la rationalité instrumentale et de la légitimité juridico-bureaucratique se fait au détriment de la rationalité normative (des valeurs) et du pouvoir de la tradition. En somme, ces fondateurs de la sociologie ne posaient leurs typologies théoriques que pour caractériser des sociétés historiques, empiriquement définies, se succédant l'une à l'autre, la société « concrète » des rapports marchands réificateurs, des solidarités organiques (ou fonctionnelles), sociétaires, refoulant nécessairement et définitivement celle des rapports féodaux, des solidarités mécaniques (ou de fusion), communautaires. À des degrés de conviction certes variables, chacun assigne une ligne générale au développement historique, y trouve une coulée irréversible, un passage, une séquence sans retour.[1] L'idée de progrès, linéaire, leur impose ses œillères.

On reconnaît aisément que le développement du capitalisme bourgeois condamnait irrémédiablement à la disparition les institutions de la société féodale. Cette question-là se pose encore moins aujourd'hui qu'au dix-neuvième siècle. Mais une autre demeure : les formes sociales historiquement réalisées une fois disparues, la *fonction sociologique* qu'elles remplissaient doit-elle nécessairement s'évanouir aussi ? Les types de sociabilité ou de solidarité identifiés appartenaient-ils en propre à des milieux socio-historiques donnés ou bien à toute société humaine ? Peut-il y avoir une société *sans* tradition, sans rationalité des valeurs, sans communauté, sans solidarités des consciences collectives (mécaniques) ? Si seulement on oublie les déterminations historiques particulières qu'ont pu trouver, dans nos expériences et nos mémoires, les termes de tradition, valeur, communauté, conscience collective, il me semble pressant d'affirmer que non, ce n'est pas possible. Car ce que ces mots désignent, par delà certaines réalités historiques, c'est une dimension inévitable de la socialité humaine parce qu'inhérente à la faculté biologique du langage.[2] Tradition, valeur, communauté, conscience collective : il s'agit toujours d'évoquer des *significations* symboliques, élaborées dans l'échange linguistique, et rassemblant des personnalités autour d'attitudes partagées quant au sens du monde et de la vie. Ces significations sont enregistrées dans la mémoire et projetées dans le discours, les conduites, les artefacts (ce que Gurvitch appelait « œuvres de civilisation »). Parce que les significations rassemblent les subjectivités, elles fondent les phénomènes sociaux d'appartenance ou d'identification/différenciation. Parce que transmissibles, elles portent la transcendance sociale du temps et de l'espace pour conférer aux groupes humains qu'elles associent une

---

1. Pour qui en doute, Durkheim : « Puisque la solidarité mécanique va en s'affaiblissant, il faut ou que la vie proprement sociale diminue, ou qu'une autre solidarité vienne peu à peu se substituer à celle qui s'en va. Il faut choisir. » (1967, p. 147.) Plus haut, Durkheim avait fait remonter au début de l'histoire ce mouvement que vient accélérer la révolution urbaine-industrielle.

2. Pardon pour la publicité, mais je m'en suis expliqué plus longuement dans « Autour de l'idée de nation : appropriation symbolique et appropriation matérielle, identité et socialité », dans : R. Brouillet (éd.), *Nation souveraineté et droit*, Montréal, Beauchemin, 1980.

historicité particulière et, pour peu qu'elles embrassent le devenir, un projet. Qu'on me trouve un seul modèle de société qui tende à éliminer cette dimension de la socialité, et je vous montrerai une société où elle se manifeste vigoureusement sous des formes réprimées : millénarismes, nostalgies, charismatismes, communalismes.[3]

Si la recherche de la communauté, de l'identité, du *sens* partagé porte dans nos sociétés les masques de la nostalgie passéiste, du narcissisme californien, du ritualisme gauchiste, etc., c'est qu'elle est sociologiquement réprimée. Voilà une première chose que j'essaierai de faire voir en prenant prétexte de l'éducation.

Car je m'en vais reprendre à ma manière, pour rendre compte des transformations du milieu académique au Québec, le substrat commun des typologies de la socialité proposées par Durkheim, Tönnies (dont on sait qu'il s'inspirait de Marx) et Weber. J'opposerai ainsi la *communauté académique* à la *bureaucratie scolaire*. Le premier modèle, convenons-en tout de suite, correspond plus étroitement à l'héritage empirique des temps passés et le second aux tendances actuelles, tout aussi empiriques. Mais si je n'ai pas tort de considérer l'institution pédagogique comme un phénomène social total, alors on comprendra que je critique avec une certaine passion les tendances mercantiles, fonctionnalistes et rationalisatrices, lesquelles, après avoir détruit l'ancienne communauté des lettrés et des savants (ce qui était, à mon avis, historiquement inéluctable), luttent aveuglement aujourd'hui contre les possibles susceptibles d'accueillir les projets d'une *nouvelle forme* de communauté académique.[4]

B) *Du moyen-âge à la modernité*

La bureaucratie scolaire est une organisation rationnelle-instrumentale fondée sur des règles écrites prescrivant des chaînes opératoires de fonctions et de tâches hiérarchisées et impersonnelles. Elle résulte d'un contrat de service

---

3. Sous ce modeste chapeau grondent les puissances formidables des nationalismes eschatologiques, totalitarismes de droite et de gauche, populismes et romantismes exaltés.

4. Durkheim lui-même avait fini par considérer l'expansion effrénée des solidarités fonctionnelles, et d'elles seules, comme « une monstruosité sociologique » (*op. cit.*, p. xxxii). Il prescrivit au monstre une dose de corporatisme et se fit traiter de féodal. « Il ne s'agit pas de savoir, corrigea-t-il, si l'institution médiévale peut convenir identiquement à nos sociétés contemporaines, mais si les besoins auxquels elle répondait ne sont pas de tous les temps quoiqu'elle doive, pour y satisfaire, se transformer suivant les milieux. » (*Id.*, p. viii.) En professant son admiration pour une institution également paramédiévale, la Commune, un autre descendant de rabbins se verra de même dénoncé comme conservateur. Pour l'en défendre, son disciple Lénine commentera : « C'est en général le sort des formations historiques entièrement nouvelles d'être prises à tort pour la réplique de formes plus anciennes, et même éteintes, de la vie sociale, avec lesquelles elles peuvent offrir une certaine ressemblance. » (1976, p. 67.) Le frère Engels, de son côté, avait proposé de mettre partout à la place du mot État, le mot « communauté » (*Gemeinwesen*), excellent vieux mot allemand répondant au mot français « commune ». (Cité par Lénine, p. 81.)

implicite passé entre les acheteurs de main-d'œuvre informée (l'éventuel
« marché du travail ») et l'industrie étatisée des fabricants de diplômés (le
diplôme équivaut à une sorte de garantie de 12 mois ou 20 000 km). Elle
organise ainsi les rapports sociaux entre une matière première à transformer (les
étudiants), grâce à des machines (les programmes d'enseignement), par de
prétentieux prolétaires (les professeurs), régis par une hiérarchie para-étatique
(l'organigramme global du « réseau » de scolarisation post-secondaire), le tout
étant cybernétiquement gouverné par des mécanismes de feedback qui ne sont
pas encore au point, au Québec en tout cas, mais dont le noyau crucial est
occupé par les enquêtes sur les « besoins du marché du travail » ou le destin des
diplômés à la fin de la garantie.[5] Les programmes occupent une place capitale
dans la bureaucratie scolaire : ce sont les stratégies d'opérations didactiques
spécialisées de l'appareil de fabrication de diplômés : ils recréent (ou « dédoublent »
peut-être ?), au sein même de l'institution d'enseignement, la logique ultime du
marché, en mobilisant les enseignants devenus vendeurs monopolistes de
services et la clientèle captive d'étudiants qui leur est confiée (et leur assure des
audiences). Les options correspondent en tout point ici à l'illusion relative des
choix dans la consommation de masse, et actualisent la même idéologie de
réalisation de soi que celle dont se recouvre la consommation.

La *communauté académique* est avant tout une forme d'imaginaire social
instituée : un champ singulier (bien qu'universaliste) de symbolisation, fondé
sur des significations partagées — attitudes, normes, principes d'intentionnalité
transcendante. Communauté sous-culturelle, elle rassemble ses membres autour
d'un mode d'interprétation et d'investissement de sens dans le monde, trouvant
son inertie dans une tradition, et son moment dans un projet. La scolarisation
supérieure est ici une initiation, un rite de passage, une cooptation où, par
l'entremise de rapports socio-pédagogiques interpersonnels et paternalistes, les
professeurs reproduisent chez les étudiants des attitudes et principes traditionnels, une éthique et une esthétique élitistes embrassant à la fois la sous-culture
académique (recherche, critique et diffusion du savoir) et les normes d'une bien
nommée *discipline* particulière (le plus souvent instituée en corporation ou
association professionnelles, de sorte que l'intégration culturelle au groupe des
pairs entraîne une intégration fonctionnelle à la société ambiante).[6] Dans la
communauté académique, le programme prescrit les rituels d'interaction

---

5. En attendant que les rouages de feedback — chiffrés — soient au point, leur fonction
systémique est remplie par la demande des clientèles étudiantes (assez finement syntonisée sur les
ondes du marché du travail) et par la résonance que trouvent dans l'université les professeurs dont
le domaine de spécialisation est en demande sur le marché extra-universitaire.

6. Dans certains domaines, cet arrimage tend à se désynchroniser depuis quelques années.
Cela touche d'abord les disciplines où la culture et le savoir constituent des fins en elles-mêmes : les
humanités, l'anthropo-sociologie, les sciences pures. Mais l'utilitarisme mercantile et le ritualisme
scolaire qui envahissent le vide ainsi créé finissent par déteindre sur toute la vie universitaire et
collégiale.

symbolique entre des maîtres, des compagnons (études avancées), des apprentis (baccalauréat), et tente de mettre en œuvre les normes de l'identification professionnelle par une *mise en scène* d'acteurs en chair et en os, c'est-à-dire : de personnes.

On voit comment les mots eux-mêmes évoquent ici un univers révolu : paternalisme, traditionalisme, autoritarisme de part en part de la scolarisation ; élitisme, corporatisme, au sommet de la pyramide académique. C'est tout ce relent médiéval qui, en fait *et en esprit*, a servi de repoussoir au mouvement moderne de pédagogie progressiste depuis les socialistes romantiques jusqu'aux Rogers, Freire, Laing d'aujourd'hui, en passant par John Dewey, Bertrand Russell, l'expérience des Black Hills ou celle de Summerhill.

L'éducation, répéterait-on, n'est pas une propagande et il ne suffit pas d'en changer le contenu pour en changer le résultat — « tout est dans la manière » ; l'élève n'est pas un simple contenant mais un agent (socialement conditionné) impliqué dans le processus de sa propre formation — d'où le terme « étudiant », au sens de « s'éduquant ». Dans un monde en changement, condamné au progrès, enfin, l'éducation ne pouvait plus se résumer à un effort de reproduction d'une génération ou d'une classe dans une autre, mais plutôt *devait* façonner une personnalité ouverte, capable de s'ajuster de façon autonome aux situations de sa vie, et, pour cela, armée d'outils intellectuels comme l'esprit critique et le savoir-faire psychologique. Il fallait conditionner les futurs citoyens au déconditionnement lui-même. Au cœur du projet : l'autonomie de la personne face à la culture, et la faculté d'auto-adaptation permanente. Voilà comment l'éducation progressiste — du devoir progresser, seul devoir qu'elle reconnaissait — allait se donner et être reçue comme pédagogie de la libération.

J'ai dit que cette utopie avait, au moins partiellement, fait un bouc émissaire des teintes médiévales entachant l'institution scolaire. J'entends qu'en fait elle s'affirmait tout autant contre la première révolution bourgeoise en éducation — celle qu'avait prêchée, disons, Rousseau. Dans l'esprit des Lumières — celui de la manipulation rationnelle du monde — on avait cru qu'il suffisait, pour changer la jeunesse, d'ouvrir l'école aux grands nombres (quitte à la rendre obligatoire jusqu'au sortir de l'adolescence) et de lui faire véhiculer un nouvel enseignement, la tradition de la modernité : celle des sciences positives et du rationalisme universaliste, accolée à l'éthique de fonctionnalité et d'industriosité à laquelle l'ère bourgeoise conviait le « peuple » et, plus tard, les « masses ». On ne remettait pas vraiment en cause le modèle pédagogique médiéval, hiérarchique et paternaliste, sauf pour en convertir le sommet : l'État, la Raison incarnée, allait déloger l'Église, et, du même coup, le concept *d'éducation-propagande* — manipulation délibérée des esprits plutôt que de la personnalité — allait enterrer l'ancienne conception initiatique, théologique, qui colorait, en Angleterre, les *colleges* et, en France, les universités. Mais le « projet éducatif » des Lumières, dirait le jargon de nos temps, réservait sa démocratie pour les classes moyennes. En pratique, l'école enseignerait, comme si elles étaient indissociables de l'humanisme universel, la langue, l'histoire et la géographie des États-Nations-Marchés en émergence. Tandis que l'éducation supérieure, toujours destinée quant à elle au petit nombre, continuerait de s'accrocher aux humanités classiques. Aux États-Unis, par exemple, ce n'est qu'à la fin du siècle dernier que se développèrent les *graduate schools* scientifiques et professionnelles, les départements de premier cycle et les « options ».

Jusque-là, en somme, toute l'institution scolaire accommodait une pédagogie homogénéisante, hiérarchisante, assujettie au double impératif de la reproduction-différenciation des classes et de l'intégration nationale-étatique. Des anciens régimes, elle n'avait rejeté, au fond, que la chrétienté, la théologie et — ce n'est quand même pas rien — la sélectivité de caste ou, si on préfère, d'état (au sens aristocratique et clérical du mot).

Ce que les ancêtres de la pédagogie progressiste et de la démocratisation de l'éducation avaient pressenti, c'est que cette première réforme ne pourrait encore longtemps tenir devant les forces libérées et mobilisées par la croissance économique : les grands mouvements migratoires, la mobilité sociale, l'utilisation systématique de la science dans la production, la mise en valeur du capital humain, l'intégration mondiale des marchés. Ce qu'ils ne pouvaient soupçonner, toutefois, c'est que leur utopie libératrice connaîtrait un renversement dialectique pour se transformer en idéologie du libéralisme avancé, soigneusement ajustée aux conditions nouvelles de l'aliénation : la consommation de masse et le service des appareils techno-bureaucratiques. L'utopie de l'autonomie adaptative ne se diffuserait qu'en tant qu'idéologie de la dépendance et du repli sur soi ; et elle pénétrerait, ainsi renippée, le dernier bastion de la société d'ordres médiévale : les collèges et les universités. Comment cela ? Les explications qui me viennent à l'esprit portent l'empreinte de l'expérience historique québécoise ; le télescopage du temps dont a parlé Falardeau à propos de celle-ci conférera sans doute aux pages qui suivent un aspect caricatural.

C) *La production de l'Homme par l'Homme*

Parmi les effets marquants de la production à grande échelle et, corrolairement, de la consommation massive, se trouve une exigence : celle de la fabrication systématique, délibérée et rationalisée de la personnalité.

D'un côté la planification industrielle, la concurrence que se font les titans du capital sur les fronts de la technologie et de la commercialisation, l'exploitation industrielle de l'information en tant que force productive appellent une exploitation intensive, en profondeur, des facultés humaines de travail. En profondeur, cela touche les ressorts mêmes de la conduite autonome : la « mise en valeurs de la ressource humaine », comme le veut l'incantation, englobe évidemment la santé physique et les qualifications professionnelles, mais aussi l'équilibre mental, l'aptitude à l'intégration sociale, voire même jusqu'aux perceptions et aux motivations selon lesquelles les individus s'orientent et s'engagent dans leur monde. Argument massue en ces temps d'humiliation nord-américaine : n'est-ce pas là la recette qu'appliquent les grands *daïmyos* de l'entreprise japonaise ?

D'autre part, la consommation massive impose elle aussi ses exigences complémentaires. Écoutons Édouard Filene, inventeur bostonnais d'un des premiers grands magasins à rayons d'Amérique : [7]

> « La production de masse exige l'éducation des masses ; les masses doivent apprendre à se conduire comme habitants d'un univers de production massive. Par delà la simple alphabétisation, il leur faut atteindre autre chose : la culture. » (LASCH, 1978, p. 73.)

En l'occurrence, la « culture » commande l'élévation des aspirations des masses jusqu'à des désirs raffinés, supérieurs aux besoins définis comme élémentaires. Mais le désir en débandade n'est pas la culture. Il s'agira donc de voir à ce que le désir libéré se fixe empiriquement sur les objets, les services et les signes offerts à la consommation. La discipline du marché devra assumer la responsabilité qu'elle enlève aux cultures traditionnelles, celles que patrouillaient les confessions religieuses, les communautés d'appartenance locales et les familles. En un mot, il faut fabriquer un type culturel sans précédent dans l'histoire : le consommateur. Et la mise en valeur de la ressource humaine ne saurait non plus être abandonnée aux vieilles institutions de socialisation. « L'enfant », avait dit dès 1920 la fondatrice de la profession moderne du travail social, Ellen Richards,

> « ... est, en tant que citoyen, un actif de l'État et non la propriété de ses parents. Dès lors, le bien-être relève directement de l'État. » (LASCH, 1978, p. 155.) [8]

La production des êtres humains (identifiée par Marx à une reproduction parce qu'au dix-neuvième siècle, il n'était pas encore question de plus que cela), le modelage sociologique des personnalités appartenaient essentiellement à la famille, à la base, et à l'Église, au sommet : l'économie de masse leur a retiré ce mandat pour le confier à deux gigantesques sous-systèmes d'appareils, intégrés aux appareils de la production générale.

---

7. Le magasin général reste sous l'empire des besoins restreints et homogènes d'un marché communautaire. Le magasin à rayons, en faisant l'étalage des possibles de consommation, libère les désirs des cadres culturels de la communauté.

8. Le Québec a, comme on sait, finalement cédé aux vagues des mers du Sud après la deuxième guerre. D'où, en 1950, cet écho à Richards que fait entendre un organisme québécois intéressé à la jeunesse : « Dans la société moderne, la famille est de moins en moins capable d'assumer à elle seule tout ce qu'exige l'enfant. » (Roy, 1976.) Et nouant la boucle en 1974, un démographe prêchant à la radio (CBF, *Présent-Québec*, 1 février) : « Jusqu'à maintenant, les parents ont consenti à donner gratuitement à la société les enfants dont elle avait besoin pour survivre. » Nous y sommes : l'État doit payer les pondeuses de son « actif ».

L'appareil de production du consommateur comprend beaucoup plus que la publicité. Il associe la recherche sur les nouvelles marchandises (biens ou services) et leur développement jusqu'au seuil de la fabrication, la planification de la mise en marché sur de longues périodes — jusqu'à ce que le produit trouve son besoin — la distribution, la mise en scène des environnements de vente, les institutions du crédit à la consommation, et, en tout dernier lieu, la promotion. On ne comprendra rien de l'originalité de nos sociétés si on ne tient pas compte, par exemple, des centres d'achats. Les centres d'achats sont aux cathédrales ce que les magasins à rayons des vieux centres-villes étaient aux chapelles : des lieux publics de célébration et de re-création du sens tel que prescrit par le mode social d'appropriation symbolique dominant.

De même l'appareil de production de la main-d'œuvre informée traverse l'activité sociale de bord en bord : il part de l'aménagement même des rapports de travail, l'ingénierie des tâches et des chaînes de production à l'usine comme au bureau, les services de psychologie industrielle et de gestion des personnels, l'éducation, le recyclage, les mécanismes des conventions collectives, les attentions socio-thérapeutiques tournées vers les marginaux, les délinquants, les « mal-dans-leur-peau », les « laissés-pour-compte ».

L'État et l'Entreprise se partagent l'ensemble des tâches de production de la personnalité : les frontières apparentes de juridiction n'ont guère d'importance, puisque la même logique de maximisation, d'instrumentalité et de rendement imbibe les organismes spécifiques pour en faire de simples éléments d'appareils sociaux univalents. N'en croyons pas nos yeux : le premier *sociological department*, chargé de comprendre et d'utiliser les lois de l'intégration sociale pour promouvoir la tempérance, l'épargne, la domesticité et la répression des pulsions n'a pas été fondé dans une université publique, mais, dès 1924, aux *Ford Motor Works* — ceux-là mêmes où fut inventé l'achat à tempérament des biens de consommation durable : « *a car in every driveway* », pour les employés d'Henry Ford, d'abord, pour l'Occident, ensuite. De même, nous avons tendance à oublier que les grandes institutions de mise-en-valeur des ressources humaines n'ont pas trouvé leur voie sous incitation étatique, mais sont passées du gardiennage à la promotion de la santé ou de la culture sous l'éperon du mécénat capitaliste privé : je pense, à propos de notre propre milieu, par exemple, à l'Université McGill, au *Montreal General Hospital*, ou à « La Goutte de Lait » (un programme d'hygiène pédiatrique) ; l'animation sociale elle-même a trouvé ses prétextes dans les *University Settlements*, de McGill, bien avant d'aboutir au Conseil des œuvres diocésaines de Montréal, puis au B.A.E.Q. ou à la Compagnie des Jeunes Canadiens, rejetons de l'État.

On ne saurait dissocier consommation programmée et travail informé. Le mode d'échange s'articule au mode de coopération. Ils vont de pair, s'engendrant l'un l'autre, comme les deux faces d'un même phénomène sociologique. Tous deux supposent l'existence d'appareils envers lesquels l'habitant de la cité commune devient dépendant. La dépendance, en elle-même, n'a rien d'extraordinaire : en tout temps, elle demeure pendant de la sécurité sociale. L'inédit historique, c'est le passage d'une dépendance personnalisée à une dépendance impersonnelle, fondée sur les postes et les règles rationnelles, sur l'objectivité concrète des marchés. Pour ne plus avoir à surveiller personnellement les personnes, il a fallu agir ouvertement sur les personnalités.

Regardez le jeune instruit, frais sorti des écoles, moyenne cumulative élevée par-dessus le marché : elle ou il a psychologiquement besoin d'occuper une fonction dans une organisation techno-bureaucratique pour se réaliser car son apprentissage n'est guère autre chose qu'une fusion de son identité et de certaines attentes fonctionnelles des appareils. C'est d'ailleurs tout juste pour cela qu'on lui a imposé des options, soi-disant académiques mais en fait prises sur le marché éventuel du travail bureaucratique (syndiqué et oligopoliste, donc bien rémunéré), dès le seuil de l'adolescence, *avant même que ne se cristallise son identité.* De même la consommation : au delà d'un seuil de nécessité statistiquement défini et indexé, si possible, par l'État lui-même, l'échange du consommateur le met d'abord en relation avec les autres consommateurs — et non avec les vendeurs ; la consommation est une manière de communication symbolique dépendante, parce qu'elle ne crée pas ses significations mais les prend sur le marché de masse : nous avons besoin de nous procurer des produits, des services, des styles ou des idées à la mode pour participer aux significations stéréotypées de notre milieu social. J'entends par stéréotypes ce genre de signes qui parlent sans entendre, donc médias d'un échange sans rétro-action, à prendre ou à laisser, dont la signification est donnée en dehors des individualités qui y participent pour fuir la solitude sans trouver la communauté.

Voici un pauvre, qui se prive de manger pour engloutir son argent dans une automobile : « On a beau, explique-t-il, être un moins que rien, [9] on est pas pour *passer pour* un moins que rien. » Ce « passer pour » n'a rien de faux : il fait partie de tout symbolisme : c'est sa fixation sur une marchandise qui est significatrice de notre temps. Pour peu d'élargir l'idée de marchandise, on s'aperçoit que le même mécanisme sévit dans tous les milieux : comment expliquer, par exemple, la consommation ostentatoire que font les universitaires du dernier jargon à la mode ? « On a beau être ignorant, on est pas pour passer pour des ignorants. » Dans mon club de Camaros, j'observe qu'après Cadillac Parsons, nous avons acheté Lada Althusser, Citroën Bourdieu et autres marques de commerce de l'intelligence sociologique sur roues.

Telles sont les formes nouvelles de l'aliénation, qui succèdent et se superposent aux anciennes sans les éliminer. Double servitude, donc, celle du

---

9. Le terme utilisé est plus cru.

personnel et celle de la *clientèle*, envers les appareils mobilisateurs des puissances humaines obligées de se vendre ou de s'acheter, et où se réalisent les fonctions de contrôle d'un capital désormais dépersonnalisé, qui ne se reproduit plus nécessairement par l'héritage de la propriété ou des valeurs, mais par la transmission de postes au sein des organisations et l'identification du soi aux *créneaux* mercantiles correspondant à un profil socio-économique « cible ». Le pouvoir, dans ce monde, se situe dans l'organigramme et préfère se passer des personnes, des familles, des conspirations de complices. [10] L'aliénation, en résumé, ne s'appuie plus sur le salariat et sur la morale théologique, du moins là où elle anticipe de ce qui rompt avec le siècle passé : elle est indissociable des systèmes industriels de modelage des personnalités pour qu'elles intègrent les normes instrumentales de la techno-bureaucratie et de la consommation.

D) *Le nouveau moule*

On pourrait résumer ce faisceau de tendances de la façon suivante : parce que nos sociétés considèrent l'accumulation capitaliste comme une fin en elle-même et ne laissent donc d'encourager les tendances qui vont dans cette direction, elles ne peuvent plus abandonner aux communautés de culture et à leurs institutions le soin d'imprimer un sens à la vie, mais confient cette tâche à des organisateurs sans autre fin que l'efficacité pratique, une fois arrêtée par le marché la demande à satisfaire. Dès lors, l'État et l'Entreprise, commandés par une même rationalité instrumentale, doivent prendre en charge le modelage de la personnalité de base qui convient, en cercle vicieux, aux bureaucraties et à la culture de consommation de masse. Il y a plus de trente ans que la pensée de notre temps essaie de dégager les grands traits de ce masque. Essayons de synthétiser. La personnalité idéal-typique des sociétés industrielles avancées correspondrait au portrait-robot que voici :

1. *Hétéro-déterminée.* Le mot vient de David Riesman, auteur de *La foule solitaire*. Il signifie, on s'en souvient, que l'Homme contemporain n'est plus orienté par des principes intérieurs rigides, transmis comme vérités transcendantes par ses parents, mais reste plutôt disponible, malléable aux attentes de son environnement. Riesman illustrait d'une image : plutôt que de se gouverner avec un gyroscope fixé au moment de l'enfance, la femme, l'homme de notre temps se servent d'un radar : leur personnalité, comme les missiles à tête chercheuse, est d'abord syntonisée sur les autres, qui lui donnent ses objectifs. Tandis que les réclames publicitaires chantent « Tout le monde le fait, fais-le donc ! », les comportements généralisés suivent ce qu'on appelle les modes au lieu de ce qu'on appelait les coutumes.

---

10. Notre ami Jorge Niosi a montré que les personnes et les familles comptaient encore dans les grandes entreprises, nous donnant, de ce fait, partiellement tort. Nous agitons ici l'autre morceau du mouchoir : celui qui a partiellement raison. (NIOSI, 1978.)

2. *Utilitariste.* Sartre, né en 1900, n'était décidement plus de son temps lorsqu'il prétendait reconnaître la liberté dans le choix des contraintes, un choix d'ordre moral, posant donc la possibilité de critères transcendants à partir desquels départager le souhaitable des possibles. L'histoire a transcendé la transcendance. Ce qui compte, c'est ce qui rapporte ici et maintenant. La personnalité contemporaine ne répond plus à des motifs moraux, mais au calcul objectif des moyens à prendre pour atteindre un but indissociable de la situation où elle se trouve. Elle ne se plie plus aux exigences sociales en vertu de valeurs susceptibles de dépasser la réalité immédiate, mais se résigne et sait s'adapter aux faits tels qu'ils sont révélés par la connaissance positive. Marcuse a déjà souligné comment le travail, la famille, la vocation — ces grandes valeurs bourgeoises — avaient cessé d'être des fins pour devenir des moyens : moyens de consommer, moyens de réalisation individuelle. Le divorce, dans les jeunes familles, reflète peut-être moins l'érosion de l'ancienne famille bourgeoise qu'une nouvelle conception utilitariste du mariage : Christopher Lasch a suggéré qu'entrés dans un contrat de mutuelle satisfaction, les nouveaux partenaires maritaux avaient tendance à rompre le contrat lorsque l'association ne leur rapportait plus les gratifications qu'ils ou elles en attendaient au départ. En tel cas, le mariage, la famille sortent du domaine des valeurs ou des fins pour devenir des outils, des moyens.

3. *Dépendante.* C'est affaire de forme et non de fond, puisque l'interdépendance, à tout le moins, est synonyme de socialité. Sauf que le paternalisme *autoritaire* qui liait autrefois l'être humain à ses parents, au patron ou au prêtre a été remplacé par un paternalisme *thérapeutique* [11] émanant des appareils et de l'expertise. En éducation, en matière de santé ou de loisirs, sur le front même des mouvements sociaux égarés dans les colloques para-académiques ou les méandres juridiques des conventions collectives, un rapport social de dépendance associe et oppose les clientèles et les personnels par l'intermédiaire des appareils ou du marché de l'expertise. Ces rapports ne concernent pas seulement les biens et les services, mais également la production du sens de la vie. Une publicité récente d'un grand distilleur conseille tout naturellement à la ménagère alcoolique de confier son problème à un professionnel — plutôt qu'à ses parents, par exemple.

Dans le plus récent énoncé de politique gouvernementale en matière de loisirs, [12] on voit comment ce rapport de dépendance en est un de classe. S'agissant évidemment de soigner ces catégories sociales qui s'adonnent à des « distractions plus ou moins passives » et à des « tentatives de fuite » accommodant « peu d'expression de soi », les thérapeutes identifient : les « travailleurs d'usine et de bureau », « certains travailleurs agricoles et de nuit », les « femmes

---

11. J'emprunte la nuance à Lasch.

12. « On a un monde à recréer » (Québec, 1979). Qui ça, *on* ? Voir la suite, où il est dit aussi qu'il s'agit de re-créer plutôt que de récréer.

ménagères » ou obligées de s'adonner à un « travail extérieur », les « chômeurs »,
« personnes âgées », « handicapées », et « les jeunes ». Qui manque ? Le mâle
d'âge moyen, cadre moyen, moyennement bien payé : il ne fait pas partie des
clientèles, mais du personnel. Et puis, évidemment, les riches : ils se payent déjà
l'accès à toutes les thérapies et à tous les loisirs-marchandises qu'ils désirent.

Ces cas illustrent un phénomène sur lequel Gilles Gagné, du département
de sociologie de Laval, a attiré l'attention dans un texte inédit. Plusieurs besoins
socio-culturels étaient autrefois satisfaits dans les cadres des anciennes
institutions communautaires paternalistes — l'aide aux alcooliques et le loisir
seraient de ceux-là. Lorsque ce n'est plus sociologiquement possible, les attentes
et les devoirs hier définis comme culturels (normativement) assument la forme
d'une offre et d'une demande de marchandises (biens ou services). Cependant,
dès lors qu'un besoin quelconque est considéré comme naturel, normal et
général, on ne peut en abandonner la satisfaction au marché libre. C'est alors
que la marchandise se transforme idéologiquement en *droit* à tel ou tel service
de l'État. Et les droits engendrent les lois, qui engendrent les règles, qui
engendrent les appareils, qui engendrent les personnels et les clientèles. La
notion bourgeoise de *droit* se substitue à l'idée de *devoir*.

Il me semble plutôt évident, sous ce rapport, que le développement de la
dépendance impersonnelle s'explique mal sans évoquer le rôle et l'ascension de
l'intelligentsia professionnelle — des couches technocratiques si on préfère, à
condition d'y englober tous ceux et celles qui tirent leur légitimité d'une
compétence diplômée directement commercialisable ou bien fonctionnellement
utile aux grandes organisations qui gèrent la vie sociale : dans le privé ou le
public, à leur compte ou salariés, qu'importe. Citons ici encore Christopher
Lasch :

> « Des études récentes sur la professionnalisation montrent que le professionnalisme n'a
> pas émergé [...] en réponse à des besoins sociaux nettement définis. Au contraire, ce sont les
> nouvelles professions elles-mêmes qui ont inventé beaucoup des besoins qu'elles prétendaient
> satisfaire. [Par diverses formes de propagande, elles ont] créé de cette manière ou intensifié
> (non sans opposition) la demande pour leurs propre services. » (*Idem*, p. 228.)

4. *Narcissique.* Lasch, toujours, [13] croit que le repli sur le soi constitue une
réponse psychologique à la dépendance. Lorsque l'innovation sociale tend à
être monopolisée par l'État, les grandes compagnies, les mouvements bureau-
cratisés, les modes massives du marché, et que les problèmes collectifs — donc
de chacun — sont définis par les experts comme techniques, économiques,
sociologiques, leur solution paraît exiger une approche systémique, des
instruments et un savoir spécialisé qui échappent aux individus ou aux
communautés de base. Il devient difficile d'imaginer, hors des appareils,
prendre en mains avec d'autres le morceau de destin que l'on partage avec eux.

---

13. Richard SENNETT a aussi éclairé ce phénomène à sa façon (1978).

Les individus se tournent donc vers l'instant présent, les petits groupes, l'auto-amélioration et l'auto-satisfaction.

À défaut de pouvoir façonner directement un monde extérieur où se trouver bien, il suffira d'essayer d'être « bien dans sa peau », comme les personnages des réclames de bière — telle fille y affirme : « Moi, j'aime être moi » ; tels jeunes couples y retrouvent la maison paternelle champêtre ; tels sportifs, la communion virile des copains de quarante ans : toutes choses disparues comme les dinosaures. [14] Car la quête du soi passe par le regard et l'acceptation des autres, la sécurité identitaire. Mais dès lors que la société, avec ses champs d'échange symbolique et ses rôles sociaux « extérieurs au soi » est perçue comme contrainte à l'affirmation de l'identité, on cherche à se reconnecter aux autres *en dehors* et *à côté* de la société, de personne à personne, dans la rencontre mythique des sois en fusion, dans la chaleur communiante des relations primaires où chacun trouve enfin la vérité du soi dans l'acceptation du soi par l'autre devenu miroir de Narcisse.

E) *L'éducation supérieure : avantages ou privilèges*

Voilà le contexte sociologique où, me semble-t-il, évolue l'éducation contemporaine. Il fallait bien essayer de montrer comment les transformations du milieu académique ont répondu à des déterminants historiques qui lui échappaient très largement. Inutile d'ajouter que, dans cette même foulée, les frontières institutionnelles entre l'université, le collège, le secondaire, l'éducation permanente, voire même les formes non-scolaires de socialisation, tendent à s'estomper. Aussi n'hésiterons-nous pas à partir de l'ancien cours classique pour marquer la distance avec la situation actuelle.

Le programme, au milieu des années cinquante, aurait pu ainsi se résumer : tous les cours étaient obligatoires ; les « classes » formaient des groupes stables, et vous « montiez » avec le même noyau de confrères (et consœurs, à partir de 1961, au collège que j'ai fréquenté). Malgré quelques matières toujours en vogue (sciences, histoire, littérature...) l'originalité du *curriculum* résidait dans son tronc : six ans d'étude de deux langues mortes et, pour finir, une philosophie dont on ne puisse dire qu'elle trouvait sa vitalité dans l'univers contemporain : la scolastique de Saint Thomas d'Aquin. Ajoutons un mot à propos de nos maîtres : ils nous assommaient de principes inébranlables et de valeurs bétonnées sans douter un seul instant en savoir plus que leurs élèves sur le monde et la vie ; ils se disaient mandatés par la commune humanité et, spécifiquement, par la société canadienne-française, pour former son élite.

---

14. Le livre blanc cité plus haut ne voit pas dans les loisirs un prétexte à la re-création sociale du sens du monde. Il parle plutôt de « découverte de *soi* », de « conscience de *soi* », d'« épanouissement de *soi* », de « dépassement de *soi* », d'« intégration de la *personne* », de « vivre des expériences qui correspondent à ce qu'on *aime* », et affirme le « primat de la *personne* et de ses dynamismes ». Je cite et souligne. (Québec, 1979.)

J'en tire un premier axiome : ce qui se passe ultimement dans la tête des étudiants n'a qu'un rapport indirect, souvent imprévisible et passablement involontaire avec les intentions avouées d'un programme d'enseignement ou d'une méthode pédagogique. Cédant à l'idéologie pragmatique des années d'après-guerre, on essayait sans trop de succès de justifier l'étude du grec et du latin — hérités du moyen-âge où ils patrouillaient les frontières symboliques de la caste détenant le monopole du savoir transcendant — par leur utilité étymologique. [15] En réalité, et à l'insu de tous les intéressés, nous faisions de la gymnastique linguistique, une forme de gymnastique intellectuelle. Les mathématiques servent à la même chose. Saint Thomas devait s'occuper de nous inculquer les ultimes vérités alors qu'au mieux, il nous passait la rigueur logique d'Aristote et sa manie de chercher des catégories aptes à ordonner le monde. Plus encore : penseur du XIVe siècle, il prêtait singulièrement le flanc à l'iconoclastie facile de jeunes gens du XXe. De sorte que l'effort d'endoctrinement finissait par se mordre la queue.

Falardeau disait : « nous avons appris à apprendre ». En d'autres mots, un des attraits de ce programme était probablement de ne pas enseigner grand chose, si enseigner veut dire : faire acquérir des connaissances positives. La praxis pédagogique n'a pas les concepts, les données, les contenus pour objet, mais les manières de concevoir et le contenant : l'esprit, la sensibilité. Et, sous ce rapport, la mise en scène scolaire est plus proche du rituel initiatique que de la révélation, de la parole plus que de l'écriture. Autre face de la même affaire : l'éducation constitue sa propre fin ; elle sert à éduquer, à cultiver des potentiels latents chez les êtres humains. La réduire à une instrumentalité — « servir la société de demain », « répondre aux demandes du marché », « réaliser la solidarité avec le prolétariat » — équivaut à un détournement. L'utilité sociale éventuelle d'une formation n'a pas grand chose à voir avec le processus de formation lui-même. L'éducation est d'abord une croyance ; et les croyances cessent d'en être le jour où on en fait des moyens.

Dernière hypothèse : le paternalisme et l'autorité des maîtresses ou maîtres ne suffisent pas à inhiber l'autonomie et l'originalité intellectuelle chez leurs élèves, à moins de dédoubler étroitement les structures socio-historiques qui en font des modes de domination. Relisez Platon : vous verrez que la maïeutique de Socrate n'est pas rogérienne, et que les questions posées par le maître sont piégées. L'accoucheur, en somme, sait déjà quel bébé il *faut* attendre. En offrant une figure d'autorité, la maîtresse d'école s'offre en norme, s'enseigne elle-même, fournit un pôle d'identification/différentiation à partir duquel l'élève s'oriente, soit par imitation, soit au contraire par une prise de distance, une négation s'il le faut, mais une négation polarisée, dotée d'un objet, et non pas ce chialage diffus de l'insatisfaction dépendante qui subvertit, chez le narcisse, le

---

15. Six ans de tourments pour apprendre à retrouver, par exemple, la racine « oligo » — quelques-uns — dans les oligo-éléments de l'engrais *Vita-Gro* ?

concept de critique. L'imitation, le mimétisme, le jeu de la répétition qu'appelle l'autorité du maître ne signifie pas nécessairement assujettissement du disciple : la plupart des impressionnistes, qui ont fait éclater les cadres des arts plastiques occidentaux à la fin du siècle dernier, avaient appris leur métier en copiant les grands maîtres du Louvre.

Fort à propos, Marcel Fournier (1982) citait l'autre jour une étude sur le collégial québécois, qui a découvert, à la surprise générale, que les étudiants d'arts plastiques différaient de ceux des autres disciplines par la satisfaction sereine qu'ils éprouvaient à l'endroit de leurs études. On devrait pourtant être tordu d'angoisse et de cynisme dans ce domaine éminemment fermé aux débouchés utilitaires. Or, il semble que ces étudiants ont ceci de singulier de se prendre pour des apprentis-artistes, et de jouer sérieusement, par l'expérimentation pratique, les rituels de ce rôle anticipé. Ils font déjà partie de la communauté des artistes, du moins en intention.

Il suffit de connaître quelque peu la sous-culture de l'enseignement des arts pour témoigner des paramètres périphériques à la satisfaction exprimée par cet échantillon. [16] Solide tronc de cours « obligatoires » (on fait de l'art ou on n'en fait pas). Pratique des disciplines inhérentes au métier. L'art n'est pas un savoir et, privé pour l'essentiel d'un discours sur lui-même, il ne sait exister — cela ferait plaisir à Sartre — que dans la mise en œuvre de son essence normative, esthétique. Dès lors, les gens qui guident et inspirent la démarche pédagogique des étudiants des Beaux-Arts ne peuvent pas ne pas être des maîtres et éviter de porter des jugements de valeurs. Les enseignants d'arts plastiques n'ont pas plus que leurs étudiants le choix de participer à la communauté des producteurs d'arts, au champ commun de significations. Les Beaux-Arts sont aussi un milieu où l'admiration des Grands Maîtres et le respect de la transcendance assumée par l'art au travers des siècles et des milieux sociaux atteint une sorte de passion. C'est une sphère d'élite où l'esprit de corps rejoint la prétention. Enfin, et surtout (à mon avis), l'apprentissage du métier est affaire de pairs-en-esprit, apparentés par un engagement qui, dépassant chacun, rassemble tous ceux qui choisissent de s'en réclamer.

En effet — et ce point traverse le cas des programmes d'art comme celui du cours classique — l'homogénéité des enseignements ou l'autorité des maîtres aboutiront aussi bien qu'autrement à l'abrutissement ou au ritualisme conformiste, à moins d'être soumis à la médiation des groupes de pairs, auto-pédagogiques. J'ai rappelé plus haut l'insignifiance inhérente aux contenus

---

16. En ce qui me concerne, et pour des motifs si privés que la seule évocation publique de leur existence me gêne, je n'ai jamais considéré la période de mes études collégiales comme un « bon vieux temps ». Mes années aux Beaux-Arts de Montréal, oui, pour des raisons probablement aussi privées. Les qualités fort épurées que je parviens à retrouver dans le cours classique sont interprétées au travers du prisme de mon expérience à l'École des Beaux-Arts, entre 1964 et 1967. Je crois. Sinon, j'espère.

délibérés de l'enseignement classique. C'était pour mieux faire ressortir les effets infrastructurels de la mise-en-scène scolaire. Puisque tous les élèves suivaient les mêmes cours et gravissaient ensemble les marches menant à la sortie, les classes finissaient par fonctionner comme de véritables groupes primaires. La digestion, la critique, l'assimilation des enseignements subissaient la médiation sélective de ces groupes, au gré d'une mastication sociale laquelle, en impliquant des personnes intégrales qui se connaissaient sans avoir besoin de s'adonner, pondérait les charriages, l'esbrouffe, le terrorisme intellectuel et autres masques rhétoriques de l'insécurité. Ensuite, la permanence du programme sur plusieurs années décloisonnait les promotions successives et imposait une continuité normative entre les générations : vous étiez toujours le petit d'un grand et le grand d'un petit. Parce que liée au temps plutôt qu'aux personnes, cette hiérarchie n'opprimait pas. Tout cela tient pour les écoles d'art.

Ce qui paraît nostalgique est en vérité prosaïque et étroitement conforme aux plus solides théories psycho-sociologiques de la connaissance et de l'information. Celle du *Two-step-flow*, par exemple, ou celle de la dissonance cognitive. Si l'éducation est un processus d'information, il s'accomplit en deux étapes : l'émission d'information, à partir d'une source, est digérée par l'intermédiaire d'un groupe d'appartenance et de leaders d'opinion, ce qui entraîne des déformations, des réintégrations, des sélections. En second lieu, la réduction de la dissonance — c'est-à-dire la neutralisation de l'angoisse provoquée par des informations qui dérangent les schémas perceptuels ou cognitifs incrustés — dépend d'une confirmation de groupe et, pour cela, d'une libre discussion entre pairs.

Le cours classique prétendait s'adresser à une élite naturelle. Il s'agissait plutôt, on s'en doute bien, d'une minorité sélectionnée pour jouir de privilèges refusés au grand nombre. Attention à l'ordre établi si vous excitez dans le peuple tout entier les virtualités d'épanouissement, de responsabilité, d'auto-nomie et d'esprit critique ![17] On ne met pas ces choses entre les mains des enfants sans mode d'emploi. Alors on choisissait parmi les rejetons de bonne famille, les premiers de classe, les *chauffeux* et les chouchous (accordez au féminin pour la suite). Puis, au bout du corridor, automatiquement, il y avait l'université et les corporations professionnelles, le noviciat et le clergé, la niche garantie : c'était, enfin, le mode d'emploi.

F) *De la démocratisation à la massification*

Dès le moment où il s'est agi d'ouvrir les portes de l'éducation secondaire et supérieure aux grands nombres, tout s'est passé comme si on avait voulu du

---

17. *Exciter*, qu'on dit. L'effort n'éliminait pas l'impuissance. Mais la distribution — probablement conforme à la courbe de Gauss — des recrues originales du classique mise en rapport avec la réussite éventuelle des bacheliers et bachelières pose une irréductible question : celle de la possible qualité en éducation, *vs* celle de la conspiration des élites pour protéger leurs recrues.

même trait en extirper tout ce qui en faisait un privilège pédagogique réservé aux enfants bien nés et aux sujets intéressants des classes laborieuses. D'anciens diplômés du cours classique, soudainement modernisés par grâce d'État, firent savoir que le temps s'achevait où l'éducation constituait sa propre fin et visait à former les esprits et des sensibilités éveillées et disciplinées — à *cultiver*, au sens presque agricole du mot, les virtualités de dépassement au sein de la jeunesse. Au travers du prisme d'une idéologie utilitariste et de l'individualisme libéral, la « réalité » semblait, d'elle-même, exiger autre chose. La société moderne, le marché du travail, l'économie contemporaine, les statistiques ne laissaient plus de place aux choix fondés sur des normes culturelles : les *faits objectifs* révélés par les « sciences » de l'homme avaient assumé le commandement. Il fallait satisfaire les besoins des masses ; et les masses, contrairement aux élites, n'avaient pas besoin de soi-disant culture. Le capitalisme techno-bureaucratique avait massivement besoin de travail informé et de consommateurs aux désirs libérés des prescriptions normatives de leur communauté ethnique et de leurs traditions. Or, par une heureuse convergence, il arrivait que les masses éprouvaient précisément ces besoins-là. Il fallait donc démocratiser l'éducation et pour celà, sortir la morale, la famille et les curés de l'école — tous ces particularismes incrustés dans une communauté *folk*, empaysée, incarnée — pour y faire entrer l'universel abstrait sous la guise de l'État, des « sciences » de l'éducation, et des États-Unis d'Amérique : la rationalité et la modernité.

Premièrement, dans la « société moderne » s'instruire équivalait à s'enrichir : le capital culturel accumulé à l'école trouverait plus tard son rendement monétaire. Il fallait apprendre des choses factuelles et des méthodes efficaces, acquérir des connaissances positives, scientifiques, objectives. La science de l'éducation avait découvert qu'à l'école comme dans la vraie vie du marché du travail et de consommation, l'individu faisait son chemin et ses choix de lui-même : d'où ce besoin pédagogique des options, des cheminements, des « profils » académiques individualisés. En conséquence, les enseignants spécialisés livreraient un éventail diversifié de capital-savoir aux « s'éduquants », et le cumul unique de ces denrées dans la tête du client lui permettrait de se programmer un avenir en accord avec, d'une part, sa véritable personnalité, et, d'autre part, les attentes du marché. À treize ou quatorze ans, l'adolescent prendrait, avec l'aide experte d'un orienteur, cette délicate mesure pour s'occuper ensuite de se mettre en valeur la ressource humaine.

Les maîtres, devenus enseignants, enseignantes, n'étaient plus là pour former la jeunesse, mais pour satisfaire la demande diversifiée de capital-savoir. Une fois spécialisés dans un secteur quelconque du savoir, leur rôle consistait à livrer cette marchandise le plus efficacement possible — d'où le développement des « sciences » de l'éducation. Elles, ou ils, ne seraient plus personnellement responsables des jeunes en chair et en os dont ils guideraient l'apprentissage, mais de la validité (sans cesse remise à jour) et de la quantité des connaissances qu'ils devaient faire passer dans les têtes plus ou moins anonymes défilant devant eux. L'échelle massive, la multiplication des programmes spécialisés, le régime d'options et l'émiettement des profils académiques individuels tisseraient des relations de type marchand entre dispensateurs et accumulateurs de savoirs. La responsabilité personnelle des maîtresses et des maîtres d'école envers leurs élèves faisait autrefois de l'enseignement un engagement social direct, lié à une pratique quotidienne. Dès lors que cette responsabilité est prise en charge par le système scolaire lui-même et que l'art d'enseigner relève de la science, le métier se transforme en fonction, et celle-ci n'exige plus l'investissement d'identité dans le rapport pédagogique entre professeurs et étudiants. L'ancienne *vocation* de l'éducation se transfigure en matrice bureaucratique pour devenir la « mission » d'un appareil d'État. Comme le démontrent les distorsions rituelles des conflits de travail, il n'y a plus guère que les personnels de gestion des CEGEP, des Universités, de la DIGEC ou de la DIGES pour « avoir la vocation » et prétendre s'en faire les gardiens.

La démocratisation de l'éducation n'a connu, à ce jour, qu'un succès partiel sur le front du décloisonnement des privilèges de classe, et de l'accès généralisé des enfants du peuple au collège ou à l'université. Mais son succès qualitatif reste formidable, bien que non voulu et non anticipé par les réformateurs des années soixante ; un mot résume cet effet pervers : la massification. [18]

G) *L'institution pédagogique contre l'identité*

De la même manière que les êtres humains produisent leur subsistance en s'appropriant la nature par l'intermédiaire des rapports sociaux, ils secrètent un sens à leur vie et inventent la signification du monde au sein et par le biais des rapports sociaux de communication symbolique. La même chose peut se dire autrement : l'identité individuelle et l'identité collective vont de pair ; ce sont en

---

18. Les problèmes d'image éprouvés actuellement par les universités sont au moins partiellement attribuables à la déception qu'éprouve le public devant la démocratisation. On admettait volontiers que la carrière académique et la condition d'étudiant d'université entraînent certains droits et avantages pour autant que les membres de l'institution forment un corps d'élite. Mais l'ouverture aux plus grands nombres et le recrutement rapide d'un corps professoral atteignant aujourd'hui les huit mille ont banalisé le statut d'universitaire : de plus en plus de gens comptent parmi leurs proches quelqu'un qui a fréquenté ou fréquente encore l'université. L'image d'une méritocratie, d'une communauté des meilleurs et des plus intelligents, résiste mal à cette banalisation et les avantages concédés hier ont tout l'air, aujourd'hui, de privilèges. Quand, par dessus le marché, la connexion entre le diplôme universitaire et la sécurité professionnelle tend, en général, à s'effilocher, la condition étudiante prend l'aspect d'un sabbat et celle de professeur, d'une injustifiable sinécure. Enfin, tant de monde finit par faire un monde, une sous-culture autonomisée par rapport à la « société globale », que chacun se représente évidemment à partir de sa propre condition. D'où la question : à quoi, au juste, servent ces gens qu'on prend pour d'autres et qui se prennent pour d'autres ?

quelque sorte les dépôts, laissés dans les sujets, de l'action communicationnelle prenant place dans un champ social de significations partagées. La faculté de s'orienter dans le monde, de le percevoir et de s'y exprimer efficacement, bref de savoir identifier l'univers et s'identifier soi-même dans cet univers est une seule et même chose ; c'est aussi une condition nécessaire de la conduite autonome, de la maîtrise de soi et de la maîtrise des choses, soit : de la création et de la liberté.

Cette piste-là nous conduit à ré-examiner la signification sociologique de la résistance aux réformes scolaires québécoises de la décennie soixante, et tout particulièrement, du slogan : « Il ne faut pas sortir le Bon Dieu des écoles ! » Ne parlons pas des évidences : intérêt de classe du clergé et des notables, religion opium du peuple, etc. Rappelons plutôt que ce Bon Dieu-là, cette religion populaire chargée des idiosyncrasies canadiennes-françaises, portait bien autre chose que des intérêts de classe et des mystifications métaphysiques incompatibles avec le désenchantement wébérien de l'histoire contemporaine : s'y condensait également la symbolique d'une ethnie en effritement. Sortir le Bon Dieu de l'école, cela voulait *aussi* dire : évacuer du processus de socialisation les normes culturelles et la mémoire en propre d'une collectivité incarnée et dotée d'une historicité singulière, afin d'y substituer les valeurs plus abstraites et plus universelles de rendement, d'épanouissement individuel, de raison transcendante. Par delà les chicanes sur le contenu des enseignements, il y avait bel et bien conflit sur la fonction socio-culturelle de l'institution pédagogique. En d'autres termes, on ne s'entendait pas sur les référents ultimes de la loyauté sociale de l'enseignant : fallait-il qu'il représente des parents et une communauté, ou se faire plutôt l'émissaire de la Raison, de la Science et de cette créature nommée Société dont on sait bien qu'elle recouvre les impératifs de l'État et du régime économique en temps et lieux donnés ? La question n'a pas trouvé le temps d'évoluer vers ces termes-là parce que la communauté homogène des Canadiens-français-catholiques, dont se réclamaient les forces conservatrices, n'existait plus en fait, début soixante, au Québec. [19]

L'option une fois prise en faveur d'une éducation fondée sur des valeurs positivistes, un pas majeur venait d'être fait pour *neutraliser la médiation des groupes d'appartenance* dans le procès d'interaction communicationnelle et d'appropriation symbolique au gré duquel les jeunes gens cherchent leur identité.

Jusqu'à tout récemment, cette quête d'identité tournait sur une période charnière du développement de la personnalité : l'adolescence (au sens psychologique plutôt que biologique). Or, il me semble que la rupture associée

---

19. Ce qui n'enlève rien à l'intérêt théorique de la question. Chez les Inuit, par exemple, imaginerait-on bannir de l'école les mythes et les traditions de la communauté ethnique sous prétexte que le pluralisme et la lutte contre les mystifications l'exigent ?

à l'adolescence tend à disparaître et que les traits de personnalité usuellement associés à cette phase font de plus en plus partie de la normalité adulte. Que j'aie tort ou raison, les structures sociales de la scolarisation fonctionnent comme si cet effet était systématiquement recherché.

Dans les sociétés traditionnelles, l'adolescence n'existe pas : de l'enfance on accède tout rond à l'âge adulte après des rites de passage constituant une sorte de théâtralisation violente et condensée de l'expérience humaine définie par la mythologie. C'est avec la société industrielle et ses perpétuelles mutations qu'apparaissent l'adolescence et les conflits de génération. Le processus mimétique d'identification *doit* impliquer une rupture avec les parents et s'orienter vers les pairs qui représentent la suite du monde. L'adolescence est cette période où l'on affirme son irréductible originalité en singeant au poil près les rituels de sa bande de pairs. Ce passage est pourtant essentiel à l'intégration de la personnalité et à la formation de l'identité. Par l'intermédiaire des groupes de pairs, l'adolescente ou l'adolescent rompt avec l'éternité de l'enfance pour se trouver dans un univers en devenir : il s'affirme symboliquement contre le passé (parents), contre la société réalisée (ce monde ne me comprend pas, j'y suis étranger), et se tourne vers l'avenir et une société-à-refaire. Mais par la même occasion, bien sûr, il se situe comme venant socio-historiquement de quelque part et en déplacement vers l'avenir. Continuité, projet, appartenance et différenciation — il découvre que son histoire et que l'Histoire ont un sens : une direction quelconque, d'abord, et puis une signification qui renvoie à des communautés humaines incarnées. Le mode actuel de reproduction sociale empêche les jeunes de tourner cette page souvent difficile. Cela les condamne au flottement identitaire, à un narcissisme chronique.

L'approche impersonnelle, thérapeutique, scientifique et instrumentale de la pédagogie n'est plus spécifique au milieu scolaire. Terrorisés par les technocrates de la socialisation, les parents remis à l'heure l'ont depuis longtemps adoptée : ils s'effacent autant qu'ils le peuvent derrière les oukases du manuel *Parents efficaces* ou de doctes experts qui font pendule entre les corridors des facultés de psychologie et les plateaux des émissions « féminines ». Rongés par la honte de leur ignorance ou accrochés à leur bonnet de spécialistes, beaucoup de parents et la plupart des enseignants ne peuvent imaginer pire crime que de s'offrir aux jeunes en norme de ce que c'est d'être humain ou des meilleures façons de le devenir : les uns ne sont pas payés pour cela et les autres craignent d'*imposer* leurs modèles à leurs rejetons et de brimer leur autonomie. [20] Ne restent alors que la tyrannie des faits, de la situation immédiate, de l'ordre réalisé. On aboutit en ce cas aussi à un renversement

---

20. Curieusement, les adultes en question ont eux-mêmes subi tous ces mauvais traitements sans en sortir complètement démolis. De même, ces bacheliers du cours classique qui ont réformé le secondaire et le collégial pour épargner aux générations montantes le risque d'abrutissement auquel, de toute évidence, ils avaient personnellement échappé.

dialectique : dépouillé des anciennes légitimations normatives, l'obligatoire social refait surface déguisé en réalité objective, en *data*, en données. L'idéologie de l'adaptation occupe alors tout le terrain d'assujettissement dont les devoirs moraux et la tradition avaient été délogés.

Séparés les uns des autres dès l'école secondaire par le régime d'options et terrorisés de leur côté par un marché du travail appréhendé d'autant plus menaçant qu'il est, comme l'horizon, lointain et fugace devant l'approche, les élèves croient devoir s'adapter, et, avec un certain cynisme, font comme si la bureaucratie scolaire se portait garante de leur destin, pour s'hypnotiser sur la réussite ou l'insuccès immédiat : la note. Comment trouver le sens du monde et se trouver eux-mêmes par interaction avec un groupe de pairs un tant soit peu stable ? Ils ne connaissent plus que des pseudo-groupes, des agglomérats où ils s'incluent sans s'y identifier. Chacun d'eux vous parle de ses camarades comme « des étudiants » : plus personne, y compris les leaders des organisations étudiantes, ne dit « Nous ». [21] Il ne sait plus voir, dans la collectivité, que des catégories statistiques, des clientèles, des groupements d'intérêts tout crus ou définis par des « droits » abstraits. Quand l'intersubjectivité est refoulée aux intimités les plus privées, personne ne fait vraiment partie du monde objectif.

Avouons tout de suite tout l'inconfort de pareilles généralisations : ces observations essaient de typifier une tendance ; elles ne s'appliquent pas également à tous les étudiants et étudiantes ; surtout, elles ne s'appliquent pas qu'aux étudiants — bien au contraire, on aura saisi qu'elles veulent faire voir certains rapports au monde qui dépassent aujourd'hui l'expérience propre des générations, des sexes, des occupations, etc. Mais je dis bien que la façon dont nous laissons modeler nos jeunes semble répondre à l'impératif de les empêcher de trouver leur identité.

La prise en charge de la socialisation par les appareils du capitalisme organisé a précisément pour but de libérer les individus des pressions de leur milieu d'origine et des contraintes morales transmises par héritage culturel qui entravaient et continuent d'entraver la libre exploitation des « ressources humaines », la débandade des désirs, la poursuite de la croissance-pour-la-croissance. Les forces socio-historiques de la domination, investies dans les appareils, détournent les possibilités mêmes de la communication symbolique et empêchent les humains de se parler directement entre eux, sur toutes sortes de places publiques, pour se donner des normes de jugement, définir le sens de leur vie, et prétendre faire porter au monde l'empreinte de leur signature.

Jolis mots, mais qu'est-ce que cela donne pratiquement ? Peut-être une main-d'œuvre psychologiquement libérée de ses enracinements locaux, donc

---

21. Même comportement chez les, comme on dit, « porte-paroles » du syndicalisme d'appareil : l'expression « les travailleurs » remplace le « nous ». Quant aux membres, ils parlent « du syndicat » ou « de l'Union » comme de choses objectives, extérieures à eux.

toute résignée à se conduire comme pur facteur de production, géo-indifférente, soumise à la mobilité du capital. Ou qui, à défaut de s'identifier à un métier, n'attend que l'occasion pour reporter sa loyauté occupationnelle sur l'organisation qui l'emploie et les corridors de carrière qu'elle lui ouvre, quitte à rabattre sur sa vie privée, l'habitat et la consommation domestiques, toute prétention de projection affective.

Voilà pourquoi cette société tient tant à ce que les jeunes ne liquident pas leur adolescence et que les adultes la redécouvrent : elle a besoin d'adolescents perpétuels pour trouver dans la bureaucratie et la consommation de masse leur groupe de pairs et leur identité individuelle comme collective.

Façon de dire que l'ordre social cherche à s'établir dans la personnalité elle-même.

Jean-Jacques SIMARD

Département de sociologie,
Université Laval.

BIBLIOGRAPHIE *

C. CASTORIADIS, *Capitalisme moderne et révolution*, Paris, Union générale d'édition, 1978. (« 10/18 ».) (Voir en particulier le chapitre intitulé « La jeunesse étudiante ».)

L. DION, *Le bill 60 et la société québécoise*, Montréal, HMH, 1967.

É. DURKEIM, *De la division du travail social*, Paris, Presses universitaires de France, 8e édition, 1967.

M. FOURNIER, « Le sens sans dessus-dessous. Notes pour une conférence », Congrès des professeurs de français du Collégial, Hilton-Québec, 23 avril 1982.

A. GOULDNER, *The Future of Intellectuals and the Rise of the New Class*, New York, Seabury Press, 1979. (« Continuum Books ».)

J. HABERMAS, *La Technique et la science comme idéologie*, Paris, Gallimard, 1973.

M. HORKHEIMER, *Éclipse de la raison*, Paris, Payot, 1974.

M. HORKHEIMER, *Dawn and Decline. Notes 1926–1931 and 1950–1969*, New York, Seabury Press, 1978. (« Continuum Books ».)

G. KONRAD et I. SZELENYI, *La marche au pouvoir des intellectuels. Le cas des pays de l'Est*, Paris, Seuil, 1978. (« Sociologie politique ».)

---

* Certains titres renvoient à des ouvrages qui, sans avoir été cités directement dans l'article, en ont quand même influencé l'argumentation.

M.S. LARSON, *The Rise of Professionalism: a Sociological Analysis*, Berkeley, University of California Press, 1977.

C. LASCH, *Haven in a Heartless World. The Family Besieged*, New York, Basic Books, 1977.

C. LASCH, *The Culture of Narcicism. America in an Age of Diminishing Expectations*, New York, Norton, 1978.

V.I. LENINE, *L'État et la révolution*, Pékin, Éditions en langues étrangères, 1976.

G.H. MEAD, *L'Esprit, le soi et la société*, Paris, Presses universitaires de France, 1963.

J. NIOSI, *La structure financière du capitalisme canadien*, Montréal, Presses de l'Université du Québec, 1978.

On a un monde à recréer, (Livre blanc sur le loisir au Québec), Éditeur officiel du Québec, 1979.

J.L. ROY, *La marche des Québécois. Le temps des ruptures, 1945-1960*, Montréal, Leméac, 1976.

R. SENNETT, *The Fall of Public Man*, New York, Vintage Books, 1978.

F. TÖNNIES, *Communauté et société*, Paris, Presses universitaires de France, 1944.

BIBLIOGRAPHIE
DE
JEAN-CHARLES FALARDEAU *

I. *Études et articles*

Préhistoire, histoire et description contemporaine des Hurons de Lorette, Québec, Université Laval, 1939, (prix Raymond Casgrain), ronéotypé inédit, 45p.

« L'éducation sociale de l'enfant », *La Montée, IV*, 3, novembre 1939 : 118–123.

« Approximation littéraire de quelques concepts oubliés », *Regards, I*, 1, octobre 1940 : 35–41.

« Bref récit et succincte narration de la randonnée d'enquête économique et sociale faite au plaisant royaume du Saguenay et du Lac St-Jean du 9 au 15 septembre 1940 », *Ensemble, I*, 8 et 9, octobre, novembre 1940.

« Approximation d'une définition de la culture canadienne-française », *L'Action nationale, XVII*, 3, mars 1941 : 207–217.

« Comment préparer l'après-guerre », *Revue dominicaine, XLVII*, 6, juin 1941 : 309–312.

« La place des professions libérales dans le Québec », *Revue dominicaine, XLVIII*, 2, décembre 1942 : 274–281.

« Hommes de lumière », *Revue dominicaine, XLIX*, 1, janvier 1943 : 20–23.

Paroisses de France et de Nouvelle-France au XVIIᵉ siècle, Québec, Cahiers de l'École des sciences sociales de Laval, Éditions du Cap Diamant, *II*, 7, 38p. ; extrait reproduit sous le titre « La paroisse canadienne-française au XVIIᵉ siècle » dans : Marcel RIOUX et Yves MARTIN (éds), *La société canadienne française*, Montréal, Hurtubise HMH, 1971 : 33–43.

Analyse sociale des communautés rurales, Québec, Cahiers de l'École des sciences sociales, Éditions du Cap Diamant, *III*, 4, juillet 1944, 31p.

« Évolution et métabolisme contemporain de la ville de Québec », *Culture, V*, juin 1944 : 121–131.

« Problems and first experiments of social research in Québec », *The Canadian Journal of Economics and Political Science, X*, 3, August 1944 : 365–371.

« Stratifications sociales », *Revue dominicaine*, mars 1945 : 272–279.

---

* Pour les écrits et articles antérieurs à 1939 et, partiellement, jusqu'en 1952, on pourra consulter : Claire LÉGARÉ, *Bibliographie analytique de Jean-Charles Falardeau*, Québec, Université Laval, École de bibliothéconomie, 1953, 68p.

« Quelques épines du fédéralisme canadien », *Canada : Relations Abroad, Some Problems at Home*, Toronto, The Canadian Institute of International Affairs, Report of the Twelfth Annual Study Conference at Kingston, May 26, 27, 1945 : 15–23.

« Stratifications sociales de notre milieu », *Mémoires de la société royale du Canada*, 1945, section I : 65–71.

« A survey of Quebec city families », *Canadian Journal of Public Health, XXXVIII*, 11, November 1947 : 515–527.

« Citizenship-mindedness », *Canadian Welfare, XXIV*, 1, April 15, 1948 : 1–6.

« Canadian citizenship and national development », *Canada Looks Ahead*, Ottawa, Towers Books, 1948 : 39–48.

« The parish as an institutional type », *The Canadian Journal of Economics and Political Science, XV*, 3, August 1949 : 353–367.

Étude générale de la ville de Québec, Faculté des sciences sociales, septembre 1949, ronéotypé inédit, 179p.

« Mariage de raison : A perspective on French-English relations in Canada », *Food for Thought*, Toronto, *X*, 10, October 1949 : 34–38, 47.

« Analyse sociale des communautés rurales », *La Revue de l'Université Laval, IV*, 3, novembre 1949 : 210–217.

« Qu'est-ce que la sociologie ? », *Culture, X*, 1949 : 250–261.

« Personne humaine et société », *Bulletin de la société de philosophie de Bordeaux, V*, 25, août 1950 : 40–43.

« Géographie humaine et sociologie », *La Revue de l'Université Laval, V*, 2, octobre 1950 : 3–19.

« Délimitation d'une banlieue de grande ville », *Revue canadienne d'urbanisme, I*, février 1951 : 17–22.

« Parish research in Canada », *The Sociology of the Parish*, (C.J. NUESSE et Thomas J. HARTE, éds), Milwaukee, Bruce Publishing, 1951, Appendix A : 323–332.

« Les recherches de sociologie religieuse au Canada », *Lumen vitae*, Bruxelles, *VI*, 162, 1951 : 127–142.

French Canada Past and Present, A summary of lectures given to a group of University graduates-in-training with the Aluminum Company of Canada Ltd., Montreal, May 1951, ronéotypé, 25p.

« Réflexions sur nos classes sociales », *Nouvelle revue canadienne, I*, 3, juin-juillet 1951 : 2–9.

« La France d'aujourd'hui », *Actualités*, revue destinée aux forces canadiennes, *1*, 31 décembre 1951 : 3–19 ; paru en anglais sous le titre « France today », *Current Affairs, I*, 6, December 1951 : 3–19.

« L'école et la formation du citoyen », *Pédagogie-Orientation*, été 1952 : 3–16.

« Rôle et importance de l'Église au Canada français », *Esprit*, 193-194, août-septembre 1952 : 214–229 ; reproduit dans : Marcel RIOUX et Yves MARTIN, *op. cit.* : 349–361.

« Les universités et la société », *Mission de l'université*, compte rendu de Carrefour 52, Montréal, Beauchemin, 1952 : 40–56.

« The changing social structures », *Essais sur le Québec contemporain*, (Jean-Charles FALARDEAU, éd.), Québec, Les Presses universitaires Laval, 1953 : 101–122 ; version française reproduite sous le titre « L'évolution de nos structures sociales » dans : Marcel RIOUX et Yves MARTIN, *op. cit.* : 119–133.

« Perspectives », *Essais sur le Québec contemporain, op. cit.* : 239–257.

« Sociologie de la paroisse », *Semaines sociales du Canada*, XXXe session (Edmundston), Montréal, Institut social populaire, 1953 : 136–147.

« Problèmes et méthodes d'enquête sur les immigrants et les nationaux canadiens », *Service social, VIII*, 3-4, automne-hiver 1953 : 213–231.

« Foreign students in Canadian universities », *Proceedings : The National Conference of Canadian Universities*, 1954, Thirtieth meetings, (University of Manitoba), 7–9 June 1954 : 42–46.

« L'université, facteur premier de notre progrès intellectuel », *La Presse*, 24 juin 1954 : 49.

« De l'importance de Don Quichotte », *Présentations*, Société royale du Canada, section française, 2, années académiques 1954–1957, 1955 : 35–41.

« Le T.R.P. Georges-Henri Lévesque et la Faculté des sciences sociales de Québec », *Revue dominicaine, LXII*, 1, janvier-février 1956 : 49–52.

« Préface », *La grève de l'amiante. Une étape de la révolution industrielle au Québec*, collectif sous la direction de Pierre-Elliott TRUDEAU, Montréal, Les Éditions Cité Libre, 1956 : xi-xviii.

« Conditions et conséquences d'une démocratisation de notre enseignement », *Rapport* de la 3e Conférence annuelle de l'Institut canadien des affaires publiques, *L'Éducation*, 1956 : 35–38.

« L'importance des langues secondes et les sciences de l'homme », *Studia varia*, Société royale du Canada, *Études littéraires et scientifiques*, (E.G.D. MURRAY, éd.) Toronto University Press, 1957 : 121–127.

« Dualité de cultures et gouvernement d'opinion au Canada », *L'Opinion publique*, Paris, Presses universitaires de France, Bibliothèque des Centres d'Études supérieures spécialisées, 1957 : 317–338.

« La culture par les ondes », *Présence, IV*, 2, décembre 1957-janvier 1958 : 11.

« Nécessité d'une politique pour la culture et l'éducation », *La Réforme*, 19 juin 1958.

« Léon Gérin », *Encyclopedia Canadiana*, The Encyclopedia of Canada, The Grolier Society of Canada Limited, 1958, 1960, 1962, tome 4 : 352.

« Sociology », *Encyclopedia Canadiana*, The Encyclopedia of Canada, The Grolier Society of Canada Limited, 1958, 1960, 1962, tome 9 : 358-359.

« Pendant que Godot nous attend », *Le Devoir*, supplément littéraire, samedi, 15 novembre 1958 : 27.

« L'université au XXe siècle », *The Challenge of Partnership in Higher Education*, World University Service of Canada, 1959 : 20–27 ; même texte en anglais, « The University in the twentieth century », *id.* : 27–34.

« Demain, la liberté », *Présence, V*, 6, mars 1959 : 12.

« Les chaînes de Prométhée », *Liberté 59, I*, 2, mars-avril 1959 : 3–12.

« Où va le Canada français ? », *Le Devoir*, mardi, 19 mai 1959 : 1 et 8.

« Lettre à mes étudiants : À l'occasion des vingt ans de la Faculté des sciences sociales de Québec », *Cité libre*, 23, mai 1959 : 4–14.

« French Canada today », *The Geographical Magazine*, London, *XXXII*, 3, July 1959, (Canada number) : 107–120.

« Nos deux littératures-miroirs », *Le Devoir*, supplément littéraire, samedi, 28 novembre 1959 : 25.

« Notre culture : un phare ou une lampe de sanctuaire ? », *Le Devoir*, numéro du cinquantenaire, 29 janvier 1960 : 25.

« Asselin avait-il raison ? », *Cité libre*, nouvelle série, *XI*, 24, janvier 1960 : 30-31.

« Les Canadiens français et leur idéologie », *La dualité canadienne*, (Mason WADE et Jean-Charles FALARDEAU, éds), Presses universitaires Laval/University of Toronto Press, 1960 : 20-38.

« Actualité d'Edmond de Nevers », *Cité libre*, nouvelle série, *XI*, 25, mars 1960 : 21, 30.

« Mon ami Léon Gérin », *Cité libre*, nouvelle série, *XI*, 26, avril 1960 : 27.

« Il y aura de grandes œuvres », *Le Devoir*, supplément littéraire, samedi, 16 avril 1960 : 9.

« Arthur Buies, l'anti-zouave », *Cité libre*, nouvelle série, *XI*, 27, mai 1960 : 25 et 32.

« Léon Gérin : une introduction à la lecture de son œuvre », *Recherches sociographiques, I*, 2, avril–juin 1960 : 123-160 ; reproduit dans : *Léon Gérin et l'habitant de Saint-Justin (infra)* : 11-12, 149-179.

« La faute à Papineau », *Cité libre*, nouvelle série, *XI*, 28, juin-juillet 1960 : 5 et 10.

« Droits de l'homme et politique canadienne », *Cité libre*, nouvelle série, *XI*, 29, août-septembre 1960 : 28-29.

« Reflet de l'homme au travail », *La semaine à Radio-Canada*, 15 octobre 1960.

« Lettre à un ami français », *Cité libre*, nouvelle série, *XI*, 33, janvier 1961 : 8-9.

« La situation des arts au Canada », *Le Devoir*, samedi, 13 mai 1961 : 11.

« Recherche d'une voix : Le Canada français par sa littérature », *Recherches et débats*, 34 : *Le Canada français aujourd'hui et demain*, Paris, Arthème Fayard, mai 1961 : 79-88 ; reproduit dans : *Canadian Literature*, A Quarterly of Criticism and Review, University of British Columbia, *II*, Winter 1962 : 5-13.

« Le Canada français politique vu de l'intérieur », *Recherches sociographiques, II*, 3-4, juillet–décembre 1961 : 295-340.

« Écrivains et écrivants », *Liberté*, 17, novembre 1961 : 711-718 ; reproduit dans *Notre société et son roman (infra)* : 65-73.

« Le Conseil des arts du Québec », *Conseil des arts du Québec*, Séance inaugurale, Québec, Ministère des affaires culturelles, janvier 1962 : 18-23.

« Le rôle de l'infirmière dans une société en transformation », *L'infirmière canadienne, LVIII*, 1, janvier 1962 : 29-32 ; « The role of the nurse in a changing society », *The Canadian Nurse, LVIII*, 3, March 1962 : 244-247.

« Les recherches religieuses au Canada français », *Recherches sociographiques, III*, 1-2, janvier–août 1962, *Situation de la recherche sur le Canada français* : 209-228.

« Le désir du départ dans quelques anciens romans canadiens », *Recherches sociographiques, IV*, 2, mai–août 1963 : 219-223 ; reproduit dans *Notre société et son roman (infra)* : 39-46.

« Le sens sociologique de l'œuvre de Léon Gérin », *Recherches sociographiques, IV*, 3, septembre-décembre 1963 : 265-289 ; reproduit dans *Léon Gérin et l'habitant de Saint-Justin (infra)* : 23-48.

« The French Canadian », *Encyclopedia Americana*, International Edition, 1964, V : 312-315.

« Mort ou résurrection du député ? », *Nos hommes politiques*, Montréal, Les Éditions du Jour, 1964 : 115-119.

« Les milieux sociaux dans le roman canadien-français contemporain », *Recherches sociographiques, V*, 1-2, janvier–août 1964 ; reproduit dans *Littérature et société canadiennes-françaises* : 123–144 ; aussi dans *Notre société et son roman (infra)*, ch. 6 : 76–100.

« L'origine et l'ascension des hommes d'affaires dans la société canadienne-française », *Recherches sociographiques, VI*, 1, janvier–avril 1965 : 33–45 ; reproduit dans : *Cahiers internationaux de sociologie*, Paris, Presses universitaires de France, *XXXVIII*, 1965 : 109–120.

« La ville intérieure dans *La fin des songes* de Robert Élie », *La Presse*, supplément Arts et Lettres, samedi, 3 avril 1965 : 6.

« La génération de *La Relève* », *Recherches sociographiques, VI*, 2, mai–août 1965 : 123–133 ; reproduit dans *Notre société et son roman (infra)*, ch. 7 : 101–113.

« Ce que la société attend de la religieuse enseignante », *Bulletin de l'Association des religieuses enseignantes du Québec, V*, 1, septembre-octobre 1965 : 19–26.

« Les paroisses dans nos villes : aujourd'hui et demain », *Communauté chrétienne, IV*, 24, novembre-décembre 1965 : 481–489.

« Brèves réflexions sur notre roman contemporain », *Liberté, VII*, 6, novembre-décembre 1965 : 468–470.

« Des élites traditionnelles aux élites nouvelles », *Recherches sociographiques, VII*, 1-2, janvier–août 1966 : 131–145.

« La recherche dans les sciences humaines : quelques besoins et leur solution », *Pour une politique scientifique au Québec*, L'Association canadienne-française pour l'avancement des sciences, Montréal, février 1966, ronéotypé : 3–16.

« Thèmes sociaux et idéologies dans des romans canadiens du XIXe siècle », *Études françaises, II*, 4, juin 1966 : 133–161 ; reproduit dans *Notre société et son roman (infra)*, ch. 1 : 11–38.

« Évolution des structures sociales et des élites au Canada français », *Structures sociales du Canada français*, (Guy SYLVESTRE, éd.), Études de membres de la section I de la Société royale du Canada, Presses de l'Université Laval/University of Toronto Press, 1966 : 3–13.

« Léon Gérin : his life and work », *French-Canadian Thinkers of the Nineteenth and Twentieth Centuries, (Four o'clock Lectures)*, (Laurier L. LA PIERRE, éd.), Montréal, McGill University Press, 1966 : 59–75.

« Notre quête humaine », *Le chrétien et la terre des hommes*, Montréal, Fides, 1967 : 97–110. (« Présence ».)

« Sur quelques critiques de notre littérature », *Recherches sociographiques, VIII*, 1, janvier–avril 1967 : 105–109.

« Vie intellectuelle et société au début du siècle : continuité et contrastes », *Histoire de la littérature française du Québec*, (Pierre DE GRANDPRÉ, éd.), Montréal, Beauchemin, 1968, tome 1, ch. premier : 19–33.

« Vie intellectuelle et société entre les deux guerres », *Histoire de la littérature française du Québec, id.*, ch. VIII : 187–198.

« Charles Lemelin », *Recherches sociographiques, IX*, 3, septembre–décembre 1968 : 221–223.

« L'évolution du héros dans le roman québécois », *Littérature canadienne-française*, Conférences J.A. De Sève, Montréal, Les Presses de l'Université de Montréal, 1969 : 235–266.

« André Langevin, le romancier de l'angoisse et de la mort », *Europe, XLVII*, 478-479, février-mars 1969, *Littérature du Québec* : 61–65.

« Perspectives d'un humanisme contemporain », *Actes du quatrième congrès international de philosophie médiévale*, Montréal, Institut d'études médiévales, Paris, Vrin, 1969 : 273–278.

« The contemporary novel in French Canada », *The French Language and Culture in Canada, Hurd Memorial Lectures*, Brandon University, 1969 : 53–71.

« Quelques significations du roman québécois », *Société canadienne et culture française*, Les congrès et colloques de l'Université de Liège, *LVI*, 1970 : 25–33.

« Les recherches sociologiques, anthropologiques et psychologiques sur la *religion vécue* au Québec français », *Cahiers d'études des religions populaires*, X, Montréal, Institut d'études médiévales, mars 1971, ronéotypé : 4–21.

« Étienne Parent », *Dictionnaire biographique du Canada*, Québec et Toronto, Presses de l'Université Laval/University of Toronto Press, 1972 : 633–641.

« Le sens du merveilleux », dans : *Le sens du merveilleux*, deuxième colloque sur les religions populaires, Québec, Les Presses de l'Université Laval, 1973 : 143–456 (« Histoire et sociologie de la culture », 4) ; reproduit dans *Imaginaire social et littérature (infra)* : 131–142.

« La littérature comme jeu », Actes du VIIᵉ Congrès de l'Association internationale de littérature comparée, Montréal, 1973.

« Décalages et osmoses entre littérature et contre-cultures », *Études littéraires*, Québec, *VI*, 3, décembre 1973 : 369–375.

« Antécédents, débuts et croissance de la sociologie au Québec », *Recherches sociographiques, XV*, 2-3, Québec, mai–décembre 1974 : 135–165.

« Itinéraire sociologique », *Recherches sociographiques, XV*, 2-3, mai–décembre 1974 : 219–227.

« Le français tel qu'on l'a cru », Colloque de la Société des écrivains canadiens : *Enquête sur le français au Québec*, 15 novembre 1974, photocopié, inédit.

« Être Québécois », *Les Nouvelles littéraires* (Paris), 2487.

« Le nord et nous », Préface au livre de Christian MORISSONNEAU, *La terre promise : le mythe du Nord québécois*, Montréal, Hurtubise HMH, 1975 : 15–18.

« Parlant de la ville », Préface, nouvelle édition du roman *Au pied de la pente douce* de Roger LEMELIN, Montréal, La Presse, 1975 : 1–20.

« L'évolution socio-culturelle du Québec au XXᵉ siècle », texte inédit présenté au colloque du cinquantième anniversaire de la Faculté des sciences de l'administration de l'Université Laval : *L'administrateur francophone d'hier, d'aujourd'hui et de demain*, le 10 novembre 1975.

L'Université d'aujourd'hui, conférence devant l'Institut canadien de Québec, 29 mars 1976, texte inédit.

« Les arts dans les collectivités de demain », conférence à un colloque du Conseil des arts du Canada, « The arts and human settlements », Vancouver, 4 juin 1976, texte inédit.

« Parlons français, nous vivrons en Québécois », *Forces*, 36, 3ᵉ trimestre 1976 : 13–19.

« Le roman et la société au Québec », *Langue, littérature, culture au Canada français*, (Conférences Vanier de 1976), Ottawa, Éditions de l'Université d'Ottawa, 1977 : 97–104.

« André Giroux ou la confiance dans le Père », article nécrologique, *La Presse*, vendredi, 5 août 1977, *Le Soleil*, lundi, 8 août 1977.

« Ces chênes qu'on ne devrait pas abattre. À la mémoire de Jean-Charles Bonenfant », *Le Devoir*, 14 octobre 1977.

La culture : héritage et destin, allocution prononcée lors d'un colloque tenu au Collège Jésus-Marie de Sillery, avril 1978, inédite.

« Social sciences in French speaking Quebec : their emergence and evolution », allocution prononcée lors de la célébration du cinquantième anniversaire de la Canadian Political Science Association, London, University of Western Ontario, 29 mai 1978, inédite.

« Jean-Charles Bonenfant, 1912–1977 », notice nécrologique dans *Délibérations de la Société royale du Canada*, série IV, tome XVI, 1978 : 51–55.

« L'université... quelle université ? », article dans le journal *Tic-tac* des professeurs de l'Université Laval, Québec, *II*, 1, septembre 1978.

« Pour que se ranime l'Université Laval », mémoire soumis à la Commission d'enquête sur l'avenir de l'Université Laval, octobre 1978, inédit.

« The evolution of social science in a changing Quebec society », exposé lors d'un colloque sur le thème *Quebec Society : Yesterday, Today and Tomorrow*, à l'Université Duke de Durham, U.S.A., 13 novembre 1978, inédit.

« Un grand aîné de nos sciences de l'homme : hommage à Victor Barbeau », *Recherches sociographiques, XX*, 1, janvier–avril 1979 : 119–126.

« La langue française : la leur ou la nôtre ? », *Forces*, 46–47, 1er et 2e trimestres 1979 : 18–33.

« Comment peut-on être Québécois », dans : *Dossier-Québec*, Paris, Stock, 1979 : 45–57.

« Étienne Parent : patriote, polémiste et prophète », dans *L'essai québécois*, Archives des lettres canadiennes, *VI*.

Article « Jules Faubert, le roi du papier » de Ubald PAQUIN dans le *Dictionnaire des œuvres littéraires du Québec, II*, Fides, 1980 : 617–618.

Article « Robert Lozé » d'Errol BOUCHETTE, dans le *Dictionnaire des œuvres littéraires du Québec, II*, Montréal, Fides, 1980 : 975–976.

Article « Le type économique et social des Canadiens : milieux agricoles de tradition française », dans le *Dictionnaire des œuvres littéraires du Québec, II*, Montréal, Fides, 1980 : 1101–1103.

« L'histoire et la littérature », étude présentée à un colloque de la Société des écrivains canadiens de langue française, Québec, samedi le 11 octobre 1980, inédite.

« La correspondance Frégault-Groulx : 1937–1965 », dans : *Guy Frégault (1915–1977)*, (Pierre SAVARD, éd.), Actes du colloque tenu au Centre de recherche en civilisation canadienne-française de l'Université d'Ottawa, le 7 novembre 1980, Montréal, Bellarmin, 1981 : 49–62.

« L'œuvre de Guy Frégault », *Revue d'histoire de l'Amérique française, XXXV*, 1, juin 1981 : 55–68.

« Savoirs savants et savoirs populaires », dans : *Cette culture que l'on dit savante*, Québec, Institut québécois de recherche sur la culture, 1981 : 35–46. (« Questions de culture », 1.)

« Statuts et fonctions de l'écrivain québécois au XIXe siècle », Allocution d'ouverture présentée à un colloque du Collège Glendon, Université York, 3 juin 1981, inédite.

The influence of Everett C. Hughes on sociologists in French-Speaking Québec, allocution lors d'une séance spéciale en l'honneur du professeur Hughes durant le congrès de l'American Sociological Association, Toronto, juin 1981.

Article « Antoine Gérin-Lajoie », *Dictionnaire biographique du Canada*, XI, Québec et Toronto, Presse de l'Université Laval/University of Toronto Press, 1982 : 374–377.

Article « Initiation à l'humain » de Victor BARBEAU, dans le *Dictionnaire des œuvres littéraires du Québec, III*, Fides, 1982.

Article « Hormidas le Canadien » de Pierre HAMP, dans le *Dictionnaire des œuvres littéraires du Québec, III*, Fides, 1982.

Article « La nation » du R.P. Jean T. DELOS, dans le *Dictionnaire des œuvres littéraires du Québec, III*, Fides, 1982.

Article « Poussière sur la ville », roman d'André LANGEVIN, dans le *Dictionnaire des œuvres littéraires du Québec, III*, Fides, 1982.

Article « Au delà des visages » d'André GIROUX, dans le *Dictionnaire des œuvres littéraires du Québec, III*, Fides, 1982.

Article « Malgré tout la joie », d'André GIROUX, dans le *Dictionnaire des œuvres littéraires du Québec, III*, Fides, 1982.

Article « Les Plouffe », roman de Roger LEMELIN, dans le *Dictionnaire des œuvres littéraires du Québec, III*, Fides, 1982.

Article « Connaissance du personnage », de Robert CHARBONNEAU, dans le *Dictionnaire des œuvres littéraires du Québec, III*, Fides, 1982.

Article « La guerre de la conquête » de Guy FRÉGAULT, dans le *Dictionnaire des œuvres littéraires du Québec, III*, Fides, 1982.

II. *Études et articles en collaboration*

Mémoire sur les allocations familiales, collectif, en collaboration avec Maurice TREMBLAY, Maurice LAMONTAGNE, Roger MARIER, Jean-Pierre DESPRÉS, préparé à la requête d'un Comité de la Commission permanente du Conseil supérieur du travail de la Province de Québec, mai 1944, ronéotypé, 81p.

« Cultural and political implications of French-Canadian nationalism », avec Jean-Charles BONENFANT, The Canadian Historical Association, *Report of the Annual Meeting Held at Toronto*, May 23-24, 1946 : 56–73.

Survey de la ville de Québec-Ouest, sous la direction de Jean-Charles FALARDEAU, Québec, Faculté des sciences sociales, Université Laval, Documents du centre de recherches, *II*, mai 1947, ronéotypé, 50p.

« The life-cycle of French-Canadian urban families », avec Maurice LAMONTAGNE, *The Canadian Journal of Economics and Political Science, XIII*, 2, May 1947 : 233–247.

Survey de la paroisse de Notre-Dame-de-Pitié, sous la direction de Jean-Charles FALARDEAU, Québec, Faculté des sciences sociales, Université Laval, Documents du Centre de recherches, *III*, mai 1948, ronéotypé, 62p.

Notre communauté nationale, avec Maurice TREMBLAY, Québec, avril 1949, ronéotypé, 11p., 4p.

Les allocations familiales à Québec, avec Albert FAUCHER et Maurice TREMBLAY, Faculté des sciences sociales, Québec, décembre 1951, ronéotypé, 107p.

« La sociologie au Canada », avec Frank JONES, *Actes du troisième congrès mondial de sociologie*, Association internationale de sociologie, 1956, tome 3, V, VI, VII : 14–22.

« Pour la recherche sociographique au Canada français », avec Fernand DUMONT, *Recherches sociographiques, I*, 1, 1960 : 3–5.

« Avant-propos », avec Fernand DUMONT, *Littérature et société canadiennes-françaises, Recherches sociographiques, V*, 1-2, 1964 : 7-8.

III. *Livres*

Roots and Values in Canadian Lives, Toronto, University of Toronto Press, 1961, 62p.

L'essor des sciences sociales au Canada français, Québec, Ministère des affaires culturelles, 1964, 65p. ; version anglaise, *The Rise of Social Sciences in French Canada, id.*

Notre société et son roman, Montréal, HMH, 1967, 234p.

L'évolution du héros dans le roman québécois, Montréal, Les Presses de l'Université de Montréal, 1968, 36p. (« Conférences J.A. DeSève », 9.)

Imaginaire social et littérature, Montréal, Hurtubise HMH, 1974, 152p.

Étienne Parent, 1802–1874, biographie, textes et bibliographie, Montréal, La Presse, 1975, 340p.

IV. *Livres en collaboration*

Le logement à Québec, rédaction conjointe avec Gonzalve POULIN, o.f.m. et Roger MARIER, Québec, Cap Diamant, Faculté des sciences sociales, Université Laval, mai 1944, 47p.

Essais sur le Québec contemporain, collectif sous la direction de Jean Charles FALARDEAU, Québec, Les Presses universitaires Laval, 1953, 260p.

La grève de l'amiante : une étape de la révolution industrielle au Québec, collectif sous la responsabilité de Frank SCOTT et Jean-Charles FALARDEAU, sous la direction de Pierre-Elliott TRUDEAU, Montréal, Cité libre, 1956, 430p.

La dualité canadienne : Essai sur les relations entre les Canadiens français et Canadiens anglais, collectif sous la direction de Mason WADE et Jean-Charles FALARDEAU, Toronto et Québec, University of Toronto Press/Presses de l'Université Laval, 1960, 427p.

Littérature et société canadiennes-françaises, collectif sous la direction de Fernand DUMONT et Jean-Charles FALARDEAU, Québec, Les Presses de l'Université Laval, 1964, 260p.

Léon Gérin et l'habitant de Saint-Justin, avec Philippe GARIGUE (et Léon GÉRIN), Montréal, Les Presses de l'Université de Montréal, 1968, 179p.

V. *Traduction*

Rencontre de deux mondes : La crise de l'industrialisation au Canada français, traduction de *French Canada in Transition*, par Everett C. HUGHES, Chicago, The University of Chicago Press, 1943 ; Montréal, Parizeau, 1945, 388p. ; seconde édition de la version française, Montréal, Boréal Express, 1972, 384p. « Présentation » par Jean-Charles FALARDEAU : vii-xii.

VI. *Comptes rendus de livres*

Dans les revues : *Anthropologica, The American Journal of Sociology, Le Canada français, Canadian Historical Review, Culture, Food for Thought, Recherches sociographiques, Regards, La Revue dominicaine, Revue d'histoire de l'Amérique française, La Revue de l'Université Laval, Livres et auteurs québécois* ; etc.

TABLE DES MATIÈRES

Dimensions de l'imaginaire social

Mythologies

Littératures

Le quotidien

Le politique

Intellectuels

ACHEVÉ D'IMPRIMER EN SEPTEMBRE 1982
AUX ATELIERS DE L'ÉCLAIREUR LTÉE
À BEAUCEVILLE
POUR LES PRESSES DE L'UNIVERSITÉ LAVAL
STE-FOY, QUÉBEC